UNIVERSITY OF NORTH CAROLINA
STUDIES IN THE ROMANCE LANGUAGES
AND LITERATURES

LETTERS OF LOUVOIS

EDITED WITH INTRODUCTION AND NOTES

BY

JACQUES HARDRÉ

CHAPEL HILL

NUMBER TEN

1949

Table of Contents

Introduction

I. *Description of the collection:*

The correspondence of the Marquis de Louvois, from 1661 to 1691, is preserved today at the National Archives in Paris in 250 volumes of series A 1 (Guerre) numbered from 241 to 3780, in 2 volumes of series A 3, and in 2 volumes of series A 4. The letters which we are now publishing are taken from series A 1. All of these, judging from the handwriting, were copied by various secretaries from the originals; only a few bear Louvois' own signature. In the case of the secret correspondence with the Court of Savoy, in volume 736, the scribe who recopied the letters added marginal notes and even wrote a short preface to explain the situation that existed at that time between Louis XIV and the House of Savoy. In other volumes, also, marginal notes were added.

II. *Nature of contents:*

The Marquis de Louvois[1] held several posts besides that of Minister of War. In 1688, he was appointed General Superintendent of the Mails; in 1671: Chancellor of the Orders of the King; in 1673: Grand Huntsman; in 1673 also: General Administrator of the Orders of St. Lazarus and Mount Carmel; in 1683, after the death of Colbert, he became Superintendent of the buildings of the royal houses, arts and manufactures. His letters, therefore, deal with a variety of subjects, ranging from the conduct of military campaigns to the organization of mail courriers and the acquisition of statues and paintings for the chateaux of Louis XIV.

The letters which are published here, covering the period July 1681 to August 1684 (with the exception of a few letters from Volume 736 which begin in 1675), deal almost entirely with the military operations during the War in Flanders and with the secret negotiations with the Court of Savoy.

III. *Previous publications:*

A few letters of Louvois, addressed to various officials and personalities of his time, have already been published. A list of these publications will be found after the Text. The most important collection is Griffet's *Recueil de lettres pour servir d'éclair-*

---

[1] References to Louvois are to be found in all the histories of France. The only authoritative work on him is Rousset's *Histoire de Louvois et de son administration politique et militaire*, Paris, Librairie Didier, 1862.

cissement à l'histoire militaire du règne de Louis XIV, Paris 1760. In this collection, however, no letters were included dated before 1672, almost none for the years 1676 and 1677, and none for the period 1681 to 1688. Rousset, in his *Histoire de Louvois*, has included many extracts from the letters of Louvois and, in a few instances, the complete texts of some letters. Up to date, no one has attempted a thorough publication of Louvois' correspondence as has been done for Richelieu and Mazarin, for example. There is, consequently, no source, especially for the period 1681 to 1688 to which an historian may turn to read the letters of Louis XIV's Minister of War, unless he go to the manuscripts themselves in Paris.

We need not remind historians that it was from 1678 to 1688 that Louis XIV was really the master of Western Europe, that it was during this period that the famous "Chambres de reunion" permitted him to annex peacefully such territories as Montbeliard, a part of Luxembourg, the city of Strasbourg, etc., and that the Revocation of the Edict of Nantes took place in 1685. There is no need to point out, therefore, how helpful it would be to have all the letters of the man who took such an important part in these events available to the student of that period.

The above reasons guided us in our choice of letters to be published. Since the vast number of the letters written between 1681 and 1688 prohibited our publishing them all, we have restricted ourselves to the years 1681 to 1684 and, in these years, to those dealing with the secret affairs of the Court of Savoy, the campaigns in Flanders, the expedition against Casal and the siege of the city of Luxembourg.

IV. *Historical importance:*

The Marquis de Louvois (1639-1691) was Secretary of War from 1662 until his death. He was therefore at the head of that very important ministry during the years which saw the armies of Louis XIV victorious in the War against Spain (terminated in 1668 by the treaty of Aix-la-Chapelle which gave Flanders to France), in the War against Holland (terminated in 1678 by the treaty of Nimègues which gave France the province of Franche-Comté), in the War against the Augsbourg League (terminated in 1697 by the treaty of Ryswick which recognized the seizure of Strasbourg).

Louvois has been judged by most historians as having been a strict disciplinarian, harsh, even brutal towards his inferiors, obsequious towards those who could serve him, or harm him. He possessed, however, and to a very high degree, the genius of organization which enabled him to prepare for his King the best trained and best equipped armies of Europe.[2]

Until the reforms undertaken by Louvois and his father, Le Tellier, the armies of the Kings of France were poorly organized. Only a few regiments were on a permanent footing; the rest were hastily thrown together, in times of war, by captains and colonels who were responsible for the food and equipment of their men. Since the commanding officers were paid by the King in proportion to the number of men figuring on their rolls, the latter were naturally padded. When a review was held the ranks were completed as a matter of course by anyone available: servants, valets, cooks, etc. who, after the review, went back to their ordinary duties. (There were even men who made a career of serving on such occasions who were called "passe-volants.") During the campaigns, many of the ill-paid wretches, who had been dragooned into the service, deserted, leaving the captain or colonel commanding a skeleton outfit.

The letters of Louvois reflect his constant preoccupation with these problems which he succeeded in solving to a certain degree. As late as 1684, however, we find him stressing time and again that the soldiers must receive their pay entirely and that no part of it should be withheld by the officers for any reason whatsoever, which leads us to conclude that it was still a common occurrence for the soldiers to receive only part of their pay.

Another serious handicap which faced the armies not only of France but of the other powers as well, was the lack of an intelligently organized quartermaster corps. The troops of those days were usually given a free rein to seek their food where they could and, as a result, plundered and pillaged wherever they went. In the winter, however, or when the country where they were had already been stripped by previous occupations, the

---

2 "Louvois fut avec Colbert le principal ministre de Louis XIV. C'était un homme brutal, violent, impérieux et dur avec affectation. Son influence politique fut détestable, car, pour conserver la faveur du roi, il flatta toutes ses passions. Mais, administrateur remarquable et à l'egal de Colbert travailleur acharné il fit de l'armée française le plus puissant outil de guerre et le plus perfectionné." Mallet, Albert, *Nouvelle Histoire de France*, Paris, Librairie Hachette, 1922, p. 198.

"Louis XIV estimait que Louvois était par excellence le ministre de sa 'gloire.' Et c'est à cause de cela que Louvois fut un homme néfaste: les mémoires du XVIIe siècle l'accusent tous d'avoir fomenté les guerres et poussé à la persécution religieuse sans autre raison que de rester 'l'homme nécessaire' et de balancer l'influence de Colbert; et il faut bien croire que les mémoires ont raison." Boulenger, Jacques, *Le Grand Siècle*, Paris, Librairie Hachette, p. 223.

troops were at a considerable disadvantage. What was true about food was equally true about munitions.

Both Louvois and his father, who was Minister of War before him, understood the importance of these services and by their reforms enabled the armies of Louis XIV to move much more rapidly than those of his enemies, to be always well provisioned and to wage war in any weather and in any locality. They were always sure that at a certain time, in a certain place, their food, their munitions and all they required would be at their disposal. This was by no means an easy reform to push through. The letters of Louvois show how attentive he was to all the details of these services, they reflect his anxiety lest the flour be not ready for the baking of the right amount of loaves of bread, lest the needed numbers of mortars be not available at the appointed hour, lest the horses needed to cart the supplies not be found, etc. In these letters, we see how unceasingly he watched over the expenses and how careful he was that not a farthing extra be paid out by his commissaries.

Above all, we see his tireless efforts to cloak all these preparations with a heavy mantle of secrecy, so that the enemy would not guess where the next blow would fall. In this he succeeded admirably.

Louvois was thus the principal artisan in building up and maintaining for Louis XIV a supple and efficient instrument for the latter's foreign policy. The part he played in this period of French history cannot be minimized.

V. *The text:*

The letters which follow were obtained in microfilms from the National Archives in Paris, by permission of the French War Ministry. With a few exceptions, the handwriting is quite clear and the manuscripts well preserved. In a few instances, words were obliterated or left blank. Where possible these obliterations or blanks have been filled in and the additions have been placed in brackets. Where a reasonable guess was not possible, the blanks have been indicated by dashes. All the marginal notes on the manuscripts have been kept as footnotes. Obsolete or rare words and expressions have been explained also in footnotes. Abbreviations have been kept as they appear in the manuscripts; a list of these will be found after the introduction. The punctuation has also been reproduced faithfully, except in a few instances where, for the sake of clarity, a comma or a period has been inserted. Accents have been kept exactly as in the originals, as well as the capitalizations.

No changes have been made in the spelling. At the time these letters were written, orthography did not follow any set rules. Thus, words will be found written in one way by one scribe and in another by the other scribes. Even in one letter, a word may vary in spelling from one page to the next. This bears out well the statement made by Ferdinand Brunot in his *Histoire de la Langue Française*[3]:

"Les écrivains du XVIIe siècle non seulement n'avaient point notre orthographe, mais ils n'avaient point la leur; d'une page à l'autre ils se contredisaient, n'ayant pas grand souci d'écrire d'après des principes invariables. Quelques uns de mes fac-similés montrent des inconséquences à quelques lignes de distance."

It will be noticed, for example, that in volume 736, letter no. 1, the verb *to explain* is spelled *explicquer,* but in the same volume, letter no. 56, it is spelled *expliquer.* Also in the same volume: *l'espedient* in letter no. 4 is spelled *expedient* in letter no. 18. Almost constantly the word *ni,* for *neither . . . nor,* is spelled *n'y* [sic] except in volume 734, letter no. 168, where it has its modern spelling. Similarly the word for *nevertheless* is almost always spelled *neantmoins* except in volume 704 where it is *neanmoins.* Again, we find in volume 736, letter no. 29 the word *maistre* spelled as we would expect it to be at that time. However, the modern spelling *maître* is found in volumes 704, 729, 730 and 734. There are, therefore, no conclusions to be drawn from a study of the spelling in these letters, except to say with Brunot that it adhered to no rules.

VI. *Acknowledgments:*

We wish to express our deep gratitude to Dr. Urban T. Holmes, Jr., of the Department of Romance Languages, University of North Carolina, who suggested the possibility of this publication and furnished constant and patient guidance; to Mlle Madeleine Chabrier, Bibliothécaire-Adjointe of the Bibliothèque Nationale in Paris, who obtained for us the necessary authorizations and supervised the microfilming of the documents; to the administrators of the Smith Fund, University of North Carolina, who granted the funds necessary to pay for the microfilms. Thanks are also owed to the Carnegie Foundation of Teaching for a substantial grant toward the cost of this printing.

---

[3] Brunot, Ferdinand, *Histoire de la Langue Française, Tome IV: La Langue Classique (1660-1715),* Paris, Librairie Armand Colin, 1913, p. 150.

LIST OF ABBREVIATIONS FOUND IN LETTERS

Commre	=	Commissionaire
Cte	=	Comte
Cinqte	=	Cìnquante
Exre	=	Extraordinaire
Greder	=	Grenadier
l'hr	=	l'honneur
Mal, Maâl	=	Maréchal
Me	=	Maître
Messrs, Mrs, Ms	=	Messieurs
Monsr, Mr	=	Monsieur
Rgt	=	Régiment
Rgts	=	Régiments
S.M., Sa Maté, SMté, Sa Majté	=	Sa Majesté
Sr.	=	Sieur

PART I

Cote: Dépot général de la Guerre A 1 736

Nature: Recueil des dépêches écrites par le Marquis de Louvois concernant les affaires secrètes de la Cour de Savoie pendant les années 1679, 1680, 1681, 1682, 1683 et 1684

Cote: Dépot général de la Guerre A 1 736

Nature: Recueil des dépêches écrites par le Marquis de Louvois concernant les affaires secrètes de la Cour de Savoie pendant les années 1679, 1680, 1681, 1682, 1683 et 1684.

This volume contains the letters of the Marquis de Louvois dealing with the affairs of the Court of Savoy during the Regency of Madame Royalle, mother of Victor-Amédée. All the letters from 1679 to June 1682 (with the exception of one written to the Marquis de la Trousse) are addressed to the Marquis de Pianesse. The latter was a minister of Madame Royalle who secretly corresponded with Louvois and followed his directives until, in 1682, he conspired against Madame Royalle and was imprisoned.

The policy followed by Louvois in Savoy was to uphold the authority of Madame Royalle and prolong her Regency as long as possible, knowing that her son was inimical to France and friendly to Spain. He therefore pushed, as much as possible, the plans to have Victor-Amédée marry the Infanta of Portugal and thus succeed to the crown of Portugal. When that failed he succeeded in having the young Duke marry Anne-Marie d'Orléans.

After Pianesse's betrayal, Louvois' agent was the Marquis de la Trousse, Envoy Extraordinary to the Court of Savoy. The letters from 1682 to 1684, with a few exceptions, are all addressed to him.

Towards the end of 1683, when it became apparent that Madame Royalle was losing in her fight to maintain the Regency, the letters advise de la Trousse to become friendly towards Victor-Amédée and to abandon the cause of his Mother.

The "Advertissement" and the "Petite note de la Cour de Savoye" which precede the letters of Louvois were written by the secretary who classified the correspondence in this volume.

PART I

LETTERS OF LOUVOIS

Advertissement sur le Registre des affairs secretes de la Cour de Savoye et de la regence de Madame Royalle es années 1679, 80, 81, 82, 83 et 1684.

Premierement,

Il est a remarquer que le Roy desirant estre informé très particulierement de ce qui se passoit de plus secret dans la Cour de Savoye, resolut outre ce que S.M. en pouvoit aprendre par la voye de son ambassadeur, de se servir encore de celle d'une personne des plus qualifiée du païs, qui par sa naissance et ses Emplois en cette Cour, entroit dans la confiance la plus estroite de Madame la duchesse de Savoye[1], laquelle pour lors estoit regente a cause de la minorité de Monsieur son Fils.

Secondement,

Qu'un des plus puissants motifs qui portoit S.M. a souhaitter d'estre Informée a fonds des nouvelles de cette Cour, estoit la resolution qu'Elle avoit prise de donner a Madame Royalle toutes les marques possibles de sa protection pour l'accomplissement du mariage qui se traitoit entre Monsieur le duc de Savoye, et l'Infante de Portugal, contre lequel mariage S.M. ne doubtoit nulement qu'il ne se formast de puissantes caballes pour l'empescher; tant de la part de la maison d'Autriche, que de celle de la plus grande partie des subjets de Monsieur de Savoye, qui porterent enfin ce prince a devenir tout a fait contraire a cette alliance, laquelle eschoua comme on le verra cy après.

Troisiemement,

Que Madame de Savoye estant entierement dans les Interests de la France le Roy ne manqua point de faire aussy tout ce qui despendit de Sa Majesté tant pour la conclusion de ce mariage (que Madame de Savoye desiroit passionnement) que pour maintenir l'authorité de S.A.R. pendant sa regence; ainsy qu'on le connoistra plus particulierement dans la suitte, par l'envoy du Marquis de la Trousse a la Cour de Turin avec des Troupes, lequel menagea si bien l'Esprit de Monsieur le duc de Savoye, qu'après son mariage rompu avec l'Infante de Portugal, il conclut en peu de temps celuy de Mademoiselle avec Monsieur le Duc de Savoye.

---

[1] marginal note: c'estoit le marquis de Pianesse, Piedmontois qui commandoit en France les gendarmes françois soubz le nom de marquis de Livourne.

Il faut encore observer, que les affaires particulieres du commerce que le Marquis de Louvois entretenoit par ordre du Roi avec Madame Royalle et le Marquis de Pianesse, et la Trousse, n'estoient point a la Connoissance de M. de Croissy, par le ministere duquel cette Princesse auroit desiré que ces negociations ne passassent point, en sorte qu'elles ne furent communiquées aux Ambassadeurs qu'après qu'il n'y eut presque plus qu'a signer et ratifier les Traittez. L'on a estimé a propos de faire cette petite disgression avant de commencer cette Table, Et d'advertir encore le Lecteur, que toutes les despesches contenües dans ce Recüeil depuis le 29 May 1679 jusqu'au mois de Juin 1682 sont toutes escrites au Marquis de Pianesse.

PETITE NOTE DE LA COUR DE SAVOYE DEPUIS 1679 JUSQU'EN 1684.

Madame Royalle, Regente

M. le duc de Savoye

M. le prince de Carignan

Madame la princesse Louise

M. le chevallier de Savoye, fils de Madame la Comtesse de Soissons

M. dom Gabriel, fils naturel du feu duc de Savoye

La Comtesse de Walfray nommée la Comtesse duc, elle gouvernoit le prince de Carignan

Dona Christina, fille naturelle de feu S.A.R.

le Chancelier

Marquis de Pianesse, ministre en grand crédit puis disgracié

le marquis Montroux, gouverneur de S.A.R.

le Comte de Masin, nepveu du Marquis de Pianesse

les comte et marquis de St Maurice, autrefois ministres d'Estat en grand credit et ensuite disgraciés

St Thomas, ministre d'Estat

Les Cheresnes, secretaire des Commandemens de S.A.R.

L'abbé de la Tour, ministre d'Estat habile et en grand credit et confiance près de S.A.R. puis exilé pour avoir parlé trop ouvertement des commerces de Madame Royalle avec Masin

Le marquis de Parelle homme d'authorité qui trahit l'Estat de Savoye puis se retira a cette Cour

M. l'abbé d'Estrades ambassadeur du Roy en Piedmont

Le marquis de la Trousse, Envoyé extraordinairement en cette Cour pour y commander les troupes àuxilliaires, maintenir la Regence de Madame Royalle, et continuer les negociations secretes dont il est fait mention dans ce registre

La Reyne de Portugal, soeur de Madame Royalle

L'Infante, Espouse future de S.A.R. de Savoye

Le duc de Cadaval, grand de Portugal, qui estoit a Turin pour emmener M. de Savoye en Portugal

Le marquis Ferrere, ambassadeur de Savoye près du Roy.

No. 1

LETTRE DE M. DE LOUVOIS A M. LE MARQUIS DE PIANESSE DU 24 MAY 1679 A ST GERMAIN

La lettre que vous avez pris la peine de m'escrire le 21 de ce mois m'a esté rendüe, par laquelle le Roy a veu avec plaisir, l'aparence qu'il y a que l'abbaissement de la maison de St Maurice pourra contribuer a vostre restablissement dans les bonnes graces de S.A.R., il y a lieu de croire que l'ordre que l'Ambassadeur de S.M. a receu de ne plus avoir de commerce avec M. le Marquis de St Maurice ne contribuera pas peu a l'entiere destruction du credit du dit marquis. Je vous supplie de m'explicquer un peu plus clairement ce que vous sçavez de la disposition ou est monsieur le duc de Savoye, et si il a quelque projet formé pour executer lorsqu'il sera majeur.

Quoyque le Roy vous ait permis de demeurer en piedmont aussy longtemps que vous le souhaitteriez, je crois neantmoins vous debvoir advertir, qu'au premier aout prochain toute la gandarmerie viendra camper prés de Poissy ou Elle demeurera environ trois semaines.

Je pars a la fin de cette semaine pour aller faire un tour en Comté et en Alsace, j'espere estre de retour Icy vers le 5e du mois prochain. Je suis tout a vous./.

No. 2

A.M. LE MARQUIS DE PIANESSE DU 3e JUILLET 1679 A ST GERMAIN

J'ai receu la lettre que vous avez pris la peine de m'escrire le 20e du mois passé, le Roy a veu avec plaisir par ce qu'elle contient la sçituation de la Cour de Turin, S.M. sera bien aise que vous continuyéz a luy rendre compte de tout ce que vous pourréz en aprendre de plus secret.

Elle verra avec plaisir l'establissement du Comte de Masin si il vous en doibt arriver quelqu'avantage, mais si dans l'Intention de cacher toujours de mieux en mieux ce commerce l'on continuoit a vous faire du mal, ou que l'on differast vostre restablissement, Sa Majesté qui prend part a ce qui vous touche, en auroit du desplaisir, ce qui luy donne ce soubçon est que Madame Royalle a dit a Monsieur l'Abbé d'Estrades en luy accordant les lettres d'Estat, qu'Elle s'attendoit que le Roy voudroit bien ne la point presser pour vous voir, vous ferrez sur cela les refflexions qui seront convenables, je continueray avec plaisir a vous faire part des choses de cette nature qui viendront a m'a (sic) connoissance. Le Roy s'attend que vous luy rendrez compte de ce que vous pourrez aprendre sur le sujet de la pension que l'on pretend que le Comte de St Maurice tiroit des Espagnols.

Le mariage de Monsieur le duc de Savoye avec l'Infante de Portugal a esté traitté de la participation du Roy, qui souhaitte de bonne foy qui s'execute, et est en intention d'assister Madame Royalle contre tous ceux qui voudroient s'y oposer, aussy S.M. aura t'Elle bien agreable que vous employéz vostre credit, et celuy de vos amis, a disposer Monsieur de Savoye de n'y point aporter de difficulté, et Elle sera bien aise que vous l'Informiéz un peu plus amplement de ce que vous sçauréz des dispositions de mondit Sieur le duc de Savoye sur ce sujet./.

No. 3

A.M. LE MARQUIS DE PIANESSE DU 18 JUILLET 1679 A ST GERMAIN

J'ay receu la lettre que vous avéz pris la peine de m'escrire le 9e de ce mois, par laquelle J'ay apris vostre retour en bonne santé dont j'ay bien de la joye.

Je vous ay deja mandé ce que le Roy pense du mariage de Monsieur le duc de Savoye avec l'Infante de Portugal, la resolution que S.M. a prise d'ayder Madame Royalle çontre ceux qui la contrediront, Et combien S.M. desiroit que vous y contribuassiéz par vous et par vos amis.

C'est une chose fascheuse que le Contretemps qui vous arrive dans la bonne fortune de Monsieur vostre Nepveu, je ne doubte point que le Roy ne s'employe avec plaisir pour vostre restablissement lorsque vous le souhaiteréz, je vous conseille neantmoins de prendre plustost le party de patienter encore quelques années, que de donner lieu a Madame la duchesse de Savoye de vous l'accorder avec chagrin. Je suis tres veritablement tout a vous./.

No. 4

A M. LE MARQUIS DE PIANESSE DU 15 SEPTEMBRE 1679 A PARIS

J'ay receu la lettre que vous avéz pris la peine de m'escrire le 30e du mois passé, par laquelle Je vois l'espedient que vous proposéz pour vostre retour a Turin, Comme je suis encore esloigné du Roy par la suitte de l'accident qui m'est arrivé[2] et que je n'ose rien faire sur cela sans l'ordre de S.M., Je suis obligé

---

[2] marginal note: il eut la jambe cassée d'une cheute de cheval.

avec desplaisir de surceoir a luy en parler jusques a son retour a St Germain.

Je suis tout a vous./.

No. 5

A M. LE MARQUIS DE PIANESSE DU 11e NOVEMBRE 1679 A ST GERMAIN

J'ay receu la lettre que vous avéz pris la peine de m'escrire le 26e du mois passé.

Toutes les nouvelles que S.M. a de Turin ne luy confirment que trop l'erreur de Madame Royalle sur le voyage de Monsieur de Savoye en Portugal, et qu'il y a bien de l'aparence que tous ceux qui ont l'honneur de l'aprocher le souslevent fort contre cette alliance, et encores plus contre la conduite de la regence, J'ay receu mesme un advis de Turin qui fait mention d'un grand emportement de Monsieur de Savoye contre un jeune gentilhomme Piedmontois ou Savoyard qui va venir page a la grande Escurie, lequel a esté frappé, tiré par les Cheveux, jetté a terre, mesme la teste battüe contre le pavé par S.A.R. qui donne lieu de croire qu'il n'a pas proffité de la bonne education qu'on ne peut avoir manqué d'avoir Intention de luy donner, Je vous conjure de m'Informer de la verité de ce qui en est, et de me la mander ingenüement, vous ne doubtéz pas que sur cela comme sur tout le reste Je ne vous garde le secret que vous pouvéz desirer./.

No. 6

A M. LE MARQUIS DE PIANESSE DU 13 NOVEMBRE 1679 A ST GERMAIN

J'ay receu la lettre que vous avéz pris la peine de m'escrire le dernier du mois passé, Je ne puis point faire au Roy la proposition de permettre que M. de Lamponne n'y moy, escrivions en nostre nom particulier pour demander une grace pour vous qui a esté refusée les années passées aux instances de S.M., tout ce que je puis faire, c'est lorsque S.M. donnera l'ordre a Monsieur de Lamponne d'escrire au nom de S.M. a M. l'Abbé d'Estrades ou à Madame Royalle, suivant que vous le desireréz, de recommander de mon chef l'affaire a M. l'ambassadeur tout aussy puissamment que vous le pourréz desirer, determinéz vous donc s'il vous plaist sur ce que vous desirez que le Roy demande ou fasse demander par son ambassadeur a Madame la Duchesse de Savoye, Cependant Je crois avoir fait par advance une partie de ce que vous pouvéz souhaitter, ayant dit il y a plusieurs jours a M. l'abbé de Verüe que je ne doubtois point que le Roy ne demandast a Madame la duchesse de Savoye la permission pour vous de passer par Turin et de luy faire la reverence, Et qu'il me sembloit qu'il seroit du service de Madame la duchesse de Savoye de prevenir cette demande en luy faisant d'Elle mesme cette grace, comme je ne l'ay pas veu depuis, je ne sçais pas s'il a receu response de Turin. Je suis toujours tout a vous.

No. 7

A M. LE MARQUIS DE PIANESSE DU 28 NOVEMBRE 1679 A ST GERMAIN

J'ay receu la lettre que vous avez pris la peine de m'escrire le 8e de ce mois, je vous remercie de tout mon Coeur des advis que vous me donnéz, dont je vous demande la continüation, vous assurant que personne n'en aura connoissance, et que je suis tres veritablement tout a vous./.

No. 8

A M. LE MARQUIS DE PIANESSE DU 14 DECEMBRE 1679 A ST GERMAIN

Ce mot est pour vous advertir que par cet ordinaire, ou au plus tard par le prochain, les ordres de S.M. nécessaires seront rendus a M. l'abbé d'Estrades pour qu'il fasse au nom de S.M. les instances les plus vives pour qu'il vous soit permis de saluer Madame Royalle a vostre passage a Turin, quoyque je trouve cela fort inutile je ne laisse pas par complaisance pour vous, d'escrire a M. l'ambassadeur pour luy tesmoigner de la part que je prendray au service qu'il vous rendra en cette occasion. Je suis./.

No. 9

A M. L'ABBÉ D'ESTRADES DU PREMIER JANVIER 1680 A ST GERMAIN

Monsieur,

J'ay receu la lettre que vous avez pris la peine de m'escrire le 23e du mois passé, Ce que vous me dites de l'adoucissement que Madame de Savoye laisse voir dans les affaires du Marquis de Pianesse, me fais bien esperer des offices que vous avez eu ordre de faire en sa faveur, la part que je prends en ce qui le touche me fait vous suplier de vouloir bien les continuer dans toute l'estendüe des ordres qu'il a plu a S.M. de vous donner, et vous asseurer que je prendray beaucoup de part a l'obligation qu'il vous aura. Je suis./.

No. 10

A M. LE MARQUIS DE PIANESSE DU MESME JOUR.

J'ay receu la lettre que vous avéz pris la peine de m'escrire le 22e du mois passé, par laquelle j'ay veu avec un extresme plaisir les dispositions favorables dans lesquelles Madame la duchesse de Savoye paroist presentement a vostre egard, ce qui me fait esperer que cette lettre vous trouvera auprés d'Elle, puisque les ordres du Roy en vostre faveur ont été adressés a M. l'abbé d'Estrades dans le temps que je vous l'ay marqué, Si il en faut de plus pressant, et mesme une lettre de la main de S.M., je ne crois pas qu'il puisse y avoir de difficulté a l'obtenir. Je suis de tout mon Coeur tout a vous./.

adition

J'ay veu des advis de Vienne qui portent que l'on y a resolu de marier l'archiduchesse avec Monsieur le duc de Savoye, essayéz de penetrer si cet advis a quelque fondement, et si les propositions en ayant esté faites a Turin, les ministres de Madame Royalle ont fait quelqu'attention a cette proposition./.

No. 11

A M. LE MARQUIS DE PIANESSE DU 7 JANVIER 1680 A ST GERMAIN

C'est avec beaucoup de plaisir que je satisfait au commandement que j'ay receu de S.M. de vous faire sçavoir que M. l'abbé de Verüe a dit ce matin au Roy que Madame la duchesse de Savoye consentoit que vous passassièz par Turin en vous en revenant a Paris, et que vous luy fissiéz la reverence, ledit ambassadeur a suplié tres humblement S.M. de trouver bon qu'a ce premier voyage cy vous ne fissiéz audit Turin qu'un sejour de huit ou dix jours au plus, et a assuré S.M. qu'il ne doubtoit point qu'entre cy Cinq ou six mois Madame la duchesse de Savoye ne voullust bien vous permettre d'y demeurer aussy longtemps que vous voudriez, je me flatte que vous estes asséz persuadé de la part que je prends en ce qui vous touche pour ne point doubter de la Joye que m'a donné cette nouvelle. Je suis tres veritablement tout a vous./.

No. 12

A MADAME LA DUCHESSE DE SAVOYE DU 2e JUILLET 1680 A FONTAINBLEAU

Madame;

J'ay receu des mains de M. de Pianesse la lettre dont il a plu a V.A.R. de m'honorer le 24e du mois passé, Je la supplie tres humblement de croire que je reçois avec respect et la reconnoissance que je doibz les marques qu'il luy plaist de me donner de sa bienveillance, de laquelle J'espere m'attirer la continuation par mes tres humbles services si Elle a agreable de me donner occasion de les luy rendre. Je suis avec un tres profond respect./.

No. 13

A M. LE MARQUIS DE PIANESSE DU 9 DECEMBRE 1680 A ST GERMAIN

Le Roy a eu bien agreable de vous accorder le congé que vous demandéz pour demeurer en Piedmont pendant quatre mois, et je vous adresse la despesche de S.M. nécessaire pour cet effect, et en cas que vous ayéz besoin d'y faire un plus long sejour vous n'aurez qua m'en donner advis, et je suis persuadé que S.M. prolongera ce terme autant que vous le desirerez. Je suis toujours tout a vous./.

No. 14

M. DE LOUVOIS A MR LE MARQUIS DE PIANESSE DU 7e JANVIER 1681

Monsieur,

La lettre que vous avéz pris la peine de m'escrire le 28e du mois passé m'a esté rendüe, J'ay veu avec beaucoup de joye l'estat de la Cour ou vous estes et la grande soubmission que tout le monde a pour le merite et la vertu de Madame la duchesse de Savoye.

Le terme du depart de S.A.R. pour le Portugal me paroist bien long, estant bien dificile que la resolution ou il est presentement ne reçoive quelqu'alteration en dix huict mois de temps.

Monsr l'ambassadeur de Savoye a parlé au Roy depuis peu de jours sur le temps de l'arrivée du Vaisseau necessaire pour le retour de Monsr le marquis de Dronaire, Il m'a parû que mondit Sr l'ambassadeur estoit content de la response que le Roy luy a faite sur cela, mais je ne laisseray pas de prendre la liberté de faire ressouvenir S.M. de ce que Madame la duchese de Savoye peut desirer sur ce sujet.

No. 15

A M. LE MARQUIS DE PIANESSE DU 22 JANVIER 1681 A ST GERMAIN

Monsieur,

J'ay receu la lettre que vous avéz pris la peine de m'escrire le 4e de ce mois, par laquelle je vois que vous vous confirméz de jour en jour dans l'opinion que l'attachement de Madame Royalle aux interests du Roy est sincere, et que vous croyéz que ceux qui sont auprés de Monsieur le duc de Savoye vont toujours bien pour son mariage.

Si le Chancelier meurt il sera de vostre industrie de faire en sorte que sa place ne soit remplie que d'un homme de vostre dependance, et qui soit aussy bien intentionné que luy pour la conclusion du mariage.

Je doubte que vous trouviéz les Espagnols a faire un Traitté de commerce aux conditions que vous marquez a moins qu'il n'eussent intention de se servir de ce Traitté pour donner lieu a S.M. de croire qu'il est accompagné d'articles secrets, mais je suis bien persuadé que Madame Royalle ne commencera aucune negociation sur ledit traitté sans en avoir donné part au Roy.

Je vous suplie de m'expliquer d'ou vient que Monsieur le duc de Savoye ne vous parle point, la distinction avec laquelle vous me mandez qu'il vous traitte ne sufisant pas pour reparer une chose aussy extraordinaire que celle la, l'on ne peut prendre plus de part que je fais a vos interests, n'y estre plus veritablement que je suis./.

No. 16

A M. LE MARQUIS DE PIANESSE DU 29 JANVIER 1681 A ST GERMAIN

Monsieur,

J'ay receu la lettre que vous avez pris la peine de m'escrire le 18e de ce mois, laquelle j'ay bruslé apres l'avoir lue au Roy, S.M. a veu avec plaisir la confiance que Madame la duchesse de Savoye prend en vous et m'a commandé de vous asseurer qu'Elle en desire fort l'augmentation.

Il paroist a S.M. que Madame la duchesse de Savoye commence a connoistre la verité de tout ce dont je vous ay adverty plusieurs fois par son ordre, c'est a dire qu'il y a un dessein formé pour empescher le mariage, que Monsieur le duc de Savoye en est aussy bien que son gouverneur lesquels esperent en gagnant du temps faire eschoüer l'affaire d'elle mesme, ou donner le temps a Monsieur le duc de Savoye de prendre avec l'âge l'authorité qui est presentement entre les mains de Madame la duchesse de Savoye, et d'en user a son esgard, et de ceux qui ont l'honneur de sa confiance comme fit feu Monsieur le duc de Savoye a l'esgard de Madame sa Mere, le moyen de prevenir de pareils projets est de faire partir Monsieur le duc de Savoye avant que les mesures des Ennemis de Madame Royalle soyent concertées, Je ne doubte point que puisque cette habile princese connoist le mal qu'on luy veut faire Elle ne le previenne bientost.

Vous ne debvéz point aprehender que je donne connoissance a Monsr l'abbé d'Estrades des advis que vous me donnez, puisque je n'entretiens aucun commerce avec luy non plus qu'avec les autres ministres de S.M. aux pays Estrangers.

A l'esgard de Monsr l'ambassadeur de Savoye en cette cour, Je ne luy parle jamais que des affaires de Pignerol, ainsy ce que vous m'avez escrit et ce que vous pourréz me mander cy apres demeurera toujours dans un profond secret.

No. 17

A M. LE MARQUIS DE PIANESSE DU 11e FEVRIER 1681 A ST GERMAIN.

J'ay receu dans un pacquet de Monsr de St Mars la lettre que vous avez pris la peine de m'escrire le 2e de ce mois par laquelle le Roy a veu avec plaisir que Madame la duchesse de Savoye a presentement une veritable connoissance des dispositions de Monsieur son Fils et les mesures qui se prennent de tous costéz pour en faisant diferer le depart de Monsieur le duc de Savoye rompre absolument le mariage et s'emparer en mesme temps de l'authorité qui est entre les mains de Madame la duchesse de Savoye, et bien que S.M. souhaittast fort que Madame Royalle trouvast toutes les facilitéz dont Elle s'est flattée a l'execution d'un projet aussy grand pour Elle que pour Monsieur son Fils, S.M. croit que le plus grand mal estoit d'ignorer le veritable estat des choses et qu'une si habile princesse voyant le projet de ses Ennemis ne manquera pas de les prevenir, si on pouvoit porter Monsieur le duc de Savoye a fixer un temps de trois ou quatre mois pour son depart l'on sortiroit aisement de l'embaras ou l'on est presentement, mais si les gens qui le conduisent s'opiniastrent a empescher qu'il ne parte entre cy et le mois d'octobre prochain, et a le diferer a l'année suivante, Madame la duchesse de Savoye doibt s'asseurer qu'Elle ne conservera pas l'authorité qu'Elle a jusqu'au printemps de l'année prochaine, a moins qu'Elle ne se mette en tel estat que Monsieur son Fils et tous ceux qui le veullent separer d'avec Elle, n'osent rien entreprendre contre Elle, moyennant quoy Elle se conserveroit son authorité encores plus de deux ans quand mesme par des cas que l'on ne peut prevoir le mariage de Portugal deviendroit impossible, que si Elle ne prend pas ce party je crois voir beaucoup de raisons de craindre qu'Elle ne passe une vie malheureuse, et que Monsieur son Fils auquel on aura mis dans l'Esprit que Madame la duchesse de Savoye le voulu releguer dans un pays estranger pour regner plus longtemps ne vive fort durement avec Elle, et ne sacrifie tous ses serviteurs a l'ambition de ceux auquels il donne presentement sa confiance, tout ce qui est cy dessus est pour vous seul car vous sçavéz que je ne me mesle point de negociation, et je ne vous en auroit pas tant dit si je ne voyois avec desplaisir que vous seréz envelopé dans le malheur commun, vous ne sçauriéz vous imaginer jusques a quel point les Espagnols craignent ce mariage et la dilligence qu'ils font pour le rompre, je ne doubte point que vous ne sçachiéz que le principal motif du voyage en Espagne du Chancellier de Milan est pour prendre des mesures pour le traverser, je ne vous escris point de lettre ostensible, parce que je n'escris que pour vous seul, et que ce n'est pas a moy a traitter de pareilles choses dans les pais estrangers, comptéz cependant que S.M. me paroist toujours dans toute la bonne disposition que Madame de Savoye peut desirer pour ses interests particuliers et pour la reussite du mariage.

No. 18

A M. LE MARQUIS DE PIANESSE DU 13e FEVRIER 1681 A ST GERMAIN.

J'ay receu dans un pacquet de Monsr de St Mars la lettre que vous avez pris la peine de m'escrire le 2e de ce mois, par laquelle le Roy a veu avec plaisir que Madame la duchesse de Savoye connoist presentement les dispositions de Monsieur son Fils, et les mesures que ceux qui le conduisent prennent pour en faisant diferer son depart pour le Portugal rompre absolument son mariage et oster a Madame la duchesse de Savoye l'authorité qui est presentement entre ses mains, Et bien que S.M. souhaittast fort que Madame la duchesse de Savoye rencontrast moins d'obstacles a l'execution d'un projet aussy grand pour Elle que pour Monsieur son Fils, S.M. croit que le plus grand mal estoit d'ignorer le veritable estat des choses et qu' une si habile princesse ne manquera pas d'expedients pour prevenir les projets de ses Ennemis.

Si Elle pouvoit porter Monsieur le duc de Savoye a fixer un temps pour son depart de trois, 4. ou six mois il luy seroit facile de sortir de l'inquietude ou Elle doibt estre presentement, mais si les gens qui le conduisent continuent a le faire despendre d'une chose qui ne peut estre verifiée, et sur laquelle il se faudra raporter a la bonne foy de Monsieur le duc de Savoye, Madame sa Mere doibt s'asseurer qu'Elle ne conservera pas encores un an son authorité et qu'Elle aura la douleur de voir sacrifier a l'ambition de ceux qui gouvernent Monsieur le duc de Savoye ce qu'Elle a de creatures qui luy ont esté les plus fideles, vous pouvéz vous souvenir de ce que je vous ay dit a Versailles en discourant avec vous sur vostre establissement en Piedmont, je persiste a croire que vous ne debvéz point prendre publiquement part aux affaires jusques a ce que vous croyéz le depart de Monsieur le duc de Savoye seur, ou les affaires mises en Piedmont a tel estat qu'il ne puisse se dispenser de partir, et que si le mariage devenoit impossible l'authorité soit asseurée a Madame la duchesse de Savoye de maniere que personne n'ose donner des Conseils a Monsieur son Fils contre Elle, n'y l'apuyer dans les chagrins qu'il pourroit prendre contre les Creatures de Madame sa Mere.

Il y auroit des expedients seurs pour cela, et qui ne seroient pas nouveaux en Piedmont que vous estes trop habile pour ne pas voir comme moy, et ces mesmes expedients pourroient fournir a l'argent dont vous me parroisséz en peine pour la despense du voyage de Monsieur le duc de Savoye, ne prenéz point cecy pour une proposition car je n'ay aucun ordre de vous en faire et ne me respondéz point sur cet article si l'estat des affaires de Madame de Savoye luy peut donner lieu d'esperer sans se flatter de se maintenir en authorité par une autre voye, proffité seulement de l'advis que je vous donne pour vostre conduite particuliere et soyéz persuadé que Madame la duchesse de Savoye ne connoist pas encores tout ce qui se trame contre Elle, Et vous en seriez bien persuadé si je vous avois entretenu un quart d'heure.

Je ne vous escris point de lettre ostensible par ce que je ne doibz point avoir de commerce dans les pais estrangers et que je ne voudrois pas que cela revenant a ceux qui en sont chargéz leur donnast lieu de croire que j'entreprends sur leur employ, je vous diray seulement pour vous seul que le Roy paroist toujours dans toutes les bonnes dispositions ou vous l'avéz laissé pour les interests particuliers de Madame la duchesse de Savoye, et pour la reussite du mariage./.

No. 19

A M. LE MARQUIS DE PIANESSE DU 23e FEVRIER 1681 A ST GERMAIN.

Je vous suis fort obligé de la part que vous m'avez bien voulu donner de la resolution que Monsieur le duc de Savoye a prise de fixer son depart pour le Portugal. Je suis.

No. 20

A M. LE MARQUIS DE PIANESSE DU 6 AVRIL 1681 A PARIS.

En attendant que le restablissement de ma santé me donne lieu de respondre plus amplement a vos dernieres lettres, J'acuseray par ce mot la reception de celle que vous avéz pris la peine de m'escrire le 27 du mois passé, Et vous diray que quand je ne vous ay point parlé des levées que Madame de Savoye projette de faire pour augmenter ses troupes, c'est que je n'ay point doubté que M l'abbé d'Estrades ne vous fist part de l'ordre qu'il avoit receu du Roy de tesmoigner a Madame de Savoye que Sa Majesté aprouvoit ce projet, et qu'Elle en aprendroit avec plaisir l'execution.

Ce qui s'est passé touchant la Chapelle me paroist meriter de serieuses refflexions, aussy bien que le subit changement de la conduite de Monsieur le duc de Savoye a vostre esgard, je vous conjure d'employer tout le bon esprit que vous avéz pour essayer de descouvrir ce qui se passe, et d'estre bien persuadé qu'il y a en Piedmont une caballe plus vive que jamais, et plus pleine d'esperance de la rupture du mariage de Monsieur le duc de Savoye avec l'Infante de Portugal, personne ne prend plus de part que moy a ce qui vous touche, et n'est plus veritablement & ./.

No. 21

A M. LE MARQUIS DE PIANESSE DU 15 AVRIL 1681 A ST GERMAIN.

M'a [sic] maladie m'a empesché de respondre plustost a la lettre que vous avéz pris la peine de m'escrire le 21e du mois passé, Je crois avoir satisfait par ma derniere qui acusoit la reception de celle du 7e du courant a ce que vous pouviez desirer de moy sur la levée des troupes que Madame de Savoye projette, vous auréz veu aussy ce que je pense sur l'avanture de la chapelle, je souhaitte de tout mon coeur que Monsieur le duc de Savoye ne se fasse pas instruire, et ne veuille pas pratiquer tout ce que Monsieur son Pere a fait a l'esgard de Madame Christine.

Je suis toujours persuadé qu'il y a du mistere dans la liberté avec laquelle S.A.R. parle de son voyage en Portugal, et je n'en crois pas moins dans la mauvaise satisfaction qu'il tesmoigne du president Truchy, je souhaitte que l'evenement montre que je me suis trompé. Je suis tout a vous.

No. 22

LE 24 AVRIL 1681

L'on a escrit un mot au marquis de Pianesse pour luy dire que l'on est bien aise que les affaires du mariage de S.A.R. commencent a bien aller.

No. 23

A M. LE MARQUIS DE PIANESSE DU 2e MAY 1681 A CHAVILLE.

J'ay apris avec bien du plaisir par la lettre que vous avéz pris la peine de m'escrire le 19e du mois passé la nouvelle des fiançailles de Monsieur le duc de Savoye avec l'Infante du Portugal, Je vous remercie de la part que vous avéz bien voulu m'en donner, et je vous suplie d'estre persuadé que l'on ne peut estre plus veritablement que je suis tout a vous./.

No. 24

A MADAME LA DUCHESSE DE SAVOYE DU 5e MAY 1681 A VERSAILLES.

Madame,

Lorsque la lettre dont il a plû a V.A.R. de m'honorer m'a esté rendüe, j'avois deja apris par les lettres de Lisbonne que les ceremonies des fiançailles de Monseigneur vostre Fils avoit esté faites par Monsr le Marquis de Dronaire a la satisfaction commune de tout le royaume, je suis infiniment obligé a V.A.R. de l'honneur qu'Elle me fait de me donner part de la juste joye qu'Elle ressent de tous les pas qui conduisent Monseigneur son Fils a la Couronne que vous luy avéz préparé, Et je suplie V.A.R.

d'estre persuadée que je proffiteray de toutes les occasions qu'il luy plaira me donner de luy faire connoistre avec combien de respect, Je suis.

No. 25

A M. LE MARQUIS DE PIANESSE DU 11e MAY 1681 A VERSAILLES.

J'ay receu la lettre que vous avéz pris la peine de m'escrire le 2e de ce mois, par laquelle J'ay veu avec beaucoup de plaisir le bon estat ou vous croyez avoir mis ce qui regarde le mariage, Je vous conjure de continuer a veiller a ce qui concerne cette affaire, tout comme vous auriéz pû faire si les choses estoient restées sur le mauvais pied ou vous les avéz trouvées, et d'estre persuadé que les Espagnols n'oublieront rien pour le traverser, a quoy ils esperent reussir par le moyen de l'adversion que les peuples ont pour le depart de leur prince, par la difficulté qu'ils esperent que Monsieur de Savoye trouvera a recouvrer tout l'argent dont S.A.R. aura besoin pour finir cette affaire.

Vous avez ce me semble tres prudemment fait, en portant Madame de Savoye a dissimuler ce que Monsieur son Fils avoit fait a l'esgard du garde qu'il auroit retably a l'Insçeu de madame Royalle, cette affairs ne paroit point de consequence, pourveu qu'il n'y ait personne auprés de Monsieur le duc de Savoye qui le porte a renouveller de temps en temps de pareilles choses, C'est ce que vous pouvez mieux connoistre que personne, mais si vous descouvrez qu'il y ait quelqu'un qui se mesle d'Inspirer a monsieur le duc de Savoye de manquer de consideration pour Madame Royalle, Elle ne peut rien faire de plus utile pour prevenir le prejudice que l'on luy veut faire que de punir si severement les autheurs de pareilles Intrigues qu'il n'y ait pas presse a s'en mesler a l'advenir.

Il seroit difficile que je puisse vous donner un advis utile sur ce qui regarde la rebellion des habitants de Montdovis, ne connoissant n'y la force, n'y la sçituation de cette ville, je vous diray seulement qu'il est esgalement dangereux de dissimuler la desobeissance des peuples et de tenter de les soubmettre sans y reussir, que dans la folie que les Piedmontois ont d'empescher que leur Prince n'aille en Portugal, il ne seroit pas impossible si les habitants du Mondovis avoient quelqu'avantage sur le peu de troupes que vous pouvéz mettre contre Eux, que d'autres lieux de Piedmont ne suivissent l'exemple de ces gens la, Et ce d'autant plus que les ministres d'Espagne ne recommandent rien tant au gouverneur du Milanois, que de traverser l'execution du mariage de quelque façon que ce soit, ce sont toutes ces considerations qui ont porté S.M. a ordonner a M. l'abbé d'Estrades d'offrir a Madame de Savoye de ses troupes pour reduire ces gens la, dont le bruit seul de la marche fera peut estre plus d'effect sur ces gens la que toutes les troupes de monsieur le duc de Savoye, Sinon un millier de dragons et trois ou quatre Bataillons d'Infanterie Joints a vostre petite armée vous mettront en estat de sortir d'Intrigue avec reputation, et Madame de Savoye hors d'estat d'aprehender qu'aucun des subjets de Monsieur son Fils ose plus s'oposer a l'execution de ses ordres, si l'affaire peut s'accommoder sans que les troupes du Roy marchent, l'authorité de Madame la duchesse de Savoye recevra toujours un accroissement considerable par la connoissance que ses subjets auront de l'interest que le Roy prend en sa satisfaction, J'ay crû que vous seriéz bien aise de sçavoir cecy auparavant que M. l'abbé d'Estrades execute les ordres que S.M. a ordonné ce matin que l'on luy envoyast, et c'est pour cela que je mande a M. de St Mars de ne pas attendre que quelqu'un vienne de vostre part prendre cette lettre, et de vous l'envoyer par un de ses officiers, qui soubz pretexte de quelqu'autre affaire a Turin trouve moyen de vous la rendre en main propre. Je suis toujours tout a vous./.

No. 26

A M. LE MARQUIS DE PIANESSE DU 25e MAY 1681 A VERSAILLES.

La lettre que vous m'avéz fait l'honneur de m'escrire le 10e de ce mois m'a esté rendüe, Je vous rends graces de la continuation de vos nouvelles, Je ne doubte point que vous ne soyéz presentement Informé de l'arrivée de Monsr d'Opede a Lisbonne.

Je suis tres aise que les habitans du Montdovy rentrent dans leur debvoir, Et que madame la duchesse de Savoye ait la satisfaction de se voir obeye par des gens qui ont resisté a feu Monsieur le duc de Savoye l'offre qui doibt avoir esté fait presentement de la part du Roy a Madame de Savoye de ses troupes pour reduire ceux de ses subjets qui luy manqueroient d'obeissance inspirera sans doubte une grande soubmission dans l'Esprit de tous Ses peuples, et desrangera fort les mesures que l'on commençoit a prendre dans le Milanois pour par des souslevements en Piedmont troubler l'execution du mariage. Je suis tres veritablement tout a vous.

No. 27

A M. LE MARQUIS DE PIANESSE DU 2. JUIN 1681 A VERSAILLES.

J'ay receu la lettre que vous avéz pris la peine de m'escrire le 20e de ce mois [sic] par laquelle J'ay veu que vous estiéz sur le point de marcher avec les troupes que vous commandéz pour la reduction du Montdovis, je souhaitte de tout mon Coeur que vous en reveniéz promptement en bonne santé, Et que ces miserables la deviennent plus soubmis qu'ils ne l'on esté cy devant aux ordres de leur souverain./.

No. 28

A M. LE MARQUIS DE PIANESSE DU 22 JUILLET 1681 A VERSAILLES.

Je reprends avec plaisir le commerce que l'expedition de Montdovis avoit interompüe pour acuser la reception de la lettre que vous m'avez fait l'honneur de m'escrire le 12e de ce mois, par laquelle j'ay apris avec plaisir vostre retour a Turin apres cette affaire finie a la satisfaction de Madame la Duchesse de Savoye. Le Roy a apris avec desplaisir la profonde melancholie ou Monsieur le Duc de Savoye paroist estre, et la mauvaise disposition ou est tout le paÿs a l'esgard du mariage de S.A.R. Je vois toutjours S.M. disposée a continuer Sa protection toute entiere a cette affaire, qui reussira infailliblement pourveu que Madame la duchesse de Savoye et ceux qui sont veritablement dans ses Interests, previennent les accidents qui la pourroient rendre Infructueuse, il est inutile que je vous les mette devant les yeux, puisque vous avez trop bon Esprit pour ne pas connoistre quelles sont les choses qu'il faut essayer d'empescher que les gens oposés au mariage ne fassent arriver, l'estat ou il se faut mettre pour les prevenir, et que si Madame la Duchesse de Savoye ne le fait pas, et que les gens oposés a ses Interests ayent une fois fait eschaper Monsieur son Fils, l'assistance du Roy toute puissante qu'elle est, ne restablira pas les choses sur le pied qu'elles seroient, si ceux qui sont oposés au mariage ne se voyoient pas en estat d'avoir donner un mauvais conseil a Monsieur le duc de Savoye, vous avez grande raison de dire que son voyage doibt commencer dans le mois de may prochain, dieu veuille qu'il n'arrive rien devant ce temps la qui le rompe entierement.

Je prends grande part a la bonne reception que vous a faite Madame la duchesse de Savoye, et j'aprendray toujours avec beaucoup de plaisir qu'Elle ayt avec vous toute la confiance necessaire pour que vous soyez en estat de la bien servir. Je suis tout a vous./.

No. 29

A M. LE MARQUIS DE PIANESSE DU PREMIER AOUST 1681 A FONTAINEBLEAU

Vous aurez veu par mes precedentes que j'ay bien receu toutes les lettres que vous avez pris la peine de m'escrire, J'acuseray par celle cy la reception de celle du 19 du mois passé, par laquelle je suis bien fasché de voir que les advis que je vous ay donnez de l'existence d'une caballe puissante oposée au mariage de Monsieur le duc de Savoye se confirme de plus en plus.

Je suis encore obligé de vous advertir que cette Caballe se croit en meilleure Estat qu'elle n'a encore esté, et que les Espagnols qui la fomentent autant qu'ils le peuvent, croyent avoir une Intrigue avec quelqu'un des officiers majors de Verceil, par le moyen de laquelles ils se promettent de se rendre maistres de la place lorsqu'ils se croiront ne pouvoir plus d'une autre maniere troubler l'execution du projet de Madame la Duchesse de Savoye.

Je ne vois rien qui ne doivent asseurer Madame la duchesse de Savoye de la protection et des assistances du Roy pourveu qu'elle se tienne en estat qu'Elle luy puisse estre utile, et qu'Elle n'y ait point recours trop tard.

C'est avec une grande raison que Madame la Duchesse de Savoye ne prend point confiance au president Truchy, puisque c'est un de ceux qui souhâitte le plus la rupture du mariage, et qui croit debvoir plus proffiter de la ruine de l'authorité de Madame de Savoye et de ses creatures.

Je vous conjure de me mander s'il est vray que les Portugais pretendent qu'en l'absence de Monsieur le duc de Savoye un des grands de Portugal doibt rester aupres de Madame la Duchesse de Savoye pour l'assister de ses conseils, et qu'ils demandent a avoir garnison dans le Chasteau de Nice, et dans la Citadelle de Turin.

L'insolence du marquis de Dronaire me paroist estre parvenüe a un point, que s'il y a de bonnes raisons pour la dissimuler, il y en auroit ce me semble de bien puissantes pour l'en punir.

J'ay apris avec beaucoup de joye la justice que le Roy d'Angleterre s'est resolu de faire aux ambassadeurs de Savoye, en leur donnant le mesme traitement qu'ils reçoivent en France.

Est-il possible que Monsieur dom Gabriel marche de bon pied dans les interests de Madame la Duchesse de Savoye, et qu'il souffre que son Nepveu tienne les propos dont toutes les gazettes d'Italie sont plaines [sic].

No. 30

A M. LE MARQUIS DE PIANESSE DU 5e AOUST 1681 A FONTAINEBLEAU

La lettre que vous avez pris la peine de m'escrire le 25e du mois passé m'a esté rendüe, Je craintz égallement pour la reussite du mariage, le chagrin et la gayeté de Monsieur le duc de Savoye, les nouvelles de Milan portent que le marquis de Dronaire est fort cultivé par les Espagnols, et qu'ayant parlé du Portugal suivant qu'ils ont desiré de luy, le Comte de Melgar doibt au premier jour luy faire payer la gratiffication dont on est convenu avec luy pour le faire parler comme il l'a fait.

L'on compte audit Milan sur un soulevement general du Piedmont pour empescher le depart de Monsieur le duc de Savoye, et l'on marque qu'il seroit deja arrivé, si l'on ne craignoit les secours du Roy par l'aprehension desquelles on le diferera le plus longtemps que l'on pourra, mais que l'on risquera tout lorsque le temps du depart aprochera.

L'on pretend avoir gagné le medecin auquel Monsieur le duc de Savoye a plus de confiance, et l'on se tient asseuré qu'il dira a S.A.R. qu'il ne peut pas vivre en Portugal.

Vous sçavéz ce que je vous ay dit sur vostre entrée dans le Conseil et sur le danger qu'il y a de vous mettre en estat que Monsieur le duc de Savoye, si il ne partoit pas pour le Portugal, vous pust regarder comme un homme qui l'auroit voulu forcer a y aller, comme vous voyéz les choses de prés, je suis persuadé que vous prendrez toujours le bon party, et ainsy je prendray part a vostre satisfaction si l'on vous donne dans le Conseil la place que vous meritéz.

Je ne crois pas que l'abbé Morel sejourne longtemps a Turin, et je suis persuadé que Sa Majesté le renvoyera a Mantoüe sur les Instances que fait Icy le marquis Guerriery.

Je suis tres ayse que l'on vous ait remis toutes les procedures originalles qui avoient esté dressées contre vous. L'on ne peut estre plus veritablement que je suis tout a vous./.

No. 31

A M. LE MARQUIS DE PIANESSE DU 11e AOUST 1681 A FONTAINEBLEAU

La lettre que vous m'avéz fait l'honneur de m'escrire le 28 du mois passé m'a esté rendüe, par laquelle le Roy a veu avec desplaisir ce qui s'est passé entre Monsieur et Madame de Savoye, vous auréz veu par mes precedentes que le soubçon que vous avéz que le marquis de Dronaire est de concert avec les Espagnols, n'est que trop bien fondé, et si Madame la Duchesse de Savoye ne se met en tel estat que les Piedmontois n'osent rien tesmoigner de l'adversion qu'ils ont pour le mariage de Portugal, Elle aura le desplaisir de le voir eschouër, de perdre son authorité, et de voir a ses yeux sacriffier toutes ses Creatures a la passion de ceux qui se rendront maistres de l'Esprit de Monsieur le duc de Savoye.

Le Roy m'a parût disposé d'ordonner a Monsieur de Croissy d'escrire a Monsieur l'abbé d'Estrades au sens que vous proposez, je l'en feray ressouvenir au premier Conseil, et vous manderay ce qui luy aura esté escrit./.

No. 32

A M. LE MARQUIS DE PIANESSE DU 15e AOUST 1681 A FONTAINE-BLEAU.

J'ay receu par le dernier ordinaire la lettre que vous avéz pris la peine de m'escrire le 3e de ce mois, la part sensible que je prends a la gloire de Madame la Duchesse de Savoye, me fait voir avec plaisir que son courage la porte a redoubler ses soins a proportion des difficultés et oppositions qu'Elle rencontre au projet qu'Elle a fait pour Couronner Monsieur son Fils, vous aurez veu par mes precedentes combien les ministres d'Espagne ont de part a toutes ces traverses, il faut esperer que l'Inquietude qu'ils vont prendre de l'arrivée de M. de Boufflers en Dauphiné leur causera une distraction qui pourra estre favorable aux projets de Madame la duchesse de Savoye, et si les troupes du Roy ne sont point assemblées en Dauphiné pour le projet que vous soubçonnez, il faut s'asseurer au moins qu'elles y feront ce bon effect, que ceux du Piedmont qui sont le plus emportés contre le mariage de Portugal executeront avec un peu moins de liberté les projetz qu'ils pourroient avoir fait pour le rompre./.

No. 33

A M. LE MARQUIS DE PIANESSE DU 18e AOUST 1681 A FONTAINE-BLEAU

Vous aurez veu par ma lettre du XIe de ce mois, que le Roy me paroissoit disposé a ordonner a Monsieur de Croissy d'escrire a Monsieur l'abbé d'Estrades sur la conduite du marquis de Dronaire, presentement je puis vous asseurer que cela est executé de maniere que Madame la Duchesse de Savoye aura lieu de connoistre combien Sa Majesté veut contribuer a sa satisfaction, et a la reussite du mariage de Monsieur son Fils. Je suis./.

No. 34

A M. LE MARQUIS DE PIANESSE DU 25e AOUST 1681 A FONTAINEBLEAU.

La lettre que vous avez pris la peine de m'escrire le 11e de ce mois m'a esté rendüe, Madame la Duchesse de Savoye ne peut veiller avec trop de soin a la caballe qui se forme contre le mariage de Monsieur de Savoye, de laquelle Elle peut compter que sont tous les principaux du Piedmont, et que les Espagnols et les Genois apuyeront de tout leur pouvoir.

Il ne peut estre que bon de mettre une garnison dans Yurée, mais je doubte que cette precaution soit bien utile pour rompre les mesures que l'on prend contre le mariage, et la durée de l'authorité de Madame la Duchesse de Savoye.

Je comprends bien que la foiblesse de l'aâge de Monsieur le duc de Savoye[3] luy fait craindre Madame sa Mere et que souvent les resolutions qu'il a fait contre Elle s'esvanoüissent a sa veüe, mais cela peut changer avec l'aâge, et quand cela n'arriveroit pas entre cy et le depart pour le Portugal, lequel les dernieres lettres de Turin mettent au mois d'aoust prochain au lieu du mois de May, il ne seroit pas impossible que lorsque ce temps aprochera, le peu de connoissance qu'a Monsieur le Duc de Savoye le portast a donner la liberté aux chefs de la caballe de tout entreprendre soubz son nom, et je vous laisse a penser ce que les Creatures de Madame de Savoye deviendroient en ce temps la, et quel party il faudroit qu'Elle se resolust de prendre./.

No. 35

A M. LE MARQUIS DE PIANESSE DU 6e SEPTEMRRE 1681 A FONTAINEBLEAU.

Le Roy a veu avec beaucoup de plaisir par vostre lettre du 23e de ce mois [sic] la facilitié avec laquelle vous, et Monsieur dom Gabriel avez obligé les rebelles qui avoient attaqué le Montdovis a s'en retirer, elle donne lieu d'esperer que l'on pourra calmer pour une bonne fois ces gens la ce qui ne se peut ce me semble faire qu'en y demeurant avec des troupes assèz longtemps pour que tous les ouvrages que l'on estimera necessaires pour les

---

[3] marginal note: il avoit environ 15 a 16 ans

tenir en bride soient entierement en estat de deffense au paravant que les troupes s'en retirent, autrement les inductions des Espagnols et des Genois ne manqueront point de les porter a recommencer des le moment qu'ils verront les troupes de Madame la Duchesse de Savoye retirées.

Je ne doubte point que vous n'ayéz apris presentement la maniere dont Monsieur l'abbé d'Estrades aura executé ce qui luy a esté ordonné par S.M. a l'esgard du Marquis de Dronaire.

Les dernieres lettres venües de Turin parlent comme si vous n'estiéz plus si bien aupres de Madame la Duchesse de Savoye, et elles portent que vous estiéz fort brouillé avec Monsieur vostre Nepveu, mandéz moy je vous suplie ce qui en est, et si comme je l'espere cela est faux, ce qui pourra avoir donné lieu a ce bruit qui ne vient point de Monsieur l'abbé d'Estrades, mais bien de gens par lesquels on a toujours eu des nouvelles beaucoup plus distinctes que par luy, n'y par Monsieur de Villars.

Puisque Madame la Duchesse de Savoye a reconnû que l'advis qui luy a esté donné concernant Verceil est veritable il y a lieu d'esperer qu'Elle y mettra qu'Elle rompra entierement les mesures des Espagnols.[4] L'on ne peut estre plus veritablement que je suis tout a vous.

No. 36

A M. LE MARQUIS DE PIANESSE DU 9 SEPTEMBRE 1681 A FONTAINEBLEAU

J'ay receu la lettre que vous avéz pris la peine de m'escrire le 28e du mois passé, par laquelle le Roy a apris avec beaucoup de joye l'heureux Succés qu'a eu vostre voyage au Montdovis, et les mesures solides que Madame de Savoye prend pour s'asseurer pour toutjours la soubmission de ces quartiers la, je souhaitte d'aprendre bientost que vous en soyés de retour en bonne santé.

Je ne doubte point que S.M. ne vous donnast de l'employ si Elle estoit obligée d'envoyer une armée en Italie, mais la foiblesse y est si grande que je ne crois pas que Sa Majesté ait si tost occasion de vous donner de l'occupation.

J'espere qu'a vostre retour a Turin, vous me ferez part du sujet des conversations que Monsieur le Duc de Savoye a avec l'abbé de la Tour.

Je ne doubte point que lorsque Monsieur l'abbé d'Estrades rendra compte au Roy de ce qu'il a fait a l'esgard du Marquis de

---

[4] Some words have evidently been left out in this sentence. It should probably be: il y a lieu d'esperer qu'Elle y mettra *tant d'ordre* qu'Elle rompra entièrement . . etc.

Dronaire, S.M. ne luy ordonne de prendre garde a sa conduite de maniere qu'il ne manque aucune occasion de marquer audit Marquis de Dronaire la mauvaise satisfaction de S.M.

Si Madame la Duchesse de Savoye continüe a souffrir que l'on prenne la liberté de parler d'Elle, son authorité en recevra un prejudice considerable, et si Elle ne peut descouvrir les autheurs des lettres sans seing qui viennent contre Elle, il faut s'en prendre a ceux qui les rendent, et en faire de tels exemples, que l'on ne croye point pouvoir rien entreprendre contre Elle impunement. Je suis tout a vous./.

No. 37

A M. LE MARQUIS DE PIANESSE DU 15e SEPTEMBRE 1681 A FONTAINEBLEAU.

J'ay receu la lettre que vous avez pris la peine de m'escrire le 4e de de mois, par laquelle le Roy a esté bien aise d'aprendre que Monsieur l'abbé d'Estrades ait executé bien ponctuellement ce que S.M. luy avoit ordonné a l'esgard du Marquis de Dronaire, et la satisfaction que Madame la Duchesse de Savoye en a.

La response que Monsieur le Duc de Savoye a faite a Monsieur l'abbé d'Estrades, lorsqu'il luy a donné part de ce qui s'estoit passé a l'esgard dudit Marquis de Dronaire, a paru au Roy bien mesurée pour un prince aussy jeune que Monsieur le Duc de Savoye et si (comme il n'y a pas lieu de doubter) puisque vous me le mandez, ce qui s'est passé a l'esgard dudit Marquis de Dronaire a desplû a Monsieur le Duc de Savoye, il doibt estre d'une dissimulation bien profonde pour son aâge, et bien maistre de soy pour respondre comme il a fait a Monsieur l'abbé d'Estrades.

No. 38

A M. LE MARQUIS DE PIANESSE DU OCTOBRE 1681 A STRASBOURG.

Apres avoir esté un temps considerable sans recevoir de vos nouvelles, l'on m'a rendu en cette ville la lettre que vous avez pris la peine de m'escrire le 20e du mois passé, Je ne doubte point que M. Truchy ne soit fort mortiffié de la deffense que le Roy a faite a Monsieur d'Herleville de plus entretenir aucune correspondance avec luy.

Le Roy verra sans doubte avec plaisir dans deux ou trois jours que je seray en estat de luy lire vostre lettre, que l'authorité de

Madame la Duchesse de Savoye se restablisse solidement du costé du Montdovis, ou il ne faut point croire que l'on puisse contenir les rebelles par douceur tant qu'ils seront excités par les Espagnols, ce qui continuera asseurement jusqu'au depart de Monsieur le Duc de Savoye.

J'ay veu avec beaucoup de joye ce que vous me mandéz de la maniere dont Madame la Duchesse de Savoye vous traitte, et que tous les bruits du refroidissement de sa confiance pour vous soient sans fondement.

La peur que vous dites que l'on a eu a Turin de l'emeute du Montdovis pourroit estre attribuée au peu d'experience du Conseil de Madame la Duchesse de Savoye, mais il ne faut point se tromper, elle a esté affectée et exageré pour essayer de faire faire quelque pas a Madame la Duchesse de Savoye qui puissent donner courage aux mutins, et exciter d'autres Communautés a se soulever comme celle de Montdovis.

Je ne crois pas que le Roy fasse difficulté d'ordonner a Monsieur l'abbé d'Estrades de se laisser entendre que le sujet principal de mescontentement que Sa Majesté a du Marquis de Dronaire, consiste en la mauvaise conduite qu'il a tenüe a l'esgard de Madame Royalle, mais examinéz bien s'il vous plaist auparavant que l'on fasse ce pas si Elle pourra resister aux Instances que luy fera la parenté dudit Marquis de Dronaire de luy obtenir le pardon de S.M., et si en cas que Madame la Duchesse de Savoye resiste a leurs prieres, la haysne ne retombera point sur vous ou sur Monsieur vostre Nepveu, c'est sur ce quoy j'attendray de vos nouvelles auparavant que de faire cette proposition a Sa Majesté, et cependant si Monsieur le Chevalier de Savoye se conduit mal a l'esgard de Madame la Duchesse de Savoye, je ne doubte point que S.M. ne fasse ce que S.A.R. pourra desirer pour le contenir.

Vous aurez veu presentement l'execution du Traïtté que le Roy a fait avec Monsieur de Mantoüe par l'entrée de ses troupes dans Casal, je ne doubte point que les mauvais politiques de vostre Cour n'en soient bien faschés, et que les veritables serviteurs de Madame la Duchesse de Savoye n'en soyent tres ayses, puisque son authorité ne peut durer en Piedmont, soit que le mariage se fasse, ou qu'il ne se fasse point, que par la protection et l'assistance tres vive de Sa Majesté qui sera beaucoup plus en estat de la luy donner ayant Casal que si S.M. ne l'avoit point.

No. 39

A M. LE MARQUIS DE PIANESSE
DU 16 OCTOBRE 1681 A BRISACK

J'ay receu la lettre que vous avez pris la peine de m'escrire le 26e du mois passé, Le Roy a apris avec beaucoup de plaisir que vous ayéz esté placé dans le Conseil d'Estat et Elle [sic] m'a commandé de vous asseurer de la part qu'Elle prendroit toujours de vos advantages.

Je doubte que la continuation des graces de Madame la Duchesse de Savoye pour le Marquis de Montroux le porte a inspirer a une amie sincere a Monsieur le Duc de Savoye de quitter le Piedmont.

Vous debvéz estre Informé presentement de ce qui a fait marcher M. de Boufflers soubz Pignerol, Je ne doubte point que Madame la Duchesse de Savoye n'ai esté satisfaite de la maniere dont les troupes du Roy qu'il commande auront vescu en Piedmont, et que ceux qui se souviennent d'avoir veu des troupes de France en ce pays la, ne trouvent celles cy bien changées tant a l'esgard de la beauté, que de la discipline.

Je ne vous mande rien de particulier sur cela parce que l'affaire estant faite, il me semble que cela seroît presentement inutile.

Je ne doubte point que les instructions qui ont esté envoyées au ministre de Monsieur le duc de Savoye a Vienne, n'ayent esté formées par des ministres qui ont peu d'affection pour la France, et encores moins de connoissance des veritables interests du Piedmont, car l'Envoyé de Monsieur de Savoye a dit il y a plus de trois semaines a l'Empereur, qu'il ne falloit point doubter que les françois ne dubssent estre incessamment maistres de Casal, que Madame de Savoye en estoit au desespoir, et que si Elle estoit en estat de refuser le passage aux troupes du Roy Elle s'y oposeroit de tout son coeur.

Ce que je vous dit a cet esgard est pour vous tout seul, et si je m'apercevois que vous en eussiéz parlé a personne, vous debvéz estre persuadé que je cesserois tout commerce avec vous, l'advis que le Roy en a eu n'a fait aucune mauvaise impression dans l'Esprît de S.M. contre Madame la Duchesse de Savoye, estant persuadée que de pareilles lettres ont esté faites sans sa participation, et qu'il est impossible qu'Elle ne connoisse asséz son veritable interest pour avoir de la joye de voir le Roy en estat de la faire obeir en Piedmont malgré Monsieur son Fils mesme s'il estoit capable de se livrer aux ennemis de Madame la Duchesse de Savoye.

Depuis ma derniere j'ay rendu compte au Roy de ce que je vous avoit escrit a l'esgard de Monsieur le Chevallier de Savoye que S.M. a aprouvé, et m'a commandé de vous faire sçavoir que vous pouvez asseurer Madame Royalle que Sa Majesté fera a l'esgard de Monsieur le Chevallier de Savoye tout ce qu' Elle desirera pour le punir de la mauvaise conduite qu'il tiendroit a son esgard./.

No. 40

A M. LE MARQUIS DE PIANESSE DU 20e OCTOBRE 1681 A ENSISHEIM

J'ay receu la lettre que vous avez pris la peine de m'escrire le 3e de ce mois, par laquelle le Roy a veu ce que vous avez mandé a Monsieur Catinat sur les seuretéz a prendre pour la Seureté des Convoyes, a quoy je ne doubte point qu'il ne se soit entierement conformé, puisqu'il avoit ordre de prendre vos Conseils et de les suivre.

Les advis venus de Turin par les deux derniers ordinaires, portent que l'abbé de la Tour, le president Salanicin, et le Sr de Lescherênnes, paroissent estre fort deschus dans l'Esprit de Madame la Duchesse de Savoye, et que l'on ne croit pas qu'ils se meslent longtemps d'affaires.

Je comprends bien la raison pour laquelle on esloigne le Sr de Lescherenne, mais il me semble a l'esgard du president Salanicin que c'estoit vous qui l'aviéz remis dans les affaires. Et l'abbé de la Tour estant employé pour ramener l'Esprit de Monsieur le Duc de Savoye, J'ay de la peine a comprendre ce qui peut avoir donné lieu a ce changement, marquéz moy je vous prie si cela est veritable, et si cela s'est fait avec vostre participation./.

No. 41

A M. LE MARQUIS DE PIANESSE DU 31 OCTOBRE 1681 A PONT A MOUSSON

Ce mot n'est que pour acuser reception de la lettre que vous m'avéz fait l'honneur de m'escrire le 11e de ce mois, par laquelle j'ay veu avec beaucoup de plaisir vostre retour a Turin, et le favorable accüeil que vous ont fait leurs Altesses Royalles, J'ay acusé regulierement la reception de toutes les lettres que j'ay receues de vous, lesquelles n'ont point esté ouvertes pendant mon absence d'auprés du Roy, et m'ont esté rendües toutes fermées, l'on ne peut prendre plus de part que je fais a ce qui vous touche et estre plus veritablement que je suis tout a vous./.

No. 42

A M. LE MARQUIS DE PIANESSE DU 26 NOVEMBRE 1681 A ST GERMAIN

Je respondray par cette lettre aux trois que vous m'avez fait l'honneur de m'escrire les premier, 4. et 8e de ce mois, Je ne vois aucune aparence que le Roy songe a retirer Monsieur l'abbé d'Estrades.

Je ne comprends pas bien quel est l'estat de la fortune de l'abbé de la Tour, car il me semble que c'est par ordre et la participation de Madame Royalle qu'il est entré dans la confidence de Monsieur le duc de Savoye, et cependant il me semble d'un autre costé que Madame la Duchesse de Savoye se deffie de luy, et prend des precautions contre un homme qu'Elle vient de charger d'un pareil Employ.

Le Roy est bien informé du mauvais estat des ouvrages de Savonne, mais toutes les relations que S.M. en a portent que le port est gasté de maniere qu'il n'est pas possible de le restablir, ayant esté gasté par les Gennois qui y ont enfoncé une grande quantité de Caisses remplies de maçonnerie d'une si considerable grosseur, que l'on ne croit pas que l'on les en puisse jamais retirer.

Je ne comprends pas de quel argent le Comte de Melgard fait ses levées, le Viceroy de Naples ne luy en envoyant point, et les finances d'Espagne n'estant guieres en estat de le secourir, J'ay ouy dire qu'il tire quelque chose de la Republique de Gennes, vous rendréz au Roy un service qui luy seroit fort agreable, si vous luy pouviéz donner quelque lumiere sur cela.

Madame la Duchesse de Savoye ne doibt avoir aucune Inquietude des articles Inseréz dans le traitté en execution duquel Casal a esté remis au Roy, tant qu'Elle gardera avec S.M. les mesures convenables a la scituation de ses Estats.

Le Roy ne peut rien desirer du Piedmont que la continuation de la conduite que l'on y tient depuis quelque temps, et que le gouvernement de ces Estats demeure entre les mains de Madame la Duchesse de Savoye, c'est a Elle a voir ce qu'il est necessaire qu'Elle fasse, pour que soit que Monsieur le Duc de Savoye reste en Piedmont, soit qu'apres avoir fait un tour en Portugal il luy prist envie d'y revenir, ou d'y envoyer quelque Portugais pour y commander, les affaires y soient en estat que l'on n'ose point attaquer l'authorité de Madame la Duchesse de Savoye pendant la durée de laquelle le Roy croira ses Interests de ces costéz la plus asseurés que si ses troupes estoient dans les principalles place du pais.

Vous me faites plaisir de m'advertir des maladies que cause d'ordinaire aux troupes l'air de la Citadelle de Casal, je vous serois encores plus obligé si vous voulliéz bien me mander si l'air de la ville est aussy mauvais que celuy de la Citadelle, et s'il n'y auroit rien a faire pour preserver les troupes du deperissement qu'il leur doibt causer.

Comme rien ne peut tant contribuer a la santé de la garnison, que les bons logemens, S.M. y va faire faire des bastiments considerables pour lesquels on aura besoin de beaucoup de bois que l'on sera obligé de prendre pour la plus part dans les terres de Madame de Savoye, a quoy S.M. s'attend qu'Elle aportera toute la facilité que le Roy peut desirer.

Le Roy a receu beaucoup de plaintes par la Reyne de Portugal, et par l'Envoyé de cette Couronne, de la conduite de Monsieur d'Oppede, mais comme S.M. ne peut recevoir que dans quinze jours des lettres de M. d'Oppede sur le fait dont on se plaint, Elle a suspendu de prendre sa resolution sur la continuation de son sejour en Portugal jusques a ce qu'Elle ait eu de ses nouvelles, et quand Elle ne jugeroit pas a propos de l'en retirer, Elle luy envoyera de tels ordres qu'il se contiendra a l'advenir dans de telles bornes que la Reyne de Portugal aura lieu d'en estre contente.

Quoyque vous me disiéz de l'aparence qu'il y a que Monsieur le Duc de Savoye partira au mois d'aoust prochain pour le Portugal, Je ne puis m'oster de l'Esprit que l'Intention qu'il fait paroistre n'est point sincere, et que la caballe opposée a Madame la Duchesse de Savoye luy fait tenir cette conduite et ces discours, dans l'esperance de pouvoir mieux parvenir a ses fins.

Le Roy a veu avec plaisir ce qu'il a plû a Madame Royalle de faire en faveur de M. de St Laurent des services duquel S.M. est asséz contente pour ne luy pas refuser ses offices aupres de Madame de Savoye lorsque le temps aura rendu le pardon de celuy qui a failly moins difficile qu'il n'est presentement.

Vous pouvez donner directement a M. Catinat tous les advis que vous croirez estre du service du Roy, desquels il proffitera avec tout le secret que vous pouvez desirer.

Le Roy a veu avec surprise la faute qu'a faite le Secretaire d'Estat Girardin, en changeant sans ordre la suscription usitée cy devant par messieurs les ducs de Savoye en escrivant au Roy d'Angleterre, neantmoins S.M. n'a point balancé a me commander de vous marquer qu'Elle prenoit trop de part aux avantages de la maison de Savoye, et a ce qui regarde Madame Royalle pour voulloir aporter aucun obstacle a la satisfaction qu'Elle doibt avoir d'avoir procuré pendant sa regence les traittement Royaux en Angleterre aux ambassadeurs de Monsieur son Fils, a quoy j'adjousteray pour vous seul, que ce qu'a fait le Secretaire d'Estat Girardin a paru a S.M. une suitte de la conduite que l'on tenoit en Piedmont il y a quelques années et que la bonne foy avec laquelle Madame la Duchesse de Savoye a bien voulu consulter le Roy sur une affaire qui ne seroit jamais venüe a sa connoissance luy a fort marqué combien cette conduite est changée, et que Madame la Duchesse de Savoye connoist bien presentement quels sont ses veritables interests.

Je suis un peu scandalisé contre vous, que vous ayéz montré a Madame la Duchesse de Savoye les lettres que je vous ay escrites concernant l'affaire des deserteurs, car quoyque nostre correspondance ne luy doibve estre en quelque chose que ce puisse estre suspecte, je vous mande souvent des choses que je ne vous escrirois pas si je sçavois que Madame la Duchesse de Savoye les deubst lire comme je vous les escris. Je suis tout a vous./.

No. 43

A M. LE MARQUIS DE PIANESSE DU PREMIER DECEMBRE 1681 A ST GERMAIN

La lettre que vous avéz pris la peine de m'escrire le 15e du mois passé m'a esté rendüe, Les discours que Monsieur le Duc de Savoye a tenus a Madame Royalle, sur l'Inutilité de lever des troupes presentement qu'il veut bien aller en Portugal me paroist meriter beaucoup de refflexion, et de nature a luy avoir esté suggeré par les gens opposés aux Interests de Madame de Savoye, dont je suis persuadé que les projets ont esté bien desmontréz par l'affaire de Casal.

Je n'ay encores eu nule notion de la resolution que vous me dites avoir esté prise en Espagne d'envoyer M. de Monterey en Milanois, s'il n'y fait pas mieux qu'il a fait en Flandre, il ne restablira pas les affaires de ce pays la.

Le Roy prendra les mesures necessaires pour empescher que la foiblesse de la garnison de la Citadelle de Casal pendant l'Esté prochain, ne tente les Espagnols d'y entreprendre quelque chose./.

No. 44

A M. LE MARQUIS DE PIANESSE DU XIe DECEMBRE 1681 A ST GERMAIN

Comme j'ay receu dans un mesme pacquet de Monsr de St Mars vos lettres du 19 et 25e du mois dernier je n'y responds qu'en mesme temps, et je n'ay pas mis dans mon autre lettre qui accompagnera celle cy, la veritable Raison du retardement de ma response, afin que si vous estiéz obligé de la montrer, il n'y soit point fait mention du commerce de lettres que nous avons ensemble.

Je n'ay pû respondre plustost aux susdites lettres, parce que les ayant receües pendant un voyage que j'ay fait en Luxembourg, et ne confiant vos lettres a personne, je les avois mises dans une Cassette dont je ne me suis souvenu de les retirer que depuis deux jours.

Il faut estre aussy peu experimenté que l'est Monsr le president Truchy en fait de guerres pour s'imaginer que l'on surprenne une place de vingt Lieües loing par des soldats que l'on laisseroit aller a la debandade.

J'ay veu icy monsr vostre Fils que j'ay trouvé tres bien fait, et auquel je rendray avec plaisir tous les services qui pourront despendre de moy.

Les dernieres lettres de Turin parlent d'un demeslé que vous avez eu avec monsr l'abbé de Verüe, que l'on pretend avoir tenu des discours fort peu prudents sur l'attachement que vous conservéz pour le service du Roy.

Celles de Milan du 25e du mois passé, portent que le Comte de Landriany a despesché un Exprés au Comte de Melgar, et un homme qui pretend avoir veu la despesche, mande qu'elle portoit qu'il y avoit a Verceil un homme de Turin de la part de Monsieur le Prince Philibert que je crois estre Monsieur le Prince de Carignan, lequel y attendoit dom Fernando Baldéz, et dom Tite Orinetty, lesquels debvoyent aller a Verceil soubz pretexte d'aller a la rencontre du Marquis Hommodei qui y debvoit passer au premier jour venant d'Espagne, que la conference du deputté dudit prince Philibert avec les sus dits Baldéz et dom Tite, se debvoit tenir dans la maison du Comte Martiniani, que le but de cette entrevüe estoit pour voir par quel Expedient on traverseroit l'execution du mariage de Monsieur le duc de Savoye, de quoy le Roy m'a commandé de vous donner part, afin que vous puissiez proffiter de cette connoissance pour traverser les desseins des Ennemis de Madame la duchesse de Savoye./.

No. 45

AUTRE LETTRE DE M. DE LOUVOIS A M. LE MARQUIS DE PIANESSE DU MESME JOUR ONZE DECEMBRE 1681.

C'est avec bien de la confusion que je responds presentement a la lettre que vous avez pris la peine de m'escrire de Mont Allier le 19e du mois d'octobre dernier, mais les embaras du voyage ont esté tels, et la quantité d'affaires que j'ay eües Icy a mon retour si grandes, que je n'ay pû vous remercier plus tost du compliment que vous me faites sur la reduction de Strasbourg, au succés de laquelle je ne doubte point que vous preniéz quelque part, par la gloire et l'avantage qui en reviennent a S.M.

J'ay veu ce que vous me mandéz de l'advis que Madame de Savoye, a eu du commerce que le marquis de Dronaire entretient avec monsr de Jovenasse, Je feray tout ce qui despendra de moy pour donner lieu a Madame de Savoye d'estre instruite du detail de ce qui s'y passe, pourvueu que vous me mandiez precisement qu'elle est l'adresse dont se sert ledit Marquis de Dronaire pour entretenir ce commerce, car de se saisir a Lyon de toutes les lettres qui y passent pour le Portugal, et de les envoyer a Turin pour que Madame la Duchesse de Savoye puisse faire reconnoistre celles qu'Elle cherche, cela causeroit un grand desordre au commerce, et peut estre la ruine de quelque marchand considerable, J'attendray donc l'esclaircissement que vous me donneréz sur cela, et vous pouvéz asseurer Madame Royalle que je m'employeray avec plaisir pour luy procurer la satisfaction qu'Elle desire, Et luy donner lieu de connoistre en vray tout ce que l'on fait pour traverser le mariage de Monsieur son Fils avec l'Infante de Portugal, contre lequel les Piedmontois les plus emportez n'agissent que par ce qu'ils esperent que la rupture de ce mariage finira l'administration de Madame la Duchesse de Savoye./.

No. 46

A M. LE MARQUIS DE PIANESSE DU 3 DECEMBRE 1681 A ST GERMAIN.

J'ay receu la lettre que vous avez pris la peine de m'escrire le 28 du mois passé, par laquelle J'ay veu avec beaucoup de plaisir les mesures que l'on continue de prendre pour l'execution du mariage de S.A.R., que je crains toujours qui ne soit traversé par quelqu'un de ceux qui donnent toute leur aplication a le rompre, vous sçavez combien de temps il faut pour esquiper une flotte, et il est asseuré que si l'on ne commence pas a travailler en Portugal a cet armement dés le premier jour du mois prochain. il ne sera point prest pour le temps auquel on a reglé l'embarquement de S.A.R.

Vous auréz apris sans doubte presentement combien le Roy a desaprouvé l'action de Monsr d'Oppede, qui ne luy a jamais esté commandée.

Je ne doubte point que vous ne soyéz Informé de l'advis que Madame Royalle doibt avoir receu presentement de Monsieur le Cardinal d'Estrées touchant la conduite de Monsieur le Chevalier de Savoye, il est inutile a Madame Royalle et a vous de sçavoir par qui je la receu, mais vous pouvéz vous asseurer que l'advis est bon, et que mondit Sr le Chevallier de Savoye ne peut estre plus mal intentionné qu'il est pour Madame la duchesse de Savoye, n'y rechercher avec plus d'empressement qu'il fait les occasions de luy nuire.

No. 47

A M. LE MARQUIS DE PIANESSE DU 26 DECEMBRE 1681 A PARIS.

La lettre que vous m'avez fait l'honneur de m'escrire le 6e de ce mois m'a esté rendüe, Le Roy a paru fort content de ce que Madame la Duchesse de Savoye a reglé en dernier lieu sur le fait des deserteurs, S.M. s'attend qu' Elle donnera ordre a ceux qui ont l'honneur de la servir, de tenir la main a ce que cela soit executé de bonne foy, comme cela le sera asseurement de la part des officiers de S.M.

Le Roy a veu avec beaucoup de surprise ce que Monsr l'abbé d'Estrades vous a dit du chagrin qu'il a de l'ordre qui luy a esté envoyé concernant le marquis de Dronaire, S.M. a resolu de ne point faire semblant d'en avoir connoissance, parce qu'une Imprudence pareille a un homme dans son poste meriteroit une punition severe, Je ne crois pas que je puisse rien mander a mondit Sr l'abbé d'Estrades sur cette affaire qui puisse le redresser, n'y qui puisse servir a luy oster l'impression qu'il a que c'est vous qui luy avéz procuré cet ordre, puiqu'il a esté expedié par Monsr de Croissy, me paroissant que tout ce que je pourrois luy dire sur une chose dont je ne luy ay jamais escrit, ne serviroit qu'a luy confirmer l'opinion ou il est sur cela a vostre esgard.

Je vous ay deja mandé que le Roy ne pensoit point a rappeller Monsr l'abbé d'Estrades, ainsy il n'y a que les instances qu'il feroit pour son retour qui pûssent y donner lieu, et je n'ay point encores apris qu'il pensast a en faire, si j'en aprends quelque chose je vous en donneray part aussy tost.

Vous debvez avoir presentement m'a [sic] response sur ce que Madame de Savoye avoit desiré a l'esgard du commerce de Monsr. de Giovenasse, sur quoy je ne puis vous mander autre chose, si ce n'est que si l'on me designe bien lesdits pacquets je ne manqueray pas de les faire prendre, et de vous les envoyer, S.M. ayant bien voullu m'en accorder la permission.

No. 48

A M. LE MARQUIS DE PIANESSE DU 30e DECEMBRE 1681 A ST GERMAIN.

J'ay receu la lettre que vous avéz pris la peine de m'escrire le 13e de ce mois, je ne doubte point que Madame la Duchesse de Savoye ne soit satisfaite de toutes les precautions que le Roy a trouvé bon que l'on prist pour empescher que la Franchise qu'Elle a accordé pour ce qui sortira ou passera en Piedmont pour Casal ne donne lieu a aucun desordre au prejudice des fermes de Monsieur le duc de Savoye, et si vous croyéz qu'il y ait encores quelque chose a adjouster aux ordres que S.M. a donné sur cela, vous luy feréz plaisir de me le mander, l'intention de S.M. estant que les droits de Monsieur le duc de Savoye soient mieux conservé que si c'estoit les siens propres.

Il ne peut convenir au service du Roy n'y de Madame la duchesse de Savoye que l'affaire du marquis de Dronaire s'accommode si tost, et le vray moyen d'empescher que personne n'ait la hardiesse de s'opposer aux projets de Madame la Duchesse de Savoye, c'est de donner a un homme comme ledit Sr de Dronaire une longue mortiffication, laquelle contienne les autres dans le respect qu'ils doivent a Madame de Savoye, et c'est ce qui a fait resoudre S.M. a faire escrire par Monsr de Croissy a Monsr l'abbé d'Estrades, que S.M. ayant receu de nouveaux advis du commerce que ledit Marquis de Dronaire entretient encore avec les Espagnols, Elle estime qu'il est de son service qu'il continüe de vivre a son esgard de maniere que personne ne puisse croire que S.M. ait oublié la mauvaise satisfaction qu'Elle a eüe de la conduite dudit Marquis de Dronaire.

Vous auréz veu par mes precedentes que le Roy a fait escrire a Monsr. d'Oppede dans tous les termes necessaires pour luy tesmoigner la mauvaise satisfaction que S.M. a eu de la conduite qu'il a tenüe a Lisbonne, et pour luy faire comprendre qu'il ne doibt rien oublier pour meriter la confiance de la Reyne de Portugal, et luy faire perdre le souvenir de la mauvaise conduite qu'il a tenüe.

Je brusle moy mesme vos lettres dés que j'y ay respondu, et vous pouvéz compter que je continueray a en user de mesme./.

No. 49

A M. LE MARQUIS DE PIANESSE DU 5e JANVIER 1682.

J'ay receu la lettre que vous avez pris la peine de m'escrire le 24e du mois passé, qui m'aprend avec beaucoup de joye que le mariage de Monsieur le Duc de Savoye en Portugal se confirme de plus en plus, Je suis persuadé que l'establissement des troupes du Roy a Casal n'a pas peu contribué a en asseuré le succés, en ostant a ceux qui voulloient s'y opposer l'esperance d'estre soustenus par les Espagnols.

No. 50

A M. LE MARQUIS DE PIANESSE DU 14e JANVIER 1682 A ST GERMAIN.

J'ay receu la lettre que vous avez pris la peine de m'escrire le 20e du mois passé, par laquelle le Roy a veu avec plaisir la disposition ou est Madame Royalle de permettre aux officiers des Regiments Royal Roussillon, et de St Laurent de lever des recreües en Savoye, il est Juste que lorsque les officiers voudront en vertu de cette permission faire quelque levée ils en rendent compte au Commandant du pays, aussy bien que du chemin qu'ils voudront tenir pour en payant gagner les estapes de France. Aussy le Roy ne fera-t-il point de difficulté de permettre aux officiers des troupes de Monsieur le Duc de Savoye de faire des recreües en Lyonois, et en Dauphiné, S.M. desire seulement que l'on convienne des precautions necessaires, pour que soubz pretexte de faire des levées pour Monsieur le Duc de Savoye on n'en fasse point pour les autres princes d'Italie, moyennant quoy si Madame de Savoye desire qu'au Lyonois et au Dauphiné qui sont apparemment plus que suffisants pour luy fournir les hommes dont Monsieur son Fils a besoin, on y adjouste la Provence quoyqu'il n'y ait guieres de comparaison de l'estandüe de ces provinces avec la Savoye, S.M. n'en fera point de difficulté, il faudra seulement convenir que les officiers qui viendront faire des levées dans ces pais la, ne pourront prendre des deserteurs des troupes qui y seront en garnison, J'attendray de vos nouvelles sur ce que dessus, et la Copie des ordres que Madame de Savoye aura envoyé pour cet effect, apresquoy ceux de S.M. seront adressez en Lyonois, Dauphiné et Provence, et les Colonels des Regiments Royal Roussillon, et St

Laurent advertis de la maniere dont les officiers qu'ils envoyeront debvront se conduire pour jouir de la grace qu'il a plû a Madame la Duchesse de Savoye de leur faire, Je suis tres veritablement tout a vous./.

No. 51

A M. LE MARQUIS DE PIANESSE DU 15e JANVIER 1682 A ST GERMAIN

J'ay receu la lettre que vous m'avez fait l'honneur de m'escrire le premier de ce mois, vous auréz veu par une de mes precedentes ce que le Roy a fait mander a monsr l'abbé d'Estrades sur Monsr le Marquis de Dronaire, il faut esperer que cet advertissement le redressera, et l'obligera a ne plus parler sur ce qui le regarde comme il a fait jusqu'a present, Je vous remercie de l'advis que vous donnez sur ce qui pourroit contribuer a preserver la garnison de Casal des maladies qui y sont ordinaires, S.M. fera examiner cette proposition, et en proffitera suivant l'estat ou seront les Espagnols en Milanois au mois de juillet prochain, s'il vous vient quelque chose de pareil dans l'Esprit, je vous suplie de vouloir bien continuer a m'en donner part./.

No. 52

A M. LE MARQUIS DE PIANESSE DU 24[e] JANVIER 1682 A ST GERMAIN.

Le Roy ayant receu advis de Milan que les Espagnols ayant perdu esperance de rien entreprendre sur Casal depuis que les troupes du Roy sont dans le Chasteau, ils meditent quelqu'entreprise sur Verceil, et quoyqu'il y ait bien de l'aparence qu'ils pensent plus a donner de la reputation a leurs affaires qu'a faire une pareille action dans la conjoncture presente, S.M. n'a pas laissé de me commander de vous en advertir, afin qu'aprés en avoir Informé Madame la duchesse de Savoye, Elle puisse donner de tels ordres qu'une place de si grande Importance pour la seureté de son pais, soit gardée de maniere que le projet des Espagnols s'il estoit veritable, ne puisse reussir./. Je suis tout a vous.

No. 53

A M. LE MARQUIS DE PIANESSE DU 26 JANVIER 1682

La lettre que vous m'avez fait l'honneur de m'escrire le 12e de ce mois m'a esté rendüe, par laquelle J'ay veu tout ce qui s'est passé entre vous et monsr l'abbé d'Estrades, et l'aparence qu'il y a que la conversation que vous avéz eüe avec luy calmera les Inquietudes qu'il a eües a vostre esgard.

Je connois mieux que personne combien il est difficile que la fourniture du fourage en detail pour le compte du Roy luy soit advantageux, mais comme suivant ce que l'on m'a mandé de Casal, ceux qui ont fait des propositions jusqu'a present, ont voullu traitter pour deux ou 3. ans sur un pied qui seroit avantageux par raport au prix ou seront les fourages d'Icy au mois de juin prochain, mais qui seroit apres ce temps la fort prejudiciable au Roy, J'ay crû qu'il valloit mieux payer les choses cherement encores trois ou quatre mois que de s'engager mal a propos pour 2 n'y pour 3 ans.

Puisque Madame la Duchesse de Savoye est Informée des projets de Monsieur le Chevallier de Savoye je ne doubte point qu'Elle ne donne l'application necessaire a luy faire faire le voyage qu'il avoit projetté.

Les Espagnols peuvent menacer presentement les places de Madame la Duchesse de Savoye, mais je doubte qu'ils entreprennent rien a force ouverte au printemps, et je suis bien persuadé qu'ils donneroient volontiers toutes les seuretés que l'on leur demanderoit sur cela pourvueu que l'on les voullust remettre de la frayeur que leur causera la fonte des neiges./.

No. 54

A M. LE MARQUIS DE PIANESSE DU 10e FEVRIER 1682 A ST GERMAIN.

La Lettre que vous m'avez fait l'honneur de m'escrire le 24e du mois passé m'a esté rendüe avec la copie qui y estoit jointe de celle de Madame la Duchesse de Savoye pour monsr le Marquis de St Maurice, par laquelle Elle luy ordonne de favoriser les officiers des regiments Royal Roussillon, et de St Laurent qui se presenteront a luy pour faire des recrües en Savoye, de laquelle ayant rendu compte a Sa Majesté, Elle m'a commandé d'adresser ses ordres aux Commandants dans les provinces de Lyonois, Provence et Dauphiné pour faire que les officiers des troupes de Monsieur le Duc de Savoye qui seront porteurs de vos lettres adressantes aux Commandants, trouvent dans l'estendüe de leurs commandements toutes les facilités pour lever les soldats dont ils auront besoin pour les troupes de Monsieur le duc de Savoye. Je suis tout a vous./.

No. 55

A M. LE MARQUIS DE PIANESSE DU 16e FEVRIER 1682 A ST GERMAIN.

J'ay receu dans un mesme pacquet de Monsr de St Mars, les lettres que vous m'avez fait l'honneur de m'escrire les 3e et 4e de ce mois, Je vous rends tres humbles graces des esclaircissements que vous me donniéz par la premiere concernant les fortiffications de Casal, et je vous conjure de continuer a me donner des advis de tout ce que vous croiréz qui pourra estre utile a la bonne administration des deniers du Roy./.

No. 56

AUTRE LETTRE A M. DE PIANESSE DU MESME JOUR.

Je respons par cette lettre a part a la 3e des lettres que j'ay receüe dans le pacquet de Monsr de Sr Mars dattée du 5e de ce mois, monsr l'abbé d'Estrades ne m'a point escrit pour me charger de demander son congé, mais seulement pour me consulter sur le dessein qu'il avoit de le demander, je luy ay respondu qu'il falloit s'adresser a Monsr de Croissy pour cela, que ce que je luy pouvoit dire estoit que l'ambassadeur de Monsieur le Duc de Savoye se loüoit fort de luy, et tesmoignoit que Madame Royalle verroit avec peine son rapel, que si nonobstant ce que je luy mandoit il desiroit revenir, personne ne le verroit Icy avec plus de joye que moy, il m'a respondu sur cela comme un homme incertain de la resolution qu'il voulloit prendre, et m'a marqué qu'en cas qu'il se resolust a demander son congé, ce ne seroit qu'apres les trois ans expirés, c'est a dire vers le commencement du mois d'avril prochain, En cas qu'il persiste dans ce dessein, Je ne vois point d'aparence que le Roy choisisse quelqu'un pour envoyer a sa place qui puisse en quelque façon que ce soit manquer d'estre agreable a Madame la Duchesse de Savoye, et si lorsque S.M. desliberera sur le chois de celuy qui debvra le relever, J'ay occasion de nommer Monsr de Villars Je le feray tres volontiers soubz la condition que vous proposez a l'esgard de Madame sa Femme, mais vous voullez bien que je vous dise sur le projet dont vous me parlés qui pourroit estre glorieux au Roy, et advantageux au Piedmont que l'on pourroit se servir pour cela de chemin plus court que la voye des ambassadeurs, s'il vous convient de vous expliquer sur cela avec moy, je vous manderay de bonne foy ce que J'en penseray, si non ne me respondez point a l'article de cette lettre et je ne vous en parleray plus./.

No. 57

A M. LE MARQUIS DE PIANESSE DU 20e FEVRIER 1682 A ST GERMAIN.

J'ay receu la lettre que vous avez pris la peine de m'escrire le 8e de ce mois, Le Roy a veu avec plaisir par ce qu'elle contient les dispositions ou Madame la Duchesse de Savoye est de vous donner des marques publiques de sa confiance, Elle trouve bon que vous vous deffassiéz de vostre charge, et acceptiéz les Emplois que Madame Royalle vous veut donner dés que vous croiréz qu'il vous conviendra de les recevoir, S.M. vous permettant aussy de vous deffendre de vous engager au service de Madame la Duchesse de Savoye soubz pretexte de la charge que vous avez en ce pais cy, tout autant qu'il conviendra au bien de vos affaires de differer vostre entrée au Conseil de Piedmont.

Je vous ferois mes compliments de bon Coeur sur la justice que Madame la Duchesse de Savoye est sur le point de vous faire, si les affaires de vostre Cour me paroissoient dans un estat stable, mais ce que vous m'en mandéz me le fait voir encores si incertain, que j'attendray avec impatience vos premieres lettres pour aprendre a quoy Monsieur le Duc de Savoye se sera determiné.

L'advis que vous avéz donné de celebrer presentement le mariage pourroit estre utile pour calmer les impatiences de la Reyne de Portugal, mais a l'esgard de Monsieur le Duc de Savoye, les gens qui le conduisent ne souffriront point qu'il fixe le jour de son depart, tant qu'ils pourront esperer que la continuation de son sejour en Piedmont leur pourra estre utile, Et quoyque Madame la Duchesse de Savoye paroisse crainte et aimée de tout le monde, Et Monsieur le Duc de Savoye soustenû de gens de peu de consideration, Madame la Duchesse de Savoye demeurera peu acompagnée lorsque Monsieur de Savoye s'expliquera qu'il veut commander luy mesme, et que la premiere marque qu'il veut donner d'authorité, c'est de publier la resolution de ne point aller en Portugal, vous ne doubtéz pas je m'asseure qu'aussytost les Creatures de Madame la Duchesse de Savoye ne soyent esloignées, et leurs Ennemis mis en leurs places, Ce sont de pareilles refflexions qui me font doubter s'il convient au bien de vos affaires, d'accepter une place presentement que vous debvez suivant les aparences si peu conserver, et que bien loing de vous procurer pendant le reste de vostre vie la consideration que vous meritéz, pourra peut estre vous attirer encores une disgrace plus fascheuse que celle que vous avéz essuyée, mais comme vous voyéz les affaires de prés, et que vous estes bon et sage, je ne doubte point que vous ne sçachiéz bien prendre le meilleur party, c'est ce que la part sensible que je prends en ce qui vous touche me fait souhaitter ardemment, Et que vous me croyéz aussy veritablement que je suis tout a vous./.

No. 58

A M. LE MARQUIS DE PIANESSE DU 24. FEVRIER 1682.

J'ay receu par le mesme ordinaire les trois lettres que vous avéz pris la peine de m'escrire le 12e de ce mois, Je vous adresse la despesche qu'il a plû a Sa Majesté de commander qui vous soit escrite en son nom, pour vous permettre de vous engager au service de Madame la Duchesse de Savoye, et de vous retirer du sien, vous tesmoigner le gré qu'Elle vous sçait de la maniere dont vous l'avéz servie, vous faire mareschal de camp, et vous asseurer qu'Elle vous employera volontiers dans ses armées qui pourront passer en Italie, Je vous suplie de voulloir bien estre persuadé de la part que je prends en vostre satisfaction, et a l'advenir de me plus traitter par vos lettres comme vous avez fait par le passé, puisque vous estes hors de la charge qui pouvoit donner lieu a un pareil usage.

Il me paroist que Madame la Duchesse de Savoye a fait un grand pas que d'obliger le Marquis de Montroux a porter Monsieur le Duc de Savoye a fixer un temps pour son depart, mais il faut prendre garde a ce qui se passera d'icy a ce temps la, et cependant empescher que l'authorité de Madame la Duchesse de Savoye en soit diminuée, car il ne seroit pas impossible si la caballe dudit marquis estoit remplie d'habiles gens, qu'elle n'eust pris le party de ceder presentement en intention de faire leur coup entre cy et le printemps prochain de 1683.

No. 59

A M. CATINAT DU 7 MARS 1682 A ST GERMAIN

Monsr le Marquis de Pianesse avec lequel j'entretiens un commerce pour le service du Roy qui doibt demeurer fort secret, me mande que je vous puis adresser mes responses, lesquelles il sera necessaires que vous envoyéz par un homme qui ne soit point connû pour estre a vous a la Piona, les faisant remettre au Sr Rosingana, ou a Montafié les adressant au Sr Rossi, Je vous suplie de luy escrire un mot par chacune de ces voyes qui ne regarde que les affaires ordinaires de Casal, afin que vous puissiéz voir par sa response si les lettres luy auront esté rendües, de quoy vous m'Informeréz s'il vous plaist, afin que je puisse vous adresser mes lettres pour luy estre envoyées par ces deux voyes alternativement./.

No. 60

A M. LE MARQUIS DE PIANESSE DU MESME JOUR 7e MARS 1682

La lettre que vous m'avez fait l'honneur de m'escrire le 14e du mois passé m'a esté rendüe par la voye de Casal, je vous adresseray a l'advenir mes responses par cette voye.

Mandez moy je vous suplie ce que c'est que cet Enclos de pierre que l'on a vendu a Milan cinquante trois mil louis d'or, et continuer a me donner part des advis que vous aurez de la conduite des Gennois, et des preparatifs de l'Estat de Milan.

Ce que vous me mandéz des discours qui sont eschapéz a Monsieur le Duc de Savoye, et des mouvements des peuples du Montdovis a parû au Roy d'une grande consideration, S.M. a une telle opinion de la conduite de Madame la Duchesse de Savoye, qu'Elle est bien persuadée qu'Elle sçaura prevenir les mauvaises intentions de ses Ennemis, qui ayant esté abattus par l'entrée des troupes de S.M. dans Casal, semblent voulloir recommencer leurs intrigues a present que le temps du depart de S.A.R. approche.

Si pour la mortiffication de l'abbé de la Tour, ou quelqu'autre que ce fust, Madame Royalle a besoin de S.M., Elle m'a parû disposée a respondre avec amitié aux desirs de Madame la Duchesse de Savoye, qui ne sçauroit esteindre de trop bonne heure le feu qui semble se couver contre Elle, Car comme je vous ay mandé par quelqu'un de mes precedentes, il est des choses que l'on peut prevenir, et auxquelles on ne peut ensuitte remedier, Pour m'expliquer mieux je vous diray que quand Monsieur le Duc de Savoye qui est presentement majeur aura fait le pas a la susçitation des Ennemis de Madame de Savoye de declarer qu'il veut prendre les resnes du gouvernement, Et qu'il ne juge pas a propos d'aller si tost en Portugal, il faudra des choses fort extraordinaires pour restablir l'authorité de Madame la Duchesse de Savoye, au lieu qu'Elle pourroit mettre les affaires en tel estat, que ceux qui luy veullent le plus de mal n'oseroient proposer a Monsieur le Duc de Savoye de faire un pareil pas et si Elle a de la peine a se Resoudre a faire passer de pareilles choses par les mains de Monsieur l'abbé d'Estrades, Elle peut s'en expliquer a Sa Majesté par les lettres que vous m'escriréz, Et quand les affaires seroient plus avancées ce ne seroit pas une difficulté que de retirer monsr l'abbé d'Estrades, et d'y envoyer un autre ambassadeur, ne prenéz point tout ce que dessus pour des propositions qui vous astreignent a en parler a Madame la Duchesse de Savoye, n'y quand vous luy en parleriez, a donner des responses, vous pouvez au contraire n'y en faire aucune, et pourveue que Madame la Duchesse de Savoye vienne a bout de ce qu'Elle a entrepris, Le Roy sera tout a fait satisfait, c'est a Elle a faire refflexion a l'estat ou Elle est, et a celuy ou Elle seroit, si Monsieur le Duc de Savoye avoit une fois levé le masque.

En cas que vous eussiez quelqu'advis des desseins des Espagnols sur Casal, Je vous prie d'en advertir dilligemment monsr. Catinat, et si vous le jugez necessaire de m'envoyer un Courier./.

No. 61

A M. LE MARQUIS DE PIANESSE DU 9. MARS 1682 A ST GERMAIN

J'ay receu les lettres que vous avéz pris la peine de m'escrire le 20. et 26e du mois passé, J'attendray de vos nouvelles contre ceux de la Motte qui ont blesse a mort un Capitaine de dragons, et tué son cheval, il est d'autant plus necessaire que ces gens la soient punis, que s'ils ne l'estoient pas et que pareille chose arrivast, la garnison de Casal ne manqueroit pas de s'en faire justice, et que celle que Madame la Duchesse de Savoye en fera faire aprendra a ses subjets la maniere dont son intention est que les troupes du Roy soient considerées.

Je reçois avec la derniere reconnoissance les marques de bonté qu'il a plû a Madame Royalle de me donner lors du passage de Monsr de la Rocheguyon je ne manqueray pas de suplier monsr le Marquis Ferrere de luy en faire mes tres respectueux compliments.

S'il y avoit du concert entre Monsieur le Duc de Savoye et monsr le prince de Carignan sur le refus que ce dernier fait d'aller a Nice, il seroit de la prudence de Madame de Savoye de prendre des mesures qui missent Monsr le prince de Carignan hors d'estat de rien entreprendre pendant que leurs Altesses Royalles seroient dans cette extremité de leurs Estats.

No. 62

A M. LE MARQUIS DE PIANESSE DU 11 MARS 1682 A ST GERMAIN.

Dans une lettre dattée de Milan du 23e du mois passé, l'on me mande ce qui en suit.

Mon amy accoustumé m'asseure que les Espagnols font leur possible aupres du prince de Carignan pour faire rebeller le Montdovis, et autres lieux du Piedmont, pour empescher le depart du duc pour le Portugal, et l'on va preparant cela soubz d'autres pretextes.

Le Roy m'a commandé de vous envoyer cet Extrait, afin que vous le communiquiéz a Madame la Duchesse de Savoye, et S.M. aprendra avec beaucoup de plaisir que S.A.R. ait pris le mesures necessaires pour empescher que ce que les Espagnols font a cet esgard ne reussisse.

No. 63

A M. LE MARQUIS DE PIANESSE DU 27 MARS 1682 A ST GERMAIN.

J'ay a respondre aux lettres que vous m'avez fait l'honneur de m'escrire les 6. et 12e de ce mois, Je vous remercie tres humblement de l'advis que vous me donnez sur les precautions a aporter pour la redoubte que Monsr de Vauban fait construire dans l'Isle de Casal.

J'ay peu de choses a adjouster a ce que je vous ay mandé par mes precedentes sur les affaires du Montdovis, qui peuvent devenir fort considerables si comme le portent les nouvelles que le Roy a de Milan cette affaire est fomentée egallement par les Espagnols, et les Piedmontois, et que cela se fasse de la participation de Monsieur le Duc de Savoye pour luy donner lieu de ne point embarquer, et je vous suplie de faire refflexion a l'estat ou sera Madame de Savoye, si une grande partie de son pays prenant les armes a l'arrivée de la flotte, Monsieur le Duc de Savoye venoit a s'expliquer nettement qu'il ne veut pas partir, et si en ce temps la Madame la Duchesse de Savoye n'auroit pas bien lieu de se repentir de n'avoir pas pris mesme malgré la pluspart de ceux qui l'approchent, des mesures propres pour empescher que ses subjets n'osassent se soulever, et que Monsieur le Duc de Savoye ne desirast de rester en Piedmont, et quoyque je connoisse bien quels sont les menagements que l'on est obligé d'avoir dans une regence, il faut en mesme temps convenir que ces mesmes menagements sont suivis d'ordinaire de la perte entiere de l'authorité de celle qui les a eu, et qui n'a pas pris les voyes necessaires pour se conserver l'authorité qui est plus qu'a demy perdüe dés qu'elle est entamée./.

No. 64

A M. LE MARQUIS DE PIANESSE DU 3e AVRIL 1682 A ST GERMAIN.

J'ay receu la lettre que vous m'avez fait l'honneur de m'escrire le 18e du mois passé, Je vous suplie de continuer a me donner part des mouvements qui se font au Montdovis, que je regarde comme quelque chose de fort considerable pour les interests de Madame la Duchesse de Savoye.

Le Roy a veu avec plaisir le prompt effect des conferences amiables que Madame la Duchesse de Savoye a commencé d'avoir avec Monsieur son Fils, Je ne doubte point qu'Elle ne rende publique que Monsieur son Fils luy a remis quelqu'unes des lettres que l'on luy a escrites contre Elle rien n'estant plus propre a empescher que des gens factieux n'ayent la hardiesse d'escrire Monsieur le Duc de Savoye contre Madame sa Mere, cependant je ne serois pas d'advis que Madame Royalle se reposast sur les apparences de la confiance que Monsieur son Fils tesmoigne prendre en Elle, et du peu d'inclination que son naturel montre a entreprendre des choses violentes.

Monsr l'abbé d'Estrades n'a encores fait aucune instance pour obtenir son congé, qu'il n'y a pas d'aparence que l'on luy donne si il ne le demande pas, a moins que vous explicquant un peu moins generallement que vous ne faites sur les veües que l'on pourroit avoir en le rapellant, S.M. n'en prenne la resolution, vous pouvez m'escrire sur cela comme sur toutes choses en toute liberté, et vous asseurer que personne n'en aura connoissance que S.M., et que vos lettres vous seront renvoyées ou bruslées suivant que vous tesmoignerez le desirer.

Le Roy ne fait point estat de diminuer le corps de troupes qui est presentement en Dauphiné, Provence et Roüergue, je souhaitte que Madame la Duchesse de Savoye n'en ait que faire, mais je suis bien asseuré que si Elle estoit entrée en de certains engagements avec le Roy aucun de ses subjets n'oseroit rien entreprendre contre Elle, au lieu que si Monsieur son Fils venoit a faire de certaines choses, toute la puissance du Roy auroit bien de la peine a y remedier, et alors Madame la Duchesse de Savoye connoistroit trop tard, que quand il est question de s'asseurer une Couronne, il ne faut pas pretendre le faire avec l'agréement de tout le monde, et Elle aura eu grand tort de suivre les mesnagements qui luy ont esté inspiré./.

No. 65

A M. LE MARQUIS DE PIANESSE DU 6 AVRIL 1682 A ST GERMAIN.

La lettre que vous m'avéz fait l'honneur de m'escrire le 26e du mois passé m'a esté rendüe, la part que je prends a la satisfaction de Madame la Duchesse de Savoye me fera attendre avec inquietude des nouvelles de ce qui se sera passé au Montdovis, ou je craintz bien que les brouilleries ne recommencent lorsque le depart de Monsieur le Duc de Savoye aprochera, ce qui causeroit un contretemps irreparable a la conclusion du mariage, Si comme il y a aparence ce mouvement se faisoit de concert avec Monsieur le Duc de Savoye, et ceux de ses subjets qui voudroient voir finir l'authorité de Madame Royalle.

Le Roy n'a pas encore pensé a donner un successeur a Monsieur l'abbé d'Estrades, et n'y pensera point tant qu'il ne demandera pas son congé, ou que vous ne vous expliquerez plus clairement que vous avez fait jusqu'a present, sur les veües que l'on pourroit avoir en le changeant./.

No. 66

A M. LE MARQUIS DE PIANESSE DU 10e AVRIL 1682 A ST GERMAIN.

Ce mot est pour vous faire part des advis qui nous vienne du Milanois, que l'unique aplication des Espagnols est d'empescher le depart de Monsieur le Duc de Savoye, Et que l'on croit estre en estat d'y reussir par la disposition qui paroist dans tout le Piedmont d'un soulevement a l'exemple des peuples de la montagne du costé du Montdovis, qui n'acceptent l'acommodement qui leur est proposé, qu'en intention de recommencer dans un mois ou six semaines, si les advis qui nous viennent sont bons, il n'y a gueres d'aparence que la Regence de Madame de Savoye continüe encores trois ou quatre mois, et le malheur qu'Elle essuyera ne luy arrivera que pour avoir diferé aux conseils de ceux qui ont de l'adversion pour des engagements plus estroits avec la France, ou qui ont caché soubz ce pretexte le desir qu'ils ont eu d'empescher que l'authorité de Madame Royalle ne s'establist en Piedmont pour toute sa vie, il seroit encores peut estre temps d'y pourvoir, et l'execution brusque de ce dont on conviendroit remettroit le calme dans le pays, et la Soubmission pour Madame de Savoye dans le Coeur de tout le monde, mesme dans celuy de Monsieur son Fils, Le Roy n'a d'interest a ce qu'Elle prenne sur cela le seul party qui peut maintenir son authorité, que par la part qu'il prend a ses advantages, car due reste Pignerol et Casal sont de bons gages de la conduite d'un duc de Savoye quelque devoüé qu'il fust aux Espagnols.

Il ne faut point s'imaginer que le Roy envoye plus de troupes en Dauphiné qu'il y en a, n'y qu'il renforce la garnison de Pignerol en veüe de contenir les peuples que les negociations des Espagnols ont disposé a se soulever par ce que Sa Majesté connoist bien que cela ne feroit point l'effect que l'on en pourroit desirer, et qu'Elle ne voudroit pas qu'a la veüe de ses troupes Madame Royalle receust l'Injure qui luy est preparé, quand S.M. sçait que les dites troupes n'empescheroient pas qu'Elle ne la receust.

Apres vous avoir donné part des advis que S.M. a receus, et vous avoir expliqué ses sentiments, je doibz vous prier de brusler ma lettre qui n'est que pour vous seul, et sur laquelle je ne vous demande aucune response, puisque S.M. ne peut avoir plus de joye que d'aprendre que les advis qui luy ont esté donnéz sont mal fondéz, et que Madame la Duchesse de Savoye est asseurée de maintenir son authorité par des voyes qui luy sont inconnües. Je suis de tout mon coeur tout a vous.

No. 67

A M. LE MARQUIS DE PIANESSE DU 17 AVRIL 1682 A ST GERMAIN.

J'ay receu la lettre que vous m'avez fait l'honneur de m'escrire le dernier du mois passé, le procedé de Monsr le Chevallier de Savoye paroist bien extraordinaire, et je ne sçais si son retour si prompt a Turin, n'est point autant un effect des conversations qu'il a eües avec le gouverneur de Milan, que de la perte de son argent.

J'ay bruslé comme vous tesmoignez le desirer la copie du projet que Monsr le Chancellier de Piedmont a fait pour l'establissement du pouvoir de Madame la Duchesse de Savoye apres le depart de Monsieur son Fils.

Le party que Madame de Savoye prend de dissimuler a l'esgard de ceux qui dans la Cour, et dans les montagnes se souslevent contre son authorité, me paroist fort dangereux, je souhaitte de tout mon Coeur qu'Elle en tire tout l'avantage qu'Elle se promet./. Je suis tout a vous.

No. 68

A M. LE MARQUIS DE PIANESSE DU PREMIER MAY 1682 A MEUDON.

La lettre que vous m'avez fait l'honneur de m'escrire le 11e de ce mois m'a esté rendüe, par laquelle J'ay esté bien aise d'aprendre que les troubles du Montdovis soient apaiséz, je souhaitte de tout mon Coeur qu'ils ne recommencent point lorsque le depart de Monsieur le Duc de Savoye aprochera./.

No. 69

A M. LE MARQUIS DE PIANESSE DU 8 MAY 1682 A VERSAILLES

La lettre que vous m'avez fait l'honneur de m'escrire le 23e du mois passé m'a esté rendüe; sur le contenu de laquelle je ne vous repetteray point ce que je vous ay mandé par mes precedentes pour ne point tomber dans des redittes, Je vous diray seulement que Casal estant en estat que les Espagnols qui sont en Milanois ne peuvent pas penser a l'attaquer, il est du service de Madame la Duchesse de Savoye de pourvoir a la seureté de ses places par la prise desquelles les Espagnols sont persuadéz qu'ils parviendroient plus tost a se rendre maistres de Casal, qu'en assiegant directement ledit Casal.

No. 70

A M. LE MARQUIS DE PIANESSE DU 15e MAY 1682 A VERSAILLES

Les deux lettres que vous m'avez fait l'honneur de m'escrire les 26e et 29e du mois passé m'ont esté rendües avec le petit billet qui y estoit joint, vous serez informé auparavant que vous receviez celle cy, du party que le Roy a pris de faire offrir a Monsieur et a Madame de Savoye tout le secours necessaire pour contenir leurs subjets dans l'obeissance qu'ils leur doibvent, et empescher que les intrigues des Espagnols ne traversent l'acquisition que Monsieur le Duc de Savoye va faire du Royaume de Portugal, Les offres ont deub estre accompagnéz de tout ce qui pouvoit les rendre agreables a Madame la Duchesse de Savoye, et luy marquer la part que le Roy prend a ses interests, puisque Monsr l'ambassadeur a deub dire a S.A.R. qu'il avoit ordre de faire aux gens du costé du Montdovis telle declaration qu'il luy plairoit au nom de S.M. que l'on croiroit le plus capable de les faire rentrer dans leur debvoir, que si la marche des troupes estoit necessaire, celuy qui les commandera obeiroit a l'officier general de Monsieur le Duc de Savoye, que pendant que les troupes seroient dans ses Estats, elles subsisteroient aux despens de S.M. et qu'en mesme temps qu'elles y entreroient les ordres du Roy pour leur retour seroient remis entre les mains de Madame la Duchesse de Savoye, afin qu'elles n'y demeurassent qu'autant de temps qu'Elle le jugeroit necessaire.

S.M. n'a pas pris le party de faire proposer le renouvellement d'une alliance, par ce qu'Elle a crû que quelqu'avantageuses que les propositions en pussent estre pour le Piedmont, il ne manqueroit pas de gens qui essayeroient d'Insinuer de la deffiance a Monsieur le duc de Savoye, au lieu que les offres que S.M. fait ne peuvent manquer de remettre les subjets de Monsieur le duc de Savoye dans leur debvoir, et par consequent de lever les obstacles que leur revolte concertée asseurement avec les gens qui aprochent S.A.R. auroit apporté a son depart, apres lequel Madame la Duchesse de Savoye estant maistresse absolüe pourra prendre avec le Roy les mesures qui conviendront a la durée de son authorité et a la seureté du pais qui restera soubz son commandement, je vous suplie entre cy et ce temps la de me faire part des Conditions soubz lesquelles vous estimez que cette Alliance deffensive se pourroit faire, et de vous expliquez sur cela clairement, ce que vous debvez faire avec d'autant moins de difficulté, que je vous puis respondre qu'il n'y a que le Roy qui voye vos lettres, et que je les jette au feu moy mesme apres y avoir fait response, comme je viens de faire les deux dont je vous accuse la reception.

Quand je vous suplie de vous expliquer clairement, c'est a dire ce a quoy Madame la Duchesse de Savoye pourroit desirer que le Roy s'engageast et quels engagements vous croyéz qu'Elle pourroit prendre avec S.M., Et que vous vous expliquiéz sur cela avec la mesme liberté que vous me parleriéz.

Il y a aparence ainsy que je vous l'ay marqué cy dessus, que ce que le Roy fait doibt contenir les inquietudes des subjets de Monsieur le Duc de Savoye, et rompre les mesures que les Espagnols pourroient avoir prises avec Eux pour retarder son depart, mais si Madame la Duchesse de Savoye ne pourvoit a la seureté des places qui sont du costé du Milanois, il ne sera pas impossible que les Espagnols n'en surprennent quelqu'une, et je ne sçais mesme s'il n'y auroit point quelqu'un auprés de Monsieur le Duc de Savoye qui persuaderoit son peu d'experience que ce seroit luy rendre un service considerable que de faciliter une pareille entreprise, il me semble vous avoir deja mandé que le Conseil des Espagnols en Milanois, voyant l'estat de Casal, avoient decidé qu'ils n'estoient pas en estat de songer a en chasser les François, que la seule voye qui leur restoit estoit de se rendre maistre des places de Monsieur le Duc de Savoye, qui couperoient la communication de Casal avec la France.

No. 71

A M. LE MARQUIS DE PIANESSE DU 22e MAY 1682 A VERSAILLES

La lettre que vous m'avez fait l'honneur de m'escrire le 2e de ce mois m'a esté rendüe, par laquelle le Roy a esté Informé de la conversation que vouz avez eüe avec Monsieur le Duc de Savoye et des sentiments dans lesquels vous l'avéz laissé./.

No. 72

A M. LE MARQUIS DE PIANESSE DU 30e MAY 1682 A VERSAILLES

J'ay receu la lettre que vous m'avez fait l'honneur de m'escrire le quinzieme de ce mois je ne vous mande rien sur la maladie de Monsieur le Duc de Savoye presumant qu'elle est entierement cessée, puisque par la lettre que vous m'avez escrite par le retour du Courier de monsr l'abbé d'Estrades, vous ne m'en dites rien.

J'escris a mondit Sr l'abbé d'Estrades que le Roy desire qu'il fasse instance aupres de Madame la Duchesse de Savoye en faveur du frere de Monsr. de St Laurent, il despendra de S.A.R. de mettre telles conditions qu'il luy plaira a la grace qu'Elle voudra bien luy acorder.

Les Espagnols ne sont pas en Flandre en estat de desirer la guerre, et je suis bien trompé si de leur choix elle s'y declare de cette année, mais comme ils pourroyent y estre determinés par des ordres de Madrid concertez avec l'Empereur, il est de la prudence de Madame de Savoye de prendre les mesures necessaires pour ne point recevoir une injure, Elle ne peut rien faire de mieux pour cela que de bien garnir les places qui sont frontieres du Milanois, de razer celles qu'Elle ne croit pas pouvoir garder, ou de demander au Roy des troupes pour y mettre, si Elle ne prend pas un de ces trois partis la, personne ne la peut garantir d'un desplaisir considerable, il est certain que si Monsr de Lomagny voyoit un corps de troupes du Roy de deux ou 3000 chevaux Aot [?] il ne tenteroit pas de l'attaquer, et que si une fois il a pris cette place, le corps de troupes dont je vous viens de parler ne l'obligera pas d'en sortir, J'entends bien qu'il seroit a desirer pour cela que l'on eust pris des mesures plus estroites que celles que l'on a presentement, je vous ay suplié plusieurs fois de me mander vostre advis, et de vous expliquer clairement sur ce que vous croiriéz que le Roy pourroit desirer de Madame la Duchesse de Savoye, et sur ce que vous ne seriéz pas d'advis que S.M. luy demandast, il se peut faire que le bruit qui se respend que les petites provinces de Cony, Saluces, Cine et Montdovis veullent s'oposer de force au passage de Monsieur le Duc de Savoye, soit un artifice des Espagnols pour porter Madame la Duchesse de Savoye a faire marcher beaucoup de troupes du costé de Nice, cependant qu'elles seront de ce costé la, trouver quelque place moins garnie qu'il ne faudroit pour sa seureté.

Depuis lettre escrite le Roy ayant eu nouvelle que l'Empereur faisoit marcher six mil hommes de pied et deux mil chevaux ou dragons du costé du Tirol, Sa Majesté a resolu d'envoyer Monsr le Marquis de la Trousse a Pignerol pour veiller a la seureté de cette place, et estre en estat d'executer ce qui pourra estre concerté entre Sa Majesté, et Madame la Duchesse de Savoye, pour preserver le Piedmont de ce que les Espagnols y voudroient entreprendre. Je suis tout a vous./.

No. 73

INSTRUCTION DONNÉE AU SR MARQUIS DE LA TROUSSE S'EN ALLANT PAR ORDRE DU ROY EN PIEDMONT DU 5e JUIN 1682.

Les nouvelles que le Roy a eües des mouvements qui se font du costé d'Italie luy ayant fait juger a propos de faire advancer un corps de troupes considerable en Dauphiné pour veiller a la seureté de Casal et de Pignerol, et a la protection que S.M. veut bien donner aux Estats de Monsieur le Duc de Savoye, Elle a en mesme temps jetté les yeux sur le Sr Marquis de la Trousse l'un des lieutenants generaux en ses armées pour luy en donner le commandement, Le Controlle cy joint l'Informera des troupes que S.M. fait effectivement avancer en Dauphiné, de celles qui y sont presentement, en Provence, et dans le pais de Forestz, et de celles que S.M. a trouvé a propos de publier qu'Elle y feroit marcher quoyqu'Elle ne leur en envoye aucun ordre presentement.

Ledit Sr Marquis de la Trousse se rendra incessament a Grenoble pour y concerter avec le president de St André qui y commande, les choses necessaires pour faire passer les troupes de S.M. en Piedmont si les desmarches des Espagnols ou le soulevement des subjets de Monsieur le Duc de Savoye le luy faisoient estimer a propos.

Il concertera avec ledit President de St André les routtes qui debvront estre par luy expediées pour la marche de chaque Battaillon ou Escadron jusqu'a Pignerol, ou jusqu'a Suze.

Il advertira les Entrepreneurs des Estapes de se tenir en estat de leur fournir des vivres lorsqu'a la requisition dudit Sr de la Trousse, ledit President de St André donnera ordre aux dites troupes de marcher du costé du Piedmont ou de la Savoye.

Ledit Sr Marquis de la Trousse ne tesmoignera point audit President de St André n'y a qui que ce soit en Dauphiné doubter que toutes les troupes mentionnées au Controlle qui a esté envoyé audit President de St André ne s'y doivent rendre incessamment, afin que le bruit qui s'en respendra en Dauphiné, en Piedmont ou dans l'estat de Milan, contienne d'avantage le gouverneur du Milanois, et l'empesche de rien entreprendre contre les Estats du Duc de Savoye les subjets duquel sçachants qu'un Corps considerable est a portée d'entrer promptement dans leur pays, si par les Caballes des Espagnols ils entreprenoient de s'oposer a son depart pour le Portugal.

Apres avoir reglé tout ce que dessus avec ledit President de St André, il passera dilligemment a Turin ou apres avoir rendu a Madame la Duchesse de Savoye la lettre de Sa Majesté cy jointe, il luy explicquera que S.M. voullant continuer en toutes occasions a luy donner des marques de sa protection, a pris la resolution de faire advancer un corps d'armée en Dauphiné pour estre en estat de veiller de plus pres a la seureté des Estats de Monsieur le Duc de Savoye son Fils, et a maintenir les peuples dans l'obeissance dont les Espagnols pour leurs Interests particuliers ont Intention de les soustraire.

Il luy dira ensuite que S.M. luy a donné ordre de parler a Monsieur son Fils, et a tous les gens de la Cour, au sens qu'Elle estimera necessaire pour que personne n'ose plus s'oposer a son depart pour le Portugal, Et un en mot il dira a cette Princesse tout ce qui luy pourra donner le courage d'achever la negociation qu'Elle a commencée pour le mariage de Monsieur son Fils, et tiendra dans la Cour tous les discours qui luy paroistront les plus propres pour oster a ceux qui sont oposéz au depart dudit Duc de Savoye, la hardiesse de plus rien faire pour le traverser.

Il glissera a Madame la Duchesse de Savoye dans les discours qu'il aura avec Elle, que le Roy est asséz Informé de la foiblesse des Espagnols pour ne pas croire qu'il fussent en estat de rien tenter sur Casal, n'y sur Pignerol, mais que S.M. ayant esté Informée que tous leurs projets roulloient sur le soulevement qu'ils pretendoient exciter en Piedmont, S.M. a bien voulu faire advancer assez de troupes en Dauphiné pour oster aux Espagnols, et aux subjets de Monsieur de Savoye la hardiesse de traverser l'execution du mariage de Mondit Sr le Duc de Savoye.

Il s'explicquera ensuitte qu'il a ordre de faire advancer les troupes dont cette Princesse pourroit le requerrir pour augmenter les garnisons de Ses places, ou pour s'oposer aux Entreprises des Espagnols, ou de ses subjets, suivant qu'Elle le requerrera.

Apres avoir fait ce compliment a Madame la Duchesse de Savoye, et avoir parlé au Duc son Fils au sens qu'Elle luy aura Inspiré, et fait un sejour de huit ou dix jours aupres d'Elle, il ira faire un tour a Casal pour conferer avec le Sr Catinat sur les besoins de cette place, de laquelle il renforcera la garnison suivant qu'il en pourra estre requis par ledit Sr Catinat, apres quoy il reviendra faire son sejour a Turin ou il demeurera jusqu'a ce que le service de S.M. l'appelle ailleurs.

Sadite Majesté se reserve de luy envoyer les Instructions de ce qu'il auroit a faire si les Espagnols venoient effectivement a rompre avec S.M. ou avec Monsieur le Duc de Savoye; y ayant bien de l'aparence qu'ils ne feront point une pareille entreprise sans qu'un corps considerable d'allemands marche vers le Milanois, Ce que S.M. juge a propos de luy dire par advance, est que si le Sr Catinat desiroit une augmentation de garnison, il peut luy envoyer un ou deux battaillons suisses.

Si ledit Sr Catinat desiroit aussy avoir plus de dragons ou de Cavallerie il pourroit luy en envoyer, Et s'il estoit requis par Madame de Savoye de fortiffier les garnisons des places de Monsieur son Fils, ou de l'assister a soubmettre ses subjets qui se seroient revoltez, S.M. trouveroit bien qu'il le fist, et qu'il envoyast des troupes dans ses places, ou qu'il marchast luy mesme a la teste de la Cavallerie et des dragons de Dauphiné qu'Elle luy demanderoit pour cela.

Il observera qu'en cas qu'il marchast luy mesme avec lesdites troupes l'Intention de S.M. est que celuy qui commanderoit celles du Duc de Savoye obeist et prist l'ordre de luy.

En cas qu'un prompte requisition de Madame de Savoye; ou quelque mouvement des Espagnols l'obligeast a faire advancer des troupes en Piedmont, l'Intention de S.M. seroit, que le Sr Breant servist d'Intendant aupres de luy.

Qu'il continst les troupes qui seroient soubz son commandement dans une discipline si exacte pendant qu'elles seroient sur les Estats de Monsieur le Duc de Savoye, qu'elles n'y fussent a charge que pour le simple fourage.

Il pourroit en ce cas la tirer de Pignerol les munitions de guerre necessaires pour l'action des troupes, et la farine dont il aura besoin pour leur subsistance.

Il rendra compte au Roy par tous les ordinaires, et par des Couriers exprés lorsque les affaires le requerreront, de tout ce qui se passera au pais ou il va, et particulierement de tout ce qui se passera entre luy et Madame de Savoye, a l'esgard de laquelle il essayera de se conduire de maniere qu'Elle aye tout sujet de se loüer de sa conduite.

Il doibt regarder le Sr Marquis de Pianesse comme un homme qui par les obligations qu'il a a S.M. de son restablissement a la

Cour de Savoye, doibt estre fort affectionné a son service, il proffitera des advis qu'il luy donnera pour sa conduite, et de ce qui se passera en Milanois, il luy marquera dans les conversations particulieres qu'il aura avec luy, que S.M. luy conserve toujours son affection, et est toujours disposée a luy en donner des marques dans les occasions qui se presenteront. Fait a Versailles le 5e Juin 1682.

No. 74

M. DE LOUVOIS A M. LE MARQUIS DE PIANESSE DU 5. JUIN 1682. A VERSAILLES

La lettre que vous avez pris la peine de m'escrire le 20e de ce mois [sic] m'a esté rendüe, Je crois vous avoir deja mandé la raison pour laquelle le Roy a resolu de diferer jusqu'apres le depart de Monsieur le Duc de Savoye de faire proposer a Madame de Savoye, l'estroite alliance dont je vous ay parlé par mes precedentes, S.M. estant persuadée que ceux qui ne desirent pas le depart de Mondit Sr le Duc de Savoye, pourroient se servir du pretexte de l'engagement que S.M. demanderoit, pour porter Mondit Sr le Duc de Savoye a diferer son depart de Piedmont, et qu'apres le depart de S.A.R. les gens qui pourroient presentement s'oposer a ce que S.M. pourroit desirer, n'oseront pas laisser voir a Madame la Duchesse de Savoye l'adversion qu'ils ont pour une union estroite avec la France, cependant j'attends toujours que vous m'explicquiéz ce que vous estimez que Sa Majesté pourroit demander a Madame la Duchesse de Savoye, et en un mot dans qu'elle [sic] de ses places Elle pourroit demander de mettre une garnison qui en luy asseurant la communication avec Casal, luy pust estre un gage de la fidelité de Madame la Duchesse de Savoye dans l'estroite alliance que S.M. feroit avec Elle.

Quand je vous parle de cette maniere, comptez que je vous escris pour vous seul, et que ce que vous me respondréz demeurera dans un Eternel silence pour tout autre que pour le Roy, et que mesme si vous le desiréz vos lettres vous seront renvoyées.

Nous n'entendons parler de guerre Icy que par les lettres qui nous viennent de Bruxelles, et quoyque nous soyons au commencement de Juin nous ne voyons aucun des preparatifs sur la frontiere qui y sont necessaires pour y faire preparer, ou agir des armées.

Il n'y a point d'aparence que le Roy voullust lever de la Cavallerie en Piedmont pour ne servir que de ce costé la, Sa Majesté connoissant trop combien il est necessaire pour avoir de bonnes troupes, de les transplanter de temps en temps, pour faire un pareil traitté.

No. 75

AUTRE LETTRE DE M. DE LOUVOIS A M. LE MARQUIS DE PIANESSE DU MESME JOUR 5 JUIN 1682

Je crois vous debvoir advertir que le Resident de Portugal parle avec beaucoup d'emportement contre Madame la Duchesse de Savoye, et se laisse entendre a ceux qui le veullent ecouter, que la resolution est prise en Portugal de ne pas laisser le gouvernement des Estats de Savoye entre les mains de Madame Royalle, de la conduite de laquelle il parle avec un manque de respect qui scandalise tout le monde, et finit par dire que les Estats de Savoye et de Piedmont devenants une province de Portugal par le mariage de Monsieur le Duc de Savoye, on y envoyera un grand pour y gouverner toutes choses.

Je vous donne advis avec plaisir que le Roy a agréé hyer Monsr le Marquis de Moy pour remplir vostre charge, il vous en doibt payer la mesme somme dont Monsr de Valbelle estoit convenu, je vous puis asseurer que sans vostre consideration le Roy ne luy auroit pas accordé, car quoy qu'il soit homme de qualité, il n'est encores guieres sage.

No. 76

A M. CATINAT DU 9e JUIN 1682 A VERSAILLES

Vous debvez avoir esté adverty par monsr le Marquis de Pianesse du commerce qu'entretien un Camaldule[5] qui demeure a Palestre, et qu'il estimeroit que vous pourriez soubz pretexte de faire courre apres[6] des deserteurs, trouver moyen de faire saisir quelqu'une de ses lettres, quoyque je ne doubte pas que vous ne fassiez sur cela tout ce qui pourra despendre de vous, je ne laisse pas de vous le recommander par ordre du Roy.

No. 77

A M. LE MARQUIS DE PIANESSE DU 12 JUIN 1682 A VERSAILLES

La lettre que vous m'avez fait l'honneur de m'escrire le 23e du mois passé m'a esté rendüe, la maladie de Monsieur le duc de Savoye seroit un estrange contretemps pour le mariage, le Roy

---

[5] Camaldule: name given to Benedictine monks and nuns established, in the XIth century, at Camaldoli (Tuscany) by Saint Romualdus.

[6] faire courre après: poursuivre.

attend avec impatience de vos nouvelles sur l'estat auquel il est presentement.

J'escris a Monsr Catinat pour luy recommander de veiller a la conduite du Camaldule de Palestre, et il y a longtemps que je l'ay adverty, que l'abbé Grimany estoit entierement devoüé aux Espagnols.

La communication que l'on a donnée au Comte de Melgar de l'offre fait de la part du Roy, n'est pas prudente, et si de pareilles choses se passoient apres le depart de Monsieur le Duc de Savoye elles donneroient a Sa Majesté des Impressions de Madame Royalle qui ne luy seroient que tres desavantageuses.

Monsr le Marquis de la Trousse part dans deux ou trois jours, il arrivera peu de temps apres cette lettre a Turin, Madame la Duchesse de Savoye connoistra par ce qu'il luy dira de la part du Roy, que S.M. ne perd aucune occasion de luy donner des marques de son affection, et de faire tout ce qu'elle croit necessaire pour le maintien de son authorité.

No. 78

A M. le Marquis de Pianesse du 15e Juin 1682

Les lettres que vous m'avez fait l'honneur de m'escrire les 28e du mois passé et 3e du courant m'ont esté adressées par monsr de St Mars, Le Roy est extremement en peine de l'estat de la santé de Monsieur le Duc de Savoye.

Je vois S.M. disposée a faire tout ce que Madame Royalle pourroit desirer pour le maintien de son authorité, en cas qu'il mesarrivast de Monsieur son Fils.

S.M. n'a pas jugé a propos de faire partir Monsr le Comte, estant persuadée qu'il vaudroit mieux qu'il fust en France si ce malheur arrivoit, qu'a Turin, ou il pourroit traverser le mariage de Madame la Duchesse de Savoye, avec monsr le prince de Carignan, et estant mal conseillé prendre des mesures avec les Espagnols pour faire sortir Madame de Savoye du pais.

Je crois que Madame de Savoye connoist presentement qu'Elle eust esté mieux conseillée de faire partir Monsieur son Fils dez l'année passée, que d'avoir attendu a celle cy, et que plus ces sorte d'affaires la traisnent plus les difficultés croissent.

Je ne vois point S.M. disposée a faire ce que desire Monsr l'abbé d'Estrades a l'esgard du Marquis de Dronere, et Elle me paroist persuadée qu'il ne convient point a son service d'avoir de l'Indulgence pour ceux qui ne se conduisent pas comme ils doivent a l'esgard de Madame la Duchesse de Savoye.

No. 79

A M. LE MARQUIS DE PIANESSE DU 22 JUIN 1682 A VERSAILLES

J'ay receu la lettre que vous avez pris la peine de m'escrire le 12e de ce mois, J'aprends avec beaucoup de joye le meilleur estat de santé de Monsieur le Duc de Savoye, Je souhaitte de tout mon coeur son entiere convallesçence.

Vous debvez avoir apris presentement le depart de la flotte de Portugal, il est bien Important de ne la pas laisser retourner sans Monsieur le Duc de Savoye, et je ne doubte point que Madame sa Mere ne connoisse asséz l'Importance de ce depart pour ne pas le remettre a une autre année.

Les actions des souverains doivent estre respectées, mais je vous advoüe que je ne puis comprendre la politique de vostre Cour, quand je vois commettre les finances au beau frere d'un homme qui s'est aussy mal conduit que le Marquis de Montroux, je souhaitte qu'il se conduise au gré de Madame la Duchesse de Savoye.

J'ay veu le projet que vous faites du traitté qui se pourroit conclure pour une estroite alliance entre le Roy, et Monsieur le Duc de Savoye, S.M. seule a eu connoissance de ce que vostre lettre contient, Je doubte que S.M. veuille donner des sommes plus considerables en temps de paix, que celles qui ont esté données pendant la guerre en vertu des traittez precedents, sans que l'on donne de vostre part les mesmes asseurances de l'execution de ce qui sera promis, qui ont esté données en ce temps la.

Je vous renvoye vostre lettre ainsy que vous l'avez desiré, et j'en useray toujours avec plaisir de mesme toutes fois et quantes que vous le souhaitterez.

Je conviens avec vous que Pignerol et Casal respondront toujours au Roy de la bonne conduite d'un Duc de Savoye, mais la caballe Espagnolle est devenüe si puissante en vostre Cour, qu'il faut quelque chose de plus pour remettre les Esprits dans une assiette convenable, et encore ne sçais je si cela sufiroit tant que Madame la Duchesse de Savoye voudra avoir les mesnagements a l'esgard de tous les gens de sa Cour qu'Elle a eu jusqu'a present. L'on ne peut estre plus veritablement que je suis tout a vous./.

No. 80

A M. LE MARQUIS DE LA TROUSSE DU 13e JUILLET 1682 A VERSAILLES

Un voyage que j'ay fait en Flandre m'a empesché d'accuser plustost la reception de la lettre que vous avez pris la peine de m'escrire le 27e du mois passé, qui ne desire de response que pour vous prier de continuer a me donner part de ce qui se passera.

Le Roy jugeant a propos de faire relever les Battaillons de Blanchefort, de Navarre, de Florensac, et d'Arquez, du regiment de Piedmont, et de la Bastisse du regiment de Gaule qui sont presentement en garnison a Casal, par des troupes de meilleure qualité, a choisy pour cet effect les deux Battaillons du regiment de Stoupe, et celuy de Bourgogne, qui est compry dans vostre Controlle auquel J'adresse presentement les ordres de S.M. pour partir de Gray, et se rendre a Ambrun, et J'envoye a Monsr le president de St. André ceux necessaires pour faire marcher a Pignerol lesdits Battaillons de Stoupe et celuy de Bourgogne après qu'ils auront esté huict jours dans les lieux du Dauphiné ou finissent leurs routtes, l'Intention du Roy est qu'après que chaque Battaillon aura demeuré cinq ou six jours a Pignerol, vous concertiéz avec les officiers de Madame de Savoye, et Monsr Catinat la marche de chacun desdits trois Battaillons vers Casal, aussytost après l'arrivée desquels mondit Sr Catinat fera partir de Casal les quatre battaillons qui en doivent sortir.

Que si pour quelque raison que l'on ne peut prevoir, vous et Mondit Sr Catinat Jugiez a propos de laisser a Casal les susdits quatre battaillons outre les 3. de Bourgogne et de Stoupe, S.M. s'en remet a vous, et a mondit Sr Catinat, quoyqu'Elle ne croye pas que lesdits 4. Battaillons puissent estre logez a Casal avec les 3. autres sans une grande foule des [- - - - -], et un danger d'y attirer quelque maladie.

Je vous adresse les ordres du Roy pour faire partir de Pignerol lesdits quatre Battaillons, et les envoyer dans des quartiers du Dauphiné, lesquels S.M. trouve bon que vous diferiéz a faire executer autant de temps que vous jugerez que leur sejour a Pignerol pourra estre de quelque utilité au service de S.M./

Elle vous recommande de ne vous explicquer a personne que les susdits 3. Battaillons ne marchent que pour relever les quatre qui doibvent sortir de Casal par ce qu'Elle croit qu'il convient a l'avancement des travaux que ces Battaillons la ne sçachent pas qu'ils doibvent estre relevez, Et il ne peut estre que fort a propos que l'on ignore en Piedmont et dans le Milanois, le sujet de la marche des Battaillons qui s'avancent.

Par les nouvelles que je reçois presentement de gens que j'ay envoyé sur la marche des troupes que le Comte de Leslé doibt commander, J'aprends qu'elles consistent en un regiment de 16 Compagnies, qui si il estoit complet ne seroit que 2000 hommes et en quinze Compagnies destachées de trois autres regiments, ainsy vous pouvez compter que ce qui marche n'est pas plus de 3000 hommes, ou tout au plus 3600 hommes./. Je suis tout a vous.

Le mesme jour l'on a envoyé à Monsr Catinat une copie de la lettre cy dessus pour Monsr de la Trousse.

A M. de St André des ordres pour la marche des Battaillons de Stouppe et de Bourgogne.

No. 81

A M. LE MARQUIS DE PIANESSE DU MESME JOUR 13 JUILLET 1682 A VERSAILLES.

J'ay trouvé a mon retour de Flandre les pacquets qui enfermoient vos lettres des 18. 20. et 25e du mois passé, lesquels j'avois eu soin de donner ordre que l'on gardast fermez jusqu'a mon retour.

Le Roy a receu avec plaisir les asseurances que vous lui donnez de la continuation de vostre zele pour son service dans les occasions qui s'en presenteront, et m'a chargé de vous tesmoigner qu'il y a toute la confiance que vous pouvez desirer.

L'advis que le gouverneur d'Ast a donné a Madame Royalle, vous confirme ceux que je vous ay mandé par ordre du Roy, et je crains bien que la lenteur avec laquelle on se porte a en proffiter, ne cause a Madame la duchesse de Savoye quelque desplaisir considerable;

Les advis que je reçois journellement, portent que le Comte Landriany est un Espion des Espagnols, et negocie quelque chose avec Eux de la participation du prince Muet, ce doibt estre le prince de Carignan dont ils veullent parler.

Il se peut faire que les discours que l'Envoyé de Portugal en cette Cour cy a tenus ne soient qu'un effect de son imprudence, et de son naturel impetueux, mais ne comptéz pas que la Reyne de Portugal soit en estat de respondre a Madame la duchesse de Savoye des resolutions qui se prendroient dans le Conseil de Portugal, ou je crois que vous n'ignorez pas qu'Elle n'a point du tout de credit.

Ne craigniéz point que je dise rien a Monsr Ferrero qui luy puisse donner lieu de soubçonner que J'entretiens aucun commerce avec vous.

Jusqu'a present les troupes qui sont sorties de l'Austriche pour marcher du costé du Tirol, ne sont composées que de 3000 Cinq ou 600 hommes en un regiment de 16 Compagnies, et 15 autres Compagnies destachées de trois regiments, J'auray soin de vous faire part des nouvelles que je recevray dans la suitte./.

No. 82

A M. LE MARQUIS DE LA TROUSSE DU 20e JUILLET 1682 A VERSAILLES.

Les lettres qui sont arrivées hyer de Vienne portent que toutes les troupes de l'Empereur marchent du costé de Hongrie les Turcs estants en campagne avec beaucoup de troupes et de munitions, que les 3000 Six ou 700 hommes de pied qui ont marché en Tirol soubz le Comte de Leslé, que l'on a publié avoir 5000 hommes a ses ordres sont destinés pour les villes forestieres et que les solicitations que l'Ambassadeur d'Espagne a faites auprés de l'Empereur pour les faire passer en Milanois ont esté inutiles, de maniére que vous pouvez compter qu'aucunes troupes de l'Empereur ne passeront en Milanois de cette année, si contre toute aparence les projets de l'Empereur changeoient, je prendray soin que vous en soyez diligemment adverty. Je suis tout a vous./.

No. 83

A M. LE MARQUIS DE LA TROUSSE DU MESME JOUR 20e JUILLET 1682 A VERSAILLES

J'ay receu la lettre que vous avez pris la peine de m'escrire le 11e de ce mois, vous verréz par mon autre lettre qui vous sera rendüe par ce mesme ordinaire, que si l'estat de la garnison de Casal ne vous a pas fait Juger n'y a Monsr Catinat qu'elle eust besoin d'estre augmentée, les mouvements des troupes de l'Empereur ne doibvent pas vous y obliger, Et qu'a l'esgard de la proposition de faire avancer des troupes a Pignerol, le Roy a prevenu vostre pensée par les ordres que S.M. a envoyéz d'y faire marcher le Battaillon de Bourgogne, et les deux de Stoupe, et en suitte a Casal pour relever quatre battaillons qui sont presentement dans ladite place, lesquels doivent rester a Pignerol jusqu'a nouvel ordre de S.M.

A l'esgard de la Cavallerie que vous croyéz qu'il faut faire advancer a Pignerol, J'adresse presentement les ordres du Roy necessaires pour y faire marcher le regiment d'Arnolfiny de 12 Compagnies.

Continuéz a me mander des nouvelles de la santé de Monsieur le duc de Savoye, et s'il empiroit ne manquéz pas de despescher un Courier au Roy, cependant tesmoignez toujours a Madame la duchesse de Savoye, et a Ses Creatures que vous ne doubtez point que S.M. ne soit disposée a faire tout ce qui pourra despendre d'Elle pour la maintenir dans l'authorité ou S.A.R. a esté jusques a present.

Le Roy a aprouvé que vous n'ayez point esté a Verceil pour ne pas confirmer les bruits qui courroient que cette place debvoit estre remise au pouvoir de S.M.

Elle aprouve aussy que vous ne tesmoignez point au Marquis de Parelle que vous ayéz rien sçeu de la conference qu'il a eüe avec le Prince Hercolany, et que cependant vous acceptiéz l'offre qu'il vous a fait de vous remettre les plans des places du Milanois, lesquels vous m'enverréz en ce cas par un Courier Exprés, afin que l'on les pust faire copier dilligemment et luy renvoyez les originaux./. Je suis tout a vous.

No. 84

A M. LE MARQUIS DE LA TROUSSE DUDIT JOUR.

J'ay receu la lettre que vous avez pris la peine de m'escrire, vous avéz raison de croire que le Roy trouvera bon que l'on rende a Monsr le duc de Cadaval lorsqu'il ira visiter Pignerol et Casal, tous les honneurs qui pourront le satisfaire, puisque c'est l'Intention de S.M., dont vous donnerez s'il vous plaist part a Messrs les gouverneurs de ces deux places Je suis tout a vous./.

No. 85

A M. LE MARQUIS DE PIANESSE DU 20e JUILLET 1682 A VERSAILLES.

J'ay receu la lettre que vous avez pris la peine de m'escrire le 3e de ce mois, Le Roy a apris avec beaucoup de plaisir par celles qui sont arrivées aujourd'huy du 11 que la santé de Monsieur le duc de Savoye est beaucoup meilleure qu'Elle n'a esté, et qu'il estoit sans fievre.

Je vous ay deja mandé par mes precedentes que le Roy avoit resolu de diferer jusqu'apres le depart de S.A.R. de faire faire de proposition pour un renouvellement d'alliance, aussy S.M. n'envoyera aucuns ordres a Monsr l'abbé d'Estrades, n'y a Monsr de la Trousse qu'apres ce depart, ou que Sa Majesté aura esté Informée que l'on ne doibt pas compter que Mondit sieur le duc de Savoye fasse de cette année le voyage de Portugal.

Il peut y avoir beaucoup de raison a suivre le genie de vostre nation, et a faire en deux traittez ce que l'on pourroit faire en un seul, pourvueu que l'on ne demande pas de vostre part pour la conclusion d'une alliance deffensive, tout ce que l'on pourroit pretendre en signant une ligue offensive.

C'est avec beaucoup de prudence que Madame la duchesse de Savoye prend sur Elle de souffrir ce que l'on a la hardiesse de faire contre Elle, pour ne point faire de mouvement qui puisse retarder le depart de Monsieur le duc de Savoye, mais c'est une conduite qui ne peut estre continuée apres son depart, ou que l'on aura connû qu'il ne peut partir de cette année sans exposer le maintien de son authorité, de maniere qu'il est impossible qu'il n'en mesarrive, de quoy Elle auroit deja veu l'experience sans ce que S.M. a fait depuis quelque temps pour la maintenir.

Je vous suplie de me faire part de la resolution que prendra Monsr de Cadaval pour son retour en Portugal, ou pour son sejour en Piedmont, ou comme le bruit s'en respend de son voyage en Italie, dont je ne doubte point que vous ne connoissiez mieux que personne les consequences.

Vous trouverez cy jointe la lettre que vous avez desiré que je vous renvoyasse.

Si contre toute aparrence la santé de S.A.R. venoit a empirer, et qu'il y eust quelque chose a craindre pour Sa vie, faites moy part de ce que Madame la duchesse de Savoye croiroit que le Roy pourroit faire en Sa faveur, afin que S.M. puisse prendre a l'avance de concert avec Elle les mesures necessaires pour le maintien de son authorité, et en donnant vostre pacquet a Monsr de La Trousse et le priant de me despescher un Courier, il le feroit sans que personne en sçeust rien a vostre Cour./.

No. 86

A M. LE MARQUIS DE PIANESSE DU PREMIER AOUST 1682 A VERSAILLES.

Le Roy a apris avec beaucoup de joye par la lettre que vous m'avez fait l'honneur de m'escrire du 18e du mois passé, le meilleur estat de la santé de Monsieur le duc de Savoye, je souhaitte qu'il soit en estat de s'embarquer dans la fin de septembre, estant bien persuadé que s'il passe l'hyver en Piedmont, il ne partira pas le printemps prochain.

Je vous conjure de me faire part des ordres que Monsr de Cadaval recevra du Roy son maistre, et du temps qu'il debvra les executer./. Je suis.

No. 87

A M. LE MARQUIS DE LA TROUSSE DU 3e AOUST 1682 A VERSAILLES.

Quoyque je ne voye pas les affaires disposées a faire marcher des troupes du costé de Pignerol, Je ne laisse pas de vous envoyer copie de ce que j'escris presentement a Monsr de St André, par laquelle vous verrez qu'elle est l'occupation que le Roy donne au regiment d'Herlack, et au regiment de dragons de la Lande. Je suis tout a vous.

No. 88

A M. LE PRESIDENT DE ST ANDRÉ DU 2e AOUST 1682 A VERSAILLES

Monsieur,

S.M. voullant mettre en estat Monsr le Marquis de Montanegue de faire executer les ordres qu'Elle luy envoye a l'esgard d'Orange, Elle m'a commandé de vous faire sçavoir que son intention est que vous fassiéz rendre a St Paul trois Chasteaux le regiment de dragons de la Lande au jour qu'il vous marquera, et donner ordre audit regiment de partir dudit St Paul trois Chasteaux lorsque ledit Sr de Montanegue le luy ordonnera pour [——] ce qu'il luy commandera pour le service de S.M., Et comme Elle n'est pas bien Informée de l'estat auquel sont presentement les murailles d'Orange, et que S.M. veut que ledit Sr de Montanegues soit en estat de forcer les habitants d'Orange a executer ses Intentions, Elle desire qu'en cas qu'il vous requierre d'envoyer tout ou partie du regiment d'Erlack vous satisfassiéz promptement, comme aussy que vous fassiéz remarcher dans les quartiers destinés audites troupes et que vous aurez envoyé dudit regiment d'Erlack, ou de celuy de la Lande aussytost que vous en serez requis par mondit Sr de Montanegue. Je suis.

No. 89

A M. LE MARQUIS DE LA TROUSSE DU 3e AOUST 1682 A VERSAILLES.

La lettre que vous m'avez fait l'honneur de m'escrire le 25e du mois passé, ne desire de response que pour vous recommander de continuer a me mettre en estat de rendre compte au Roy de tout ce qui se passe dans la Cour ou vous estes, et de dire a Madame de Savoye tout ce que vous croirez qui la pourra confirmer dans la resolution d'acomplir le mariage de Monsieur de Savoye./.

No. 90

A M. LE MARQUIS DE LA TROUSSE DU 6e AOUST 1682 A VERSAILLES

Madame la Dauphine venant de donner a la France un duc de Bourgogne apres un travail de quarante huict heures, Le Roy m'a commandé de vous despescher ce Courier pour vous en Informer, et vous dire d'envoyer promptement vos ordres a Casal et a Pignerol pour en attendant que les despesches necessaires puissent y estre envoyées pour y faire chanter le Te Deum, faire faire trois descharges de l'artillerie et de la mousqueterie de la place, qui aprennent aux voisins le bonheur qui est arrivé a la France par un si heureux succés, Je suis tout a vous./.

No. 91

A M. LE MARQUIS DE LA TROUSSE DU 10e AOUST 1682 A VERSAILLES

J'ay receu les lettres que vous avez pris la peine de m'escrire les 29e du mois passé, et 2e du courant par la derniere desquelles le Roy a apris avec plaisir le meilleur estat de la santé de Monsieur le duc de Savoye, continuez a en mander souvent des nouvelles et me croyez troujours tres veritablement tout a vous./.

No. 92

A M. LE MARQUIS DE PIANESSE DU MESME JOUR 17e AOUST 1682 A VERSAILLES

J'ay receu la lettre que vous avez pris la peine de m'escrire le premier de ce mois, a laquelle J'ay peu de response a faire puisque la santé de Monsieur le duc de Savoye estant devenüe meilleure, il n'y a plus lieu de discourir sur ce qui auroit esté a faire en cas que son mal eust augmenté, je vous diray seulement que S.M. m'a paru disposée a faire si un pareil malheur arrivoit, tout ce que Madame de Savoye pourroit desirer pour le maintien de son authorité, pourvueu que Sa Majesté en soit advertie asséz a temps pour pouvoir prendre les mesures necessaires pour faire reussir ce que Madame la duchesse de Savoye desirera de S.M.

Je ne vois point d'aparence que le Roy fasse faire aucune proposition pour le renouvellement d'une alliance avec Monsieur le duc de Savoye, jusques a ce que S.M. sçache si S.A.R. partira cette année pour le Portugal.

Je parts a la fin de ce mois pour aller faire un tour en Alsace, d'ou je ne rejoindray le Roy qu'a Chambor vers le 20. du mois de septembre prochain.

Je vous renvoye vostre lettre et suis de tout mon coeur tout a vous./.

No. 93

A M. CATINAT DU 19e AOUST 1682 A VERSAILLES

Monsieur,

Le Roy estant fort satisfait de la maniere dont Monsr le Marquis de Gonzague s'acquitte du commandement que S.M. luy a donné sur ses troupes dans la ville de Casal, a trouvé bon de luy faire present de son portrait, lequel Je vous envoye afin que vous le luy presentiez de sa part, l'acompagnant de toutes les expressions qui pourront luy rendre ce present plus agreable./. Je suis.

No. 94

A M. LE MARQUIS DE PIANESSE DU 26e AOUST 1682 A VERSAILLES.

J'ay receu les lettres que vous m'avez fait l'honneur de m'escrire les 11e et 14e de ce mois, par lesquelles Je vois avec beaucoup de desplaisir le malheureux estat de l'affaire du mariage par la continuation de la maladie de Monsieur le duc de Savoye, et le risque que court Madame Royalle de ne pas conserver longtemps son authorité, par ce qu'Elle ne se determine point a faire les choses qui pourroient la luy conserver pour toujours.

Le Roy a bien receu le compliment que vous m'avéz chargé de luy faire sur la naissance de Monseigneur le duc de Bourgogne.

Nous avons apris par un Courier de Monsr de la Trousse la conspiration du Marquis de Parelle que l'on a laissé evader, si dans l'hyver prochain il se faisoit quelque soulevement un peu considerable dans les Estats de Monsieur le duc de Savoye, et que les Espagnols le voullussent appuyer, Je ne sçais ce qui arriveroit a Madame Royalle, cependant les montagnes seront alors fermées, et quelque bonne volonté qu'eust S.M., il ne luy seroit pas possible de la servir avant le 15e du mois d'avril, Est-il possible que Madame de Savoye n'ait pas cela devant les yeux, et ne veuille point prendre les mesures necessaires pour s'en mettre a couvert.

Je parts le 2e du mois prochain pour l'Alsace, et J'espere rejoindre S.M. le mesme jour qu'Elle arrivera a Chambor.

Je vous renvoye vos deux lettres ainsy que vous l'avéz desiré. Je suis tout a vous./.

No. 95

A M. LE MARQUIS DE LA TROUSSE DU 26e AOUST 1682 A VERSAILLES.

J'ay receu par le Courier que vous m'avez despesché la lettre que vous avéz pris la peine de m'escrire le 17e de ce mois a quatre heures du matin, par laquelle de Roy a esté Informé de la conspiration du Marquis de Parelle, et a apris avec desplaisir que l'on avoit manqué l'occasion de l'arrrester, Sa Majesté a en mesme temps donné ordre a Monsr de Croissy dans le departement duquel sont le Dauphiné et la Provence, d'expedier les ordres necessaires pour faire que s'il entre dans ces provinces il soit arresté et remis au pouvoir de ceux qui seront chargés par Madame la duchesse de Savoye de le venir recevoir, vous trouveréz dans ce pacquet les mesmes ordres pour le Commandant de Lyonnois.

L'Intention de S.M. est qu'en les remettant a Madame la duchesse de Savoye, vous l'asseuriéz de la joye avec laquelle S.M. a apris que cette conspiration ait esté découverte, et de la disposition ou Elle sera toujours de contribuer de tout ce qui pourra despendre de S.M. pour affermir l'authorité de Madame la duchesse de Savoye.

Je n'escris point a Madame la duchesse de Savoye en response de la lettre que vous m'avéz adressée pour ne la pas Importuner.

Il convient fort au service de Sa Majesté d'estre promptement Informé de la resolution que pourroit prendre Monsr le duc de Cadaval de remener ou renvoyer la flotte en Portugal, et l'Intention de S.M. sera que vous luy en donniez advis par un Courier expres, Cependant il ne peut estre que fort a propos que vous fassiez remarquer comme de vous mesme a Madame la duchesse de Savoye, la consequence de la conspiration du Marquis de Parelle, et l'Interest qu'Elle auroit de prendre des mesures pour mettre les subjets de Monsieur son Fils hors d'estat de faire de pareils projets, vous pourréz vous explicquer un peu plus clairement avec le Comte de Masin, en luy faisant remarquer le prejudice qu'il recevroit en son particulier si Madame la duchesse de Savoye venoit a perdre l'authorité qu'Elle a entre les mains, ce qui luy pourra arriver facilement, si pendant cet hyver que les neiges fermeront les montagnes du Dauphiné, les Piedmontois favoriséz par les Espagnols venoient a se soulever.

Je crois qu'il n'est pas necessaire que je vous fasse observer, que vous ne debvez rien dire audit Comte de Masin sur cela, n'y sur toutes les autres choses, que ce que vous voudréz qui soit raporté a Madame la duchesse de Savoye, Et que ce que vous diréz audit Comte de Masin sur ce sujet, doibt estre tourné de maniere qu'il ne puisse jamais croire que vous n'ayez rien escrit.

Je vous suplie de vous conduire de maniere que vous ne fassiéz aucune peine a Monsr l'abbé d'Estrades, Comme c'est par luy que doibvent passer les instances que Madame la duchesse de Savoye peut voulloir faire au Roy, il eust esté bon que vous eussiéz porté S.A.R. a s'adresser a luy pour faire passer a S.M. par Monsr de Croissy la nouvelle de la conspiration du Marquis de Parelle, et de ce que Madame la duchesse de Savoye demande au Roy pour le faire arrester, Je vous suplie d'en user de mesme en une pareille ocasion, Et de ne vous mesler que de ce qui pourra concerner la conservation les places de Pignerol et de Casal.

Je parts le 2 du mois prochain pour aller faire un voyage en Alsace, d'ou je seray de retour au pres du Roy le 21e du mesme mois, je vous prie de ne pas laisser de m'escrire comme si J'y estoit, par ce que Monsr de St Pouenges ouvrira mes lettres en mon absence, et en rendra compte a S.M. Je suis tout a vous.

Le mesme jour il a esté espedié un ordre ou lettre du Roy a Monsr l'Archevesque de Lyon, et en son absence a celuy qui y commande pour luy ordonner d'arrester et constituer prisonnier dans Pierre Ancize le marquis de Parelle./.

No. 96

A M. LE MARQUIS DE LA TROUSSE DU PREMIER SEPTEMBRE 1682 A VERSAILLES

La lettre que vous avéz pris la peine de m'escrire le 22e du mois passé m'a esté rendüe, aussy bien que celle du 23 par laquelle le Roy a apris avec desplaisir le nouvel accés de fievre qu'a eu Monsieur le duc de Savoye, il est fort important a S.M. d'estre Informée promptement du party que prendra Monsr de Cadaval, ne manquéz pas de luy en rendre compte par un Courier Expréz dés que vous le pourrez sçavoir.

Le Roy a aprouvé que vous ayéz Informé Madame la duchesse de Savoye de l'advis que vous a donné le Sr Caluse, et Sa Majesté desire que vous continuyéz a rendre compte a S.A.R. de tout ce qui viendra a vostre connoissance qui pourra luy estre utile.

Il n'y a point d'aparence que S.M. puisse s'acomoder du fief de Pomara, son service ne voullant pas qu'Elle se charge de la construction n'y de la garde de nouvelles places au pais ou vous estes.

Vostre lettre du 19 m'a aussy esté rendüe avec le memoire des Carthes que l'on vous a fait voir, vous me ferez plaisir de me les envoyer, et de me mander l'argent que vous avez donné pour les avoir, afin que je vous en fasse rembourser. Je suis entierement a vous./.

Note: L'on aura veu par les lettres de M. de Louvois cy dessus a M. de la Trousse, que partant le 2. 7bre pour l'Alsace il ne debvoit joindre le Roy que 3 semaines apres, de sorte qu'il ne se trouve aucune lettre pour M. de la Trousse jusqu'au 22 dudit mois./.

No. 97

A M. LE MARQUIS DE LA TROUSSE DU 22 SEPTEMBRE 1682 A PARIS.

Vous aprendrez par la part que vous donnera Monsr l'abbé d'Estrades des ordres que S.M. luy envoye, la resolution qu'Elle a prise pour soubz pretexte de la seureté de Casal, mettre malgré mesme Madame la duchesse de Savoye les affaires en estat en Piedmont, que les Caballes des Espagnols, et le mescontentement general des habitants du pais ne puissent donner lieu a quelque nouveauté qui ruinast pour toujours l'authorité de Madame Royalle.

Lesdits ordres de S.M. portent que Monsr l'Ambassadeur doibt proposer une ligue deffensive a des conditions avantageuses pour le Piedmont, Et qu'il doibt demander a Madame la duchesse de Savoye le logement pour 3000 Chevaux ou dragons que Sa Majesté veut avoir pendant cet hyver au dela des Monts, Et que quand bien mesme Madame la duchesse de Savoye et ses ministres trouveroient de la difficulté a la conclusion de cette ligue, les troupes ne doibvent pas laisser de marcher et d'estre logées en Piedmont.

Il n'y a guieres d'aparence que dans l'estat ou sont presentement les affaires de Madame Royalle, Elle voullust en refusant ses ordres pour le logement des susdits 3000 Chevaux ou dragons, donner a connoistre aux peuples de Piedmont que ces troupes y entrent malgré Elle, et par la leur donner lieu de doubter de la protection de S.M. qui seule peut maintenir son authorité, et sans laquelle Elle essuyeroit en peu de jours des traittemens fort fascheux, si neantmoins cette princesse estoit asséz mal conseillée pour refuser de donner ses ordres pour le logement des troupes, l'Intention du Roy n'est point que cela vous empesche de les faire marcher a Pignerol, Et quand il y aura 1000 ou 1200 Chevaux arrivéz de vous avancer vers Trin ou l'Intention de S.M. est que vous vous campiez jusques a ce que toutes les troupes vous ayent joint, Et que sur le compte que vous auréz rendu au Roy des sentiments de Madame la duchesse de Savoye, et sur l'advis que vous luy aurez donné des lieux ou ses troupes pourroient subsister commodement pendant cet hyver sans entrer dans les forteresses n'y estre dans des lieux ouverts trop voisins du Montdovy et du Milanois, y estre a portée d'y pouvoir estre assembléz, si le service du Roy ou de Madame la duchesse de Savoye vous le faisoit juger a propos.

Pendant le campement, si le refus de Madame Royalle de vous

donner des quartiers vous obligeoit a le faire, ou dans les quartiers que Madame la duchesse de Savoye vous auroit donné, ou dans ceux que vous pourriéz prendre en suitte des ordres du Roy, l'Intention de S.M. est que les troupes soient contenües de maniere qu'elles ne soient a charge que pour le simple logement, et qu'elles y subsistent commodement de leur solde et du fourage que Mr Breant leur fera fournir en convenant avec les habitants des lieux ou elles seront, du prix que l'on leur payera par ration, quand je dis que les troupes ne soient point a charge des habitans, c'est a dire que soubz quelque pretexte que ce puisse estre S.M. ne veut pas qu'elles exigent quoy que ce soit, et qu'elle desire qu'elles vivent comme elles font dans les Casernes des places de Flandre.

L'Intention du Roy est que donnant un advis a Monsr l'abbé d'Estrades sur ce qui se passera dans sa negociation vous la luy laissiéz faire toute entiere, et vous contentiéz d'Insinuer comme de vous mesme a Madame la duchesse de Savoye les choses dont vous serez convenu avec luy pour faciliter ladite negociation.

Vous debvrez observer dans les conversations que vous auréz avec cette princesse de ne luy point laisser croire que la marche des troupes puisse estre retardée pour quelque raison que ce soit, de luy dire que le passage des troupes de Piedmont estant necessaire pour asseurer Casal pendant cet hyver il ne peut y avoir aucune negociation a faire pour retarder la marche des troupes, la saison des neiges estant si prochaine que vous ne pouvez pas vous exposer a voir fermer la montagne avant que les troupes soient toutes en Piedmont.

Vous luy pourréz faire observer en suitte que rien n'est plus avantageux pour le maintien de son authorité que le party que le Roy prend, puisque sans avoir aucunes troupes dans ses places, n'y que ses subjets souffrent la moindre foule, Elle sera mise a couvert des Caballes qui se font contre son authorité, et que plus de quarante mil escus seront despensés chaque mois par les troupes du Roy dans le pais de son obeissance.

Vous luy pourrez confier ensuite qu'Elle doibt compter que M. le Prince de Carignan a des mesures prises avec le gouverneur de Milan pour s'il mesarrivoit a Monsieur le duc de Savoye estre assisté de troupes pour la chasser du Piedmont, ou la renfermer dans un Couvent, que le Gouverneur de Milan l'a fort pressé de s'asseurer des places, et particulierement de Verceil et qu'ainsy Madame la Duchesse de Savoye doibt avec beaucoup d'aplication prendre de telles mesures que les Commandants des places ne luy manquassent pas s'il mesarrivoit de Monsieur son Fils, Entretenez ensuitte le Marquis de Pianesse de la mesme chose et faites luy comprendre que rien ne luy est plus Important que de faire en sorte que Madame la Duchesse de Savoye s'asseure des places sans lesquelles la protection du Roy luy deviendroit inutile, et luy exposé aux violences de ses Ennemis, que S.M. ne demande point a Madame la duchesse de Savoye de recevoir ses troupes dans les places de Piedmont et de Savoye pendant la vie de Monsieur le duc de Savoye, mais qu'Elle s'attend qu'Elle prendra de telles mesures que les gouverneurs ne reconnoissent d'autres ordres que de Madame la duchesse de Savoye apres la mort de mondit Sr le duc de Savoye si Dieu venoit a en disposer moyennant quoy Elle peut s'asseurer que le Roy la maintiendra dans l'authorité dans laquelle Elle est presentement.

Vous pouvez faire discourir Mondit Sr de Pianesse sur ce qu'il croiroit qui seroit a faire si Mondit Sr le duc de Savoye mourant, monsr le prince de Carignan ne voulloit pas espouser Madame Royalle, et vous pouvez comme de vous mesme luy Insinuer que comme Monsieur le duc de Savoye signe tout sans le regarder, il ne pourroit estre que tres a propos que Madame la duchesse de Savoye eust par devers Elle une pattente par laquelle attendu l'Incapacité de Mondit Sr le prince de Carignan il la commettroit pour regir les Estats de Piedmont et de Savoye pendant sa vie avec la mesme authorité qu'Elle a eüe depuis la mort de feu Monsieur le duc de Savoye, que ce titre deviendra bon soutenu de la protection du Roy, et que rien ne sera plus capable d'obliger Monsr le Prince de Carignan a l'Espouser, que de la voir en estat de conserver son authorité par une voye qui ne soit pas tout ilegitime.

S.M. desire que vous fassiéz cette ouverture au Marquis de Pianesse seul, comme une veüe qui vous a passé par l'Esprit, luy laissant entendre que vous n'en parleréz qu'a luy, et que vous rendiéz compte a S.M. de la maniere dont il l'aura receüe, que vous luy disiéz qu'elle vous est venüe dans l'Esprit sur ce que je vous ay mandé de l'advis que le Roy avoit eu du concert du gouverneur de Milan avec le Prince de Carignan, lequel vous faisant voir le peu d'aparence qu'il y a que ce Prince espousast Madame la duchesse de Savoye s'il mesarrivoit a Monsieur son Fils, vous a fait penser a ce qui seroit a faire pour le service de Madame la Duchesse de Savoye.

Ce mesme Courier porte a Monsr le President de St André les ordres du Roy necessaires pour commencer a faire marcher le 30e de ce mois, la Cavallerie qui est en Dauphiné la faisant marcher droit a Pignerol a vos ordres, et vous mandant le jour que chaque troupe y pourra arriver.

Un autre Courier part aujourd'huy pour porter a celuy qui commande en Provence les ordres de Sa Majesté necessaires pour en faire partir le mesme jour 30e de ce mois les regiments de Crillon, et du Saussay, et rendra en passant a Monsr l'Archevesque de Lyon les ordres de S.M. pour la marche du regiment de Schomberg.

Vous verréz par la copie qui sera cy jointe de ce que j'escris a Monsr le president de St André, les ordres que S.M. luy donne pour faire que plusieurs Escadrons ne se rencontrent pas en mesme temps dans les [—] lieux d'Estapes.

Comme il est bien de ne pas consommer Inutilement le magasin de Pignerol vous pouvés vous avancer a Trin avec les deux regiments qui y sont deja aussytost qu'il en sera arrivé deux autres, que si le refus de vous donner des quartiers ne vous oblige point d'aller a Trin, vous pouvez faire marcher ces regiments dans les quartiers qui leur seront assignés a mesure qu'ils se rendront a Pignerol, En ce cas le regiment d'Arnolfiny doibt rester audit Pignerol, celuy de la Lande de dragons aller a Casal, moyennant quoy Tessé et Barbezieres en sortiront, et logeront dans le Piedmont avec les troupes de Lyonnois, Provence, et Dauphiné.

S.M. Juge a propos que vous essayéz d'obtenir d'avoir quelques quartiers ensemble dans des villes non fortiffiées, afin que la crainte de ce que pourroient entreprendre les Corps qui demeureront ensemble, contiennent les habitants des lieux ou seront respendus les corps qui seront separés par Compagnies, l'Intention de S.M. n'estant pas que vous souffriéz qu'ils le soyent d'avantage.

Elle trouve bon que Madame la duchesse de Savoye puisse quand Elle le desirera, charger ou descharger un quartier quand Elle le jugera a propos, pourvueu que les ordres en soyent adressés a vous, et ne soient executés qu'apres que vous ayant esté remis vous les aurez fait venir aux troupes.

Vous debvez faire en sorte que les regiments soient logés de proche en proche, afin que les Colonels vous puissent respondre de ce qui s'y passera, et que Ms de Crillon, du Saussay, et le Chevallier Duc qui sont brigadiers, ayent chacun un certain nombre de troupes soubz leurs ordres de la conduite desquelles ils vous puissent respondre.

Je donne ordre au tresorier de l'Extraordinaire des guerres d'envoyer presentement Cinquante mil Escus a Pignerol aux ordres de Mr Breant, afin que les troupes estant regulierement payées, n'ayent aucun pretexte de faire le moindre desordre.

S.M. se remet a vous et a luy de faire fournir le pain aux

troupes ou de ne le pas faire pendant qu'elles seront soubz Pignerol, ou qu'elles demeureront campées a Trin, Elle desire seulement que le bled[7] qui sera consommé soit remplacé, et qu'apres qu'elles seront arrivées dans les quartiers que Madame la duchesse de Savoye leur aura assigner, ou ce que vous aurez pris sur les ordres que S.M. vous enverra cy apres, le pain ne leur soit plus fourny.

Le fourage ne doibt estre fourny qu'aux Cavalliers, et Brigadiers, et les officiers doibvent s'en pourvoir au moyen de leur solde, la ration doibt estre la mesme qui se distribue a Pignerol, et a Casal, suivant la derniere ordonnance du Roy, et le Sr Breant doibt convenir avec les habitants des lieux du prix de cette ration sur le pied de quatre, Cinq, et 6 sols tout au plus, aux uns plus, aux autres moins suivant la rareté du fourage, vous et luy devéz vous apliquer efficacement a ce que dans la reception de ces fourages, les officiers ne fassent point de mauvaises chicanes aux habitants pour en tirer quelque ration pour Eux.

Vous ne debvez rien faire en execution de ce qui vous est dit cy dessus des Intentions de S.M., qu'apres que Monsr l'abbé d'Estrades aura receu l'Instruction que Monsr de Croissy a ordre de luy envoyer, et Jusques la vous ne debvez vous ouvrir a personne du contenu de cette lettre.

La lettre cy jointe pour Monsr Breant luy marque seulement qu'il doibt se rendre incessamment aupres de vous, et y executer ce que vous luy explicqueréz des Intentions de S.M., Je vous suplie de luy donner un extrait de ce qui dans cette lettre concerne la maniere dont les troupes du Roy doivent vivre lorsqu'elles seront entrées en Piedmont.

S.M. me commande de vous faire observer, que son intention est que les officiers demeurent dans leurs quartiers, et que ceux auxquels vous permettréz de venir a Turin, se contiennent de maniere qu'ils ne desplaisent en quoy que ce soit a Madame la duchesse de Savoye et ne donnent aucun sujet de chagrin n'y d'Inquietude a ceux qu'Elle honore de ses bonnes graces, vous entendrez facilement cecy sans qu'il soit besoin que je vous l'explicque d'avantage. Je suis tout a vous./.

No. 98

A M. LE PRESIDENT DE ST ANDRÉ DU MESME JOUR 22 7BRE 1682 A PARIS.

Monsieur,

Je vous adresse les ordres du Roy necessaires pour faire

[7] bled: blé

passer a Pignerol toute la Cavallerie et les dragons qui sont presentement en Dauphiné.

L'Intention de S.M. est que vous regliéz les jours de leur depart de maniere que ceux qui sont dans les quartiers les plus voisins de Pignerol partent le 30e de ce mois, et les autres assez a temps pour les suivre le plus viste que faire se pourra, en sorte qu'il ne se rencontre point plus de huict Compagnies a la fois dans les Estapes de Dauphiné, et comme les regiments de Crillon, et du Saussay, qu sont en Provence, et celuy de Schomberg qui est en Lyonnois marchent aussy a Pignerol suivant les routtes dont copies sont cy jointes, l'Intention de Sa Majesté est que vous vous rendiez dilligemment a Ambrun pour y voir passer toutes ces troupes, et si la marche desdits regiments qui partent de Provence et du Lyonnois faisoit qu'il se deubst trouver dans les Estapes foibles plus de huict Compagnies en un Jour, que vous en fassiez sejourner quelqu'un a Briançon, ou a Ambrun, afin qu'ainsy que je vous l'ay marqué cy dessus lesdites Estapes ne soient point accablées, S.M. vous reccommande de tenir la main a ce que les Estapes soient fournies regulierement, que les troupes s'en contentent, et ne fasse aucune exaction dans les lieux de leur passage, et si quelqu' officier n'avoit pas contenu sa troupe, l'Intention de S.M. est que vous en advertissiéz Monsr de la Trousse, afin qu'il le fasse mettre dilligemment dans la citadelle de Pignerol.

Sa Majesté vous reccommande aussy dez le moment que vous aurez reglé le jour du depart de chaque troupe, d'en envoyer un memoire a Mondit Sr de la Trousse, afin qu'il sçache le jour que chaque troupe se rendra a Pignerol, qui suivant que je vous l'ay marqué cy dessus doibt estre le plustost que faire se pourra, en observant ce qui est marqué cy dessus des Intentions du Roy pour le soulagement des lieux d'Estapes./. Je suis./.

Le mesme jour il a esté expedié des ordres du Roy pour faire marcher a Pignerol la Cavallerie et les dragons qui sont en Dauphiné.

Il a esté aussy escrit a Monsr le Comte de Grignan pour luy adresser des ordres pour faire advancer audit Pignerol les regiments de Crillon et de Saussay qui sont en Provence.

Idem a Monsr l'archevesque de Lyon pour luy envoyer les ordres pour la marche du regiment de Schomberg.

No. 99

A MR BREANT DU 22 7BRE 1682 A PARIS.

Ce mot est pour vous dire que l'Intention du Roy est que vous vous rendiez Incessamment auprés de Monsr le Marquis de la Trousse, et que vous executiéz tout ce qu'il vous prescrira des Intentions de S.M. fort ponctuellement./.

No. 100

A M. LE MARQUIS DE LA TROUSSE DU MESME JOUR 22 7BRE 1682 A PARIS.

Je vous suplie de rendre en main propre a Monsr le Marquis de Pianesse le pacquet cy joint, aprés que Monsr l'abbé d'Estrades aura receu son instruction. Je suis tout a vous./.

No. 101

A M. LE MARQUIS DE PIANESSE DU MESME JOUR 22 SEPTEMBRE 1682 A PARIS.

La maladie de Monsr le Chancellier qui graces a Dieu est entierement finie m'a obligé de revenir a Paris quelques jours plustost que je n'aurois fait, je n'ay point trouvé de vos lettres parce que le commis que j'avois chargé de les garder sans les ouvrir, estoit party pour Chambor quand je suis arrivé.

Vous aprendrez par Monsr le Marquis de la Trousse la resolution que le Roy s'est trouvé obligé de prendre pour prevenir les Concerts que S.M. a esté Informée qu'il y avoit entre Monsr le prince de Carignan, et le gouverneur de Milan, Et mettre ledit gouverneur de Milan hors d'estat d'entreprendre quelquechose cet hyver, qui en ruinant l'authorité de Madame la duchesse de Savoye couperoit la communication de Pignerol a Casal qui est necessaire pour la subsistance de cette place, Le Roy s'attend que vous contribueréz de ce qui despend de vous pour faire que Madame la duchesse de Savoye fasse de bonne grace ce que Sa Majesté desire d'Elle, et ce qui est absolument necessaire pour la conservation de son authorité, la repugnance que vous avéz marqué que cette princesse avoit a recevoir des troupes du Roy dans Ses places qui les eussent mis hors d'estat d'estre a la disposition de Monsieur le prince de Carignan, ou surprises par les Espagnols, a fait que S.M. a pris le party de demander le couvert pour un Corps de troupes qui oste au gouverneur de Milan les moyens de faire reussir ses projets, et oste aux peuples la pensée de se souslever.

Les troupes du Roy seront en marche dans trois jours pour se rendre soubz Pignerol, ainsy il ne faut point penser a negocier pour suspendre ladite marche, et Madame Royalle, et ceux qui ont l'honneur de la servir sont trop sages pour vouloir laisser voir qu'Elle fist aucune difficulté de donner le couvert a des troupes qui ne seront a charge en rien a ses sujets, Je dis a charge en rien parce que je vous puis respondre qu'elle vivront comme dans les Casernes des places de Flandre, l'on ne peut estre plus veritablement que je suis tout a vous./.

No. 102

A M. LE MARQUIS DE PIANESSE DU 29 SEPTEMBRE 1682 A CHAMBOR.

La maniere dont Monsr le Marquis de Farrenage est traitté, faisant voir que Madame la duchesse de Savoye ne sçait pas bon gré aux Piedmontois de s'habituer en France, je doibs vous advertir que si cela ne cesse au plustost, le Roy deffendra aux François de s'allier avec les Piedmontois et Savoyards, et ordonnera a tous les subjets de Monsieur le duc de Savoye de se deffaire de tout le bien qu'ils ont dans Son Royaume, Je suis persuadé que Madame Royalle est trop sage pour donner lieu au Roy d'executer une pareille resolution, ce qui m'oblige de vous en donner advis, afin que vous luy rendiez compte de ce a quoy l'exposent ceux qui luy proposent de chicaner le Marquis de Farrenage sur le mariage qu'il veut faire a Pignerol./.

No. 103

A M. LE MARQUIS DE LA TROUSSE DU 29. 7BRE 1682 A CHAMBOR.

J'ay receu les lettres que vous avez pris la peine de m'escrire les 16. 19. et 21e de ce mois, qui ne desirent point de response, me remettant de tout ce que j'aurois a vous mander au contenu aux despeches dont le Courier Mezieres a esté chargé.

Depuis que j'ay eu rejoint Sa Majesté, j'ay apris que Monsr de Croissy n'avoit point envoyé par un Courier Expres a Monsr l'abbé d'Estrades l'Instruction dont il est parlé dans la despesche du 22. que vous debvez avoir receu presentement par ledit Mezieres, de quoy il me semble que le service du Roy ne recevra point de prejudice puisqu'il donnera peut estre lieu a Monsr le duc de Cadaval de n'aprendre qu'en Portugal la resolution que S.M. a prise.

Il ne faut point doubter que le marquis de Fleury ne soit arrivé a Turin pour soliciter l'execution des projets faits entre le Pere Ercolany, et le Marquis de Parelle, vous ne sçauriez rien faire de mieux que d'en advertir Madame la duchesse de Savoye, et Monsr le Marquis de Pianesse. Je suis tout a vous.

No. 104

A M. LE MARQUIS DE LA TROUSSE DU PREMIER OCTOBRE 1682 A CHAMBOR.

Monsr de Barillon ayant mandé au Roy qu'il avoit penetré par des domestiques de Madame Mazarin, que Madame la Comtesse ayant mandé Monsr le Comte de Soissons son Fils, l'avoit voulu persuader de se rendre dilligemment en Piedmont pour se mettre a la teste du party oposé a Madame la duchesse de Savoye, Et en cas qu'il mesarrivast de Monsieur le duc de Savoye l'enfermer dans quelque Chasteau du pays, Mondit Sieur le Comte a respondu que si le Roy luy permettoit de faire cette demarche il executeroit les ordres de Madame sa Mere tres volontiers, mais que si Elle pouvoit desplaire au Roy, il ne voulloit pas s'en mesler. ce qui ayant fort déplû a Madame sa Mere, Elle avoit resolu d'envoyer dilligemment en Savoye un autre de Messrs ses Enfans, de quoy le Roy a commandé a Monsr l'abbé d'Estrades de donner part a Madame de Savoye, et de luy dire que si quelqu'un des Enfans de Madame la Comtesse se rend en Piedmont, il est fort de son interest de faire observer ses desmarches, lesquelles si Elle reconnoist estre prejudiciables a ses interests, Elle n'a qu'a vous le dire, et que vous avez ordre de faire d'Eux ce qu'Elle desirera, c'est a dire de les faire arrester par des officiers des troupes du Roy et conduire dans la Citadelle de Pignerol, ou jusqu'a autre ordre de S.M. vous les ferez garder sans avoir communication avec qui que ce soit de vive voix n'y par escrit, c'est ce qu'en effect l'Intention de S.M. est que vous executiéz si Madame de Savoye le desire de vous, vous conduisant de maniere qu'il paroisse que vous le faites a son insçeu, et que c'est en execution de quelqu'ordre du Roy que vous avez receu immediatement auparavant./

Sa Majesté trouve bon que vous donniez part a Monsr le Marquis de Pianesse de ce qu'Elle vous ordonne, et que lorsque Madame de Savoye, ou luy, parleront de la bonté que S.M. a pour Elle en cette occasion, vous luy fassiez connoistre comme de vous, de qu'elle Importance il est pour ses Interests que le logement des troupes du Roy en Piedmont vous mette en estat de la mettre a couvert de toutes les entreprises de ses Ennemis, de maniere que personne n'ose plus s'oposer a ses vollontés. Je suis tout a vous./.

No. 105

A M. LE MARQUIS DE PIANESSE DU 4 OCTOBRE 1682 A CHAMBOR.

J'ay trouvé en arrivant en ce lieu les lettres que vous avez pris la peine de m'escrire les 22.26. et 29. du mois d'Aoust, 5. et 18e du mois passé, Je vous remercie tres humblement de tout ce que vous m'avéz mandé de la santé de Monsieur le duc de Savoye, et du détail de l'affaire du Marquis de Parelle que nous avons apris par nos Corespondants de Vienne avoir fait un Traitté avec le Pere Ercolany qui est un religieux que l'Imperatrice Eleonore a envoyé en Italie, par lequel moyennant quatre mil pistolles qu'il demandoit que l'on distribuast selon ses ordres, et 2000 armes a feu que l'on luy debvoit envoyer secretement, il s'engageoit de faire souslever le Piedmont, d'empescher le depart de Monsieur le duc de Savoye, Et de faire arrester Madame la duchesse de Savoye pour estre remise aux Espagnols, ou renfermée dans un Couvent.

Je ne vous repette point ce que le Roy a ordonné a Monsr l'Ambassadeur de dire a Madame Royalle sur le projet que fait Madame la Comtesse d'envoyer quelqu'un de Messrs ses Enfans a Turin, parce que je ne doubte point que vous ne le sçachiez auparavant que vous ayez receu cette lettre, et que Madame de Savoye, ne connoisse de jour en jour combien il estoit necessaire veu les Incertitudes de son Esprit, que S.M. prist le party dont vous debvez estre Informé presentement, qui mettra l'authorité de Madame de Savoye au plus haut point qu'elle ait esté jusqu'a present, et fera que le mariage de Portugal s'achevera si la santé de Monsieur son Fils se restablit.

Je ne puis croire que ce soit serieusement que l'on ait pensé a faire faire par terre le voyage de Portugal a Monsieur le duc de Savoye puisqu'il faudroit qu'il fist 200. lieües sur les terres des Espagnols, je crois qu'il n'en faut pas dire d'avantage pour vous faire ouvrir les yeux sur cette proposition. Je suis tout a vous./.

No. 106

A M. LE CHANCELLIER DU 7e OCTOBRE A CHAMBOR.

Il paroist par la lettre de Monsr l'abbé d'Estrades que Monsieur le duc de Savoye projettoit le 26. du mois passé de retourner a Turin au commencement de celuy cy, et d'y loger dans un pallais separé de Madame sa Mere, Monsr l'abbé d'Estrades fait observer que lorsque le deffunct duc de Savoye voullust s'emparer du gouvernement, il commença a faire cette démarche.

Je crois que Sa Majesté va nommer un Ambassadeur pour relever Monsr l'abbé d'Estrades qui est a Turin depuis plus de trois ans. Je suis avec le respect et la reconnoissance que je vous doibs tout a vous./.

No. 107

A M. LE MARQUIS DE LA TROUSSE DU 8e OCTOBRE 1682 A CHAMBOR.

J'ay receu la lettre que vous avez pris la peine de m'escrire le 23e du mois passé, Je ne sçais pas qui sont les gens qui peuvent donner a Madame Royalle un Conseil pareil a celuy de faire a Monsieur le duc de Savoye le voyage de Portugal par terre, puisque ne le pouvant faire de cette maniere qu'en passant chez les Espagnols, il est aisé de juger combien cette proposition est imprudente, et quels seroient les malheurs qui en pourroient arriver. Je suis tout a vous./.

No. 108

A M. LE MARQUIS DE LA TROUSSE DU MESME JOUR 8e OCTOBRE 1682 A CHAMBOR.

La lettre que vous avez pris la peine de m'escrire le 29. du mois passé par le Courier de Monsr de St Olon m'a esté rendüe, Le Roy a veu avec plaisir par ce qu'elle contient le meilleur estat de la santé de Monsieur le duc de Savoye, et S.M. ne peut croire que quand Madame Royalle aura fait refflexion au chemin que doibt tenir Monsieur son Fils pour aller en Portugal, Elle puisse penser a le luy faire faire, a moins que deux ou trois vaisseaux de Portugal venant a La Rochelle pour le recevoir Elle ne luy fist faire ce voyage par terre jusqu'au dit lieu.

S.M. attend avec impatience des nouvelles de ce qui se sera passé dans la negociation que Monsr l'abbé d'Estrades a eu ordre de faire, et qui luy est prescript par l'instruction que vous me mandéz qu'il venoit de recevoir.

Vous debvéz estre informé il y a deja plusieurs jours du depart des troupes qui doivent se rendre a vos ordres, et dont la pluspart doivent estre presentement arrivées au dela des Monts. Je suis tout a vous./.

No. 109

A M. LE MARQUIS DE LA TROUSSE DU 18e OCTOBRE A FONTAINE-BLEAU.

La lettre que vous avéz pris la peine de m'escrire le 7e de ce mois m'a esté rendüe, par laquelle et par l'Estat qui y estoit joint le Roy a veu les quartiers que Madame la duchesse de Savoye a assigné aux troupes que S.M. fait passer en Piedmont, comme il y a beaucoup de ces lieux que je n'ay point trouvé sur la Carthe que l'on a imprimé icy du Piedmont, je vous suplie de m'en envoyer une des plus exactes qui se trouvent a Turin./.

L'Intention du Roy est que vous mettiez les dragons soubz les ordres des Brigadiers de Cavallerie, et que personne n'en fasse de detail particulier, puisque vous n'avez point vos ordres d'officier general de ce Corps./.

Vous auriez eu moins de difficulté sur les fourages, si vous vous estiéz explicqué un peu durement lorsque l'on vous a parlé d'en laisser le taux a la discretion des habitants des lieux ou les troupes doivent estre logées, la taxe que l'on en a fait est d'autant exhorbitante, qu'il ne cousteroit pas d'advantage pour le foin que des Chevaux peuvent manger a deux lieues de Paris, que ce que l'on a reglé en Piedmont./.

L'Intention du Roy n'est pas neantmoins que vous en fassiéz de plaintes en son nom, mais bien qu'apres avoir visité les quartiers, et pris connoissance de ce qu'y vallent les fourages auparavant que l'on parlast de l'arrivée des troupes de S.M., vous essayéz de faire reduire cette taxe a ce qui sera juste et raisonnable, Elle vous recommande surtout de contenir ses troupes dans l'ordre qui vous a esté prescrit, et de faire punir avec la derniere severité les premiers desordres qui arriveront, il n'y a point de plus seur moyen pour cela, que de faire pendre le premier Cavallier ou dragon qui se sera eschapé, et d'envoyer prisonnier pour tout l'hyver, l'officier qui se trouvera commander la Compagnie./.

S.M. vous recommande aussy d'obliger les Brigadiers a rester dans les quartiers que vous leur auré assigné pour visiter Incessamment ceux que vous avéz mis a leurs ordres, et remedier aux moindres differends qui arriveront entre les troupes et les habitants./.

Le Roy vous recommande aussy d'obliger les officiers a donner aux Cavalliers les six sols, et aux dragons les Cinq qui leur seront reglés par les Estats de S.M., et d'empescher qu'ils ne leur retiennent quoy que ce soit soubz quelque pretexte que ce puisse estre./.

Il ne faut point aporter moins de severité pour empescher

que les officiers ne prennent sur la ration des Cavalliers et dragons, de quoy nourir leurs chevaux.

Vous trouverez cy jointe une copie de l'ordonnance des Semestres laquelle S.M. trouve bon qui soit executée a l'esgard des officiers du Corps qui est a vos ordres, vous jugez bien de qu'elle consequence il est de ne pas souffrir qu'il s'en absente un plus grand nombre que celuy qui est permy par la dite ordonnance.

S.M. vous ordonne d'empescher que les officiers ne s'absentent de leurs quartiers pour venir a Turin.

Je vous envoye un Estat de la Cavallerie qui marche presentement pour se rendre en Dauphiné et en Provence, afin que vous puissiéz respendre sans affectation le nombre de troupes que S.M. fait hyverner de ce costé la, En mesme temps que le Roy vous prescrit de contenir ses troupes dans tout le bon ordre que Madame la duchesse de Savoye peut desirer, Sa Majesté s'attend aussy que S.A.R. donnera de tels ordres que les habitants du pais seront sages, parce que l'Intention de Sa Majesté ne seroit pas que vous souffrissiez qu'ils manquassent de respect impunement.

Nota que l'on luy a envoyé l'ordonnance des Semestres, et l'Estat de la Cavallerie qui marche en Piedmont que l'on n'a point trouvés.

No. 110

A M. LE CHANCELLIER DU 18 OCTOBRE 1682 A FONTAINEBLEAU.

Il y a eu un Conseil ce matin dans lequel le Roy a examiné le projet de ligue que les ministres de Madame la duchesse de Savoye ont remis a Monsr l'abbé d'Estrades, par lequel en veüe d'une ligue deffensive, Elle demande 200 m. Escus de subsides moyennant quoy Elle voudroit s'obliger d'entretenir 3000 hommes d'Infanterie au dela des 6700 qu'Elle a presentement sur pied, et 2000 Chevaux aussy tost apres la levée desquels Elle demande que la Cavallerie du Roy repasse en France, je crois que S.M. conviendra de luy en donner la moitié pourvueu qu'Elle augmente Ses troupes de quinze Cent hommes de pied, et de 1000 Chevaux pourvueu qu'Elle s'oblige de donner le couvert a 2000 Chevaux ou dragons des troupes du Roy. Je suis./.

No. 111

A M. LE MARQUIS DE LA TROUSSE DU 19 OCTOBRE 1682 A FONTAINEBLEAU.

La lettre que vous avéz pris la peine de m'escrire le 10e de ce mois m'a esté rendüe avec la copie du projet d'alliance qui a esté remis a Monsr l'abbé d'Estrades par les ministres de Monsieur le duc de Savoye, Je me remets a ce que vous aprendréz par Mondit Sr d'Estrades des resolutions que S.M. a prises sur les articles dudit projet, dans lesquels quoyque par aucun traitté de ligue deffensive fait avec la Savoye il n'eust jamais esté stipulé de subsides, vous verréz que S.M. n'a pas laissé d'en accorder pour une somme assez considerable pour continuer a donner a Madame la duchesse de Savoye des marques de sa bienveillance et de la consideration que S.M. a pour Elle./.

Vous y verrez aussy que S.M. a bien voullu promettre qu'Elle retireroit 1000 Chevaux des troupes qui sont presentement en Piedmont, lorsque ceux que Madame la duchesse de Savoye doibt faire lever en execution du traitté seront sur pied, sur quoy je doibs vous faire observer que ce ne sont pas des manieres de milice dont cette Cavallerie doibt estre composée pareille aux 800 Chevaux que Madame de Savoye a presentement lesquelles on renvoye chez Eux pour la pluspart du temps, , et que Monsr Ferrero m'a dit que l'on alloit presentement entretenir pendant huict mois de l'année qui sont justement ceux ou l'on en a le moins de besoin, mais bien des Cavalliers effectifs qui soient pendant tout l'année soubz leurs Estendars, vous prendrez s'il vous plaist les mesures necessaires pour estre Informé de ce qui se fera tant a l'esgard des mil chevaux que Monsieur le duc de Savoye doibt mettre sur pied, que des 1500 hommes dont il doibt augmenter son Infanterie, vous debvez neantmoins vous enquerrir de cela de maniere qu'il ne paroisse point que vous en ayez ordre de S.M.

Monsr le Marquis Ferrero, ambassadeur de Savoye aupres du Roy, luy ayant representé ce matin qu'un des principaux Embaras que recevoit Madame la duchesse du logement des troupes de Sa Majesté, estoit que Monsieur son Fils ne pouvoit plus aller en Portugal par terre, S.M. a donné ordre a Monsr de Croissy de luy respondre, qu'Elle n'avoit jamais crû que Madame de Savoye pust penser en envoyant Monsieur son Fils en Portugal par terre, a le mettre ainsy entre les mains des Espagnols, mais que pour luy marquer combien Sa Majesté desiroit que ce mariage s'achevast, il conseilloit a Madame la duchesse de Savoye de le faire aller par terre jusqu'a Rochefort en Poitou, ou S.M. luy fourniroit des Vaisseaux pour son passage, Et que si la gloire des Espagnols ne pouvoit souffrir que ce prince fist ce trajet dans d'autres Vaisseaux que les leur, Madame la duchesse de Savoye pouvoit soliciter la Reyne de Portugal d'en envoyer un ou deux a La Rochelle ou le Roy feroit trouver des siens pour accompagner ceux qui porteroient Monsieur le duc de Savoye jusqu'a l'embouchure de la riviere de Lisbonne, et donneroit de tels ordres qu'il n'y auroit aucune difficulté entre ses Vaisseaux et ceux de Portugal pour le salut, Cette derniere marque de la bonté et protection du Roy pour cette affaire, ouvre un chemin a Madame la duchesse de Savoye de faire partir Monsieur son Fils dez qu'Elle le voudra, puisqu'en advertissant un mois ou six semaines devant qu'il arrive a La Rochelle, les Vaisseaux du Roy seront tous prests.

S.M. a veu avec plaisir les tesmoignages que vous luy rendez du zele de Monsr le Marquis de Pianesse, Elle trouve bon que vous l'en remerciéz de sa part, et que vous l'assuriéz de la continuation de sa protection. Je suis tout a vous./.

No. 112

A M. LE MARQUIS DE PIANESSE DU MESME JOUR 19. OCTOBRE 1682 A FONTAINEBLEAU.

Les lettres que vous m'avéz fait l'honneur de m'escrire les 26. et 29. , 7 et 8e de celuy cy m'ont esté rendües, Je vous rends tres humbles graces des compliments que vous me faites sur la guerison de Monsieur le Chancellier.

Je ne vous repette point ce que le Roy a chargé Monsr de Croissy de dire a Monsr le Marquis Ferrero, sur la maniere dont S.M. croit que Monsieur le duc de Savoye pourroit passer en Portugal pendant cet hyver, parce que je ne doubte point que vous ne le voyéz dans ses despesches, et que Monsr de la Trousse a qui j'en mande quelquechose ne vous en fasse part.

Je doubte qu'il soit presentement necessaire d'aucun discours des ministres du Roy pour appuyer l'affaire du mariage, et oster a ceux qui l'ont traversé jusqu'a present la hardiesse de tenter de le ruiner, et je ne doubte point que le logement des troupes de S.M. dans le plat pais ne fasse tout l'effect que l'on en peut desirer a cet esgard, si neantmoins vous jugiéz a propos que Monsr de la Trousse dist quelquechose, en me le faisant sçavoir, je recevray les commandements de S.M. pour luy en adresser Ses ordres.

Le Roy a esté parfaitement instruict de tout ce dont vous avéz contribué a la satisfaction de S.M. sur ce qui s'est passé depuis que l'on a parlé de la marche de Ses troupes vers le Piedmont, et quoy que ce que vous avez fait ait esté pour le plus grand service de Madame la duchesse de Savoye, S.M. vous en sçait parfaitement bon gré, et m'a commandé de vous en remercier de sa part.

Elle n'a point crû qu'il y eust d'autre party a prendre, que celuy du logement de ses troupes pour restablir l'authorité de Madame la duchesse de Savoye, empescher que Monsieur son Fils ne pense a la luy oster, Et que le mariage de Portugal n'achevast de se rompre, Cependant le Marquis Ferrero a parlé icy (quoyqu'avec les parolles les plus mesurées que l'on pust desirer) comme si tout estoit perdu, et ce logement des troupes du Roy debvoit ruiner absolument et le mariage et les affaires de Madame la duchesse de Savoye, et cela se passa dans un temps que l'on reçoit des nouvelles de Milan qui donnent lieu de croire que si l'on n'y negocie pas quelque chose de contraire au service du Roy de la part de vostre cour, on y ravaude au moins asséz pour donner de justes soubçons des intentions de Madame de Savoye.

Ledit Marquis Ferrero m'a parlé de faire payer au troupes du Roy le lit et le feu qu'elles trouveront chez leurs hostes, Je luy ay respondu que je croyois que c'estoit assez de payer le foin sur le pied qu'il se vend a deux lieües de Paris, et que je ne croyois pas qu'il eust ordre de proposer que les troupes du Roy fassent trainées comme les voyageurs qui passent dans les hostelleries.

Je vous suplie de continuer vos assistances a Mr Breant, pour luy faciliter l'achapt a prix raisonnable des grains necessaires pour la subsistance de la Cavallerie et de me faire la grace de me mander ce qu'ils cousteront.

Le Roy a entendu la lecture du projet de traitté qui a esté mis entre les mains de Monsr l'abbé d'Estrades, les conditions en cas d'action ont parû raisonnables a S.M. , mais il n'en a pas esté de mesme pour la ligue deffensive pour laquelle il n'y a pas d'exemple que la France ait jamais donné de subsides, vous aprendréz neantmoins par monsr l'abbé d'Estrades que S.M. a bien voulu en donner, et promettre qu'apres que les troupes qui doivent estre mises sur pied moyennant lesdits subsides auront esté levées, Elle retirera un tiers des troupes qui sont presentement logées dans le Piedmont, et essayera de porter Monsieur de Mantoüe a consentir que l'on loge dans le Mont Ferrat un autre tiers desdites troupes, pourvueu que vous nous fournissiéz les moyens de leur faire trouver du fourage a prix raisonnable, moyennant quoy il ne resteroit plus que mil Chevaux ou dragons en Piedmont.

Je vous demande vostre assistance pour faire que les troupes du Roy y vivent avec la disçipline que S.M. ordonne, et il n'est question pour cela qûe d'avertir Monsr le Marquis de la Trousse du moindre desordre qui arrivera, afin que les frequents exemples qu'il en fera faire les mette tout d'un coup sur le pied que S.M. desire, a quoy Monsr le Marquis Ferrero ne peut pas croire que l'on les puisse reduire.

La pluspart des raisons que vous alleguéz pour prouver que l'armement de Monsieur le duc de Savoye seul peut asseurer Casal et Pignerol, meriteroient une serieuse reflexion si l'on voyoit la confiance de Madame la duchesse de Savoye fixée a une personne en qui le Roy peust prendre confiance, mais tant qu'Elle sera partagée en autant de personnes qu'elle l'est presentement, que l'on entendra parler de negociations avec le gouverneur de Milan, Et qu'il y aura des gens aupres de Madame Royalle qui soubz pretexte de crainte luy osent donner de mauvais conseils, je vous laisse a penser a vous mesme s'il y auroit de la prudence de s'abandonner entierement a un armement dont la pluspart des Corps seroient commandés par des gens devouéz aux Espagnols, Il est important d'estre informé le plus tost que faire se pourra des resolutions de Portugal, et je conviens fort avec vous que si l'on perdoit toutes esperance de conclure le mariage de ce costé la, il y auroit d'autres bonnes choses a faire ainsy je vous suplie de ne me rien laisser ignorer de tout ce que vous aprendréz sur ce sujet, Je vous renvoye la lettre que vous m'avéz redemandée, et vous responds que j'ay bruslé toutes les autres moy mesme. Je suis tout a vous./.

No. 113

A M. LE MARQUIS DE LA TROUSSE DU 26. OCTOBRE 1682 A FONTAINEBLEAU.

Les lettres que vous avéz pris la peine de m'escrire les 14. 15. et 17e de ce mois m'on esté rendües, elles ne desirent de response que pour vous recommander de continuer a me faire sçavoir ce qui se passera au pais ou vous estes.

Je vous prie de me mander qui commande en Savoye depuis la mort de Monsr le Marquis de St Maurice, afin que je sçache a qui adresser les lettres que l'on a coustume de donner aux officiers qui y vont faire des recrües. Je suis tout a vous./.

No. 114

A M. LE MARQUIS DE LA TROUSSE DU PREMIER NOVEMBRE 1682 A FONTAINEBLEAU.

La lettre que vous avez pris la peine de m'escrire le 21e du mois passé m'a esté rendüe, Je ne doubte point que Madame la duchesse de Savoye n'ait apris avec beaucoup de satisfaction l'offre que le Roy luy a fait faire pour le passage de Monsieur son Fils en Portugal, qui est qu'en passant par terre jusqu'a la

Rochelle S.M. offre de ses Vaisseaux pour le porter, et si la gloire Portugaise ne peut souffrir qu'il passe dans un Vaisseau françois, ils peuvent en envoyer tant et si peu qu'ils voudront, et S.M. en donnera des siens pour les escorter lesquels rendront au pavillon de Portugal tous les honneurs qu'on peut raisonnablement desirer, moyennant quoy les Portugais avec une despense tres mediocre pourront avoir Monsieur le duc de Savoye.

Il est Indiferend que les troupes soient logées deça ou dela le Po, pourvueu que celles qui seront de dela ne soient qu'au nombre de huict ou neuf Cent Chevaux, et ne soient pas a portée d'estre Insultées par Allexandrie, ou par les habitants du Montdovis./.

No. 115

A M. LE MARQUIS DE PIANESSE DU 7e NOVEMBRE 1682 A FONTAINEBLEAU.

La lettre que vous avez pris la peine de m'escrire le 17e du mois passé m'a esté rendüe, Je suis fort de vostre advis qu'il ne seroit pas Impossible que les Portugais ne songeassent a rompre le mariage, auquel cas Monsieur le duc de Savoye pourroit trouver a faire des alliances plus considerables, et qui ne perpetueroit pas moins l'authorité de Madame la duchesse de Savoye qu'auroit fait l'alliance de Portugal, Et si les Portugais n'acceptent la derniere proposition que le Roy a faite a Madame la duchesse de Savoye pour faire embarquer Monsieur son Fils a La Rochelle, je crois qu'on se pourra asseurer qu'ils n'ont pas envie de finir le mariage, il me semble que la bonne politique voudroit que l'on esloignast l'abbé de la Tour, ou que l'on le contentast, du moins ce seroit celle de ce pais cy, il se peut faire qu'au dela des monts il soit a propos de ne le pas faire, mandéz moy Je vous prie ce quil faudroit que le Roy donnast au maistre auditeur, et aux deux substituds qui se meslent de la provision de fourage, et faites moy la grace de me mander tous les mois a quoy reviendra la ration de grain que l'on distribuera aux troupes du Roy, et continuéz a assister le Sr Breant pour faire ces provisions necessaires pour la subsistance des Chevaux du Corps de troupes qui est presentement en Piedmont, au meilleur prix que faire se pourra.

Vous debvez avoir veu presentement les resolutions que le Roy a prises sur les propositions de la ligue deffensive, il me semble que Madame la duchesse de Savoye a lieu d'estre contente.

Je vis hyer deux fois Monsr le Marquis Ferrero, la premiere estoit pour m'amener l'Envoyé de Monsieur le duc de Savoye, et la seconde sur un Courier qu'il avoit receu, il me fit part des ordres qu'il avoit de continuer a soliciter que les troupes du Roy repassassent les monts, En verité il seroit prudent de ne pas faire faire de pareilles Instances, du mauvais succés desquelles on ne peut doubter, ou si la foiblesse du gouvernement d'une Regente l'obligeoit a suivre le penchant de ceux qui la servent, Elle fist au moins dire au Roy en particulier quels sont ses veritables sentiments sur cela.

S.M. connoist la maniere dont vous avez contribué a sa satisfaction, et vous en sçait tout le gré que vous pouvez desirer, l'on ne peut estre plus veritablement que je suis tout a vous./.

No. 116

A M. LE MARQUIS DE PIANESSE DU MESME JOUR 7e 9BRE 1682 A FONTAINEBLEAU.

La lettre que vous m'avez fait l'honneur de m'escrire le 22e du mois passé, m'a esté rendüe avec le memoire qui y estoit joint du prix de la ration qu'on deslivre a la Cavallerie du Roy, je vous suplie de continuer a m'en envoyer de mois en mois.

L'envoy du Referendaire Bolgaro me paroist un peu hors de saison, et il eust esté ce me semble aussy prudent de laisser a la solicitation de la marquise de Rod, l'affaire du marquis de Cressantin, que de donner lieu aux Ennemis de Madame la duchesse de Savoye de dire que ce Referendaire va faire des excuses a l'Empereur, de ce qu'Elle vient de faire pour les interests de S.M. ./. Je suis &

No. 117

A M. LE MARQUIS DE LA TROUSSE DU 20e NOVEMBRE 1682 A VERSAILLES.

J'ay receu la lettre que vous avéz pris la peine de m'escrire le 4e de ce mois et celle du 8., lesquelles ne desirent de responses que pour vous recommander de donner tous les soins necessaires pour empescher la desertion des troupes qui sont a vos ordres, et de continuer a me mettre en estat de rendre compte au Roy de tout ce que vous aprendrez qui concernera son service.

Si Madame la duchesse de Savoye prend le party d'aller a Nice, l'Intention de S.M. ne seroit pas que vous luy suivissiéz, de quoy je vous advertis peut estre fort inutilement, parce que je ne puis croire que cette princesse voullûst s'esloigner des Estats de Monsieur son Fils pour un temps aussy considerable, Je suis tout a vous.

No. 118

A M. LE MARQUIS DE LA TROUSSE DU 25. NOVEMBRE 1682 A VERSAILLES.

J'ay receu les lettres que vous avez pris la peine de m'escrire les 11. et 14[e] de ce mois, S.M. aprouvera que vous insinuyez doucement a Madame la duchesse de Savoye l'interest qu'Elle a de songer a mettre de bonnes troupes sur pied, et que vous luy donniez sur cela les Conseils qu'Elle vous demandera./.

No. 119

A M. LE MARQUIS DE LA TROUSSE DU 23. NOVEMBRE 1682 A VERSAILLES.

Le prince de Masseran m'a escrit la lettre que je vous envoye, par laquelle il y a ce me semble lieu de croire que l'on pourroit negocier utilement avec luy pour luy faire recevoir quelques troupes du Roy, et leur donner des quartiers quand S.M. en auroit besoin, mais comme auparavant que d'entrer en negociation avec luy S.M. est bien aise de sçavoir qu'elle est la consistance de ses Estats, comment ce prince est avec Madame de Savoye, et avec les Espagnols et si ces derniers sont en quelque droit ou possession de se mesler de ce qui se passe chéz luy, S.M. aura bien agreable que vous vous Informiéz de tout ce que dessus et luy en rendiez compte, vous conduisant de maniere dans la perquisition que vous feréz, qu'aucun de ceux qui servent Madame de Savoye ne puisse avoir connoissance que vous le fassiéz en aucune veüe d'y loger des troupes du Roy, n'y en execution de ses ordres, n'y que ce Prince ou duc puisse connoistre que vous ayéz eu d'ordre sur ce qu'il m'a escrit. Je suis tout a vous./.

No. 120

A M. LE MARQUIS DE PIANESSE DU PREMIER DECEMBRE 1682 A VERSAILLES

La lettre que vous m'avez fait l'honneur de m'escrire le 15e du mois passé m'a esté rendüe, Je suis aussy persuadé que vous des bonnes intentions de Madame la Duchesse de Savoye, mais tant qu'Elle laissera auprés d'Elle des gens qui sont mal affectionnéz a la France, Et qu'Elle se croira obligée d'avoir des esgards pour leurs advis, il ne faut pas qu'Elle s'attende que le Roy prenne une entiere confiance en Elle, mais bien au contraire que S.M. prendra des precautions necessaires pour empescher que les esgards qu'Elle a pour les malintentionnéz ne luy portent aucun prejudice, Je ne vous dis point cela sur aucune chose qui se soit passée depuis peu, mais seulement pour vous faire connoistre que Madame la duchesse de Savoye en les laissant auprés d'Elle, et souffrant qu'ils ayent des commerces a Milan, sera privée des avantages que son bon coeur et son affection aux Interests de Sa Majesté luy debvoient attirer, et ne contentera point les Espagnols qui ne dissimullent avec Elle, que parce qu'ils ne sont pas en estat de faire autrement.

Je vous suplie de ne point oublier de me faire part du prix auquel sera achepté le grain qui sera distribué aux troupes.

Je vous suplie de me faire part de ce que le Courier de Portugal raportera.

J'escris a Monsr de la Trousse au sens que vous proposéz sur le sejour de la Cavallerie dans ses quartiers, l'on ne peut estre plus veritablement que je suis tout a vous./.

No. 121

A M. LE MARQUIS DE LA TROUSSE DU PREMIER DECEMBRE 1682 A VERSAILLES.

Ce mot n'est que pour vous donner advis que le Roy a choisy Monsr Rose pour aller en Piedmont servir de Mal de Camp soubz vos ordres, il se rendra incessamment auprés de vous, l'Intention de S.M. est qu'aprés que vous l'auréz presenté a Madame la duchesse de Savoye, vous luy donniéz les ordres necessaires pour faire sa residence a la teste du pais, et en attendant qu'il ait autre chose a faire, qu'il soit employé a contenir les troupes dans la disçipline que S.M. a ordonnée, Je suis de tout mon Coeur tout a vous./.

No. 122

A M. LE MARQUIS DE LA TROUSSE DU 2.DECEMBRE 1682 A VERSAILLES.

Le Roy juge a propos que vous vous explicquiéz a la premiere occasion qui se presentera de le faire naturellement, que S.M. ne payeroit pas les subsides si les troupes pour l'entretenuement[8] desquelles le Roy les accorde n'estoient effectivement sur pied, et que S.M. ne les y comptera que pour le temps qu'elles seront actuellement dans leurs quartiers.

[8] entretenuement: entretien

Il sera bon aussy que vous essayéz d'Insinuer aux officiers generaux de Monsieur le duc de Savoye, de se conformer aux reglements et ordonnances que S.M. fait observer dans ses troupes, comme par exemple de charger les Capitaines d'Infanterie de l'habillement, et les officiers de Cavallerie de la remonte des Cavalliers, moyennant le sol qu'ils retiennent, et ainsy des autres choses que vous croiréz utiles pour maintenir ces troupes en bon estat. Je suis tout a vous./.

No. 123

A M. LE MARQUIS DE LA TROUSSE DU 9. DECEMBRE 1682 A VERSAILLES.

J'ay receu les lettres que vous avéz pris la peine de m'escrire les 25e, et 28e du mois passé avec les papiers qui y estoient Joints, Le Roy est fort bien Informé de la maniere dont Monsr dom Gabriel s'est conduit dans tout ce qui regarde Ses Interests, et S.M. trouvera bon que vous luy tesmoigniez le gré qu'Elle luy en sçait.

Le Roy ayant resolu de faire des presents a ceux qui ont travaillé au Traitté que Monsr l'abbé d'Estrades vient de [signer] S.M. a ordonné, que celuy qui sera pour Monsr dom Gabriel fust plus beau que ceux qui sont destinéz pour les autres ministres de Madame la duchesse de Savoye.

S.M. n'a personne aupres du Marquis de Parelle, ainsy l'on n'a pû veriffier si ce que mande celuy que Madame la duchesse de Savoye a chargé de veiller a sa conduite est veritable ou non, il n'y a point d'aparence que le Siennois, ou Lacquois qui a dit qu'il avoit esté dans les offices du Roy ait dit quoy que ce soit de veritable, puisqu'il n'y a d'Estrangers dans ses offices que le Sr André qui ne s'est point absenté depuis plusieurs années, l'on ne laissera pas de veiller a ce qu'il n'y entre personne qui ressemble au portrait que vous en avéz envoyé, et Sa Majesté trouve bon que vous remerciéz Madame de Savoye de la part qu'Elle vous a donnée des nouvelles qu'Elles a eües du Marquis de Parelle.

S.M. n'estime point que l'on puisse entreprendre de le faire arrester sur les Estats du Pape, puisqu'il n'y a pas d'aparence que Monsieur de Mantoüe voullust consentir a ce qu'un homme arresté dans les Estats de Sa Sainteté fust gardé dans les siens; n'y que quand il y voudroit donner les mains on le peust amener en seureté a Casal, puisqu'il faudroit passer sur les Estats des Espagnols, qui ne manqueroient pas de faire un meschant party a ceux qui le conduiroient.

S.M. a veu avec beaucoup d'Indignation ce qui s'est passé a Candia, dont Elle desire que vous solicitiéz une severe punition, et Elle vous ordonne de luy rendre compte de tout ce qui se fera sur cette affaire, et que si l'on n'alloit pas de bon pied pour en faire une severe justice, vous vous laissiez entendre en parolles honnestes que vous serez obligé de vous la faire, ne pouvant souffrir que les troupes qui sont a vos ordres soient traittées avec indignité par des paisans.

Si le nommé Caranino est retiré dans les terres d'Esglise sçituées en Piedmont, et que Madame de Savoye desire que vous l'y fassiéz enlever, le Roy trouve bon que vous fassiéz ce que S.A.R. desirera a cet esgard, si non S.M. ne croit pas qu'il faille s'y commettre.

A l'esgard de la proposition que l'on vous avoit faite de faire enlever le Marquis de Parelle a Rome, S.M. ne juge pas a propos de le faire entreprendre et Elle estime qu'il n'y a rien de mieux a faire sur le sujet dudit Marquis de Parelle, que de continuer a prendre les mesures necessaires pour estre Informé de tout ce qu'il fera./.

No. 124

A M. LE MARQUIS DE LA TROUSSE DU 19. XBRE 1682

J'ay receu les lettre que vous avez pris la peine de m'escrire les 2. et 6. de ce mois, monsr le marquis de Pianesse ne doibt point aprehender que le Roy n'execute point le Traitté fait avec Monsieur le duc de Savoye si la paix venoit a se confirmer, et il peut compter que pendant tout le temps qu'il est marqué par ledit Traitté qu'il doibt durer, il sera fidelement satisfait de la part de S.M. a tous les articles d'iceluy.

S.M. desire que vous insinuyez aux ministres de Madame de Savoye, et mesme a Elle si il est necessaire, qu'Elle ne verroit pas avec plaisir qu'Elle ne prist pas toutes les mesures necessaires pour la prompte levée des mil Chevaux a laquelle Elle est obligée, et pour mettre ces troupes la sur un pied de pouvoir rendre un bon service, Ce qui n'arriveroit pas si ne faisant pas un Corps de dragons, Elle se contentoit de lever des Compagnies franches, et si mettant sur pied l'Escadron de Savoye, Elle le laissoit en quartier dans la Savoye.

Je ne doubte point que Madame Royalle n'ait presentement receu des nouvelles de Portugal, par lesquelles Elle aura apris qu'il n'y a plus guieres lieu d'esperer que le mariage se puisse faire, vous me manderéz s'il vous plaist exactement quels mouvements ces nouvelles exciteront dans cette Cour, et si Madame la duchesse de Savoye fera quelque nouveau projet pour la manutention de son authorité. Je suis tout a vous./.

No. 125

A M. LE MARQUIS DE LA TROUSSE DU 22 DECEMBRE 1682 A VERSAILLES

Je respondray par cette lettre aux vostres des 9. et 13e de ce mois, Je ne vois pas d'aparence que le Roy entre a faire aucun traitté avec le prince de Masseran veu la sçituation de ses Estats dans lesquels les troupes qui y auroient leurs logements seroient fort exposées.

Il n'y a guieres d'aparence que le mariage de Portugal reussisse, et je crois que Madame la Duchesse de Savoye connoist presentement, quoy qu'un peu tard, que ceux qui luy ont conseillé de faire durer cette affaire si longtemps n'ont pas eu intention qu'elle s'achevast.

Le Roy a envoyé ordre a monsr l'ambassadeur de parler incessamment sur le mariage de Monsieur le Duc de Savoye en cas que celuy la se rompe de la maniere que vous le proposez. Je suis tout a vous[9].

No. 126

23 XBRE 1682.

Vos lettres des 17e et 20e de ce mois ne desirent de response que pour vous recommander de continuer a me mander ce qui viendra a vostre connoissance au pais ou vous estes./.

No. 127

A M. LE MARQUIS DE PIANESSE DU 24 DECEMBRE 1682 A VERSAILLES.

J'ay receu la lettre que vous m'avez fait l'honneur de m'escrire le 9e de ce mois, je crois que vous aurez receu presentement celle par laquelle j'accusois la reception de ce que vous m'avez escrit de Montafie, laquelle aussy bien que toutes celles que j'ay receües cy devant je vous puis asseurer que j'ay bruslées moy

[9] marginal note: c'est le mariage de Mademoiselle, seconde fille de S.A.R. Monsieur avec mondit Sr le duc de Savoye.

mesme, et que j'en useray toujours de mesme de toutes celles que vous me manderéz de ne vous point renvoyer.

Vous trouverez dans ce pacquet celle a laquelle je responds presentement ainsy que vous l'avez desiré.

Le Roy avoit deja esté Informé des peu favorables relations que Monsr le duc de Cadaval avoit faites a Lisbonne de la santé de Monsieur le duc de Savoye, et je suis persuadé que les lettres que Madame la duchesse de Savoye doibt avoir receües presentement par le retour de son dernier Courier, luy auront osté le peu d'esperance qui luy restoit d'achever une affaire qui n'a manqué que parce que l'on la laissé traisner trop longtemps, et que l'on ne l'a pas achevée l'année derniere.

Monsr l'abbé d'Estrades recevra incessamment les ordres du Roy necessaires pour offrir a Madame la duchesse de Savoye les offices de Sa Majesté en Portugal, si Elle juge que les affaires y soient en estat qu'il ait lieu d'esperer qu'ils puissent estre utiles, Et cependant asseurer Madame la duchesse de Savoye de la continuation de sa protection qui pourra estre utile a la manutention de son authorité, qui comme vous le pouvez bien juger ne durera qu'autant que S.M. la soustiendra veu les dispositions peu favorables de Monsieur le duc de Savoye et de ses principaux officiers.

Pout meriter la continuation de cette protection, il est necessaire que Madame de Savoye prenne un party, c'est a dire qu'Elle cesse de voulloir mesnager tous ceux qu'Elle connoist luy estre les moins affectionnéz, et estre les plus devouéz aux Espagnols, et qu'Elle ne continüe point a cacher l'estroite liaison qui doibt estre dorenavant entre S.M., et Elle.

Mondit Sr l'ambassadeur a ordre de dire a Madame la duchesse de Savoye, a Monsieur son Fils, et a tous les ministres que le Roy s'attend que si le mariage de Portugal se rompt, l'on ne pensera a marier Monsieur le duc de Savoye qu'apres en avoir conferé avec S.M., Je vois asséz d'aparence que le mariage dont vous parléz[10] pourra se faire, et qu'outre l'avantage et l'honneur de cette alliance, Je crois que rien ne s'acommodera mieux avec la manutention de l'authorité de Madame la duchesse de Savoye puisque la princesse dont nous parlons n'est point du tout de l'humeur de sa soeur aisnée[11], et au contraire y paroist entierement oposée. L'on ne peut estre plus veritablement que je suis tout a vous./.

---

[10] marginal note: c'estoit avec Mademoiselle seconde fille de S.A.R. Monsieur.

[11] marginal note: c'est la reyne d'Espagne.

No. 128

A M. LE MARQUIS DE LA TROUSSE DU 28 DECEMBRE 1682 A VERSAILLES

J'ay receu par le Courier que Monsr l'abbé d'Estrades a despesché au Roy, les lettres que vous avez pris la peine de m'escrire le 22e de ce mois avec la copie de celle que monsr l'ambassadeur a escrit a Sa Majesté sur le malheur du marquis de Pianesse, la conduite que l'on luy impute paroist si extraordinaire et si dénüée de bon sens, que j'espere toujours que l'on trouvera que l'on s'est mespris, ne pouvant m'imaginer qu'un homme auquel j'avois desclaré par ordre de S.M. qu'Elle voulloit soustenir Madame la duchesse de Savoye, et obliger Monsieur son Fils a luy laisser le gouvernement mesme apres la rupture du mariage de Portugal, pust s'Imaginer sans concert avec le Roy pouvoir faire enfermer Madame la duchesse de Savoye, et devenir le premier ministre de Monsieur son Fils, je vous conjure de ne parler a personne de ce que je vous mande du commerce que j'avois avec ledit marquis de Pianesse, et cependant de ne rien oublier pour sçavoir la verité de ce qui luy est imputé, et de me faire part de ce que ses parens et amys diront pour sa deffense.

Le Roy a respondu fort seichement a Monsr l'ambassadeur de Savoye lorsqu'il luy a donné part de cette affaire, et il n'a pas encore resolu ce qu'il respondra sur la despesche de Monsr l'abbé d'Estrades dont S.M. n'a entendu la lecture qu'hyer au soir, Je prends part au chagrin que vous et Monsr l'abbé d'Estrades debvez avoir de la maniere dont vous avez esté traittéz en cette occasion, et suis tres veritablement tout a vous./.

Je vous suplie de me marquer comment le Comte de Masin prend ce qui est arrivé a son oncle, et si cela a esté executé de concert avec luy, ou s'il n'en sçavoit rien./.

No. 129

A M. LE MARQUIS DE LA TROUSSE DU 5e JANVIER 1683 A VERSAILLES

J'ay receu les lettres que vous m'avez fait l'honneur de m'escrire les 24. 26. et 27e du mois passé, Le Roy aprouve que vous continuyéz a insinuer a Madame de Savoye tout ce que vous estimerez necessaire pour faire que les troupes qu'Elle aura sur pied soient bonnes.

Sa Majesté a veu avec plaisir les expressions honnestes dont Monsieur le duc de Savoye s'est servy pour vous asseurer de son zele et de son attachement pour les interests de S.M., rien ne tesmoigne d'avantage que son Esprit se forme, que de luy voir tenir des discours d'aussy bon sens que ceux dont vous rendéz compte.

Ce que vous mandéz que l'on descouvre de la conduite du marquis de Pianesse est si extraordinaire, que S.M. vous recommande de ne pas obmettre de luy rendre compte de tout ce que vous pourrez aprendre sur ce sujet, et particulierement de ce qui s'est passé entre Madame la duchesse de Savoye et ledit marquis de Pianesse pendant les deux heures qu'il a esté dans sa Chambre auparavant que d'estre arresté.

S.M. s'attend qu'il sera fait une justice severe de l'assassinat commis a Vevolengo.

A l'esgard des 150 pistolles que Madame Royalle a ordonné qui seroient deslivrées sur les biens de Caranino au frere du Capitaine qui a esté blessé a Candia, S.M. desire qu'apres avoir payé les Chirurgiens qui l'ont traitté, et en avoir donné 20 pistolles a ce Cadet, le surplus soit remis audit Capitaine lorsqu'il sera revenu de son semestre. Je suis tout a vous./.

No. 130

MADAME LA MARQUISE DE PIANESSE DU 10e JANVIER 1683 A VERSAILLES.

Madame,

J'ay receu la lettre que vous avez pris la peine de m'escrire le 22e du mois passé, J'ay apris avec desplaisir l'accident qui est arrivé a monsr le marquis de Pianesse, Je souhaitterois fort sçavoir la verité de ce qui s'est passé, ne pouvant croire que ce qui se respend du sujet qu'il a donné a Madame la Duchesse de Savoye de se plaindre de luy soit veritable, cependant Je vous suplie de croire que Je souhaitte de tout mon coeur pouvoir luy rendre service puisque je suis tres veritablement./.

No. 131

A MADAME LA MARQUISE DE PIANESSE DU 15e JANVIER 1683 A VERSAILLES

Madame,

J'ay receu la lettre que vous m'avez fait l'honneur de m'escrire le 27e du mois passé, je prends beaucoup de part a vostre douleur, et ay beaucoup de desplaisir de n'estre pas en estat d'y aporter du soulagement, les choses dont Monsr le marquis de Pianesse est accusé et paroist convaincu dans le public, sont si contraire a ce qu'il sçavoit des intentions du Roy, que Je doubte que S.M. veuille faire aucune instance en sa faveur, si vous sçavez quelquechose qui puisse contribuer a sa justiffication vous me ferez plaisir de m'en donner part, cependant je vous suplie de croire que je suis tres veritablement./.

No. 132

A M. LE MARQUIS DE LA TROUSSE DU MESME JOUR 15e JANVIER 1683.

Le Roy ayant resolu de faire camper tout le printemps prochain toute la Cavallerie qu'il a sur pied, m'a commandé de vous demander vostre advis sur celle qui est a vos ordres, vous examinerez s'il vous plaist avec Monsr Breant le lieu ou l'on pourroit faire ce Campement pour la faire subsister au meilleur marché, et me manderez vostre advis et le sien sur ce que vous croirez qu'il faudra donner aux proprietaires des préries que l'on consommera, sur le temps qu'il pourra commencer, et sur celuy auquel les Chaleurs le debvront faire finir, vous recommanderez a Monsr Breant de ne point parler de cela, en sorte que l'on n'en sçache rien dans le pais jusques a ce que vous receviez d'autres ordres./.

No. 133

A M. LE MARQUIS DE LA TROUSSE DU 18 JANVIER 1683 A VERSAILLES

J'ay receu avec la lettre que vous avez pris la peine de m'escrire le 7e de ce mois les papiers qui y estoient joints, par lesquels la perfidie du Marquis de Pianesse est si bien prouvée qu'il n'est pas possible d'en doubter, Et Madame la duchesse de Savoye ne doibt pas aprehender que le Roy luy continüe l'honneur de sa protection, puisqu'il est aussy coupable envers S.M. qu'envers Madame Royalle, des biens faitz de laquelle estant comblé il a projetté sa perte contre ce qu'il sçavoit des intentions du Roy. Monsr l'ambassadeur de Savoye auprés de Sa Majesté en me donnant part de la disgrace du Marquis de Pianesse, m'a mis entre les mains une lettre de Madame la duchesse de Savoye sur le mesme sujet, a laquelle je n'ay point respondu Jusques a ce que l'on m'eust demeslé le veritable sujet de la disgrace de ce marquis, je vous adresse la response que je fais a S.A.R. laquelle je vous suplie de luy remettre, et de l'asseurer de mes tres humbles respects.

Je vous suplie de faire les dilligences necessaires pour estre bien informé de ce qui se passera entre Monsieur et Madame la duchesse de Savoye, et de la forme que le gouvernement de cette Cour prendra, n'y ayant pas d'aparence qu'il puisse demeurer en l'estat qu'il est.

Monsr l'abbé d'Estrades n'a point rendu compte au Roy de ce que vous m'avéz mandé concernant la presence du Sr de Lescherenne, l'on a toujours compris Icy qu'il estoit secretaire du Cabinet, et sur ce pied la qu'il debvoit y avoir une tres grande diference entre Monsr de St Thomas, et luy./.

No. 134

A MADAME LA DUCHESSE DE SAVOYE DU 18e JANVIER 1683 A VERSAILLES

Madame,

J'ay receu avec le profond respect que je doibs la lettre dont il a plû a V.A.R. de m'honorer ce mois passé, Je ne doubte point qu'Elle n'ait eu une peine infinie a perdre un homme qu'Elle avoit comblé de ses biens faits, et qui luy debvoit esgallement le restablissement de son honneur et de ses biens, la faute qu'il a commise est telle, que ceux qui ont pris part a ses Interests, n'ont jamais crû qu'il en fust capable, Je suplie V.A.R. d'estre persuadée de mon zele pour son service, et du respect avec lequel je suis./.

No. 135

A M. LE MARQUIS DE LA TROUSSE DU 4e FEVRIER 1683 A VERSAILLES.

J'ay receu la lettre que vous avez pris la peine de m'escrire le 21e du mois passé, Le Roy se remet a vous de faire faire tel chastiment que vous jugerez convenable du marechal des logis de la compagnie de Du Barial qui faisoit des compositions avec les villages, rien n'estant plus necessaire pour contenir les troupes que des exemples des premiers qui contreviennent aux reglements que l'on fait pour leur police. Je suis tout a vous./.

No. 136

A M. LE MARQUIS DE LA TROUSSE DU 8e FEVRIER 1683 A VERSAILLES.

La lettre que vous avez pris la peine de m'escrire le 31e du mois passé m'a esté rendüe, Le Roy sera bien aise que vous continuyéz a luy rendre compte de ce que vous pourréz descouvrir qui se passera entre Madame Royalle et Monsieur le duc de Savoye.

Sa Majesté ne trouvera point mauvais que vous consentiéz qu'un des regiments qui sont a vos ordres marche dans la Vallée de Lucerne si vous croyéz qu'il puisse y subsister commodement. Je suis tout a vous./.

No. 137

A M. LE MARQUIS DE LA TROUSSE DU 9e FEVRIER 1683 A VERSAILLES

La lettre que vous avez pris la peine de m'escrire le dernier du mois passé m'a esté rendüe avec le mémoire qui l'accompagnoit, Je ne comprends pas bien qu'elle est la difficulté que l'on trouve au jugement du Cavallier que l'on dit avoir tué un paisan en le voullant fraper du bout de son mousqueton, puisque le Traitté porte expréssement que tous les cas qui arriveront entre les troupes et les subjets de Monsieur le duc de Savoye seront jugéz par un Conseil de Guerre en party, lequel se doibt tenir chez vous, et non chez Monsr l'Ambassadeur, puisque le Conseil de Guerre dans un temps comme celuy cy peut connoistre toutes sortes de crimes, je dis dans un temps comme celuy cy, parce que quand autre fois l'on a osté les connoissances aux Conseils de Guerre des crimes qui se commettoient contre les habitants du pais, l'on a esté obligé de le faire par ce que l'authorité du Roy estant mal establie, l'on estoit prequ' asseuré que les officiers ne rendroient pas justice, Ce qui graces a Dieu estant changé l'on peut sans scrupule remettre aux jugements des officiers la punition de tous les crimes que les soldats commettent, Ce qui me fait vous dire que si Madame la duchesse de Savoye desire que ce Cavallier soit jugé, quoyque ce qu'il a fait merite plustost une grace de S.A.R. qu'un jugement, il faut assembler le Conseil de guerre, qui sera composé de vous, et de quatre officiers principaux des troupes que vous manderez, qui pourront estre des brigadiers ou Colonels, et de Cinq autres personnes qu'il plaira a Madame Royalle de nommer, il n'est point necessaire de pourvoir a un surarbitre, puisqu'en matiere criminelle il ne peut y avoir jamais de partage, l'advis le plus doux prevalant toujours, il est mesme necessaire qu'il y ait deux voix de plus a l'advis le plus severe, qu'au plus doux, pour qu'il y passe.

Que si comme il est question d'un subjet de Monsieur le duc de Savoye mort, Madame Royalle desiroit nommer un procureur du

Roy pour requerrir et conclure au Conseil de guerre, S.M. trouvera bon que vous y consentiéz pourveue que lorsque le Conseil de guerre s'assemblera pour la punition de differends d'entre un Cavallier et un paysan ou le Cavallier aura esté tué, Madame la duchesse de Savoye convienne que vous puissiéz nommer un major pour y requerir. Je suis tout a vous./.

No. 138

A M. LE MARQUIS DE LA TROUSSE DU 17. FEVRIER 1683 A VERSAILLES

J'ay receu la lettre que vous avez pris la peine de m'escrire le 4e de ce mois, il faut que Madame la duchesse de Savoye fasse soliciter par son ambassadeur aupres du Roy la retraite des mil Chevauz qu'Elle demande, aussy bien que le payement des subsides que S.M. luy a acordez lesquels ledit ambassadeur auroit touché déz le 22. du mois s'il avoit voullu s'en charger, ce que je ne vous dis que pour vostre instruction particuliere, ne convenant pas que vous vous chargiéz de soliciter pareille chose qui regarde les fonctions de Monsr l'abbé d'Estrades, et du Marquis Ferrero.

Le Sr de Lescherenne ne sera point nommé, et je proffitteray de ce que vous me mandez qu'il vous a dit, lorsque Sa Majesté acordera la retraite des 1000 Chevaux.

Le Roy ne songe plus a faire un Camp, mais seulement en faisant prendre du verd a la Cavallerie diminuer la despense du fourage pendant quelques mois. Je suis./.

No. 139

A M. LE MARQUIS DE LA TROUSSE DU 23. FEVRIER 1683 A VERSAILLES.

Les deux lettres que vous avez pris la peine de m'escrire le 11e de ce mois m'ont esté rendües, J'entendray avec plaisir Monsr Girardin sur les interests de Madame la duchesse de Savoye, a laquelle je rendray toujours avec joye mes tres humbles services, je ne comprends point le memoire que vous m'avez adressé concernant la terre d'Aumalle, puisque lorsque cette negociation s'est rompüe l'on estoit d'acord du prix, et que l'on auroit conclud, n'estoit que celuy qui fait les affaires de Madame Royalle voulloit que l'on payast son decret, ce qui n'a pas esté jugé practicable par aucun de ceux qui ont esté consultéz sur cela.

Les Copies que Madame la duchesse de Savoye vous a remis des lettres qu'Elle a receues de la Reyne de Portugal et du Sr

Gubernatid, ne donnent pas lieu d'esperer que les Portugais fassent un choix convenable au bien de leurs affaires.

Il a paru a S.M. que Madame la duchesse de Savoye n'avoit rien oublié de ce qui pouvoit porté la Reyne de Portugal a faire un choix qui pust estre agreable a S.M., je ne doubte point que Monsr l'abbé d'Estrades n'ait ordre du Roy d'en remercier Madame la duchesse de Savoye.

S.M. aprouve fort que vous continuyez a faire tout ce que pourra desirer Madame Royalle pour le maintien de son authorité./.

No. 140

A M. CATINAT DU PREMIER MARS 1683 A VERSAILLES

Le Roy m'ayant commandé de despescher ce Courier a Monsieur le Marquis de la Trousse, sans que l'on sçache a Turin qu'il luy ait esté directement adressé, je l'ay chargé du gros pacquet cy joint pour vous dans lequel il n'y a que du papier blanc, vous garderez s'il vous plaist ledit Courier vingt quatre heures pendant lesquelles vous vous laisseréz pas voir afin que l'on croye que vous travailler a respondre a la despesche que ce Courier vous a aportée, vous me le renvoyerez en suitte, luy ordonnant de passer par Turin pour voir si Monsr de la Trousse ne me veut rien mander, et de s'en revenir en dilligence, Je proffite de cette occasion pour vous asseurer de la part que je prends en ce qui vous touche et que l'on ne peut estre plus veritablement que je suis tout a vous.

No. 141

A M. LE MARQUIS DE LA TROUSSE DU PREMIER MARS 1683 A VERSAILLES

J'ay receu avec la lettre que vous avez pris la peine de m'escrire le 18e du mois passé, la copie qui y estoit jointe du memoire de Madame la duchesse de Savoye, et l'original du billet qui l'accompagnoit, de quoy ayant eu l'honneur de rendre compte au Roy, S.M. m'a commandé de vous despescher ce Courier pour vous faire sçavoir que son intention est que vous asseuriéz Madame la duchesse de Savoye de la continuation de son amitié et de la resolution ou Elle est de luy en donner toutes les marques necessaires pour la conservation de l'authorité qu'Elle a presentement, a quoy Sa Majesté desire que vous adjoustiéz, qu'Elle eust souhaitté que par le memoire que Madame de Savoye vous a envoyé, ou dans la conversation qu'Elle a eüe avec vous, sur ce sujet, Elle fust entrée dans le detail des choses dans lesquelles Elle croit avoir besoin de la protection de S.M., afin qu'Elle vous eust pû donner sur cela des ordres plus precis, mais qu'en attendant qu'Elle le fasse, son Intention est que non seulement vous disiéz a Monsieur le duc de Savoye et a tous ceux de sa Cour ce qu'Elle croira pouvoir contribuer a la manutention de son authorité, mais encore que vous fassiez avec les troupes qui sont a vos ordres tout ce dont Elle vous pourra requerrir pour cet effect.

Vous luy debvez faire observer que le mariage de Portugal estant rompu, et n'y ayant plus d'esperance que l'absence de Monsieur son Fils puisse perpetuer sa regence, Elle ne doibt point esperer de maintenir son authorité veu ce qu'Elle sçait que l'on a dit a Monsieur son Fils contre Elle, pendant que la negociation du mariage de Portugal a duré, Et depuis qu'il est rompu, par tous les maneges qu'il a esté a propos de faire pendant que l'on esperoit que le mariage pourroit reussir, Et qu'Elle ne peut se soustenir qu'en donnant a connoistre a Monsieur son Fils, et a tous ceux qui l'aprochent que le Roy la protege si puissamment qu'il regarderoit tout ce que l'on feroit contre Elle, comme si il estoit entrepris contre S.M., que pourvueu qu'Elle fasse esclater de bonne heure la part que le Roy prend a ses interests, il n'y a guieres d'aparence que Monsieur le duc de Savoye ose tenter de luy oster l'authorité qu'Elle a, au lieu que si Elle attendoit a laisser voir la protection que Sa Majesté luy donne, apres que Monsieur son Fils aura pris des mesures pour l'esloigner de luy, la puissance de S.M. ne pourroit restablir son authorité qu'apres un long temps et avec beaucoup de difficulté, veu les secours que les Espagnols ne manqueroient pas de donner a Monsieur son Fils contre ce que le Roy voudroit faire pour les Interests de Madame la duchesse de Savoye.

Que S.M. juge que rien n'est plus Important pour les Interests de cette princesse que de s'asseurer des gens qui commandent dans les plus Importantes places du Piedmont, et de mesler tellement les troupes qui y sont en garnison, qu'un officier qui auroit un ordre de Monsieur le duc de Savoye qui ne seroit pas authorisé d'Elle, ne pust pas s'en rendre maistre.

Que comme Turin est la principalle residence du duc, rien n'est plus Important a Madame la duchesse de Savoye que de demeurer toujours maistresse de la Citadelle, et pour cela de faire que le Commandant non seulement soit toujours a sa disposition, mais encores les troupes qui y seront en garnison.

S.M. vous recommande de prendre garde en parlant a Madame la duchesse de Savoye de l'aplication qu'Elle doibt donner a s'asseurer des places considerables de Piedmont, et particulierement de la Citadelle de Turin, qu'Elle ne puisse point s'imaginer que l'aprehension que vous luy voudrez donner que Monsieur son Fils songe a s'en rendre maistre puisse avoir pour fin de l'aporter a en remettre quelqu'une entre les mains de S.M. qui ne desire sur cela rien autre chose, si ce n'est que Madame la duchesse de Savoye pourvoye par cela a sa seureté, et de l'advertir de ce qu'Elle croit qu'Elle doibt faire pour oster a Monsieur son Fils la hardiesse de rien tenter contre Elle.

Sa Majesté a esté Informé que ce prince a desiré que tout son regiment des gardes vint en garnison a Turin, il se peut faire qu'il ne pense a autre chose qu'a se divertir a luy faire faire l'exercice, mais s'il avoit d'autres veües il ne pourroit rien faire de mieux pour les faire reussir que de mettre ce regiment ensemble dans une ville comme Turin, ou l'asemblant sur l'esplanade soubz pretexte de faire l'exercice, il pourroit se porter luy mesme a la porte de la Citadelle de Turin, ou il n'y a guieres d'aparence qu'aucun de ses subjets osast luy refuser de le recevoir, et si ce pas estoit une fois faite aparemment Madame la duchesse de Savoye ne passeroit pas la journée sans estre arrestée, Et conduite en quelque lieu de Savoye d'ou il ne seroit pas aisé de la faire revenir, ce que Sa Majesté regarderoit comme une affaire tout a fait fascheuse, non seulement par le prejudice qu'en recevroit cette princesse qu'Elle honore tres veritablement de son affection, mais encores parce que Monsieur son Fils ayant fait un tel pas sans le consentement du Roy, ne manqueroit pas de se jetter entre les bras des Espagnols, dans l'esperance qu'ils le mettroient a couvert des premiers de la colere de S.M., Il sera de vostre industrie de vous conduire de maniere avec cette princesse que sans luy donner aucune matiere de soubçonner que S.M. ait des veües sur les places de Piedmont, vous l'obligiéz a faire les pas necessaires pour empescher que Monsieur son Fils n'ose rien tenter contre Elle.

Il est dificile que S.M. vous donne des ordres precis sur ce sujet, estant aussy peu Informée qu'Elle l'est du detail de cette Cour, et de ce que Madame la duchesse de Savoye desirera de S.M., et de ce que vous estimerez estre de son service, Elle veut bien que vous sçachiéz qu'Elle regarderoit l'establissement de l'authorité de Monsieur le duc de Savoye sans despendance de Madame sa Mere, comme une chose fort desavantageuse a son service, que ce prince venant a se mettre soubz la protection des

Espagnols et estant maistre de Turin et de sa Citadelle rendroit la communication de Casal extremement difficile, et acheveroit peut estre de reünir toute l'Italie dans les Interests des Ennemis de S.M., pour eviter de pareils inconvenients, S.M. vous permet de faire tout ce que Madame de Savoye desirera pour la manutention de son authorité, de vous expliquer a ceux que Madame la duchesse de Savoye vous indicquera, que lorsque vous avez eu ordre du Roy de mener dans les Estats de S.A.R. les troupes qui sont soubz vostre commandement, il vous a esté ordonné de disposer des dites troupes suivant que Madame de Savoye vous l'ordonneroit, que cet ordre n'estant point resvocqué vous ne feriez point de difficulté de les assembler quand Elle vous l'ordonneroit de tirer mesme de l'Infanterie et du Canon de Casal et de Pignerol pour marcher a ses ordres, que toute nouveauté que vous verréz arriver en Piedmont sans estre concertée avec Sa Majesté vous obligeroit a assembler les troupes que vous commandéz pour attendre aux portes de Turin les ordres du Roy si Madame la duchesse de Savoye ne vous en donnoit pas de faire autre chose, et que si quelqu'un se distinguoit a luy vouloir manquer de respect, vous ne feriez point de difficulté de le faire conduire a Pignerol ou a Casal.

Sa Majesté vous permet d'adjouster ou de diminuer a ce que je vous viens de dire, ce que Madame la duchesse de Savoye desirera, et vous recommande de passer des parolles aux effects lorsque vous en serez requis par Elle, a la reserve de l'Infanterie qu'elle sera bien aise que vous ne tireriéz point des places sans une necessité absolüe, a moins qu'Elle ne desirast de vous que vous missiéz quelqu'un dans Verüe, ou dans la Citadelle de Turin, auquel cas Elle trouveroit bon que vous tirassiéz de Casal et de Pignerol jusques a mil ou 1200 hommes, mais ainsy que je vous l'ay deja marqué deux fois, S.M. ne desire rien sur cela, et vous permet seulement de le faire si Madame la duchesse de Savoye venoit a le desirer de vous, auquel cas vous luy debvriéz dire qu'ayant ordre de luy obeir en tout, et cela n'ayant pû estre preveu par S.M. vous le prenez sur vous ne doubtant pas que S.M. n'agrée que vous ne luy obeissiez en cela comme Elle vous a ordonné de le faire en toute autre chose.

Vous debvez confier a Madame la duchesse de Savoye, que le Roy a esté adverty que le gouverneur de Milan a pressé l'Empereur d'obliger le Chevallier de Savoye de venir faire un tour en Piedmont dans la conjoncture presente, luy faisant entendre que Monsieur le duc de Savoye avoit besoin de quelqu'un qui pust l'ayder a prendre de bonnes resolutions, sur quoy S.M. imperialle a fait partir ledit Chevallier de Savoye pour Francfort, soubz pretexte de mettre ordre a la levée des recreües de son regiment, mais en effect avec ordre d'aller conferer avec la Comtesse de Soissons et le marquis de Grane sur ce qu'il pourroit faire de mieux aupres de Monsieur le duc de Savoye, et de partir en suite en poste pour se rendre a Milan et de la a Turin, il doibt estre presentement a Bruxelles, ou en chemin de Bruxelles a Milan, ayant eu nouvelle il y a plusieurs jours qu'il est arrivé a Francfort, Celuy qui a donné l'advis a Sa Majesté adjouste qu'afin d'empescher que Madame de Savoye ne pust rien tenter contre ledit Chevallier de Savoye, l'Empereur l'avoit chargé d'une lettre par laquelle il se declaroit de l'affection particuliere qu'il avoit pour ledit Chevallier de Savoye qu'il avoit pris dans son service, et qu'il desiroit que l'on regardast comme un homme a luy, vous sçavez quels ordres Le Roy vous avoit envoyéz de Chambord a l'esgard dudit Chevallier de Savoye, S.M. m'a commandé de vous les renouveller, et de vous dire que si Madame la duchesse de Savoye le desire son intention est que vous le fassiez conduire a Pignerol, et que vous vous expliquiéz que c'est par ordre de Madame la duchesse de Savoye, que si Elle ne jugeoit pas a propos qu'il parust qu'Elle y eust aucune part, vous fissiez tout ce qui seroit necessaire pour persuader a tout le monde qu'Elle n'en a rien sçeu, et que vous l'avez fait sur un ordre que vous avez receu de S.M.

Quoy qu'il n'y ait gueres d'aparence que l'on ne puisse venir a cette extremité, S.M. juge a propos que vous remettiéz a Monsr Rosen un pacquet cacheté avec ordre de ne l'ouvrir qu'en cas que Monsieur le duc de Savoye se fust porté a vous faire arrester, ou a vous oster les moyens de luy envoyer vos ordres, par lequel vous luy expliquiez que si pareille chose arrivoit, il debvroit assembler dilligemment tous les quartiers des troupes qui sont a vos ordres, et se poster dans le lieu que vous luy marqueriez pour attendre les ordres de S.M., et cependant agir contre Monsieur le duc de Savoye autant qu'il le pourroit avec les troupes qui seroient sous ses ordres.

Ce lieu debvroit estre le plus proche de Turin que faire se pourroit, ou pour peu que l'on empeschast qu'il n'y entrast des vivres, Monsieur le duc de Savoye se trouveroit bien tost fort embarassé.

Il sera bon que vous envoyéz a S.M. une copie de ce qu'il y aura dans ce pacquet, qui debvra estre escrit de vostre main, et dans lequel les ordres que vous donneréz a Mondit Sr Rosen debvront estre expliquez si clairement qu'il ne luy puisse rester aucun doubte sur leur execution.

Vous jugéz bien que Monsr Rosen doibt establir son sejour dans celuy des quartiers ou il y aura plus de troupes, afin que l'on ne fust pas en estat de luy faire aucune violence.

Il ne peut estre que bien a propos que vous fassiéz en sorte qu'il y ait beaucoup d'officiers a Turin, lesquels vous accompagnants soubz pretexte de faire leur Cour a celuy qui a l'honneur de les Commander, rendent les entreprises que l'on pourroit faire sur vous plus difficiles, Et vous mettre en estat de faire arrester le Chevallier de Savoye, ou tel autre que Madame la duchesse de Savoye desireroit de vous avec moins de difficulté.

Et que sans affectation la pluspart de ces officiers soyent logéz prés de vous, S.M. vous recommande de les contenir de maniere que celuy qui vous a aporté le billet de Madame de Savoye n'en ait aucune inquietude.

S.M. vous donne le mesme ordre a l'esgard de tous les sujets de Monsieur le duc de Savoye, qu'Elle fait a l'esgard dudit Chevallier de Savoye, c'est a dire que les faisant arrester a la requisition de Madame de Savoye et mener a Pignerol, vous vous expliquiéz que c'est par ordre du Roy que vous le faites si Madame la duchesse de Savoye le desire ainsy.

Personne n'ayant tant d'interest en la manutention de l'authorité de Madame de Savoye que le Comte de Masin, vous debvéz essayer par tous moyens de gagner son Esprit, et vous servir de luy pour passer a Madame de Savoye les inquietudes que vous jugerez a propos de luy donner pour la porter a prendre les partis necessaires pour sa seureté, et S.M. vous permet de luy faire esperer des marques de sa liberalité et de sa protection, si il continüe a tenir une conduite conforme a ce que vous desirerez de luy.

Vous ne debvez point regarder tout ce qui est marqué cy dessus des intentions du Roy, comme une instruction que S.M. vous ordonne de suivre, n'y d'executer incessamment, mais seulement comme un memoire qui vous peut servir a connoistre l'Intention de S.M. sur les differents cas qui arriveront, sur lesquels Elle vous permet de vous conduire suivant que vous croiréz estre plus avantageux pour son service, Elle vous recommande seulement de l'Informer par le retour de ce Courier, et ensuite par les ordinaires ou par d'autres Couriers que vous estimerez a propos de despescher a S.M., tout ce qui pourra la mettre en estat de vous donner des ordres plus precis.

S.M. ne fait rien mander a Monsr l'abbé d'Estrades du compte que vous avez rendu a S.M. de la conversation que vous avez eüe avec Madame de Savoye, et de ce qui est contenu dans le memoire que le Comte de Masin vous a aporté de sa part, Elle luy respond seulement sur l'Instance que Madame de Savoye luy a faite de tenir a Monsieur le duc de Savoye et a ses Courtisans les discours qu'il estimera necessaires pour contenir ceux qui voudroient exciter Monsieur son Fils contre Elle, que le Roy trouve bon qu'il fasse tout ce dont il sera requis par Madame la duchesse de Savoye, aux interests de laquelle Sa Majesté s'Interesse vivement, cet ordre ne sera portée a Mondit Sr l'abbé d'Estrades que par l'ordinaire prochain, et S.M. m'a commandé de vous envoyer ce Courier pour vous porter cette despesche, afin que sçachant plustost ses intentions, vous soyéz en estat d'en rendre plus promptement compte a Madame la duchesse de Savoye, et de vous conformer a ce qu'Elle desirera de vous, et parce qu'il est bon que l'arrivée d'un Courier qui vous seroit directement arrivé ne donne point sujet de raisonner a la Cour ou vous estes, je donne ordre a celuy qui vous rendra cette lettre d'aller a Casal, apres vous avoir rendu en passant a Turin le pacquet qui enferme cette lettre, et de sçavoir en revenant de Casal si vous n'avéz rien a me mander. Je suis tout a vous./.

Addition a M. de la Trousse.

Je reçois en signant cette lettre celle que vous avéz pris la peine de m'escrire le 21e du mois passé, je ne manqueray pas de rendre compte a S.M. de la Clemence qu'a eüe Madame la duchesse de Savoye en faveur du Cavallier qui a esté emprisonné, pour l'affaire dans laquelle il paroissoit y avoir eu plus de malheur que de mauvaise intention.

Je ne comprends pas bien ce que vous me demandéz sur la conduite que vous debvez tenir avec Monsieur le Chevallier de Savoye, Ce qui est marqué cy dessus vous explique ce que vous avéz a faire en cas qu'il ne se conduisist pas bien avec Madame Royalle, et je vous manderay par l'ordinaire prochain, la maniere dont S.M. trouve bon que vous vous conduisiez avec Mondit Sr le Chevallier de Savoye pour ce qui pourra vous regarder de vous a luy.

No. 142

A M. LE MARQUIS DE LA TROUSSE DU 2. MARS 1683 A VERSAILLES.

J'ay leu au Roy la lettre que vous avez pris la peine de m'escrire le 21e du mois passé de laquelle j'acusay la reception par ma lettre d'hyer, elle vous aura instruict des intentions de S.M. a l'esgard de Monsieur le Chevallier de Savoye sur la conduite qu'il pourra tenir envers Madame Royalle.

A l'esgard de ce qui vous regarde, S.M. a trouvé bon que vous vous conformiéz a ce que Madame la duchesse de Savoye pourra desirer de vous a cet esgard, c'est a dire que vous ayéz plus ou moins de commerce avec luy, suivant que cela pourra faire plaisir a Madame Royalle.

No. 143

A M. DE LA TROUSSE DU X1[e] MARS 1683 A COMPIEGNE.

J'ay receu par le retour du Courier Germain la lettre que vous m'avéz fait l'honneur de m'escrire le 7e de ce mois avec les papiers qui l'accompagnoient, J'ay remis au Roy la lettre qui y estoit jointe de Madame la duchesse de Savoye, et je vous adresse la response que S.M. a bien voullu y faire.

Elle a fort aprouvé l'Instruction que vous avéz dressé pour Monsr Rosen, et S.M. desire seulement que vous y adjoustiez qu'il doibt aux cas marquéz par ladite Instruction s'apliquer a dissiper les troupes qui se declareroient pour Monsieur le duc de Savoye.

Ce memoire doibt estre donné cacheté par vous a Monsr Rosen, auquel vous explicqueréz de bouche les cas dans lesquels il le debvroit ouvrir.

Le Roy eust desiré que vous vous fussiéz un peu plus expliqué par la lettre que vous m'avez escrite, sur le detail de ce que vous avéz dit a Madame la duchesse de Savoye, et sur la maniere dont Elle la receu.

S.M. vous recommande de continuer a tenir une conduite qui puisse plaire a cette princesse et lui bien persuader qu'estant dépositaire des ordres de Sa Majesté qui doivent la maintenir dans l'authorité ou Elle est, vous les executez avec plaisir, vous conduisant au surplus de maniere avec ceux qui pourroient entrer dans les Caballes opposées a Madame la duchesse de Savoye, qu'ils connoissent combien vous estes esloigné d'entrer en rien de pareil, et qui d'ailleurs ne puisse en rien desplaire a Madame la duchesse de Savoye n'y a ceux qu'Elle honore de sa confiance.

Il n'y a guieres d'aparence que Monsieur le duc de Savoye ose rien tenter contre Madame sa Mere, mais si par ce que cette princesse vous confiera, ou par ce que vous pouvéz descouvrir, vous pouviéz prevoir que ce prince voulust entreprendre quelque-chose contre Madame sa Mere, vous debvéz la porter par vos advis a pourvoir a sa seureté, et pour l'en presser d'avantage, luy tesmoigner que le Roy s'estant desclaré pour son protecteur vous trouvez qu'il est tellement de la gloire de S.M. de la soustenir, que vous seriéz disposé a entreprendre de vous mesme ce qui seroit necessaire pour cela quand mesme Elle n'y consentiroit pas, tournant les expressions dont vous vous serviréz en cette occasion de maniere que cette princesse vous sçache gré du zele que vous tesmoigneréz pour ses interests, et que sa confiance pour vous en augmente, mais en mesme temps vous debvez avoir pour objet de la porter a prendre les partis necessaires pour empescher que Monsieur son Fils n'entreprenne rien contre Elle, parce qu'Elle remediera bien plus facilement aux Caballes naissantes, qu'Elle ne feroit aux ordres que Monsieur son Fils pourroit donner si une fois il avoit esclaté contre Elle, Et en un mot il voudroit mieux faire arrester quelqu'un dont la conduite a l'esgard de M. de Savoye luy seroit suspecte, que de laisser former un projet pareil a celuy qui avoit esté fait avec le Marquis de Pianesse, quand je dis arrester quelqu'un, j'entends soit par ses officiers, ou par ceux qui sont a vos ordres.

Le Roy voullant que vous fassiéz sur cela tout ce que pourra desirer cette princesse, et si ce qui auroit donner lieu a l'ordre que Madame Royalle vous auroit donné de faire arrester quelqu'un estoit trop fraischement arrivé pour que vous pussiéz dire en avoir receu l'ordre de Sa Majesté, son intention seroit que vous vous expliquassiéz, qu'ayant esté chargé par Sa Majesté de veiller a ce qui regardoit ses interests dans la Cour de Savoye, la conduite de celuy que vous aviéz envoyé a Pignerol tenoit estoit telle, que vous avez crû de son service de prendre le party de vous en asseurer en attendant les ordres de Sa Majesté.

Le Roy a veu avec plaisir l'asseurance que vous a donnée Madame la duchesse de Savoye que les places de Piedmont estoient en bon estat, et entre les mains de gens dont la fidelité ne luy est pas suspecte, si Elle avoit de la deffiance de quelqu'une des troupes de Monsieur de Savoye que l'on met presentement sur pied, il luy seroit facile en la logeant au milieu des quartiers des troupes du Roy, de mettre ceux qui l'a commanderoient hors d'estat de s'en prevalloir contre son authorité.

Il n'y a guieres d'aparence que le Chevallier de Savoye soit chargé de lettre de creance de l'Empereur pour Monsieur et Madame de Savoye, puisque S.M. n'en a pas esté advertie, mais si cela estoit veritable, il vaudroit mieux le faire arrester devant qu'il les eust presentées, que d'attendre apres qu'il auroit esté reconnû ministre de l'Empereur.

Le Roy a eu quelques advis que le projet de ce prince estoit de quereller le Comte de Masin, afin de rendre Madame de Savoye plus odieuse si Elle le voulloit soutenir contre un prince du sang de Savoye, et si Elle ne le faisoit pas, la priver du plus fidele serviteur qu'Elle ait en Piedmont, Sa Majesté n'a pas eu cet advis d'asséz bon lieu pour y adjouster une entiere creance, mais Elle ne croit pas qu'il y ait d'Inconvenient, que vous en fassiez confidence au Comte de Masin, comme d'un advis que de vos amis vous ont mandé de Paris.

Le mariage de Monsr le Prince de Carignan ne peut causer que de l'embaras a Madame Royalle, quand mesme ce Prince espouseroit une Françoise, et il luy seroit tres pernicieux si suivant le projet de Madame de Carignan, et de Madame de Baden, il espousoit une fille de Madame la Comtesse de Soissons, c'est ce qui persuade S.M. qu'il est de l'interest de Madame la duchesse de Savoye d'empescher ce prince de se marier si Elle le peut, Et si Elle ne le pouvoit empescher, de faire en sorte qu'il espousast quelque princesse d'Italie dont les parens ne puissent causer aucun embaras a Madame la duchesse de Savoye.

No. 144

A M. LE MARQUIS DE LA TROUSSE, DU 2e MARS 1683 A VERSAILLES

La lettre que vous avez pris la peine de m'escrire le 21e de ce mois m'a esté rendüe, vous debvez estre Informé par Monsr Breant de la resolution que le Roy a prise de laisser aux officiers le soin de s'accommoder avec les Commandants pour faire prendre le Vert a leurs chevaux pendant deux mois, et de leur destiner quatre sols pour cet effect sans aucun grain.

No. 145

A M. LE MARQUIS DE LA TROUSSE DU 8. AVRIL 1683 A VERSAILLES

J'ay leu au Roy la lettre que vous avéz pris la peine de m'escrire le 28. du mois passé, avec la copie qui y estoit jointe de celle que Madame la duchesse de Savoye a receüe de la Reyne de Portugal, S.M. aprouve que vous continuyez a luy rendre compte des conversations que vous aurez avec Madame la duchesse de Savoye, et de tout ce que vous pourrez aprendre qui se fera a cette Cour, vous pouvez asseurer la dame qui vous a parlé du voyage de Madame la princesse de Carignan que l'on n'en dit rien du tout icy, et que cette princesse n'est point en estat d'entreprendre un si long voyage.

No. 146

A M. LE MARQUIS DE LA TROUSSE DU 19. AVRIL 1683 A VERSAILLES

Le Roy a veu par la lettre que vous avéz pris la peine de m'escrire le 28. du mois passé, ce qui se passe a la Cour de Savoye au sujet de Mlle de Saluces, S.M. est persuadée que cet amusement de Monsieur de Savoye ne portera aucun prejudice a Madame sa Mere, pourvueu qu'Elle ne laisse point reussir le marquis de Parelle, et comme l'Interest de cette princesse est estroitement uny au plus grand advantage du service du Roy, S.M. trouve bon que lorsque Madame la duchesse de Savoye le jugera a propos, vous vous laissiez entendre que le retour de ce gentilhomme sans concert avec S.M. ne pourroit estre regardé par Elle que comme un dessein premedité par Elle de se mettre entre les mains des Espagnols duquel [sic] il a esté l'agent depuis plusieurs années, et si cela ne sufisoit pas, et que Madame la duchesse de Savoye le desirast, S.M. trouveroit bon que vous le fissiez enlever et conduire a Pignerol, vous Informeréz Madame la duchesse de Savoye de la bonté avec laquelle Sa Majesté s'Interesse en ce qui la touche, et des ordres que le Roy vous donne pour empescher qu'il ne soit rien entrepris contre la manutention de son authorité.

Vous avez bien respondu a cette princesse lorsqu'Elle vous a parlé de faire repasser en France les 1000 Chevaux que le Roy a promis d'en retirer lorsque les dragons seront sur pied, et si Elle connoist bien ses Interests Elle desirera plustost que le nombre des troupes françoises fust augmenté en Piedmont que de le voir diminuer, C'est ce que S.M. trouvera bon que vous representiez a Madame de Savoye comme de vous si Elle vous reparle sur cela, remettant toujours cette negociation a Monsr l'ambassadeur, et ne luy donnant point lieu de croire que Sa Majesté puisse penser a faire entrer en Piedmont plus de troupes qu'il n'y en a, mais luy tesmoignant seulement que la manutention de son authorité dépendant de la protection du Roy, Elle sera beaucoup plus efficace quand il y aura dans le Piedmont autant de troupes françoises qu'il y en a, que si le nombre en estoit diminué, ce qui vous fait croire qu'Elle seroit bien faschée d'obtenir de S.M. ce qu'Elle luy fera demander sur cela, Je suis toujours de tout mon Coeur tout a vous./.

No. 147

A M. LE MARQUIS DE LA TROUSSE DU 8e MAY 1683 A VERSAILLES

J'ay receu la lettre que vous avez pris la peine de m'escrire le 28e du mois passé, par laquelle j'ay veu avec beaucoup de surprise la folie que Monsr de Pianesse a fait paroistre en ne voullant plus manger, la plus grande sottise qu'un homme puisse faire estant de se laisser mourir, La part que je prends a ce qui regarde Madame Royalle me fait desirer que cette folie soit passée, et que sa santé soit restablie, une pareille mort ne pouvant manquer de donner lieu a des discours (qui quoyque faux) ne laisseroient pas d'estre desagreables.

Je ne doubte point que S.A.R. n'acorde au marquis de Parelle la permission qu'il demande d'aller servir l'Empereur et qu'Elle ne proffite de cette occasion de l'esloigner du Piedmont.

Je m'attends que vos premieres lettres me mettront en estat de rendre compte du Roy, de la conduite qu'aura tenüe Monsieur le Chevallier de Savoye, et de son depart. Je suis tout a vous./.

No. 148

A M. LE MARQUIS DE LA TROUSSE DU 10e MAY 1683 A VERSAILLES

J'ay receu les lettres que vous avéz pris la peine de m'escrire les 29. du mois passé et 2e du courant, Le Roy a veu avec plaisir ce que vous luy mandéz de l'aparence qu'il y a que Monsieur le Chevallier de Savoye partira promptement de Turin, et des dispositions ou est Monsieur le duc de Savoye pour le marquis de Parelle.

Puisque Madame Royalle connoist l'Inquietude qu'a Monsieur Son Fils de son estat, Elle doibt prendre les mesures necessaires pour le contenir, et faire refflexion qu'il est beaucoup plus facile d'empescher qu'un Esclat n'arrive, que d'y remedier quand il est arrivé, Ce prince n'ayant personne aupres de luy sera facilement contenu par la crainte, et ce que vous luy direz de la consideration que le Roy a pour Madame sa Mere, et des mesures que Sa Majesté seroit obligée de prendre pour la seureté de Pignerol, et de Casal, s'il ne continuoit pas a suivre les advis de Madame sa Mere le peut aparemment retenir encore longtemps, quand je dis que le Roy seroit obligé de prendre des precautions pour la seureté de Pignerol et de Casal, c'est qu'il luy faudroit laisser entendre qu'il y a bien de l'aparence que S.M. demanderoit a mettre garnison dans quelqu'une des principalles places du Piedmont, si cet Estat n'estoit pas gouverné par une princesse sur l'afection de laquelle Elle se repose, et vous y pourriéz adjouster que Sa Majesté pourroit aussy demander a y faire hyverner un Corps d'Infanterie et de Cavallerie asséz considerable, pour qu'Elle n'eust point lieu d'aprehender que les Espagnols entreprissent rien sur Casal n'y sur le Piedmont pendant l'hyver.

Vous ne debvez rien dire de tout ce que dessus que de concert et par les ordres de Madame de Savoye.

Vous luy expliqueréz aussy que vous avez ordre du Roy de parler a Monsieur son Fils au sens qu'Elle desirera, et de faire des troupes de S.M. tout ce qui sera necessaire pour le maintien de son authorité.

No. 149

A M. LE MARQUIS DE LA TROUSSE DU 18e MAY 1683 A VERSAILLES

La lettre cy joint que le Roy m'a commandé de vous escrire, est Je crois sufisante pour vous donner moyen de lever a Madame la duchesse de Savoye tous les soubçons qui paroissent agiter son Esprit, que le Roy ait pû avoir donné son consentement a ce que Monsieur le duc de Savoye paroist avoir intention de faire a son esgard, En effect Il n'a rien fait dire a Sa Majesté de ce qu'il projette, et Madame Royalle doibt en estre d'autant plus asseurée, que si S.M. en avoit apris quelque chose, Elle n'eust pas manqué de luy en faire part.

Les dispositions du Roy pour soustenir Madame la duchesse de Savoye ne peuvent estre meilleures qu'elles sont, Et vous en pouvez juger par les ordres que S.M. vous donne, ils sont tels que si ce prince peut estre contenu on doibt l'attendre de ce que Monsr l'ambassadeur et vous avez ordre de luy dire, mais si ce prince est capable de passer par dessus toutes ces considerations pour prendre toute l'authorité que sa naissance luy donne, je prevois un advenir fort fascheux pour Madame Royalle, qui connoistra trop tard, que pour conserver son authorité il falloit mettre les choses en estat que Monsieur son Fils n'osast penser a ce qu'il paroist presentement sur le point d'executer, Cette princesse eust evité le malheur qui la menace en faisant entrer des troupes du Roy dans la Citadelle de Turin, et dans Verüe, et en solicitant S.M. de faire hyverner en Piedmont plus de troupes qu'il n'y en a, ce qui auroit mis Monsieur de Savoye en estat de ne jamais penser a ce qu'il veut faire presentement, au lieu que si ce prince persiste a voulloir prendre le gouvernement il sera bien dificile que Sa Majesté l'en empesche.

Madame la duchesse de Savoye ne doibt point craindre que l'offre que fait Monsieur son Fils de se marier de la main du Roy, quand mesme ce prince proposeroit de l'executer sur le champ, portast S.M. a abandonné ses interests, S.M. connoissant bien qu'un pareil mariage n'empescheroit pas ce prince de suivre ses inclinations, et celles de ceux dont il se peut servir qui sont toutes favorables aux Espagnols, mais si ce Prince adjoustoit au mariage l'offre de recevoir des troupes du Roy dans ses places, S.M. se trouveroit embarassée sur ce qu'Elle pourroit respondre aux instance que feroit ce prince de luy acorder sa protection.

Vous jugéz bien que vous ne debvez point faire part a Madame la duchesse de Savoye de ces refflexions que le Roy ne m'a commandé de vous communiquer que pour vous mettre en estat, si vous en trouvéz l'occasion, de faire connoistre a cette princesse, ou a ceux qui ont son intime confiance, qu'Elle ne peut contenir autrement Monsieur le duc de Savoye, qu'en prevenant ce que ceux qui le poussent a faire ce dont il s'est expliqué, ne manqueront pas de le porter a executer pour oster le gouvernement des mains dans lesquelles il est, et y avoir la part qu'ils desirent.

Il seroit bien a propos de tascher de descouvrir qui sont ceux qui inspirent a ce Prince le projet qu'il tesmoigne vouloir suivre, estant impossible que les memoires seuls du Marquis de Pianesse puissent faire cet effect, et il faut tenir pour certain, que soit l'abbé de la Tour, soit le president Truchi, qui ce me semble aida fort feu Monsieur le duc de Savoye a secouer le joug de Madame Christine, il y a quelqu'un avec lequel il communique ses pensées qui luy fait esperer que l'offre d'un mariage de la main du Roy luy rendra Sa Majesté favorable, et qui a l'industrie de luy suggerer tesmoigner estre asseuré de la protection du Roy pour estonner Madame la duchesse de Savoye, et la porter par des veües de mesnagements d'interests a se retirer et a abandonner ses Creatures, Et il est encores plus certain que ce projet s'esvanouiroit si l'on pouvoit arrester et envoyer a Pignerol celuy qui cultive dans l'Esprit de Monsieur le duc de Savoye ces mauvaises dispositions pour Madame sa Mere, En un mot il est de l'interest de Madame la duchesse de Savoye de fraper le premier Coup, et Elle maintiendra dificilement son authorité en voullant comme Elle a fait cy devant se mesnager avec les discours des Piedmontois, qui la plus part n'ont pour but que de voir arriver un changement duquel ils proffitent ou par Eux ou par leurs parens ou amis, Elle pourvoiroit fort seurement a ses Interests en remettant ces deux places entre les mains du Roy a des conditions pareilles a celles soubz lesquelles les troupes de S.M. ont entré autrefois dans la Citadelle de Thurin, c'est a dire pour un longtemps, et a condition que le peu de troupes que S.M. y mettroit ne seroient en rien a charge a ses subjets, si dans la suitte l'aâge avancé de Monsieur son Fils l'obligeoit d'Elle mesme a vouloir remettre le gouvernement entre ses mains, il le tiendroit d'Elle, et luy feroit toutes les plus avantagéuses conditions qu'Elle pourroit souhaitter, de l'execution desquelles les postes que les troupes de S.M. occuperoient seroient de bons garants, au lieu que si Elle cede presentement a la mauvaise volonté de Monsieur son Fils, il ne tiendra de ce qu'il luy aura promis que ce qu'il luy plaira.

L'enlevement de celuy qui est le confident de ce prince pour l'execution de son projet en pourroit diferer de quelque temps l'execution, mais ce temps ne seroit pas aparemment bien long, puisque les Cours ne manquent pas de gens inquiets et asséz peu contents de leur Estat pour tout risquer pour le changer en mieux.

Je ne doubte point que S.M. ne fist volontiers quelque present considerable a Madame la duchesse de Savoye, ou a Ceux qu'Elle honore de sa confiance, si Elle pouvoit estre portée a prendre ce party qui pour reussir debvroit estre aussy tost executé qu'imaginé, Et que vous debvez prendre garde de le proposer de maniere que Madame la duchesse de Savoye ne puisse croire que vous le fassiéz en execution des ordres du Roy, et ne l'attribüe qu'au zele que vous avéz pour son service, et a la connoissance que vous donne ce que vous pourriéz connoistre de l'humeur de Monsieur le duc de Savoye, ou des dispositions de l'Esprit de ses Courtisans, C'est a dire que S.M. desire que vous vous absteniez plustost d'en parler que de donner lieu a cette princesse de croire que le refus qu'Elle en auroit fait pust porter le Roy a la moins proteger que vous ne luy avez fait esperer par ordre de S.M.

Cette princesse trouveroit en prenant ce party l'asseurance du mantien de son authorité pour longues années, et d'une grande consideration en Piedmont, apres que l'aage advancé de Monsieur son Fils l'auroit portée a luy remettre le gouvernement.

Il se pourroit faire que la reflexion que le Comte de Masin fera, que cette desmarche luy pourroit nuire dans la suitte, l'empeschast d'y donner les mains par le peu de refflexion qu'il fait de ce qu'il doibt attendre de l'estat ou il est avec Monsieur le duc de Savoye, mais si Il fait une Refflexion juste a ce qui luy convient, il trouvera que quand la reconnoissance qu'il doibt avoir des bontés dont Madame la duchesse de Savoye la honnoré, luy permettroit d'envisager en cela autre chose que ses interests, les siens particuliers le doibvroit porter a y concourir de tout son Credit, puisqu'il ne doibt point doubter que ce Prince ne soit tres mal disposé pour luy, que ce qui s'est passé sur le mariage de Portugal ne luy a esté vivement imprimé dans l'Esprit, ce qui joint aux Ennemis que sa faveur n'a pû manquer de luy faire, quelque bonne conduite qu'il ait tenu ne luy doibt pas laisser ignorer que sa perte asseurée ne soit attachée a celle de l'authorité de Madame la duchesse de Savoye, et que ce qui la maintiendra ne soit aussy l'appuy de sa fortune particuliere.

Je vous suplie de vous souvenir que tout ce que dessus est pour vostre instruction particuliere, et qu'il vaut mieux ne jamais parler de faire entrer les troupes du Roy dans les deux places cy dessus mentionnées, que de donner lieu a Madame de Savoye de soubçonner que vous luy en ayez fait la proposition par ordre du Roy.

Il est bien important que S.M. soit promptement et frequemment Informée de ce qui se passera si Monsieur le duc de Savoye execute son projet, et que suivant les ordres du Roy, ou a la requisition de Madame de Savoye vous assembliéz les troupes que vous commandez.

No. 150

AUTRE LETTRE A M. LE MARQUIS DE LA TROUSSE DU MESME JOUR 18e MAY 1683.

J'ay receu hyer a dix heures du soir par le Courier que vous m'avez despesché la lettre que vous avez pris la peine de m'escrire le 14e de ce mois avec le memoire qui y estoit joint, par lequel le Roy a veu avec beaucoup de surprise la maniere dont Monsieur le duc de Savoye a respondu a Madame sa Mere, au Marquis de Montroux, et a l'abbé de la Tour qui luy ont parlé de sa part, Sa Majesté continüe a vouloir soustenir Madame la duchesse de Savoye de toute son authorité, et trouve bon que vous fassiez tout ce qui pourra despendre de vous pour cela, suivant que vous en serez requis par Madame la duchesse de Savoye, Elle donne les mesmes ordres a Monsr l'abbé d'Estrades.

Le Roy eust desiré que le memoire que Madame la duchesse de Savoye vous a fait copier devant Elle, eust entré davantage dans le detail des voyes par lesquelles Elle croit que Monsieur son Fils peut estre contenû, afin de vous envoyer des ordres plus precis que S.M. n'a encores fait sur ce sujet si il est possible de le faire, mais autant qu'Elle en peut juger de si loin, Elle croit que lorsque Monsieur le duc de Savoye vous parlera sur la resolution qu'il veut prendre vous luy debvez tesmoigner que vous ne doubtéz point que le Roy n'aprenne avec une grande surprise qu'il pense a executer un pareil projet sans l'avoir concerté avec S.M., laquelle estant Informée de tout ce qui se fait dans l'Estat de Milan, et de la quantité de gens qui vont et viennent de Turin a Milan, et de Milan a Turin, ne doubtera point que le projet n'ait esté concerté avec les Espagnols, que la confiance seule que le Roy a pris en Madame la duchesse de Savoye la empesché de prendre les mesures qui despendent de Sa Majesté pour prevenir leurs mauvaises Intentions, que S.M. n'eust point manqué de demander a l'exemple de ce qui s'est pratiqué par le passé, de mettre des troupes dans la Citadelle de Turin, et dans les autres places qui peuvent asseurer la conservation de Casal, qu'Elle eust fait hyverner en Piedmont neuf ou dix mil hommes de pied, et trois ou quatre mil Chevaux plus qu'il n'y a, si les asseurances que Madame la duchesse de Savoye a donné a S.M. ne luy avoient tenu lieu de toutes ces precautions, que les forces des Espagnols dans l'Estat de Milan s'augmentant de jour en jour vous ne doubtéz point que si Monsieur le duc de Savoye fait aucun changement dans le gouvernement sans l'avoir concerté avec S.M., Elle ne prenne ce qui se passera comme une marque de la mauvaise intention de Monsieur le duc de Savoye pour son service, et que pour rompre entierement les mesures des Espagnols S.M. ne fasse un destachement considerable des troupes qui seront assemblées dans huict jours sur la Saosne pour y veiller a ses interests, que pour vous vous ne pouvez vous dipenser a la premiere démarche que fera ce prince pour oster l'authorité de Madame de Savoye, de mettre en corps toutes les troupes qui sont a vos ordres, mesme une partie de celles qui sont a Casal et a Pignerol pour et en attendant les ordres qu'il plaira a S.M. de vous donner, executer ceux que Madame la duchesse de Savoye vous donnera, et quand Elle ne vous en donneroit aucun, pour veiller a la conservation de Casal.

Que vous ne doubtez point que lorsque Monsieur le duc de Savoye estant dans un aage plus avancé deviendra capable de gouverner ses Estats, S.M. ne le voye avec plaisir en prendre le gouvernement, et ne luy continüe la mesme protection dont Elle a honnoré Ses predecesseurs mais que quand Elle verra un prince dans la jeunesse ou il est changer le gouvernement de ses affaires sans concert avec Elle, et l'oster a Madame sa Mere qui dans des temps aussy dificiles qu'ont esté ceux de sa regence les luy a conservéz en aussy bon estat qu'ils sont, vous croyéz que Sa Majesté ne pourra prendre de confiance aux asseurances qu'il luy fera donner, n'y faire fonds sur l'amitié et sur l'attachement d'un prince qui manque de reconnoissance et de naturel pour Madame sa Mere, que ce que vous luy dites sur ce sujet est de vous mesme et en consequence des precedents ordres que vous avez receus de S.M. de soustenir en toutes manieres l'authorité de Madame la duchesse de Savoye, et de faire des troupes qui sont a vos ordres tout ce qu'Elle vous ordonnera, que vous souhaittéz que le Roy change de sentiments sur ce que ce prince pourra faire representer a Sa Majesté, mais que les bontéz qu'il a eu pour vous depuis que vous estes en sa Cour, vous obligent a le prier de considerer a quoy Il s'engage, et ce qu'il deviendra si apres avoir donné des marques publiques de ses mauvaises intentions contre Madame sa Mere Le Roy ne peut convenir de ce qu'il luy fera proposer, et qu'il soit obligé a restablir les choses sur le pied qu'elles sont presentement, ou a voir prendre a S.M. les precautions necessaires contre un prince qui n'auroit pas diferé a Ses advis.

Si tout ce que vous auréz dit a ce prince ne calme point son Esprit, et ne le porte point a laisser les choses en l'estat qu'elles sont, et que Madame la duchesse de Savoye desire que vous fassiéz assembler les troupes qui sont sous votre commandement S.M. trouve bon que vous le fassiez, et que vous executiéz ce qu'Elle vous ordonnera pour le maintien de son authorité faisant subsister les troupes des grains qui seront aux environs des postes que vous jugeréz a propos d'ocuper, et tirant le pain de Pignerol si les troupes ne peuvent pas en avoir autrement, quand mesme cette princesse ne le desireroit pas pour ses interests, l'intention de S.M. seroit toujours que vous le fissiéz, et Je ne doubte point que S.M. ne fist marcher en Piedmont d'autres troupes pour obliger Monsieur de Savoye de luy donner de telles seuretéz de Sa bonne conduite, que S.M. n'eust rien a aprehender de Sa legereté, n'y du denoüement pour les Espagnols pour ceux qu'il pourra employer dans Ses affaires, Je suis tout a vous.

No. 151

A M. LE MARQUIS DE LA TROUSSE DU 3e JUIN 1683 A MONTBAR.

J'ay receu la lettre que vous avez pris la peine de m'escrire le 20e du mois passé, qui ne desire de response que pour vous dire que S.M. vous recommande de continuer a luy donner part de tout ce qui viendra a vostre connoissance de ce qui se passera entre Monsieur et Madame la duchesse de Savoye, Et que Sa Majesté ne trouve pas a propos de vous promettre de quitter la Cour de Turin pour luy venir rendre vos respects a Bellegarde, et Elle vous recommande de ne luy rien laisser ignorer de ce qui pourra le bien instruire de la sçituation de la Cour ou vous estes.

No. 152

A M. LE MARQUIS DE LA TROUSSE DU MESME JOUR.

Le Roy a apris par la lettre que vous avez pris la peine de m'escrire le 23e du mois passé, que les marques d'inquietude que Monsieur le duc de Savoye avoit données commencent a s'apaiser, mais qu'il n'y a pas d'aparence que l'Esprit inquiet de S.A.R. laisse longtemps Madame sa Mere jouir en repos de l'authorité qu'Elle a presentement, ceux qui doivent s'interesser au gouvernement present debvroyent la porter a prendre les expedients necessaires pour asseurer son authorité pour aussy longtemps qu'Elle voudroit, et il sera de vostre industrie de trouver les moiens de leur bien faire remarquer le peril qu'il y a de laisser encores longtemps les choses en l'estat qu'elles sont.

J'ay tellement espuisé cette matiere par mes precedentes du 18. du mois passé, que je n'ay rien a y adjouster, que pour vous prier de ne me laisser ignorer aucune des particularitéz de ce qui se passera entre Monsieur et Madame la duchesse de Savoye.

No. 153

A M. LE MARQUIS DE LA TROUSSE DU 8. JUIN 1683 A BELLEGARDE.

Le Roy m'a commandé de vous escrire la lettre cy jointe pour vous mettre en estat de la faire voir a Monsieur le duc de Savoye si Madame sa Mere l'estime a propos.

S.M. a veu avec plaisir le restablissement de la bonne intelligence entre Madame la duchesse de Savoye et Monsieur son Fils, de laquelle S.M. aprendra toujours avec beaucoup de joye la continuation, Elle vous recommande de porter Madame Royalle a faire ce qui sera absolument necessaire pour l'entretenir, mais de luy representer en mesme temps qu'Elle ne doibt point se reposer de maniere sur ce qui s'est passé entre Elle et Monsieur son Fils, qu'Elle ne prenne les precautions necessaires pour que s'il y avoit de l'artifice dans la conduite qu'il a a son esgard, Elle ne le descouvrist au plus tost et y aportast les remedes necessaires.

Vous ne pouvéz manquer de continuer a faire peur a l'abbé de la Tour, et a luy laisser entendre que vous avez rendu compte au Roy des asseurances qu'il vous a données de la bonne conduite de Monsieur le duc de Savoye, et qu'il doibt compter qu'il respondra a Sa Majesté a l'avenir de tout ce que S.A.R. fera contre Madame sa Mere, Je suis de tout mon Coeur tout a vous.

No. 154

AUTRE LETTRE A M. LE MARQUIS DE LA TROUSSE DU MESME JOUR.

Je ne vous puis mieux Informer de ce que je mande a Monsr Catinat qu'en vous envoyant copie de la lettre que je luy escris, sur le contenu de laquelle S.M. vous demande vostre advis tout comme si elle vous estoit escrite, Je suis tout a vous./.

No. 155

A M. CATINAT, GOUVERNEUR DE LA CITADELLE DE CASAL DU MESME JOUR.

Monsieur,

Le Roy ayant promis a Madame la duchesse de Savoye de retirer mil Chevaux des troupes qui sont presentement en Piedmont, et estant bien aise de ne les pas faire repasser en deça des monts, S.M. a fait faire des instances auprés de Monsieur de Mantoüe pour avoir son consentement pour les faire loger dans le Montferrat, soubz pretexte de les avoir toujours a portée de se jetter dans Casal, a quoy Sa Majesté voit aparence par les lettres de Monsr de Breteuil que ce prince donnera les mains sans beaucoup de difficulté pourvueu qu'il n'ait point lieu de croire que S.M. ne luy a fait faire cette demande que pour descharger les terres de Monsieur le duc de Savoye au depens de son pais, sur quoy S.M. ordonne presentement a Monsr de Breteuil de dire a Monsieur de Mantoüe, que pour luy marquer que S.M. ne luy fait faire cette instance que dans la veüe de la conservation de Casal, et point pour faire plaisir a Monsieur le duc de Savoye, les troupes que S.M. fera loger dans son pais ne seront point du nombre de celles qui sont presentement dans les Estats de Monsieur le duc de Savoye, il y a bien de l'aparence que cette negociation durera encores six semaines, pendant lesquelles ce Camp cy finissant, S.M. fera relever toutes les troupes qui sont presentement dans les Estats de Monsieur de Savoye par une partie des troupes qui le composent, et nommera les troupes qui doivent loger dans le Mont Ferrat, cependant je vous conjure de me mander quels sont les quartiers du Montferrat que vous estiméz plus a propos que S.M. demande pour les mil Chevaux susdits, observant que les Cavalliers ne soient point en estat de pouvoir deserter facilement, et que ce Corps ne soit point exposé a estre enlevé une nuit par les troupes des Espagnols. Je suis.

No. 156

A M. LE MARQUIS DE LA TROUSSE DU 13e JUIN 1683 A BELLEGARDE.

Je reçois presentement que je suis a la veille de partir pour Salins et Besançon, la lettre que vous avez pris la peine de m'escrire le 3e de ce mois, ainsy je ne suis plus en estat de proposer au Roy ce que vous me mandez a l'esgard du Marquis d'Ogliany, mais il me paroist que S.M. a fait d'Elle mesme ce que Madame la duchesse de Savoye pouvoit desirer a cet esgard, ayant parlé publiquement a Monsr le Marquis d'Ogliany de la grande consideration et confiance qu'Elle prenoit en Madame la duchesse de Savoye, sans laquelle S.M. auroit pris des precautions pour la seureté de Casal et de Pignerol, ce qu'Elle n'a point fait par ce qu'Elle a plus estimé la parolle de Madame de Savoye que toutes les garnisons qu'Elle auroit pû avoir dans les places de Piedmont.

Le Roy a fort aprouvé la maniere dont vous marquéz avoir parlé a Monsieur le duc de Savoye, Et a trouvé bon que vous continuyéz en toutes occasions.

Ce que l'on m'a escrit de Milan concernant le voyage que Monsieur le duc de Savoye debvoit faire a Verceil, et le consentement qu'il a en suite donné a la rupture de ce voyage, donne lieu d'esperer qu'il est revenu de bonne foy pour Madame sa Mere, il est de la prudence de ne s'y pas fier de maniere qu'Elle puisse estre surprise.

Si vous croyéz qu'il soit absolument necessaire de donner du grain aux Chevaux avant l'expiration des deux mois pendant lesquels S.M. avoit ordonné qu'on n'en donnast point, S.M. trouvera bon que vous en fassiez donner 12. ou 15. jours plustost, c'est a dire au bout de 45. jours, je n'escris qu'a vous sur ce sujet, estant persuadé que si vous pouvez espargner cette despense au Roy, vous ne parlerez a personne de ce que je vous mande.

Le Roy a trouvé la Cavallerie qui est campée Icy si belle, que S.M. luy a donné Cent mil Escus par gratiffication, qui ont esté distribués aux officiers qui avoient les meilleures Compagnies. Je suis de tout mon Coeur./.

No. 157

A M. LE MARQUIS DE LA TROUSSE DU PREMIER JUILLET 1683 A STRASBOURG.

J'ay leu au Roy la lettre que vous avez pris la peine de m'escrire le 16e du mois passé avec les deux memoires qui y estoient Joints, le tout ne desire de response que pour vous prier de continuer a m'Informer de tout ce qui se passera au pais ou vous estes, et vous recommander de faire toujours ce que Madame de Savoye desirera de vous pour le maintien de son authorité.

No. 158

A M. LE MARQUIS DE LA TROUSSE DU 16e JUILLET 1683 A VERSAILLES.

La lettre que vous avez pris la peine de m'escrire le 4e de ce mois m'a esté rendüe, Le Roy trouve bon que vous fassiez mettre en liberté le Brigadier du regiment de Crillon que l'on avoit soubçonné d'avoir deserté la galere Amazone.

Sa Majesté aura esgard a ce que vous luy proposez de l'utilité que le sejour de Monsr de Crillon a Turin vous est, et Elle a aprouvé que vous ayez donné le plaisir a Monsieur le duc de Savoye de voir comme l'on deffend le passage d'une riviere. Je suis tout a vous./.

No. 159

A M. LE MARQUIS DE LA TROUSSE DU 19 JUILLET 1683 A VERSAILLES.

J'ay receu la lettre que vous avez pris la peine de m'escrire le premier de ce mois, par laquelle Le Roy a esté Informé du projet que fait Monsieur le duc de Savoye de faire un Camp dont le regiment de ses gardes et celuy de Saluces seront, il ne peut estre que tres a propos que Madame la duchesse de Savoye trouve moyen de renvoyer les troupes dont Elle est asseurée dans les places les plus de consequence du Piedmont, parce qu'il ne seroit pas impossible que Monsieur le duc de Savoye songeast a les en tirer pour diminuer l'authorité de Madame de Savoye, Sa

Majesté m'a commandé de vous escrire sur ce sujet au sens que Madame Royalle le desirera, et dans le temps que vous me le marqueréz. Je suis toujours tout a vous./.

No. 160

A M. LE MARQUIS DE LA TROUSSE DU 28e JUILLET 1683 A VERSAILLES.

La lettre que vous avez pris la peine de m'escrire le 18e de ce mois m'a esté rendüe, par laquelle je vois avec beaucoup de reconnoissance ce qu'il a plû a Madame Royalle de tesmoigner du mauvais estat de ma santé, je vous suplie de luy en faire mes tres humbles remerciements.

Monsr l'ambassadeur de Savoye m'a parlé du nouveau plan que l'on projette a Turin pour l'establissement des troupes du Roy qu'il m'a expliqué bien d'une autre maniere que vous ne faites, car il pretend que les deux sols par place que vous marquéz que Monsieur le duc de Savoye fait donner a ses troupes en consideration de ce qu'elles seroient logées dans des maisons desertes, seroient aux depens du Roy, a celles de S.M., a quoy vous pouvéz bien croire qu'Elle ne se portera pas, et son intention est que sans qu'il paroisse que vous le fassiéz par son ordre, n'y que vous ayéz intention d'empescher que ce projet s'execute, vous y apportiéz toutes les difficultés qui le pourront rompre.

Premierement que vous declariéz que vous ne pouvéz point vous charger de proposer au Roy de donner une pareille augmentation de solde a Ses troupes.

Que quand Monsieur le duc de Savoye les voudroit faire payer par le pais, les officiers, Cavalliers et dragons, ne pourroient point trouver de lits pour leur argent.

Et qu'en fin soubz pretexte du taux des vivres que vous demanderéz sur un pied plus bas que ne puissent valoir les denrées, vous fassiéz en sorte d'embrouiller cette affaire de maniere qu'elle n'ait point de lieu. Je suis de tout mon Coeur tout a vous.

No. 161

A M. LE MARQUIS DE LA TROUSSE DU 29e JUILLET 1683 A VERSAILLES.

J'ay leu au Roy la lettre que vous avez pris la peine de m'escrire le 17e de ce mois, Je souhaitte que l'Envoyé de Madame la princesse Louise ait toute la satisfaction qu'il peut desirer, mais comme ce qu'il solicite est une affaire de finance il pourra bien arriver que je n'en entendray pas parler.

Les Informations qui ont esté envoyées sur ce qui s'est passée entre le Major de Cheuilly, et le Sr de Belleville lieutenant du mesme regiment, estant entierement a la descharge du Major, cette affaire ne doibt pas estre davantage poursuivie.

J'attendray le memoire que Madame la duchesse de Savoye veut vous donner sur ce qui s'est passé entre Elle et Monsieur son Fils, cependant il est bien difficile que si Madame Royalle ne cesse de vouloir vivre au jour la journée[12] et ne prend quelque resolution qui puisse faire perdre a Monsieur son Fils la pensée de luy oster toute l'authorité, il n'en vienne a bout.

Le Roy a fort aprouvé la maniere dont vous avéz parlé a l'abbé de la Tour, qui perdra Madame de Savoye en peu de temps si Elle ne le previent, il n'y a que deux manieres de l'esloigner de Monsieur de Savoye, l'une en l'envoyant dans quelque Cour Estrangere a quoy il n'y a guieres d'aparencce que Monsieur de Savoye donne les mains, Et l'autre en disant que Sa Majesté est mal contente de sa conduite, Et qu'Elle est Informée du commerce qu'Elle sçait bien qu'il entretient avec les Espagnols, qui en ont non seulement avec luy, mais encores avec le prince de la Cisterne, et avec le Marquis de Voguieres, le faire conduire a Pignerol, ce que S.M. trouve bon que vous executiéz si Madame la duchesse de Savoye le desire, et Elle vous recommande en mesme temps de luy representer que par toute autre voye cet homme luy joüera un fort mauvais tour.

Le Roy trouve bon que vous asseuriéz Madame Royalle que si Monsieur son Fils envoyoit quelqu'un en France sans Son consentement pour demander au Roy une princesse pour femme, S.M. respondroit qu'Elle ne peut rien traitter avec Monsieur le duc de Savoye que par le Canal de Madame sa Mere, vous pouvéz mesme luy faire part de l'ordre que Monsr l'ambassadeur a receu de luy desclarer et a Monsieur son Fils, que S.M. ne verroit pas avec Satisfaction qu'il pensast a se marier avec une princesse de Baviere, au surplus S.M. a fort aprouvé la maniere dont vous avéz parlé a Madame de Savoye sur les engagements que l'on pourroit prendre des a present pour le mariage de Monsieur son Fils, mais Elle vous recommande toujours de vous conduire de maniere a cet esgard, qu'il ne paroisse point que vous en ayéz eu aucun ordre.

Je ne doubte point que vous ne fassiéz remarquer au Comte de Masin, que sa fortune est fort mal asseurée si il n'oblige Madame la duchesse de Savoye a prendre un party qui contienne les inquietudes de Monsieur son Fils qui iront augmentant de

---

[12] au jour la journée: from day to day

jour en jour, et que vous n'insinuyéz a Madame Royalle que si Elle se laisse prevenir, et ne mette les affaires de Monsieur son Fils en estat qu'il n'ose se souslever contre Elle, Elle essuyera tous les jours de nouvelles mortiffications et y sucombera a la fin./.

No. 162

A M. LE MARQUIS DE LA TROUSSE DU 30e JUILLET 1683 A VERSAILLES.

J'ay receu la lettre que vous avéz pris la peine de m'escrire le 17e de ce mois, par laquelle le Roy a veu l'accident qui est arrivé aux prestres de la paroisse de Garsilliane apres avoir enterré un Cavallier de la Compagnie de Pelissier au regiment de Crillon, S.M. a aprouvé la demonstration que vous avez faite contre le Lieutenant de la dite Compagnie qui commandoit le destachement qui a assisté a l'enterrement de ce Cavallier, et desire que vous fassiéz payer 400#[13] a ces prestres pour les ayder a se faire guerir de leurs blessures, et en montrant cette letttre a Monsr Breant il ne fera point de difficulté d'en donner l'ordre au Tresorier. Je suis tout a vous.

No. 163

A M. LE MARQUIS DE LA TROUSSE DUDIT JOUR.

J'ay receu la lettre que vous avez pris la peine de m'escrire le 8e de ce mois, Madame Royalle n'est pas bien Informée des coustumes de France, si Elle s'Imagine que qui que ce soit puisse achepter la terre d'Aumalle sans un decret, n'y sans que son argent passe aux consignations s'il y a des opositions audit decret.

A l'esgard du remplacement du tiers coustumier, je feray ce qui despendra de moy pour vaincre cette difficulté, si l'on peut trouver des seuretés pour Monsr le duc du Maine auxquelles je suis obligé de m'attacher beaucoup plus que si l'acquisition estoit pour moy./.

No. 164

A M. LE MARQUIS DE LA TROUSSE DU 30e JUILLET 1683 A MEUDON.

Je ne doubte point que vous n'apreniéz avec la derniere surprise et beaucoup de douleur la perte que le Roy a faite au-

---

[13] # indicates livres.

jourd'huy, il y a trois jours que la Reyne se trouva mal, on dit que c'estoit un Cloud qui se formoit soubz son aisselle dont la douleur luy donnoit un peu de fiebvre, hyer sur le midy avant de partir de Versailles pour venir icy, j'allay dans son antichambre, ou l'on me dit que la fiebvre estoit un peu augmentée mais qu'il ne s'en falloit pas estonner parce que la douleur la causoit, Ce matin sur les onze heures et demie Monsr de Gournille venant de Paris a passé par icy, et m'a dit qu'il venoit de rencontrer Monsr de Briolle qui alloit a Paris advertir Monseigneur le prince que la Reyne estoit plus mal, et qu'il y avoit du peril, un moment apres j'ay receu une lettre de Monsr de Beringhen qui portoit que la Reyne avoit resué cette nuit, qu'il luy avoit parû quelques marques de pourpre qui avoient disparû peu apres, que l'on la debvoit saigner du pied, la faire communier, et puis luy donner de l'hemetique, aussytost apres disné je suis party dans ma chaise et me suis rendu fort viste a Versailles ou j'ay apris que la Reyne avoit communié sur les 10 heures du matin, avoit esté saigné du pied contre l'advis de Fagon et des deux Chirurgiens, vers les onze heures, et avoit pris de l'hemetique peu de temps apres midy, Je n'ay pas esté un demy quart d'heure dans l'antichambre que l'on a entendu du bruit dans la chambre, dans laquelle estant entré, J'ay trouvé que la pauvre princesse venoit de passer.

Le Roy est touché au dernier point, il est party une demye heure apres de Versailles pour aller a St Cloud ou Monseigneur la suivy, Madame la dauphine est restée a Versailles, et y demeurera aparement jusques a ce que les neuf jours depuis sa saignée soient passéz, Je ne doubte point que vous ne debvréz prendre le deüil, mais il faut se regler sur ce que fera Monsr l'ambassadeur, et sur les ordres que vous recevrez incessamment. Je suis tout a vous.

No. 165

A M. LE MARQUIS DE LA TROUSSE DU 2e AOUST 1683 A MEUDON.

J'ay receu la lettre que vous avez pris la peine de m'escrire le 22e du mois passé avec le memoire de Madame la duchesse de Savoye qui y estoit Joint, par lequel il est aisé de connoistre que Monsieur le duc de Savoye ne pense a autre chose qu'a se rendre maistre absolu dans ses Estats, Et que conduit par un homme qui a de l'Esprit, il en prend un chemin beaucoup plus court et plus seur que ceux qu'il avoit suivis cy devant, Et duquel les declarations qui luy ont esté faites de la part du Roy en faveur de

Madame la duchesse de Savoye sembloyent l'avoir détourné, Je veux dire que s'il continüe, et que Madame de Savoye ne prenne point un party qui le contienne absolument, qui ne peut estre autre que de faire entrer des troupes du Roy dans la Citadelle de Turin, et dans Verüe, Elle peut compter que devant qu'il soit trois mois, quelque protection que le Roy ait envie de luy donner, Elle sera reduite a se retirer en Savoye, et peut estre en France, ou de rester en Piedmont pour estre tesmoing de la ruine de toutes Ses Creatures, et de l'eslevation de ceux qui ont esté Ses plus cruels Ennemis jusques a present.

Vous sçavez que je vous ay mandé plusieurs fois que la protection que le Roy voulloit bien donner toute entiere a Madame de Savoye, pouvoit maintenir son authorité tout aussy longtemps qu'Elle voudroit pourvueu qu'Elle ne se laissast pas prevenir par Monsieur son Fils, et qu'Elle fist les choses absolument necessaires pour se maintenir, mais que si Elle voulloit continuer a vivre du jour a la journée, et craindre les discours des Piedmontois, Monsieur son Fils ne pouvoit manquer de s'emparer de l'authorité, et que quand il l'auroit une fois faite, Et qu'il auroit pris le party de respondre avec beaucoup de soubmission a tout ce que l'on luy dira de la part du Roy, il seroit bien difficile que Madame de Savoye n'ayant aucun party dans les Estats de Monsieur son Fils, et le Roy n'estant pas maistre des places, S.M. fist la guerre pour la restablir, il me paroist que le temps s'aproche qu'Elle connoistra cette verité, et qu'Elle se detrompera de l'erreur ou Elle a esté que Monsieur son Fils pust estre contenu par des parolles, Elle debvroit mesme faire refflexion que si Monsieur son Fils faisoit remonstrer au Roy qu'estant majeur, il desire prendre l'authorité que les Lois de son pais luy donnent et que pour seureté de sa bonne conduite il recevra garnison dans celles de ses places que S.M. desirera, il ne seroit pas Impossible que beaucoup de gens ne conseillassent au Roy de luy respondre favorablement.

L'intention de Sa Majesté n'est point que vous disiéz tout ce que dessus a Madame la duchesse de Savoye comme vous ayant esté mandé par moy en response a son memoire, mais bien que la mort de la Reyne m'ayant empesché de rendre compte au Roy du susdit memoire, je vous ay seulement respondu que mes precedentes vous avoient Informé de ce que je croyois qu'il y avoit a faire a l'esgard de l'abbé de la Tour, et vous avoient donné le pouvoir de S.M. necessaire pour faire ce que Madame la duchesse de Savoye desirera sur ce sujet, apres quoy vous pourrez dans les jours suivants, et comme de vous mesme luy dire de tout ce que je vous viens de marquer, ce que vous croiréz le plus a propos pour essayer de la porter a prendre le party necessaire pour sa seureté, et a donner au Roy les moyens de soustenir son authorité, observant de ne luy jamais laisser aprehender que le Roy puisse l'abandonner, n'y luy faire croire que vous ayéz des ordres precis de faire instance pour avoir des places, Cependant quoyqu'Elle veuille faire, il est necessaire qu'Elle oste l'abbé de la Tour d'aupres de Monsieur son Fils, et si Elle trouve bon que vous le fassiéz mener a Pignerol il y a aparence que cela pourra contenir Monsieur son Fils pour quelques mois, Elle ne doibt point estre arrestée par la consideration du chagrin que cela luy donnera, puisqu'il fait asséz paroistre les mauvaises intentions qu'il a pour Madame sa Mere, et que les complaisances qu'Elle a pour luy, ne changent point les mauvaises dispositions ou il est pour Elle.

L'on pretend que le Marquis de Vauguieres, et le prince de la Citerne, continuent a negocier avec les Espagnols, et rendent a Madame la duchesse de Savoye tous les mauvais offices qu'ils peuvent. Je suis tout a vous./.

No. 166

A M. LE MARQUIS DE LA TROUSSE DU 4e AOUST 1683 A FONTAINEBLEAU.

La lettre que vous avez pris la peine de m'escrire le 25e du mois passé m'a esté rendüe, par laquelle j'ay apris avec beaucoup de plaisir la grace que Monsr de Masin a receüe.

Le discours que vous a tenu l'abbé de la Tour est d'un homme qui paroist bien connoistre la consequence d'avoir osté a Madame la duchesse de Savoye la disposition de la Citadelle de Turin, en ostant le regiment qui la garde a une Creature de Madame Royalle, qui connoistra, mais trop tard, le mauvais party qu'Elle prend d'attendre qu'Elle soit poussée a l'extremité pour pourvoir a sa seureté. Je suis tout a vous./.

No. 167

A M. LE MARQUIS DE LA TROUSSE DU MESME JOUR 4e AOUST 1683 A FONTAINEBLEAU.

La copie qui sera cy jointe de la lettre que j'escris a Monsr Catinat, vous Informera de ce que je ne pourrois que vous repetter Icy concernant le logement des 1000 Chevaux dont le Roy veut descharger les Estats de Monsieur le duc de Savoye,

Je vous prie de me donner tous les esclaircissements que vous pourrez sur ce qu'elle contient comme si elle vous estoit adressée, et en cas que l'on ne pust point loger des troupes a Aquy, ou que les 1000 Chevaux ne puissent pas tenir dans la partie du Montferrat qui est en deça du Taner, de me mander si vous croyéz que Madame la duchesse de Savoye fist difficulté de donner le couvert pour trois ou 400 Chevaux a Trin, et quel nombre il y en pourroit contenir commodement, ce poste estant fort propre pour y avoir des troupes a portée d'entrer dans Casal lorsque l'on le desireroit, et n'estant d'aucune consequence pour Monsieur le duc de Savoye, puisque les murailles en sont razées.

Mandéz moy aussy s'il vous plaist si l'Estat du prince de Massenin seroit capable de donner le couvert a quelques troupes, et s'il y a quelques petites villes qui soient fermées de murailles, vous ne vous expliqueréz s'il vous plaist a personne que le Roy ait pensé a luy de mander le Couvert pour quelque regiment. Je suis de tout mon Coeur tout a vous.

No. 168

A M. CATINAT DU 4e AOUST 1683 A FONTAINEBLEAU.

Je vous ay Informé par les lettres que je vous ay escrites pendant le voyage du Roy, des instances que S.M. avoit fait faire a Monsieur de Mantoüe pour qu'il permist que mil Chevaux des troupes de S.M. fussent logées dans le Montferrat, ou je ne doubte point que vous n'ayéz apris par Monsr de Breteuil, et par les ordres que le Marquis de Gonzagues doibt en avoir receüs, le consentement que ce prince y a donné apres quelques legeres difficultés, presentement que la separation du Camp de la Saosne donne moien a S.M. de faire marcher les troupes necessaires pour relever celles qui sont en Piedmont et pour establir les 1000 Chevaux dans le Montferrat, Je suis obligé de vous dire que S.M. ne juge point a propos que l'on loge lesdits mil Chevaux dans la partie du Montferrat qui est du costé d'Aquy, a moins que les pouvant mettre tous dans ladite ville d'Aquy ils y fussent en estat de ne point aprehender d'estre enlevez par les Espagnols et de pouvoir regagner Ast sans qu'il fust possible aux Espagnols de les en empescher, C'est sur quoy vous m'esclairciréz s'il vous plaist, Et cependant verréz avec Monsr de Gonzagues ce qu'il vous proposera sur le logement des susdits mil Chevaux, il est sans doubte qu'il seroit beaucoup plus commode de les loger dans la partie du Montferrat qui est voisine de Casal, aussy l'Intention du Roy est elle que vous voyéz avec ledit Marquis de Gonzague ce que vous y en pourréz loger, de quoy vous m'enverréz s'il vous plaist un Estat, vous observeréz que le Roy ne veut pas que les Compagnies soyent plus separées qu'en deux, que celles qui seront dans les lieux les plus voisins d'Alexandrie et de Valence ne soient point separées, et ne soient establies que dans des lieux ferméz de murailles, et ou elles ne puissent pas estre enlevées facilement.

Il paroist sur la Carthe qu'un lieu marqué St Damien, et un autre qui est marqué asséz gros nommé Alba, sont du Montferrat, si cela estoit il n'y auroit point d'inconvenient d'y establir des troupes, ces deux lieux sont entre Pinerase et Ast, vous m'explicqueréz s'il vous plaist fort en detail combien il y a de villages qui apartiennent a Monsieur de Mantoüe dans la partie du Montferrat qui est en deça du Taner, et vous donnerez vos advis a S.M. sur la maniere dont il sera possible d'y establir lesdits mil Chevaux ou partie d'Iceux, apres en avoir conferé avec Monsieur le Marquis de Gonzagues, aupres duquel vous debvrez establir une chose constante, que son maistre ayant promis au Roy le couvert pour mil Chevaux vous les verréz arriver au premier jour, et ne pourrez pas vous empescher de les loger dans le Montferrat, et comme il y a bien de l'aparence qu'il ne se trouvera pas asséz de logement dans la partie du Montferrat qui est en deça du Tanner vous le feréz, s'il vous plaist discourir sur celle qui est au delà, et verréz s'il seroit possible de le porter a consentir que lesdits mil Chevaux, ou Cinq ou 600, pussent loger dans Aquy et dans les lieux qui sont derriere cette ville qui pourront en asseurer la communication avec Ast, vous observeréz que je supose qu'Aquy est une ville fermée de murailles et ou des troupes ne pourroient pas estre forcées sans Canon.

Je vous prie de me mander si l'abbaye de Lucedia est en Montferrat.

No. 169

A M. LE MARQUIS DE LA TROUSSE DU 19e AOUST 1683 A FONTAINEBLEAU.

J'ay receu la lettre que vous avez pris la peine de m'escrire le 10e de ce mois, il est fascheux que Madame la duchesse de Savoye ne veuille pas prendre les pas necessaires pour l'establissement de son authorité, et qu'Elle veuille continüer a vivre au jour le jour, personne ne souffrira plus qu'Elle, et ne sentira plus vistement le prejudice que ne peut manquer de luy causer une conduite si peu prudente.

Le Roy ne songe point a mettre de troupes dans la partie du Montferrat qui est du costé d'Aquy, n'y a demander a Madame de Savoye de mettre de la Cavallerie dans Trin au dela des 2000 Chevaux qui doivent rester en Piedmont,

Vous verréz avec Monsr Catinat comment on pourra loger deux regiments de Cavallerie dans la partie du Montferrat qui est voisine de Casal, et puisque l'on peut mettre 300. Chevaux au pont d'Esture il ne sera pas difficile d'en establir encores autant a Montenlue ou dans les villages des environs, et d'en mettre encores autant dans l'abbaye de Lucedia, vous me manderéz s'il vous plaist ce que vous et Monsr Catinat penseréz sur cela, et il n'y aura pas de danger que Monsr Catinat aille sur les lieux pour estre en estat de rendre au Roy un compte plus juste de ce qui se peut faire.

Puisque vous croyéz que le projet que l'on fait d'establir les 2000 Chevaux de Piedmont dans des maisons sans hostes qui seront meublées aux despens des subjets de Monsieur le duc de Savoye, sera utile pour le maintien des troupes, Le Roy vous promet d'y donner les mains, faisant valoir cela a Madame la duchesse de Savoye comme une marque de la complaisance que le Roy a pour Elle.

No. 170

A M. CATINAT DU 20. AOUST 1683 A FONTAINEBLEAU.
Monsieur,

J'ay receu avec la lettre que vous avez pris la peine de m'escrire le 10e de ce mois, le memoire des lieux du Montferrat ou vous croyéz que l'on pourroit establir les 1000 Chevaux que le Roy y fait marcher, il n'y a point d'aparence d'en mettre dans les quartiers qui sont entre Valence, Alexandrie et Casal, Et il faudroit lorsque S.M. ordonnera que l'on les y loge, se retrancher aux quartiers qui sont derriere le pont d'Esture, et Montcalus, et a ceux qui sont dans la partie du Montferrat qui est couverte du Po, et de la Fesia.

Je vous prie d'examiner encores ce que l'on y en peut mettre.

Je suis surpris que vous ne proposiez point l'abbaye de Lucedia, puisqu'elle est du Montferrat subjet de Monsieur de Mantoüe, ou l'on dit que les fourages sont fort abondants, et quand ce logement desplairoit a l'abbé Grimany et l'empescheroit d'y continüer son sejour le service du Roy n'en recevroit aucun prejudice.

Renvoyéz moy s'il vous plaist un projet de logement sur ce pied la, et essayer de convenir avec Monsr de Gonzagues de la maniere de faire subsister cette Cavallerie dans lesdits quartiers en leur donnant le fourage, c'est a dire du prix auquel les habitants fourniront la ration a chaque Cavallier.

Il ne convient pas presentement que vous alliez visiter Aquy n'y la partie du Montferrat qui en est voisine, escrivéz moy sur cela vers le 11e novembre et je vous manderay si Sa Majesté le trouvera bon. Je suis./.

No. 171

A M. LE MARQUIS DE LA TROUSSE DU 21e AOUST 1683 A FONTAINEBLEAU.

Le Roy ayant resolu de ne pas laisser plus longtemps les Espagnols en possession du pais d'Alost, vieux bourg de Gand, et autres pays enoncéz en la demande du procureur du Roy en la conference tenue a Charleroy pour le reglement des limites en execution du traitté de Nimegue dont ils ont jouy paisiblement jusques a present sans luy donner d'equivalent, S.M. a ordonné a Monsr le Mareschal d'Humieres d'entrer le premier du mois prochain dans les Estats du Roy d'Espagne avec quinze mil Chevaux, et de les y faire subsister aux despens dudit pais jusques a ce que les Espagnols luy en ayent fait raison, et quoyqu'il n'y ait guieres d'aparence que l'estat de leurs forces leur permette de suivre les premiers mouvements de leur Colere, S.M. n'a pas laissé de juger a propos de vous faire informer de la resolution qu'Elle a prise, afin que Monsr Catinat en estant adverty par vous renouvelle ses soins pour la conservation de Casal, et prenne les precautions necessaires pour son entiere seureté.

No. 172

A M. LE MARQUIS DE LA TROUSSE DU 24. AOUST 1683 A FONTAINEBLEAU.

J'ay receu la lettre que vous avez pris la peine de m'escrire le 15e de ce mois, Je n'ay rien a adjouster a ce que vous verréz que j'ay mandé a Monsr Catinat par ma lettre du 20e du courant dont je vous envoye une copie sur le logement des mil Chevaux que le Roy fait passer dans le Mont ferrat, si ce n'est que je ne puis asséz m'estonner que l'abbé Grimani qui est l'agent des Espagnols, et de l'Empereur soit en si grande consideration aupres des officiers de S.M., que l'on croye que pour luy faire plaisir il faille se priver d'avoir des troupes a portée de pourvoir a la seureté de Casal./.

No. 173

A M. LE MARQUIS DE LA TROUSSE DU 30e AOUST 1683 A FONTAINEBLEAU.

La lettre que vous m'avez fait l'honneur de m'escrire le 22e de ce mois m'a esté rendüe, je souhaitte que Madame la duchesse de Savoye se trouve bien d'avoir fait connoistre a l'abbé de la Tour la mauvaise satisfaction qu'Elle a de luy, et la resolution ou Elle est de l'oster d'aupres de Monsieur son Fils, et le laissant encores pour plusieurs semaines aupres de Monsieur le duc de Savoye.

Je ne doubte point que vous ne sçachiez presentement que les assemblées des Religionaires en Dauphiné sont dissippées, et que l'on n'y est employé qu'a faire le procéz des Coupables.

Le Roy m'a fait l'honneur de me dire ce matin que Monsr le Mal de Bellefonds l'avoit suplié de trouver bon que Monsr le Marquis de St Maurice luy ayant esté presenté par l'ambassadeur de Savoye S.M. deubst croire que Madame la duchesse de Savoye luy eust permis de venir servir en France, neantmoins Elle n'a pas jugé a propos de rien respondre jusques a ce qu'Elle eust sçeu par vous ce que S.A.R. peut desirer a cet esgard. Je suis tout a vous./.

No. 174

A M. LE MARQUIS DE LA TROUSSE DU 2. SEPTEMBRE 1683 A FONTAINEBLEAU.

Le Roy a esté courre le Cerf au sortir de la Messe, sur les trois heures un Escuyer est venu chercher M. Felix, qui a dit que le cheval de S.M. estant tombé Il s'estoit cassé le bras gauche, ce qui a mis toute la Cour dans l'Inquietude que vous pouvéz vous imaginer, dont Elle a esté heureusement deslivrée par l'arrivée de S.M., qui ayant donné son bras au premier Chirurgien, l'on a reconnû qu'Elle n'avoit que le Coude demis, et un moment aprés a esté remis parfaitement, et a l'heure qu'il est S.M. est en parfaite santé graces a Dieu, de quoy j'ai crû vous debvoir donner afin que vous et tous ceux qui sont soubz vostre commandement n'ayent point d'inquietude de ce qui est arrivé. Je suis tout a vous./.

No. 175

A M. LE MARQUIS DE LA TROUSSE DU 5. SEPTEMBRE A FONTAINEBLEAU.

Le Roy a esté fort surpris d'aprendre que Madame de Savoye refuse de laisser tirer des foins du Piedmont pour la garnison de Pignerol et celle de Casal, son intention est que vous luy parliez serieusement sur cela, et que vous luy fassiez connoistre que la continuation de ce refus pourroit persuader S.M. que S.A.R. auroit Intention de rendre la subsistence de la garnison de Casal plus dificile, et que la premiere chose que le Roy feroit, seroit de luy demander de loger dans le Piedmont la Cavallerie qui est dans Casal, et les 1000 Chevaux que S.M. avoit resolu de faire sortir du Piedmont./. Je suis tout a vous.

No. 176

A M. LE MARQUIS DE LA TROUSSE DU 20e 7BRE 1683 A FONTAINEBLEAU.

J'ay receu les lettres que vous avéz pris la peine de m'escrire les 5e et 9e de ce mois, la difficulté que le Roy a veüe qu'il y auroit de faire subsister dans le Montferrat les mil Chevaux que S.M. avoit intention d'y faire marcher, a fait prendre a S.M. la resolution de diferer a les y faire passer jusqu'au printemps prochain, ainsy cela ne vous doibt plus donner d'inquietude. Je suis tout a vous./.

L'on a escrit au mesme sens a Monsr Catinat.

No. 177

A M. LE MARQUIS DE LA TROUSSE DU 21e SEPTEMBRE 1683 A FONTAINEBLEAU.

J'ay receu les deux lettres que vous avéz pris la peine de m'escrire le 12e de ce mois, vous ne sçauriez trop representer a Madame de Savoye comme de vous mesme, que si Elle laisse toujours Monsieur son Fils empietter sur son authorité, le Roy ne pourra pas continuer a la soustenir, et qu'a moins qu'Elle ne prenne des mesures asseurées pour la maintenir, vous craigniez que S.M. ne soit obligée d'en prendre avec Monsieur son Fils, puisqu'il n'y aura point d'aparence qu'avec la protection de S.M. l'authorité de Madame de Savoye puisse estre maintenüe.

J'ay rendu au Roy la lettre que Madame de Savoye vous a remise pour S.M. a l'occasion de la blessure de S.M., laquelle

Elle a tres bien receûe, aussy bien que le Compliment que je luy ay fait de vostre part, Je suis tout a vous./.

No. 178

A M. LE MARQUIS DE LA TROUSSE DU 24e SEPTEMBRE 1683 A FONTAINEBLEAU.

J'ay receu la lettre que vous avéz pris la peine de m'escrire le 19e de ce mois, Je ne vois aucun Inconvenient a la resolution que Madame Royalle a prise de faire passer en Savoye l'Escadron qui en porte le nom, si ce n'est que ce n'est pas le moyen d'avoir de bonnes troupes que de les tenir chez Eux./.

No. 179

AUTRE LETTRE A M. LE MARQUIS DE LA TROUSSE DU MESME JOUR.

La lettre que vous avéz pris la peine de m'escrire le 19e de ce mois m'a esté rendüe, avec les memoires qui y estoient Joints, S.M. se remet a vous de regler avec Madame la duchesse de Savoye, la maniere dont on procedera au jugement des Cavalliers des troupes de S.M. qui commettront quelque crime contre les habitants du Piedmont, suivant les apostils que vous avéz mis a costé du memoire qui vous a esté donné de la part de Madame Royalle.

Je ne doubte point que vous ne sçachiéz deja la resolution que le Roy a prise de lever quatorze mil Chevaux et 2600 hommes de pied, Et que l'argent s'en doibt compter dans tout le mois d'Octobre prochain. Je suis toujours de tout mon Coeur tout a vous./..

No. 180

A M. LE MARQUIS DE LA TROUSSE DU 5. OCTOBRE 1683 A FONTAINEBLEAU.

J'ay receu la lettre que vous avez pris la peine de m'escrire le 26e du mois passé avec les memoires qui y estoient joints, Le Roy a trouvé bon que je vous escrivisse au sens que vous proposez, et que Madame de Savoye desire, vous feréz de ma lettre l'usage qu'elle jugera a propos.

S.M. a trouvé bon de mander a Monsr l'abbé d'Estrades de discontinuer pour quelque temps de presser Madame de Savoye sur le mariage de Monsieur son Fils, mais vous luy debvéz faire observer comme de vous mesme, qu'Elle ne doibt point estre surprise si le Roy cherche a fixer Monsieur le duc de Savoye, puisqu'il n'y a point d'aparence que de l'humeur dont il est, il laisse encores longtemps le gouvernement entre les mains de Madame sa Mere, laquelle ne veut pas prendre les mesures necessaires pour que la protection que le Roy veut bien luy donner puisse estre utile.

Si vous ne voyez point que ce raisonnement tire Madame Royalle de la lethargie ou Elle est sur cela, vous la ferez explicquer comme de vous mesme quels sont les engagements qu'Elle voudroit prendre sur ledit Mariage, pour n'estre executez que dans le temps dont on conviendroit, et vous me mettrez en estat d'en rendre compte au Roy, mais vous observerez qu'il seroit fort utile de se servir de l'aprehension que Madame la duchesse de Savoye tesmoigne de la prompte celebration de ce mariage, pour la porter a prendre le party de faire entrer des troupes du Roy dans quelqu'une de ses places, et qu'il est d'autant plus necessaire d'essayer de reussir dans cette negociation, que si la guerre vient, le Roy aura besoin de ses troupes ailleurs qu'en Piedmont, et sera obligé d'en retirer sa Cavallerie, vous conduirez cette negociation de maniere que Madame Royalle ne sçache point que le Roy projette de retirer sa Cavallerie de Piedmont, et que quand ladite negociation ne reussiroit pas, Elle ne croye point qu'elle ayt esté faite par ordre du Roy, c'est a dire que ce que vous luy proposeréz doibt paroistre toujours ne venir que du zele que vous avez pour le maintien de son authorité, et de l'aprehension que vous avéz que Monsieur son Fils s'en emparant ne vint fort mal avec Elle. Je suis tout a vous./.

No. 181

AUTRE LETTRE A M. DE LA TROUSSE DU MESME JOUR.

Le Roy a veu avec plaisir que vous ayez reussy a persuader l'abbé de la Tour de se retirer sans bruit, et S.M. a loüe l'Industrie avec laquelle vous avéz fait ce qui convenoit a son service sans estre obligé d'en venir aux extremitéz qui vous auroient esté ordonnées si le dit abbé ne prenoit pas ce party, Elle a veu ce que vous mandez du chagrin que l'enlevement dudit abbé de la Tour avoit causé a Monsieur et a Madame de Savoye, ce que vous me mandez a cet esgard avoit deja esté prevueu par S.M., qui en vous envoyant les ordres pour faire conduire a Pignerol ledit abbé a crû sa retraitte si necessaire pour le bien de son service et le salut des Estats de Monsieur de Savoye, que S.M. a crû debvoir passer par dessus toutes vos refflexions dans la resolution qu'Elle avoit prise qui est toujours la mesme en cas que ledit abbé de la Tour n'executast pas la parolle qu'il vous a donnée de se retirer, ou que s'estant absenté pour quelque temps, il fust asséz mal advisé pour retourner aupres de Monsieur et de Madame de Savoye./.

No. 182

A M. LE MARQUIS DE LA TROUSSE DU 13e OCTOBRE 1683 A VERSAILLES.

J'ay receu la lettre que vous avez pris la peine de m'escrire le 3e de ce mois avec celle de Monsr le Marquis de Bourgfranc qui y estoit Jointe, les tesmoignages que vous recevez de ses bonnes intentions pour la France me font desirer de pouvoir luy estre utile, mais comme ce qu'il desire est une affaire qui ne me regarde point Je n'en puis pas parler a S.M., et je me vois avec desplaisir hors d'estat de luy rendre service.

J'ay veu aussy le memoire du Napolitain nommé François Placenta, qui ne contient qu'un advis dont le Roy ne juge pas a propos de proffiter.

Je parleray volontiers devant Monsr de Cavaillo de maniere qu'il connoistra et pourra raporter en son pais, la consideration que le Roy a pour Madame la duchesse de Savoye, cependant je vous prie de croire que Je suis tout a vous./.

No. 183

A M. CATINAT DU 24 OCTOBRE 1683 A VERSAILLES

Monsieur,

Les actes d'hostilité que le Marquis de Grane a fait faire en Flandre sans en avoir adverty auparavant, donnant lieu a S.M. de croire que le viceroy du Milanois pourroit en user de mesme, Je vous en advertis afin que vous vous teniez sur vos gardes de maniere que la place que vous commandez ne puisse point estre surprise. Je suis./.

No. 184

A M. LE MARQUIS DE LA TROUSSE DU 2e NOVEMBRE 1683 A VERSAILLES.

Je respondray par cette lettre a celles que vous avez pris la peine de m'escrire le 24e du mois passé, et au memoire qui accompagnoit la premiere que j'ay leu tout entier a S.M., si Madame la duchesse de Savoye prenoit les mesures necessaires pour se mettre en estat de proffiter de la protection que le Roy luy donne, je suis persuadé que S.M. ordonneroit a son ambassadeur a Rome d'acorder a celuy de Monsieur le duc de Savoye les honneurs qu'Elle desire, mais il n'y a point d'aparence que dans un temps que Sa Majesté voit que par la faute de Madame de Savoye l'authorité luy va eschaper quelque protection que S.M. luy donne, Sa Majesté veuille bien faire un pareil pas.

Il n'y a pas lieu d'esperer non plus que S.M. estant aussy chargée de despenses qu'Elle l'est presentement, augmente les subsides stipulées par le traitté que Monsr l'abbé d'Estrades a signé au nom du Roy, mais si Elle desire que la Cavallerie qui est en Piedmont repasse en France, je ne doubte point que S.M. ne le luy acorde en mesme temps qu'Elle aura fait faire les pas necessaires par son ambassadeur pour la demande de Mademoiselle pour Monsieur son Fils, Et S.M. juge a propos que vous luy tesmoignéz qu'Elle sera bien aise que cette affaire se conclüe au plustost de quoy Elle vous ordonne et a Monsr l'abbé d'Estrades de l'advertir, afin qu'Elle puisse prendre les mesures necessaires pour qu'il paroisse a Monsieur son Fils que c'est Elle qui luy procure cette alliance, en sorte qu'il puisse luy en avoir l'obligation toute entiere.

Vous connoistrez bien par ce que dessus, que le Roy ne compte pas que l'authorité en Piedmont puisse rester longtemps entre les mains de Madame la duchesse de Savoye, et Sa Majesté trouvera bon qu'en luy rendant response sur ses memoires, vous luy fassiez connoistre le desplaisir que vous avez qu'Elle n'ait point voulu proffiter du sejour que les troupes du Roy ont fait en Piedmont, ou S.M. n'avoit desiré qu'Elles entrassent que pour estre en estat d'asseurer l'authorité de Madame la duchesse de Savoye pour aussy longtemps qu'Elle le desireroit.

Si Madame la duchesse de Savoye estoit capable pour diferer de quelques années le mariage de Monsieur son Fils, pour obtenir a son ambassadeur a Rome les honneurs qu'il demande, et pour empescher que les troupes du Roy ne se retirassent du Piedmont, de faire entrer les troupes de S.M. dans la Citadelle de Turin, et dans Verüe, S.M. trouveroit bon que vous les y fissiez entrer a ces conditions, mais Elle ne desire pas que vous luy disiez rien de sa part sur cela, et trouve bon seulement que soubz pretexte du zele que vous avez pour la manutention de son authorité, vous luy insinuyéz que vous ne doubtéz point que S.M. n'eust continüé a faire tout ce qu'Elle auroit pû desirer, si Elle avoit pû croire qu'Elle eust voulu assez s'aider pour que la protection de S.M. ne luy fust pas infructueuse.

Je vous ay dit cy dessus, que S.M. n'avoit desiré que ses troupes logeassent en Piedmont que pour estre en estat de maintenir l'authorité de Madame la duchesse de Savoye, rien n'est plus veritable, et il est certain que les troupes du Roy luy cousteront moins en France, et seront a portée d'estre employées plus utilement qu'elles ne sont presentement au dela des montagnes, ou Elles ne peuvent pas faire faire plus de despenses aux Espagnols qu'ils en ont fait dans l'Estat de Milan.

Vous jugerez aysement que le party que la tiedeur qu'a Madame la duchesse de Savoye pour Ses propres interests a porté S.M. a prendre sur le sujet du mariage, et sur la retraite de ses troupes du Piedmont, vous doibt obliger a mesnager tout doucement l'Esprit de Monsieur le duc de Savoye, sans qu'il paroisse que vous changiez de conduite, et si Madame la duchesse de Savoye vous en faisoit quelque reproche, vous luy pourréz respondre que c'est Elle qui vous oblige a avoir ces mesnagements pour Monsieur son Fils, puisqu'Elle luy laisse empietter tous les jours l'authorité qu'il n'a tenu qu'a Elle de garder entre Ses mains.

A l'esgard de la demande que Madame la duchesse de Savoye fait au Roy de la proteger en cas que Monsieur son Fils vinst a la maltraitter et a luy oster le moyen de subsister, vous luy respondrez en termes honnestes qui luy donnent lieu de beaucoup esperer, sans neantmoins prendre aucun engagement.

Le Roy a esté bien aise d'aprendre que Monsieur le duc de Savoye n'ait pas persisté a desirer le prompt retour de l'abbé de la Tour./.

No. 185

A M. LE MARQUIS DE LA TROUSSE DU 15e NOVEMBRE 1683 A VERSAILLES

Je vous envoye des nouvelles que j'ay receües de Milan, par lesquelles vous verrez l'advis que l'on donne des desseins des Espagnols, Je vous prie d'en faire part a Madame la duchesse de Savoye, sans luy rien dire qui puisse commettre le secretaire du Comte de Melgar dont il y est parlé.

La difficulté que l'on a de trouver du fourage pour la Cavallerie qui est a Casal, a donné lieu au commandement que j'ay receu de S.M. de vous faire sçavoir qu'Elle desire que vous en retiriéz six Compagnies du regiment qui y est, et que vous les envoyéz a Pignerol. Je suis tout a vous./.

No. 186

A M. LE MARQUIS DE LA TROUSSE DU 27. NOVEMBRE 1683 A VERSAILLES.

J'ay receu la lettre que vous avez pris la peine de m'escrire le 18e de ce mois, S.M. a aprouvé la maniere dont vous avéz parlé a Madame la duchesse de Savoye dans la conversation que vous avez eüe avec Elle sur le contenu en ma lettre du 2. a laquelle je n'ay rien a adjouster, l'on ne peut estre plus veritablement que je suis tout a vous./.

No. 187

A M. LE MARQUIS DE LA TROUSSE DU 28. NOVEMBRE 1683 A VERSAILLES

Quoyque je ne doubte point que suivant les advis qui vous ont esté donnéz par le Sr Caluse, vous n'ayez pris toutes les precautions necessaires pour la seureté de l'argent qui passe de temps en temps pour Casal, je ne laisse pas de vous recommander d'en prendre de telles qu'il ne puisse mesarriver de cet argent la, Je suis tout a vous./.

No. 188

A M. LE MARQUIS DE LA TROUSSE DU 4. DECEMBRE 1683

J'ay receu avec la lettre que vous avez pris la peine de m'escrire le 25e du mois passé celle qui y estoit jointe pour le Roy, que je n'ay point rendüe parce que vous auréz apris que S.M. vous a acordé ce que vous luy demandiéz, ainsy je vous la renvoye afin que vous m'en adressiéz une autre pour l'en remercier. Je suis tout a vous./.

No. 189

A M. LE MARQUIS DE LA TROUSSE DU 6e DECEMBRE 1683 A VERSAILLES

J'ay receu la lettre que vous avez pris la peine de m'escrire le 28e du mois passé, par laquelle j'ay veu ce que Madame la duchesse de Savoye vous a dit sur ce que Monsr l'abbé d'Estrades a publié qu'il solicitoit son retour, Je suis persuadé que ce n'est pas une Chose desirable pour vous que de luy succeder, ainsy je puis vous asseurer que si l'on vient a nommer vostre nom au Roy,

Je feray connoistre a S.M. que vostre Inclination n'est point pour ces sortes d'Emplois. Je suis tout a vous./.

No. 190

A M. LE MARQUIS DE LA TROUSSE DU 12e DECEMBRE 1683 A VERSAILLES.

J'ay leu au Roy la lettre que vous avez pris la peine de m'escrire le 2e de ce mois, S.M. a aprouvé la maniere dont vous avéz parlé a Madame la duchesse de Savoye sur le mariage de Mademoiselle avec Monsieur son Fils, et Elle desire que vous continuyéz a la presser de maniere que cela finisse.

No. 191

A M. LE MARQUIS DE LA TROUSSE DU 18e DECEMBRE 1683 A VERSAILLES.

J'ay rendu compte au Roy de la lettre que vous avez pris la peine de m'escrire le 4e de ce mois, sur la derniere conversation que vous avez eüe avec Madame la duchesse de Savoye au sujet du mariage de Monsieur son Fils avec Mademoiselle, Je vous prie de continuer a me mander ce qui se passera a cet esgard, et cependant de ne perdre aucune occasion de le conclure le plustost que faire se pourra. Je suis de tout mon Cœur tout a vous./.

No. 192

A M. LE MARQUIS DE LA TROUSSE DU 20e DECEMBRE 1683. A VERSAILLES.

Madame la Dauphine estant heureusement acouchée d'un prince, Le Roy m'a commandé de vous en donné advis en attendant que vous receviez les despesches de S.M. qui vous seront envoyées au premier jour pour faire chanter le Te Deum dans les places de vostre commandement, et faire rejouissances acoustumées en pareil cas. Je suis toujours tout a vous./.

No. 193

A M. LE MARQUIS DE LA TROUSSE DU 3e JANVIER 1684 A VERSAILLES.

J'ay receu la lettre que vous avez pris la peine de m'escrire le 26e du mois passé par laquelle le Roy a apris avec plaisir la resolution qu'a prise Madame la duchesse de Savoye sur le mariage de Mademoiselle avec Monsieur le duc de Savoye, S.M. en attendra les effects avec impatience. Je suis tout a vous./.

No. 194

A M. LE MARQUIS DE LA TROUSSE DU 9. JANVIER 1684 A VERSAILLES.

J'ay receu la lettre que vous avez pris la peine de m'escrire le 30e du mois passé avec celle de Madame la duchesse de Savoye qui y estoit jointe pour le Roy, laquelle j'ay eu l'honneur de presenter a Sa Majesté qui y fera aparemment response au premier jour.

Madame Royalle aprendra par Monsr l'abbé d'Estrades les sentiments de Sa Majesté sur les conditions du memoire que Monsieur le duc de Savoye a remis a Mondit Sr l'abbé d'Estrades, Cependant vous pouvez asseurer Madame de Savoye de la continuation de la protection de S.M. dans toutes les occasions ou Elle pourra luy estre utile. Je suis entierement a vous./.

No. 195

A M. LE MARQUIS DE LA TROUSSE DU 10e JANVIER 1684 A VERSAILLES.

Depuis la derniere lettre que je vous ay escrite, J'ay receu celle que vous avez pris la peine de m'escrire le 2e de ce mois, Sa Majesté ayant examiné la response qui a esté donnée a Monsr l'abbé d'Estrades, a jugé a propos de refuser audience a l'ambassadeur de Savoye, et de luy faire dire que Mademoiselle n'estoit point a marier a moins que ce ne fust tout presentement et sans aucunes conditions, desquelles S.M. a esté d'autant plus surprise qu'Elle n'eust pas crû que Monsieur le duc de Savoye se fust asséz oublié pour ne pas recevoir avec le respect et la soubmission qu'il luy doibt, l'honneur que S.M. luy fait, il faut esperer que le Conseil de Monsieur le duc de Savoye luy fera reconnoistre sa faute, et qu'il la reparera promptement, sans quoy vous pouvéz bien juger que les mortiffications suivroient de pres, les Ministres de Piedmont ont toujours voulu a force de vouloir paroistre habiles faire les affaires de mauvaise grace, et l'Intention de Sa Majesté est que vous parliéz de maniere a Madame la duchesse de Savoye que ces procedéz peu convenables finissent promptement. Je suis tres veritablement tout a vous./.

No. 196

A M. LE MARQUIS DE LA TROUSSE DU 19e JANVIER 1684. A VERSAILLES

J'estois en peine de vostre santé ayant ouy dire que vous aviez fait une cheute dans un Traisneau lorsque J'ay receu les lettres que vous avez prix la peine de m'escrire les 6. et 9e de ce mois, dans lesquelles ne faisant aucune mention qu'il vous soit arrivé aucun accident, Je veux croire que le bruit qui en a courû icy a esté sans fondement.

Vous pouvez asseurer Madame la duchesse de Savoye que le Roy n'a point pensé a s'employer en faveur du marquis de Pianesse, duquel S.M. est du moins aussy mescontente que S.A.R. Je suis tout a vous./.

No. 197

A M. LE MARQUIS DE LA TROUSSE DU 24. JANVIER 1684 A VERSAILLES.

J'ay receu la lettre que vous avez pris la peine de m'escrire le 16e de ce mois, par laquelle le Roy a veu le desmeslé qu'il y a eu entre Monsieur et Madame la duchesse de Savoye, et ce que vous avéz fait a l'instance de Mondit Sr le duc de Savoye, sur quoy Je doibz vous dire qu'en cas que le mariage se conclûe vous debvéz vous conduire de maniere que vous ne donniez aucun sujet de plaintes a ce prince, et que vous n'appuyéz les Interests de Madame la duchesse de Savoye, et la manutention de son authorité, que jusqu'au point que vous le pourrez faire sans chagriner le prince, n'y l'alliener de l'attachement qu'il doibt avoir pour S.M., c'est a vous qui voyez les choses de pres a regler vostre conduite sur cela, et lorsque Madame la duchesse de Savoye voudra s'en plaindre, vous debvéz luy faire entendre qu'Elle ne doibt se prendre qu'a Elle de ce qu'il luy arrive, puisque le Roy a voulu tout faire pour luy asseurer l'authorité dans ses Estats pour autant de temps qu'Elle le pouvoit desirer.

Vous observeréz que le Roy ne peut souffrir que l'abbé de la Tour se mesle des affaires en Piedmont, et vous debvez inspirer a Monsieur le duc de Savoye, qu'il est de sa prudence de ne point donner sa confiance a des gens qui puissent estre suspects a S.M.

No. 198

A M. LE MARQUIS DE LA TROUSSE DU 26 JANVIER A VERSAILLES.

J'ay receu avec la lettre que vous avez pris la peine de m'escrire le 20e de ce mois, celle de Madame la duchesse de

Savoye qui y estoit Jointe, Je vous en envoye la response que je vous suplie de luy remettre a quoy je n'ay rien a adjouster que pour vous dire que le Roy est satisfait du sujet pour lequel S.A.R. a despesché le Courier qui a aporté vostre pacquet, Je suis tout a vous./.

No. 199

A MADAME LA DUCHESSE DE SAVOYE DU 26. JANVIER 1684 A VERSAILLES.

Madame,

J'ay receu des mains de Monsr le Marquis Ferrero la lettre dont il a plû a V.A.R. de m'honorer le 20. du mois passé, J'ay apris avec beaucoup de joye par ce qu'il ma dit les ordres que V.A.R. luy a envoyéz en dernier lieu desquels j'espere qu'Elle aura la satisfaction qu'Elle peut desirer, Je suis avec un profond respect, Madame, de V.A.R. le tres humble et tres obeissant serviteur.

No. 200

A M. LE MARQUIS DE LA TROUSSE DU 28. JANVIER 1684 A VERSAILLES.

Je vous adresse les ordres du Roy pour faire marcher en Roussillon trois des regiments de Cavallerie qui sont en Piedmont, Je vous prie de tenir la main a ce que cela soit executé tout le plus promptement que faire se pourra. Je suis tout a vous./.

No. 201

A M. LE MARQUIS DE LA TROUSSE DU PREMIER FEBVRIER 1684 A VERSAILLES.

J'ay receu les deux lettres que vous avez pris la peine de m'escrire le 20e du mois passé par lesquelles le Roy a veu avec desplaisir le peu d'aparence qu'il y a que Monsieur le duc de Savoye puisse plus longtemps compâtir avec Madame sa Mere, et les responses spirituelles au dela de la portée de l'aâge de ce Prince que vous avez receues de luy, sur les diferents qu'il a eus avec Madame sa Mere.

Vous auréz veu par une de mes precedentes que l'Intention du Roy est que vous mesnagiez l'Esprit de ce Prince, et que quoyque S.M. s'Interesse toujours en ce qui regarde Madame la duchesse de Savoye, Elle ne juge pas de son service que vous continuyez a contrarier Monsieur son Fils, n'y a luy faire des especes de menaces pour le porter a continuer de laisser toute l'authorité a Madame sa Mere, laquelle debvroit avoir pour ce prince un peu plus de condescendance, et user de dissimulation sur de certaines choses qui ne sont pas capitales, si Elle veut conserver encores quelque temps de l'authorité.

Vous debvéz fort vous apliquer a faire entendre a Monsieur le duc de Savoye, que s'il veut persuader le Roy de son attachement, il ne faut pas qu'il pense a donner part de ses affaires a des gens qui luy soient suspectes, et luy faire entendre nettement que S.M. ne pourroit voir aupres de luy l'abbé de la Tour, sans se porter a faire executer ce qu'il n'ignore pas que vous avez eu ordre de faire a l'esgard dudit abbé de la Tour.

L'aversion que Monsieur le duc de Savoye tesmoigne pour le Comte de Masin, ne peut qu'attirer a Madame de Savoye de rudes mortiffications, Et quoyque Sa Majesté trouve bon que vous rendiéz audit Comte de Masin tous les offices que vous pourrez, Elle desire que vous vous conduisiez sur cela de maniere qu'il ne paroisse point que vous en ayez d'ordre precis, et qu'au contraire vous ne le faites que comme serviteur de Madame de Savoye, et estant persuadé qu'il ne peut convenir a la gloire de Monsieur son Fils d'attaquer ses creatures n'y de donner par la des marques publiques d'un mauvais naturel.

No. 202

A M. LE MARQUIS DE LA TROUSSE DU 7e FEVRIER 1684 A VERSAILLES

J'ay receu la lettre que vous avéz pris la peine de m'escrire le 27e du mois passé, par laquelle le Roy a continué a voir avec desplaisir le peu d'aparence qu'il y a que Madame de Savoye se puisse maintenir avec Monsieur son Fils, Et comme vous avéz esté Informé par mes precedentes de la conduite que vous debvez tenir tant a l'esgard de Monsieur le duc de Savoye que de Madame sa Mere, et de ce qui regarde l'abbé de la Tour, je ne vous repetteray point ce qu'elles contiennent et finiray celle cy par les asseurances de la verité avec laquelle je suis tout a vous.

No. 203

A M. LE MARQUIS DE LA TROUSSE DU 13 FEVRIER 1684 A VERSAILLES

J'ay receu la lettre que vous avéz pris la peine de m'escrire le 3e de ce mois, par laquelle j'ay veu ce qui se passe au pays ou vous estes, Je vous suplie de continuer a m'en faire part, et de vouloir bien vous charger de faire mes compliments a Madame de Savoye sur la mort de la Reyne de Portugal, croyant que cela sera plus respectueux que de luy escrire.

Le Roy vous a nommé pour servir dans son armée, l'Intention de S.M. est que vous preniez vos mesures pour vous rendre icy avant la fin du mois de mars prochain, Je suis tout a vous./.

No. 204

A M. LE MARQUIS DE LA TROUSSE DU 14e FEVRIER 1684 A VERSAILLES

La lettre que vous avez pris la peine de m'escrire le 6e de ce mois m'a esté rendüe, avec celle de Madame la duchesse de Savoye pour le Roy qui y estoit Jointe que j'ay eu l'honneur de luy remettre, S.M. m'a parû en disposition de parler a Monsr l'ambassadeur de Savoye sur la sortie des troupes de Piedmont, et sur les Interests de Madame Royalle au sens qu'Elle le desire, Je suis tres veritablement tout a vous./.

No. 205

A M. LE MARQUIS DE LA TROUSSE DU 24e FEVRIER 1684 A VERSAILLES.

J'ay receu par le Courier que vous m'avéz despesché la lettre que vous avez pris la peine de m'escrire le 19e de ce mois avec le duplicatta de celle du 17e, le Memoire de Madame la duchesse de Savoye pour le Roy, et la lettre que cette princesse a escrite a S.M. en creance sur moy, Le Roy a veu avec desplaisir par ce qu'elles contiennent le mauvais estat ou les affaires de Madame Royalle sont reduites, la resolution qu'Elle se croit forcée de prendre de remettre l'authorité a Monsieur son Fils et le desir qu'Elle a que S.M. trouve bon que l'abbé de la Tour revienne a Turin, Comme S.M. n'a desiré son esloignement que quand Elle la cru necessaire a la manutention de l'authorité de cette princesse, S.M. trouve bon que puisqu'Elle le croit presentement avantageux au bien de ses affaires, Elle le fasse revenir lorsqu'Elle le jugera a propos, Le Roy a bien voulu en mesme temps ordonner a Monsr de Croissy d'expedier la lettre cy jointe pour Monsr l'abbé d'Estrades que vous trouverez a cachet volant, laquelle S.M. trouve bon que vous remettiez a Madame la duchesse de Savoye, pour luy faire rendre dans le temps qu'Elle le jugera a propos, S.M. trouve bon aussy que lorsque vous prendrez congé de Monsieur le duc de Savoye pour repasser en France vous luy disiéz de la part du Roy tout ce que Madame la duchesse de Savoye et vous jugerez le plus propre a porter ce prince a en bien user avec Madame sa Mere, tant pour ses Interests domestiques que pour celuy de ses Creatures.

S.M. vous permet aussy que si l'abbé de la Tour est appellé auparavant vostre depart de Turin, vous luy disiez tout ce que vous croiréz necessaire pour le porter a appuyer les Interests de Madame Royalle et de ses Creatures auprés de Monsieur le duc de Savoye, et luy fassiez entendre que si le Roy aprenoit jamais qu'il donnast a S.A.R. de mauvais conseils sur sa conduite a l'esgard du Roy, il doibt s'attendre a en estre severement puny.

Vous avez tres bien fait de ne point suivre les Conseils que l'Escherenne vous donnoit, de parler a Madame la duchesse de Savoye sur le chapitre du Comte de Masin, Et vous avez eu grande raison de croire que je ne me chargerois point de vous rien escrire sur ce sujet qui pust estre montré a Madame Royalle.

Le Roy n'a point respondu a la lettre de Madame de Savoye que vous m'avez adressée, pour ne point communiquer a M. Rose le sujet dont elle traitte, et S.M. a crû qu'Elle voudroit bien aprendre de vous ce qu'Elle auroit pû luy marquer par ladite response de la part que S.M. prend aux interests de Madame la duchesse de Savoye, et du desplaisir qu'Elle a du mauvais estat ou Elle a laissé reduire Ses affaires. Je suis tout a vous./.

No. 206

A MADAME LA DUCHESSE DE SAVOYE DU 24. FEVRIER 1684 A VERSAILLES

Madame,

Je me suis acquitté de l'ordre qu'il a plû a V.A.R. de me donner par la lettre qu'Elle m'a fait l'honneur de m'escrire le 19e de ce mois, Et comme j'instruis amplement Monsr de la Trousse des sentiments du Roy sur le memoire que V.A.R. m'a fait l'honneur de m'adresser pour S.M., je la suplie tres humblement de trouver bon que je me remette au compte qu'il rendra a V.A.R. des sentiments de S.M., et que cependant Je l'asseure qu'on ne peut estre avec un plus profond respect que je suis./.

No. 207

A MADAME LA DUCHESSE DE SAVOYE DU 20e MARS 1684 A VERSAILLES

Madame,

Monsr de la Trousse m'a remis la lettre dont il a plû a V.A.R. de m'honorer le 12e de ce mois, Je la suplie tres humblement d'estre persuadée que l'on ne peut desirer plus passionement que je le fais les occasions de luy rendre mes tres humbles services, et de luy tesmoigner le profond respect avec lequel je suis, Madame,

PART II

Nature: Expédition de Casal, 1681

Cote: Dépôt général de la guerre. A 1 665

Nature: Expédition de Casal, 1681

Cote: Dépôt général de la guerre A 1 665

The letters in this volume deal with the expedition against Casal in 1681. Casal, a city in Northern Italy, belonged to the Duke of Mantua who, by a treaty signed with Louis XIV on July 8, 1681, had declared his willingness to accept the protection of France. In exchange French troops were to occupy the Citadel of Casal.

The letters of Louvois which follow are addressed for the greater part, to the two generals, de Boufflers and Catinat, who commanded, respectively, the troops who were sent to Casal and the Citadel of that city. They deal with the detailed preparations for the expedition and, later, for the seizure of the castle of Casal, without which the city could not have been held.

LETTERS OF LOUVOIS

PART II

No. 1

Lettre écrite par M. de Louvois à Mr Catinat, Brigadier d'Infanterie Gouverneur de Tournay
du 22 Juillet 1681 à Versailles

Monsieur,

Le service du Roy désirant que vous fassiez incessamment un voyage pareil à celuy de l'année passée, Je vous en donne advis, afin que pretextant quelque affaire de famille, vous mandiés à vos amis en Flandres que monsieur vostre frère vous a obtenu vostre congé pour deux mois, Et qu'en effet vous partiés pour vous rendre entre cy et douze ou quinze jours sans mistère à Fontainebleau, où je vous entretiendray et vous remettray les ordres du Roy de ce que vous aurés à faire. Je vous diray cependant que j'espere que vous reussirez mieux au voyage que vous ferez ensuite, que vous n'avez fait au precedent, je suis./.

No. 2

Au Commissaire du Chaunoy
du 23 Juillet 1681

J'ay besoin d'avoir promptement une response aux points suivants:

Si l'on fournit présentement le pain à la garnison de Pignerol, ou si l'on luy deslivre sa solde entiere,

Ce que l'on peut faire de pain de munition par la ville en 24 heures, en se servant des fours et des boullangers que vous connoissés, c'est à dire que pour me respondre à cet article, il ne faut faire aucune perquisition qui puisse donner lieu à personne de soubçonner que je vous aye fait une pareille demande;

Ce qu'il y a de lits dans Pignerol apartennants au Sr Berthelot.

Ce qu'il en faut pour l'Infanterie, et la Cavallerie qui y est présentement, Et partant ce qu'il y en a de reste.

S'il y en a assez dans l'hostel de la Cavallerie, ce qu'il en faut pour cet effect.

Si ils ne sont pas tous achevés, ce qu'ils y en a de faits.

Combien il reste à en faire.

Dans combien ils seront fait.

D'ou le Commis du Sr Berthelot à coustume de tirer les matieres et estoffes necessaires pour la construction des Lits. Si c'est de France, de quelle ville de France, si c'est de Piedmont ou de Savoye, de quelle ville de ces deux pais la.

Si l'on trouve facilement dans ces villes les Estoffes et autres choses necessaires pour les dits Lits, et pour combien de Lits on en pouvroit recouvrir en six semaines ou deux mois.

Avec quels annimaux se fait la culture du pais apartennant tant au Roy, qu'à monsieur le Duc de Savoye, à neuf ou dix lieües autour de Pignerol.

Si pour de l'argent on pourroit trouver des Chevaux, mules, ou mulets, a loüer, pour pendant quinze jours ou trois semaines voiturer des munitions à la suite d'un Corps de troupes qui entreroit au Piedmont.

Combien on en trouveroit.

Si ces Chevaux ou mullets seroient esquipés de Coliers et Cordages necessaires pour estre attellés a des Charettes, ou si l'on ne pourroit trouver que des bestes de some.

Si l'on se sert de Charettes dans le pais. De quelle maniere elles sont construites, c'est à dire si elles sont à hautes ou basses ridelles, ou si ce sont des haquets.

S'il y a des Charettes dans les magasins du Roy à Pignerol.

S'il y en a point, en combien de temps l'on en pourroit construire quarante ou cinquante.

Si en peu de jours l'on pourroit ramasser dans les montagnes de Dauphiné voisines du gouvernement de Pignerol un nombre de bestes de some. Combien, et ce qu'elles pourroient porter chacune à peu près.

Si les troupes du Roy entrants dans le Piedmont et se saisissants de quelque poste, l'on pourroit faire estat de pouvoir y trouver des gerbées qui puissent servir à faire des Baraques. Et si le bled se bat au fléau dans le pais, ou est piétiné par les boeufs, Chevaux, ou mulets.

Si le pont de batteaux est en bon estat, de Combien de batteaux il est composé, et s'il ne manque rien aux haquets destinés pour voiturer les batteaux de cuivre.

Ce que les Moulins de la despendance de Pignerol peuvent demoudre des septiers[1] de bled pour chaque 24 heures mesure de Paris.

Ce que cousteroit presentement le septier de bled mesure de Paris rendu à Pignerol, Et ce qu'il cousteroit moins si on en faisoit un magasin à Turin.

---

[1] Septiers=setiers, old measure for grains or liquids. The setier of Paris, for liquids, contained 8 pints and was worth 156 litres for grains.

Redespeschés moy le Courier qui vous portera cette lettre avec les Esclaircissements que vous me pourrés donner sur les points cy dessus, Et ne le gardés que le temps necessaire pour cet effect.

J'oubliois de vous demander en quel estat sont les logements que l'on construit pour la Cavalerie, et dans Combien je puis compter qu'ils seront en estat de loger les troupes.

No. 3

Memoire à M. l'abbé Morel, Envoyé Ex[re] du Roy prés M. le duc de Mantoue

du 27 Juillet 1681.[2]

La lettre du Sr abbé Morel qui accompagnois le traitté qu'il a signé avec les ministres du duc de Mantoüe, marque asséz clairement que ledit Sr duc de Mantoüe, cherchant à se disculper envers l'Empereur et les princes ses voisins, desire que les préparatifs et marches de troupes qui se feront à Pignerol et en Dauphiné immediatement auparavant l'entrée des troupes du Roy dans la Citadelle de Cazal, luy donne lieu d'excuses auprés de ces princes ce qu'il aura fait en éxécution du traitté, neantmoins Sa Majesté qui veut satisfaire Monsieur de Mantoüe en tout ce qui se pourra, et ne donner à ses ministres aucun pretexte plausible de l'excuser de l'inéxécution du Traitté, désire que ledit Sr Abbé Morel luy mande ce qu'il connoist des intentions du dit Sieur duc de Mantoüe et de ses ministres a cet esgard, Et si aussytost apres l'expédition du gentilhomme que monsieur le duc de Mantoüe doibt despesché a Sa Majesté sur le depart du dit Sieur Abbé Morel, l'on ne pourra pas en toute liberté preparer en Dauphiné et à Pignerol toutes les choses necessaires pour la marche des troupes.

Sa Majesté sera aussy bien aise que le dit Sieur Abbé Morel luy marque si le projet du Sieur duc de Mantoüe est de se declarer quelques jours auparavant l'execution du traitté, de la Resolution qu'il aura prise de faire remettre la Citadelle de Cazal entre les mains de Sa Majesté, ou si son intention est que les troupes du Roy y arrivent comme il avoit esté projetté avec Mathioly, c'est à dire avec la dilligence necessaire pour que l'on sache en mesme temps à Milan l'entrée des troupes du Roy dans la Citadelle de Casal, Et leur depart de Pignerol.

---

[2] Il y a aparence que ce mémoire a été adressé par M. de Croissy audit Sr Abbé Morel, neantmoins il a été inscrit dans un des bureaux de M. de Louvois.

Le dit Sieur Abbé Morel rendra compte au Roy de ce qu'il sçait du nombre et de la qualité des troupes qui sont presentement dans la Citadelle de Casal; et de l'aparence qu'il y a que Monsieur le duc de Mantoüe en soit assèz le maistre, pour que les ordres qu'il donnera pour l'entrée des troupes de Sa Majesté ne puissent manquer d'estre executés.

S'il y avoit deux portes à la Citadelle de Casal du costé de la Campagne ou qu'il y eust quelque détour a prendre dans la marche pour arriver dans la dite Citadelle sans estre aperçu de la Ville, n'y du Chasteau, le dit Sr Abbé Morel en informera Sa Majesté, Et comme par le dit Traitté Monsieur le duc de Mantoüe se conserve la liberté de retirer les munitions de guerre et de bouche qui auront esté remises aux Officiers du Roy en entrant dans la dite Citadelle, et qu'il se pourroit faire que Monsieur le duc de Mantoüe soubs pretexte de munir la ville et le Chasteau de Casal, ne laisseroit dans la Citadelle que peu ou point d'artillerie, n'y de munitions, l'intention de Sa Majesté est que le dit Sr Abbé Morel luy rende compte de ce qu'il sçait de la quantité d'artillerie, vivres, et munitions de guerre qu'il peut y avoir presentement dans la dite Citadelle, Et que lors de son retour au dit Mantoüe, il demande aux ministres du dit Sr duc un Estat de la quantité de chaque chose qui sont presentement dans la dite citadelle pour l'envoyer à Sa Majesté, et que s'il connoist qu'ils eussent l'intention d'en retirer la plus grande partie auparavant l'entrée des troupes du Roy dans ladite Citadelle, il leur insinüe que S.M. auroit sujet de doubter de la bonne foy de Monsieur le duc de Mantoüe s'il luy remettoit une place de cette consequence desnüée de tout ce qui est necessaire pour sa conservation, et qu'il peut s'asseurer qu'en trois semaines de temps du jour qu'il aura déclaré ce qu'il voudra retirer des pieces d'artillerie et munitions qu'il aura remises aux officiers du Roy, S.M. y fera arriver de Pignerol celles qui seront necessaires pour les remplacer.

Il seroit aussy fort important que le dit Sr abbé Morel rendist compte à S.M. de ce qu'il sçait de la qualité des logements qui sont dans la dite Citadelle de Casal, et s'il n'y a rien eu d'augmenté ou de diminué aux dits logements depuis la sortie des troupes du Roy.

Le dit Sr abbé Morel expliquera à S.M. si les officiers qui commanderont les troupes du Roy se presentant le 30e de Septembre à la porte de la Citadelle dont on sera convenu, elle leur sera ouverte, ou s'ils debvront estre chargés de quelqu'ordre de Monsieur de Mantoüe afin qu'il ne puisse point arriver de mesprise. Et que l'Officier qui commandera dans la dite Citadelle ne puisse avoir un pretexte d'y recevoir d'autres troupes que celles de S.M., ou de leur en refuser l'entrée. En ce cas, le dit Sr abbé Morel aura soin de retirer le dit ordre des mains de Monsieur le duc de Mantoüe, et de faire prendre un tel detour a celuy qu'il chargera de le remettre au sieur de St Mars Commandant dans la Citadelle de Pignerol, qu'il ne puisse y avoir lieu d'aprehender qu'il soit arresté sur les terres des Espagnols.

S.M. connoist bien qu'il y a plusieurs points en ce memoire sur les quels le dit Sr Abbé Morel ne pourra respondre pertinemment qu'aprés son retour à Mantoüe, mais Elle desire qu'il responde par le retour du Courier qui le luy rendra a tous ceux sur lesquels il croira le pouvoir faire, distinguant ce qu'il sçait certainement, d'avec ce sur quoy il ne pourra parler que par conjecture, et qu'aussytost aprés son retour à Mantoüe, il despesche à S.M. un Courier qu'il fera passer par une voye qui ne luy soit pas suspecte, qui ne peut este autre qu'en allant regagner dans les Estats de Modene ou de Parme, la route ordinaire de Rome en France, pour luy aporter le reste des esclaircissements des points contenus au present memoire, et surtout ce dont il se pourra imaginer qu'il sera bon que S.M. soit informée pour qu'elle puisse donner ses ordres justes à ceux qu'Elle chargera du Commandement des troupes qui debvront escorter la garnison destinée pour entrer dans la dite Citadelle de Casal.

No. 4

A M. le Marquis de Boufflers, Marechal des Camps et Armées du Roy du 2 Aoust 1681 a Fontainebleau

Monsieur,

Il y a bien de l'aparence que M. le Prince de Parme ne donnera pas lieu à S.M. de vous faire marcher jusqu'en Flandre, puisqu'il a envoyé le 28 du mois passé asseurer Monsieur de Montbron qu'il avoit envoyé les ordres necessaires pour faire retirer les troupes du Roy son maistre des lieux pretendus par S.M. en Luxembourg.[3] Je n'attends que des nouvelles que cela soit executé pour expedier, et vous envoyer ensuite diligemment les ordres de S.M. necessaires pour la separation de l'Armée que vous commandez et vostre passage en Dauphiné.[4] Il sera cepen-

---

[3] Marginal note: M. de Boufflers commandoit les troupes qui estoient campés sur la Sarre.

[4] Marginal note: C'estoit pour aller commander les troupes qui debvoient aller prendre possession de la Citadelle de Casal.

dant de vos soins de vous appliquer à faire subsister les troupes qui sont à vos soins dans tout l'ordre et l'economie que vous sçavez que S.M. desire que l'on vive dans un pais qui lui appartient. Je suis./.

No. 5

Autre lettre à M. de Boufflers
du 7 aoust 1681 à Fontainebleau

Ce mot est pour vous advertir qu'il a plû au Roy de vous choisir pour aller commander les troupes qui s'assemblent en Dauphiné, afin que vous puissiés faire prendre les devants à vostre equipage pour couper droit à Lyon, et que vous vous teniés prest à partir pour vous rendre icy en poste et prendre les Instructions de S.M. qui vous seront données en deux fois 24 heures de temps, afin que par la mesme voye de la poste, vous puissiés vous rendre dilligemment en Dauphiné.

No. 6

A M. l'Abbé Morel, du 12 Aoust 1681 a Fontainebleau

Par la response que vous avés faite au memoire qui vous avoit esté adressé le 27 du mois passé, il paroit que l'on peut sans menagement preparer en Dauphiné toutes les choses necessaires pour l'establissement des troupes du Roy à Casal, et mesme que Monsieur de Mantoüe le desire avec empressement, puisque les bruits qui se respandront en Italie de ce qui se passera en Dauphiné, luy serviront de justification envers ses voisins. Si d'un costé la sçituation ou Monsieur de Mantoüe en a a cet esgard donne des commodités pour preparer en Dauphiné les choses necessaires pour l'execution du traitté, d'un autre costé il est a aprehender que le soubçon que prendront les Espagnols que Casal doibt estre remis au pouvoir de S.M. ne leur fasse tenter de s'en rendre maistres par quelqu'entreprise, ou par quelque Intelligence, ainsy il sera de vos soins de tenir les ministres du duc de Mantoüe bien éveillés sur ce sujet, et de les disposer à porter leur maistre a ne s'expliquer de la resolution qu'il aura prise que le plus tard que faire se pourra, afin que restant toujours aux Espagnols quelqu'espérance de detourner ce coup par negociation, ils ne soient pas portés par desespoir a se servir d'autres voyes pour le prevenir. Je suppose que vostre secretaire s'est trompé en chiffrant l'endroit du memoire ou il est marqué que les troupes se presentant a la Citadelle de Casal le 31 Septembre, parce que ce mois n'a que 30 jours./.

Quand à l'incertitude ou il paroist que vous estes, du jour precis que le duc de Mantoüe aura resolu avec le Marquis Maximien Caurian d'y faire recevoir les troupes de Sa Majesté, je doibs vous dire qu'il n'est pas possible de changer le jour pris pour cet effect, parce qu'une partie des troupes qui doivent composer la garnison du dit Casal ne doibt arriver à Ambrun que le 20e du mois prochain, et que les autres qui sont respendües dans le Dauphiné ne pourront subsister dans la montagne que le temps necessaire à leur passage. Il est absolument necessaire de se tenir au jour dont on est convenu.

Le Roy envoye presentement à Pignerol Monsieur Catinat gouverneur de Tournay que S.M. a destiné pour Commandant dans la dite Citadelle de Casal auquel vous pourrez donner de vos nouvelles et adresser l'ordre necessaire de Monsieur le duc de Mantoüe pour que les troupes du Roy se presentant à la Citadelle on ne fasse aucune difficulté de la leur ouvrir.

Vous pourrez pour la Correspondance ordinaire adresser vos lettres à Monsieur l'abbé d'Estrades, et comme il ne sçait point que le dit Sr Catinat soit dans la Citadelle de Pignerol, vous mettrez au dessus de l'envelope pour Monsieur Catinat, une adresse à Mr de St Mars commandant pour le service du Roy dans la Citadelle de Pignerol.

Vous observerés s'il vous plaist que le dit Sr Catinat a un double du chiffre que Monsieur de Croissy vous a adressé depuis peu, duquel vous vous pourrez servir pour la correspondance que vous entretiendrez avec ledit Sieur Catinat pendant le temps qu'il demeurera caché dans la Citadelle de Pignerol, ainsy que lorsqu'il sera estably dans la Citadelle de Casal.

Lorsque vous aurés quelque chose à luy faire tenir, comme par exemple l'ordre de Monsieur de Mantoüe pour la reception des troupes du Roy dans la Citadelle de Casal, vous pourrez adresser vos pacquets à Monsieur l'abbé d'Estrades par des Couriers exprés, que vous ferez passer de Mantoüe dans l'Estat de Parme, pour de là joindre la routte de poste par laquelle on va de Rome à Turin, par le chemin de laquelle quoique l'on touche le Milanois en quelques endroits, les Couriers passeront avec bien plus de seureté, que ceux qui viendront directement de Mantoüe, particulierement si vous recommandez à ceux qui porteront vos pacquet de dire qu'ils viennent de la part de Monsieur le Duc, ou de Monsieur le Cardinal d'Estrées, desquels les Espagnols sont accoustumés à voir passer frequemment des Couriers pour Sa Majesté.

Vous jugerez trop aisément quel contretemps il arriveroit si l'ordre de Monsieur de Mantoüe tomboit en original entre les mains des Espagnols pour que vous ne manquiez de prendre toutes les precautions necessaires pour prevenir un pareil accident/.

No. 7

Memoire pour servir d'Instruction au Sr Marquis de Boufflers Maréchal des Camps et armées du Roy, Colonel general des dragons, s'en allant commander les Troupes qui sont presentement en Dauphiné du 14 aoust 1681 a Fontainebleau.

Le dit Sr Marquis de Boufflers a esté instruit du traitté qui avoit esté signé vers la fin de l'année 1678 avec le nommé Mathioly[5] soit disant ministre du duc de Mantoüe, par lequel le dit Sr duc de Mantoüe s'obligeoit a faire remettre la ville, Citadelle, et Chasteau de Cazal au pouvoir de Sa Majesté, Et de l'Infidelité avec laquelle le dit Mathioly ayant communiqué le traitté qu'il avoit signé au nom de son maistre aux ministres du Duc de Savoye, et au gouverneur de Milan, ils en traverserent l'execution, de maniere que le dit traitté ne fut point ratiffié par le duc de Mantoüe, n'y executé par ses officiers.

Sa Majesté envoya l'abbé Morel peu de temps apres, pour sommer le dit Duc de Mantoüe de l'execution du traitté susdit qui avoit esté signé sur un pouvoir de luy en bonne forme, ce qu'il refusa de faire jusqu'au commencement du mois passé, que par un nouveau traitté signé a Mantoüe, le dit Sr duc s'est oblige de faire remettre seulement la Citadelle du dit Cazal au pouvoir de Sa Majesté le 30e du mois de Septembre prochain, Et comme il faut un Corps de troupes considerables pour escorter l'Infanterie qui doibt entrer dans la dite Citadelle; et oster aux Espagnols la pensée de s'oposer a son passage, Sa Majesté a donné ses ordres pour y faire marcher les troupes mentionnées en l'Estat cy joint, et a jetté les yeux sur le Marquis de Boufflers pour les commander.

Son intention est qu'il parte en poste de cette ville pour se rendre a Grenoble, et y presenter au Sr President de St André qui Commande pour le service de Sa Majesté dans la dite province,

---

[5] This is the man considered by some historians to have been the *Man in the Iron Mask.*

la lettre de S.M. qui sera cy jointe, par laquelle Elle luy ordonne de luy remettre ses ordres pour faire que les troupes qui y sont presentement, et que le dit Sr de St André croit qui y doibvent arriver cy apres, en partent sur ceux qui leur seront donnes par le dit Sr Marquis de Boufflers, Et qu'elles soient receües dans tel lieu de la dite province ou le dit Sr Marquis de Boufflers jugera apropos de les faire passer ou loger.

Le dit Sr Marquis de Boufflers observera que le Sr duc de Mantoüe ayant desiré de S.M. que l'on fist assembler beaucoup de troupes en Dauphiné afin que le bruit qui se respendroit en Italie d'une puissante armée qui debvoit marcher contre luy pust servir d'excuses envers ses voisins de ce qu'il auroit fait remettre la dite Citadelle entre les mains de S.M., Elle a envoyé en Dauphiné le Controlle dont copie sera cy jointe, lequel marque qu'il doibt se rendre dans le dit Dauphiné un bien plus grand nombre de troupes que celuy qui a ordre d'y marcher effectivement, afin que l'advertissement que le Commandant de la province et l'Intendant d'Icelle donneront du passage et logement des sus dites troupes fassent tout le bruit que le dit Sr duc de Mantoüe desire, Et ainsy le dit Sr Marquis de Boufflers observera de ne jamais s'expliquer qu'il doibve arriver moins de troupes dans la province qu'il n'en est compris dans le dernier Controlle.

Apres que le Sr President de St André luy aura remis les ordres marquez cy dessus, l'Intention du Roy est qu'il s'avance a Briançon, ou avec les gens que le Sr d'Herbigny Intendant en Dauphiné luy donnera pour cet effect, Et le Commissaire Breant qui se rendra peu de jours apres son arrivée a Grenoble, il prendra les mesures necessaires pour la subsistance des troupes dans leur marche vers Pignerol, faisant amasser dans les lieux ou il jugera a propos de les faire camper ou loger, les farines, bestiaux, avoines et fourages necessaires pour leur subsistance.

Et comme il seroit dificile de faire passer a la fois tout ce nombre de troupes avec ce que S.M. veut qui marche a Cazal, il prendra ses mesures pour les faire amener en detail dans les lieux de la montagne scitués en dela de Briançon ou il jugera qu'elles pourront subsister pendant peu de temps, declarant aux Colonels que S.M. se prendra a Eux du moindre sujet de plaintes qu'ils donneront, soit dans les lieux ou il les fera advancer ou dans ceux de leur passage.

Le dit Sr Marquis de Boufflers fera assembler aussy toute l'Infanterie vers le 21 ou le 22 du mois prochain soubz Briançon ou il la fera camper, luy faisant distribuer journellement du pain de munition, et une livre de viande par soldat, Et ce du fonds et par les soins des Estapiers du Dauphiné, Et lorsqu'elle debvra marcher suivant le memoire cy joint, le dit Sr Marquis de Boufflers luy fera deslivrer par les mesmes Estapiers la viande en vie qu'elle puisse mener a sa suitte, et le surplus de la subsistance ordonnées dans les estapes en argent, que le Sr Marquis de Boufflers aura soin de faire que les Officiers distribuent journellement a leurs soldats, et n'en mettent quoyque ce soit a leur proffit.

Il aura soin de retirer les Ballots de fers a Cheval et Cloux propres pour ferrer qui avoient esté envoyés au Commissaire Joly au commencement de l'année 1629 pour les faire separer a la Cavallerie et aux dragons en entrant dans le montagne afin que le manquement des dits fers et cloux ne retarde point leur marche, et n'estropie point leurs Chevaux.

Il prendra soin de faire que toute la Cavallerie et les dragons arrivent soubz Pignerol, partie le 26 du dit mois prochain, et l'autre partie le 27 de bonne heure, ou il la fera camper avec le moins de dommage que faire se pourra pour les habitants du voisinage du dit Pignerol.

Le dit Sr Marquis de Boufflers aura soin que le Commissaire du Chaunoy leur fasse fournir le foin et l'avoine necessaire pour leur subsistance.

Il leur fera prendre les munitions de guerre dont il croira qu'ils pourront avoir besoin.

Il fera en sorte que l'Infanterie arrive aussy le 27 soubz Pignerol, ou par les soins du Sr Catinat, on luy donnera des munitions de guerre, et du pain, et de la viande en vie pour quatre ou Cinq Jours.

L'Intention de Sa Majesté est que le dit Sr Marquis de Boufflers fasse arriver un officier a Turin le 27 vers le soir, lequel a M. l'abbé d'Estrades le pacquet cy joint, et que le dit Sr Marquis de Boufflers commence a marcher assés a temps pour arriver au pont de . . . .[6] le 28 a la pointe du jour pour de la continuer sa marche avec toute la Cavallerie et les dragons a la reserve de Cinq Escadrons de Cent Chevaux chacun qu'il laissera au dit pont pour attendre Le Sr Catinat, et escorter l'Infanterie suivant les ordres que le dit Sr Catinat donnera aux dits Cinq Escadrons.

Le dit Sr Marquis de Boufflers marchera a la porte de la Citadelle du dit Cazal qui est du costé de la campagne, avec toute la dilligence que pourront faire les troupes dans les ruines, prenant

---

[6] Marginal note: Le nom de ce pont est en blanc dans l'Instruction.

ses mesures de maniere qu'il y puisse arriver le 30 du mois de Septembre le plus matin que faire se pourra.

S'il trouvoit des troupes qui voulussent s'oposer a son passage, il n'hesitera point a les charger de quelque nation qu'elles soient.

Estant arrivé proche de la dite Citadelle il envoyera un officier au gouverneur d'Icelle pour luy en demander l'evacuation. En attendant l'arrivée de l'Infanterie, il fera entrer deux regiment de dragons. Comme le Roy a promis de faire prendre en compte les munitions tant de guerre que de bouche qui se trouveront dans la dite Citadelle de Cazal, le dit Sr de Boufflers chargera le Sr Breant ou le Commissaire d'Esgrigny de faire l'Inventaire des munitions de bouche, et d'en donner un receu, contenant leur quantité, et leur qualité, Et le Sr de St Hilaire de faire l'Inventaire des munitions de guerre, et d'en donner un detail qui specifiera la qualité de chaque chose.

Aussy tost apres son entrée dans la dite Citadelle il en donnera advis au Sr Catinat auquel il en remettra le commandement, a l'arrivée du dit Sr Catinat dans la place, et fera passer le mesme Courier a S.M. pour luy en rendre compte.

Le dit Sr Marquis de Boufflers estant entré dans la dite Citadelle, et en ayant visité les dehors, les trouvera sans doubte en bien mauvais estat, Ce qui luy donnera ocasion de despescher un officier entendu vers l'abbé Morel a Mantoüe, pour le charger de montrer au duc de Mantoüe et a ses ministres, le mauvais estat auquel il aura trouvé la dite Citadelle; La necessité ou il est de rester aux environs avec le Corps de Troupes qu'il commande pour en asseurer la garnison, et luy donner le temps d'y faire les reparations necessaires pour la mettre en deffense, et d'y faire venir de Pignerol les munitions tant de guerre que de bouche qui sont necessaires pour cet effect.

Il fera sçavoir au Comte de Melgar commandant pour le Roy Catholique dans le Milanois, qu'il a ordre du Roy d'entretenir avec les peuples du Roy son maistre toute bonne Corespondance, et de contenir le Corps de troupes qu'il commande de maniere qu'il ne leur soit aucunement a charge.

Il essayera d'obliger l'officier de M. de Mantoüe qui commande dans le Montferrat, a luy donner des quartiers dans lesquels la Cavallerie et les dragons puissent attendre la response de M. le duc de Mantoüe, Et luy les ordres[7] de S.M. sur le compte

[7] The verb has been left out of this phrase; it should probably be *transmettra.*

qu'il luy aura rendu de l'estat auquel se sera trouvé la dite Citadelle, soit qu'il loge ses troupes dans les quartiers que luy donnera le gouverneur du Mont Ferrat, soit qu'il les loge luy mesme dans des lieux a portée de Cazal, il fera marché avec les habitants des lieux pour leur fournir le fourage et tiendra la main a ce que les officiers, Cavaliers et Dragons payent au moyen de leur solde tout ce qu'ils prendront, de maniere que le dit Sr Marquis de Boufflers puisse respondre au Roy, que les peuples du dit pais n'en receurent aucune incommodité.

Le dit Sr Marquis de Boufflers prendra soin de faire instruire l'abbé Morel, du desir que S.M. auroit que M. le duc de Mantoüe consentist a ce que tant a cause du mauvais estat ou le dit Sr Marquis de Boufflers aura trouvé la place, que de ce qu'il l'aura trouvé depourvüe d'artillerie, de munitions de guerre et de bouche, le Corps de Cavallerie et de dragons qui est aux ordres du dit Sr Marquis de Boufflers ou du moins la plus grande partie d'Iceluy, pust hyverner dans le Mont Ferrat.

Il chargera pour cet effect le dit Sr abbé Morel de representer aux ministres de M. le duc de Mantoüe, que si ce Corps se retiroit en Dauphiné, le dit Sr duc de Mantoüe demeureroit pendant tout l'hyver exposé aux chagrins des Espagnols et de l'Empereur qui ne voyant rien qui les pust contenir dans le desespoir ou ils seront de ce qu'aura fait le dit Sr de Mantoüe, pourroient impunement pendant l'hyver sacager son pais, et prendre en Iceluy de tels postes, qu'il ne seroit plus possible a S.M. de le tirer d'opression.

Il donnera pouvoir au dit Sr Abbé Morel de distribuer jusqu'a 2000 pistolles parmy les ministres de M. le duc de Mantoüe si ils peuvent porter leur maistre a cette resolution, et au cas qu'ils la luy fassent prendre, le dit Sr Marquis de Boufflers ne fera point de dificulté de respendre le Corps qu'il commande dans tous les quartiers du Mont Ferrat que le duc de Mantoüe luy voudra donner.

Comme il ne se trouvera aparemment pas dans la dite Citadelle du logement pour la moitié de la garnison que S.M. y envoye, Il chargera le dit abbé Morel de faire de vives Instances aupres du dit Sr duc pour qu'une partie de cette Infanterie puisse loger dans la ville, ou il l'asseurera qu'elle sera contenüe en telle discipline, qu'elle ne sera a charge en façon du monde aux habitants, avec lesquels mesme on pourra convenir de quelque retribution pour le logement.

Pour y reussir il luy ordonnera de remontrer au dit duc de Mantoüe, que l'hyver estant sur le point de commencer, il n'est pas possible de penser a faires des bastiments pour le logement de cette garnison auparavant le printemps prochain.

Qu'il n'y a pas d'aparence de laisser pendant l'hyver les soldats a descouvert, que de ne laisser dans la dite Citadelle que les troupes qui pourront avoir le couvert dans les bastiments qui y seront fait, ce seroit exposer la place a une perte certaine, veu le mauvais estat auquel elle est, Et les armes du Roy a perdre leur reputation.

Que lorsque S.M. seroit informée du mauvais estat de la place, du peu de logement qu'il y a, et du refus de M. le duc de Mantoüe de promettre qu'une partie de la garnison de la Citadelle logeast dans la ville sans estre a charge aux habitants jusques a ce que les bastiments que S.M. y fera faire fussent en estat de recevoir les troupes, S.M. ne pourroit manquer de croire que le dit Sr Duc de Mantoüe seroit de concert avec les Espagnols et avec les autres Ennemis de S.M., Et en un mot il Instruira l'abbé Morel de faire et dire tout ce qui pourra persuader le duc de Mantoüe de consentir au logement des troupes dans la ville, et a donner des quartiers dans le Mont Ferrat, si non pour toute la Cavallerie et les dragons qui seront aux ordres du dit Sr de Boufflers, au moins pour la plus grande partie, permettant au dit Sr abbé Morel d'Insinuer aux ministres du dit Sr duc de Mantoüe, que la neccessité n'ayant point de loy, Et les Srs de Boufflers et Catinat n'estants pas gens a voulloir voir perir soubz leur Commandement, les troupes de S.M., ou exposer une place qui couste au Roy aussy cher que la Citadelle de Cazal, il ne seroit pas impossible qu'ils ne prissent d'Eux mesme la resolution de faire ce dont ils font demander la permission a mon dit Sr duc de Mantoüe, au quel S.M. en ce cas sçauroit d'autant moins de gré qu'elle auroit lieu de soubçonner par le refus qu'il auroit fait d'une chose de laquelle n'y luy n'y ses subjets ne peuvent recevoir aucun prejudice, qu'il n'auroit point eu en travaillant avec S.M. de la Citadelle de Cazal, une Intention sincere d'entrer dans ses interets puisqu'il ne voudroit pas contribuer d'aussy peu de chose a sa manutention.

Si les ministres du dit Sr Duc de Mantoüe representoient audit Abbé Morel, que le Corps que commande ledit Sr de Boufflers est trop fort pour pouvoir estre logé dans le Mont Ferrat, ledit Sr Boufflers pourroit renvoyer un regiment de dragons a Pignerol, et S.M. ne trouveroit pas mauvais qu'il envoyast demander a Madame la duchesse de Savoye des quartiers dans la partie de ses Estats qui est voisine de Trin, Verreil et Ast, luy faisant entendre que la subsistance de ces troupes sera reglée de la maniere qu'il luy plaira, c'est a dire que l'on payera a ses Subjets ce qu'Elle arbitrera pour la subsistance des Chevaux, et que les Cavalliers ne vivront qu'en payant, Et ce seulement jusques a ce qu'ayant donné part au Roy de ce qu'il pourra loger dans le Mont Ferrat, il reçoive les ordres de S.M. sur ce que debvront devenir les susdites troupes.

Il escrira au Sr Catinat, lequel se rendra dans la fin de ce mois dans le donjon de la Citadelle de Pignerol, mettant audessus une envelope pour le Sr de St Mars Commandant en Icelle, pour luy faire sçavoir le temps qu'il sera a Briançon et le lieu ou ledit Sr Catinat pourra faire tenir des lettres audit Sr de Boufflers si il a quelquechose a luy mander.

Le dit Sr de Boufflers recommandera au Sr Catinat de charger le Commissaire du Chaunoy, d'avoir Cinq ou 600 Sacqs de Farine outre ce que ledit Sr Catinat jugera apropos de mener a sa suite, et celle qui sera necessaire pour fournir tant a la Cavallerie qu'aux dragons, et a l'Infanterie, le pain dont il est parlé cy dessus, lesquels Cinq ou 600 Sacqs de Farine ledit Commissaire du Chaunoy fera incessamment voiturer au plus prochain port sur le Po aussytost apres le passage des troupes, pour y estre embarqués et desçendre jusqu'au lieu que marquera ledit Sr de Boufflers aussytost apres qu'il sera entré dans ladite Citadelle, lesquelles farines serviront a fournir le pain au Corps de troupes qu'il commande, si par quelque raison que l'on ne peut prevoir il estoit obligé de les tenir ensemble soubz Cazal, ou seront mises dans les magasins de la Citadelle suivant qu'il en sera convenu entre ledit Sr de Boufflers et le Sr Catinat, avec lequel S.M. recommande au dit Sr de Boufflers d'agir de concert et en parfaite Intelligence, prenant son Conseil sur toutes les choses qui pourroient arriver, lesquelles ne seroient pas decidées par la presente Instruction.

Et parcequ'il est de la prudence de S.M. d'expliquer sa volonté sur les choses qu'il y a le moins d'aparence qui puissent arriver, Elle a jugé a propos de marquer audit Sr de Boufflers dans cette Instruction, que si contre toute aparence le gouverneur de Cazal refusoit l'entrée de la Citadelle audit Sr de Boufflers, l'Intention de S.M. seroit qu'il se campast le long du Po vers le pont d'Esture, qu'il y attendist M. Catinat, et que de la ou de tel autre endroit ou il jugeroit a propos de se mettre, il commist toutes sortes d'actes d'hostilité dans le Mont Ferrat, jusques a ce que sur l'advis qu'il auroit donné a S.M., il receust d'autres ordres.

Que s'il avoit advis de l'Assemblée de quelque Corps de troupes plus fort que celuy qui seroit a ses ordres, il pourroit se retirer dans quelque bon poste sur les terres du Duc de Savoie, ou il attendroit les ordres de S.M.

S'il croyoit avoir besoin de quelques petites pieces de Canon pour se mieux maintenir dans le poste qu'il auroit choisi, ou pour se faire ouvrir les portes dans les lieux du Mont Ferrat ou il jugeroit a propos de s'establir, S.M. trouveroit bon qu'il les envoyast prendre a Pignerol, d'ou pendant ce Campement il auroit soin de se faire envoyer les farines et munitions de guerre dont il pourroit avoir besoin.

Il donnera advis a S.M. par tous les ordinaires de tout ce qui se passera, envoyant ses lettres par des Exprés jusqu'a Pignerol, Et lorsque les choses le meriteront il luy despeschera des Couriers, se servant pour les affaires de consequence du Chiffre qui sera cy joint, dont le Sr Abbé Morel, le Sr Catinat et le Sr du Chaunoy ont des Copies.

Et parcequ'il se pourroit faire que pour quelqu'un des cas dont il est parlé cy dessus, S.M. ordonnast a la plus part des troupes qui passeront en Piedmont de repasser en Dauphiné, ledit Sr de Boufflers recommendera aux Estapiers de Dauphiné de tenir leurs Estapes garnies, leur disant que les troupes mentionnées au grand Controlle qui luy a esté remis debvant arriver dans peu de jours dans la province, recevront aussy ses ordres pour le suivre en Piedmont.

Ledit Sr Marquis de Boufflers verra par la copie de l'Instruction du Sr de Catinat qui est cy jointe ce qui empesche S.M. de luy prescrire un aussy grand secret qu'Elle luy avoit recommandé lorsqu'Elle l'envoya en Dauphiné au commencement de l'année 1679, mais comme Elle sera bien aise qu'autant que faire se pourra les Espagnols ne croyent point que c'est a Cazal que l'on en veut, S.M. luy recommande dans les entretiens qu'il aura avec les officiers, de leur donner des veües comme si l'on debvoit entrer dans le pais des Genois, qui ont donné a S.M. plusieurs sujets de mescontentement, tant par les assistances qu'ils ont accordées pendant les guerres passées aux Ennemis de son Estat, que par la conduite qu'ils tiennent avec ses Vaisseaux et ses Galeres, Et mesme il sera bon que pour cet effect ledit Sr Marquis de Boufflers envoye des officiers sur la routte de Gennes auxquels il ne recommandera pas trop le Secret.

Il pourra aussy se laisser entendre que les Espagnols ayant une grosse Caballe en Piedmont, font tout ce qu'ils peuvent pour y faire soulever les peuples, Et que S.M. veut avoir un Corps de troupes tout prest a les reprimer s'ils entreprenoient la moindre chose contre M. le duc de Savoye.

Ledit Sr Marquis de Boufflers trouvera cy joints les ordres du Roy necessaires pour la marche des Six Compagnies du Regiment de Servon cy devant la Rabliere qui sont en Provence, avec une routte pour les faire rendre jusques a Ambrun ou il ne les fera arriver que lorsqu'il les voudra faire marcher en avant, les deux autres Compagnies du mesme Regiment sont a Pignerol ou il les prendra en passant./.

Fait a Fontainebleau le 14e aoust 1681

No. 11

Lettre de M. de Louvois[8] a M. l'Abbé d'Estrades ambassadeur du Roy a Turin du 19e aoust 1681 a Fontainebleau

Monsieur,

Comme il y a bien de l'aparence que monsr le Marquis de Boufflers qui commande les troupes que le Roy envoye du costé de Cazal, aura plusieurs choses a desirer a l'occasion de leur marche dans le pais de M. le duc de Savoye, S. M. m'a commandé de vous faire sçavoir, qu'Elle desire que vous fassiez envers Madame la duchesse de Savoye toutes les instances dont mondit Sr de Boufflers vous requerrera sans aucune difficulté.

Je suis./.

No. 12

Pouvoir[9] au Sr Marquis de Boufflers, marechal des Camps et armées du Roy, pour commander le Corps de troupes que S.M. envoye dans le MontFerrat.

No. 13

Copie[10] de l'Instruction envoyée au Sr Catinat s'en allant par ordre du Roy commander dans la Citadelle de Cazal./.

No. 16

Lettre de M. de Louvois au Sr de la Motte la Mire, Ingenieur en chef en Roussillon du 14e aoust 1681 a Fontainebleau

Je ne puis mieux vous Informer de ce que le Roy desire de vous et qui fait le sujet de l'envoy de ce Courier, qu'en vous

---

[8] Marginal note: Pour joindre à l'Intruction de M. de Boufflers.

[9] Marginal note: Pour joindre à l'Instruction de M. de Boufflers.

[10] Marginal note: ditto.

adressant la copie de ce que je mande a Mr Trobat,[11] a quoy vous satisferez ponctuellement, Et lorsque vous serez de retour a Perpignan vous n'aurez qu'a mescrire, je vous envoyeray l'ordonnance pour le payement de vostre voyage./.

No. 16b

A M. Trobat, Intendant en Roussillon, du mesme jour.

Le Sr de la Motte la Mire a escrit pour demander son congé pour venir en Picardie, suposant que les affaires des fortiffications de Roussillon estoient presentement en tel estat qu'elles ne souffriroient point de son absence, C'est ce qui a fait resoudre S.M. a envoyer presentement ordre audit Sr de la Motte la Mire de se rendre a Pignerol avant le 20e de Septembre prochain ou Elle luy envoyera les ordres de ce qu'il aura a faire, Vous pourrez compter qu'il ne sera de retour a Perpignan que vers le commencement du mois de decembre.

J'envoye cette lettre par un Courier Expres, a fin que vous et ledit Sr de la Motte la Mire estants advertis considerablement auparavant du temps que debvra partir ledit Sr de la Motte la Mire, vous puissiez faire qu'il laisse toutes les instructions necessaires pour la conduite du travail jusqu'au temps qu'il pourra retourner, Et a fin qu'il puisse partir plus tard de Roussillon, S.M. trouve bon qu'il prenne la voye de la poste pour se rendre a Pignerol, partant neantmoins assez a temps pour quelque mauvais Courier qu'il soit, il ne puisse pas manquer d'arriver dans le susdit jour.

Vous donnerés s'il vous plaist part a Monsieur de Chazeron commandant en Roussillon de ce qui fait le sujet de l'envoy de ce Courier./.

No. 17

Au Sr du Chaunoy Commissaire des Guerres a Pignerol du 14e aoust 1681 a Fontainebleau

J'ay receu avec vostre lettre du 29e du mois passé les responses qui estoient jointes au memoire que je vous avois adressés le 23e du mesme mois.

J'ay chargé le Sr Berthelot Il y a plus de trois Semaines de faire faire dilligemment 600 Lits a Pignerol soubz pretexte que

[11] Marginal note: c'est pour luy ordonner de se rendre en poste à Pignerol et servir a Cazal en cas de besoin.

la garnison en doibt estre augmentée, mais je ne luy ay point ordonné de faire faire des Chalits, parce que ces lits debvants estre transportés ailleurs Ils seroient Inutils, Tenez donc la main a ce que son Commis ne perde pas un moment de temps a faire faire lesdits 600 Lits, et a ce qu'il fasse achepter en Dauphiné les toilles necessaires pour faire les draps, les Couvertures doivent estre voiturées de Montpellier par les soins dudit Sr Berthelot, ainsy Il ne sera plus question que des laines que j'ay veu par une de vos dernieres que vous croyez que l'on pourra trouver en Piedmont a l'amas desquelles, mesme a la confection des mattelats, je vous recommande de ne pas souffrir qu'il soit perdu un instant.

Le Roy n'a pas estimé a propos de faire faire des Charettes a Pignerol, ayant veu par vos lettres que l'on pourra ramasser des bestes de somme dans la montagne et dans les environs de Pignerol en les payant pendant que l'on en aura besoin.

Vous debvrez vous asseurez des 25 ou 30000 rations d'avoine pour le passage des troupes qui passeront a Pignerol vers le 20e du mois prochain.

Il faut dilligenter l'hostel de la Cavallerie parce qu'asseurement le Roy voudra qu'un regiment de dragons entier soit logé a Pignerol a commencer du mois d'octobre prochain.

S'Il vous estoit trop dificile de recouvrer du foin pour leur donner la ration prescrite par les ordonnances de S.M. Elle trouveroit bon que vous ne fissiez donner que Cinq ou 6 livres de foin par Cheval, et qu'a la place du foin ordonné par les ordonnances, vous fissiez donner deux livres de bonne paille pour chaque livre de foin.

Je ne comprends pas bien ce que c'est que le fonds que vous demandez pour la perfection de l'hostel de Cavallerie, mais en attendant que vous me l'expliquiés comme j'ordonne au Tresorier d'envoyer 100000#[12] plus qu'a l'ordinaire, Il ne vous sera pas difficile de prendre sur cet argent le fonds necessaire pour achever ledit hostel de la Cavallerie./.

No. 18

Au Commissaire du Chaunoy, du 15e aoust 1681. a Fontainebleau

Ce mot est joint pour vous donner advis que je donne ordre au Sr de Villeromard d'envoyer 28 mil pistolles a Pignerol par

---

[12] # indicates *livres*.

un homme qui y entre sans esclat, et les remette chez vous, ou vous ne ferez aucune difficulté de les recevoir et de les garder jusques a ce que Mr Catinat vous dise de les remettre au Commis de l'extraordinaire qui les aura aporté.

J'ay fait augmenter l'envoy du mois de Septembre pour Pignerol de maniere qu'outre ce que vous serez obligé de prendre sur cet envoy pour le parachevement de l'hostel de la Cavallerie, vous aurés encore 80 m# sur lesquels vous pourrez prendre toutes les despenses qui vous seront prescrites par Mons. Catinat, l'arrivée duquel vous attendrés sans Inquietude n'y sans temoigner a personne qu'il doive se rendre a Pignerol./.

No. 19

A M. de Villeromard, Tresorier general de l'extraordinaire de la guerre du 15e aoust 1681 a Fontainebleau

Ce mot est pour vous recommander de ne point perdre de temps a faire partir les 28 mil pistolles que je vous ay chargé de faire conduire a Pignerol.

Vous recevrez lundy matin le billet de monsr Colbert necessaire pour que les gens de la doüanne plombent les six balots dans lesquels je supose que vous aurez fait mettre cet argent, Et parce qu'il ne seroit peut estre pas en seureté a Pignerol dans une autre maison que celle du Sr du Chaunoy, vous ordonnerez a vostre Commis d'aller descendre chéz luy d'y laisser en depost lesdits ballots, et de se retirer sans esclat dans une hostellerie dudit Pignerol avec les chevaux necessaires pour porter lesdits Ballots plus avant s'Il luy est ainsy ordonné par ledit Commissaire.

No. 20

A M. Catinat du 16e aoust 1681 a Fontainebleau

Monsieur,

Je vous adresse vostre Instruction[13] et tous les papiers qui la doivent accompagner, avec lesquels vous trouverez un Brevet de mareschal de Camp que le Roy a trouvé bon de me commander de vous expedier, mais S.M. ne veut pas que vous en preniez la qualité, n'y que vous temoigniés rien a personne de la grace qu'Elle vous a faite jusques a ce que vous soyés sorty de la Cita-

[13] Marginal note: Elle ne s'est point trouvée et doit estre dans les papiers qui sont au bureau du Sr Gardien.

delle de Pignerol pour marcher a Cazal, Vous observerez que si vous estiés obligé a joindre monsr de Boufflers, S.M. desireroit que conformement a ses Reglements, qui portent que quand plusieurs officiers generaux d'une mesme qualité se trouvent ensemble sans superieur, le plus ancien doibt commander, vous obeissiez sans difficulté a monsr le marquis de Boufflers, je me rejouis avec vous de vostre satisfaction, et suis de tout mon coeur./.

adition

Quoy qu'il soit porté par vostre instruction que vous ne recevrés qu'a Pignerol la copie de celle de monsr le Marquis de Boufflers, neantmoins vous la trouverés dans ce pacquet, et si par la suitte, Il y est adjousté quelque chose, J'auray soin de vous en donner part, Cependant si dans la marche que vous ferez d'Icy a Pignerol Il vous vient quelque pensée sur l'execution des choses dont vous estes chargé, vous n'aurez qu'a me demander par les ordinaires des lieux ou vous passerez, et lorsque vous m'escrirez ne manqués pas de charger le Valet qui portera vostre lettre, de la remettre au Commis du bureau de la poste et de la luy recommander./.

No. 21

A M. de Villeromard du 17e aoust 1681 a Fontainebleau

Je vous adresse un billet en execution duquel les Fermiers des Fermes Unies ne feront point de difficulté de faire plomber vingt six ballots dont six doivent estre composez de Vingt Cinq mil pistolles que je vous ay donné ordre d'envoyer a Pignerol chez le Commissaire du Chaunoy, par un Commis qui garde avec luy dans une hostellerie dudit Pignerol, les chevaux de bas ou mulets necessaires pour porter cet argent plus loing s'Il luy est ainsy ordonné.

Les Vingt autres ballots doivent estre composez de Cent mil pistolles d'Espagne ou Louis d'or, que monsr Colbert envoye presentement ordre a M. du Metz de vous remettre, desquels vous aurez soin de faire verifier le poids en en pezant une centaine de chaque sacq en presence des Commis de Mr du Metz, a fin que si par la suitte Il y a des plaintes sur le poids, ce ne soit pas vous qui en soyez garand.

Les susdits Cent mil pistolles doivent estre partagées en 20 Ballots, dans chacun desquels Il y ait Cinq mil pistolles qui soient tellement grossis d'Estoupes ou de Fourage que l'on ne puisse croire qu'ils soient remplis d'argent, et chacun desdits Ballots doibt estre de figure a pouvoir estre facilement chargé sur un Cheval de Bas ou Mulet.

Vous ferez partir lesdits derniers 20 Ballots apres avoir esté plombez, par la Voye que vous estimerez plus a propos d'Icy a Lyon, prenant vos mesures de maniere qu'ils ne passent a Lyon qu'en 3 fois, et vous les ferez arriver a Briançon en Dauphiné le 16 ou 17e du mois de Septembre prochain ou vous donnerez ordre aux Commis qui en seront chargez d'attendre avec des Chevaux de bast ou Mulets sur lesquels on puisse charger lesdits Ballots les ordres de M. le Marquis de Boufflers.

Prenez garde que tout ce que dessus s'execute sans esclat, et sans que j'aye le chagrin d'entendre dire qu'il en soit rien revenu aux ministres Estrangers qui sont a Paris.

Vous trouverés cy joint 3 passeports, afin que les particuliers qui ont des peages sur la routte d'Icy a Pignerol, et a Briançon, ne puissent point retarder n'y faire ouvrir lesdits ballots.

Les 3 passeports necessaires pour la conduite des 20 ballots qui doivent aller a Briançon sont expediez comme si c'estoit des armes qui deussent estre conduites a Exilles, Les Commis qui en seront charges pourront dire pendant le sejour qu'ils feront audit Briançon qu'ils attendent des nouvelles que les magasins ou lesdites armes doibvent estre mises a Exilles soient reparés./.

No. 22

Au Sr de St Hillaire Lieutenant d'artillerie du 19 acust 1681 a Fontainebleau.

[Résumé: ordre de se rendre a Pignerol, sous pretexte de visiter les munitions de guerre de cette place.]

No. 23

A M. de Boufflers du premier Septembre 1681

Monsieur,

Pour mieux persuader le publicq que les regiments Danger, Langallerie, Dauphin, Grignan, et Vivans doivent marcher effectivement en Dauphiné, J'escrit presentement a M. Bouchu la lettre dont la copie est cy jointe, en luy envoyant des ordres pour destourner lesdits regiments et les faire marcher droit en Dauphiné s'Il en est requis par vous, de quoi j'ay crû vous debvoir Informer, a fin que dans le moment que vous aurez receu cette lettre vous preniez la peine de luy despescher un Courier pour luy mander, que la difficulté de recouvrer des fourages en Dauphiné pour les troupes qui y sont vous fait estimer a propos de ne point haster l'arrivée desdits regiments en Dauphiné, et qu'ainsy vous le priez de ne point deslivrer les ordres que je vous ay mandé par ma lettre du premier de ce mois luy avoir adressez pour les faire marcher en Dauphiné sans leur donner en Comté le repos qui avoit esté projetté lorsque vous estiéz a Fontainebleau./. Je suis

No. 24

A M. Bouchu Intendant au Duché de Bourgogne du mesme jour

Monsieur,

Lorsque Monsr le Marquis de Boufflers receut les ordres du Roy pour se rendre en Dauphiné, Il a esté adverty que les regiments de Cavallerie Danger, Grignan, Langallerie, Dauphin, et Vivans se rendroient en Dauphiné vers le 8 ou 10e du mois prochain, Et afin qu'en effect ces regiments n'arrivent en Dauphiné qu'en ce temps la, Ils marchent presentement sur des routtes qui les mennent en Franche Comté, d'ou apres avoir sejourné pendant 10 ou 11 jours, Ils doivent marcher en Dauphiné suivant les routtes mentionnées au Controlle qui vous a esté adressé, mais par ce que par les lettres que M. de Boufflers a escrites depuis qu'il est en Dauphiné, Il paroist a S.M. que mondit Sr de Boufflers pourroit avoir tel advis des frontieres du Dauphiné qu'il jugeroit utile de haster la marche de ces Cinq regiments, S.M. m'a commandé de vous envoyer les ordres cy joint lesquels son Intention est que vous deslivriéz aux regiments de Danger et de Grignan dont le premier passera a Dijon le 8e de ce mois, et le second a Chanceaux le mesme jour, Et que vous envoyez a ceux de Langallerie, Dauphin et Vivans, qui passeront a Langres les 8 et 9e de ce mois les ordres qui sont pour Eux, En cas que vous en soyez requis par M. de Boufflers, C'est a dire que si vous n'avez point de lettre de Mondit Sr de Boufflers auparavant le passage desdits regiments a Dijon, Chanceaux et Langres, vous laisserez suivre a ces regiments les routtes sur lesquelles Ils marchent presentement, Et que si Mondit Sr de Boufflers vous prioit de leur deslivrer les ordres cy joint vous les leur remettiés ou feriez tenir dilligemment, Et comme les susdites ordres ne vous seront d'aucune utilité si M. de Boufflers ne vous prie point de les deslivrer aux susdits regiments, vous me les renvoyerez aussy tost apres leur passage dans les susdites villes./. Je suis./.

No. 26

A M. Catinat, du mesme jour (premier septembre 1681)
[Resumé: Si Catinat a besoin d'écrire a l'Abbé Morel, le faire en chiffre et faire adresser le paquet par M. de St Mars à l'abbé d'Estrades qui le remettra a l'abbé Morel.]

No. 27

A M. de Boufflers du 5e Septembre 1681 a Fontainebleau

Monsieur,

Je ne puis mieux vous Informer du sujet de l'envoy de ce Courier, qu'en vous adressant la copie de la lettre que j'escris a Mr Catinat a l'occasion de l'extresme maladie du Commissaire du Chaunoy, le contenu en laquelle Je vous suplie de vouloir bien faire executer comme si elle estoit adressante a vous, vous vous servirez du plus intelligent des Commissaires qui sont en Dauphiné pour executer ce qu'auroit deub faire le Sr Breant dans vostre marche jusqu'a Pignerol. Je suis./.

No. 29

A M. le Marquis de Boufflers, du 8 Septembre 1681 a Fontainebleau

Monsieur,

Je ne vous puis mieux Informer des bonnes nouvelles que le Roy a eües de Mantoüe, de l'estat auquel est la Citadelle de Cazal, tant a l'esgard des munitions de guerre, de bouche, que des fortifications, et des ordres que S.M. envoye a M. Catinat, et a l'abbé Morel, qu'en vous envoyant les papiers cy joints, auxquels Je n'ay rien a adjouster que pour vous recommander de vous conformer a ce que vous y verrez des Intentions de S.M. tout comme si les lettres et memoires qui sont escrites audit Sr Catinat, et audit abbé Morel estoient adressants a vous, J'y adjousteray seulement que le mauvais estat ou il n'y a point lieu de doubter que vous ne trouviez ladite Citadelle tant a l'esgard des fortiffications que des munitions de guerre ne doibt pas manquer d'estre exageré par celuy que vous enverrés vers l'abbé Morel, pour le charger de representer a M. de Mantoüe que la place dont la possession couste si cher au Roy, n'estant pas en estat de pouvoir estre deffendüe deux fois 24 heures vous ne pouvez en quelque façon que ce soit en esloigner le Corps de troupes qui est a vos ordres que la saison n'ait permis a Monsr Catinat de la mettre en estat de deffense, Et vous vous servirez s'il vous plaist de ce que vous verrez que je mande a l'abbé Morel du grand nombre de troupes qui se doibt rendre en Dauphiné, pour faire que l'abbé Morel se laisse entendre honnestement, que si M. le duc de Mantoüe ne donnoit pas les mains a ce que vous desirés pour le sejour dans le Mont Ferrat du Corps de troupes que vous commandez, le soubçon qu'un pareil refus vous debvroit donner des Intentions de M. le duc de Mantoüe, vous pourroit obliger d'envoyer ordre au reste des troupes qui sont en Dauphiné de vous venir joindre. Je suis./.

No. 30

A M. Catinat du mesme jour, Ier Septembre 1681 a Fontainebleau

Monsieur,

Vous debvez estre presentement Informé par les lettres que l'abbé Morel mande vous avoir escrit par un Exprez qu'un de mes Couriers a accompagné jusqu'a Turin, du bon estat ou toutes choses semblent estre pour l'execution du traitté que S.M. a fait avec M. de Mantoüe. Je ne laisse de joindre encore icy une copie de tous les memoires dont l'abbé Morel avoit chargé mon Courier, a costé desquels vous verrés ce qu'il a plû a S.M. d'y faire mettre de ses Intentions.

Vous verrés aussy la copie de la response que je faits a l'abbé Morel, auquel le Roy n'a pas jugé a propos que Je marquasse presentement quel sera le nombre de troupes que M. de Boufflers aura a ses ordres, a fin que M. le duc de Mantoüe le croyant plus fort qu'il ne sera effectivement, soit moins tenté de manquer a sa parolle, Et que lorsqu'apres l'entrée des troupes du Roy dans ladite Citadelle monsr de Boufflers envoyera soliciter M. le duc de Mantoüe de donner des quartiers au Corps de troupes qu'il commande, l'aprehension qu'aura le dit duc de Mantoüe du Corps de troupes qui sera resté en Dauphiné le fasse plus aisement consentir a ce qui luy sera demandé de la part de Mondit Sr de Boufflers.

J'adresse a Mondit Sr de Boufflers le pacquet dans lequel sont les escritures concernant le traitté de Mathioly lesquelles le Roy a promis de faire remettre au duc de Mantoüe avec les Cent mil pistolles aussytost apres l'entrée des troupes de S.M. dans ladite Citadelle de Cazal, afin que Mondit Sr de Boufflers, les fasse remettre a celuy qui aura pouvoir de les recevoir, en luy disant seulement que dans ce pacquet sont les Escritures que S.M. s'est obligée de faire remettre a mondit Sr le duc de Mantoüe par l'article 25ᵉ du traitté du 8ᵉ Juillet dernier.

Je vous envoye le billet que l'abbé Morel m'avoit adressé pour donner lieu a un officier qui iroit de vostre part a Cazal pour y concerter quelquechose, et estre reconnu par le gouverneur de la Citadelle, mais S.M. ne juge pas a propos que vous vous en serviez, estimant qu'apres que l'ordre que l'abbé Morel vous doibt envoyer par le Sr Balthazar vers le 10 ou le 12 de ce mois vous aura esté remis, Il n'y a plus d'autre commerce a avoir avec ces gens la que d'arriver precisement avec les troupes au jour nommé.

Comme Il n'a pas esté possible de recouvrer Cent mil pistolles d'Espagne, l'on a esté obligé de joindre vingt mil louis d'or a quatre vingt mil pistolles d'Espagne, Et comme le traitté porte expressement des pistolles d'Espagne lesquelles vallent quelques sols plus que des Louis d'or, S.M. trouve bon que s'Ils se plaignoient de ce qu'il y auroit quelques pertes sur lesdits 20000 louis d'or, le sr Breant leur en fist raison sur le fond qui sera en sa disposition. Cela ne peut pas aller comme je crois a plus de deux, trois ou quatre sols par pistolles mais comme Cent pistolles ne sont rien en pareille affaire, l'Intention du Roy est que l'on leur fasse leur Compte sur cela de maniere qu'ils soient contents, S.M. ne desire pas que si lorsque la garnison de la Citadelle de Cazal en sortira, Il s'y trouvoit quelque deserteur de ses troupes, l'on luy fist aucune insulte, et Elle veut bien que l'on luy laisse la liberté de se retirer comme si on ne l'avoit point connu.

Vous aurez veu par vostre Instruction que S.M. ne veut pas que vous souffriés que les officiers n'y soldats qui seront a vos ordres dans la Citadelle, dans la ville, ou dans le pais favorisent aucune fraude des droits de M. le duc de Mantoüe, S.M. vous recommande d'y tenir serieusement la main, et de faire conoistre aux officiers de M. de Mantoüe l'ordre que vous avez de S.M. sur cela.

Elle ne veut pas non plus que vous souffriés que les soldats deserteurs des troupes de M. de Mantoüe qui seront en garnison soit dans le Chasteau, soit dans la ville, trouvent aucune retraite dans la Citadelle, et c'est une des premieres choses dont elle vous recommande de convenir avec le gouverneur de Mont Ferrat, En l'obligeant d'en faire de mesme des troupes qui seront a vos ordres, et de donner ordre qu'ils soient arreste par les sujets de

M. de Mantoüe, soit en passant a la Compagne, soit qu'ils voullussent se cacher dans la ville, ou dans le Chasteau.

Les mesures pour l'execution de cette affaire paroissent prises de maniere que si vous croyés qu'il fust de quelque commodité pour l'avancement des preparatifs necessaires pour la marche des troupes que vous sortissiés de la Citadelle de Pignerol Cinq ou six Jours avant qu'elles arrivassent audit Pignerol, S.M. ne croit point qu'il en pust arriver d'Inconvenient, et Elle se remet a vous de faire sur cela ce que vous jugerez plus a propos.

Afin que vous ne trouviez aucune difficulté a recouvrer les voitures ou bestes de somme dont vous aurés besoin, Je vous adresse un ordre du Roy qui ordonne a toutes les Vallées du Dauphiné auxquelles Il sera montré de fournir toutes les bestes de somme qui leur seront demandées par le Sr Breant, ou par le Sr du Chaunoy, Je ne vous en adresse point pour la dependance de Pignerol, parce que vous les aurés toutes sur les ordres de monsr d'Herleville.

Ce courier apres vous avoir remis ce pacquet doibt aller porter au Sr Baltazar la response que Je fais a l'abbé Morel par ordre du Roy dont vous trouverez la copie cy Jointe, Et par ce que S.M. a impatience d'aprendre que vous ayez receu l'ordre de Monsieur de Mantoüe necessaire pour que M. de Boufflers se presentant a la porte de la Citadelle de Cazal le 30e de ce mois, ne puisse manquer d'y estre receu, Ce Courier apres avoir remis au Sr Baltazar le pacquet pour l'abbé Morel, a ordre de se venir enfermer avec vous dans la Citadelle de Pignerol, pour en sortir lorsque vous luy ordonnerez, Ce que vous ferez aussytost apres que le susdit ordre de Monsieur de Mantoüe aura esté remis entre vos mains; que si par quelque raison que l'on ne peut prevoir, vous ne l'avés point receu le 17 au soir, vous ne laisserez pas de me renvoyer ledit Courier le 18 a la porte ouvrante, le chargeant de tout ce que vous aurez a me faire sçavoir pour me mettre en estat de rendre compte au Roy de l'estat de toutes les choses qui ont esté commises a vos soins. Et lorsqu'apres le depart de mon Courier vous aurez receu l'ordre susdit de M. de Mantoüe pour tirer le Roy d'inquietude vous m'en donnerez advis par un Courier Exprés, priant M. de St Mars de vous donner pour cela un de ses gens. Je suis./.

(En note: L'on observera qu'une partie des papiers et memoires qui doivent accompagner cette despesche n'estants point restez dans les liasses de M. de Louvois, l'on ne les verra point apres Icelle.

Comme par exemple toutes les Escritures concernant le Traitté de Mathioly dont on a trouvé aucune notte.

le billet que l'abbé Morel a adressé et que l'on renvoye a M. Catinat ne peut point este Inseré Icy non plus.

n'y les memoires a costé desquels S.M. a fait marquer ses Intentions.

Il n'y a donc plus que la lettre escrite par M. de Louvois a M. l'abbé Morel laquelle l'on n'a point trouvée./.)

No. 32

A M. Berthelot du 9e Septembre 1681 a Fontainebleau

[Résumé: Rappel de la promesse de Berthelot d'avoir les 600 couvertures a Pignerol le 20 septembre. Demande les dernieres nouvelles par retour du Courier pour en rendre compte au Roi.]

No. 33

A M. Catinat du mesme jour 9e Septembre 1681

Monsieur,

Je ne puis mieux vous Informer des Instructions du Roy a l'esgard de la resolution que S.M. a prise de faire solliciter monsieur le duc de Mantoüe de luy faire aussy remettre le Chasteau et les remparts de la ville de Cazal qu'en vous envoyant la copie du memoire et de la lettre que S.M. fait escrire presentement a monsr le Marquis de Boufflers, a quoy Elle me commande seulement d'adjouster qu'Elle se remet a vous d'y mettre le nombre de gens que vous estimerés apropos, avec celuy qui est destiné pour estre major de la Citadelle pour y commander, et que vous ne manquiez pas de loger dans la Citadelle et dans le Chasteau tout le plus d'Infanterie que vous pourrés. Je suis./.

No. 34

A M. le Marquis de Boufflers, du 9e Septembre 1681 a Fontainebleau

Monsieur,

Je n'ay receu que par le retour du lacquais que Je vous avois envoyé la lettre que vous avez pris la peine de m'escrire le 5e de ce mois avec la copie de celle que vous avez escrite a M. Bouchu, qui est telle que S.M. pouvoit desirer, vous trouverez dans ce pacquet l'ordonnance de voyage pour le Sr Felix.

J'ay parlé a Monsr Colbert concernant les advances des Estapiers de Dauphiné, et J'ay depuis peu signé a sa priere une ordonnance de Fonds pour leur envoyer la somme de - - - - [14] Je solliciteray Monsr Colbert de la faire acquitter, et pour peu que cela tardast Je suplieray S.M. de le luy ordonner./.

Vous verrés par le memoire qui sera cy Joint ce qu'il a plû au Roy d'adjouster a vostre Instrucion, Je vous suplie d'en faire tenir une Copie a monsr Catinat par un homme Exprés, que vous adresserez a Mr de St Mars./.

No. 36

A M. de Boufflers du mesme jour 9 Septembre 1681 a Fontainebleau

Monsieur,

Depuis ce que je vous ay escrit ce matin, J'ay crû que je debvois adjouster ces lignes au memoire dont vous debvrez envoyer copie a M. Catinat par un homme Exprés, pour vous dire qu'il sera bon qu'apres avoir bien etudié le dit memoire, vous commenciés pendant les heures de loisir que vous aurés a dresser l'Instruction que vous debvrés envoyer a Mr l'abbé Morel aussytost apres l'entrée de Mr Catinat dans la Citadelle de Cazal, laquelle Instruction vous communiquerés a Mr Catinat pour prendre son advis sur ce qu'il croira qui sera a y adjouster, ou y diminüer.

Comme les Italiens sont gens d'escriture, Je crois que pour mieux persuader Monsieur de Mantoüe que rien ne sera capable de vous porter a repasser en Dauphiné avec la Cavallerie et les dragons qui seront soubz vos ordres, qu'apres que le Chasteau et les remparts et portes de la ville auront esté remis a Mr Catinat, vous debvrez faire que Mr Catinat dresse un proces verbal de l'estat de la Citadelle dans lequel apres en avoir beaucoup exageré les deffauts, Il marque qu'il n'y croit point les troupes du Roy en seureté, Et que quand mesme le gouverneur du Milanois ne les y feroit point attaquer, Il seroit Impossible qu'elles n'y perissent pendant l'hyver a cause de la fatigue qu'elles auroient a garder une place en cet estat, exposée egalement aux surprises du costé du dehors et du dedans, Et qu'ainsy *Il vous declare*[15] que si vous vous retirés en Dauphiné suivant ce que vous lui avez temoigné que vos Instructions le portoient, Il se descharge sur vous du

[14] Marginal note: Elle est en blanc dans la minute.
[15] Marginal note: Cela est ainsy dans la minutte.

prejudice que recevra S.M. de la perte de la Citadelle de Cazal, et de l'affront qu'en recevront ses armes toujours victorieuses jusques a present.

Que vous fassiés que le Sr de la Motte la Mire, le Lieutenant du Roy, et le major de la Citadelle de Cazal, et les Commandants des Bataillons signent cet acte, sur lequel vous chargerez l'abbé Morel d'appuyer la necessité ou vous estes de demeurer dans le Mont Ferrat avec les troupes que vous commandez, et d'y en appeller de nouvelles.

Rien ne pouvant estre plus Important au service de S.M. dans la conjoncture presente, que l'entrée des troupes du Roy dans le Chasteau et dans la ville de Cazal, vous ne debvrez rien oublier de tout ce que vous et M. Catinat jugerez qui pourra persuader le duc de Mantoüe de les remettre a S.M., laquelle aussytost que vous y aurez reussy, trouve bon que laissant a Mr Catinat deux regiments de dragons outre l'Infanterie destinée pour la Citadelle, vous vous retiriez en Dauphiné avec le reste de la Cavallerie et des dragons, desquels vous laisserés encore un regiment a Pignerol, et logerez le surplus dans les endroits de Dauphiné d'ou ils seront sortis par vos ordres. Je dis qu'il est fort Important au service du Roy de finir incessamment ce qui regarde le Chasteau et la ville de Cazal, parce que si l'on ne venoit pas a bout cette année de persuader M. le duc de Mantoüe de les remettre a S.M., Il faudroit au printemps prochain faire passer les Monts a un Corps d'armée pour reduire ledit Chasteau, ce qui pourroit causer aux armes de S.M. une diversion qui pourroit estre prejudiciable a son service, en ce qu'elle leur feroit perdre l'occasion d'entreprendre au printemps prochain des choses plus considerables. Je suis toujours./.

No. 37

A M. Catinat du 10e Septembre 1681 a Fontainebleau

Monsieur,

Je n'ay rien a adjouster a ce que vous verrez de l'Intention du Roy par la copie que vous trouverés cy jointe de ce que j'escris a monsr de Boufflers, que pour vous dire qu'en cas que monsieur le duc de Mantoüe prenne le party de vous remettre la ville et le Chasteau de Cazal, S.M. desire que vous fassiés commander le lieutenant de Roy dans la ville, et le major dans le Chasteau. Je suis./.

No. 38

A M. le Marquis de Boufflers du mesme jour 10 7bre 1681

Depuis le memoire servant d'adition a vostre Instruction, et les lettres que je vous ay escrites, le Roy a fait reflexion a la difficulté que vous auriés de bien Instruire l'abbé Morel de tout ce qu'il debvroit dire au duc de Mantoüe et a ses ministres, pour les bien persuader de donner les mains a ce que S.M. desire a l'esgard du Chasteau et des remparts de la ville de Cazal, qu'il ne seroit pas mesme impossible que ledit abbé Morel tant par son peu d'experience au fait des choses qui concernent la guerre, que parce qu'il a pû donner des parolles aux ministres du duc de Mantoüe que l'on ne leur parleroit point du Chasteau n'y de la Ville, ne reüssist pas bien dans la negociation dont vous le chargeriés, laquelle tirant en longueur, les ministres du duc de Mantoüe pourroient estre informés qu'il n'y a plus de troupes en Dauphiné, ce qui a fait resoudre Sa Majesté d'ordonner a Monsr Catinat de se charger de passer a Mantoüe pour y faire luy mesme cette negociation, prenant pour pretexte qu'il a trouvé la Citadelle si mauvaise qu'il a voulu luy mesme venir representer au duc de Mantoüe et a ses ministres toutes ces raisons, pour lesquelles vous ne pouvés abandonner les troupes du Roy dans ladite Citadelle, Il se servira pour cela de la protestation dont Il est parlé dans ce qui vous a esté escrit hyer, laquelle debvra estre signée seulement de l'ingenieur, et des Commandants de battaillons qui debvront entrer dans la Citadelle.

Pendant l'absence de monsr Catinat, l'Intention de S.M. est que vous veilliez vous mesme a la seureté de la Citadelle de Cazal, Et que vous pourvoyés a la seureté du retour de monsr Catinat en luy envoyant une vingtaine d'officiers pour le ramener seurement. Je suis./.

No. 39

A M. Catinat du 12 7bre 1681 a Fontainebleau

Monsieur,

J'ay receu par le retour du Courier La Neuville vostre lettre dattée du 9e de ce mois, par laquelle J'ay veu avec plaisir que le Commissaire du Chaunoy soit hors de peril, et que la satisfaction que vous avés de la maniere dont agit pour l'execution de vos ordres le Sr Charles son beau fils, vous ait porté a mander au Commissaire Breant de s'en retourner. Le Sr Berthelot qui a donné ordre pour l'envoy de Montpellier a Pignerol des 600

Couvertures qui vous manquent, a asseuré qu'elles seroient a Pignerol le 20e de ce mois. Si neantmoins elles n'y arrivoient pas, vous ne sçauriez manquer de prendre celles qui sont a Pignerol.

Vous trouverez cy Joint une lettre pour le Sr de St Hillaire, par laquelle je luy mande que l'Intention du Roy est qu'il execute tout ce que vous luy ordonnerez./.

Le mesme jour l'on a escrit au Sr de St Hillaire d'executer tout ce qui luy sera ordonné par M. Catinat.

No. 40

A M. de Boufflers du 14. 7bre 1681 a Fontainebleau

Monsieur,

J'ay receu la lettre que vous avez pris la peine de m'escrire le 9e de ce mois, Je ne doubte point que le sr Breant ne vous ait joint presentement, monsr Catinat m'ayant mandé qu'il luy avoit escrit qu'il n'estoit pas necessaire qu'il se rendist a Pignerol. Je suis./.

No. 40 bis

A M. Catinat du mesme jour.

J'ay receu par l'ordinaire la lettre que vous avez pris la peine de m'escrire le 6e de ce mois, par laquelle le Roy a veu le pretexte soubz lequel vous vous estes fait arrester a vostre passage proche de la Citadelle de Pignerol. Vous aurez veu par ce que Je vous ay mandé par les Couriers qui sont partis les 9 et 10e de ce mois, dont l'un vous a deub aller trouver directement, et l'autre laisser en passant a Lyon un pacquet long pour vous estre envoyé par l'ordinaire, les Intentions du Roy sur les papiers que l'abbé Morel vous a adressez, a quoy je n'ay rien a adjouster que pour vous dire que vous ne debvez point craindre que la Cavallerie manque de fourage soit dans sa marche, soit pendant le sejour qu'elle debvra faire autour de Cazal puisque le pais est si abondant, que le Corps que commande M. de Boufflers vivra plusieurs jours du fourage qu'il trouvera en une seule ferme.

Lorsqu'estant estably dans la Citadelle de Cazal vous aurez a envoyer des Escortes pour querir des Convois: l'Intention du Roy est que vous vous adressiés au marquis de Pianesse pour concerter avec luy les lieux de madame de Savoye jusqu'ou vous debvrez envoyer aûdevant de ce qui vous viendra de Pignerol, que vous luy manderez debvoir estre plus ou moins esloignez suivant que ledit Sr marquis de Pianesse voudra vous respondre de leur seureté depuis qu'ils auront passé Turin./.

No. 41

A M. le Marquis de Boufflers du 18 Septembre 1681 a Fontainebleau

Monsieur,

La lettre que vous avez pris la peine de m'escrire le 14e de ce mois au matin m'a esté rendue, par laquelle je vois que vous estimeriez necessaire que le Roy fist marcher quelques troupes en Dauphiné outre celles qui y sont presentement, mais comme celles qui y avoient esté destinées sont necessaires pour le siége de Strasbourg qui doibt estre investy le dernier jour de ce mois, Il faut s'il vous plaist qu'avec ce que vous avez vous essayés de venir a bout de reussir a executer ce dont vous estes chargé. Il est tres important que vous teniez secret l'advis que je vous donne du dessein de S.M., afin que si les gens de dela les monts aprennent qu'il n'y avoit plus de troupes en Dauphiné lorsque vous en estes party, Ils puissent au moins aprehender qu'il n'y en arrive aussytost apres, et c'est ce que vous debvez vous appliquer a respendre tout le plus que faire se pourra, afin que les bruits qui en courreront dans le pais puissent estre raporté par les gens que les princes ou gouverneurs des pais Estrangers voisins pourroient avoir en Dauphiné pour observer ce qui s'y passe. Je suis./.

No. 42

A M. Catinat du 20 7bre 1681 a Fontainebleau

Monsieur,

J'ay receu par le retour du Courier Goret vos deux lettres dont la derniere est du 16 de ce mois, vous ne doubtez pas je m'asseure de la joie avec laquelle le Roy a apris que vous ayez receu si ponctuellement du Sr Balthazar le papier[16] qu'il vous debvoit remettre, Je n'ay point encore receu les lettres par lesquelles vous me mandez m'en avoir donné advis.

Ce n'est point par meffiance que le Roy a eu de l'abbé Morel que S.M. n'avoit pas jugé a propos qu'il vist l'Estat des troupes qui sont en Dauphiné, mais seulement pour ce qu'il n'en avoit que faire que pour en Informer les ministres de monsieur de

---

[16] Marginal note: C'est l'ordre de M. de Mantoüe au gouverneur de Cazal pour recevoir les troupes du Roy dans la Citadelle de Cazal.

Mantoüe, lesquels pour la reussite de la negociation que vous debvez faire vous mesme, doivent estre persuadés qu'il y en a un bien plus grand nombre, que ce qui sera marché a la suitte de Monsr de Boufflers.

Vous verrez par la copie qui sera cy Jointe de la lettre que J'escrivis avant hyer a Mondit Sr de Boufflers, ce que je ne pourrois que vous repetter. Je suis./.

No. 44

M. de Louvois a M. le marquis de Boufflers du 2 Octobre 1681 a Strasbourg

Monsieur,

Ce mot est pour vous donner advis que les troupes du Roy sont entrées dans la ville de Strasbourg, sans qu'il en ait cousté un homme a S.M., vous verrés par les imprimez cy joints les conditions auxquelles les Magistrats se sont soubmis a son obeissance, vous respandrez s'il vous plaist cette nouvelle dans le pais ou vous estes, et me croirés aussy veritablement que je suis./.

adition

Vous verrez dans lesdits Imprimez que pendant que l'Empereur rend des Temples aux Religionaires, Le Roy fait restituer des Esglises aux Catholiques, Et que cependant l'on a conservé les Interests des protestants de maniere que messieurs de Brandebourg, et de Saxe, en peuvent estre content./.
Idem a M. Catinat.
Id. a M. l'abbé d'Estrades

No. 45

A M. de Boufflers du 3e octobre 1681 a Strasbourg

Monsieur,

J'ay receu la lettre que vous avez pris la peine de m'escrire le 18e du mois passé, par laquelle Je vois que vous desireriés avoir une lettre du Roy qui pust faire connoistre que les Instances qui luy seront faites par vous et monsr Catinat pour avoir le Chasteau de Cazal, et faire loger des troupes du Roy dans la ville, ne sont point un effect de vostre caprice n'y du sien, et que vous souhaitteriés aussy pour donner plus de poids aux menaces que vous ferez d'envoyer querir des troupes en Dauphiné on y en fist arriver quelques unes, vous trouverez dans ce pacquet une lettre du Roy pour Monsieur de Mantoüe telle a peu prés que j'ay crû qu'elle vous pouvoit estre utile pour l'effect pour lequel vous la demandez, dont vous ferez l'usage que l'estat des choses lors de l'arrivée de ce Courier vous le fera juger plus a propos.

A l'esgard d'envoyer des troupes en Dauphiné comme elles avoient toutes marché de ce costé cy, dans la pensée que l'on avoit que cette place ne se rendroit pas avec la debonnaireté qu'elle a fait, Il seroit difficile qu'elles y arrivassent de longtemps, ainsy ce seroit leur donner une fatigue fort Inutile que de les y faire marcher, mais J'espere que la nouvelle que vous respendrez de la prompte réddition de cette place, la marche effective de 4000 Chevaux qui s'en retournent en Comté, et le bruit que je mande a Mr d'Herbigny de faire courre que les troupes destinées pour le Dauphiné dont la marche avoit été suspendüe pour cette entreprise cy, y doivent arriver incessamment, fera tout l'effect que vous pouviés desirer.

Je vous prie de communiquer cette lettre a Monsr Catinat, et de me croire./.

No. 47

M. de Louvois a Mr d'Herbigny Intendant en Dauphiné du 3e octobre 1681 a Strasbourg

Monsieur,

Comme Il est fort Important au service du Roy que les bruits se renouvellent au pais ou vous estes, de l'arrivée des troupes qui avoient esté destinées pour aller en Dauphiné dont la marche avoient esté suspendüe pour l'entreprise de Strasbourg Je vous prie de faire tout vostre possible pour bien persuader Monsr le president de St André, et tout ce qu'il y a de gens dans la province, que lesdites troupes y retourneront au premier jour, afin que ces bruits la ne puissent manquer de se respendre en Piedmont. Je suis./.

No. 48

Lettre de M. de Louvois au Roy du 7 octobre 1681 a Bitche

Il y a environ un quart d'heure que J'ay receu par un Courier de M. de Boufflers les lettres dont Vostre Majesté trouvera cy Jointes des Copies, par lesquelles Elle connoistra que Ses troupes sont entrées dans Cazal le mesme jour qu'elles sont entrées dans Strasbourg, et a la mesme heure a deux heures prés./.

No. 49

Autre lettre de M. de Louvois au Roy du 10e octobre 1681 a Strasbourg

Vostre Majesté aura agreable de voir par les lettre cy jointes en quel estat estoient les affaires a Cazal le 3e de ce mois. Je ne luy demande point ses ordres sur ce que je doibs respondre a la lettre de monsr de Boufflers, par ce que J'espere les recevoir apres demain a l'arrivée de Vostre Majesté a Schelestat./.

No. 50

M. de Louvois a M. le Marquis de Boufflers du 13e octobre 1681 a Ste Marie aux Mines.

Monsieur,

J'ay leu au Roy la lettre que vous avés pris la peine de m'escrire le 3e de ce mois, Sa Majesté attend avec Impatience des nouvelles de la negociation que Monsr Catinat est allé faire a Mantoüe, et Elle continüe a estre persuadée qu'il est capital pour son service d'obtenir de Monsieur le duc de Mantoüe le Chasteau de Cazal, et la liberté de mettre garnison dans la ville aux conditions qui sont portées par vostre instruction, que la ville dans le Chasteau ne donne aucune seureté, puisque la facilité qu'auroient les Espagnols d'entrer par le Chasteau dans la ville, et de couper la gorge a la garnison qui y seroit mettra toujours la Citadelle en estat d'estre prise en peu de jours tant que Monsr Catinat ne sera point le maistre du Chasteau, lequel ne pouvant qu'estre a charge a Monsieur de Mantoüe, Il ne peut s'opiniastrer a le vouloir conserver que pour en faire quelqu'-usage prejudiciable au bien du service de S.M., qui juge qu'il est de sa prudence de finir presentement cette affaire pour n'estre point obligée d'y envoyer une armée au printemps prochain pour en faire ouvrir les portes, S.M. ne voit pas qu'il vous puisse arriver aucun Inconvenient, puisque la Cavallerie du Milanois n'est pas en estat de vous venir attaquer, que le Mont Ferrat peut vous fournir en y vivant en bon ordre, et en payant, une longue subsistance, Et que si quelque chose que S.M. ne peut prevoir vous obligeoit a vous retirer en arriere, la subsistance ne vous pust manquer dans les terres de Monsieur le duc de Savoye, C'est ce qui l'a portée a me commander de vous escrire au sens marqué cy dessus, et de vous dire que si monsieur le duc de Mantoüe estoit assez Imprudent pour refuser les offres que Mr Catinat est chargé de luy faire, S.M. vous enverra tel nombre de Cavallerie que vous luy demanderez pour passer l'hyver au pais ou vous estes.

Comme S.M. a Impatience de sçavoir le party que prendra Monsieur de Mantoüe, Elle vous recommande de ne point espargner les Couriers pour l'Informer plus promptement des nouvelles que vous aurés de Monsr Catinat.

Cest avec beaucoup de joie que je vous donne part de la resolution que le Roy vient de prendre de vous faire Lieutenant general. Je vous en adresseray les expeditions Incessamment, cependant je vous fais mes compliments et suis tres veritablement./.

No. 51

A M. Catinat du 13e 8bre 1681 a Ste Marie aux Mines.

Monsieur,

J'ay receu par le lieutenant Colonel du Regiment de la Lande vostre lettre du 2e de ce mois. Je ne vous repette point ce que le Roy m'a ordonné de mander a Monsr le Marquis de Boufflers En cas que Monsieur de Mantoüe refusast de vous remettre le Chasteau de Cazal, par ce que je ne doubte point qu'il ne vous le communique.

J'attends avec grande impatience de vos nouvelles apres vostre retour, ne doubtant point que je ne reçoive tous les esclaircissements necessaires pour qu'il ne nous manque aucune lumiere sur l'estat des fortiffications et des magasins de Cazal, et que vous ne m'Informiés en mesme temps de toutes les mesures que vous prendrés pour les pourvoir abondamment des choses que vous trouverés qui y manquent.

Mr de Vauban partira dans quinze ou 20 jours pour s'y en aller, S.M. estant bien aise d'avoir son advis sur ce qu'il y faut faire, a fin de mettre cette place hors d'estat d'estre regardée par ses Ennemis.

No. 52

A Mr Breant Intendant des Troupes du Roy a Cazal, du mesme jour (13 oct.)

Les lettres que vous m'avez escrites par le Sr de Ronaille les 2 et 3e de ce mois m'ont esté rendües. Je ne doubte point que Monsr de Boufflers ne fasse les demarches necessaires pour s'aprocher des fourages, cependant l'Intention du Roy n'est point qu'il soit donné du fourage a ses despens aux officiers en pied, n'y aux reformés.

Vous debvrés executer ce que Mr Catinat vous a dit touchant la paye de l'Infanterie tant qu'elle n'aura point de Lits, tenez la main a ce que les officiers donnent cette augmentation a leurs soldats, et ne la leur retiennent soubs quelque pretexte que ce puisse estre.

Pour ce qui concerne tout ce qui est necessaire pour les magasins, executez tout ce dont Monsr Catinat vous requerrera, et servez vous pour le payement des troupes de M. de Boufflers jusques a leur retour a Pignerol, et pour celles de la garnison, non seulement des 10 m. pistolles que j'ay ordonné qui fussent voiturées de Grenoble a vostre suite, mais encore des 28 mil que Monsr Catinat doibt avoir prises a Pignerol, et conduites a la Citadelle de Cazal avec l'Infanterie./.

No. 53

A Mr Catinat du 17 octobre 1681 a Fribourg.

Monsieur,

Je n'ay point receu de vos lettres depuis le 3e de ce mois, Et S.M. en attend avec Impatience, Elle a jugé a propos cependant que je vous envoyasse ses ordres pour tirer de Pignerol deux Battaillons d'Infanterie en cas qu'ayant negocié heureusement a Mantoüe, vous croyés en avoir besoin pour la garde de la ville et du Chasteau de Cazal, Je vous adresse lesdits ordres separés pour châcun battaillon, a fin que si vous n'en voulliés que l'un des deux vous puissiés me renvoyer l'autre.

Vous concerterez avec les Ministres de Monsieur de Savoye les logements que lesdits Battaillons debvront faire sur le Piedmont, lesquels vous ferez accompagner par un Commissaire pour les obliger a vivre dans le bon ordre, et les faire subsister au moyen de leur solde que ledit Commissaire leur fera payer. Je suis./.

No. 54

A M. le Marquis de Boufflers du 20e Octobre 1681 . Ensisheim.

Monsieur,

J'ay receu par le retour du Courier Mezieres vos lettres du 11 et 12e de ce mois, J'ay rendu compte au Roy de vos sentiments sur la reduction de Strasbourg que S.M. a trouvé conformes a l'opinion qu'Elle a de vostre Zelle pour sa gloire.

Elle a veu avec plaisir la description que vous luy faites du Chasteau, Et les raisons pour lesquelles vous croyez que la ville estant occupée le Chasteau pourra estre facilement reduit a son obeissance lorsqu'elle l'ordonnera, et cependant ne pourra porter aucun prejudice a la seureté de la place.

Le Roy trouve bon que vous conveniés de bonne foy avec les Espagnols de se renvoyer mutuellement les deserteurs, et S.M. fait escrire la lettre dont copie sera cy jointe a M. l'abbé d'Estrades pour solliciter vivement Madame la duchesse de Savoye de donner le mesme ordre.

Elle a aprouvé que vous ayés renvoyé au Marquis de Gonzague. le deserteur qui s'estoit presenté pour prendre party dans les dragons.

S.M. eust desiré que vous m'eussiés adressé la copie de la lettre que vous avez receüe de Mr Catinat du 9 octobre, et Il sera bon qu'a l'advenir vous en usiez toujours de mesme.

Elle a diferé de prendre une derniere resolution sur ce qui vous regarde jusqu'a l'arrivée du Courier que vous projettez de luy despescher aussytost apres le retour de Mondit Sr de Catinat.

Le Roy aprouve que vous lui mandiez toujours vostre advis avec liberté sur les ordres que S.M. vous enverra, et sur ceux que vous croirez qu'Elle vous debvra donner, Cela ne pouvant estre que fort utile au bien de son service, et n'empeschant point l'execution des resolutions qu'Elle prend. Je suis./.

No. 55

A M. L'abbé d'Estrades Ambassadeur du Roy en Piedmont du mesme jour 20e octobre 1681 a Ensisheim.

Monsieur,

Le Roy a esté Informé par les officiers de la garnison de Cazal que ceux des troupes de Monsr le duc de Savoye ont desbauché quantité de leurs soldats, qu'il y a une compagnie de la garnison de Turin qui se nomme Saluçe dans laquelle il y en a 16, et comme l'Intention de S.M. n'est point de laisser impunie une telle Insolence, Elle m'a commandé de vous faire sçavoir qu'Elle desire que vous vous en plaigniés tres aigrement a Madame la Duchesse, luy demandant que ces officiers soient chastiés exemplairement, Et que tous les deserteurs qui se trouveront dans les troupes de Monsieur le duc de Savoye soient renvoyez a Pignerol ou a Cazal, sur l'offre que S.M. fait d'en faire user de mesme a l'esgard des deserteurs des troupes de Monsieur le duc de Savoye qui se trouveront ou se jetteront dans celle de France,

S.M. seroit d'autant plus surprise si elle trouvoit a cela la moindre difficulté, que les garnisons et sujets de l'Empereur font toute la mesme chose a l'esgard des troupes du Roy qui sont en ce pais cy.

No. 56

A M. le Marquis de Boufflers du 23 octobre 1681 a Strasbourg.

J'ay receu par le Capitaine reformé de dragons que vous avez despesché la lettre que vous avez pris la peine de m'escrire le 15e de ce mois, vous serez si particulierement Informé de la resolution que le Roy a prise par la despesche de S.M. cy jointe, par ce que j'escris a Monsr Catinat, et par la Copie du Memoire que S.M. envoye a M. l'abbé Morel, que je n'ay rien a adjouster que pour vous dire qu'en cas qu'il ne soit rien arrivé de nouveau entre vous et Monsieur le duc de Mantoüe qui vous fist (avec l'advis de Monsr Catinat) Juger a propos de ne pas envoyer le pacquet cy Joint audit Sr abbé Morel, dans lequel est l'original dudit Memoire, l'Intention de Sa Majesté est que vous le luy envoyés par un officier capable de tesmoigner de vostre part a mondit Sr le duc de Mantoüe, le desplaisir que vous avez du peu d'aprobation que S.M. a donné a la negociation dont vous aviez chargé mondit Sr Catinat, Et luy demander ses offices aupres de S.M. pour vous obtenir le pardon de la faute que vous avez faite.

Si par le retour de cet officier ledit Abbé Morel ne vous mande point que Monsieur de Mantoüe desire que pour sa seureté particuliere vous hyverniés en Mont Ferrat, S.M. desire que vous remarchiés vers Pignerol apres avoir laissé a Monsr Catinat les regiments de dragons de Barbezieres et de Tessé, et vous trouverés audit Pignerol les ordres de S.M. necessaires pour les quartiers d'hyver du reste des troupes qui sont soubs vostre commandement, que J'enverray par un Courier Exprés asseurement quatre jours apres le depart de celuy cy.

Si mondit Sr le duc de Mantoüe desiroit que vous hyvernassiés dans le Mont Ferrat, S.M. trouve bon que vous y demeuriez, pourvu que l'on regle le Taux des vivres dans les quartiers de maniere que les Cavalliers et dragons y puissent subsister au moien de leur solde, Je ne vous marque cela qu'afin que vous soyés Informé des intentions de S.M. sur tous les cas qui peuvent arriver, ne voyant guieres d'aparence que mondit Sieur le duc de Mantoüe desire vostre plus long sejour dans le Mont Ferrat.

Je ne vous dis rien sur la mauvaise satisfaction qui paroist que S.M. a de vostre conduite par la lettre de S.M. qui est cy jointe, parce que je suis bien persuadé que vous connoissés qu'elle n'est conçüe en ces termes, que pour vous mettre en estat de la montrer aux principaux officiers de Monsieur le duc de Mantoüe dans le Mont Ferrat, a fin que le compte qu'ils en rendront a leur maistre le remette de l'allarme qu'il a prise de la negociation de Monsr Catinat a parû faire auprés [de luy] par vostre ordre./.

No. 58

Lettre de M. de Louvois a M. Catinat du mesme jour 23e 8bre 1681

Monsieur,

Le Roy a esté Informé par vostre lettre du 18 de ce mois, du peu de succés qu'a eu le voyage que vous avés fait a Mantoüe, duquel S.M. ne vous sçait aucun mauvais gré, estant bien persuadée que vous n'avez rien obmis de tout ce qui pouvoit le faire reussir.

La Copie qui sera cy jointe du memoire que S.M. envoye au Sr abbé Morel, la lettre de S.M. que j'adresse a Monsr de Boufflers, et celle que je luy escris pour l'accompagner, vous feront connoistre que S.M. s'est conformée a vostre advis, tant a l'esgard de la proposition que vous faites qu'Elle desadvoüe vostre negociation, et temoigne en estre mal satisfaite, que de l'Introduction de ses troupes dans la ville de Cazal, laquelle S.M. desire que vous fassiez avant le depart de Monsr de Boufflers le plus heureusement que faire se pourra, vous servant des raisons contenües dans le memoire adressé a l'abbé Morel, pour persuader le principal ministre du duc de Mantoüe dans le Mont Ferrat qu'il n'a pas esté possible que S.M. fist autrement, luy faisant remarquer tous les adoucissements que S.M. a trouvé bon qui fussent aportés a l'entrée de ses troupes dans ladite ville, et l'asseurant qu'elles ne demeureront logées chez les Bourgeois, que jusques a ce que la Saison ait permise que l'on leur construise des logements dans la Citadelle, a quoy l'Intention de S.M. est effectivement que l'on ne perde aucun temps.

Vous pourrés aussy faire valoir au Commandant dans la ville pour Monsieur le duc de Mantoüe, l'honneur que S.M. luy fait de vouloir bien que ses troupes soient soubs son commandement, Et luy laisserés entendre que vous ne doubtés point que ce Commandement ne luy attire de temps en temps des gratifications de S.M.

Elle vous envoye le Sr de Lausier major du regiment des Vaisseaux, pour soubs pretexte d'estre Inspecteur de la garnison, demeurer dans la ville, prendre soin soubs vostre authorité, en suivant les ordres que vous luy donnerés, que le service s'y fasse avec toute la regularité necessaire pour la securité de la ville, Et en un mot pour faire la fonction de Commandant soubs vous dans ladite ville, sans en porter le nom, S.M. desirant que vous luy prescriviés de se conduire de maniere que le Commandant de Monsieur de Mantoüe n'en prenne aucune Jalousie. Et que le Sr de Lausier ne paroisse estre dans la ville que pour le faire plus ponctuellement obeir.

Je n'ay Jusques a present pû trouver aucun memoire qui m'ait pû donner une parfaite connoissance de la maniere dont les troupes du Roy estoient cy devant logees dans la ville de Cazal, Je ne doubte point que vous ne trouviés des gens qui vous en Informent distinctement, et S.M. trouvera bon que vous vous y conformiés, luy rendant compte de tout ce que vous ferez sur cela, comme sur toute autre chose.

S.M. ne vous recommande point de disposer vos gardes tant de Cavallerie que de dragons, a cheval ou a pied du costé du Chasteau, tant a l'esgard du dehors que du dedans, de maniere que ledit Chasteau ne puisse causer aucun prejudice a la Seureté de la ville et de la Citadelle, par ce qu'Elle ne doubte point que vous ne donniés a cela toute l'attenttion necessaire, Elle vous recommande surtout de vous bien Informer s'Il n'y a point quelque Cazematte qui conduise dudit Chasteau a la campagne ou dans la ville, de ne pas souffrir que l'on y fasse de pont du costé de la campagne, Et de voir si en establissant quelque redoubte dans les angles des Contrescarpes de la ville qui joignent le dit Chasteau vous ne pourriez point encore vous en asseurez d'avantage, Et luy oster toute communication avec le dehors, Si j'avois un plan de la ville je vous parlerois plus positivement sur cela, mais en attendant qu'il vienne S.M. vous permet de faire faire tout ce que vous croirés qui pourra vous mettre en estat de n'avoir rien a aprehender dudit Chasteau.

S'il est vray qu'on ne peut l'aborder par la campagne que par un chemin extraordinairement estroit, ne pourriés vous point en faisant construire une redoubte de deux bricques d'espaisseur a 50 ou 60 thoises dudit Chasteau, occuper ledit chemin, et a fin que cela ne parust point affecté, vous en pourriés faire sur les autres advenües de la ville ou de la porte de secours de la Citadelle, S.M. ne vous prescrit rien sur cela, Elle m'ordonne seulement de vous faire entendre qu'en attendant l'Issüe de la negociation prescrite a l' abbé Morel par le memoire cy joint, vous ne debvez rien oublier n'y espargner pour empescher que ledit Chasteau ne vous puisse joüer un mauvais tour.

Examinez s'Il vous plaist sans que personne puisse s'en apercevoir, n'y que vous entrepreniés rien sur cela sans un nouvel ordre du Roy, si ledit Chasteau ne pourroit point estre petardé, c'est a dire si en desçendant des fossez de la ville dans ceux du Chasteau, l'on ne pourroit point avec des Eschelles attacher un petard a la porte, et surprendre ladite place si S.M. vous l'ordonnoit.

Je vous ay envoyé des ordres du Roy pour tirer de Pignerol deux Battaillons de douze Compagnies chacun, vous en trouverez cy joint le dupplicata, avec des ordres de S.M. pour en tirer encore un troisiesme desquels vous vous servirez pour les establir dans la ville, ou pour remplacer ceux que vous aurez tirés de la Citadelle pour y mettre suivant que vous le jugerés a propos.

Cependant le Roy va prendre des mesures pour faire marcher de l'Infanterie en Dauphiné, a fin qu'en cas qu'il arrivast quelque chose qui luy fist juger necessaire de renforçer les garnisons de Cazal, ou de Pignerol elle y pust arriver promptement.

S.M. vous permet aussy de mettre dans la ville les deux regiments de dragons, ou de n'y en loger qu'un, et de mettre l'autre dans la Citadelle, en un mot Elle se remet a vous de tout.

Je ne vous dis point de tirer de Pignerol les lits qui servoient auxdits 3 Battaillons, par ce que si l'on en fournissoit aux bourgeois qui logeoient les troupes du Roy qui y estoient auparavant la paix des Pirennées, Je suis bien persuadé que vous n'y manquerés pas, non plus que d'en faire faire dilligemment pour les deux regimens de dragons.

Si les officiers de Monsieur le duc de Mantoüe desirent demeurer chargés de l'artillerie et des munitions de guerre qui sont dans les magasins de la ville, S.M. trouve bon que vous la leur laissiez tant qu'il n'arrivera rien d'extraordinaire qui vous fasse juger a propos d'en user autrement.

S.M. se conformera a ce que vous proposez sur le sejour de l'abbé Morel.

Je ne vous dis rien sur la marche des 3 Battaillons dont Il est parlé cy dessus, par ce que S.M. se remet a vous de les faire embarquer, ou de les faire venir a journées de concert avec Madame la duchesse de Savoye suivant que vous l'estimerez a propos, Si l'embarquement n'est pas bien cher, Il paroist a S.M. le plus commode, et le plus seur pour éviter la desertion.

Je ne vous parle point aussy de ce qui regarde le gasonnement que vous proposez de faire aux demies lunes, par ce que S.M. vous a laissé la liberté de faire sur cela ce que vous estimerez a propos./

No. 60

A M. l'abbé d'Estrades du 23 octobre 1681 a Strasbourg

Monsieur,

J'ay receu la lettre que vous avez pris la peine de m'escrire le 8e de ce mois, vous connoissez par celle que je vous ay escrite depuis peu de jours, que Monsr de Boufflers s'est beaucoup trompé lorsqu'il vous a prié de soliciter Madame de Savoye de faire rendre mutuellement les deserteurs a condition que l'on ne les puniroit point, puisque rien n'est plus contraire a la volonté de S.M., qui desire que Madame de Savoye fasse arrester le deserteurs des troupes de S.M. comme on fera a Pignerol et a Cazal ceux qui s'y rendront de S.A.R. lesquels seront rendus sans condition, C'est a dire pour estre punis comme chaque souverain l'estimera a propos, Cependant S.M. a veu avec surprise que Madame de Savoye ait crû que ce fust une affaire a delliberer dans son Conseil, que la proposition que vous luy avez faite de la part de Monsr de Boufflers, par ce qu'Elle ne peut heziter a accepter la proposition que S.M. vous ordonne de luy faire qui s'execute en ce pais cy *sans aucune difficulté.* A l'esgard des places de l'Empereur et des Electeurs voisons que dans la veüe de fortiffier ses troupes aux despens de celles de S.M. et d'en procurer la diminution, qui est une chose que je doubte qu'Elle pense, n'y que quand Elle la penseroit, qu'Elle voulust que S.M. s'en aperceust, vous continuerez donc s'il vous plaist vos instances auprés de Madame de Savoye de maniere que ce que S.M. desire soit acordé incessamment Je suis./.

No. 61

A M. de Boufflers du 26 octobre 1681 a Strasbourg

Monsieur,

Vous serez Informé par la lettre du Roy cy jointe et les ordres qui l'accompagnent la resolution que S.M. a prise de faire separer les troupes qui sont presentement soubs vostre commandement, et ses Intentions y sont si particulierement expliquées, que je n'y puis rien adjouster que pour me rejouir avec vous de la satisfaction que S.M. vous temoigne des service que vous luy venez de rendre et du plaisir que j'auray de vous assurer que je suis veritablement./.

No. 63

A M. le Marquis de Boufflers, du premier novembre 1681 a Pontamousson.

Vous aurez veu par la despesche et les ordres dont estoit chargé le dernier Courier que je vous ay envoyé, que l'Intention de S.M. estoit lorsqu'il est party, qu'apres avoir separé les troupes que vous avez mené a Cazal vous vous rendissiés auprés d'Elle, S.M. ayant depuis resolu de punir les habitants de Fontarabie de la violence qu'ils ont faite a douze ou quinze habitans d'Andaye, m'a commandé de vous faire sçavoir qu'Elle vous destine pour commander le corps de troupes qui sera assembler pour cet effect du costé de Bayonne, afin que vous puissiez donner ordre a vostre Equipage de s'acheminer de ce costé la, Et comme ledit Corps de troupes ne peut pas estre en ce pais la avant le 15e du mois prochain, S.M. vous laisse la liberté de vous y rendre a droiture,[17] ou de passer a St Germain pour vostre personne suivant que vous le voudrez; Il sera bon que vous ne publiez point au lieu ou vous estes la raison pour laquelle vous donnez ordre a vostre Esquipage de prendre cette routte, et qu'au contraire vous vous laissiés entendre que vous l'envoyez vous attendre en Roussillon Je suis./.

No. 64

A M. Catinat du mesme jour premier Novembre 1681 a Pont a Mousson

Monsieur,

J'ay receu la lettre que vous avez pris la peine de m'escrire le 17e du mois passé,[18] vous avez par vos Instructions la liberté de faire donner le pain aux troupes, et puisque vous jugez cette fourniture necessaire rien ne vous doibs empescher de chercher un Entrepreneur au prix le plus avantageux que faire se pourra, le Roy vous recommande seulement de tenir la main a ce que les soldats qui ne travailleront point touchent effectivement quatre sols par jour y compris le prix auquel reviendra la ration, c'est a dire que si elle couste par exemple 18 deniers, on leur donne deux sols et demy de prest, Et que le Capitaine ne se

---

17 a droiture=directly

18 Marginal note: l'on n'a point inseré ce qui concerne les fortifications.

serve point de la diference de la monnoye du pais d'avec celle de France, pour ne leur pas bailler veritablement lesdits 9 sols.

Pour empescher que vous et le Sr Breant ne fassiez aucun mauvais marché a l'esgard du pain de munition, vous debvrez sçavoir que dans toutes les places de Flandres ou le bois est beaucoup plus cher qu'il ne peut estre a Cazal, en donnant trente sols a un Boulanger et 200 livres de Farine poids de marc,[19] Il rend 180 rations de pain de munition de 19 onces chacune poids de marc, Et comme le septier de bled mesure de France pese 230 au moins Il y a de quoy payer la moûture et donner un proffit honneste a un munitionnaire en luy fournissant un septier de seigle, et un septier de froment, et un escu en argent, en l'obligeant a rendre 360 rations; Je ne repette point ce que je vous mande au Sr Breant, non plus que je ne vous repetteray tout ce que je luy escriray, parce que je ne doubte point, que dans les frequentes conferences que vous aurez ensemble vous ne vous informiés mutuellement de tout ce que contiennent mes lettres concernant son Employ.

J'ay donné ordre au Sr Breant de me mander de quelle monnoye l'on se sert au pais ou vous estes, Et ce qu'y vallent les monnoyes de France, a fin que si l'on pouvoit trouver des lettres de change, l'on evitast de continuer a y envoyer de l'or comme l'on a fait jusques a present.

Je ne responds rien a ce que vous me mandez en chiffre des Inconveniens qu'il y a de laisser la garde de la ville aux troupes de Monsieur de Mantoüe, par ce que je ne doubte point que vous ne soyez satisfait des ordres qui vous ont esté envoye sur cela, Et que vous n'ayez convié l'officier qui commande pour Monsieur de Mantoüe dans la ville de Cazal, de renvoyer le Resident des Espagnols, ou qu'a son refus, vous ne l'ayez fait vous mesme.

J'attends avec beaucoup d'Impatience l'Inventaire de Mr de St Hillaire a fin de prendre les mesures pour faire voiturer de Comté a Pignerol les pieces d'artillerie qui vous manqueront, car je vois beaucoup d'aparence que Monsieur de Mantoüe desirera que l'on luy rende au printemps prochain toutes les pieces d'artillerie qui sont dans la ville et dans la Citadelle parmy lesquelles Il y en a tant de deffectueuses, que je suis persuadé que quand Il les rendroit au Roy Il en faudroit fondre la plus grande partie, vous observerez s'Il vous plaist de ne vous point engager a faire faire des affuts pour les pieces d'artillerie qui sont de mauvaise qualité; je vous prie d'ordonner audit Sr de St Hillaire de visiter

[19] marc=former measure of weight, equal to eight ounces.

lesdites pieces par dedans, et de m'envoyer un Estat des deffauts qui s'y trouveront.

Par les lettres que j'ay veües de l'abbé Morel du 7e du mois passé, Il paroist que Monsieur de Mantoüe vendra volontiers toutes les munitions de guerre qui se trouvent dans la ville et dans la Citadelle, a la reserve des pieces d'artillerie, mandez moy, Je vous prie de quelle qualité sont lesdites munitions, particulierement les mousquets, et comme je crains qu'Ils ne soient pas bons, de donner ordre que l'on fasse dilligemment 2000 mousquets de rempart et que l'on vous les envoye. Je suis./.

No. 65

A M. l'abbé Morel du mesme jour premier Novembre 1681 a Pont a Mousson

J'ay receu vostre lettre du 7e du mois passé avec l'Extrait qui y estoit joint de la lettre pour le Roy que vous avez adressée a Mons de Croissy concernant l'artillerie et munitions de guerre qui se sont trouvées dans la Citadelle de Cazal, Les pieces d'artillerie sont de si mauvaise qualité, que si Monsieur de Mantoüe les voulloit vendre ce ne pourroit estre que pour les refondre, ainsy S.M. veut bien laisser a Monsieur de Mantoüe la liberté de disposer desdites pieces d'artillerie lorsque S.M. les aura remplacées d'autres de bonne qualité; vous debvés seulement observer que le Roy ne peut laisser servir ces pieces d'artillerie pour demeurer dans le Mont Ferrat, Et qu'il faut que Monsieur de Mantoüe les fasse voiturer dans la duché de Mantöüe, comme Je ne sçais pas de quelle maniere les Espagnols en usent a son esgard pour le passage de l'artillerie, qui ce me semble ne peut estre voiturée en Mantoüan qu'en passant par le Milanois, je vous prie de m'explicquer un peu au long les conventions que mondit Sr le duc de Mantoüe a avec Eux sur cela.

Pour ce qui est des autres munitions de guerre, S.M. acheptera volontiers celles qui seront de bonne qualité, sur quoy je demande a Monsr Catinat un Estat a fin de vous envoyer un memoire de celles dont le Roy voudroit bien traitter, cependant S.M. sera bien aise que sans attendre le susdit memoire, vous essayer de tirer du Marquis Cauvian[20] l'Estat de ce dont mondit Sr le duc de Mantoüe voudra bien s'acommoder, a fin que sçachant au juste ce qui doibt demeurer dans la Citadelle de Cazal, je puisse prendre les mesures necessaires pour y envoyer ce qui y manquera.

---

20 Marginal note: C'est un ministre de M. de Mantoüe.

No. 66

A M. le Marquis de Boufflers du 12e Novembre 1681 a Fismes

Monsieur,

J'ay receu par le Courier qui vous rendra cette lettre, ou par les ordinaires qui sont arrivés depuis huit jours les lettres que vous avés pris la peine de m'escrire le 20. 23. 27 et dernier du mois passé premier, 3. et 4e de celuy cy, lesquelles estant toutes sur des affaires dont la conduite n'est plus entre vos mains, ne desirent de response que pour vous dire que le Roy trouve bon que vous voyés Madame la Duchesse de Savoye en passant aux environs de Turin, et que S.M. a promis qu'aussytost apres que les troupes seront arrivées dans leurs quartiers de Dauphiné et de Provence, les officiers qui debvront s'absenter suivant l'ordonnance des semestres, aillent vacquer a leurs affaires, a la reserve des deux Regimens qui doivent marcher du costé de Bayonne, desquels S.M. ne veut point qu'aucun officier s'absente, a quoy j'adjousteray qu'Elle a trouvé bon de vous accorder une ordonnance de 12000# que je deslivreray a celuy qui la viendra retirer de vostre part en cas que vous ne passiez pas par Paris pour aller a Bayonne.
Je suis./.

No. 67

A M. Catinat du mesme jour 12 Novembre 1681 a Fismes

Monsieur,

La lettre que vous avés pris la peine de m'escrire le 25e du mois passé m'a esté rendüe, Lorsque le Roy aura resolu quels ouvrages debvront estre faits a Cazal, Je prendray les mesures necessaires pour vous envoyer les voitures pour cela, Si l'on ne peut pas trouver des Entrepreneurs qui se chargent de les fournir.

Vous aurez connu par les lettres que vous aurez receües, que S.M. ne pense point a faire attaquer presentement le Chasteau de Cazal, Elle ne doubte point que vous ne preniés jusques a ce que l'on ait reduit Monsieur de Mantoüe a ce que S.M. desire, les precautions necessaires pour que l'entrée que ledit Chasteau a dans la ville ne vous puisse porter aucun prejudice.

Examinez un peu ce que pourroit couster un retranchement a faire dans l'Esplanade dudit Chasteau qui le mist dehors de l'enceinte de la ville, et vous hors d'estat d'aprehender que si des Espagnols entroient dans ledit Chasteau, Ils ne puissent, en estant une fois les maistres, entrer avec facilité dans la ville.

Ne discontinuez point de vous informer de ce que c'est que la vouste de communication, par laquelle l'on dit que l'on peut aller de la ville dans le Chasteau.

Je mande au Sr Breant que toutes fois et quantes que l'on sortira quelque chose des magasins de Pignerol par vos ordres, l'Intention du Roy est que des fonds qui sont a sa disposition, ce qui aura esté tiré y soit promptement remplacé, je vous prie d'y tenir la main.

Comme je ne sçais point qu'elles [sic] sont les conventions que Monsieur le duc de Mantoüe avoit avec les Espagnols pour le passage des choses necessaires pour la subsistance de Cazal, je ne vous sçauroit dire s'Ils refuseront ou non le passage des outils que vous ferez faire a Bresse, mais vous pouvez commencer par une petite quantité pour voir le party qu'ils prendront, et en cas qu'ils les arrestassent, leur envoyer declarer que cela est pour le Roy, et dire que s'Ils rompent le commerce avec vous, Il se pourroit bien faire que vous receviez ordre de S.M. de faire des represailles sur leur plat pais, et sur l'advis que vous donnerez a S.M. de la Response qu'ils vous feront, S.M. vous fera sçavoir ses intentions, cependant vous pourrez faire faire du costé de Pignerol ce que vous verrez que l'on ne voudra pas vous laisser faire du costé de Milan.

Je vous ay deja demandé par une de mes lettres que j'avois escrit a monsr l'abbé d'Estrades de faire a Madame de Savoye toutes les requisitions que vous souhaitteriez pour le passage des choses necessaires pour la manutention de Cazal.

Le Roy s'attend que vous mettiés toute l'Infanterie qui est en garnison dans Cazal sur un aussy bon pied qu'est le Regiment de la Marine, et que vous ne souffriez pas que les Capitaines ayent aucune negligence sur cela. Je suis

No. 68

Le mesme jour l'on a escrit au Sr Breant au mesme sens qu'a M. Catinat sur le remplacement de ce que l'on tirera de Pignerol, a quoy l'on a adjousté les articles suivants.

J'ay veu le Traitté que vous avez fait pour la Fourniture du pain de munition aux troupes qui sont en garnison a Cazal, pour me faire juger s'Il est avantageux au Roy ou non, Il auroit falu me mander ce que vaut presentement le bled dans Cazal, et ce que la mesure dont vous me parlés peze poids de mark, j'aurois aussy souhaitté que vous m'eussiés marqué quelle sorte de gens sont ceux qui ont fait cette entreprise, et que l'on eust spécifié dans ledit Traitté qu'ils seront tenus d'avoir toujours 4000 sacqs de bled, c'est a dire qu'aussytost qu'il s'en consommera 100 sacqs de cette quantité, Ils seront obligés de les remplacer d'autant, puisqu'on ne leur déduit point les deux deniers pour liure, ayez soin de faire qu'ils soient retenus sur la solde du soldat, c'est a dire que l'officier touchant l'argent necessaire pour donner a son soldat deux sols trois deniers avec le pain on luy retienne la mesme somme pour les deux deniers pour liure, comme si on luy donnoit quatre sols en argent, comme le pain ne reviendra qu'a 21 deniers tenés la main a ce que l'on donne le prest aux soldats sur le pied de 2 sols 3 d. par jour, sans que soubs quelque pretexte que ce soit, mesme de faire le descompte du soldat au bout d'un mois du liart que le pain couste moins que les deux sols, vous souffriés qu'on luy donne moins par jour que deux sols trois deniers.

Vous verrés par le mémoire cy joint que le commis du Tresorier doibt rendre compte de 627000#.

Sa Majesté a aprouvé l'ordre qu'a donné Monsr Catinat, au Commissaire d'Escrigny pour l'Infanterie qui a eu ordre de marcher de Pignerol a Cazal, mais comme on aura besoin journellement de batteaux pour le transport des troupes qui passeront a Cazal, et en reviendront, Je vous prie de voir avec Monsieur Catinat s'Il ne seroit pas plus utile d'en faire faire quelques uns que l'on tiendroit a Montcallier, et seroient toujours prest a premier ordre a recevoir les vivres et les troupes que l'on voudroit faire desçendre a Cazal, auparavant de s'engager a cette despense, mandez moy l'advis de Monsr Catinat, ce qu'il y a ordinairement de batteaux a Turin, ce qu'ils portent pezant, ce que l'on paye aux battelliers pour chaque voyage, et en un mot quel seroit l'avantage que l'on tireroit de cette construction./.

No. 70

A M. Catinat du mesme jour 12e Novembre 1681 a Fismes.

Monsieur,

La lettre que vous avez pris la peine de m'escrire le dernier du mois passé m'a esté rendue, continués s'Il vous plaist a me mander les nouvelles que vous aurez, tant des troupes que l'on publiera qui debvront descendre d'Allemagne, que des levées effectives qui se feront dans le Milanois.

Il n'y a point d'aparence de payer des palissades a cinqte sols la piece, Informez vous de leur veritable valeur, et vous verrez qu'elles cousteront Infiniment moins, en les faisant venir du Piedmont, et se servant des rivieres pour cela.

Vous auriés pû ce me semble prendre possession de la ville de Cazal, sans attendre l'arrivée des Battaillons de Pignerol, puisque quand Il n'auroit resté que sept ou 800 hommes dans la Citadelle, Il n'en seroit arrivé aucun inconvenient, et vous auriés advancé le depart de Monsr de Boufflers de quelques jours, qui luy peuvent estre de consequence pour le passage de la montagne.

Je crois qu'il n'est pas necessaire que je vous dise qu'en prenant possession de ladite ville, vous debvez en faire sortir honnestement tout ce qu'il y a de troupes de Monsieur de Mantoüe soubs pretexte de la crainte que vous avés que les soldats des troupes du Roy ne les maltraittassent.

Quand S.M. vous a tesmoigné qu'elle desiroit que les dragons logeassent dans la ville, c'est qu'Elle a crû que les bourgeois en seroient mieux contenus dans l'obeissance, neantmoins vous pouvez en disposer comme vous le jugerez a propos.

La Redoubte dont je vous ai parlé sur l'advenue du Chasteau du costé de la campagne ne sçauroit couster 500 escus, et seroit d'un office merveilleux pour vous asseurer qu'il ne pourroit rien arriver dans le Chasteau que vous n'en fussiez adverty, Et cela est d'une telle consequence qu'il ne faut pas espargner une pareille despense si vous qui estes sur les lieux jugez que cela soit de quelque utilité./.

No. 71

A M. Catinat du 24 9bre a St Germain.[21]

Monsieur,

Je vous envoye la copie de la convention que Monsieur l'abbé d'Estrades a faite avec les ministres de Madame de Savoye pour se rendre mutuellement les deserteurs, Et autant de la lettre que je luy escris presentement sur cela par le commandement de S.M., afin que vous teniez seurement la main a l'execution tant de cette Convention, que de celle que fera Monsr l'abbé d'Estrades sur les ordres que vous verrez par ladite lettre que S.M. luy donne presentement, Vous ferez s'il vous plaist Imprimer des passeports pareils a ceux que l'on destinera aux soldats, observans que l'Impression soit faite de maniere qu'elle ne soit pas aisée a contrefaire, et vous en envoyerez plusieurs

---

[21] Marginal note: L'on n'a point trouvé de minuttes pendant les 12 second derniers jours de novembre, par ce que le Roy estoit [en route?] pour rentrer a St Germain.

exemplaires a Monsr l'abbé d'Estrades pour les remettre aux officiers de Madame de Savoye pour les distribuer aux officiers et gens estant dans les villages, afin qu'on les confronte avec Ceux dont seront chargez les soldats qui voudront passer.

L'on a escrit une mesme lettre a M. d'Herleville, gouverneur de Pignerol.

No. 74

A M. L'abbé d'Estrades du 24e Novembre 1681 a St Germain.

Monsieur,

J'ay receu la lettre que vous m'avez fait l'honneur de m'escrire le 13e de ce mois avec les papiers qui y estoient joint, le Roy a veu la Convention que vous avés faite avec Monsieur de St Thomas pour la restitution reciproque des deserteurs, laquelle ne s'est pas trouvée en la forme que S.M. desire, puisqu'Elle demande que Madame la Duchesse de Savoye fasse publier et executer dans ses Estats, comme S.M. fera faire dans les siens, le mesme ordre qui a esté publié dans ceux de l'Empereur qui avoisinent le Rhin pour que les paisans arrestant tous les François qui n'auront point de passeport de Monsr Catinat, ou de Monsr d'Herleville, desquels passeports on envoyera en suitte des modeles dans tous les villages a fin que l'on n'ait esgard qu'a ceux qui seront expediez en cette forme, c'est ce que S.M. desire que vous solicitiés Incessamment, et que vous luy rendiez compte de la maniere dont madame la Duchesse de Savoye aura receu cette instance.

S.M. desire aussy que vous solicitiés Madame la Duchesse de Savoye de faire publier une deffense expresse a tous ses officiers sur peine d'estre cassez, d'engager dans leurs troupes aucun soldat des garnisons de Cazal, Pignerol, et la Perruse, s'il n'est pas muny d'un passeport en la forme marquée cy dessus, Et S.M. fera la mesme deffense a ses officiers des garnisons susdites, laquelle sera executée de sa part de bonne foy et tres severement.

S.M. a tesmoigné fort agréer le licentiement que Ms le Comte de Mazin a fait faire des soldats de la garnison de Cazal ou de Pignerol qui se sont trouvez dans son regiment, Et c'est assez qu'il commande le regiment de Saluce pour que S.M. veuille bien qu'il ne soit plus parlé de la faute qu'un des officiers dudit regiment a faite de desbaucher des soldats des troupes qui ont passé pour Cazal.

Elle desire que vous teniés soigneusement la main a ce que la Convention que vous avez faite avec Monsr le marquis de St

Thomas, et celle que vous ferez apres avoir receu cette lettre soient ponctuellement executées que vous donniés pour cet effect advis a Mrs Catinat et d'Herleville des plaintes qui pourront estre faites par les officiers de madame de Savoye sur l'inexecution desdites ordonnances afin qu'ils y remedient promptement, Et que s'Ils ne le faisoient pas, vous preniez la peine de m'en advertir pour me mettre en estat d'en rendre compte a S.M.

Elle s'attend aussy que vous porterez a Madame la duchesse de Savoye les Instances dont vous serez requis par les Sr Catinat et d'Herleville, et soliciterez vivement ce qu'ils desireront en execution desdites Conventions. Je suis./.

No. 75

A M. Catinat le 26e Novembre 1681 a St Germain a 7 heures du matin.

Monsieur,

Ce Courier estant sur le point de monter a cheval, Je recois des mains du Sr de la Noüe capitaine au regiment de la marine vostre lettre du 21e de ce mois a midy, a laquelle je repondray en peu de parolles, en vous disant que je suis asseuré que le Roy me commandera de vous remercier du party que vous avez pris de surceoir l'execution de ses ordres portés par l'une de mes lettres du 12e de ce mois que le Sr de la Boullaye vous a rendüe, Et m'ordonnera de vous mander que son intention est qu'en toutes occasions vous en userez de mesme, comme pour ne point retarder ce Courier je ne veux rien mettre dans ce billet qui doive estre chiffré, je me contenteray de vous dire que l'adition mise a la lettre qui vous sera rendue avec celle cy, vous fera voir que le Roy a estimé de son Service de vous prescrire le party que vous avez pris par avance et que je ne doubte point que je n'aprenne par vos premieres lettres le detail de ce que l'abbé Morel vous a mandé de l'esperance qu'il a de reussir dans la negociation qu'il luy a esté prescrite.

Le Roy ne peut manquer d'aprouver que vous permettiés aux officiers de traitter pour de l'argent avec ceux de Monsieur de Mantoüe des soldats François qui estoient dans les troupes de Monsieur le duc de Mantoüe lorsque celles de S.M. sont entrées dans Cazal, et lorsque ces soldats seront reperrez par d'autres Capitaines des troupes de S.M. des garnisons de Cazal ou de Pignerol, comme en ayant deserté, Il ne faut pas souffrir que l'on les reprenne estant juste qu'ils joüissent de l'amnistie que leur donne l'article du traitté de Cazal, prenez garde seulement que cette amnistie ne s'estende pas a d'autres qu'a ceux qui estoient effectivement dans les troupes de Mantoüe en garnison a Cazal, le jour que celles de S.M. sont entrées dans la Citadelle. Je suis./.

No. 76

A M. Catinat du 26e Novembre 1681 a St Germain

Monsieur,

Le Roy a jugé a propos d'ordonner a l'abbé Morel de demander positivement a Monsieur de Mantoüe de recevoir les troupes du Roy dans le Chasteau de Cazal soubz l'authorité d'un gouverneur de Monsieur de Mantoüe, comme les troupes du Roy sont presentement dans la ville, vous aurez veu un memoire[22] que S.M. avoit ordonné qui fust envoyé d'Alzace audit abbé Morel, par lequel S.M. temoignoit disposition a se contenter qu'une compagnie Suisse que l'on feroit semblant de faire passer au service de Monsieur de Mantoüe eust la garde dudit Chasteau, le Roy a jugé a propos de ne luy point faire faire cette proposition, et de se restraindre a celle d'y faire entrer de ses troupes pour estre employées a la garde dudit Chasteau comme sont celles de S.M. qui sont a la ville, Et quoyque vous n'ayés rien a faire en execution de ce que S.M. a resolu a cet esgard, qu'a faire entrer des troupes du Roy dans le Chasteau lorsque l'abbé Morel vous mandera que l'on les y veut bien recevoir, J'ay crû qu'il ne pourroit nuire de vous Informer de tout ce qui se passoit. Je suis./.

No. 77

A Mr Catinat du premier decembre 1681

Monsieur,

J'ay deja accusé la reception de vostre lettre du 21e du mois passé qui m'a esté rendüe par le Sr de la Noüe qui vous portera celle cy, J'ay depuis son arrivée receu par l'ordinaire celle du 17 dudit mois passé je ne me suis point trompé lorsque je vous ay marqué que le Roy vous sçauroit gré du party que vous avez pris sur l'ordre que vous avoit porté le Sr de la Boullaye de faire sortir les troupes de Monsieur de Mantoüe de la ville de Casal, Et quoyque j'ay rendu compte a S.M. de ce que Je vous ay mandé sur ce sujet par le Courier Mezieres, Elle m'a commandé de vous le reconfirmer tout de nouveau, Et de vous dire qu'Elle

[22] Marginal note: C'est celuy que l'on a vu en datte du 23 octobre 1681.

s'attend que vous ferez toujours de mesme en de semblables occasions, Elle attend avec Impatience des nouvelles de l'abbé Morel pour sçavoir sur quoy sont fondées les Esperance qu'il vous a donné de reussir en la negociation qu'il a ordre de faire concernant le Chasteau de Cazal, sur lequel Elle est resolüe de faire presser de maniere Monsieur de Mantoüe qu'il soit obligé de prendre un party entre cy et peu de temps, le soin qu'a pris le marquis de Gonzague d'achepter depuis peu de la poudre pour mettre dans ledit Chasteau, faisant doubter a S.M. que ledit Sr duc de Mantoüe eust ordonné cette despense, s'il estoit resolu de remettre promptement cette place a S.M.

J'ay receu par le dernier ordinaire l'inventaire que le Sr de St Hillaire m'a adressé des pieces d'artillerie et munitions de guerre qui sont dans la Citadelle de Cazal, Il a oublié de me mander ce qu'il y en a dans la ville, Et quoyque S.M. aprouve que l'on les aiye laissés entre les mains de Monsieur le duc de Mantoue, Il ne pourroit estre que fort utile que S.M. sçeust ce qu'il y en a; et M. le Marquis de Gonzagues ne pourroit point trouver a redire qu'y ayant des troupes du Roy dans la ville, vous voullussiez estre informé de quelles munitions l'on peut faire estat en cas de besoin, Je vous prie de m'en adresser au plus tost un mémoire.

Je vous suplie de faire achepter soit en Piedmont, soit aux environs de Cazal, beaucoup de bois d'Ormes a fin que vous en ayés dans vos magasins de quoy monter une partie de l'artillerie que l'on vous enverra de Pignerol, et de quoy faire les autres esquipages que le Roy pourra cy apres ordonner estre mis en magasin a Cazal.

Le Roy a esté un peu surpris du chagrin que Monsieur de Mantoue a tesmoigné contre deux gentils hommes du pais qui portoient le mousquet dans la citadelle de Cazal, S.M. a aprouvé ce que vous avez fait a cet esgard Elle vous recommande que de pareils Cadets ne soient point passé par les Commissaires dans les reveües qui se feront pour le payement des Compagnies. Je suis.

No. 78

A M. Catinat du premier décembre 1681

Monsieur,

Par l'Estat que m'a adressé M. de Lausier, et que je vous renvoye, de la maniere dont se fait la garde dans la ville de Cazal, le Roy a veu que les trois battaillons qui y sont ne fournissent que 222 hommes de garde, Et comme son intention est que l'on monte par tiers ladite garde tant dans la ville que dans la citadelle, S.M. m'a ordonné de vous recommander d'y tenir la main, et d'executer au surplus ce qui est contenu dans mes precedentes.

S.M. ne trouve pas qu'il monte assez d'officiers de garde, ny que l'on fasse faire assez de rondes d'officiers, prenés s'il vous plaist ses ordonnances et faites les executer ponctuellement, Et au lieu de mettre la ronde de capitaine aux heures qui leur sont les plus commodes, faites les leur tirer apres la fermetures des portes, a fin que pas un officier ne sçache jamais devant qu'elles soyent fermées a quelle heure il debvra faire ronde. Je suis./.

No. 79

Autre lettre a M. Catinat du mesme jour.

Monsieur,

Je ne doubte point que l'Intention du Roy ne soit d'avoir toujours a Cazal un pont de batteaux Si on n'en peut pas avoir un solide, je vous prie de me mander la necessité qu'il peut y avoir toujours un pont audit Cazal, la quantité de Batteaux, et ce qu'il faudroit de bois, ancres et cordages pour ledit pont, et ce que cela cousteroit, Et si pendant l'Esté il n'arrive point de débordement au Po qui puisse causer quelqu'accident audit pont.

Examinez aussy s'il vous plaist s'Il seroit d'une grande despense d'y faire un pont solide, Ce que cela pourroit couster et le temps qu'il faudroit pour le construire, Et si vous ne pouvez pas de vous mesme me donner des lumieres sur cela, consultez M. de Vauban pendant qu'il sera a Cazal, et obligez le a me mander son advis. Je suis./.

No. 80

A M. l'abbé d'Estrades, ce premier décembre 1681

Monsieur,

J'ay receu la lettre que vous avez pris la peine de m'escrire le 22e du mois passé, avec le mémoire de Monsieur le Marquis de St Thomas qui y estoit joint, par lequel S.M. a esté surprise de voir que les Ministres de Monsieur le Duc de Savoye fassent difficulté de laisser sortir de Piedmont sans payer de droit les choses necessaires a la fortiffication de Cazal, Ces difficultés sont fondées sur la consequence, et les abus qui en pourroient arriver, la premiere a surpris le Roy, par ce qu'il ne croit point que ce que l'on fera pour les choses qui le regardent puissent estre tirées a consequence pour personne, Et Il est bien persuadé que ceux qui ont mis ce mot dans cet Escrit n'ont pas fait reflexion a son veritable sens.

A l'esgard des abus, Sa Majesté n'estime point qu'il puisse y en avoir aucun, quand on ne demande la Franchise que pour les chose libellées en detail dans un Certificat de Monsieur Catinat, et que S.M. se declare qu'Elle trouvera bon que l'on fasse toutes les visites que les fermiers de Monsieur le Duc de Savoye pourront desirer pour connoistre s'Il n'y en a point d'autres dans les batteaux sur lesquels elles seront chargées, C'est ce qui a porté S.M. a me commander de vous faire sçavoir que son Intention est que vous renouvelliés promptement vos Instances aupres de Madame la Duchesse de Savoye Et que vous luy rendiez compte du succés qu'elles auront.

No. 81

A M. Catinat du 10e Décembre 1681 a St Germain.

Monsieur,

J'ay esté bien aise de voir par vostre lettre du 16e du mois passé que vostre fiebvre soit si considerablement diminuée, que vous ayez esté en estat de m'escrire, et que vous esperiés d'agir dans Cinq ou Six jours.

Le Roy a fort aprouvé que vous ayés fait faire par le Sieur de la Motte la Mire accompagné par un Commissaire de Monsieur de Mantoüe, un procés verbal des reparations a faire aux logements des troupes qui sont dans la ville, lesquelles S.M. veut bien qui soient faites a ses despenses, et que l'on y travaille autant que la Saison pourra permettre.

Il eust esté a desirer que les soldats de Monsieur de Mantoüe eussent voulu continuer a payer ceux des troupes du Roy pour faire leurs gardes, mais aparemment cela ne se pourra plus par la deffense que vous m'avés mandé qui en a esté faite de la part de Monsieur de Mantoüe.

Ce que je vous ay mandé de la voûte que l'on pretend qui communique de la ville de Cazal a la Citadelle m'estoit venu dans des advis de Milan qui peuvent bien n'estre pas veritables.

No. 82

A M. Catinat du 15e Décembre 1681 a St Germain.

Monsieur,

J'ay receu les lettres que vous avés pris la peine de m'escrire les 2e et 6e de ce mois, le Roy a veu par la premiere les nouvelles que vous avés du Milanois, Sa Mté vous recommande de continuer a l'Informer ce qui viendra a vostre connoissance.

L'Intention du Roy est toujours que le destachement de la Citadelle dont Je vous ay parlé pour la garde de la ville soit fait, et que la garde se fasse de maniere que dans tous les postes les françois soient plus forts au moins d'un tiers que les Montferrins. Je suis toujours./.

No. 83

A M. Catinat du 21 Décembre 1681 a St Germain.

Monsieur,

Le Roy a apris ce matin par une lettre de l'abbé Morel du 13e de ce mois que monsieur le duc de Mantoüe estoit en fin convenu de faire remettre en vostre pouvoir le Chasteau de Cazal, et avoir despesché un Courier a ceux de ses ministres qui sont restez a Mantoüe pour leur ordonner de faire passer dilligemment a Cazal l'ordre necessaire pour que lorsque les troupes du Roy se presenteroient pour entrer dans le Chasteau on ne fist point de difficulté de les y recevoir, Mondit Sieur le duc de Mantoüe a seulement charger l'abbé Morel de suplier le Roy de trouver bon que les troupes de S.M. qui seroient dans ledit Chasteau receussent l'ordre du Marquis Claudio Gonzagues comme font presentement celles qui sont dans la ville, d'ordonner a ses ambassadeurs de respendre dans les Cours ou Ils sont que l'argent que Monsieur le duc de Mantoüe a receu lorsque les troupes du Roy sont rentrées dans la Citadelle de Cazal n'a point esté le prix de la vente de la place, mais bien un payement qui luy a esté fait pour luy tenir lieu de plusieurs pretentions qu'il avoit, et enfin que les troupes qui seroient dans le Chasteau ne donnassent point lieu a aucune fraude qui pust prejudicier aux droits de Monsieur de Mantoüe, n'y marquer qu'il eust abandonné la souveraineté de la ville et dudit Chasteau./.

Ledit Sr Abbé Morel adjouste qu'il vous a donné advis de ce que dessus par un Courier Exprés afin que l'entrée des troupes du Roy dans ledit Chasteau, que S.M. a marqué désirer avec tant d'empressement ne fust point retardée.

Monsieur le Duc de Mantoüe n'a point voulu stipuler aucune gratiffication pour luy en considération de la remise du Chasteau entre les mains de S.M. et a tesmoigné se rendre de bonne grace aux instances qui luy en ont été faites de sa part.

Le Roy est persuadé qu'aussy tost que vous aurés receu l'advis du succès de la negociation de l'Abbé Morel, vous n'aurés pas manqué de requerir le Commandant du Chasteau d'y recevoir les Troupes de S.M. qu'Elle supose y estre entrées il y quelques jours; S.M. ne laisse pas de me commander de vous despescher ce Courier pour vous dire qu'Elle se remet à vous de regler le nombre de troupes qui debvront estre mises en garnison dans le Chasteau, sur lequel S.M. ne vous prescrit rien parce qu'Elle ne sçait pas au juste la capacité des logements dudit Chasteau. Elle est persuadée qu'il y en faut mettre autant qu'il y en pourra contenir sans avoir egard au plus ou moins de garde que peut exiger la seureté du Chasteau.

Elle ne desire point que les troupes qui y seront logées soient chargées en particulier de la garde d'iceluy, et son intention est que les Escouades des compagnies logées dans ledit Chasteau, aillent monter la parade dans la place de la ville, d'ou la garde que vous estimerés nécessaire audit chasteau sera destachée sur toutes les troupes tant de la ville que du Chasteau se tire comme se fait un des postes de la ville, et qu'ainsy l'on ne sçache jamais avant l'heure que la garde se monte qu'elles escoüades doivent estre de garde dans ledit Chasteau.

Que si veu la grande quantité de troupes qui sont dans la Citadelle, et le peu d'employ qu'elles ont a la garde de la Citadelle, vous jugez a propos que les Escoüades qui monteront en garde dans le Chasteau soient destachées de la garde de la Citadelle, Et que ce poste y soit tiré comme un des postes de la Citadelle, S.M. le trouvera bon, moyennant quoy les troupes logées dans le Chasteau iront toujours monter la garde a la ville et seront employées a la garde des postes de la ville comme si elles estoient logées dans une Caserne de la Ville.

Le Roy prescrit toutes ces precautions parce qu'il connoist l'Importance du Chasteau dans lequel si les Espagnols pouvoient trouver moyen d'entrer, Il est bien asseuré que ses troupes qui sont dans la ville seroient perdües, ou obligées de se retirer dans la Citadelle en grand desordre.

S.M. vous recommande de ne pas souffrir que l'on ouvre aucune porte dudit Chasteau du costé de la campagne, et Elle vous ordonne de tenir la main a ce qu'elles soient fermées si solidement que ne pouvant estre ouvertes qu'en plusieurs jours de travail, tout commerce du dit Chasteau avec le dehors devienne extremmement difficile.

S.M. se remet a vous de prendre parmy celles de ses troupes logées dans la ville ou dans la Citadelle, le Battaillon ou les Compagnies que vous estimerés a propos d'establir dans le Chasteau. Il luy paroistroit neantmoins qu'il luy seroit plus apropos de la

Citadelle afin de ne point diminuer la garnison de la ville, et de soulager d'autant plus les logements de la Citadelle qui ne sont deja que trop remplis.

Je crois qu'il est Inutile de vous faire remarquer que le Roy ne pretend pas qu'il reste aucun officier n'y soldat de Monsieur de Mantoüe dans ledit Chasteau puisque Monsieur de Mantoüe ne s'est point explicqué le desirer, Et qu'au contraire il a dit positivement qu'il feroit remettre aux troupes du Roy le Chasteau, Et que tout ce qu'il desiroit estoit que les dites troupes parussent au public estre dependantes du Marquis Claudio Gonzagues gouverneur de la Ville, ce que S.M. desire que vous fassiés executer en effect, c'est a dire que le Commandant dudit Chasteau rende audit Marquis Claudio Gonzagues les mesmes respects et obeissance en aparence qu'a M. de Lausin.

A l'esgard du commandement dudit Chasteau le Roy le veut bien donner au Sr de l'Isle s'Il prefere ce commandement a la Lieutenance de Roy de la Citadelle, auquel cas S.M. donnera la Lieutenance de Roy de la Citadelle au major d'Icelle, que si ledit Sr de L'Isle aime mieux demeurer dans la Lieutenance de Roy de la Citadelle, Elle trouve bon que vous establissiés le major de la Citadelle pour Commandant du Chasteau, et Elle disposera de la Majorité de la Citadelle.

Je vous prie de m'envoyer par le retour de ce Courier un Estat de l'artillerie et des munitions de guerre et de bouche qui se seront trouvées dans ce Chasteau, Et de me mander ce que vous croyés qu'il sera necessaire d'adjouster de Canon pour la garde dudit Chasteau aux Cinquante pieces que le Roy vous permet de tirer de Pignerol.

L'Intention de S.M. sera que vous fassiés mettre dans ledit Chasteau du bled et des legumes pour la nourriture pendant un mois de la garnison que vous y establirez et que vous y fassiés establir une Cantine au moyen de laquelle il y ait au moins pour ce temps la de boissons.

Si vous estimez qu'il puisse estre utile au service du Roy que le Commandant du Chasteau soit aux ordres du Sr de Lausier, S.M. trouve bon que vous vous explicquiez qu'Elle vous en a donné l'ordre.

Je ne doubte point que M. de Vauban n'arrive a peu pres en mesme temps que ce Courier, y ayant plus de huit jours qu'il doibt estre party d'Alsace. Je regarde comme un avantage considerable que le Chasteau ait esté remis au Roy devant l'arrivée de M. de Vauban parce qu'il est fort diferent de faire un projet de fortiffication pour la ville quand on a le Chasteau ou quand on ne l'a pas.

Je vous suplie d'ordonner au Sr de la Motte la Mire de m'envoyer un plan exact du Chasteau, tant des fortiffications que du logement et des sousterrains avec un memoire de l'estat ou est chaque partie.

Le Roy a chargé M. l'Abbé d'Estrades de negocier auprés de Madame la Duchesse de Savoye la liberté de tirer sans payer aucun droit les choses necessaires aux fortiffications, a l'artillerie et a la subsistance de la garnison de Cazal, ce que les ministres de cette princesse l'ont porté d'abord a refuser soubz pretexte des fraudes qui pourroient se commettre qui ruineraient absolument les fermes de Monsieur le Duc de Savoye. Sur quoy a ordonné a M. l'Abbé d'Estrades de renouveller ses Instances au sujet desquelles l'ambassadeur de Savoye m'est venu trouver aujourd'huy pour me dire que Madame la Duchesse de Savoye accordoit ce qui luy avoit esté demandé par S.M., mais qu'Elle la suplioit de trouver bon qu'il ne fust point publié d'ordonnance de Monsieur le Duc de Savoye pour permettre publiquement cette liberté de tirer tout de son pais sans payer de droits, mais que chaque fois que l'on auroit besoin de quelque chose en en escrivant a Monsieur l'Abbé d'Estrades, Elle acorderoit des passeports pour tout ce qu'on luy demanderoit, de quoy S.M. s'est contentée, et Elle a trouvé bon que je vous fisse sçavoir que son intention estoit, que vous aportassiés les mesmes precautions pour la conservation des droits de Monsieur le duc de Savoye et empescher qu'ils ne soyent fraudés soubz pretexte des besoins de Cazal que vous auriés pour les fermiers du Roy. S.M. trouvant bon que les Batteaux pour la charge desquels vous aurez obtenu des passeports soyent visités en toute liberté par les officiers de Monsieur de Savoye, Et que tout ce qui s'y trouvera qui ne sera pas compris dans le passeport que vous aurés demandé soit confisqué tout comme s'il estoit trouvé sur un batteau de marchand.

S.M. a bien voulu encore que les batteaux qui pourront dans la suite desçendre de vers Montcallier chargés de troupes puissent estre visitez par les officiers de Monsieur le Duc de Savoye, pour voir si parmy les Esquipages des officiers ou parmy les munitions de guerre que l'on meneroit de Pignerol a Cazal, Il ne s'y trouvera rien que l'on veuille faire passer sans payer qui ne soit point compris dans les passeports que vous aurez obtenus, que ledit ambassadeur a promis qui seroient toujours expediés sans difficulté, Et avec toute la promptitude que vous pourrez desirer. En un mot S.M. veut que l'on responde a l'honnesteté avec laquelle Madame la Duchesse de Savoye se conforme a ce qu'Elle desire, Et que, tirant de son pais les choses dont on aura besoin pour son service, on n'abuse point de cette liberté pour ruiner les fermiers n'y donner lieu a ses fermiers de luy demander des desdommagements, Et S.M. a trouvé bon que l'on ne demandast de franchise que pour les choses necessaires a la fortiffication et a l'artillerie et pour les bleds, foins, et avoines, necessaires pour la subsistance de la garnison de Cazal. Je suis./.

No. 84

A M. Catinat du 22 decembre 1681 a St Germain.

Monsieur,

Le Roy seroit bien aise de sçavoir qu'elle est la disposition du terrain par lequel on pourroit aborder la ville de Gennes du costé de Nerny, et de sçavoir si comme l'on en a asseuré S.M. Il seroit possible sans ouvrir de tranchée d'establir une batterie de mortiers assés proche des fortiffications de la ville pour y jetter des bombes tant que l'on voudroit. Les plans qui ont ont esté envoyez a S.M. de la fortiffication de Gennes marquent que cette ville est envelopée d'une double fortiffication extremmement grande qui commence sur le Cap ou montagne qui couvre le port du couchant, et vient se joindre a la fortiffication de la ville qui est du costé du levant sans enveloper la teste de la dite ville de ce costé la qui paroist sur ledit plan estre deffendüe de quelques mauvais redans et d'une petite Riviere qui est nommée sur les Carthes Besagna. Il est bien difficile que ce petit ruisseau ou torrent qui en entrant dans la mer laisse a sa droite l'Eminence sur laquelle est sçituée ladite ville de Gennes, ne laisse quelque hauteur a sa gauche sur le revers de laquelle on dit que l'on pourroit placer un Corps de troupes a couvert des fortiffications de la ville lequel soustiendra une batterie de mortiers, et c'est de quoy le Roy desireroit estre esclaircy, S.M. a jetté pour cela les yeux sur M. de Lausier qu'Elle croit que vous pourriez envoyer a Gennes soubz pretexte de se plaindre que l'on n'arreste pas les deserteurs, ou le charger d'y aller soubz pretexte de divertissement et de satisfaire a sa curiosité, luy recommandant de prendre son chemin de maniere que venant du costé du levant il passe par Nerny et de la par le chemin ordinaire que suivent ceux qui arrivent a Gennes de ce costé la.

S.M. desire que vous luy recommandiés de se conduire de maniere que personne ne puisse s'apercevoir de l'objet de sa curiosité, Elle se remet a vous de luy faire faire ce voyage dans le temps que vous estimerez plus a propos d'icy a la fin du mois de fevrier prochain. Je suis./.

No. 85

A M. Catinat du 23e Xbre 1681

Monsieur,

Vous serez particulierement instruit par le mesmoire cy joint des pieces d'artillerie et munitions de guerre que le Roy desire avoir dans la Citadelle de Cazal, et des lieux d'ou vous les devrez tirer. Si vous croyés avoir besoin de quelque chose qui ne soit point ordonné par ledit memoire Je vous prie de me le faire sçavoir, et cependant de ne pas souffrir qu'il soit perdu de temps a son execution.

Le Roy fait estat de rendre a Monsieur de Mantoüe tout le Canon qui s'est trouvé dans la Citadelle, et de luy payer celles des munitions qui y sont qui se trouveront de bonne qualité, mais comme Il ne seroit pas juste qu'en amenant tout ce Canon a Mantoüe, ou la plus grande partie, Il laissast la ville de Casal dont il compte que le Roy retirera ses troupes lorsque les logements de la Citadelle seront construits, garnie de mauvaise artillerie, vous aurez soin, lorsque le Roy vous envoyera ses ordres pour permettre qu'une partie de l'artillerie qui est presentement dans la ville et dans la citadelle de Casal soit voiturée a Mantoüe, de choisir sur toute ladite artillerie les Cinquante pieces de meilleure qualité et le plus en estat de servir pour rester dans ladite ville, et si jamais les Espagnols se trouvoient de pouvoir s'aprocher de Casal vous n'oublierés rien pour retirer dans la Citadelle les grosses pieces de cette artillerie, a fin que si par des accidents que l'on ne peut prevoir, et que j'espere que nous ne verront point, la ville venoit a tomber entre leurs mains, Ils n'y trouvassent pas de quoy battre la Citadelle.

Le Roy seroit bien aise de sçavoir ce que sont devenues les Cent mil pistolles qui ont esté payées au Marquis de Gonzagues lorsque les troupes de S.M. sont entrées dans Casal, Elle seroit bien aise que vous fassiez ce que vous pourrés pour vous en informer, sans que les officiers de Monsieur de Mantoüe puissent connoistre que vous ayés eu ordre de S.M. de luy en mander des nouvelles.

L'Abbé Morel a escrit que cet argent estoit dans le Chasteau, Et qu'une des raisons des refus que Monsieur de Mantoüe avoit fait de le remettre au pouvoir du Roy, estoit qu'il ne sçavoit ou mettre ailleurs cet argent. Ledit abbé Morel est persuadé qu'il est arrivé depuis peu a Mantoüe avec les Vins de Montferrat que l'on y envoye tous les ans pour la provision de la Maison de mondit Sr de Mantoüe, vous me manderez s'Il vous plaist ce que vous en aurés apris. Je suis./.

No. 87

Lettre de M. de Louvois a M. Catinat du 29e decembre 1681

Monsieur,

Le Roy a veu avec surprise par la lettre que vous m'avez escrite le 16 decembre a 6 heures du matin, qu'estant Informé que le Chasteau de Casal estoit demandé a Monsieur de Mantoüe par ses ordres, Et que sur les Instances dudit abbé Morel, Monsieur de Mantoüe avoit ordonné que l'on vous le remist lorsque vous le desireriez, vous n'ayez pas pris aussy tost le party de demander les portes de ce Chasteau, dont vous connoissez assez l'Importance pour que quand vous n'aurez pas esté Informé des ordres que le Roy a envoyés a M. l'abbé Morel sur ce sujet, vous n'eussiez pas deub heziter a prendre cela sur vous, vous aurés connu par les despesches dont le Courier la Neuville a esté chargé qu'il n'est pas tombé dans l'esprit de S.M. que vous y puissiez manquer, puisqu'Elle ne vous a point donné d'ordre de demander le Chasteau mais vous a seulement prescrit la maniere dont Elle desiroit qu'il fust gardé, Ce que j'espere qui vous aura mis dans l'intelligence ou vous debvrés estre qu'il n'y avoit point a hesiter a en demander la Possession, dés que vous avez sçeu que Monsieur de Mantoüe avoit ordonné que l'on vous le remist, Car sans cela S.M. m'ordonneroit de vous despescher un Courier Exprés a fin de ne pas laisser Monsieur de Mantoüe le temps de changer de resolution sur une chose aussy importante que celle la.

No. 88

A M. Catinat du mesme jour.

Monsieur,

Le Roy a veu par la lettre que vous avez pris la peine de m'escrire le 16e de ce mois au soir que M. de Larray vous avoit fait dire que M. le Marquis de Gonzagues avoit receu l'ordre de vous remettre le Chasteau de Casal. Comme le regiment dudit Sr de Larray est dans la Citadelle, S.M. m'a commandé de sçavoir de vous si vous souffrez que les officiers de la garnison couchent a la ville, Et m'a en mesme temps ordonné de vous faire observer qu'il ne peut estre que fort important que vous preniez les mesures necessaires pour que s'il se passoit quelquechose de consequence a la ville pendant la nuit vous ne laissassiés pas d'en estre promptement adverty, ce qui ne se peut ce me semble faire qu'en laissant les Clefs du pont levis de la demie lune de la Citadelle qui est du costé de la ville, entre les mains de l'officier qui commandera dans ladite demie lune, lequel debvra estre un capitaine, et mettant quelque Cloche un peu grosse dans ladite demie lune par le son de laquelle vous puissiez estre adverty promptement pour faire ensuite ouvrir la porte avec les precautions convenables, que s'Il n'estoit question que de recevoir des lettres vous n'auriez qu'a faire mettre une machine propre a vous les faire passer dans une Corbeille, en sorte que rien ne pust vous empescher d'estre adverty promptement jusqu'a la moindre chose qui arriveroit dans ladite ville, S.M. se remet a vous de prendre quelqu'un des Expedients marqués cy dessus, ou tel autre que vous jugerez a propos duquel vous luy rendrez compte, observant toujours que le service de S.M. veut que vous fassiez vostre sejour ordinaire dans la Citadelle, et que vous ne couchiés jamais a la ville. Je suis./.

No. 89

A M. Breant du 29e Xbre 1681

Par les memoires que j'ay receus du prix des denrées a Turin, Je trouve que l'Emine[?] d'avoine dont il faut 13 pour faire le septier de 29 boisseaux mesure de Paris y coustoit 14 sols le 15e de ce mois ce qui fait pour un Septier 9# 2 sols, Et qu'il ne peut couster que 15 sols par sacq pour la desçendre a Casal, ainsy le Septier de Paris n'y sçauroit couster que dix livres en comptant trois ou quatre sols pour les embarquements et debarquements, Et comme Il y a 36 rations du Septier de Paris chacune ration ne doibt revenir sur ce pied la qu'a Cinq sols et quelque chose de moins que sept deniers.

A l'esgard du foin, il se vend a la thoise cube, il ne revient qu'a quelquechose de moins de 20 sols le Cent pesant, et la voiture a environ 15 sols, comme il y a plus de six rations dans un Cent, la ration de foin et d'avoine ne debvroit pas couster plus de 11 sols ce qui est bien esloigné de 14 que vous dites qu'elle coustera ce mois cy, proffités des lumieres que je vous donne, et une autre fois ne m'obligés pas a escrire a un autre que vous pour estre informé de pareille chose./.

No. 90

A M. Catinat du 2 Janvier 1682 a St Germain.

J'avois toujours esperé qu'apres avoir leu la lettre de l'abbé Morel, par laquelle il vous a deub aprendre que c'est par commandement exprés de S.M. qu'il a solicité Monsieur de Mantoüe d'envoyer ordre au Marquis de Gonzagues de vous remettre le Chasteau, vous n'auriés pas hezité a luy en demander l'execution, Cependant Je vois avec beaucoup de surprise que vous attendiez des ordres de S.M., sur quoy vous estes d'autant moins excusable, que si vous aviez crû avoir besoin des dits ordres, vous n'auriez pas deub manquer de l'escrire par un Courier Exprés, qui vous en auroit aporté la response en huit ou neuf jours, au lieu que ne m'escrivant que par l'ordinaire que vous attendez des ordres de S.M., vous vous exposez a voir changer les ordres de Monsieur de Mantoüe par mil accidents qui peuvent arriver a un prince comme luy, et le service du Roy a recevoir un prejudice irreparable, puisque vous sçavez mieux que personne que les troupes de S.M. ne seront en seureté dans Casal, et ses armes a couvert de recevoir une injure, que du jour qu'elles seront dans le Chasteau de Casal, Et quoyque j'espere que les despesches qui doivent vous avoir esté remises par le Courier la Neuville il y a plus de quatre jours, par lesquelles S.M. suposant que vous aviez deja mis ses troupes dans le Chasteau, vous instruisoit de la maniere dont elle desiroit qu'il fust gardé, vous auroit porté a demander audit Marquis de Gonzagues l'entrée dudit Chasteau, je ne laisse pas de vous despescher ce Courier Exprés pour vous tesmoigner la mauvaise satisfaction que le Roy a du retardement que vous avez aporté a vous mettre en possession dudit Chasteau, et a fin que si le Marquis de Gonzagues voulloit voir un ordre de S.M. l'entrée des troupes du Roy dans ledit Chasteau ne fust pas plus retardée, vous trouverez cy joint une lettre de S.M. qu'Elle vous escrit sur ce sujet, a l'inspection de laquelle je ne doubte point que ledit Marquis de Gonzagues ne vous remette ledit Chasteau, de quoy S.M. ayant impatience d'estre promptement informée, Elle vous recommande en cas que vous ne luy ayés pas donné advis de l'entrée de ses troupes dans ledit Chasteau par le retour du Courier la Neuville, de ne garder ce Courier qu'autant qu'il sera necessaire pour que vous puissiez luy rendre compte de la sortie des troupes de Monsieur de Mantoüe, et de l'establissement de celles de S.M. que vous y aurés fait./.

PART III

Nature: Troupes en Espagne, Flandre, Italie—1682. Hostilités en Flandre 1683.

Cote: Dépôt général de la guerre A 1 688.

Nature: Troupes en Espagne, Flandre, Italie—1682. Hostilités en Flandre 1683

Cote: Dépôt généal de la guerre A 1 688

The first six letters in this volume are addressed to the Marquis d'Herleville, Governor of Pignerol, and deal with the movements of different regiments.

The rest of the letters concern the military operations in Flanders during the period August 1683 to September 1683 and are addressed to various intendants and officers and to Maréchal d'Humières who was in command of the troops in Flanders.

The purpose of these operations was to occupy parts of the Spanish Lowlands and to force the Spaniards to recognize the sovereignty of France over the territory of Alost, the cities of Grammont, Ninove, Lessines and the region known as the Vieux Bourg de Gand. The sovereignty of these territories had not been explicitly decided upon in the treaty of Nimègues and Louis XIV claimed it by virtue of having conquered, occupied and exercised the rights of a proprietor and sovereign in these lands during the war against Holland.

LETTERS OF LOUVOIS

PART III

No. 43

A M. d'Herleville
A Versailles ce 18e Aoust 1682

Monsieur:

J'addresse à Mons. de Montanegues des ordres du Roy pour faire partir d'Orange le regiment de dragons de la Lande qui y est presentement, lorsqu'il y aura faict executer ce que S.M. luy a ordonné, et le faire aller à Pignerol en la place du regiment de Fimarcon que S.M. a trouvé bon de faire venir en Dauphiné. Les huit compagnies du regt de la Lande n'arriveront à Pignerol que deux à la fois et à deux jours les unes des autres, et les ordres cyjoint pour le regt de Fimarcon sont pour le faire entrer de-mesme en Dauphiné deux compagnies à la fois. Je vous prie de faire partir les premieres celles qui ont leurs routes par Ambrun afin qu'elles ayent passé Teynes lorsque les compagnies du regt de la Lande qui vont par le Buys Orpierre et la susdite ville de Teynes y arriveront, et qu'elles ne les rencontrent p[as], a l'esgard des quatre autres compagnies du regt de Fimarcon il suffira que vous les fassiez mettre en marche dans le tems que vous sçaurez que les compagnies du regt de la Lande seront vers Ambrun suivant l'advis que Mons. de Montanegues a ordre de vous donner de leur départ d'Orange pour entrer dans leurs routtes, dont vous trouverez cyjoint une copie.

Je suis, Monsieur, votre tres humble et tres affectionné serviteur,

Louvois

No. 45

A M. d'Herleville
A Chambord le 30e Septembre 1682

Monsieur,

Je vous addresse des ordres du Roy pour faire venir en Dauphiné les quatre compagnies qui composent presentement l'escadron de Florensac dans le regt de cavalerie d'Arnolfinz et qui doibvent doresnavant servir dans le regiment dont S.M. a donné le commandement a M. de Florensac en la place desquelles les compagnies de chevaux légers de Montbrun, Marguyan et Castain qui ont ordre de se rendre à Pignerol entreront dans le reg[t] d'Arnolfinz avec celle de Masson a present du reg[t] de Crillon ou elle sera remplacée par la compagnie de Solignac qui se va rendre aussy à Pignerol. Je vous prie d'en faire partir les compagnies de Florensac et de Bondy les premieres et celles de la Rochelongchamp et Janorey deux jours apres.

Je suis, Monsieur, votre tres humble et tres affectionné serviteur,

LOUVOIS

No. 46

A M. d'Herleville

Monsieur

Je vous adresse un pacquet pour Mons. le marquis de La Trousse que je vous prie de luy envoyer a Thurin par un homme exprez avec ordre de lui remettre en main propre. Je suis

Monsieur

Votre tres humble et tres aff[né] serviteur,

LOUVOIS

No. 50

A M. le Marquis d'Herleville
A Compiegne ce 8e mars 1683

Monsieur,

J'addresse presentement a Mons de St André premier president au parlement de Grenoble des ordres du Roy pour faire rendre à Pignerol le reg[t] d'infanterie de Vendosme que Sa Maté a destiné pour aller relever dans Cazal le premier battaillon du reg[t] de la marine. L'intention de Sa Maté est qu'aussytost que vous serez adverty par Mons. de St. André du jour que le reg[t] de Vandosme se debvra rendre à Pignerol vous en informiez Mons. le Marquis de la Trousse afin qu'il pourvoye a ce qui sera a faire pour le passage du reg[t] a Cazal, et que quand il aura fait rendre le reg[t] de la marine a Pignerol et qu'il s'y sera reposé trois jours vous ayez soin d'en faire partir huit compagnies; et les neuf autres deux jours apres suivant ce qui est porté par les ordres de Sa Maté qui seront cy joint. Je vous en addresse encore pour faire partir.

Marginal note: Je vous prie d'avoir soin de faire tenir les trois pacquets cyjoint.

No. 53

A M. d'Herleville
A Versailles ce 16e Mars 1683

Monsieur
J'ay receu avec la lettre que vous avez pris la peine de m'escrire le 10e de ce mois les nouvelles qui y estoient jointes. Le Roy trouve bon que vous fassiez payer au nommé le Bobbio la mesme chose qu'il a accoustumé de toucher, et en cas qu'il donne quelqu'avis de conséquence vous pouvez l'asseurer que St Maté luy accordera outre cela quelque gratification. Je suis,
Monsieur,
Votre tres humble et tres aff[né] serviteur,
LOUVOIS

No. 74

A M. le Marquis d'Herleville
A Fontainebleau ce 15e aoust 1683

Monsieur,
Je vous addresse des ordres du Roy pour faire venir en Dauphiné le reg[t] de cavalerie d'Arnolfinz. Je vous prie de le faire mettre en marche dez le lendemain que vous les aurez receuz, et de me faire sçavoir le jour qu'il se debvra rendre a Die. Je suis
Monsieur
Votre tres humble et tres aff[né] serviteur
LOUVOIS

No. 75

M. de Louvois à M. le Peletier
A Fontainebleau le 7 août 1683

Le Roi jugeant à propos d'obliger les Espagnols à lui faire raison des justes pretensions que Sa Maté a sur la Chastellenie d'Alost, vieux bourg de Gand et autres pays compris dans la demande du Procureur de Sa Maté en la Conférence qui s'est tenue à Courtray pour le règlement des Limites Sa Maté a fait adresser ses ordres à une grande partie des Troupes qui composoient les Camps de la Saone et de la Sarre pour se rendre en Flandre et en Haynault avant la fin de ce mois. Et comme elle veut que toutes choses soient prêtes pour entrer dans le pays des Espagnols dans les 2 ou 3 premiers jours du mois prochain, si entre ci et ce temps là il n'arrive rien qui lui fasse changer de résolution, Sa Maté m'a commandé de vous informer du projet qu'elle a fait, afin que vous puissiez concerter avec M. le Mal d'Humieres, les mesures necessaires pour que les Corps de Troupes, que Sa Maté jugera à propos de faire assembler, ne manquent point de subsistance.

Sa Maté ne pense point à faire aucun siège, mais seulement à faire etablir les troupes dans les pays qui donnent une plus considérable subsistance à celles de Sa Maté Catholique, et d'essayer que les troupes s'y mantiennent aussi longtemps que la saison pourra le permettre, et d'ici au temps que les Troupes du Roi seront obligées de se retirer par la mauvaise saison de mettre les dits pays en état de ne pas donner beaucoup d'argent au Gouverneur des pays bas pendant l'hiver prochain.

Comme les Pays sujets à la domination espagnole qui sont les plus abondants sont ceux qui sont entre la Riviere de Bruxelles et l'Escaut et entre la Lys et le Canal de Bruges, Sa Maté croit que l'on ne peut mieux faire pour en tirer une subsistance considérable que d'établir 7 ou 8 bataillons à Harlebeck et d'y joindre 4000 chevaux sous le commandement d'un officier général qui mettront la Chatellenie de Courtray, la partie du franc de Bruge sous contribution, que M. le Mal. d'Humieres établisse en même temps un Pont sur l'Escaut vers Pontalaise et Escanasse, qu'il fasse bien retrancher et laisse 6 Bataillons avec de la Cavalerie pour le garder et qu'avec les 16 autres et 8000 Chevaux il s'avance à Lessines d'où il sera en état d'obliger les pays Espagnols situés entre les 2 Escauts et la Riviére de Bruxelles, même ceux vers Bresme le Comte et Soignies à contribuer à la subsistance des troupes qu'il commandera.

Il importe fort à la réussite de ce que dessus de le conduire de maniere que qui que ce soit n'en pénètre rien afin d'éviter que le Marquis de Grana, en étant averti, n'appelle des troupes de Hollande et celle du Prince de Lunébourg.

Il faudra environ 35 rations de pain par jour, c'est-à-dire que 1000 septiers[1] de bled[2] dureront cinq jours, et que pour deux mois qu'il y a apparence que cette Expédition pourra durer il faudra 10 à 11 [mil][3] septiers de bled. Vous pouvez profiter de cette occasion pour faire consommer les bleds appartenants à S.M. qui sont dans votre Département lesquels l'on remplacera de nouveaux, son intention étant d'en avoir toujours une pareille quantité dans ses Places. Je crois que vous ne serez pas em-

---

[1] See note 1, page 160.
[2] bled=blé.
[3] the word *mil* was left out in the text.

barassé de trouver la quantité de bled ci-dessus dans votre Département; il faut seulement l'acheter sans bruit. Il n'est point nécessaire d'en faire présentement toute la provision ci-dessus, il suffit y compris les bleds qui sont dans les Places du Roy, d'en avoir pour le premier pendant le courant duquel il sera aisé de se pourvoir du reste.

Il faut avoir pour 12 ou 15 jours de farine de provision; laquelle je crois que vous pouvez faire faire, sans que l'on s'en aperçoive, à Lille, Douay, Tournay et Valenciennes, en disant que pour consommer les bleds du Roy vous avez reçu ordre de faire donner le pain aux troupes pendant les mois de Septembre et Octobre prochains, et encore est-il bien à propos de ne faire faire cette farine que le plus tard qu'il se pourra. Vous devez vous régler pour cela sur la connoissance que vous avez de la quantité de moulins qu'il y a dans chaque ville, de ce qu'ils peuvent moudre en 24 heures et du tems qu'il faut pour la faire voiturer à Tournay où je crois que tous le pain de munition se devra faire pour être escorté à Lessines et à Harlebeck par les troupes qui garderont le Pont de l'Escaut. Comme le Sr de Nalicourt a plus de 18000 sacs entre ses mains, vous n'aurez qu'à lui en demander la quantité dont vous aurez besoin, et si les munitionnaires ont encore des Caissons dans quelques unes des villes de Flandre vous pourrez vous en servir en y faisant atteler des Chevaux du Pays, sinon il faudra demander audit pays des chariots couverts de toile qui serviront à cet usage, et je suis persuadé que 150 chariots à peu près pourront suffire à cette fourniture.

Si une partie des troupes peut subsister sans pain vous leur ferez donner un sol de chaque ration de pain qu'ils ne prendront point, et leur expliquerez l'ordre que vous en avez dès qu'ils s'assembleront afin qu'ils prennent ce parti le plus tôt.

Sa Maté estime qu'il suffira que M. le Mal d'Humieres mene avec lui 20 pièces de canon de campagne, et que le Lieutenant général qui commande sur la Lis en ait huit. Vous ferez avec M. Dumetz un Etat des Chevaux qui vous seront nécéssaires pour les conduire avec des munitions à proportion, lequel vous m'enverrez s'il vous plait, prenant vos mesures qu'il faut des chevaux du pays pour conduire cette artillerie, et demeurer à la suite de l'Armée jusqu'à ce que je vous aye envoyé le nombre de chevaux que pourra demander M. Du Metz, lesquels ne pouvant lever à Paris qu'en même temps que M. le Mal d'Humieres fera assembler les troupes, ne pourront vous joindre que 9 ou 10 jours après qu'il se sera mis en campagne.

Il sera bon qu'entre ci et la fin de ce mois vous teniez prets tous les ordres nécéssaires pour la demande des charrois et que vous fassiez un projet de la manière dont vous pourrez faire subsister les troupes aux dépens du pays Espagnol.

L'intention de S.M. sera que l'Officier touche sa solde entière, que le Soldat et le Cavalier ayent, outre le pain, de la viande abondamment et la solde de campagne, et selon que la recette de l'argent que vous imposerez le sera, S. Mté donnera ses ordres pour ce qu'elle voudra donner aux officiers généraux.

La connoissance que vous avez de la force des pays Espagnols, par la contribution que vous y avez imposée, vous mettra en état de préparer facilement vos billets pour ladite imposition que vous ne sauriez faire trop forte, c'est-à-dire qu'elle doit égaler la contribution d'une année.

Vos ordres doivent être censés pour la subsistance des troupes que le Roi a jugé à propos de faire loger dans le pays Espagnol jusqu'à ce qu'on lui ait fait raison des justes prétentions que S.M. a sur le pays d'Alost &tc[4] et doivent porter qu'un tel lieu est cotisé à la somme de tant, qu'on en portera la moitié à un tel lieu un tel jour et l'autre moitié 8 jours après, à peine d'éxécution militaire, de laquelle il payera non-seulement les frais mais que sa taxe sera augmentée du double s'il n'y satisfait pas dans le temps. Vous me manderez à quoi cette taxe pourra monter.

Comme en cette saison les Granges sont toutes pleines et que les troupes ne manqueront pas de battre beaucoup vous pourrez établir à la suite de chaque Corps un Commissaire qui achète le bled qu'elles battront a 3 ou 4 livres le Septier, et le renvoyer à Tournay par les Chariots qui auront amené du pain.

Je crois qu'il est inutile que je vous fasse remarquer que ni chez vous ni chez M. le Maréchal ni chez M. Dumetz auquel vous serez obligé de parler du projet de S. Maté, il ne faut pas qu'il se fasse le moindre préparatif pour des Equipages, et que même vous devez observer de ne voir M. le Maréchal qu'aux heures ordinaires et de manière que l'on ne puisse soupçonner quoi que ce soit.

Je vous prie de vous appliquer à savoir comment les troupes Espagnols sont réparties, particulièrement la Cavalerie et de m'en envoyer un Mémoire exact.

Je vous prie de donner cette lettre à lire à M. Le Maréchal, et s'il le désire de lui en donner copie qui devra être écrite de vostre main aussi bien que tout ce que vous me manderez sur ce qu'elle contient.

---

[4] &tc=etc.

No. 78

A M. le Mis de Boufflers
A Fontainebleau le 14 Août 1683

J'ai reçu la lettre que vous avez pris la peine de m'écrire le 1er de ce mois, laquelle j'ai lu au Roi.

Sa Mté vous a destiné pour servir sous M. le Mal d'Humieres qui, le 1er jour du mois prochain, assemble trente mille hommes pour entrer chez les Espagnols. Vous prendrez, s'il vous plait, vos mesures pour n'arriver aupres de lui à Lille que le 29 de celui-ci au soir, et vous vous règlerez pour les ordres que vous aurez à envoyer à votre Equipage de manière qu'il ne fasse aucun mouvement ni qu'il ne soit fait aucun préparatif avant ce jour là.

Il sera de votre industrie de règler ce que vous ferez jusqu'au jour que vous vous rendrez auprès de M. le Mal d'Humieres, de manière que votre séjour ni votre marche ne donne aucun soupçon.

Je suis

No. 82

A M. le Peletier
A Fontainebleau le 18 Août 1683.

J'ai vu dans la dernière lettre que vous m'avez écrite de votre main, que vous croyez ne devoir faire de demande au Pays Espagnol qu'à ce qui étoit pendant la guerre de votre Département de contribution. Je dois vous avertir qu'outre ce qui étoit de votre Département vous devez faire vos demandes dans tout ce qui étoit du Département de l'Intendant du côté de la mer, et qu'à l'égard du côté du Haynaut et du Brabant qui est au delà de la Riviere de Seyne vous devez vous entendre avec M. Faultrier, c'est-à-dire l'avertir des derniers lieux où vous enverrez vos demandes, afin qu'il puisse envoyer les siennes dans les autres et qu'il ne manque pas d'imposer tous ceux auxquels vous n'aurez rien demandé.

Vous observerez que vous ne devez pas oublier la Chatellenie d'Ath non plus que celle d'Oudenarde et de Courtray, et vous pourrez faire rendre à M. Faultrier la lettre que vous lui écrirez sur ce que dessus par un homme sans livrée que vous lui dépêcherez, en sorte qu'il la reçoive le 28 ou le 29 de ce mois au plus tard.

No. 83

Instruction pour M. le Cte Du Montal
A Fontainebleau le 18 Août 1683

Le Roi ayant donné ses ordres au Sr Maréchal d'Humieres pour faire assembler une Armée considerérable sur l'Escaut et entrer avec elle sur les Terres de la Domination de S.Mte Catholique pour l'y faire subsister jusqu'à ce que le Gouverneur des Pays bas catholiques se soit résolu de faire raison à St Mté des prétentions qu'elle a sur la Chatellenie d'Alost, Vieux Bourg de Gand et autres Pays énoncés en la demande du Procureur de Sa Mté à la Conférence qui s'est tenue à Courtray pour le Réglement des Limites, en éxécution du Traité de Nimègue, Sa Mté a jugé à propos de pourvoir en même temps à la sureté du Pays qu'elle possède en Haynaut et du côté de la Meuse, et d'appuyer les demandes qui seront faites par le Sr. Faultrier, pour la subsistance dudit Corps, aux sujets de S.M. Catholique. Elle a choisi pour le commander le Sr. Comte du Montal; lequel elle a jugé tres-capable de se bien acquitter de cet Emploi par la connoissance particuliére qu'il a de cette frontiére.

Le Contrôle ci-joint informera le dit Sr. Cte du Montal de la quantité de Troupes que Sa Maté a jugé à propos de mettre sous son commandement et il trouvera dans le même paquet qui enfermera cette Instruction les ordres de Sa Maté nécéssaires pour les faire partir des lieux où elles sont, et pour faire que les Gouverneurs de Charlemont, de Dinant, de Philippeville, d'Avesne, de Maubeuge, de Landreci et du Quesnoy fassent ce dont ils seront requis par lui pour la conservation des pays de Sa Maté.

Ledit Sr. Du Montal assemblera la Cavalerie et les Dragons que S.M. met à ses ordres les 2 ou 3 du mois prochain. Si, auparavant que la résolution du Roi éclate, il peut surprendre la Ville de Beaumont S.M. en sera bien aise, que si cela ne peut pas réussir il lui sera aisé de s'en faire ouvrir les Portes quand les Troupes qu'il commandera seront assemblées en ne souffrant pas qu'il en sorte rien jusquà ce que les habitants ayent reçu la Garnison qu'il y voudra établir.

Le dit Sr. Du Montal fera assembler les troupes que le Roi met à ses ordres dans la Prévôté de Beaumont, d'où il marchera ensuite sur la Sambre choisissant le Poste où il se mettra de maniére qu'il soit sur, et s'il se peut hors des terres de S.Mté. Il y établira un Pont au moyen duquel il puïsse veiller à contenir la Garnison de Mons et faire faire dans les Prévôtés de Binch et les terres d'Espagne, qui sont derriére la dite Prévôté, les exécutions nécéssaires pour obliger les dits pays Espagnols à payer les taxes qui auront été faites sur eux par le Sr. Faultrier.

Tant que les Troupes d'Espagne ne feront point d'acte d'hostilité contre celles du Roi et que les dites troupes d' Espagne n'entreront point dans les terres de l'obéissance de Sa Maté, il ne souffrira point que celles du Roi chargent les troupes d'Espagne qu'elles rencontreront sur les terres de Sa Maté Catholique; mais si les dites troupes d'Espagne s'opposoient à ce que les troupes de Sa Maté auront ordre d'exécuter dans les terres de Sa Maté Catholique ou qu'elles fussent trouvées sur les terres du Roi il les fera charger.

Il ne souffrira point que les Gouverneurs ou Intendants des Places d'Espagne fassent aucune demande aux sujets du Roi, auxquels il défendra de leur payer quoique ce soit, les assurant que si on leur fait la moindre violence il les en fera dédommager aux dépens des sujets de Sa Maté Catholique.

En effet si, nonobstant les précautions qu'il prendra pour les en empêcher, quelques troupes de Sa Maté Catholique faisoient quelqu'éxécution dans les terres du Roi, le dit Sr. Du Montal enverra enlever du bétail et des prisonniers dans les terres de Sa Maté Catholique de quoi faire rendre au double aux sujets du Roi ce qui leur aura été pris.

Que si pour contraindre les Sujets du Roi à payer les impositions que les Intendants d'Espagne auroient fait sur eux l'on mettoit le feu à quelques villages le dit Sr. du Montal en fera bruler dix fois autant dans les terres d'Espagne, observant de choisir les villages qui appartiennent aux principaux de la ville de Mons, et particuliérement aux Présidents et Conseillers du dit Mons et aux Chefs des Etats.

Lorsque le dit Sr du Montal apprendra que le Sr. Mal d'Humieres se sera avancé sur la Dendre et la disposition que le Mis de Grana aura faite des troupes qui sont à ses ordres il pourra faire des courses plus considérables, et en avançant plus avant dans le pays que le Sr. Mal d'Humieres ne pourra pas contraindre du lieu où il est, le soumettre entiérement au payement des taxes qui auront été faites par le dit Sr. Faultrier.

Il fera ces éxécutions fort sévérement si en en concertant le jour avec le dit Sr. Mal d'Humieres il le sollicite d'envoyer du côté de Bresme et de Soignies quelques Détachements qui puissent favoriser sa retraite s'il étoit obligé de se retirer de ce côté-là, et s'il ordonne en même temps au Sr. de Langallerie, duquel il sera parlé ci après, de l'aller attendre sur la Sambre entre le

Chasselet et Namur pour favoriser la retraite de ce côté-là. Et comme Sa Maté est persuadée que rien ne portera tant le Gouverneur des Pays bas à satisfaire Sa Maté sur les légitimes prétensions qu'elle a que si le pays de son gouvernement est mis hors d'état de pouvoir contribuer à l'entretenement des troupes qu'il commande, le dit Sr. du Montal n'oubliera rien de ce qui est nécéssaire pour obliger le pays Espagnol a un prompt payement de ce qui lui est demandé, Et pour faire en sorte qu'il ne soit pas en état de satisfaire à ce que le dit Marquis de Grana pourroit demander au dit Pays.

Il contiendra les troupes du Roi dans le bon ordre nécéssaire pour leur conservation, permettant aux Cavaliers de battre dans les environs du Camp et de vendre le bled qu'ils amasseront de cette maniere pour leur avantage particulier.

Il fera distribuer, par le moyen des Sauvegardes qu'il établira à portée du Camp, huit vaches par semaine à chaque Régiment de Cavalerie et dix à chaque Reg[t] de Dragons. Les Cavaliers et Dragons recevront outre cela le pain qui leur sera fourni réguliérement par les soins du Sr. Faultrier. Et si, au moyen du bléd qu'ils battront, ils veulent ne point prendre le pain, le dit Sr. Faultrier leur fera payer un sol pour chaque rations qu'ils ne prendront pas. Ils seront, outre ce que dessus, payés réguliérement de leur solde de Campagne, et leurs Officiers recevront la même solde qu'ils touchent en garnison.

Le dit Sr. du Montal tiendra la main à ce que la dite solde de Campagne et le pain, ou à la place, le sol par ration, soient exactement distribués à chaque Cavalier et Dragon de 5 en 5 jours par avance, sans qu'il leur soit rien retenu sous quelque prétexte et raison que ce puisse être.

Sa Maté ayant jugé qu'il seroit difficile au Sr. du Montal étant posté sur la Sambre de veiller avec succès à contenir la garnison de Namur, elle a résolu de faire assembler sur Dinant neuf Escadrons de Cavalerie ou de Dragons sous le Commandement du Sr. de Langallerie, lequel Sa Majté met aux ordres du dit Sr. du Montal, et lui fait mander d'aller le recevoir à Maubeuge avant la fin de ce mois.

L'intention de Sa Maté est que le dit Sr. du Montal lui prescrive les mêmes choses qu'il est marqué ci-dessus pour la discipline et subsistance des troupes, le chargeant de leur faire prendre le fourrage dans les dépendances de Bovines et de Namur et de leur faire fournir des vaches aux dépens du même pays, d'appuyer les demandes qui seront faites dans le Pays de Limbourg par le Commissaire Mathieu que Sa Maté a choisi pour avoir soin de la police du dit Corps de troupes, et qu'il fera facilement, vu que les Espagnols n'ont aucune troupe dans le dit pays, en y envoyant quelque Détachement qui se fortifiera de la Cavalerie qui sera à Bastogne, recommandant à ceux qui y commanderont de ne point s'approcher des terres du dit Pays de Limbourg qui appartiennent aux Etats-Généraux, et de ne faire dans le dit pays que le séjour nécéssaire pour y prendre des prisonniers et du bétail et les mener à Bastogne ou à la Roche.

Il chargera le dit Sr. de Langallerie de veiller à ce que les Garnisons de Charleroy et de Namur n'entrent point dans les terres du Roi, et ne tirent aucune subsistance des terres du Pays de Liége qui en sont voisines, et lui donnera les mêmes ordres que Sa Maté lui a prescrit ci-dessus en cas que les troupes des Espagnols voulussent entreprendre quelque chose contre les terres de Sa Majesté.

Il le chargera aussi de rendre compte à Sa Maté de tout ce qu'il fera en éxécution des ordres qu'il lui aura donnés, et le dit Sr. du Montal en usera de même à l'égard de tout ce qui se passera du côté de la Sambre.

Il rendra aussi un compte exact au dit Sr. Mal d'Humieres de tout ce qu'il fera et se conformera aux ordres qu'il recevra de lui.

No. 85

A M. le Mal d'Humieres

A Fontainebleau le 21 Août 1683

Je vous adresse avec votre Instruction, et les Controles et Mémoires qui doivent l'accompagner, l'Etat des Brigades que le Roi a reglées, auxquelles Sa Maté m'a commandé de vous faire savoir qu'elle désire que vous changiez tout ce que la commodité du campement ou de l'action des troupes vous fera juger plus à propos.

Comme je ne pourrois faire faire des copies de tout ce que contient ce Paquet pour en donner une particuliere connoissance à M. le Peletier sans retarder considerablement le départ de M. d'Asfeld, par lequel S. Mté m'a commandé de vous l'envoyer, je vous supplie d'en laisser prendre des copies à mon dit Sr. Le Peletier, auquel j'envoye seulement la copie du même Chiffre que vous trouverez ci-joint, et dont je vous adresse une table pour remettre à M. de Boufflers, en lui donnant les ordres de ce qu'il aura à faire en conséquence de votre Instruction.

Sa Maté m'a commandé de vous faire souvenir de voir ce qu'il est à propos de faire à l'égard de Chevre d'où il faudroit retirer la Garnison ou la fortifier.

Je suis,

No. 86

Memoire pour servir d'Instruction au Sr. d'Asfeld, s'en allant de la part du Sr. M[al] d'Humieres vers le Mis de Grana, Gouverneur général des Pays-bas Catholiques, qui restent sous la domination d'Espagne.

A Fontainebleau, le 21 août 1683

Le dit Sr. d'Asfeld partira incessamment de cette Ville pour se rendre auprès du Sr. Mal d'Humieres et prendre de lui une Lettre de créance pour le Mis de Grana, après quoi il partira de Lille pour se rendre à Bruxelles le dernier de ce mois. Il s'adressera au Major de la Ville de Bruxelles pour faire savoir son arrivée au Mis de Grana et lui procurer son audience où, ayant été introduit, il lui dira que le Sr. Mal d'Humieres l'a chargé de lui expliquer que le Roi ayant attendu inutilement depuis plus de deux ans que l'on lui fit raison des justes prétensions qu'il a en éxécution du Traité de Nimègue sur les Chatellenies d'Alost, vieux Bourg de Gand et autres Pays compris dans les demandes qui ont été faites par le Procureur de Sa Majesté aux Conférences de Courtray, Sa Mté lui a ordonné d'assembler une partie des troupes qui sont en Flandre, d'entrer avec elles sur les Terres de la domination de Sa Mté Catholique, et de les y faire subsister jusquà ce que le dit Mis de Grana se fut résolu à lui faire raison sur les susdites prétentions; que les ordres que le dit Sr. Mal d'Humieres avoit reçu de Sa Maté lui prescrivoient de ne point commencer le premier acte d'hostilité, et de contenir ses troupes en bon ordre si les Pays de l'obéissance de Sa Maté Catholique fournissoient ponctuellement la subsistance qui leur seroit demandée pour lesdites troupes.

Si le Mis de Grana répond au Sr. d'Asfeld que c'est donc la guerre que l'on veut commencer il lui répliquera que les ordres qu'a reçus le dit Sr. Mal d'Humieres y sont entierement opposés tant que les actes d'hostilités ne seront point commencés de la part des Espagnols, mais qu'il peut bien juger que s'ils étoient commencés de leur part il faudroit bien que les troupes du Roi se défendissent et essayassent de repousser les violences qui leur seroient faites. Si on lui demande comment les troupes du Roi subsisteront il répondra que ce sera au moyen des fourrages qu'elles prendront dans le pays, et de l'argent qui proviendra des impositions que les Intendants de la frontiére françoise ont ordre de faire sur tous les pays de l'obéissance de Sa Maté Catholique. Et comme apparemment le Mis de Grana pourra dire qu'il faudra donc qu'il en fasse sur les terres de l'obéissance du Roi pour la subsistance des troupes qui sont sous son commandement, le dit Sr. d'Asfeld lui dira que par les ordres qu'a reçus le Sr. Mal d'Humieres il lui est défendu de souffrir que les Peuples de l'obéissance du Roi payent quoi que ce soit aux Espagnols, et lui enjoignent de faire charger les troupes qui entreroient dans les Pays de son obéissance pour y faire des éxécutions, et si quelque parti étant assez heureux de n'être pas rencontré, avoit fait quelque éxécution sur les terres du Roi de faire dédommager par les sujets d'Espagne le préjudice qui auroit été causé aux Sujets du Roi, et qu'au premier feu qui seroit mis dans les terres de l'obéissance de Sa Maté le S. Mal d'Humieres avoit ordre de bruler cinquante villages à la Porte de Bruxelles; de quoi le dit Sr. Mal d'Humieres avoit été bien aise que le Mis de Grana fut informé afin qu'il n'ignorat rien des malheurs auxquels il exposeroit les Peuples qui étoient sous ses ordres, s'il ordonnoit aux Troupes qui sont sous son commandement de faire aucune violence dans les pays de l'obéissance de Sa Majté.

Le Sr. d'Asfeld n'entrera dans aucune des négociations qui pourroient lui être proposées pour retarder l'entrée des Troupes du Roi. Et quand même le Mis de Grana lui diroit qu'il seroit résolu de satisfaire Sa Maté ou qu'il accepteroit l'arbitrage du Roi d'Angleterre pour le Réglement des prétentions de Sa Maté le dit Sr. d'Asfeld se retirera en lui disant qu'il croit les Troupes du Roi déja entrées dans les terres d'Espagne, qu'il ne doute point que le moyen de les en faire sortir promptement ce ne soit de donner satisfaction à Sa Maté et qu'il rendroit compte à M. le Mal d'Humieres de ce que lui aura dit le dit Mis de Grana, après quoi le dit Sr. d'Asfeld finira son audience et prendra congé dudit Mis de Grana.

Dès qu'il sera de retour dans le lieu où il aura descendu il dépêchera un Courier à Sa Maté, qu'il chargera d'une relation fort détaillée de ce qui se sera passé entre lui et le dit Mis de Grana et prendra ensuite la Route de Courtray pour aller rendre le même compte au Sr. Mal d'Humieres et servir ensuite à la tête de la Brigade que Sa Maté lui a destinée dans l'Armée que Sa Maté a mise aux ordres du dit Sieur Maréchal.

No. 87

Instruction pour M. le Mal d'Humieres
A Fontainebleau le 21 août 1683

Le Sr. Mal d'Humieres a été informé par ordre du Roi, dès les lers jours de ce mois, de la résolution que Sa Majesté a prise d'obliger le Gouverneur des Pays-bas de lui faire raison des justes prétentions que Sa Maté a sur les Chatellenies d'Alost, Vieux Bourg de Gand et autres Pays compris dans la demande qui a été faite en son nom par le Procureur de S. Maté, en la conférence établie à Courtray après le dernier Traité de Nimègue pour le Réglement des Limites.

Le Contrôle ci-joint informera le dit Sr. Mal d'Humieres du nombre de troupes que S.M. a résolu de mettre à ses ordres, des lieux où elles sont présentement, de ceux où elles doivent se rendre en conséquence des ordres de Sa Maté et des jours auxquels le dit S. Maréchal leur doit faire trouver les siens.

Le Mémoire ci-joint, coté A, lui servira à dresser l'Instruction qu'il doit donner au Sr. d'Asfeld, Brigadier de Dragons, avec une Lettre de créance pour aller trouver le Marquis de Grana, lequel il fera partir de Lille en sorte qu'il arrive à Bruxelles le dernier de ce mois avant la nuit.

Le dit S. Mal d'Humieres aura soin de faire expédier tous les ordres nécéssaires pour que les Troupes mentionnées au Contrôle dont il est parlé ci-dessus se rendent toutes dès le premier jour du mois prochain au lieu qu'il aura choisi pour leur assemblée; à la réserve de celles qu'il verra par le dit Contrôle, ne pouvoir s'y rendre que dans les 2,3 et 4e du dit mois.

Il observera, à l'égard de quelques Bataillons qui viennent du côté d'Alsace et des Evechés qui n'arrivent que dans les derniers jours de ce mois, ou les premiers du mois prochain, de leur donner 2 ou 3 jours de repos dans les Villes où finissent leurs Routes avant que de les faire mettre en marche, et il donnera les ordres nécéssaires pour qu'ils joignent l'Armée en sureté.

L'intention de Sa Maté est qu'il choisisse le lieu du Rendez-vous de l'Armée sur l'Escaut au dessous de Tournay et s'il est possible sur Terres d'Espagne. Sa Maté estimeroit même qu'il seroit bon que ce Rendez-vous fut pris au même lieu, ou assez proche de celui où il jugera à propos d'établir un Pont pour la communication du Camp qu'il établira sur la Dendre avec celui qu'il fera établir sur la Lis, afin que, pendant que les Troupes s'assembleront sur l'Escaut, il puisse lui-même donner les ordres qu'il jugera à propos pour le retranchement du Camp qu'il laissera pour la Garde du Pont de l'Escaut.

Il observera de faire faire le dit Pont le plus que faire se pourra sur le droit chemin de Lessines à Harlebeck, sans néanmoins le trop approcher d'Oudenarde. Dans le même temps que les Troupes s'assembleront il fera occuper les Chateaux qu'il croira pouvoir faciliter la communication du dit Pont de l'Escaut à Harlebeck, et de Lessines au susdit Pont de l'Escaut.

Après que toutes les dites troupes seront assemblées il fera le Détachement de celles mentionnées au Contrôle ci-joint, coté B pour se rendre à Harlebeck sous le commandement du Mis de Boufflers, comme Lieutenant Général, et du Mis d'Huxelles comme Mal du Camp.

I fera établir les troupes mentionnées au Contrôle ci-joint, coté C pour, sous le commandement du Sr. d'Asfeld, garder le Pont de l'Escaut qu'il aura fait retrancher, et il s'avancera avec le surplus à Lessines, faisant occuper les Postes qu'il estimera ne point contenir la Garnison d'Ath et faciliter la communication libre entre Lessines, Tournay et le dit Pont.

En même temps que le Sr. d'Asfeld partira pour Bruxelles le Sr. Ma. d'Humieres avertira le dit Sr. le Peletier d'envoyer les mandements que Sa Maté lui a ordonné de tenir tous prêts, pour imposer sur les Pays Espagnols l'argent nécéssaire pour la subsistance des Troupes que Sa Maté ordonne au Sr. Mal d'établir dans les pays de l'obéissance de Sa Maté Catholique. Il recommandera au dit de Boufflers de contenir les Troupes qui seront sous son commandement, dans l'ordre nécéssaire pour leur conservation de leur faire fournir des vaches par les lieux de l'obéissance de S.M. Catholique qui seront à portée de son camp en sorte que chaque bataillon en ait [----] par semaine et chaque Regt de 12 compagnies de Cavalerie ou de Dragons.

Il lui recommandera de veiller de si près la garnison de Courtray qu'elle ne puisse impunément envoyer aucun parti sur les terres de l'obéissance de Sa Majté, En cas que le Mis de Grana leur envoyât l'ordre et d'éxécuter ponctuellement ce que le Sr d'Asfeld devra dire de la part du dit Sr Mal d'Humieres au Mis de Grana en cas que les troupes qui sont sous les ordres dudit Mis de Grana fissent la moindre exécution dans les terres de l'obéissance du Roi.

Il chargera ledit Mis de Boufflers de faire les éxécutions nécessaires pour obliger les peuples de l'obéissance de S.M. catholique de satisfaire ponctuellement aux demandes que leur aura faites de Sr Le Peletier, de ne commencer aucun acte d'hostilité contre les troupes d'Espagne tant qu'elles n'auront point commencé les premières ou qu'il ne les verra point s'approcher de lui en nombre et en posture de pouvoir entreprendre quelque chose contre lui. Mais si elles commençoient quelqu'acte d'hostilité, soit contre ses troupes ou qu'il les vit s'approcher de lui en corps il lui ordonnera de ne pas hésiter de les faire charger.

Ledit Sr Mal d'Humieres donnera les mêmes ordres au Sr d'Asfeld et fera éxécuter la même chose dans le corps qu'il commandera. Et comme les finances d'Espagne sont venues à un tel point de misère que le Mis de Grana ne peut espérer d'autre secours pour la subsistance des troupes qui sont sous ses ordres, que des Pays de son Gouvernement, ledit Sr Maréchal n'oubliera rien de ce qui pourra dépendre de lui, tant par les Troupes qui seront actuellement dans le Corps qu'il commandera que par celles qui composeront les Corps que S.M. fait assembler dans l'étendue de son commandement, pour faire que toutes les parties du pays, qui composent le Gouvernement dudit Mis de Grana, qui seront à portée des troupes de Sa Maté et ou elles pourront être envoyées sans être trop exposées, soient mises hors d'état de donner aucune assistance au dit Mis de Grana.

Le retour du Sr d'Asfeld lui apprendra les sentimens dans lesquels il aura trouvé ledit Mis de Grana lequel, s'il étoit sage, ne pourroit prendre que le parti d'essayer de contenter Sa Maté, auquel cas ledit Sr Mal d'Humieres se chargera seulement de rendre compte à Sa Majesté des propositions que lui fera faire le dit Mis de Grana, sans que cela empêche le dit Mal d'Humieres d'éxécuter les ordres de Sa Maté.

Que si le dit Mis. de Grana prenoit le parti de faire commetre des actes d'hostilité ce ne pourroit être qu'avec 2000, 4 ou 500 Chevaux ou Dragons de fort mauvaise qualité, lesquels quand il assembleroit tout ensemble ne se montreroient pas devant le moindre des Corps de troupes que Sa Maté fait assembler sous les ordres dudit Sr. Mal d'Humieres. Si cependant toute cette Cavalerie de Dragons marchoit du côté de Gand et abandonnoit les environs de Bruxelles il seroit de la prudence du dit Sr. Maréchal de fortifier le Corps du dit Mis de Boufflers de tel nombre d'Escadrons qu'il jugeroit à propos pour en le rendant fort supérieur aux troupes qui seroient de son côté, le mettre en état de les bien battre s'il les pouvoit joindre; et pendant le temps que les Environs de Bruxelles resteroient dénués de Troupes le dit Sr. Maréchal ne devroit pas perdre l'occasion d'y envoyer faire faire beaucoup de désordre tant par les troupes qui seront à ses ordres que par celles qui seront aux ordres dudit Sr. de Boufflers.

Sa Maté ne lui parle point de l'Infanterie que le Mis de Grana pourra assembler, parce que n'en ayant pas la moitié de ce qu'il faut pour mettre de médiocres Garnisons dans les Places qui sont sous son commandement, on ne doit point appréhender qu'il en mette en Campagne.

La marche du côté du Danube de troupes de l'Empire qui étoient à portée du Rhin et celles des troupes de la Maison de

Lunebourg sur les bords de l'Elbe réduisent tout le secours que le Mis de Grana peut éspérer aux troupes des Hollandois, lesquels par un Traité qu'ils ont avec les Espagnols sont obligés, à la premiere invasion, de les secourir de huit mille hommes, et trois mois après de toutes leurs forces, s'ils n'ont pu par des offices amiables, procurer le rétablissement de la paix.

Il y a bien de l'apparence qu'en l'état présent des affaires de l'Europe les Etats-Généraux éviteront fort à se commettre avec Sa Majté, au moins lui a-t-on donné avis, dès que les affaires de l'Empereur ont commencé à baster mal, que les Hollandois ont déclaré aux Ministres d'Espagne que tant que l'Angleterre ou l'Empereur ne se joindroient pas à eux, pour la défense des Pays-bas, ils ne se mettroient point au hasard d'avoir la guerre contre le Roi pour défendre les Pays-bas et n'y enverroient pas même les huit mille hommes qu'ils lui ont promis à la premiere irruption. Mais comme il se pourroit faire que les avis que Sa Maté a reçu sur cela ne soient pas véritables ou que l'autorité du Prince d'Orange feroit changer d'avis aux dits Etats-Généraux, le Sr. Mal d'Humieres aura soin de faire les diligences nécéssaires pour être informé de la qualité des troupes que les Etats-Généraux enverront au Mis de Grana et de la Route qu'elles prendront, si c'est de la Cavalerie ou de l'Infanterie et il réglera ses manoeuvres sur les nouvelles certaines qu'il en aura, c'est-à-dire, qu'il se rapprochera de l'Escaut au dessus d'Oudenarde, rappellera a lui le Corps du Mis de Boufflers, ou le fortifiera sur la Lis, ou enverra des Troupes au Sr de Montbron suivant que les démarches que feront les troupes de Hollande le lui feront juger plus à propos, ayant toujours pour objet, jusqu'à autre ordre de Sa Majesté de ne laisser aucunes troupes ni Pays de son obeissance en état d'être insultés.

Si les troupes de Hollande joignent les troupes d'Espagne il agira contre elles aux cas qui lui sont prescrites ci dessus, tout comme contre les troupes d'Espagne sans en faire aucune distinction.

Sa Mté ne lui prescrit point d'ordonner au Mis de Boufflers de faire des éxécutions au delà du canal de Bruges et n'ordonne point audit Sr Mal d'Humieres d'en faire faire au delà du grand Escaut jusqu'à ce que Sa Mté ayant été informée de la maniere dont le Mis de Grana aura reçu le message que le Sr d'Asfeld lui va faire et les resolutions qu'auront pris les Hollandois sur le nouvelle qu'ils recevront de l'entrée des Troupes de Sa Majesté.

L'Etat ci-joint, coté —, informera le Sr Mal d'Humieres du

nombre d'Officiers Généraux que Sa Mté a destiné pour servir sous lui, et il trouvera avec cette Instruction le Pouvoir qui est nécessaire audit Sr Maréchal pour commander l'Armée et les Lettres de Service des susdits Officiers Généraux.

L'Etat, coté —, lui apprendra la quantité de Pieces d'Artillerie et de munitions de guerre que S. Mté veut que l'on mene à la suite de l'Armée que doit commander ledit Sr Mal d'Humieres, laquelle Artillerie doit être commandée par le Sr Dumetz et sous lui par le Sr de Vigny et servie par les Commissaires de Bombardiers que le Roi entretient dans la Compagnie du Sr de Vigny.

Le même Etat apprendra audit Sr Maréchal quelle quantité des pieces d'Artillerie et de munitions de guerre Sa Mté désire qu'il mette aux ordres dudit Sr de Boufflers, lesquelles devront être commandées et servies par le Sr Camelin et sa Compagnie.

St Mté désire qu'outre cela il donne deux Piéces de Canon avec 3 ou 4 Charettes chargées de munitions au Sr d'Asfeld au Pont de l'Escaut, qui serviront non-seulement pour la sureté du Pont, mais encore pour faire des signaux au Sr de Boufflers, en cas qu'il ait besoin de secours.

Ledit Sr Maréchal fera marcher à sa suite la quantité de Bateaux de cuivre qu'il jugera nécéssaires pour faire un ou deux Ponts sur la Dendre. Sa Maté ne croit pas que le Sr. de Boufflers en ait besoin puisqu'il y a un Pont fixe à Harlebeck, et qu'il ne manquera pas apparemment de trouver des Bateaux sur la Lis pour en faire un autre s'il en a besoin.

Sa Majté ne fait point répéter ici tout ce dont elle a ordonné que le dit Sr. Maréchal fut informé dès les premiers jours de ce mois sur les Chevaux qui devront conduire l'Artillerie, la maniére dont le pain devra être fourni aux troupes, le prix auquel il devra être payé à celles qui n'en prendront point et le pied sur lequel elles devront être payées.

La copie qui sera ci-jointe de l'Instruction que Sa Maté envoye au Sr. Du Montal, des Contrôles qui l'accompagnent et de ce que Sa Maté a ordonné qui fut écrit au Sr. de Montbron, informeront le dit Sr. Maréchal des précautions que Sa Majté a cru devoir prendre pour la sureté de sa frontiére et pour inquiéter les Espagnols dans tous les pays de leur domination.

Le dit Maréchal ajoutera aux dites Instructions tout ce que le compte que lui rendra le Sr. d'Asfeld et les nouvelles qu'il aura de Bruxelles et de la Haye lui feront juger à propos.

Il n'omettra pas cependant d'avertir, dès le premier jour du mois prochain, tous les Gouverneurs qui sont sous son commandement de se tenir sur leurs gardes et de redoubler leurs soins pour la conservation des Places qui leur sont commises.

Il rendra compte à Sa Mté par tous les ordinaires de tout ce qu'il fera en éxécution de ce qui lui est prescrit ci-dessus de ses intentions et lui dépêchera des Couriers exprès lorsqu'il le jugera à propos.

Le dit Sr. Maréchal ordonnera au Prevôt de Flandre de venir servir auprès de lui avec un Lieutenant, un Exempt et 25 archers de sa Compagnie et de mettre un Lieutenant, un Exempt et 15 archers à la suite du Corps du Mis de Boufflers./.

Le dit Sr. Mal observera qu'avant que le Sr. Mis de Boufflers soit détaché ou après qu'il aura rejoint le dit S. Mal, s'il lui en envoye l'ordre, l'intention du Roi n'est point qu'il ait de Corps séparé, mais seulement qu'il serve dans l'Armée, comme les autres Lieutenants-Généraux, et roule avec eux.

No. 88

M. de Louvois à M. le Mis de Lambert, Commandant les Troupes du Roy dans la Comté de Chiny.
A Fontainebleau le 21 aoust 1683

Mr.

Le Roy ayant résolu de faire entrer quinze mille Chevaux et 20,000 hommes à pied dans les Terres d'Espagne, pour obliger le Gouverneur des Pays-Bas à lui faire raison des prétentions qu'a Sa Majesté sur la Chastellenie d'Alost, Vieux Bourg de Gand et autres pays énoncés en la demande du Procureur de Sa Maté à la Conférence de Courtray pour le Réglement des Limites en éxécution du traité de Nimègue, S. Maté m'a commandé de vous en donner avis afin que vous veilliés à la conservation des pays de la dépendance du Roy autour de la Ville de Luxembourg, à l'égard de laquelle S. Mté désire que vous continuiés à vivre comme vous avés fait par le passé, c'est-à-dire que vous ne demandiés rien aux Villages qui sont restés de Sa dépendance, et lui laissiés la même liberté d'acheter dans les terres du Roy les choses nécéssaires pour la subsistance qu'elle a eu jusqu'à présent, l'empêchant seulement de tirer des terres de S. Mté aucuns fourages, avoines, ni orges, en un mot lui interdisant le passage sur les Terres du Roy, et la sortie des Terres de S. Mté à toutes sortes de Grains, hors le froment.

S. Mté vous laisse pour cet effet les Régts de la Vallette et d'Enghien, desquels Elle croit que vous devés mettre la moitié d'un Régiment à Chionville, l'autre à Arlon, deux Compagnies de l'autre à Marche, et les 10 autres à Bastogne.

S. Mté désire que vous donniés ordre aux dix Compagnies de Bastogne de faire dans le Pays de Luxembourg les éxécutions qui lui seront ordonnées par M. de Langallerie qui doit commander mil ou 1200 Chevaux sous Dinant.

S. Mté estime aussi qu'il ne pourra être qu'à propos que vous fassiés occuper les Chateaux situés dans les terres de Son obéissance du côté de Luxembourg, que vous pourrés appréhender que la dite Garnison n'occupast et si elle venoit à recevoir des ordres du Mis de Grane de faire des actes d'hostilité.

Et comme il doit y avoir plusieurs Ponts présentement sur les Remparts de Longwy pour le transport des terres qui se tirent des fossés pour élargir les Remparts, S.M. vous recommande de donner ordre que l'on prennent les précautions nécéssaires pour la sureté en cette Place, et que si vous appreniés qu'il se fut passé quelqu'acte d'hostilité en Flandre, vous fassiés rentrer dans la dite Ville les Bataillons qui sont campés autour d'icelle pour éviter qu'ils ne puissent être enlevés.

L'intention de S.M. seroit aussi qu'en cas que vous aprissiés par M. du Montal (que Sa Mté charge de vous en avertir par un Exprés) que les Espagnols eussent pris la résolution de faire charger les Troupes de S. Mté, Elle jugeroit à propos que vous ne laissassiés que deux Compagnies dans Marche et que vous retirassiés les huit autres pour les mettre à Arlon et à Longwy, et être plus en état de déffendre l'entrée des terres du Roy aux partis de la Garnison de Luxembourg contre laquelle Sa Mté vous recommande de ne commettre aucun acte d'hostilité que la garnison de la dite Ville ne les ait commencé quand même vous apprendriés qu'il en auroit été commencé en Flandre.
Je suis

No. 89

A M. le Cte du Montal
A Fontainebleau le 21 août 1683

Mr

Ce mot est pour accompagner les Ordres et Instructions du Roi ci-joints, qui vous expliqueront très particuliérement les intentions de Sa Majesté auxquelles elle me recommande d'ajouter de vous ordonner de mettre garnison dans les Chateaux qui sont situés dans les terres de son obéissance, dont il y auroit à appréhender que la garnison de Namur ne se saisit, et que même Sa Mté trouvera bon que vous en fassiez mettre dans ceux de l'Entre-Sambre et Meuse, qui sont des Terres de Liege et du Pays d'Espagne que vous jugerez qu'il sera nécéssaire d'occuper pour la sureté des Pays de l'obéissance de Sa Mté et la liberté de la communication d'une Place à l'autre. Et il sera bon que vous avertissiez le dernier de ce mois les Gouverneurs des Places de Haynaut de ce qui va se faire en Flandre, afin que chacun prenne les soins convenables pour la sureté de la Place où il commande. Cependant, Sa Mté désire que vous teniez ce qu'elle vous explique de ses intentions dans un profond secret, et je demeure,

Mr

Votre,

No. 90

A Mrs les Officiers Généraux
A Fontainebleau le 21 Août 1683

Mrs

Le Roi ayant résolu de vous faire servir dans un Corps d'Armée que Sa Mté fait assembler en Flandre sous les ordres de M. le Mal d'Humieres Sa Mté m'a commandé de vous en donner avis afin que vous partiez aussitôt que cette Lettre vous aura été rendue pour vous rendre à Tournai où vous trouverez vos Lettres de service entre les mains de mon dit Sr. le Mal d'Humieres. Vous donnerez ordre à votre Equipage de vous y suivre et ne parlerez à personne de ce que je vous mande de la part de sa Majesté.

Mrs Dauger
de Bulonde
de Vatteville, Brigadier
de St Silvestre, Brigadier
Desloches, Mal des Logis de l'Armée
d'Harcourt, Brigadier
de Bartillac, Brigadier

No. 91

A M. le Cte de Montbron
A Fontainebleau le 21 août 1683

Mr

Je vous ai informé de ce que le Roi avoit projeté de faire faire en Flandre au 1er du mois prochain. Et comme il n'y a personne du côté de Dunkerque pour veiller à la sureté de cette importante Place et des autres qui en sont voisines, et empêcher que si les Espagnols entendent assez mal leurs affaires, pour vouloir commencer une rupture, ils ne mettent ce Pays-là sous contribution, le Roi a jugé à propos de vous y envoyer, et de vous charger de veiller avec les Garnisons de Dunkerque, Bergues et Ypres, dans lesquelles il y a 2 Reg[ts] de Cavalerie de 12 Compagnies chacun, à ce que les Garnisons Espagnoles, qui en sont voisines, n'entreprennent rien sur les terres de l'obéissance de Sa Mté, lesquelles le Roi ne veut pas que vous souffriez éxiger aucune contribution sur les Terres de Sa Mté. Et elle désire que vous les fassiez charger en cas qu'elles mettent le pied sur les Terres de son obéissance, et parce que les Peuples de ce pays là sont assez disposés à parler de l'argent, même avant qu'on leur en demande, l'intention de Sa Mté est que vous leur défendiez de payer quoique ce soit aux Espagnols, à peine de la vie. Et si les Espagnols font quelqu'éxécution sur les terres de Sa Mté elle désire que vous fassiez enlever dans les Terres d'Espagne de quoi les en dédommager au double, et en cas qu'ils y mettent le feu elle vous ordonne de faire bruler dans le franc de Bruges, dix villages pour un qu'ils auront brulé dans les terres du Roi.

Dans les 6 ou 7 premiers jours du mois prochain M. le Mal d'Humieres se sera apparemment établi sur la Dendre, aura établi et fortifié un Pont sur l'Escaut, au dessous du Pont de pierre, et aura envoyer M. de Boufflers à Harlebeck avec dix mille hommes. Vous entretiendrez, s'il vous plait, commerce avec M. de Boufflers que vous avertirez de ce qui se passera du côté d'Ostende et de Nieuport, et rendrez à M. le Mal d'Humieres le même compte que vous ferez à Sa Majesté de tout ce qui viendra à votre connoissance.

No. 92

A M. de Chazeron
A Fontainebleau le 21 Août 1683

Mr.

Le Roi ayant résolu de ne pas laisser plus longtemps les Espagnols en possession du Pays d'Alost, Vieux Bourg de Gand at autres pays énoncés en la demande du Procureur du Roi en la Conférence tenue à Courtray pour le Réglement des Limites, en éxécution du Traité de Nimégue, dont ils ont joui paisiblement jusqu'à présent sans lui donner d'équivalent, Sa Maté a ordonné à M. le Mal d'Humieres d'entrer le premier du mois prochain dans les Etats du Roi d'Espagne avec quinze mille Chevaux et vingt cinq mille hommes de pied et de les y faire subsister aux dépens du dit Pays, jusqu'à ce que les Espagnols lui en ayent fait raison. Et quoiquil y ait gueres d'apparence que l'état de leurs forces leur permette de suivre les premiers mouvements de leur colere, Sa Maté n'a pas laissé de juger à propos de vous faire informer de la résolution qu'elle a prise afin que vous en avertissiez les Gouverneurs des Places qui sont sous votre commandement, en leur donnant ordre de renouveler leurs soins pour la conservation des Places qui sont commises à leur garde, et que vous disposiez le logement des troupes qui sont sous votre charge, de maniére qu'elles ne puissent point être insultées, observant de ne commencer aucun acte d'hostilité contre les Espagnols qu'ils n'en ayent commencé les premiers. Vous me ferez, s'il vous plait, savoir ce qui se passera dorénavant sur votre frontiére, et vous tiendrez secret ce que je vous mande qui va se faire en Flandre de sorte que l'on n'en apprenne rien en Rousillon que par les Lettres que les ordinaires y apporteront.

Je suis./.

No. 93

A M. Faultrier
A Fontainebleau le 21 août 1683

La copie qui sera ci-jointe de l'Instruction que le Roi envoye à M. du Montal vous informera si particuliérement de la résolution que Sa Mté a prise que je n'ai rien à y ajouter que pour vous recommander de prendre de telles mesures que rien ne manque de votre part pour l'éxécution de ce que Sa Mté ordonne, ce qui consiste à faire fournir ponctuellement aux troupes que commandera le dit Sr. du Montal, le pain que Sa Mté leur fait donner, c'est-à-dire, 30 rations à chaque Compagnie de Cavalerie, et 40 à chaque Compagnie de Dragons. Vous vous servirez pour cet effet des bleds appartenant au Roi qui sont dans votre Département. Et comme M. du Montal se postera apparemment au dessous de Maubeuge il vous sera aisé de lui faire voiturer par eau le pain nécéssaire pour la subsistance des dites troupes; lequel ne se devant assembler que le 2 ou 3 du mois prochain vous ne commencerez à faire moudre que le 30 ou 31 de ce mois, et direz en ce temps-là que vous voulez faire prendre le pain à la Garnison de Maubeuge pour consommer du bled que vous appréhendez qui ne se gate.

Si vous ne pouvez pas faire conduire le pain par bateau vous commanderez des charois de votre Département, lesquels vous ferez payer à raison de quinze sols par jour pour chacun des deux hommes qui seront avec le Chariot et de 15 sols pour chaque Cheval.

Je dis qu'il ne faut fournir du pain qu'aux Cavaliers et Dragons parce que Sa Mté faisant payer les Officiers sur le même pied que s'ils étoient en garnison, son intention n'est point de leur en donner, et parce que vous ne savez peut-être pas le pied sur lequel les Cavaliers et Dragons sont payés en Campagne vous en trouverez ci-joint un Mémoire.

Sa Mté vous recommande de tenir la main à ce qu'ils soient éxactement payés de ce qu'elle leur ordonne et que l'on ne leur retienne rien sous quelque prétexte que ce puisse être.

L'Instruction de M. du Montal vous apprendra que le Roi vous charge de faire une imposition sur les terres d'Espagne qui sont opposés à la frontiére de votre Département. Je mande à M. Le Peletier de vous faire savoir jusqu'où s'étendront les demandes qu'il a ordre de faire, afin que vous n'envoyiez point dans les mêmes lieux, et qu'aussi croyant qu'il y auroit envoyé il n'y en ait aucun qui soit éxempt de vos demandes, lesquelles vous devez regler au moins sur le pied de ce qu'ils ont payé en une année pendant la derniére guerre, et vous devez les obliger à porter, 8 jours après la date de votre Envoi à Maubeuge ou à Philippeville où vous établirez deux Bureaux pour la Recette à imposition, la moitié de votre demande et l'autre moitié 8 ou 10 jours après, avertissant M. du Montal journellement de ceux qui ne payeront pas afin qu'ils les presse par de vives éxécutions, du succès desquelles vous aurez soin de m'instruire journellement. Quand je dis que vous établirez deux Bureaux pour la Recette des dites contributions je crois que vous ne pouvez mieux faire que d'en charger les Commis de l'extraordinaire de la guerre, leur donnant à chacun un Controleur que vous choisirez pour veiller leurs actions et tenir un Régistre des quittances qu'ils donneront.

Je vous adresse les comptes des Contributions du Département de Haynaut qui m'ont été envoyés de l'année, lesquels vous serviront à vous donner connoissance de la force des Lieux où vous devez faire vos demandes qui devront être tout en argent, point censées pour la contribution mais seulement pour la subsistance des troupes que le Roi a fait assembler pour obliger le Gouverneur des Pays-Bays à lui faire raison des justes prétentions que S. Mté a sur la Chatellenie d'Alost, Vieux Bourg de Gand et autres Pays énonces en la demande du Procureur du Roi, à la Conférence tenue à Courtray, pour le Réglement des Limites en éxécution du Traité de Nimegue, et il ne faut point d'autre préambule aux Envois que vous ferez, si ce n'est de dire un tel lieu d'une telle mairie, Chattellenie ou Prevôté est taxée à la somme de --- pour l'entretenement des troupes que le Roi a fait assembler pour contraindre le Gouverneur des Pays-bas &c comme ci-dessus, dont ils apporteront la moitié dans huit jours et l'autre moitié dix jours après à un tel lieu entre les mains d'un tel, et à faute d'y satisfaire dans le temps précis ils y seront contraints par logement de gens de guerre et leur taxe sera augmentée du double.

Je crois qu'il n'est pas nécéssaire que je vous dise qu'il ne faut rien demander aux Terres qui sont présentement sous la domination du Roi qui étoient, pendant la derniere guerre, Terres d'Espagne, et qu'il faut demander à celles qui étoient en ce temps-là Terres du Roi et qui sont présentement Terres d'Espagne.

La même Instruction de M. du Montal vous apprendra que le Roi fait assembler un Corps de Troupes sous Dinant, pour veiller aux démarches de la Garnison de Namur et éssayer de faire payer au Pays de Limbourg les sommes qui lui seront demandées par le Commissaire Mahieu lequel aura soin de la police du dit Corps de troupes et pourvoira à son payement du fond que vous aurez soin de lui faire tenir, le tout suivant que vous verrez qu'il lui est prescrit par la Copie qui sera ci-jointe de la lettre que je lui écris. Vous donnerez les Instructions nécéssaires pour l'éxécution de ce qui lui est prescrit.

Vous observerez de ne faire aucune démarche pour l'éxécution de tout ce que dessus avant le 31 de ce mois, quand je dis aucune démarche, c'est-à-dire ne pas faire moudre le bled avant ce jour-là, et parce que vous pouvez avoir besoin de sacs, j'écris au Sr. de Nalicourt d'en faire embaler mille, de maniére qu'on ne sache point ce que c'est, et de les faire arriver à Maubeuge le 30 de ce mois avec un homme qui vous remettra le balot tout fermé.

Vous éssayerez après le 31 de ce mois passé de trouver quelqu'un qui se charge de la fourniture du pain qu'il faudra au Camp du Sr. du Montal et à celui de mon dit Sr. de Langallerie, afin d'éviter d'entrer dans des détails qui ne sont jamais avantageux au Roi; et si vous ne pouvez trouver quelqu'un qui vous fasse des propositions raisonnables, pour l'entiere fourniture, vous éssayerez au moins de trouver quelqu'un qui se charge du bled que vous y remettrez, et vous rende cent quatre vingt rations de pain de vingt quatre onces chacune par chaque septier de bled que vous lui livrerez, moitié seigle et moitié froment: moyennant quoi vous lui donnerez 3 ou 4 deniers par ration pour les frais de monture cuisson et distribution, et s'il a besoin de quelques Chariots pour les voiturer au Camp vous les lui ferez fournir par le pays.

Mandez-moi par le retour de ce Courier, s'il ne se trouvera pas des Bateaux à Maubeuge appartenant à l'Entrepreneur où à des particuliers en nombre suffisant pour pouvoir faire un Pont sur la Sambre au dessous de Maubeuge s'il en est besoin, et marquez-moi quels sont les endroits où il y a des Ponts entre Maubeuge et Marchienne au Pont.

Vous garderez le Paquet que je vous adresse pour M. du Montal et le lui donnerez à son arrivée à Maubeuge qui sera vers le 25 de ce mois.

No. 93 bis

A M. de la Fite
A Fontainebleau le 21 Août 1683

M.

Le Roi ayant résolu de faire entrer un Corps de troupes considérable dans le Pays des Espagnols en Flandre, dont les Gardes de Sa Majesté font partie, je vous en donne avis afin que vous partiez incessament de Metz pour vous rendre à Tournay et vous mettre à la tête de la Brigade que vous devez commander.

Je suis &c./;

No. 98

A M. le Peletier
A Fontainebleau le 24 Août 1683

Je répondrai en même temps aux Lettres que vous avez pris la peine de m'écrire de votre main les 20 et 22 de ce mois. Il ne faut point vous mettre en peine de ce que diront les paysans flamands qui se trouveront plus chargé que ne porte leur transport, et vous devez régler vos demandes sur la Flandre Espagnole sur le pied de trois millions de florins.

Comme l'intention du Roi ne seroit pas que l'on tint aux Corps des Chatellenies de Flandre ce que vous proposez que l'on leur promette, c'est-à-dire, s'ils fournissoient ponctuellement des vaches pour l'armée que l'on n'en enleveroit plus dans les villages il faut se tenir à ce que je vous ai expliqué de l'intention de Sa Maté sur la maniére de faire fournir des vaches aux Corps qui vont s'assembler en Flandre, observant d'en donner toujours à l'infanterie préférablement à la Cavalerie, c'est-à-dire, de n'en donner à celle-ci que quand on en aura pour en distribuer à l'autre pour 10 ou 12 jours et ce ne sera pas une affaire si M. le Maréchal y veut penser que d'en amasser pour 3 semaines ou 1 mois dans les 3 ou 4 premiers jours, en envoyant de gros Partis de Cavalerie pour amener tout ce que l'on en trouvera dans les Villages, soit qu'ils ayent Sauvegarde ou non.

Je dis que l'intention du Roi ne seroit pas que l'on tint ce que l'on promettroit aux Chatellenies par ce que Sa Mté veut qu'on lès mette en état de n'en donner de longtemps au Mis de Grana, ce qui ne se peut faire qu'en y faisant faire beaucoup de désordre.

Vous serez informé par la copie qui sera ci-jointe de ce que j'écris à M. le Maréchal que le Reg^{t} d'Alsace ne joindra point l'Armée et qu'à sa place M. le Mal a ordre de tirer 3 Bat^{ons} Suisses, ce qui diminuera encore la consommation des vaches, puisque vous savez bien qu'on ne leur en donne point.

Comme toutes les troupes qui s'assembleront passeront par Lille, Tournai ou Condé il vous sera facile de leur faire donner du pain pour 4 jours.

Je vous ai envoyé un Etat de payement qui vous fera voir que la solde de Campagne d'un Soldat n'est qu'un sol et le pain.

Le Roi approuve que vous ne fassiez donner qu'un écu par Chariot à 4 Chevaux.

Il est inutile de faire le pain de meilleure qualité qu'à l'ordinaire, et il suffit qu'il soit moitié de seigle et moitié de froment. Je vous supplie de me mander aussitôt ma Lettre rendue ce que vaut le bled dans Lille et dans Douay, observant d'en réduire la mêsme à celle de Paris et le poids de chaque mesure au poids de marche.

No. 103

A M. le M^{al} d'Humieres
A Fontainebleau le 26 Août 1683

Je reçois présentement la lettre que vous m'avez fait l'honneur de m'écrire le 20 de ce mois. Les trois Bataillons que le Roi a désiré que vous fissiez joindre à la place des 3 d'Alsace sont le 3e Bataillon d'Herlach, commandé par le Sr. de Melune qui est à Ypres, le Bat^{on} de Phisser qui est à Tournay et le l^{er} Bat^{on} de Gred^{er} qui est à Douay. Si vous jugez à propos de composer la Brigade de M. de Nesle des Rg^{ts} de Condé, Anguien, St Maure et Royal la Marine vous pouvez composer la Brigade de Salis du Bat^{on} de son Reg^{t} des deux d'Herlach et du l^{er} Bat^{on} de Stoupe, moyennant quoi il vous restera pour joindre à la Brigade de Joussand les premiers Bat^{ons} de Phisser et de Gred^{er}. Vous aurez agréable d'envoyer au sus dit 3e bat^{on} d'Herlach, commandé par le Sr de Melune, l'ordre de vous venir joindre sur l'Escaut, afin que le Corps de M. de Boufflers soit complet des troupes que le Roi y a destinées, sans que cela affaiblisse l'Armée que vous devez commander.

La rupture du Pont d'Harlebeck ne vous causera pas beaucoup d'embarras puisque vous en serez quitte pour faire donner quelques Bateaux de cuivre à M. de Boufflers, lequel en peu d'heures de travail ne laissera pas d'accommoder le Pont d'Harlebeck, après quoi il pourra renvoyer les dits Bateaux à Tournay s'il n'arrive rien qui vous fasse juger à propos qu'il les garde.

Si les Espagnols fortifient considérablement la Garnison d'Oudenarde, le Roi s'attend que vous donnerez à M. d'Asfeld assez de Cavalerie pour le rendre supérieur à cette Garnison et à celle de Gand, afin qu'il puisse maintenir la communication libre entre l'Armée que vous devez commander et le Corps de M. de Boufflers.

Je suis &c./.

No. 107

A M. Le M[al] d'Humieres
A Fontainebleau le 29 Août 1683

Par les lettres que le Roi a reçu de M. Davaux du 24 de ce mois il ne paroit point que les troupes Hollandoises ayent encore fait aucun mouvement, ni que sur les ordres réiterés que le Mis de Grana a envoyés à l'Envoyé d'Espagne de l'arrivée des troupes du Roi on ait encore pris aucune délibération sur les secours que le dit Mis de Grana demande. Je continuerai à vous informer tous les jours des nouvelles que Sa Mté. recevra de ce Pays-là./.

No. 109

A M[rs] les Officiers Généraux
A Fontainebleau le 30 Août 1683

M.

Le Roi me commande de vous faire savoir que son intention est que vous partiez incessamment pour vous rendre à Tournay auprès de M. le Mal d'Humieres.

M[rs]

Le Ch[er] de Sourdis
de Rubantel
de Nesle
de St Gelais
de Vivans
d'Artaignan, Major g[al] de l'armée
Du Bordage

No. 112

A M. le M[al] d'Humieres
A Fontainebleau le 30 août 1683

La lettre que vous m'avez fait l'honneur de m'écrire le 26 de ce mois ne désire de réponse que pour vous dire que Sa Mté est persuadée que le séjour que vous devez faire sur l'Escaut seroit bien mieux quelques lieues au dessous de Tournay qu'au lieu que vous avez projeté, puisque vous seriez plus à portée du lieu où doit être établi le Pont de bateaux, et de faire travailler à son prompt retranchement par de gros Détachements de l'Armée.

M. le Peletier ayant mandé que le bruit courroit que les Espagnols vouloient abandonner Courtrai le Roi m'a commandé de vous faire savoir que quoique Sa Maté soit bien persuadée que cela ne peut pas être, néanmoins si cela arrivoit son intention seroit que vous y missiez garnison.

Je suis./.

No. 116

A M. le M[al] d'Humieres
A Fontainebleau le 31 Août 1683

Je reçois présentement la lettre que vous m'avez fait l'honneur de m'écrire le 29 de ce mois. Quoiqu'il n'y ait guere d'apparence que M. le Mis de Grana laisse dans Alost, Grammont, Ninove et Lessines, qui sont des Lieux ouverts, aucune Garnison, l'intention de Sa Mté seroit en cas que vous y en trouviez vous les en fassiez sortir de gré ou de force.

Le Roi estime que vous ne sauriez trop tôt détacher M. de Boufflers, afin que, pendant le séjour que vous ferez sur l'Escaut, il puisse toujours commencer à forcer le franc de Bruges à payer les demandes qui lui ont été faites, et ne laisse pas le temps aux Paysans de retirer dans les Villes ce qu'ils ont de meilleur.

Je suis./.

No. 117

A M. le Peletier
A Fontainebleau le 31 Août 1683

J'ai reçu votre lettre du 29 de ce mois qui ne désire de réponse que pour vous dire que vous devez être présentement informé que le Roi a ordonné qu'il fut mis six Compagnies de Cavalerie dans Menin.

Je suis./.

No. 125

A M. le M[al] d'Humieres
A Fontainebleau le 2 Septembre 1683

J'ai lu au Roi la lettre que M. d'Asfeld m'a écrite pour me mettre en état de rendre compte à Sa Maté de ce qui s'est passé entre lui et le Mis de Grana. Il a paru à Sa Majté que le Mis de Grana avoit affecté de ne point s'expliquer de ce qu'il feroit et vouloit se réserver la liberté de faire ce que l'assistance que lui accorderont ou refuseront les Hollandois lui feront juger plus à propos. Sa Maté s'attend d'être informée par vous de la maniére dont les Garnisons Espagnoles se comporteront à l'égard de ses troupes et de son pays. Elle vous recommande cependant de faire ce qu'elle vous a ordonné à l'égard du Pays Espagnol pour le mettre hors d'état de contribuer à la subsistance des troupes qui sont sous les ordres du Mis de Grana, soit par le Corps qui est à vos ordres, soit par celui de M. de Boufflers, soit par celui de M. du Montal, vers lequel vous ferez les Détachements que la posture où se sera mis le Mis de Grana vous feront juger à propos.

Je suis./.

No. 136

A M. le M[al] d'Humieres
A Fontainebleau le 4 Sept[bre] 1683

J'ai reçu les 3 lettres que vous m'avez fait l'honneur de m'écrire les 1. et 2. de ce mois. Je vous ai déjà mandé que si vous trouviez dans des lieux qui ne fussent pas fortifiés, où vous avez occasion de passer avec l'Armée, des troupes d'Espagne qui ne voulussent pas en sortir à la premiere sommation que vous leur en feriez faire, l'intention du Roi seroit que vous les en fissiez sortir de force; et je vous répete par ordre de Sa Mté à l'égard d'Alost que comme jusqu'à présent les ordres ne vous obligent point de marcher de ce côté-là, vous y pouvez laisser le Régiment de Grimbergue tant qu'il ne fera point d'actes d'hostilité contre l'armée que vous commandez, et que la Ville d'Alost satisfera aux demandes qui lui ont été faites par M. le Peletier, mais que si le dit Régiment ou les autres garnisons d'Espagne commettoient des actes d'hostilité, ou que la dit Ville d'Alost refusant de payer les impositions qui lui ont été demandées le dit Reg[t] s'opposa aux éxécutions que vous voudriez envoyer faire au dit Alost, S.Mté trouvera bon que vous y marchiez ou y envoyiez tel nombre de troupes que vous jugerez à propos pour l'en faire sortir.

Le Roi a fort approuvé la résolution que vous avez prise de ne pas attendre l'arrivée de toutes les troupes pour vous avancer à Lessines et de vous servir de celles qui arriveront les dernieres pour la conduite d'un convoi dont vous aurez besoin pour la subsistance de l'Armée.

Sa Maté a vu aussi avec plaisir les ordres que vous avez donnés pour la jonction à Harlebeck des troupes qui doivent être aux ordres de M. de Boufflers, et pour la sureté du Pont que M. d'Asfeld doit garder.

Il m'a paru par une lettre que j'ai reçue de M. de Montbron que vous doutiez si vous deviez défendre à toutes les communautés, qui sont sous l'obéissance du Roi, dans votre Gouvernement, de contribuer aux Espagnols. Je crois vous avoir mandé que l'intention de Sa Mté étoit que vous en fissiez des défenses sous peine de la vie. A tout hazard je vous le répéte et vous assure que la volonté du Roi est que vous en fissiez publier des défenses très sévéres, et preniez des mesures pour faire punir fort sévérement la premiére communauté qui y manque.

Je suis./.

No. 137

A M. de Chamlay
A Fontainebleau le 4 Septembre 1683.

J'ai vu avec plaisir par votre Lettre du 2 de ce mois, que vous soyez arrivé en bonne santé.

Le Roi approuve fort la résolution où vous me marquez qu'est M. le Mal d'Humieres de contenir les Soldats et Cavaliers; et rien ne peut-être plus à propos, pour la conservation de l'Armée, dont Sa Maté lui a donné le commandement, mais comme cela tourneroit au benefice du Pays que S.Mté ne veut pas conserver, vous devez proposer à mon dit Sr. le Maréchal d'envoyer de gros Partis, et prendre les mesures nécéssaires pour que l'Infanterie et la Cavalerie puissent battre en sureté beaucoup de grain, en sorte que ce que ces gros partis prendront dans le Pays, allant au profit des Brigades dont ils seront, et le grain qui se battra au profit des Cavaliers et des Soldats, la ruine du pays accommode le gros de l'Armée, au lieu que si l'on laissoit courir les

Cavaliers et Soldats cela n'accommoderoit que quelques fripons qui désertent quand ils ont gagné quelque somme considérable.

Le Roi a désiré que M. le Mal allat à Lessines au lieu de Grammont et de Ninove pour être en état de donner mieux la main à M. d'Asfeld, à M. de Boufflers et à M. du Montal, et n'être pas assez avancé dans le Pays pour que, si le Prince d'Orange venoit avec toutes ses troupes, quelqu'un des Corps qui sont à ses ordres se trouvat exposé, ou que M. le Maréchal fut obligé, à la premiere nouvelle qu'il auroit de son arrivée, de remarcher brusquement en arriére, ce qui ne pourroit manquer d'arriver, ou il verroit quelqu'uns de ses convois battus: au lieu que si les Hollandois ne viennent point ou n'envoyent qu'un Détachement, rien n'empêchera M. le Mal en donnant rendezvous à M. du Montal vers Bresme-le-Comte, de faire piller tout le pays de derriere Nivelle et Vabre; et il sera en état d'envoyer de Lessines comme de Grammont des Partis aux portes de Bruxelles et de Gand, même tant que les Hollandois ne seront point arrivés de tenir un Corps à Grammont qui fourrage tout le bon Pays dont vous me parlez. Nous saurons au plus tard le 8 ou le 9 de ce mois ce que les Hollandois auront résolu sur les instances du Mis de Grana; après quoi l'on pourra prendre des mesures plus justes pour bien nettoyer le pays du Gouvernement de M. le Mis de Grana auparavant la mauvaise saison.

Ne me laissez rien ignorer de ce qui se passe, le Roi m'ayant commandé de lui lire toutes les Lettres que je recevrai de vous.

Je suis./.

No. 138

A M. le Peletier
A Fontainebleau le 4 Septembre 1683

Le Roi jugeant à propos de faire tourmenter le pays de l'obéissance des Espagnols tout le plus que faire se pourra, Sa Mté vous ordonne d'obliger les sujets d'Espagne, à portée de Condé, Tournay, Menin, Valenciennes et Lille, de voiturer dans les magasins de ces Places tout le plus de fourrage qu'il sera possible. Vous me donnerez part, s'il vous plait, de la maniére dont ce qui est en cela la volonté de S. Mté s'éxécutera. M. de Montbron me mande qu'il vous a parlé des ordres qu'il a eu cidevant pour épargner les terres des sujets du Roi situées dans les terres d'Espagne. Je vous répete encore que l'intention du Roi est que tout paye, et que dans les terres d'Espagne l'on ne fasse aucune distinction des Seigneurs à qui elles appartiennent./.

No. 161

A M. le M^al^ d'Humieres
A Fontainebleau le 6. 7bre 1683

J'ai reçu les deux lettres que vous m'avez fait l'honneur de m'écrire le 4 de ce mois. J'ai remis au Roi celles que vous m'avez adressées pour Sa Mté dont la santé va toujours de mieux en mieux.

Par les discours que tient l'Ambassadeur d'Espagne à Paris il y a lieu de croire que si M. le Mis de Grana trouvoit l'occasion de battre quelque Parti considérable il en profiteroit. Quoiqu'il se puisse faire que cet Ambassadeur ne soit pas bien informé de ce que pense le dit Mis de Grana, le Roi n'a pas laissé de me commander de vous en faire part.

Il paroit par les lettres que j'ai reçues de la frontiére de Hainaut que la Cavalerie de Mons, Charleroy et Namur en est sortie pour aller à Bruxelles, ce qui joint à la difficulté que le Corps qui devoit être sous Dinant trouvoit à subsister aux dépens des terres d'Espagne, a porté Sa Mté à m'ordonner d'écrire à M. du Montal la lettre dont je vous envoye la copie, afin que vous n'ignoriez rien de ce qui se passe.

Je suis./.

No. 161 bis

A M. du Montal
A Fontainebleau le 6 Septembre 1683

Ce que M. de Langallerie m'a mandé de la difficulté qu'il avoit de faire subsister le Corps qu'il commande sans s'avancer sur la Sambre où il ne seroit pas en sureté, et les avis qui ont été donnés en même temps à S.M. que le Mis de Grana retiroit toute la Cavalerie des Places pour l'assembler sous Bruxelles, faisant juger au Roi que le plus long séjour du dit Sr. de Langallerie à Dinant seroit inutile, S.M. m'a commandé de vous dépecher ce Courier pour vous dire que son intention est que vous fassiez entrer dans Dinant le Reg^t^. de Mélac, que vous chargiez le Colonel d'y rester avec lui et de veiller avec le dit Rg^t^, qui y subsistera au moyen du fourrage que l'on lui donnera avec la paye ordinaire de garnison, à la conservation des Pays appartenants à S.M. en deça et en delà la Meuse et en se donnant la main avec la Cavalerie de Marche et de Bastogne, à forcer le pays de Limbourg à payer la contribution, moyennant quoi vous ordonnerez à M. de Langallerie de vous venir joindre avec le Reg^t^ de Cavalerie de St Agnan et celui de Dragons Dauphin.

Je suis./.

No. 166

A M. de Chamlay

A Meudon le 9 Septembre 1683

J'ai reçu votre lettre du 2 de ce mois par laquelle j'ai vu que l'on n'a laissé que 15 hommes dans Chievres. Je ne sais point en quel état il est, mais comme ce Poste seroit fort commode cet hiver pour tourmenter le pays des Espagnols si l'on y peut laisser surement des troupes, je vous prie de me faire part de l'état auquel M. d'Asfeld a rapporté à M. le Mal d'Humieres qu'il étoit.

./.

No. 181

A M. le Mal d'Humieres

A Fontainebleau le 13 Septembre 1683

L'Etat ci-joint vous informera du nom des Sept Bataillons que le Roi a jugé à propos de mettre encore à vos ordres et des jours que vous pourrez les tirer des Places où ils sont présentement. Si le Mis de Grana ne commence point d'actes d'hostilité S. Maté estime que vous ne sauriez mieux faire que de les envoyer au camp de M. d'Asfeld, où le pain leur sera plus facilement fourni qu'à Lessines, et ils seront également à portée de marcher vers M. de Boufflers ou vers l'Armée que vous commandez suivant que vous le jugerez plus à propos.

Le même Etat vous apprendra que le Regt de Cavalerie de Königsmarck se rendra à Tournai le 22 de ce mois dans lequel jour vous lui enverrez, s'il vous plait, les ordres d'aller joindre M. le Mis de Boufflers ou d'aller au Camp de M. d'Asfeld ou au votre, suivant que les démarches du Mis de Grana vous le feront juger plus à propos.

Si le dit Mis de Grana commence des actes d'hostilité je vois assez de disposition dans l'esprit de Sa Maté à vous ordonner de faire jetter des bombes dans les plus grosses Villes de la domination d'Espagne, ce qu'elle croit que vous pourrez éxécuter d'autant plus surement qu'il ne faut point faire de lignes de circonvallation, que l'Armée peut être campée sur plusieurs Lignes derriere la Tranchée que l'on feroit, laquelle ne devroit approcher les Contrescarpes que de 3 ou 400 toises. Et quand M. le Prince d'Orange viendroit avec toutes les troupes de Hollande, il auroit apparemment le déplaisir de voir bruler à ses yeux la Ville par laquelle l'on voudroit commencer, sur le choix de laquelle Sa Mté vous ordonne de lui donner votre avis. Cependant elle désire que pour donner plus à penser à M. le Mis de Grana vous donniez ordre à M. Du Metz de faire sortir des Magasins de Tournai ou Valenciennes 2 ou 3000 Bombes et de les faire conduire sur les Ports de ces Villes là avec les Mortiers dont il seroit nécessaire de se servir. Et comme les affuts de fer sont beaucoup plus commodes pour exploiter les Mortiers que ceux de bois, S.Mté désire que vous ordonniez au Sr. de Vigny de se rendre en Poste aux forges de la Meuse où il en a fait faire pour en faire voiturer diligemment 8 ou 10 à Valenciennes où ils seront à portée d'être menés où l'on en aura besoin. Vous ordonnerez s'il vous plait, au Sr. de Vigny de m'écrire des forges lorsqu'il y sera arrivé et de me mander le temps que les dit affuts pourront arriver à Valenciennes./.

No. 192

A M. le Mal d'Humieres
A Fontainebleau le 14 Septembre 1683

J'ai reçu la lettre que vous m'avez fait l'honneur de m'écrire le 11 de ce mois, par laquelle le Roi a été informé des réflexions que vous faites sur la nouvelle que M. d'Avaux vous a donnée de la résolution qui a été prise en Hollande d'envoyer 8000 hommes aux ordres de M. le Mis de Grana. Vous aurez vu par ma lettre d'hier que S.Mté en ayant été informée avoit résolu d'augmenter le Corps de troupes que vous commandez de Sept bataillons et du Régt de Königsmarck que S. Mté état persuadée que ces Rgts d'Infanterie seroient mieux au Pont de l'Escault qu'en aucun autre endroit; mais comme ils ne pourront être en état d'y marcher que le 22 de ce mois, elle juge à propos que vous fortifiez la Garde du dit Pont de l'Escault de 5 Régiments de Cavalerie ou de Dragons, de M. d'Auger, de l'Armée que vous commandez, et que vous ordonniez en même temps à M. de Boufflers de se camper en deça de la Lis, d'où gardant le Pont d'Harlebeck il sera en état de secourir promptement M. D'Auger s'il étoit nécéssaire, et tant que les Hollandois n'enverront que 8000 hommes à M. le Mis de Grana, S.M. est persuadée qu'il se gardera bien de s'approcher de vous, et qu'il ne sera pas en état de rien tenter avec succès ni sur le Corps de M. D'Auger ni sur celui de M. de Boufflers.

Sa Maté n'a pas cru qu'il convint, sur la premiere démarche de l'envoi de 8000 hommes, de retirer M. de Boufflers de dessus la Lis, parce qu'il ne peut être que fort avantageux de ruiner la partie de la Flandre qui est voisine de la Lis, ce que M. de Montbron ne seroit pas en état de faire avec le peu de Cavalerie qu'il a à ses ordres, avec laquelle il seroit bien embarassé d'empêcher les pays de l'obéissance de S.Mté, entre la Lis et la Mer, d'être ruinés par les troupes Espagnoles, si M. de Boufflers se retiroit de dessus la Lis, et lorsque les 7 bataillons arriveront au Pont de l'Escault, S.Mté est persuadée que vous pouvez en retirer la brigade d'infanterie que vous y avez envoyée, et que faisant marcher au dit Pont de l'Escault le Reg[t] de Königsmarck, vous pouvez rapeller aussi deux Rég[ts] de Cavalerie. Que si M. le Prince d'Orange marchoit avec toutes les troupes des Etats-Généraux, à quoi jusqu'à présent il n'y a aucune apparence, Sa Mté approuveroit en ce cas que vous fissiez marcher M. de Boufflers sur l'Escault et que vous fortifiassiez de tout ce que vous jugeriez à propos de ce que vous auriez mis aux ordres de M. d'Auger et de ce qui est présentement aux ordres de M. de Boufflers, et vous réglassiez dans la suite sur les démarches que vous verriez faire aux troupes du Prince d'Orange conformément à ce qui est porté par votre Instruction, c'est-à-dire, de faire toujours subsister les troupes du Roi dans le Pays Espagnol, et d'empêcher que les troupes d'Espagne et Hollandoises ne puissent rien entreprendre avec succès dans les pays de l'obéissance de Sa Mté.

Vous observerez, s'il vous plait, en cas que vous retiriez M. de Boufflers de dessus la Lis, de lui ordonner d'envoyer à M. de Montbron trois Reg[ts] de Cavalerie avec lesquels, et ce qui est présentement à ses ordres, il puisse être en état de s'opposer à ce que les Espagnols voudroient entreprendre sur les terres de l'obéissance de Sa Mté./.

J'ai vu des lettres de Hollande qui portent que l'Envoyé d'Espagne a dit que l'instruction de M. le Mis de Grana n'étoit point de rien tenter en Flandre et que son projet étoit d'envoyer le plus de troupes qu'il pourroit en Luxembourg pour, en entrant dans la Lorraine et les Evêchés, vous obliger à sortir de leur pays pour l'aller défendre. Ce projet est si peu raisonnable, quand on a une Armée considérable à 4 ou 5 lieues de Bruxelles, qu'il n'y a pas d'apparence qu'il ait passé par l'esprit du Mis de Grana. Le Roi n'a pas laissé de juger à propos que vous en fussiez informé et que vous sussiez qu'en cas que le Mis de Grana fit marcher beaucoup de troupes du côté de Namur que l'intention de Sa Mté seroit que vous en envoyassiez assez à M. du Montal pour contenir la dite Garnison et que vous lui ordonniez de laisser M. de Langallerie sur la Sambre avec ce que vous estimeriez nécéssaire pour contenir celles de Mons.

Je suis &c./.

No. 204

A M. de Chamlay
A Fontainebleau le 17 Sept[bre] 1683

Je reçois présentement votre lettre du 14 de ce mois de laquelle je rendrai compte au Roi. Cependant je vous dirai que quand vous proposez à S. Mté d'envoyer ordre à M. le Mal d'Humieres de marcher du côté de Sotteghen vous ne faites pas réflexion qu'en s'éloignant de Lessines il n'est plus en état de donner la main à M. du Montal, lequel, avec tous les pays appartenants au Roi derriere la Sambre, on laisseroit exposé à tout ce que les Espagnols voudroient entreprendre, et comptez que tant qu'il y a de quoi battre du grain autour de Lessines l'on fait également mal aux Espagnols que si on les battoit vers Sotteghen et St Joris.

J'écris à M. le Maréchal pour le faire souvenir de donner les ordres à M. du Montal de faire quelque éxécution considérable dans les lieux qui sont à portée de lui, et de prendre les mesures nécéssaires pour qu'il les puisse faire en sureté.

Je suis &./.

No. 206

A M. le M[al] d'Humieres
A Fontainebleau le 17 Sept[bre] 1683

Ce mot est pour vous faire ressouvenir de donner les ordres nécéssaires à Mrs du Montal et de Boufflers pour faire quelque éxécution considérable qui presse les Peuples Sujets d'Espagne de satisfaire aux demandes qui leur ont été faites, et de prendre les mesures convenables pour la sureté des troupes qui devront faire l'éxécution du côté de M. du Montal, de maniere que le Mis de Grana ne puisse rien entreprendre contre les dites troupes avec succès.

J'ai vu des Lettres qui portent que les Espagnols ont défendu, à peine de feu, de satisfaire aux ordres qui ont été envoyés par M. le Peletier et par M. Faultrier. S'ils en venoient à cette extremité l'intention de S. Mté seroit que vous fissiez voir plusieurs Villages en feu à M. le Mis de Grana de dessus les murailles de Bruxelles./.

No. 209

A M. le Cte d'Avaux
A Fontainebleau le 17 Septembre 1683

Mr.

La Lettre que vous m'avez fait l'honneur de m'écrire le 13 de ce mois à minuit m'a été rendue, par laquelle je vois que les ordres ont été expédiés pour la marche des 8000 hommes que les Etats envoyent au secours des Espagnols. Je vous supplie de me faire savoir les noms des Régiments distinguant ceux de Cavalerie dans ceux d'infanterie, et s'il se peut les Garnisons où ils seront envoyés, n'y ayant guere d'apparence que M. le Mis de Grana pense à les tenir en Campagne et à laisser les Garnisons de ses Places en l'état où elles sont.

Je suis./.

No. 215

A M. le Mis de Boufflers
A Fontainebleau le 19 Sept^bre^ 1683

M.

La Lettre que vous avez pris la peine de m'écrire le 16 de ce mois m'a été rendue. Je vous prie de me mettre en état de rendre compte au Roi de ce qui se passera, et de faire de si rudes éxécutions sur les Villages qui sont à portées de vous qu'il se pressent plus qu'ils n'ont fait jusqu'à présent de satisfaire aux demandes qui leur ont été faites./.

Je suis./.

No. 222

A M. le M^al^ d'Humieres
A Fontainebleau le 20 Septembre 1683

La lettre que vous m'avez fait l'honneur de m'écrire le 16 de ce mois m'a été rendue. Le Contrôle que vous aurez reçu le lendemain des Sept Bataillons que le Roi met à vos ordres pour servir en Campagne vous aura si particuliérement informé du jour que vous les pourrez tirer d'où ils sont que je n'ai rien à y ajouter. Sa Mté suivroit avec plaisir votre avis sur la Ville des Espagnols que l'on pourroit tenter de bruler par les Bombes si la saison étoit moins mauvaise; mais en l'état où sont les chemins il ne seroit pas prudent de tenter pareille chose. Je ne doute point que Sa Mté ne se réduise à faire bruler les Villes de Mons et de Namur, si la conduite de M. le Mis de Grana donne lieu à des actes d'hostilité. C'est sur quoi vous saurez particuliérement les intentions de Sa Mté après que vous lui aurez rendu compte de ce que le Mis de Grana aura fait.

Je suis &./.

No. 223

A M. le M[al] d'Humieres
A Fontainebleau le 21 Sept[bre] 1683

Le Roi a été surpris d'apprendre que l'on ne fait point d'éxécutions pour le payement de ce qui a été imposé sur les Terres des Espagnols, et qu'après avoir été un temps considérable sans prendre aucun soin d'une chose que Sa Mté vous a tant recommandée, vous vous soyez contenté d'ordonner que l'on éxécutat un Village dans chaque Chatellenie, et n'y ayiez encore envoyé aucun ordre à M. du Montal pour ce qu'il a à faire de son côté; sur quoi St Mté m'a commandé de vous dépêcher ce Courier exprès pour vous faire savoir qu'elle désire que vous ne cessiez point de faire faire des éxécutions, c'est-à-dire, de faire prendre tout ce qui se trouvera dans les Villages tant hommes que meubles et bestiaux, même de faire abattre des maisons, sans néanmoins les bruler, jusqu'à ce que les dits Villages ayent tout payé ce qui leur a été demandé, ou donné des suretés dans les Terres de l'obéissance du Roi à la satisfaction des Intendants. Et parce qu'il n'est pas juste que des Villages qui ne satisfont pas aux impositions croient être en sureté en prenant des Sauve-gardes, S.Mté vous ordonne de les retirer toutes sans en excepter aucune de tous les Villages qui n'auront pas satisfait en argent ou en cautions à ce qui leur aura été demandé, et elle désire que vous donniez les mêmes ordres à M. du Montal, de Montbron, Boufflers et d'Auger. Vous me mettrez, s'il vous plait, en état de rendre compte à S. Mté de la maniere dont ce que je viens de vous marquer de sa volonté aura été éxécutée.

Je suis./.

No. 233

A M. le M[al] d'Humieres
A Fontainebleau le 23 Septembre 1683

Quoique je ne doute point que vous ne sachiez présentement que les Turcs se sont retirés de devant Vienne je ne laisse pas de vous en donner avis et de vous dire que je vois beaucoup d'apparence que Sa Mté ordonnera bientôt la levée de 12,000 Chevaux et de 20,000 hommes de pied. Je ne vous dépêcherois pas ce Courier pour vous porter cette nouvelle si ce n'étoit que Sa Mté a impatience d'apprendre comment les ordres qu'elle vous a donnés pour faire faire des éxécutions dans tous les lieux où elles peuvent se faire avec sureté, et retirer les Sauve-gardes de tous les lieux qui n'auront pas acquitté leurs taxes auront été éxécuté./.

No. 254

A M. de Chamlay
A Fontainebleau le 27 Septembre 1683

J'ai reçu votre lettre du 23 de ce mois. S'il n'est pas possible de faire abattre des maisons dans le voisinage de Bruxelles l'on peut le faire ailleurs; et l'intention de Sa Mté est que cela s'éxécute partout où on le pourra faire avec sureté. Vous savez bien que quand il n'est question que de saper les murailles d'une maison il est aisé de la mettre bientôt à bas./.

Vous n'avez point du être surpris de ce que l'on n'a trouvé personne au Village d'Asch, puisque tout le monde savoit dans l'Armée que l'on y devoit aller la veille, que le Parti qui y a été envoyé est sorti du Camp. Le Conseil de Guerre que l'on a tenu ensuite pour savoir comment on obligeroit des paysans à payer a un peu surpris Sa Mté qui est persuadée que les Conseils de guerre ne sont jamais bons à rien à cela, moins qu'à toute autre chose, et que quand l'on voudra faire faire des éxécutions qui réussissent il faut que M. le Mal d'Humieres en donne l'ordre lui-même à celui qui les devra éxécuter, sans qu'aucun autre Officier Général en ait connoissance; et qu'au lieu de lui donner le nom de 2 ou 3 Villages pour être éxécutés l'on lui donne le nom des Villages du Canton où il va qui ont payé et que l'on lui donne ordre d'éxécuter tous ceux qui n'ont pas satisfait, moyennant quoi s'il ne trouve personne dans l'un il trouvera des habitants et des bestiaux dans quelqu'autre.

Le Roi ne désire point non plus que l'on donne de Sauve-garde à aucun Village qui n'ait entiérement satisfait à son imposition en argent ou en caution dans les Terres de l'obéissance du Roi.

L'on ne peut être plus mal informé que l'est M. d'Avaux des mouvements que font les troupes de Hollande; et M. le Mal peut compter que le Corps d'Hollandois, qui est entre Malines et Bruxelles, n'est que de 8000, 3 ou 400 hommes et que les 2 Régiments qui sont entrés à Gand ne font pas plus de 12 ou 1300 homme.

Le Roi résolut hier au soir de lever 14,000 Chevaux dont 5800 se feront en mettant les Compagnies à 40 Maitres, et le reste se fera en levant 205 Compagnies de Cavalerie, dont 25 seront des Compagnies franches de Dragons que l'on mettra dans les Places les plus avancées et le reste composera 15 Régiments de 12 Compagnies chacun, desquels S. Mté disposera cette semaine. L'argent de la levée des 10 Maitres par Compagnie se donnera le 20 du mois prochain, et celui pour la levée des 205 Compagnies se délivrera le 15 Novembre. Sa Maté a en même temps résolu de faire lever 26,000 hommes de pied. Elle réglera dans la fin de cette semaine dans quels Régiments se fera cette augmentation. Je vous prie de rendre compte de ce que dessus à M. le Maréchal./.

No. 255

A M. le M[al] d'Humieres
A Fontainebleau le 27 Septembre 1683

J'ai reçu par le retour du Courier que je vous avois dépêché la lettre que vous m'avez fait l'honneur de m'écrire le 25 de ce mois.

Je ne vous informe point du détail de la résolution que le Roi a prise de lever 40,000 hommes, par ce que M. de Chamlay vous en aura rendu compte avant que vous ayez reçu cette lettre.

Il y a lieu d'éspérer que les Partis que vous avez commencé à envoyer et que vous enverrez dans la suite, obligeront les Paysans des Villages qui sont à portée des Corps des troupes qui sont à vos ordres de satisfaire aux demandes qui leur ont été faites.

S.Mté ne pense point à rien entreprendre jusqu'à ce que le Mis de Grana ait commencé des actes d'hostilité. Ainsi elle differera jusqu'à ce qu'elle sache qu'il les ait commencés à vous donner les ordres de ce que vous aurez à faire à cet égard.

Je suis./.

No. 258

A M. de Boufflers
A Fontainebleau le 28 Septembre 1683

M.

J'ai reçu la lettre que vous avez pris la peine de m'écrire le 22 de ce mois. Il ne faut point attendre que M. le Mal d'Humieres vous envoye d'ordre pour faire des éxécutions; et l'intention du Roi est que vous en fassiez tous les jours dans les Villages que vous apprendrez n'avoir pas satisfait à leur demande.

Il arrivera de là ou que les Villages payeront ou que le Pays sera ruiné, et que les troupes de S. Mté en profiteront, c'est à quoi elle désire que vous vous appliquiez.

Je suis./.

No. 263

A M. Faultrier
A Fontainebleau le 29 Septembre 1683

M.

J'ai reçu votre lettre du 23 de ce mois. Il ne faut pas que M. du Montal songe présentement à faire des éxécutions sur le Denier ni dans la Mairie de Vilvorde, mais bien à contraindre seulement les Villages où l'on peut aller en sureté, et c'est ce que je vous prie de lui recommander./.

No. 267

A M. le M[al] d'Humieres
A Fontainebleau le 30 Sept[bre] 1683

Un voyage que j'ai fait à Versailles m'a empêché de répondre plus tôt aux lettres que vous m'avez fait l'honneur de m'écrire les 20,21,24,25 et 26 de ce mois. L'intention du Roi n'est point que l'Armée que vous commandez s'avance à Alost parce que, ainsi que je vous l'ai déjà mandé, vous ne seriez plus en état de vous donner la main avec M. du Montal qui resteroit exposé à ce que le Mis de Grana voudroit entreprendre sur lui et sur les Pays de la protection desquels mon dit Sr du Montal est chargé.

Sa Mté est surprise que vous croyez avoir besoin de marcher avec toute l'Armée à Alost pour obliger ce pays là à se soumettre à payer les Impositions qu'on lui demande, puisque, tant que l'on ne fera point d'actes d'hostilité, vous pouvez envoyer en liberté piller tous les Villages les uns après les autres, même présentement qu'une partie des Troupes que vous aviez donné à Mr d'Auger vous a rejoint, faire promener un Corps des Troupes dans tout ce qui est en deça de la Dendre.

Vous devez donc compter que si le Mis de Grana ne commence point d'actes d'hostilité Sa Mté désire que vous continuiez à demeurer à Lessines, à moins que, pour la commodité du fourrage, vous ne jugeassiez à propos de descendre jusqu'à Grammont ou de remonter plus près d'Ath: sur quoi elle se remet à vous de faire ce que vous jugerez plus à propos. Elle ne doute point qu'en cas que vous décampiez vous ne laissiez du moins dans Lessines jusqu'à ce que vous receviez des ordres du Roi de séparer l'Armée que vous commandez, lesquels vous pourront être envoyés vers le 20 du mois prochain.

Vous ne sauriez rien faire de plus agréable à Sa Mté que de

continuer à faire faire des éxécutions autant qu'il se pourra sans ruiner la Cavalerie.

Le Roi a été informé avec surprise du grand commerce qu'il y a de Bruxelles et d'Ath à l'Armée que vous commandez. L'intention de Sa Mté n' est point que vous souffriez la continuation de ce commerce qui ne pourroit dans la suite que vous attirer des inconvénients.

Le Roi trouve bon que par de petits Partis de Cavalerie d'infanterie ou de Dragons vous essayez d'empêcher que les Paysans ne continuent à battre la nuit du grain qu'ils emportent le lendemain matin comme Sa Mté apprend qu'ils le font journellement; et qu'au lieu de faire abattre des maisons dans les Villages vous donniez ordre que l'on abatte des Granges pleines, moyennant quoi les Paysans voyant que le manque de payement leur fera perdre leurs grains se disposeront apparemment à donner de l'argent pour les conserver./.

No. 268

A M. le Peletier
A Fontainebleau le 30 Septembre 1683

M.

Je n'ai pu répondre plus tôt à vos lettres du 20, 21, 22, 23, 24,25 et 26 de ce mois, à cause d'un voyage que j'ai fait à Versailles la semaine passée.

Bien loin de diminuer les impositions que vous avez faites sur le Pays d'Espagne l'intention du Roi est que vous teniez parole aux habitants sur l'augmentation que vous leur avez promis de faire pour n'avoir pas payé leur taxe dans le temps qu'on la leur a demandée; et il ne faut songer à accorder de modération qu'aux lieux qui sont si éloignés que l'on ne peut que difficilement les forcer.

Je ne vous dis rien sur la proposition de faire avancer l'Armée à Alost, parce que je ne doute point que M. le Mal d'Humieres ne vous communique ce que je lui mande sur cela de l'intention du Roi.

Vous aurez connu par les Relations qui sont venues à M. le Mal d'Humieres des troupes Hollandoises qui sont entre Bruxelles et Malines que les avis que M. d'Avaux lui a donnés sur leur nombre ne sont pas bons.

Si vous croyez qu'il soit plus utile de faire l'imposition de fourrage dont vous me parlez dans le temps que les troupes entreront en quartier d'hiver qu'à présent, Sa Mté s'en remet à vous, mais n'oubliez pas de travailler aussitôt sans attendre d'autre ordre de Sa Maté.

Je ne puis pas vous dire présentement la quantité de Cavalerie que le Roi enverra dans les Places de votre Département; mais j'éspére de vous le faire savoir avant le 15 du mois prochain, cependant vous devez compter que l'on y mettra toute la plus grande partie que l'on pourra.

Ce n'est point une affaire quand on est dans une Armée d'empêcher les troupes de vendre des grains aux gens du Pays, puisqu'il n'est rien de plus aisé que de savoir ce qui se passe sur une chose de cette nature.

Il est juste de soulager la verge de Menin pour les Charrois qu'on lui a demandés pour voiturer le pain de munition à Harlebeck et vous le pourrez faire par la Chatellenie de Lille qui en est à portée./.

No. 269

A M. du Montal
A Fontainebleau le 30 Sept[bre] 1683

M.

J'ai reçu la lettre que vous avez pris la peine de m'écrire le 24 de ce mois. Il auroit été à désirer qu'en informant le Roi des Lieux qui restent à fourrager vous m'eussiez mandé où vous croyez que le Corps de troupes que vous commandez pourra subsister jusqu'au 25 du mois prochain, observant que ce doit toujours être sur la Sambre en s'éloignant de Maubeuge tout le moins que faire se pourra, c'est sur quoi j'attendrai votre avis pour rendre compte à Sa Mté.

Je suis./.

PART IV

Nature: Continuation des hostilités en Flandre, 1683.
Cote: Dépôt général de la guerre A 1 703

Nature: Continuation des hostilités en Flandre, 1683.

Cote: Dépôt général de la guerre A 1 703

This volume contains the correspondence of Louvois pertaining to the continuation of hostilities in Flanders during the month of October 1683.

Orders are given for the bombardment of such cities as Ath, Mons, for the besieging of Courtrai and for the levying of special taxes on the subjects of the King of Spain.

LETTERS OF LOUVOIS

PART IV

No. 4

A M. du Montal
A Fontainebleau le 2 Octobre 1683

M.

La Recette des Contributions du Département de M. Faultrier va fort mal, et je vois par l'Etat des Villages qui n'ont pas payé qu'il y en a une infinité à portée de votre Camp qui pourroient être aisément éxécutée. Sa Mté seroit fort mal contenté si cela continuoit et auroit de la peine à croire que vous fissiez ce que vous devez pour l'accélération du recouvrement des impositions qui ont été faites sur les dits Villages. Comme l'intention du Roi est que par toutes sortes de moyen l'on réduise les paysans à payer, Sa Mté désire que par de petits Partis de Cavalerie, d'infanterie ou de Dragons vous fassiez abattre des Granges pleines, au lieu de Maisons; ne doutant point que la crainte qu'ils auront de perdre leurs grains ne les oblige à donner de l'argent pour les conserver.

Je suis./.

No. 12

A M. le Mis de Boufflers
A Fontainebleau le 5 octobre 1683

M.

J'ai reçu les lettres que vous avez pris la peine de m'écrire les 29 du mois passé, 1 et 2 du courant par lesquelles le Roi a vu que les Courses que vous avez fait faire n'ont pas été inutiles. Sa Mté s'attend que par de fréquents petits Partis et par les Granges que vous ferez abattre vous alarmerez si fort le Pays que les habitants viendront payer. Je vous recommande de continuer à me mettre en état de rendre compte au Roi de ce qui se passera.

Je suis./.

No. 15

A M. le Cte du Montal
A Fontainebleau le 5 Octobre 1683

M.

J'ai reçu la lettre que vous avez pris la peine de m écrire le 28 du mois passé. Il n'y a pas d'apparence que le Roi veuille établir un quartier d'hiver à Binche vu l'état où vous me mander qu'il est; mais son intention sera d'en établir un à Thuin où je ne doubte pas que Sa Mté vous charge de commander.

Je suis./.

No. 25

A M. le Mal d'Humieres
A Versailles le 9 Octobre 1683

Par les Mémoires qui me viennent des Lieux qui n'ont pas payé les taxes je vois que les Villes de Braine le Comte, Enguien, Halle, Alost, Soignies et Ninove sont fort en reste, de quoi le Roi a été d'autant plus surpris que rien ne vous empêche de les faire éxécuter; ce qui produira ou le payement ou la ruine des Lieux de l'obéissance de Sa Mté Catholique, qui vous est recommandé par vos Instructions. L'intention de Sa Mté est que vous donniez de tels ordres que ces lieux soient pillés ou qu'ils payent.

Je suis./.

No. 28

A M. le Mal d'Humieres
A Versailles le 10 octobre 1683

Le Roi ne voyant point d'apparence que le Mis de Grana donne lieu à Sa Mté par quelque acte d'hostilité de vous envoyer ordre de faire aucune Entreprise, et S.Mté appréhendant que si ses Troupes continuoient à demeurer campées inutilement la mauvaise saison ne les fit dépérir, elle m'a commandé de vous faire savoir qu'elle juge à propos que vous vous rapprochiez de l'Escaut, et que faisant cantonner les Troupes dans les Villages, vous leur donniez le couvert, et les mettant en état de ne pouvoir être insultées vous preniez vos mesures pour les faire aussi subsister jusqu'aux derniers jours de ce mois, dans lequel temps vous recevrez les ordres de Sa Maté nécéssaires pour la séparation de l'Armée. Et comme le plus long séjour de Messeigneurs les Princes de Conti et de la Roche sur yon et de Mgr de Vermandois auprès de vous paroît inutile à Sa Maté Elle trouvera bon qu'en même temps que vous éxécuterez ce que je viens de vous marquer des intentions de Sa Mé vous leur disiez qu'elle trouve bon qu'ils quittent l'Armée de laquelle Sa Maté aura bien agréable que vous renvoyiez en même temps tous les Volontaires.

Et parce que les Chevaux d'Artillerie ont une solde très considérable S.M. désire que vous renvoyiez à Tournai l'Equipage d'Artillerie qui est à votre suite, aussi bien que celui de M. de

Boufflers et de M. d'Asfeld et que vous donniez ordre à M. du Metz de renvoyer les dits Chevaux d'Artillerie après avoir remis dans les Magasins de Tournai les Piéces et les Munitions que vous n'aurez pas jugé à propos de faire demeurer à la suite de l'Armée que vous commandez et du Corps de M. de Boufflers. S.M. désirant que ce que vous lui ordonnerez et à M. du Metz de laisser à la suite de l'Armée que vous commandez soit mené par des Chevaux du Pays que M. le Peletier mandera pour cet effet.

Le Roi ne vous prescrit point le jour que vous partirez de Lessines se remettant à vous de le regler sur ce qui sera plus commode pour la consommation des farines qui restent au dit Lessines.

S.M. ne vous prescrit point non plus les lieux où vous pourrez donner le couvert aux Troupes se remettant à vous de les choisir en tel endroit que vous jugerez à propos. Elle estime que vous ne pouvez manquer en le choisissant entre la Riviére de Rosne, Ligne, Belloenel, et Perruez où n'ayant rien à craindre que de la Garnison d'Ath, il vous sera facile de vous mettre à couvert, aussi bien que de celle d'Audenarde, qui sont toutes deux extrêmement faibles, et qu'il n'y a pas d'apparence que le Mis de Grana pense à remplacer.

A l'égard de M. de Boufflers S.M. juge à propos qu'il occupe toujours Harlebeck, et que dans les 2 ou 3 Villages qui en sont les plus voisins soit en deça ou en delà de la Lis il mette les Troupes qu'il commande à couvert, que votre marche vers l'Escaut vous donnera moyen de fortifier autant que vous le jugerez nécéssaire.

L'intention de Sa Mté est aussi que vous pourvoyiez à faire donner le couvert aux Troupes qui resteront auprès du Pont que S.M. juge à propos que vous mainteniez jusqu'à la séparation de l'Armée.

Le Roi désire que vous envoyiez aux ordres de M. du Montal à Maubeuge les Bataillons de Sans, Ste Maure et la Fere et que vous lui donniez ordre de les employer au rétablissement des Remparts de Thuin, et à les mettre en état qu'ils y puissent passer l'hiver avec le nombre des dits Bataillons qu'il jugera à propos d'y garder. Il pourra pendant ce temps-là donner le couvert à la Cavalerie qu'il commande dans les Villages du Pays de Liége qui sont dans les Environs dudit Thuin, d'où il pourra aussi bien que vous du lieu où vous jugerez à propos d'établir l'Armée que vous commandez et M. de Boufflers de dessus la Lis, continuer à essayer d'obliger les Villages d'Espagne à satisfaire à ce qu'ils pourront devoir de reste des demandes qui leur ont été faites;

ce qu'il y a apparence que vous pourrez faire éxécuter sans beaucoup fatiguer les troupes que vous commandez, puisque les Hollandois ne voulant pas souffrir que M. le Mis de Grana commence les actes d'hostilité, les petits Partis pourront faire des éxécutions comme les Grands.

S.M. juge à propos que vous ménagiez les Villages les plus proches de Tournai le plus que faire se pourra, afin qu'ils soient en état de fournir les fourrages que l'on leur demandera pour cet hiver.

Je suis./.

No. 89

A M. le Mal d'Humieres
A Versailles le 19 Octobre 1683

Le Roi a différé de répondre à la lettre que vous m'avez fait l'honneur de m'écrire par le Laquais de M. le Peletier, éspérant apprendre de jour en jour par l'arrivée d'un de vos Couriers ce que le Corps de Cavalerie Hollandoise, qui avoit marché laissant Bruxelles à droite, seroit devenu, si les autres Garnisons Espagnoles avoient commis des actes d'hostilité et si le Mis de Grana auroit demandé la contribution dans les Terres de l'obéissance de Sa Mté, mais comme il s'est déjà passé 3 jours depuis l'arrivée du dit Courier sans qu'il en ait paru de votre part et que le Roi a apris par les lettres de M. de Boufflers que la Garnison de Gand a pris un Officier du Régiment de Lumbre et deux Cavaliers, et que celle d'Audenarde outre l'hostilité qu'elle a commise contre la Garde du Camp de M. d'Auger a pris encore 3 ou 4 petits Partis d'Infanterie que le dit Sr d'Auger tenoit aux portes du dit Audenarde même des Soldats qu'il avoit mis en Sauve-Garde dans des Censes, S.M. m'a commandé de vous faire savoir qu'elle approuve que vous demeuriez à Lessines jusqu'à nouvel ordre d'elle qu'elle vous enverra entre ci et 3 ou 4 jours, que vous ne licenciez point les Chevaux d'Artillerie, que vous différiez à envoyer le Sr de Vigny jusqu'à la séparation de l'Armée que vous commandez, et que cependant vous fassiez faire contre les Partis des Troupes Espagnoles que vous trouverez hors de leurs Places les mêmes hostilités que celles qu'elles ont commises contre celles du Roi. Vous donnerez, s'il vous plait, les mêmes ordres à Ms de Boufflers et d'Auger.

Sa Maté a été surprise de voir que sur l'avis que vous avez eu de la marche de la Cavalerie Hollandoise du côté de la Sambre ou de Namur vous n'ayez pas diligemment fortifié le Corps de M. du Montal, lequel par le parti que vous avez pris de vous contenter d'envoyer des Espions pour savoir où ce Corps avoit marché, vous avez laissé exposé à ce que les Troupes Hollandoises auroient voulu entreprendre contre lui, si, suivant les premiers avis qui vous avoient été envoyés tous le Corps Hollandois avoit marché avec la Cavalerie des Espagnols et Sa Mté a d'autant plus désapprouvé le parti que vous avez pris de ne le point fortifier que vous le pouviez faire en toute sureté, vu la disposition des troupes qui étoient à vos ordres d'avec celles qui étoient campées sous Bruxelles.

Je suis./.

No. 113

A M. le Mal d'Humieres
A Versailles le 20 Octobre 1683

Les Lettres dont les Couriers que je vous ai dépêchés hier et ce matin étoient chargés vous auront informé de la résolution que le Roi a prise de faire charger les Troupes des Espagnols par les siennes en quelqu'endroit que l'on les rencontre, et que son intention étoit que vous vous rapprochassiez de Leuse avec l'Armée que vous commandez. Je vous dépêche celui-ci pour vous faire savoir que la Lettre que le Mis de Grana a écrite aux Officiers Généraux qui sont sous sa charge, dont je vous ai envoyé une copie imprimée, et l'envoi des mandements de contributions dans la Chatellenie de Furnes ne pouvant plus laisser de doute à S.M. de l'intention du Mis de Grana sur le renouvellement de la guerre, Elle a résolu de faire bruler Mons avec des Bombes auparavant de séparer l'Armée que vous commandez; que pour cet effet elle désire qu'après avoir pris avec M. le Peletier les mesures nécéssaires pour la fourniture du pain à son Armée et avec mondit Sr le Peletier et M. du Metz pour faire voiturer 2 ou 3000 Bombes et 16 mortiers à la suite de l'Armée, vous vous avanciez vers la Haisne, et que la passant vers St Guilain vous vous approchiez de la ville de Mons par la hauteur de la Porte de Vertamont ou du Mont Barizet, et que campant l'Armée de maniére qu'on ne puisse point dire que vous ayiez voulu en faire de circonvallation vous fassiez faire les ouvrages nécéssaires pour soutenir les Batteries de Mortiers que Sa Maté désire que vous fassiez mettre à la distance nécéssaire pour que l'on puisse jetter des Bombes et des Carcasses dans tous les endroits de la Ville; et que vous y en fassiez tirer incessamment pendant 3 ou 4 jours en sorte que l'on y en jette au moins 2500 ou 3000, après quoi vous séparerez l'Armée suivant les ordres de S.M. qui vous seront envoyés entre ci et 2 ou 3 jours.

Si contre toute apparence les Bourgeois de la Ville de Mons, ennuyés de voir bruler leurs Maisons, se rendoient les maîtres des troupes et vous offroient leurs Portes S.M. trouveroit bon que vous y fissiez entrer les troupes; ce que je ne vous dis qu'afin que vous n'ignoriez point les intentions du Roi sur tous les cas qui peuvent arriver, et point du tout parce que S.M. s'attende qu'il arrive.

Si le Gouverneur de Mons vouloit lier quelque commerce avec vous, sous prétexte que n'y ayant point de guerre, ce ne peut point être l'intention de S.M. que vous tratiez ainsi une Ville de l'obéissance de Sa Mté Catholique, le Roi désireroit que vous lui répondissiez qu'il ne doit se prendre de ce que souffrira la dite Ville, qu'à ce qu'a fait le Baron de Courciers à l'égard de M. d'Auger, et le Prince de Chimay à l'égard de deux Chateaux de La Comté de Chiny.

Si le Mis de Grana vous envoyoit quelque Exprès sur le même sujet, Sa Mté désireroit que vous lui répondissiez de même et que vous disiez à cet Envoyé ou à celui du Gouverneur de Mons que ce qu'il voit à Mons est l'Echantillon de ce qu'il verra faire tout l'hiver contre les Places de l'obéissance de S.M. Catholique qui ne voudront pas traiter pour se racheter du feu.

Si le dit Mis de Grana s'approchoit avec les troupes d'Espagne à portée que vous puissiez tomber sur lui S.M. auroit fort agréable que vous n'en perdissiez pas l'occasion, et vous recommande surtout d'appuyer si bien les Batteries de Mortiers que vous ferez faire pour jetter des Bombes ou des Carcasses dans Mons que la Garnison du dit Mons ne puisse l'attaquer impunément. Il vous sera aisé de tirer le pain pour l'Armée de Valenciennes en y faisant remonter des farines de Tournai pendant le séjour que vous ferez à Leuse.

A l'égard des Mortiers dont le Roi désire que vous en ayiez seize à votre suite, vous saurez du dit Sr du Metz d'où il aimera mieux les tirer. Il m'a mandé qu'il y en avoit dix à Avesnes, deux à Maubeuge, deux au Quesnoi et deux à Valenciennes. Il y a 14 affuts de fer au dit Valenciennes et il en faudra mener 5 ou 6 de bois.

S.M. se remet à vous de prendre des Mortiers de la nouvelle invention ou de se servir de ceux de l'ancienne. Vous savez du dit Sr du Metz où sont les Carcasses. Il y a 2200 Bombes à Avesnes dont vous pourrez vous servir et prendre le surplus des 4000 qui sont à Valenciennes.

S.M. ne veut pas que vous meniez M. de Vauban ni M. de Mesgrigny à cette Expédition, et Elle trouve bon que vous vous serviez du Sieur Dupuys Vauban, Ingénieur à Valenciennes, du

Sieur de Charmont, Ingénieur à Maubeuge, pour éxécuter vos ordres en chef alternativement. Et Sa Mté désire que vous preniez des autres Ingénieurs qui sont à Valenciennes, Condé, Maubeuge et Avesnes, le nombre que vous croirez en avoir besoin pour les soulager; ce que le Roi m'a ordonné de vous marquer, quoiqu'il soit bien persuadé qu'il ne faudra pas d'ouvrages considérables pour assurer la dite Batterie ni pour y aller à couvert vu la situation de Mons qui est environné de Montagnes quasi de toute part.

Sa Maté ne juge point à propos que vous meniez aucune Piéce de batterie à votre suite, et elle est persuadée que les Chevaux d'Artillerie qui sont à votre suite ne doivent être employées qu'à voiturer des Piéces de Campagne, des outils et des munitions.

Sa Maté désire que vous fassiez remonter à Tournai le Pont de bateaux qui est au Camp de M. d'Auger avec les munitions et Piéces d'Artillerie qui étoient à sa suite; que vous renvoyiez à Lille l'Equipage d'Artillerie de M. de Boufflers et que vous vous serviez des Chevaux d'Artillerie qui sont à la suite de mon dit Sr de Boufflers et de M. d'Auger pour les voitures dont vous auriez besoin: vous aidant au surplus des Charoix du Département de M. Faultrier pour la voiture des Bombes qui sont à Avesnes et de ceux du Cambrésis, de la Prévôté de Valenciennes et de la Chatellenie de Lille pour le reste des munitions que vous aurez à tirer de Valenciennes.

A l'égard de M. de Boufflers S.M. juge à propos que vous lui ordonniez de se rendre sous Menin et de vous envoyer en même temps les 8 Bataillons qui sont à ses ordres avec la Compagnie des Bombardiers de Camelin, lesquels 8 bat[ons] de la dite Cie de Camelin joindront ensuite l'Armée que vous commandez, soit à Leuze soit près Mons, suivant que vous le jugerez à propos, moyennant quoi mon dit Sr de Boufflers demeurera campé sous Menin avec le Reg[t] de Dragons de la Reine, ceux de Cavalerie du Roi, de Lumbre, de Cuinson, de St Silvestre et le Reg[t] Royal Etranger que vous lui enverrez.

L'intention de Sa Mté est que vous retiriez en même temps et fassiez joindre l'Armée que vous commandez, les Régiments Dauphin Etranger, Grignan, Royal Piémont et Langallerie, que vous fassiez demeurer à Tournai sous les ordres de M. d'Auger avec ordre d'éxécuter ceux qu'il recevra de M. de Boufflers pour essayer d'empêcher que les Partis de Courtrai et d'Oudenarde ne se promenent entre les deux Riviéres, les Régiments de Königsmarck et des Cuirassiers, moyennant quoi l'Armée que vous commandez sera composée des 3 Bataillons des Gardes Françoises, des 2 des Gardes Suisses, des Bataillons de Picardie, d'Auvergne, des 3 du Roi, des 2 d'Anjou, de celui du Maine, de celui des Vaisseaux, de celui d'Orléans, de 3 de Phisser de 2 de Greder, de 2 de Salis, de 2 des Fusiliers, des 6 Compagnies de Canonniers, des 2 de Bombardiers, du second Bataillon de Normandie, du second du Royal, de celui de Condé, de celui d'Anguier, de celui de Ste Maure, du Royal la Marine, d'un de Stoupe, de 2 d'Herlack, et des Bataillons de Sault la Fere, Vaubecourt et Artois.

Et à l'égard de la Cavalerie vous aurez la Brigade de la Fille de 11 Escadrons, et les Régiments Colonel Général, Orléans, Tilladet, Me de Camp Général, Bulonde, Royal Dauphin, Vivans, Dugas, D'Auger que vous tirerez de Tournai; Dauphin Etranger, Grignan, Royal Piémont, Langallerie; et au moyen du Corps de M. du Montal, auquel vous ordonnerez de vous venir joindre sous Mons, vous aurez encore les Régiments de Bartillac et de Beaupré; et ceux du Commissaire général, de Villeroy, du Bordage, de Blaigny et de St Aignan, lesquels avec les Régiments de Listenois, Pinsonet et Asfeld feront 81 Escadrons de Cavalerie et de Dragons.

Sa Mté se remet à vous de laisser un Agent de Cavalerie à Condé si vous le jugez à propos pour couvrir vos Convois contre les Partis d'Ath qui pourroient passer la Haisne, de laquelle je ne doute point que vous ne fassiez ruiner tous les Ponts avec soin.

S. Maté juge à propos que vous ordonniez à M. de Montbron de faire diligemment réparer par les Paysans des Chatellenies de Bergues et de Furnes les Retranchements qui avoient été construits pendant la derniere guerre, depuis Ypres jusqu'au dit Bergues, et à M. de Boufflers de faire aussi diligemment relever par les paysans des Chatellenies d'Ypres et de Cassel le Retranchement qui avoit été fait depuis Ypres jusqu'à la Lys, que vous mettiez aux ordres de M. de Boufflers la Cavalerie qui est a Menin et à Lille afin qu'il puisse s'en servir comme il estimera à propos pour la conservation des Pays de l'obéissance de Sa Maté qui sont entre Ypres et Tournai.

Mon dit Sr de Boufflers subsistera à Menin au moyen des fourrages qu'il ira prendre dans les Villages d'Espagne s'il y en a qui soient à portée; sinon au moyen des fourrages que la Chatellenie de Lille lui fera conduire par les Cavaliers et Dragons seulement, lesquels lui seront remboursés par Sa Maté sur le pied de 5 sols la Ration; les Officiers s'en devant pourvoir comme s'il étoient dans les Places.

Vous recommanderez à mondit Sr de Boufflers de se poster sous Menin de maniere qu'il n'endommage point les fortifications et qu'il soit à couvert de toute insulte de la part des Espagnols.

L'intention de Sa Maté est que vous envoyiez M. du Montal à Thuin avec les 3 Bataillons que Sa Maté vous a ordonné ci-devant de lui envoyer pour, pendant que vous serez autour de Mons de pouvoir relever diligemment les Remparts du dit Thuin, et que vous joigniez aux dits 3 Bat[ons] 1 ou 2 Reg[ts] de Cavalerie suivant ce que vous saurez de la quantité de Cavalerie qui sera à Charleroi ou à Namur.

Sa Maté sera bien aise d'être informée par le retour de ce Courier des mesures que vous aurez prises pour l'éxécution de ce que je viens de vous expliquer de ses intentions et du jour que vous lui ferez état d'arriver sous Mons.

Comme la Cavalerie que vous avez à vos ordres est extrêmement supérieure à tout ce que le Mis de Grana peut assembler, Sa Maté juge à propos que vous teniez à Querrin 12 Escadrons en état de fortifier M. d'Auger ou de vous venir rejoindre suivant les démarches que vous verrez faire au Mis de Grana.

Lorsque ce que Sa Maté vous ordonne à l'égard de Mons sera fini elle trouve bon que vous avertissiez Messeigneurs les Princes de la Roche sur Yon et Comte de Vermandois de s'en revenir auprès d'elle.

Je ne vous répéte point ce que je vous ai déjà mandé par le Courier qui partit hier au soir, de l'intention du Roi à l'égard des troupes Espagnoles ou Hollandoises qui se trouveront sur les Terres de S. Maté ou des Espagnols, parce que je ne doute point que vous n'ayiez avertis tous les Gouverneurs qui sont sous votre Charge de ce qui est en cela de sa volonté.

Je suis./.

No. 113 bis

A M. le M[al] d'Humieres
A Versailles le 20 Octobre 1683

Le Roi ayant été informé par un Courier que lui a dépêché M. de Lambert que le Gouverneur de Luxembourg a continué les mêmes hostilités que celui d'Oudenarde a commencées, S.M. juge à propos de le fortifier incessamment, et pour cela je dépêche un Courier à M. du Montal avec les ordres du Roi nécéssaires pour faire marcher diligemment à Sedan à ses ordres les Rg[ts] Royal-Dragon et Dragon Dauphin. Et comme il ne convient pas à son service que le Corps de mon dit Sr du Montal soit affoibli S. Maté me commande de vous dépêcher ce Courier pour vous faire savoir que son intention est que vous fassiez passer surement et diligemment à Condé à ses ordres le Reg[t] de Dragons d'Asfeld et ceux de Cavalerie de Beaupré et de Bartillac. J'écris en même temps par ordre du Roi à M. du Montal de se mettre sous Maubeuge d'où il tirera aisément la subsistance des Terres d'Espagne, et sera plus à portée de veiller aux démarches de la Garnison de Mons. Sa Maté désire que vous envoyiez le Reg[t] de Bulonde à Condé, et celui de Grignon à Valenciennes, et que vous chargiez mon dit Sr de Bulonde de veiller avec cette Cavalerie et celle qui est déjà à Condé, Valenciennes et le Quesnoy à la conservation de la frontiére de ce côté-là avec ordre de s'entendre et de convenir de signaux avec M. du Montal au moyen desquels ils puissent couper ce qui seroit sorti de troupes de Mons pour entrer dans les terres de l'obéissance du Roi.

Sa Maté a appris par l'imprimé qui sera ci-joint d'une Lettre écrite par le Mis de Grana, la teneur des ordres que le dit Mis a donnés aux Commandants des troupes qui sont sous sa charge. Vous verrez par les dits ordres qu'il n'ordonne des actes d'hostilité que sur les Terres du Roi Catholique; mais Sa Maté juge à propos qu'on ne laisse pas de prendre les mêmes précautions pour la sureté de son pays comme si l'on savoit que le Mis de Grana eut commandé que l'on y fit des Exécutions.

Vous recevrez par un Courier qui partira ce soir ou demain matin les ordres de Sa Maté sur ce que vous aurez à faire avec l'Armée que vous commandez.

Je suis./.

No. 114

A M. de Chamlay
A Versailles le 20 Octobre 1683

Je n'ai point été surpris de voir par une lettre du 17 de ce mois que le Parti que M. le Mal d'Humieres avoit commandé sous les ordres de M. le Cte d'Auvergne n'ait point joint les Troupes qui devoient entrer dans Ath, puique si M. le Mal avoit voulu les faire battre il auroit fait partir 1500 Chevaux sur les 2 heures après midi qui auroient tenu le chemin de Tournai jusqu'à l'entrée de la nuit, qu'ils auroient coupé droit à Chevres, et auroit fait partir M. le Cte d'Auvergne à 6 heures du soir pour marcher, laissant la Dendre à sa droite jusqu'au grand chemin de Mons à Ath. Il est facheux qu'il ait manqué une aussi sure occasion qui étoit celle de mortifier les Espagnols.

Essayez d'être informé au juste du nom et du nombre de la Cavalerie et des Dragons qui sont à Mons et à Ath. Les ordres qui seront portés à M. le Mal d'Humieres par un Courier qui part cette nuit rencontreront les Détachements d'Infanterie qu'il a ordonnés des Garnisons de Valenciennes et Condé inutilement. Je vous prie de le faire souvenir d'ordonner qu'ils rentrent dans les Places dequelles ils ont été détachés.

Je suis./.

No. 115

A M. le Mis de Lambert
A Versailles le 20 Octobre 1683
Mr.

J'ai reçu par le Courier que vous m'avez dépêché la lettre que vous avez pris la peine de m'écrire le 17 de ce mois par laquelle le Roi a été informé que les hostilités que le Mis de Grana avoit fait commencer du côté d'Oudenarde et de Gand ont été continuées par la Garnison de Luxembourg qui a surpris 2 Chateaux à la meilleure garde desquels S.Mté eut été bien aise que vous les eussiez pourvus. Et quoique vous m'en ayiez rien mandé et que le Sr Dufort ne m'en ai rien dit S.Maté ne peut croire que vous ayiez manqué à envoyer avertir M. de Mélac d'être sur ses Gardes et de vous renvoyer les Détachements qu'il a avec lui. L'intention de S. Maté est que vous fassiez contre la Garnison de Luxembourg tous les actes d'hostilité que vous pourrez : et afin de vous mettre en état de conserver le Pays sous l'obéissance de S.M. j'adresse présentement, par un Courier exprès, à M. du Montal les ordres du Roi nécéssaire pour faire rendre à Sedan à vos ordres les Reg[ts] Dragon Royal et Dauphin qui sont chacun de douze Compagnies. Vous leur ferez trouver au dit Sedan les ordres de ce qu'ils auront à faire. Et cependant vous pouvez compter qu'un des dits Reg[ts] partant le 22 du Camp de M. du Montal arrivera le 25 au dit Sedan, et l'autre le 26 de ce mois. Je ne doute point que vous n'ayiez donné ordre à ce que l'Infanterie qui étoit à la Colombe près Longwy entre dans le Camp que vous avez retranché, et S.M. a été un peu surprise que vous ne l'ayiez pas fait plus tôt./.

No. 149

A M. le M[al] d'Humieres
A Versailles le 24 Octobre 1683

Je satisferai par cette lettre à ce que je vous promis par ma lettre d'hier au soir.

Il est inutile de vous parler présentement du Corps de troupes que Sa Maté eut désiré que vous eussiez envoyé à M. du Montal aussitôt que vous avez eu avis de la marche de la Cavalerie qui étoit sous Bruxelles, puisque l'événement a fait connoître que ce Corps eut marché inutilement. Vous voulez bien seulement que je vous dise que si la nouvelle dont vous avez rendu compte au Roi par le Laquais de M. le Peletier eut été véritable, ce que vous avez fait marcher sous le commandement de M. de Bulonde fut arrivé trop tard, et que M. du Montal auroit été battu devant que M. de Bulonde eut pu être sur la Riviére d'Haisne; ce qui eut fait désirer à Sa Maté que, conformément à vos Instructions sur le premier avis que vous eûtes de la marche de cette Cavalerie, vous eussiez fait marcher un gros Détachement à Condé, qui eut été en état de joindre M. du Montal, ou de revenir vers vous suivant les nouvelles que vous auriez eu de ce qui auroit véritablement marché vers Mons.

Ma lettre d'hier vous aura appris que le Roi approuve la proposition que vous avez faite de bruler Ath, et que Sa Maté apprendroit avec beaucoup de plaisir que vous eussiez battu la Cavalerie qui est dans cette Place, laquelle probablement se retirera dès que vous paroitrez près de la dite Ville, ou aura bien de la démangeaison de sortir sur les Troupes qui garderont les Batteries que vous ferez pour y jetter des Bombes.

Sa Maté ne voudroit pas que vous vous missiez autour d'Ath comme l'on fait autour d'une Place que l'on veut assiéger, pour ne pas donner aux Espagnols le plaisir de mettre dans leurs Gazettes que l'on en auroit levé le siége, lorsqu'après avoir brulé la Ville vous marcherez vers Courtrai. Elle estime donc que vous devez vous postez de maniére qu'une aile de l'Armée que vous commandez touchant au dessous de la Dendre l'autre vienne jusqu'a Chievre afin que vous soyez en état de faire couper diligement par le dessus ou le dessous de la Ville la Cavalerie de M. de Vaudemont si elle vouloit se retirer vers Bruxeles.

Pendant que vous ferez jetter des Bombes dans Ath le Roi trouve bon que vous disposiez les choses nécéssaires pour le siége de Courtrai, que vous recommandiez à M. de Boufflers de veiller à ce que les Espagnols n'y jettent point de Troupes; que vous avertissiez M. le Peletier de faire faire des farines à Lille s'il n'en a pas; et voyez avec M. du Metz ce qu'il y a à faire pour que vous ayiez 10 ou 12 Piéces de batterie pour faire ce Siége.

S.M. approuvera fort que vous teniez ce Projet secret, de maniére que tous les Officiers de l'Armée croyent qu'elle se séparera après l'Expédition d'Ath, et qu'aucun préparatif d'Artillerie à Lille ne donne lieu de soupçonner que l'on en veuille à cette Place.

Sa Maté est persuadée que pendant que l'on jettera des bombes dans Ath vous ne sauriez manquer de laisser M. de Bulonde sur l'Anneau, lui ordonnant seulement de renvoyer les Détachements d'infanterie qu'il a, desquels il se pourra passer, et donnant ordre à M. du Montal de faire occuper Bavay et les autres Châteaux voisins que l'on tenoit pendant la derniere guerre qu'il jugera pouvoir empêcher que la contribution ne s'étende entre la Haisne et la Sambre.

Lorsque vous marcherez vers Courtrai le Roi juge inutile que vous y meniez toute l'Infanterie que vous deviez avoir près de Mons, et Sa Maté aura bien agréable que vous envoyiez sur l'Anneau sous le commandement de M. le Duc de Villeroy, de M. de Bulonde sous lui, les Bat^{ons} de Normandie, de Vaubecourt, de Royal Orléans, Condé, Anguien, Artois, Sault, Ste Maure, La Fere et le 1er Bataillon de Salis avec les Régiments de Cav^{ie} Dauphin Etranger, Bulonde, le Colonel Général, Cuirassiers et Tilladet, avec ordre d'y subsister aux dépens des Villages de la Prévôté de Mons, de veiller à ce que les Partis de la Garnison du dit Mons ne s'approchent point de l'Anneau, et faire relever les Gués du dit Anneau par les paysans de l'obéissance du Roi, comme ils étoient pendant la derniére guerre.

En cas que le Mis de Grana, avec ce qu'il a de troupes sous Bruxelles s'approchât de Mons M. le Duc de Villeroy devroit se retirer dans l'Isle de St Ainand entre Condé et Valenciennes, et si le dit Mis de Grana s'approchoit d'Oudenarde ou de Gand, l'intention de S. Mté seroit que vous rapellassiez à vous M. le Duc de Villeroy, lui ordonnant seulement de laisser M. de Bulonde à Valenciennes avec deux Reg^{ts} de Cavalerie.

Sa Maté estime qu'en suivant ce Projet vous ne ferez point marcher inutilement vers Courtray des Troupes qui doivent hiverner du côté de la Meuse. Vous mettrez le Mis de Grana hors d'état de penser (en envoyant quelques Renforts de Cavalerie à Mons) à ruiner les Terres de l'obéissance du Roi: Et s'il faisoit la folie de vouloir venir secourir Courtray vous auriez les troupes de M. le Duc de Villeroy comme si elles avoient été d'abord dans votre Camp.

S.M. désire que vous fassiez entrer incessamment le Reg^{t} de Cavalerie d'Orléans dans Tournai lequel relevera le Reg^{t} d'Auger qui doit marcher vers la Meuse, suivant les ordres que j'adresse présentement au dit Tournai.

Vous pouvez vous servir pour le siége de Courtrai des mêmes Ingénieurs que je vous avois nommés pour tracer les ouvrages qui devoient appuyer les Batteries de Mortiers près de Mons, et outre cela les Ingénieurs qui sont à Menin et à Ypres. Vous pouvez appeler aussi, si vous le jugez à propos, ceux de Dunkerque et de Douai, sur le rang desquels vous pourrez consulter M. de Vauban, afin qu'ils n'ayent point de contestations avec les autres.

A l'égard des officiers d'Artillerie vous avez la Comp[ie] de Vigny, dans laquelle vous trouverez des Bombardiers capables de faire ce que feroient des Officiers. Que si M. du Metz désire outre cela d'avoir des Commissaires il peut en tirer le nombre qui lui sera nécéssaire des Places de son Département.

Comme la Garnison de Courtray est fort foible S.Mté ne doute point que vous preniez diligemment la Ville, la prise de laquelle diminuera considérablement la circonvallation que vous serez obligé de faire les l[ers] jours. S.Mté sera bien aise que vous ne fassiez point jetter de bombes ni dans la Ville ni dans la Citadelle.

Il me reste à vous expliquer l'intention du Roi sur la contribution que les Espagnols ont demandée, ce que je ne puis mieux faire qu'en vous adressant la Dépêche du Roi qui sera ci-jointe, de laquelle je vous envoye plusieurs Imprimés, afin que vous soyez en état d'en adresser incessamment à tous les Gouverneurs qui sont sous votre charge. S.M. désire que ce qui y est expliqué de son intention soit éxécuté avec la derniére sévérité, non-seulement contre les Sujets que l'on pourra convaincre d'avoir contribué, mais encore contre les Etats de S.Mté Catholique si vous apprenez que les Troupes ayent fait le moindre désordre du côté de M. de Lambert ou du côté de la Meuse.

Les gros Paquets qui seront ci-joints qui enferment des copies de la Dépêche de S.M. pourront vous donner lieu de faire croire aux Officiers que vous avez les ordres pour le quartier d'hiver, et le Contrôle que je vous envoye qui contient les lieux où elles doivent effectivement aller en garnison vous mettra en état de les mieux persuader qu'aussitôt après l'affaire d'Ath l'Armée se séparera.

Je vous supplie de communiquer cette Lettre à M. le Peletier, et de me croire toujours très véritablement./.

No. 149 bis

A M. le M[al] d'Humieres

A Versailles le 24 Octobre 1683

Ce mot est pour vous dire que l'intention du Roi est que vous prescriviez toujours à M. de Boufflers de faire éxécuter ce qui est marqué des intentions du Roi dans la Dépêche que le Courier Mézieres vous doit avoir rendue concernant les Retranchements nécéssaires pour la conservation des Pays qui sont situés entre la Lis et Bergues./.

No. 152

A M. le Mis de Lambert
A Versailles le 4 Octobre 1683
M.

Aussitôt que le Roi a été informé que les Intendants Espagnols avoient envoyé des Mandements dans les Terres de son obéissance pour demander des contributions à ses Sujets, S.Mté a fait expédier une Lettre à M. le Mal d'Humieres dont elle m'a commandé de vous adresser la copie que vous trouverez ci-jointe, par laquelle vous verrez tout ce que je pourrois vous expliquer de ses intentions sur ce sujet. J'ajouterai seulement que si quelque Parti Espagnol que vous n'eussiez pas pu faire charger faisoit du désordre dans l'étendue de votre Commandement vous devrez me mettre promptement en état d'en rendre compte à Sa Maté, et en donner en même temps avis à M. le Mal d'Humieres, afin qu'il put éxécuter les représailles que le Roi lui prescrit par la dite Dépêche.
Je suis./.

No. 156

A M. le Mis de Lambert
A Versailles le 25 Octobre 1683

M.

J'ai reçu nouvelle du départ des deux Reg^{ts} de Dragons que le Roi a donné ordre à M. du Montal d'envoyer à vos ordres qui doivent être présentement à Sedan, où je ne doute point que vous ne leur ayiez fait trouver les votres pour s'approcher de Luxembourg. Je ne doute point aussi que vous ne vous soyez servi promptement de la Cavalerie qui étoit à Bastogne que M. de Mélac doit y avoir renvoyée, puisque j'ai nouvelle qu'il est de retour à Dinant.

Sa Maté envoye présentement ordre à M. du Montal d'envoyer à Bouillon à vos ordres le Régiment de Mélac où vous aurez soin de lui faire tenir ceux de ce qu'il aura à faire. Sa Maté se remet à vous de le loger aux lieux que vous estimerez plus à propos pour contenir la Garnison de Luxembourg, et désire que le Sieur de Mélac commande sous vous, en qualité de Brigadier, toute la Cavalerie qui sera à vos ordres.

Je m'attends d'apprendre par vos premieres Lettres si les Espagnols auront gardé les Chevaux qu'ils ont pris, et je ne doute point que dès qu'il vous sera arrivé assez de troupes vous n'essayez de les reprendre.

J'ai vu des Lettres qui portent que la Garnison de Luxembourg a encore pris le Chateau de Grèvenmacker où un Capitaine qui y commandoit s'est fort bien défendu. Je vous prie de me mander son nom afin que le Roi puisse lui faire quelque gratification.

Le Roi a envoyé ses ordres pour faire marcher à Verdun le Reg[t] d'Auger afin qu'il y ait là de la Cavalerie qui puisse contenir les petits Partis de Luxembourg

Sa Maté ordonne aussi à M. du Montal d'envoyer encore le Reg[t] de Blaigny à Sedan où vous aurez soin de lui faire tenir vos ordres pour marcher où vous jugerez à propos de l'établir.

Sa Maté fait en même temps adresser en Franche-Comté par un Courier exprès les ordres nécéssaires pour faire marcher à Metz les Régiments de Cavalerie, de Royal Roussillon, Ch[er] Duc et Dragons de Lalande. Je vous manderai dans 3 ou 4 jours que mon Courier pourra être de retour quel jour ils arriveront au dit Metz, cependant comme vous êtes présentement informé des Troupes que le Roi met à vos ordres je vous prie de m'envoyer par le retour de ce Courier un Etat des lieux où vous prétendez loger toutes ces troupes.

Je suis./.

Le 25 8bre

Les avis que nous avons de Bruxelles portent que les Espagnols ont résolu de convoquer à Luxembourg les Etats de la Comté de Chiny comme ils avoient coutume de faire auparavant que le Roi en eut pris possession; Et quoique Sa Maté soit bien persuadée que vous ne manquerez pas d'empêcher qu'aucun des habitants de la Comté de Chiny n'obéissent aux ordres qui leur seront envoyés pour faire la dite convocation, j'ai cru que je ne pouvois manquer de vous faire part de l'avis que Sa Maté a reçu à cet égard, afin que vous preniez les mesures nécéssaires pour faire que les billets de convocation que le Gouverneur de Luxembourg pourra envoyer ne soient éxécuté par aucun de ceux auxquels ils seront rendus./.

No. 157

A M. le Cte du Montal
A Versailles le 25 Octobre 1683

M.

Le Roi a appris par le Courier que vous m'avez dépêché la résolution que vous avez prise d'envoyer M. de Langallerie à Marche avec 600 Chevaux pour essayer de battre les 4 Régiments de Cavalerie qui seront arrivés à Namur. S'ils se mettent en chemin pour passer à Luxembourg S.M. attendra des nouvelles de ce que fera mon dit Sr de Langallerie: Cependant S.M. eut approuvé qu'au lieu d'envoyer 600 Chevaux détachés vous eussiez commandé des Corps de Régimens lesquels eussent pu joindre M. de Lambert si cette Cavalerie étoit entrée en Luxembourg; ce que ne pourroient pas faire des gens commandés qui se ruineroient s'ils étoient long-temps séparés de leurs Régimens: C'est ce qui a donné lieu au Commandement que j'ai reçu de S.M. de vous faire savoir que son intention est que vous fassiez incessamment passer à Sedan suivant la Route ci-jointe le Reg^t de Blaigny, et le Rég^t de St. Aignan à Dinant; que vous éstablissiez M. de Langallerie au dit Dinant pour y commander de la part de S.Mté, avec ordre de s'employer à la conservation de la Ville avec le Reg^t de Vaubecourt que M. le Mal d'Humieres a ordre d'y faire passer incessamment, et avec le dit Rég^t de St. Aignan d'éssayer de contenir la Garnison de Namur et d'empêcher qu'elle ne courre sur les Terres de l'obéissance de S.Mté.

A l'égard du Rég^t de Mélac, l'intention du Roi est que vous lui envoyiez ordre de passer à Bouillon où il recevra les ordres de M. de Lambert de ce qu'il aura à faire; et que vous avertissiez le dit Sr de Mélac que le Roi l'a choisi pour, en qualité de Brigadier, commander toute la Cavalerie qui sera opposée à la Garnison de Luxembourg.

Le Roi a approuvé la résolution que vous avez prise de vous appocher de Maubeuge, d'où vous serez à portée d'éxécuter les ordres que vous recevrez de M. le Mal d'Humieres, et de vous donner la main avec un Corps de Cavalerie et d'infanterie que mon dit Sr. le Mal enverra dans peu de jours à Keuvrain.

Je suis./.

No. 163

A M. le Cte du Montal
A Versailles le 26 Octobre 1683

M.

J'ai reçu la Lettre que vous avez pris la peine de m'écrire le 22 de ce mois.

Le Roi désire que vous fassiez occuper les Châteaux et Postes que vous jugerez nécéssaires pour empêcher que les Partis Espagnols ne puissent passer l'Anneau; Mais jusqu'à ce que S.Mté ordonne à M. le Mal d'Humieres de séparer l'Armée qu'il commande elle ne désire pas que vous mettiez du monde dans Bavay ni dans les Châteaux qui sont audelà dudit Anneau, lesquels S.M. ne croit point que l'on doive appréhender que les Espagnols occupent, puisque quand ils les occuperoient ce seroient autant de prisonniers de guerre que l'on feroit sur eux le lendemain que l'infanterie seroit arrivée dans les quartiers que Sa Mté lui destine.

Elle trouvera bon qu'après que l'Armée sera séparée vous fassiez occuper Bavay en y faisant faire les petites reparations que vous proposez: mais jusques-là elle croit qu'il vaut mieux ne se pas engager à les garder./.

No. 164

A M. le Cte de Montbron
A Versailles le 26 Octobre 1683

M.

J'ai reçu la lettre que vous avez pris la peine de m'écrire le 21 de ce mois. Le Roi a fort approuvé le parti que vous avez pris d'établir des Partis le long du Canal d'Ypres à la Kenoque, Furnes et Dunkerque, et de vous transporter à Furnes avec 400 hommes d'infie et 100 chevaux pour rassurer les habitants de ce Pays là contre les demandes des Espagnols.

Le Roi donne ordre à M. de Boufflers de maintenir le Chateau de Vinendal, et s'il venoit à s'en éloigner de s'entendre avec vous pour le faire occuper par deux ou trois Compagnies de la Garnison d'Ypres. C'est ce que vous concerterez, s'il vous plait, avec lui de maniére que ce Château ne puisse manquer d'être conservé.

Je suis./.

No. 165

A M. le Mis de Boufflers
A Versailles

M.

J'ai rendu compte au Roi de la lettre que vous avez pris la peine de m'écrire le 23 de ce mois. Sa Maté a approuvé les mesures que vous avez prises pour empêcher les Espagnols de faire des éxécutions dans les Villages de l'obéissance du Roi, où ils ont envoyé des mandements de contributions. Mais comme ils pourroient faire passer des petits partis qui échapperoient aux troupes que vous avez commandées pour cela, l'intention de Sa Maté est que vous ne manquiez pas de faire faire 30 fois autant de désordre dans les terres d'Espagne qu'il en aura été fait dans celles de Sa Mté qui désire que vous mainteniez la Garnison que vous avez mise dans le Château de Vinandal, et que si par ordre de M. le Mal d'Humieres vous étiez obligé de vous en éloigner vous vous entendrez avec M. de Montbron pour y faire entrer 2 ou 3 Comp[ies] de la Garnison d'Ypres avec un Officier capable d'y commander. Cependant il sera bon que vous preniez des mesures avec le Comm[re] Murat pour y faire un amas de fourrage suffisant pour faire subsister 200 Chevaux pendant cet hiver.

Je suis./.

No. 166

A M. de Chamlay
A Versailles le 27 Octobre 1683

J'ai reçu vos lettres du 22 et 23 de ce mois. Le Roi apprend avec chagrin que les Partis Espagnols se promenent en liberté et font des insultes à ses Troupes si proche de l'Armée que commande M. le Mal d'Humieres, et du Camp de M. d'Auger. Il seroit bien à propos d'empêcher que cela continuat en prenant des précautions pour les pouvoir charger.

Sa Maté donne présentement ordre aux Gouverneurs de Condé, Valenciennes, Bouchain et Cambrai de faire rompre les Ponts qui sont sur l'Escaut: ainsi cela sera éxécuté incessamment.

Je suis./.

No. 167

A M. le Cte de Montbron
A Versailles le 27 Octobre 1683
M.

La lettre que vous avez pris la peine de m'écrire le 19 de ce mois m'a été rendue. Je ne doute pas que vous n'ayiez appris présentement par M. le Mal d'Humieres que vous devez donner ordre aux Troupes qui sont à vos ordres de charger celles des Espagnols partout où elles les trouveront, c'est à dire sur les Terres d'Espagne comme sur celles de S. Mté.

Je suis./.

No. 170

A M. de Chamlay
A Versailles le 28 Octobre 1683

J'ai reçu une lettre d'un de mes amis de Gand qui me mande que la nuit du 24 ou 25 une partie de la Cavalerie de Gand est allée à Oudenarde en intention de se joindre à la Cavalerie d'Oudenarde pour faire des prisonniers lorsque M. le Mal d'Humieres décamperoit pour Leuze. Je ne puis m'empêcher de vous dire qu'il est bien extraordinaire que l'on soit si bien informé à Gand des jours que l'Armée de M. le Mal d'Humieres doit partir et du lieu où elle doit aller camper.

Je suis./.

No. 181

A M. le Cte de Montbron
A Versailles le 31 Octobre 1683

Mr.

J'ai reçu la lettre que vous avez pris la peine de m'écrire le 27 de ce mois.

Je vous ai déjà mandé que l'intention du Roi étoit que vous gardassiez Furnes avec les Détachements que vous jugerez à propos de tirer d'Ypres, Dunkerque et Bergues, en attendant que de l'Armée qui se doit séparer au premier jour il y marche 2 Bataillons pour y demeurer en garnison pendant cet hiver.

Je suis./.

PART V

Nature: Continuation des hostilités en Flandre et en Luxembourg, 1683.

Cote: Dépôt général de la guerre A 1 704

Nature: Continuation des hostilités en Flandre et en Luxembourg, 1683.

Cote: Dépôt général de la guerre A 1 704

The letters in this volume, written during the months of November and December 1683, deal with the continuation of hostilities in Flanders and the gradual surrounding of the city of Luxembourg. Orders are given for the siege of Courtray and of Dixmude, both of which fell in November; for the bombardment of Mons, Bruges and Nieuport; for the establishment of troops around Luxembourg, in Thionville, Remich, Longwy and Arlon, and for the bombardment of Luxembourg.

Nearly all the letters reflect the desire of Louvois that the countryside be devastated and that no taxes be paid by the inhabitants to the Spanish Government in the Lowlands.

LETTERS OF LOUVOIS

PART V

No. 3

A M. le Marquis de Lambert
A Versailles le 1er Novembre 1683

M.

La lettre que vous avez pris la peine de m'écrire le 28 du mois passé m'a été rendue avec le Mémoire que y étoit joint des Lieux où vous prétendez loger les troupes qui sont à vos ordres. J'attends au 1er jour un Etat de ce que vous y aurez changé après avoir été informé du temps que doivent arriver à Metz les Regts qui sont partis de Comté pour s'y rendre; et vous aurez égard s'il vous plait dans le logement qu'il est à propos d'avoir des troupes du côté de Bastogne pour être en état de forcer le Pays de Limbourg à achever de payer ce qui a été imposé, et le pays de Gueldre d'éxécuter le Traité qu'il a fait avec le Sieur Mahieu. Il seroit nécessaire pour cela de loger dans Marche en famine, dans Bastogne et dans St Hubert ce que l'on y pourra faire subsister de Troupes; même de mettre quelques Compagnies de Cavalerie le long de la Riviere d'Ourte et de la Saone si elles y peuvent subsister et y être surement./.

No. 4

A M. le Peletier
A Versailles le 1er Novembre 1683

La lettre que vous avez pris la peine de m'écrire le 29 de ce mois m'a été rendue. Il n'y a point à appréhender que M. le Mis de Grana songe pendant le siège de Courtrai à envoyer des Troupes en Luxembourg, puisque avant qu'elles y puissent arriver M. de Lambert aura près de 3000 Chevaux à ses ordres.

L'intention du Roi est que vous défendiez aux dépendances de Chievres et d'Anthouin et autres Terres franches de rien payer aux Espagnols.

Je ferai vérifier sur les Etats précédents des Officiers Majors si M. le Cte d'Auvergne, étant Lieut. Gal. doit être encore payé comme Commandant de la Cavalerie, et en cas que cela soit il sera aisé de lui en faire raison à son retour./.

No. 10

A M. le M[al] d'Humieres
A Versailles le 3 Novembre 1683

Je profite de l'occasion du départ de ce Courier pour vous dire que comme le Roi juge qu'il seroit fort avantageux de se saisir de Dixmude s'il arrivoit quelquechose que S.M. ne peut prévoir qui vous en empêchat elle désireroit au moins que l'on brulat cette ville avec des bombes et des Carcasses, ce que Sa Majesté juge que l'on pourroit faire aisément avec les bataillons et la Cavalerie qui doivent hiverner plus près de la Lys. Elle jugeroit cette Entreprise d'autant plus facile qu'en se postant du côté de Furnes le Corps de troupes qui feroit cette éxécution tireroit sa subsistance d'Ypres et dudit Furnes par Bateau; et pour peu qu'il se retranchat y seroit fort en sureté. Vous me manderez s'il vous plait ce que vous pensez sur cela par le retour de ce Courier que je vous supplie de retenir le moins qu'il sera possible./.

No. 15

A M. le M[al] d'Humieres
A Versailles le 4 Novembre 1683

Il m'a échappé de vous mander hier par le Courier la Neuville que le Roi ne nommoit point d'Officiers Majors pour Courtrai, parce que son intention n'est pas d'en conserver les fortifications; mais que jusqu'à ce que S.M. donne l'ordre que l'on travaille au Rasement elle désire que M. de Boufflers y fasse sa résidence; et que lorsque les soins de la conservation de la frontière l'obligeront d'aller ailleurs un des Officiers Généraux que vous mettrez à ses ordres y pourra rester, que si vous étiez obligé de les envoyer ailleurs le plus ancien Officier de troupes qui y seroit en garnison y commanderoit pendant leur absence.

A l'égard de Dixmude dès que S.Mté apprendra sa prise ou que vous aurez pris le parti de le faire attaquer elle vous fera savoir ses intentions sur la Garnison qui y doit entrer et sur celui qui y devra commander.

Comme il conviendra que le Commandant de Menin éxécute les ordres qui lui seront donnés par M. de Montbron pour la défense du Retranchement entre la Lys et Ypres que M. de Boufflers puisse disposer quelquefois de la Cavalerie d'Ypres pour éxécuter les ordres que vous lui pouvez donner de marcher du côté de Bruges, que mondit Sr de Boufflers puisse disposer de la Cavalerie de Valenciennes et du Quesnoy pour les courses que vous lui ordonnerez de faire du côté d'Ath , S.Mté s'attend que vous donnerez de tels ordres à Mrs de Montbron, de Boufflers et du Montal que s'entendant ensemble ils puissent disposer et se servir des troupes qui seront aux ordres des uns des autres sans que cela fasse d'embarras ni puisse préjudicier à la sureté de la frontière.

Je suis./.

No. 24

A M. le Duc de Villeroy
A Versailles le 6 Novembre 1683

J'étois en peine de n'avoir point de vos nouvelles lorsque j'ai reçu la lettre que vous avez pris la peine de m'écrire le 2 de ce mois, qui ne désire de réponse que pour vous dire qu'au cas qu'il y ait un Pont à St. Guilain le Roi croit que vous pouvez sans aucun risque, faisant passer un Parti de 3 ou 400 Chevaux par Condé, envoyer éxécuter le Village de Lens et les autres qui en sont voisins, et vous avancer par le dit St Guilain avec un gros Corps pour favoriser sa retraite; que si le Pont de St Guilain n'est pas en état que vous vous en puissiez servir vous pouvez hasarder de petits Partis, lesquels iront enlever des Prisonniers la nuit et pourront se retirer en diligence vers quelque Parti plus gros que vous enverrez par Condé pour les recevoir.

Je suis./.

No. 27

A M. le Mis de Lambert
A Versailles le 7 Novembre 1683
M.

Le Roi a été informé que des Partis de Luxembourg ont pillé le Village de Roupeldange avec un autre qui en est proche. Sa Mté est surprise qu'avec les Troupes que vous avez vous laissiez la liberté à la Garnison de Luxembourg de passer la Mozelle; c'est ce qui a donné lieu au Commandement que j'ai reçu de Sa Majesté de vous dire que son intention est que vous preniez les mesures nécessaires pour empêcher que pareille chose n'arrive plus, et que vous envoyiez dans le Pays de Limbourg piller vingt villages par représailles de la perte que les habitants des dits villages ont soufferte, moyennant quoi Sa Majesté est persuadée que les Espagnols seront plus retenus.

Je suis./.

No. 28

A M. le Mis de Lambert
A Versailles le 7 Novembre 1683
M.

Je vous ai mandé par mes précédentes que le Prince de Chimay devoit faire une convocation de la Comté de Chiny à Luxembourg, d'ou j'apprends que le dit Prince de Chimay est fort mécontent de n'y avoir vû arriver personne qu'un gentilhomme qui se nomme Mershunzen, l'intention de Sa Mté est que vous fassiés les diligences nécessaires pour savoir si cet homme y a été éffectivement, et qu'en ce cas vous le fassiés punir très sévérement.

Les mêmes lettres de Luxembourg portent qu'il y arrive abondamment du grain. Sa Mté s'attend que vous empêcherés le plus que vous pourrés qu'il n'y en entre, faisant confisquer tout ce que vous trouverés que l'on y voudra mener.

Le même homme me mande de Luxembourg qu'ils y attendent trois Régiments de Cavalerie, lesquels doivent tenir des chemins fort détournés pour y arriver, et comme M. le Mal d'Humieres m'a écrit le jour qu'il est parti de Lessine, que de la Cavalerie Espagnole avoit marché vers Louvain, il y a bien de l'apparence que ces Régiments avoient pris le chemin du Pays de Limbourg; quoique l'avis de M. le Maâl d'Humieres ne m'ait point été confirmé l'homme qui m'a écrit de Luxembourg m'a toujours paru assez bien informé, pour m'empêcher de douter que les 3 Régiments de Cavalerie dont il me parle, ne soient présentement en marche, de quoi j'ai crû vous devoir donner avis par ce Courier, afin que vous régliés les Quartiers que vous ferés occuper par les Troupes que le Roi à mis à vos ordres, de maniere que la Cavalerie de Luxembourg, quoique renforcée de ces trois Régiments, ne se promene pas impunément sur les terres de Sa Majesté.

L'on me mande de Bouillon que le Rg[t] de Malac y est arrivé, et n'y a point trouvé vos ordres, quoique je ne doute point qu'il ne les ait reçus présentement, je ne laisse pas de vous en avertir.

Je suis./.

No. 30

A M. le M[al] d'Humieres
A Versailles le 7 Novembre 1683

J'ai reçu par l'ordinaire et par le retour du Courier la Neuville les lettres que vous m'avez fait l'honneur de m'écrire les 3, 4 et 5 de ce mois. Le Roi a appris par les premieres la réduction de la Ville de Courtrai et a fort approuvé les mesures que vous avez prises pour prévenir ce que M. de Vaudemont pourroit avoir intention d'entreprendre du côté de Furnes. Sa Mté eut seulement souhaité que vous eussiez envoyé ordre à un Bataillon ou deux de la Garnison d'Ypres de se rendre audit Furnes, et à pareil nombre de Bataillons de Menin et de Lille de se rendre à Ypres pour les remplacer.

Elle eut aussi fort désiré qu'en même temps que vous avez appris l'arrivée de cette Cavalerie à Gand qui ne peut être que celle de Hollande puisque la Cavalerie Espagnole est séparée dans les Places et qu'il en est même marché 2 Rgts du côté de Luxembourg vous eussiez envoyé ordre à Mrs de Villeroy et du Montal d'entrer dans le Pays Espagnol avec chacun 1000 ou 1200 Chevaux, et d'y faire beaucoup de désordre du côté de Nivelle et de Braisne le Comte.

Il n'y a point d'apparence que M. le Mis de Grane songe à mettre des troupes dans Dixmude; et s'il prenoit ce parti. S.M. apprendroit avec plaisir que vous les eussiez prises prisonnieres de guerre: et elle approuve fort la pensée où vous êtes d'aller attaquer cette Place aussitôt après la réduction de la Citadelle de Courtray.

Le Roi a appris avec chagrin qu'après vous avoir fait savoir qu'il vous défendoit de vous servir de M. de Vauban pour le Siege de Courtray il ait été à la Tranchée de la Ville et qu'après la réduction de la dite Ville vous ayiez souffert qu'il s'y soit allé loger, S. M. désire que ce qu'elle vous a ordonné à cet égard soit ponctuellement éxécuté, et que vous le renvoyiez aux Places qu'il n'a pas encore visité, sans souffrir que pour quelque pretexte que ce soit il séjourne dans l'Armée.

Si après la Réduction de la Citadelle le Grand Bailly de Courtray ne prête point serment de fidélité je rendrai compte au Roi de la demande que vous faites du grand Bailliage que je ne doute point que S. M. ne vous veuille bien accorder.

L'avis que M. D'Avaux a donné au Roi que la Cavalerie des Etats-Généraux qui est présentement dans la Flandre Espagnole y doit hiverner, a fait juger à propos à S.Mté de changer les quartiers qu'elle avoit destinés à 4 Compagnies des Gardes du Corps et à celle des Grenadiers. Et son intention est que vous envoyiez deux Compagnies des Gardes du Corps à Cambray et deux à Douay avec celle des Grenadiers, que vous envoyiez le Régiment de Quiçon qui étoit destiné pour Douay à Ypres, et celui de Villeroy qui devoit aller à Cambray à Arras, où il sera reçu en vertu de l'ordre de Sa Majesté qui sera ci-joint lequel je vous supplie d'envoyer à M. du Montal avec une Route que vous expédierez au dit Régiment pour le faire marcher en la dite Ville d'Arras, dans le temps que vous lui ordonnerez de faire séparer les Troupes qu'il commande pour les faire aller en quartier d'hiver.

Les ordres du Roi qui vous ont été adressés pour les quartiers des troupes du Roi qui sont aux ordres de M. le Duc de Villeroy vous ont fait assez connoître que ce Corps devoit être séparé en même temps que le reste de l'Armée pour que j'aye cru inutile de vous le répéter dans ma lettre.

Je suis./.

No. 38

A M. le M^{al} d'Humieres
A Versailles le 9 Novembre 1683

J'appris hier avec bien de la joye par la lettre que M. de la Taulade m'a rendu de votre part la bonté que M. le Mis de Wargues a eu de ne vous pas laisser longtemps exposé à la mauvaise saison qu'il fait: je le menai aussitôt en rendre compte à Sa Maté qui apprit avec beaucoup de plaisir la réduction de la Citadelle de Courtray, et la résolution où vous êtiez de marcher dès hier pour aller à Dixmude dont Sa Maté s'attend d'apprendre la prise incessamment, et qu'en éxécution de ses ordres que vous avez reçus vous aurez séparé l'Armée que vous commandez.

Vous trouverez ci-joints l'Etat des Bataillons qui doivent composer la Garnison de Dixmude où S.M. a résolu d'établir pour commander M. Mathieu, Colonel au Reg^{t} de la Marine. En attendant que par les ordres que vous lui enverrez les Bat^{ons} cidessus puissent arriver à Dixmude S.Mté trouvera bon que vous y laissiez le premier Bat^{on} d'Anjou, le l^{er} du Maine que vous en retirerez à mesure que les quatre Bataillons arriveront. Vous y pourrez aussi établir le Rég^{t} de Suin et [- - - - - - - -] à Arras suivant les l^{ers} Controles que je vous avois adressés, Si vous estimiez nécessaire d'y laisser plus de troupes S.Mté s'en remet à vous, En ce cas vous me donnerez s'il vous plait avis.

S.M. désire que vous éxaminiez s'il ne seroit point à propos d'occuper Rousselaer pendant cet hiver, ce qui ne se peut décider que sur l'état où est ce Poste et sur la possibilité qu'il y a d'y tenir des troupes en sureté.

S.M. ne doute point qu'en cas que vous apprissiez que M. de Vaudemont retournat du côté de Bruxelles vous n'en avertissiez diligemment Mrs de Villeroy et du Montal.

L'intention du Roi est qu'au lieu des quartiers de Gravelines, Ardres et Calais que S.Mté avoit donnés au Rég^{t} de Tilladet vous en envoyiez deux Escadrons à St Omer et un à Aire; que le Régiment Colonel Gal qui devoit aller à Aire et à St Omer soit envoyé à Bethune où il sera reçu en vertu des ordres de S. Mté ci-joints; et qu'au lieu d'envoyer Königsmarck à Bethune vous le fassiez marcher à Arras où il sera encore reçu en éxécution des ordres de Sa Maté que je vous adresse.

Je suis./.

No. 43

A M. le Mis de Lambert
A Versailles le 11 Novembre 1683

M.

Je vous envoye l'Etat des Troupes qui doivent marcher incessamment à Metz, ou vous verrés marqués les jours à peu près qu'elles s'y pourront rendre, et comme à la réserve d'un Régiment de 12 Compagnies que le Roy juge à propos de mettre du côté de la Sarre, Sa Mté trouve bon que vous établissiés toutes ces troupes pour contenir la Garnison de Luxembourg, je vous prie de me mander par le retour de ce Courier, comment vous croirés qu'on les pourroit distribuer, observant qu'en même temps que le Roy veut que l'on conserve Son Pays il désire aussi que l'on ait égard à la conservation de Ses troupes, et que l'on les mette en des Lieux ou il y ait assés de couvert pour ne se pas ruiner pendant cet hyver.

J'estime que vous ne viendrés a bout de contenir la garnison de Luxembourg, qu'en établissant le plus proche de cette Place (que la conservation des Troupes le pourra permettre) des Corps assés considérables pour pouvoir couper à leurs portes les partis qui en seront sortis, et que pour cela vous ne sauriés mieux faire que d'en mettre à Thionville autant qu'il en pourra tenir, d'établir de gros Quartiers à Remick, Longwy et Arlon. Il seroit outre cela nécessaire d'avoir dans des chateaux du Pays, des Compagnies de Dragons répandues qui puissent donner la chasse aux petits Partis de cette Garnison qui pourroient se glisser dans le Pays. C'est sur quoi j'attendrai de vos nouvelles, et je vous prie que j'aye par ce courrier un état de tous les lieux ou vous jugerés à propos de mettre de la Cavalerie et des Dragons, afin que voyant les troupes qui ne vous seront pas nécessaires, je prenne l'ordre de Sa Mté pour pourvoir à leur logement.

Je suis./.

Nota. Le même jour il a été expédié un Etat des Troupes qui doivent marcher à Metz pour se rendre aux ordres du Mis de Lambert lequel etat lui a été adressé avec sa lettre cy dessus.

No. 48

A M. du Montal
A Versailles le 1er Novembre 1683

M.

Le Roi est informé qu'il y a dans Mons que pour deux mois de foin. Je vous envoye l'Etat des Villages desquels le Gouverneur prétend en tirer ce qui lui sera nécessaire. Il sera bien à propos qu'aussitôt après l'établissement des quartiers d'hiver vous alliez le plus tôt dans ces villages là pour faire sortir des Granges tout le foin qui y est et le faire bruler, observant que cela ne puisse point causer d'incendie dans les maisons; et parce qu'il y a de ces villages là qui sont au delà de la Haisne vous pourrez vous entendre avec M. de Boufflers afin qu'il y aille en même temps et fasse la même chose de son côté.

Il est nécessaire que voux gardiez un profond secret sur cela, de peur que le Gouverneur de Mons en étant averti ne prit les mesures nécessaires pour faire conduire ce foin diligemment dans sa Place.

Noms des Villages.

Ville, Austage, Bodou, Domair, Esclain, St Guislain, Bossu, Henain, Aulain et Montreuil./.

No. 50

A M. le Mal d'Humieres
A Versailles le 13 Novembre 1683

J'ai reçu une lettre de M. le Peletier par laquelle il me mande qu'il ne voit pas qu'il fut impossible de joindre par quelque Retranchement la tête de la Mander qui prend sa source au dessous de Rousselaer à celle du Ruisseau qui prend la sienne vers Dourk, et que ces Ruisseaux ne se pouvant passer l'hiver que sur des Ponts que l'on romproit il seroit aisé, en occupant les forts et les Châteaux qui se trouvent le long du cours de ces deux petites Rivieres depuis Dixmude jusqu'à la chute de la Mander dans la Lis, de couvrir la plus grande partie de la Châtellenie de Courtray et toute celle d'Ypres. Et pour peu que l'on s'appliquat à resserrer la Garnison de Nieuport l'on couvriroit encore le Furnemback et la Châtellenie de Bruges. Je mande à mon dit Sr le Peletier de vous communiquer cette proposition qui je crois seroit praticable si l'on pouvoit occuper Denise et Rousselaer, moyennant lesquels il seroit aisé de soutenir ces Retranchements là. C'est ce qu'il vous plaira de faire visiter par M. de Boufflers que vous y enverrez sous prétexte de faire quelqu'Exécution, et je vous supplie de me mander ce qu'il vous aura rapporté pour me mettre en état de rendre compte au Roi de ce qui se peut faire sur cela.

Je suis./.

No. 52

A M. le M[al] d'Humieres
A Versailles le 14 Novembre 1683

Le Roi a appris avec plaisir par la lettre que vous avez pris la peine de m'écrire le 10 de ce mois que la soumission de la Ville de Dixmude vous a mis en état de faire éxécuter les ordres pour la séparation de l'Armée que vous commandez. S.M. ne doute point que vous n'ayiez pourvu à faire que les Corps commandés par Mrs le Duc de Villeroy et du Montal soient promptement séparés.

Vous devez avoir été informé présentement des ordres que S.M. désire que vous donniez pour composer la Garnison de Dixmude, où il sera bon que M. de Montbron ou le Ch[er] Denouville se tienne jusqu'à l'arrivée du Sr. Mathieu que je fais avertir de partir incessamment pour s'y rendre.

L'intention du Roi est que vous donniez présentement à Mrs de Montbron et de Boufflers les ordres nécessaires pour que l'on fasse payer chérement au franc de Bruges les éxécutions que la Garnison de Luxembourg et celles de Namur et de Charleroy ont faites sur les Terres de l'obéissance de Sa Mté c'est-à-dire, qu'aussitôt après les Envois faits par M. le Peletier pour l'imposition des 2000 Ecus pour chaque Village, laquelle doit être payable trois jours après sa date, l'on aille piller les Villages les plus près de Bruges et du Canal et que l'on ne discontinue point jusqu'à ce que les Impositions soient entièrement payées.

Le Roi ne doute point que les Villages qui sont présentement à la discretion des Places de Sa Mté ne s'efforce par des présents et par des Recommandations d'empêcher que le malheur ne tombe sur eux, mais elle désire que les Officiers Généraux qui commandent sous vous à chaque tête fasse éxécuter sans avoir égard à recommandation ce qui est en cela de ses intentions, et Sa Mté leur sauroit d'autant plus mauvais gré si ce qu'elle commande n'était pas éxécuté ponctuellement au pied de la Lettre, que c'est de l'éxécution de ses ordres que dépend le repos de toute la frontiére et l'anéantissement des Espagnols en Flandre.

S.M. ne veut point que vous échangiez les Cavaliers qui ont été pris prisonniers de guerre à Dixmude jusqu'à ce que le Mis de

Grana soit convenu de rendre ceux qu'il a fait faire du côté de Luxembourg; et vous pouvez vous laisser entendre à ceux qui le lui pourront rapporter que s'il ne prend bientôt le parti de faire sur cela ce qu'aucun des Gouverneurs du Pays-Bas Espagnol n'a refusé le Roi fera imposer 1000 francs pour chacun des prisonniers qu'il retient.

Je crois que Sa Mté pourra désirer que dans les premiers jours du mois prochain l'on jette des Bombes dans Bruges. S.M. aura bien agréable que vous fassiez raccommoder les chemins par lesquels il pourroit être possible dans une aussi mauvaise saison de les y faire voiturer et que vous lui rendiez compte de ce qu'il y aura à faire sur cela.

Je suis./.

No. 53

A M. le Mis de Lambert
A Versailles le 15 Novembre 1683

M.

J'ai reçu la lettre que vous m'avés fait l'hr. de m'écrire le 10 de ce mois. Les deux hommes qui vous ont rapporté que les Reg[ts] de Cavalerie de Chauvirey et de Theiss qui sont entrés dans Luxembourg sont à peu près de cinq cent chevaux vous ont mal informé de la force de ces deux Corps, puisque quand ils seroient complets ils n'auroient que 180 hommes chacun n'étant composés que de six Compagnies; et les Comp[ies] payées que sur le pied de 30 maitres, et je dois vous dire qu'il y en a un qui est entré dans Namur avec moins de 90 hommes à cheval.

Pour contenir la Garnison de Luxembourg le Roi croit qu'il n'y a rien de mieux à faire que d'occuper Sierques et d'établir encore quelques Postes au delà de la Moselle d'où l'on puisse courre les petits Partis qui voudroient passer cette Riviére, n'y ayant pas d'apparence que le Gouverneur de Luxembourg songe à y en envoyer de grands.

Quoique je vous ai déjà adressé l'Etat de la Cavalerie que Sa Mté met à vos ordres je ne laisse pas d'en joindre encore ici une copie afin que vous me marquiez les lieux où vous la logerez, et m'envoyiez un Mémoire de ceux où vous prétendez mettre chaque Régiment.

Le Roi approuve que vous fassiez occuper les Ecuries des Entrepreneurs et les Souterrains de Longwy, même que vous mettiez les 300 Chevaux que vous proposez dans les appentis que vous avez fait faire le long des murailles de Récollete.

Il est inutile de me dire que si les Casernes d'Arlon étoient achevées l'on pourroit facilement avec les Ecuries que vous y avez fait faire et celles des Bourgeois, y loger 600 Chevaux ou Dragons, parce qu'il ne tient qu'à vous de les faire activer s'il est possible, et je vous prie de donner les ordres pour y faire toute la diligence qu'il se pourra.

Outre les lieux où vous projetez de mettre des Troupes il en faut encore envoyer à Montmédy, à Carignan, à Bouillon et à Fierques.

Si vous croyez qu'il soit à propos de tenir des Troupes à la Roche, à Honfalize, aux Châteaux de Montjardin, de Florzé, Beaumale et Nié, Sa Mté s'en remet à vous de le faire./.

No. 56

A M. le Cte. de Montbron.
A Versailles le 16 Novembre 1683

M.

J'ai reçu la lettre que vous avez pris la peine de m'écrire le 12 de ce mois sur les vues que vous avez eu pour mettre les Village du Pays où vous commandez à couvert du payement de la contribution. Je vous supplie de le comuniquer à M. de Vauban et d'établir pour fondement que le Roi ne veut point garder Dixmude pendant l'Eté. Il vaut mieux conserver plus surement une petite partie du Pays que d'en vouloir garder davantage et de voir le tout exposé à la contribution. Cependant il me paroit que pour cet Hiver l'on ne peut point manquer de suivre le projet que vous faites duquel néanmoins je differerai de rendre compte à Sa Mté jusqu'à ce que vous m'ayiez envoyé l'avis du Sr. de Vauban.

Je suis./.

No. 59

A M. le Mis de Lambert.
A Versailles le 17 Novembre. 1683

M.

J'ai reçu la lettre que vous avez pris la peine de m'écrire le 14 de ce mois. Je vois avec un extrême chagrin que pour la 4e fois je suis obligé de vous récrire sur le logement de la Cavalerie qui est à vos ordres. L'Etat ci-joint que vous m'avez envoyé marque bien ce que vous avez mis de Cavalerie et de Dragons dans chaque lieu mais il ne m'explique pas de quels Régiments sont les Compagnies que vous y avez envoyé, c'est ce que je vous prie de faire.

Je ne vous réponds rien sur le Bataillon d'augmentation que vous demandez pour mettre dans le Camp que vous avez fait retrancher à Longwy parce que vous aurez appris par mes précédentes lettres que le Roi fait marcher le Rég^{t} de Conti.

Vous serez sans doute informé avant que cette lettre vous parvienne que Sa Majesté envoye 12 Compagnies de Cav^{ie} à Dinan, autant à Philippeville et 12 à Charlemont ou Marienbourg moyennant quoi la Garnison de Namur n'aura pas la liberté de se promener impunément sur les terres du Roi./.

No. 60

A M. le M^{al} d'Humieres
A Versailles le 17 Novembre 1683

Je vous avois déjà mandé que l'intention du Roi étoit que vous ordonnassiez à M. de Magaloti d'envoyer à M. de Bulonde les Troupes qu'il croiroit nécessaires pour la garde de l'Oneau. Comme j'apprends qu'il n'a encore eu aucune nouvelle de vous sur cela je suis obligé de vous dire qu'il seroit fâcheux qu'un pareil oubli facilitât aux Espagnols l'envie qu'ils auroient de venir faire du désordre dans le pays de Sa Mté et qu'ainsi vous n'avez point de temps à perdre pour donner audit S. de Magaloti les ordres de ce qu'il a à faire./.

No. 68

A M. le Mis de Lambert
A Versailles le 19 Novembre 1683

M.

J'ai reçu la lettre que vous avés pris la peine de m'écrire le 14 de ce mois par laquelle le Roy a vu que le chateau de Merche a été attaqué par le Prince de Chimay, et la bonne déffense qu'y a fait le Sr de Persange, Capitaine au Rég^{t} des Vaisseaux. Sa Mté trouve bon de lui accorder une gratification de 400 écus et à son Lieutenant 300 dont je vous envoye les ordonnances.

A l'égard des soldats, le Roy a approuvé que vous leur ayés fait distribuer 50 écus, et trouve bon que vous leur en fassiés donner encore autant, tenant la main à ce que cela leur soit distribué fidellement, sans que les officiers leur en retiennent quoique ce soit.

S. Mté trouve bon aussi que vous fassiés faire audit chateau les petits ouvrages que vous estimerés nécessaires pour le fortifier.

Il ne faut point s'imaginer que l'on puisse empêcher que les Espagnols ne fassent entrer des Troupes dans la Ville de Luxembourg, mais comme ils en vont avoir beaucoup à faire pour la conservation de leur Pays du côté de la Flandre, il faut espérer qu'ils ne seront pas en état d'y en envoyer autant que le Prince de Chimay publie, en tout cas vous en avés plus qu'il ne faut pour la conservation de la frontiere.

Vous devés avoir présentement le Ba[on] que vous demandé pour fortifier les Postes où vous avés mis des Dragons.

Je ne doute point qu'aussitôt après l'établissement de la Cavalerie et des Dragons, vous ne preniés prisonniers de guerre le peu de monde que les Espagnols ont mis dans les chateaux de Neubourg et de Dasbourg, en faisant venir quelques petites pieces de Canon de la nouvelle invention, lesquelles sont un peu moins pesantes que les autres.

Je suis./.

No. 70

A M. le Cte du Montal
A Versailles le 20 9bre 1683

M.

J'ai reçu la lettre que vous avez pris la peine de m'écrire le 17 de ce mois. L'Armée commandé par M. le Mal d'Humieres s'étant séparée le 13 à Rousselaer je ne doute point que vous n'ayiez eu le lendemain ou le jour d'après les troupes qui doivent marcher à vos ordres, et que vous n'aviez pris les mesures nécessaires pour vous établir diligemment à Thuin.

Je vous envoye une lettre du Sr. Duquesnoy qui commande à Marienbourg que je vous prie d'éxaminer et de pourvoir à la sureté de ce Poste selon que vous le jugerez à propos./.

No. 71

A M. le Ma[al] de Crequy
A Versailles le 20 9bre 1683

La lettre que vous m'avés fait l'honneur de m'écrire le 16 de ce mois m'apprends votre arrivée à Nancy; comme l'objet de vos soins en l'Etat présent des choses doit être d'empêcher les courses de la Garnison de Luxembourg, le Roy estime que votre séjour sera plus utile à Metz qu'à Nancy.

Je ne doute point que M. de Lambert ne vous ait envoyé une copie de l'Etat que je lui ai adressé des troupes que Sa Maté avoit, en votre absence, mis à ses ordres, le logement desquelles elle s'attend que vous réglerés de maniére que la Garnison de Luxembourg ne pourra point entrer dans la Lorraine, ni dans les Evéchés, et qu'établissant une ligne de Quartiers depuis Sédan jusqu'à Thionville, vous le mettrés en état de ne pas entrer dans ces pays-là impunément.

Il est certain qu'il ne peut être que fort utile de tenir le cours de la Mozelle, ce que l'on feroit fort aisément en établissant à Thionville autant de Cavalerie et de Dragons qu'il en pourra contenir, occupant le Ark [?] si on le peut faire surement, en mettant quelques Compagnies de Dragons dans les Chateaux vers la Nied, qui puissent courré les petits partis qui s'échaperoient.

Si l'on pouvoit mettre beaucoup de Cavalerie à Arlon, et occuper Remik et Grevemaker, la Garnison de Luxembourg ne s'éloigneroit pas fort des Contrescarpes de la Place; mais comme ces postes ne se peuvent occuper qu'avec beaucoup d'Infanterie, il semble qu'il faut attendre l'arrivée de celle de Flandre auparavant que d'y penser. Je vous supplie de me mander ce que vous pensés sur cela. Mandés moi aussi, s'il vous plait, ou vous croyés que l'on devra faire débarquer les Mortiers et les Bombes, lorsque le Roy vous donnera ordre d'en jetter dans Luxembourg, et faites reconnoitre le chemin par ou on les pourra mener, pour voir s'il pourra être aisément mis en état que de gros fardeaux y passent.

Je suis./.

No. 72

A M[rs] les Gouverneurs et Intendants des frontiéres de Flandre et de Lorraine.

A Versailles le 21 Novembre 1683

M.

Le Roi ayant été informé qu'il y a de ses sujets qui vont payer la contribution en cachette nonobstant les défenses qui leur ont été faites, S. Mté m'a commandé de vous faire savoir que son intention est que vous publiez que ceux qui découvriront une pareille contravention aux ordres de S.M. recevront de ceux qui auront payé la dite contribution autant que ce qu'ils auront porté aux Espagnols, à quoi elle vous ordonne de tenir la main, et elle désire qu'outre cela vous fassiez toutes les diligences possibles pour en être informé par les autres voyes que vous pourrez vous imaginer.

Mrs le Mal d'Humieres
du Montal
de Boufflers
de Montbron
de Bulonde

Mrs de Langallerie
de Lambert
de Bissy
le Mal de Créquy
le Peletier
Faultrier
Desmadris
de Vrevin
Le Cte Mahieu
Charuel

No. 74

A M. le Cte du Montal
A Versailles le 21 novembre 1683

M.

J'ai reçu par le Courier que vous m'avez dépêché la lettre que vous avez pris la peine de m'écrire le 19 de ce mois. Le Roi a approuvé les réflexions que vous faites sur ce que les Espagnols pourroient entreprendre contre vous pendant les 7 ou 8 premiers jours du travail de Thuin et la disposition que vous projetez de faire des troupes qui sont à vos ordres pour empêcher qu'ils ne réussissent dans le dessein qu'ils pourroient avoir. Son intention est qu'après avoir donné les ordres nécessaires pour faire avancer les troupes, ainsi que vous le proposez, vous fassiez incessamment l'établissement dudit Thuin, et afin que s'il prenait fantaisie aux Espagnols de venir audit Thuin en la maniére que vous croyez qu'ils le pourroient faire vous soyez en état de les battre, S.M. m'a commandé d'envoyer un Courier à M. le Mal d'Humieres par lequel je lui mande de faire avancer le 24 de ce mois au Quesnoy 400 Maitres commandés des deux Compagnies des Gardes du Corps qui sont à Douai, pareil nombre de 400 Maitres des deux Compagnies qui sont à Cambray, moitié à Avesnes moitié à Landrecy pour y être à vos ordres autant de temps que vous le jugerez à propos, leur prescrivant de retourner dans leurs Quartiers lorsque vous le leur ordonnerez, ce que Sa Mté désire que vous fassiez dès que Thuin sera en état.

Le Roi ne peut croire que les Espagnols pensent à l'occuper. Si néanmoins ils y étoient arrivés avant que vous y puissiez être l'intention de Sa Mté sera que vous les en chassiez, demandant à M. le Mal d'Humieres le nombre de troupes dont vous croiriez avoir besoin au delà de celles que vous avez présentement.
Je suis./.

No. 75

A M. le M[al] d'Humieres
A Versailles le 21 Novembre 1683

Je ne puis mieux vous informer de ce que le Roi a résolu sur la lettre de M. du Montal dont copie sera ci-jointe qu'en vous envoyant la copie de la réponse que j'y fais par son ordre. L'intention du Roi est que vous donniez les ordres nécessaires pour faire que les 800 Maitres détachés des Gardes du Corps de S. Maté se rendent aux lieux portés par la dite lettre le jour que S. Maté a ordonné.

Le Roi a vu avec chagrin ce qui est arrivé à Isanghien. S.M. s'attend d'être pleinement informée par vous du nombre de troupes qui y sont venues et s'il avoit des troupes hollandoises. S.Mté eut fort désiré que vous eussiez fait faire sur le champ la représaille qui vous a été prescrite en pareil cas, et elle voit avec peine le préjudice que reçoivent ses sujets du peu de ponctualité avec laquelle ses ordres ont été exécutés jusqu'à présent elle s'attend qu'après avoir autant fait connoitre ce qui est en cela de sa volonté vous ferez qu'elle sera mieux exécutée à l'avenir, et que sans avoir égard à qui appartiennent les Villages, même aux plus considérables sujets de S.Mté vous ferez exécuter à la lettre ce qu'elle vous a commandé à cet égard, c'est-à-dire, faire toujours 10 fois autant de désordre sur les Terres d'Espagne qu'il en aura été fait sur celles du Roi; et S.M. m'a commandé de vous marquer qu'elle s'en prendroit à vous si sous quelque prétexte que ce puisse être ce qu'elle ordonne à cet égard tardoit d'avantage à être ponctuellement éxécuté. S.M. n'a pas approuvé que dans la mauvaise saison qu'il fait l'on allat faire une représaille sur Anghien, ce qui ne pourroit s'éxécuter sans fatiguer considérablement les troupes qui ont besoin de quelque repos. S.M. désire que l'on pille dans le franc de Bruges dix Villages les plus voisins de Bruges ou de Gand et que l'on ne laisse quoique ce soit que des billets qui disent que c'est par représaille du désordre qui a été fait à Isanghien, et que l'on en fera autant toutes les fois qu'ils en feront dans les terres du Roi./.

No. 78

A M. le Cte de Montbron.
A Versailles le 22 Novembre 1683

M.

J'ai reçu la lettre que vous avez pris la peine de m'écrire le 18 de ce mois. Vous avez du connoitre par mes précedentes que le Roi ne prétend garder Dixmude que jusqu'à l'ouverture de la Campagne prochaine, et que pour le mettre hors d'insulte avec les troupes qu'il y a il ne peut être besoin que de quelques Palissades pour planter aux endroits les plus exposés; à quoi j'ai chargé le Sr de Chaserat d'y faire travailler incessamment.

A l'égard des Bateaux ferrés pour casser le glace M. Desmadris a ordre de les faire faire.

Pour vous expliquer l'intention de S.M. sur ce que M. le Mal d'Humieres vous a mandé à l'égard des Détachements que vous serez obligé de faire je vous dirai que dans les Places où il y a des Bataillons de Campagne et de Garnison les Détachements doivent se faire des troupes de Garnison, mais que dans celles où il n'y a que des bataillons de Campagne il est sans difficulté qu'il faut les faire de ceux-là./.

No. 79

A M. le Mis de Lambert
A Versailles le 23 Novembre 1683

M.

J'ai reçu la lettre que vous avez pris la peine de m'écrire le 19 de ce mois par laquelle le Roi a vu que vous avez repris le Château d'Hollenfeld; S.M. désire que la Garnison Espagnole qui a été faite prisonniere de guerre soit traitée avec la même dureté que l'on fait les Officiers et Soldats des troupes du Roi que l'on garde à Luxembourg.

Je suis surpris de voir que les ordres que vous avez donnés pour faire des représailles dans le Pays de Limbourg ayent été sitôt sus. Je vous prie de prendre dorénavant les mesures nécessaires pour que de pareilles choses ne puissent être rendues publiques, et cependant l'intention du Roi est que vous y renvoyiez faire de tels désordres que les clameurs des habitants obligent M. le Mis de Grane à faire cesser ses éxécutions.

Je suis./.

No. 84

A M. le M[al] d'Humieres
A Versailles le 25 Novembre 1683

J'ai reçu la lettre que vous m'avez fait l'honneur de m'écrire le 23 de ce mois. Il paroit par les nouvelles que nous avons eu de Bruxelles qu'il n'y avoit point d'Hollandois avec le parti qui a pillé Isenghien, mais seulement des Régiments Espagnols, sur quoi je ne puis m'empêcher de vous dire que si vous voulez bien éxaminer la quantité d'éxécutions que les Troupes d'Espagne ont faites et les représailles dont elles ont été suivies vous verrez que les Gouverneurs qui sont sous votre charge ne se sont pas conformés aux intentions de S.M. et que vous n'avez point satisfait à ce qu'elle a désiré de vous.
Je suis./.

No. 86

A M. le M[al] d'Humieres
A Versailles le 26 Novembre 1683

Le Roi jugeant de son service de tourmenter les Espagnols pendant cet hiver tout le plus qu'il sera possible a donné ordre que toutes les troupes même la Gendarmerie et les Gardes françoises et Suisses fussent logées sur la frontiére, afin qu'étant en état d'assembler en peu de jours un grand Corps de Troupes vous puissiez plus facilement éxécuter les ordres que S.M. vous donneroit pour agir contre les Espagnols.

Le Roi ne compte pas que vous puissiez faire de Siége considérable d'ici au mois de Mars prochain à moins qu'une forte gelée ne vous mis en état d'attaquer Nieuport ou Oudenarde. Cette premiere Place seroit, suivant les Rapports qui en ont été faits à S.M., plus facile qu'aucune autre en ce qu'étant privée du secours de la Mer par une forte gelée et par les Etablissements que vous prendriez sur les Dunes du côté d'Ostende le Corps de la Place ne vallant rien et n'étant fortifié que par quelques mauvaises demi-Lunes de terre vous ne seriez obligé à aucune circonvallation au moyen de la conquête de Dixmude si la gelée vous donnoit lieu de faire insulter le fort de Niemendam.

A l'égard d'Oudenarde le rempart en étant meilleur et pour peu que le Gouverneur soit soigneux rien ne le pouvant empêcher de se servir de ses Ecluses il seroit en état de noyer en une nuit le dessous de la Ville, qui seroit l'endroit par lequel l'on pourroit plus facilement et en moins de temps venir à bout de cette Place.

L'intention de Sa M. est que vous lui mandiez votre avis sur les difficultés ou facilités qu'il y auroit de faire un de ces Siéges pendant l'hiver, observant qu'il importe fort à son service de ne point se commettre à un Evénement facheux et de ne rien entreprendre dans la mauvaise saison dont on ne puisse venir à bout en peu de jours.

Si l'attaque de ces Places ne vous paroit pas possible il faudra se renfermer à jetter des Bombes et des Carcasses dans les plus grosses Villes des Espagnols; M. de Montbron vous rendra compte de la facilité qu'il y a d'en jetter dans Nieuport avec un Corps de troupes fort peu considérable, duquel la droite et la gauche étant appuyées contre le Canal de Furnes audit Nieuport et une inondation d'un Polder. Le Corps qui feroit cette éxpédition ne pourroit être attaqué que par un front égal à ce qu'il occuperoit, apparamment 5 ou 6 bataillons que vous pourriez tirer de Dunkerque, de Furnes, de Dixmude et d'Ypres avec la Cavalerie qui est à Ypres, Dixmude, Furnes, Dunkerque, Bergues, Aire et St Omer seroit plus que suffisante pour faire cette Expédition, et vous ne serez au plus obligé que d'envoyer à Ypres la Cavalerie qui est à Bethune pour veiller pendant ce temps là à la conservation du Retranchement. Les Canaux pourroient porter les bombes et mortiers jusqu'à une lieue de Nieuport, d'où, avec la quantité de Charois qu'il y a en ce pays là, il ne seroit pas difficile de les voiturer à la Batterie.

Cette Expédition ne pourroit pas durer plus de 3 ou 4 jours, pendant lesquels 6 mortiers jetteroient facilement un millier de bombes dans cette Place.

S.M. estimeroit que la dite Expédition se devroit faire entre ci et le 15 Décembre si par les informations que vous ferez de l'état de cette Place vous ne jugez point qu'une forte gelée vous put donner lieu de la prendre; car si elle le pouvoit être il faudroit bien se garder de la bruler.

Je vous ai déjà marqué que le Roy apprendroit avec plaisir que vous eussiez brulé une partie de la Ville de Bruges avec des Bombes. L'on les y pourroit conduire ou par Dixmude ou par Courtray en les faisant descendre la Lys jusques vis-à-vis l'endroit d'où les chemins seroient plus praticables.

Si le chemin de Dixmude étoit le meilleur il seroit bien à propos de faire passer à Ypres les Bombes et Carcasses que vous voudriez faire jetter audit Bruges. Pour cette Expédition il faudroit 10 ou 12 Bataillons qu'il ne vous seroit pas difficile de tirer des Places qui sont sur l'Escaut ou entre cette Riviére et la Mer; Il suffiroit de laisser un Reg[t] de Cavalerie partagé entre Dunkerque,

Furnes et Dixmude, un autre partagé entre Ypres et Menin vous pourriez faire avancer les Gardes du Roi, Gendarmes et Chevaux légers à Lille, Courtray, Condé et Tournay, moyennant quoi vous seriez en état de mener à cette Expédition 48 Escadrons en prenant ce qu'il y a de Cavalerie entre l'Escaut et la Mer, à la réserve de la Cavalerie qui est à Valenciennes qu'il y faudroit laisser. Et si le Mis de Grane assembloit toute la Cavalerie tant Hollandoise qu'Espagnole qui ne peut faire au plus que 4500 Chevaux vous pourriez vous faire joindre par la grande Gendarmerie avec laquelle et la Cavalerie et infanterie que vous auriez le Mis de Grane ne se montreroit pas devant vous.

S.M. estime qu'il faudroit jetter au moins 2000 bombes dans Bruges, observant d'avancer les mortiers jusqu'à 200 toises de la Place, afin que les bombes pussent entrer fort avant dans la Ville. Il faudroit mener 10 mortiers à cette Expédition, afin qu'elle ne durat pas plus de 5 ou 6 jours, et S.M. trouveroit même bon, si vous le jugiez à propos, que vous menassiez 5 ou 6 petites Piéces de Campagne.

La subsistance de ce Corps seroit fournie facilement à l'égard du pain par Dixmude le fourrage se trouveroit apparemment abondant dans les Villages; et si vous le jugiez nécessaire S.M. approuveroit que vous fissiez prendre à la Cavalerie en passant à Dixmude et à Courtray pour 4 ou 5 jours d'avoine.

L'on pourroit encore faire une insulte considérable en marchant au Canal de Bruges avec des Bateaux, l'infanterie et la Cavalerie que vous jugeriez à propos; s'établissant sur le dit Canal et la Lire, au delà de laquelle l'on pourroit même se passer de forts partis.

L'on pourroit encore faire jetter des Bombes dans Oudenarde, lesquelles en brulant la Ville pourroient peut être consommer leurs fourrages et rendre difficile la subsistance d'un Corps de Cavalerie dans cette Place. Les Bombes et munitions nécessaires pour cette Expédition pourroient être conduites en bateau jusqu'à la tête de l'innondation, et il y a bien de l'apparence que vous trouveriez dans les Villages des Environs d'Oudenarde de quoi faire subsister grassement le Corps de Cavalerie que vous jugeriez à propos de mener à cette Expédition qui devroit être à peu près le même qui seroit estimé nécessaire pour Bruge.

L'on pourroit encore jetter des Bombes dans Ath, mais comme il faudroit conduire les dites bombes de 7 lieues et que le pays des Environs d'Ath a été entiérement fourragé par l'Armée pendant le séjour que vous avez fait à Lessines, cette Expédition qui de soi ne seroit pas d'une grande utilité pourroit être fort à charge aux troupes que vous y meneriez, observant que S.M. désire surtout que l'on conserve ses troupes en ne faisant rien cet hiver qui les puisse faire dépérir.

Il seroit facile aussi de jetter des Bombes dans Mons du côté de la Porte de Maubeuge que l'on nomme de Betamont, où l'on auroit lieu d'appréhender aucune sortie puisque les Espagnols ne pourroient sortir de leur Place que par une Chaussée qui seroit enfilée de tout le front que vous jugeriez à propos d'occuper.

Les bombes pourroient être menées en Bateaux jusqu'à St Guillain, et il en faudroit jusqu'à 2000 et 10 mortiers.

Je crois que le Pays se trouvera fort dénué de fourrages, M. du Montal ayant beaucoup mangé les Villages des Environs de cette Place, mais il seroit facile de tirer de Maubeuge et même de Condé par bateau l'avoine que vous jugeriez à propos de faire distribuer aux troupes et vous pourrier faire fournir le pain de Maubeuge en avertissant à l'avance l'Intendant de tenir prête la quantité de farine nécessaire pour cette Expédition, laquelle dureroit apparemment 7 ou 8 jours.

Il n'y a point d'apparence que le Mis de Grane songeat à venir à vous puisqu'il n'est point en état d'y mener d'infanterie, et qu'il vous seroit facile d'y avoir 12 bataillons.

A l'égard de la Cavalerie vous y pourriez avoir le Régt Colonel Gal, les Gardes du Roi, les Gendarmes et Chevaux légers, les Régts de Villeroy et Königsmarck, les Régts Royal, Orléans, Dauphin, Bulonde, Vivans, Bartillac, Langallerie, Dugas et les Dragons de Pinsonel, ce qui, en ne comptant les Régts de Cavalerie qu'à 300 Chevaux, seroit plus de 4500 Chevaux.

Il faudroit pendant que cette Expédition dureroit faire avancer à Tournay les deux Régts qui sont à Lille, dont un Escadron seroit envoyé à Condé et les remplacer à Lille par le Régt de Cavalerie de Tilladet.

En éxécutant ce projet M. de Langallerie demeureroit avec assez de troupes pour opposer à la Garnison de Charleroy et de Namur. M. du Montal et M. de Bulonde pourroient servir sous vous avec les Brigadiers que vous jugeriez à propos d'appeller et M. de Boufflers devroit rester à Courtray ou Tournai pour prendre soin de la conservation de la frontiére. Il seroit nécessaire que M. de Montbron eut ordre de lui envoyer la Cavalerie qu'il demanderoit en cas que M. le Mis de Grane assemblât à Gand ou à Oudenarde de la Cavalerie pour faire quelque irruption dans le Pays, qui est un parti qu'il prendroit apparemment bien plustôt que de s'approcher de vous, et S.M. jugeroit à propos qu'il en envoyat aussi à M. de Montbron, s'il apprenoit que quelque Corps considérable de troupes passat à Bruges pour gagner Ostende ou Nieuport.

S.M. m'a commandé de vous informer de tout ce que dessus afin que vous lui puissiez donner votre avis sur le temps dans lequel le tout ou partie de ces Projets pourroit être éxécuté. Elle vous recommande en lui donnant votre avis d'avoir toujours égard à ne point commetre ses troupes à un succés incertain et de ne penser à rien qui put les faire dépérir.

S.M. désire que vous écriviez de votre main ou dictiez à M. l'Intendant la Réponse que vous ferez à cette Lettre, ayant toujours sujet de croire qu'il y a quelqu'un chez vous qui a commerce avec les Espagnols.

Je vous informai au mois d'août dernier des avis que S.M. avoit reçus sur cela. Ils lui ont été renouvellés depuis peu par une lettre que le Roi a reçue de Cologne qui porte qu'un Envoyé du Mis de Grane a fait voir à M. l'Electeur de Cologne la Copie d'une Lettre que je vous écrivois par laquelle je vous donnois avis que le Roi avoit résolu de faire occuper Thuin, et comme il n'a été pris aucun de mes Couriers et qu'aucun ordinaire n'a été arrêté il n'est pas possible que cet avis soit parvenu au Mis de Grane par une autre voie que par le commerce qu'il peut avoir avec quelqu'un de vos Domestiques.

S.Mté s'attend que vous donnerez ordre à M. du Montal de faire des Courses au delà de la Sambre et de s'appliquer à obliger les Pays couverts de cette Riviere à satisfaire aux demandes qui leur ont été faites par ordre de S.M.

Je vois beaucoup d'apparence que S.M. fera entreprendre quelque chose du côté de Luxembourg vers le 20 du mois prochain et comme elle ne veut pas que ses troupes soient en même temps en action en deux endroits, elle désire que votre premiere Entreprise soit finie le 15 ou le 16 du prochain.

S.M. juge à propos que pendant l'Expédition de Bruges ou de Nieuport, M. de Boufflers reste à Courtrai ou à Tournai pour veiller aux démarches de M. de Grane, et que vous lui donniez ordre de s'avancer sur l'Anneau avec des troupes si les démarches de M. le Mis de Grane faisoient juger qu'il voulut entrer dans le Pays du Roi de ce côté là./.

No. 87

A M. le Mal le Créquy
A Versailles le 27. 9bre 1683

Le Roy jugeant à propos que les troupes ne soient pas en action en même tems du côté de Luxembourg et de Flandre, a trouvé bon d'ordonner à M. le Mal d'Humieres de régler de maniere ce qu'il auroit à entreprendre, que celles qu'il commande fussent de retour dans leurs Quartiers, vers le 16 du mois prochain, et Sa Maté m'a en même tems commandé de vous faire savoir qu'elle désiroit que vous prissiés vos mesures pour faire commencer à jetter des Bombes dans Luxembourg; et essayer de bruler cette Place le 20e du mois prochain.

L'Etat ci joint vous informera du nombre de Bataillons qui doivent être ou se rendre incessamment dans l'étendüe de votre commandement, et quoique Sa Majesté soit persuadée que ce nombre suffit pour garder les Mortiers, et apuyer le bout de la tranchée qu'il faudra faire pour y communiquer, Elle ne laisse pas de trouver bon que vous tiriés de Shalzbourg le premier Bataillon de Piémont, de Sarrelouis deux d'Amilton, et Crussol, et de Longwy le premier de la Reine, si vous le jugés absolument nécessaire, observant de le renvoyer dans ces Places aussitôt que cela sera fini.

Le même Etat vous fera voir que vous pouvés assembler pour cette expédition 58 Escadrons lesquels Sa Maté se remet à vous de mener tout, ou n'en menant qu'une partie, de faire avancer les autres à portée de vous joindre, si contre toute apparence quelque désespoir du Marquis de Grane l'obligeoit à abandonner la Flandre, pour marcher de votre côté; ce que ne pouvant faire qu'avec de la Cavalerie fort mauvaise, Sa Maté est bien persuadée que vous l'en ferés promptement repentir avec toute l'Infanterie, la Cavalerie et les Dragons que vous auriés à vos ordres.

L'intention du Roy est que vous vous serviés de M. de Lambert et de M. de Bissy comme Lieutenant Généraux, de M. Dauger qui est sur la Meuse en qualité de Mal de Camp, et de M. de Melac, D'Asfeld, Morton et Maumont en qualité de Brigadiers.

Il y a à Metz beaucoup plus de Bombes que vous ne pouvés en avoir besoin, s'il n'y a pas de Carcasses, le Sr de Vigny, qui partira lundy d'ici en poste pour se rendre auprès de vous à Metz, en fera faire la quantité que vous lui ordonnerés.

Les ordres nécessaires pour faire marcher à Metz la compagnie qui est présentement à Charleville, partiront dans un jour ou deux. Sa Maté a jugé à propos de vous avertir à l'avance de ce qui est en cela de son intention afin que vous ayiés le tems de concerter avec M. de Charuel les choses dont vous pourrés avoir besoin, de maniere que rien ne vous manque, tant pour voiturer les munitions de guerre que pour les voitures nécessaires à la subsistance des Troupes, auxquelles le Roy veut bien que l'on donne la même solde qu'elles ont en Garnison, pendant que cette Expédition durera, Sa Maté trouvera même bon que l'on donne à la Cavalerie la même quantité d'avoine qu'elle auroit en Garnison, si vous le jugés ainsi à propos.

Sa Maté s'attend que vous n'oublierés rien de ce qui sera possible pour bien bruler toutes les habitations de cette Ville, et que si, sans se commettre à un évenement douteux, ni s'engager à un trop long séjour près de la dite Ville, vous pouvés avoir brulé la haute ville en faire autant de la basse, vous n'y manquerés pas, Sa Maté estimant que rien ne rendroit cette ville plus inutile aux Espagnols, que d'en bruler toutes les habitations, qu'ils n'ont point assez d'argent pour la rétablir, et sans lesquelles habitations ils ne sauroient y entretenir une Garnison qui puisse être à charge aux sujets de Sa Maté.

Je suis./.

Le dit jour il a été adressé au dit Sr Mal de Crequy un état des troupes pour l'expédition du bombardement de Luxembourg./.

No. 88

A M. le Cte de Montbron
A Versailles le 27 Novembre 1683

[Résumé: Sa Majesté donne la permission de porter la guerre au delà du Canal de Bruges, si nécessaire, et de prendre les 5 ou 6000 palissades à Ypres dont on a besoin pour Dixmude, à condition qu'elles soient remplacées par le franc de Bruges.]

No. 89

A M. le Cte du Montal
A Versailles le 27 Novembre 1683

[Résumé: Occuper Chimay si nécessaire après avoir assuré Thuin "de maniére que les Troupes n'y puissent point être insultées."]

No. 91

A M. le Mal de Crequy
A Versailles le 29 9bre 1683

La lettre que vous m'avés fait l'honneur de m'écrire le 25 de ce mois m'a été rendüe, Sa Maté persiste à désirer que vous vous rendiés à Metz jugeant que votre séjour à Nancy ne peut être d'aucun avantage à son service.

Le Roy est bien persuadé de l'utilité qu'il y aura d'occuper le Poste d'Echternack.

Vous aurés reçu auparavant cette lettre, l'Etat des Troupes qui sont ou vont être incessamment à vos ordres.

Pour porter Sa Maté à consentir que l'on fasse le nombre de batteaux que vous vous proposés pour mettre sur la Mozelle et sur la Sarre il seroit nécessaire que vous lui fassiés connoitre de quelle conséquence cela peut être à son service.

Je suis./.

No. 92

A M. le Cte de Montbron
A Versailles le 30 9bre 1683

[Résumé: Envoyer six compagnies de Cavalerie à Graveline, Furnes étant trop encombré. Faire savoir aux Officiers du Franc de Bruges que si le Gouverneur de Nieuport fait raser une maison dans le Pays de Sa Majesté on en rasera dix dans leur Pays.]

No. 93

A M. le Cte d'Avaux
A Versailles le 30 Novembre 1683

M.

J'ai reçu la lettre que vous avez pris la peine de m'écrire le 25 de ce mois par laquelle j'ai vu que les Etats d'Hollande ont résolu la levée de 16000 hommes. Je vous supplie de me faire savoir les diligences que fera M. le Prince d'Orange pour y faire consentir ceux d'Amsterdam et le succès qu'elles auront.

Je suis./.

No. 97

A M. le M[al] de Crequy
A Versailles le 1er Décembre 1683

Lorsque je me suis donné l'honneur de vous écrire ce matin je ne croyois point pouvoir lire au Roi le Projet que vous m'avez envoyé concernant l'Expédition de Luxembourg, mais Sa Maté ayant eu le temps ce matin d'en entendre la lecture elle m'a commandé de vous faire savoir qu'elle ne juge pas, quant à présent, de son service de rien entreprendre sur Treves, et qu'il se faut renfermer à exécuter le projet de brûler Luxembourg. Et comme la Dépêche que le Courier la Neuville doit vous avoir rendu hier ou avant hier vous aura apris le jour précis que Sa Maté désire que vous arriviez devant Luxembourg, je n'ai rien à ajouter à ce que la dite Dépêche vous aura appris des intentions de Sa Maté que pour vous dire que comme c'est de l'entiere ruine des habitations de Luxembourg que l'on doit retirer le fruit de la fatigue que l'on donnera aux Troupes, Sa Maté sera bien aise que vous ne fixiez pas tellement à cinq jours le séjour que vous jugerez à propos de faire près de la dite Ville, que vous n'y ajoutiez le peu au delà qui pourroit être nécessaire pour achever de la bien brûler.

La Dépêche que le dit Courier la Neuville vous aura rendue vous aura informé de l'ordre que Sa Maté avoit donné au Sr de Vigny de se rendre auprès de vous et à sa Compagnie qui étoit à Charleville de marcher à Metz, ainsi rien ne vous empêchera d'éxécuter les ordres du Roi.

Je crois que vous devez mander à M. le Marquis de Créquy de se rendre auprès de vous entre le 15 et le 20 de ce mois sous prétexte d'aller voir son Régiment.

Je suis./.

No. 103

A M. le Mal d'Humieres
A Versailles le 2 Décembre 1683

[Résumé: Faire des représailles en réponse aux éxécutions que font les Espagnols sur les terres de Sa Majesté.
En p.s.: Si la gelée dure, donner ordre à M. de Montbron pour soumettre à la contribution les Pays couverts par les Canaux qui vont de Nieuport à Bruges.]

No. 107

A M. le Mal d'Humieres
A Versailles le 3 Décembre 1683

[Résumé: Ne pas songer à attaquer Nieport ce mois ci; n'y point jeter de bombes à moins d'être sûr de pouvoir l'attaquer le mois suivant. Se réduire à jeter des bombes dans Oudenarde ou dans Bruges. Sa Majesté préfère que l'on jette des bombes dans cette dernière vers le 8 ou le 10 de ce mois. Au cas où le Marquis de Grane marcherait contre le Maréchal d'Humieres, M. du Montal devrait marcher dans le Pays Ennemi tandis que M. de Boufflers se tiendrait en état d'empêcher une irruption de l'ennemi par Oudenarde ou de se joindre aux troupes du Maréchal d'Humieres.]

No. 111

A M. le M[al] d'Humieres
A Versailles le 5 Décembre 1683

J'ai reçu par le Garde que vous m'avez dépêché les deux lettres que vous m'avez fait l'honneur de m'écrire le l[er] et le 2 de ce mois. Je ne vous puis rien dire sur celle qui traite du soupçon que le Roi a du commerce que quelqu'un de vos Domestiques pourroit avoir avec le Mis de Grane puisque je vous ai mandé qu'il étoit fondé sur une Copie de la Lettre que je vous ai écrite touchant l'occupation de Thuin que l'Envoyé du Mis de Grane a fait voir à M. l'Electeur de Cologne.

Je vous dirai sur la seconde que s'il y a autant de vuide dans l'Enceinte de Bruges que le marque M. de Vauban il y auroit à craindre que les Bombes n'y fissent pas tout l'effet que l'on peut désirer; ce qui fait juger à propos à Sa Maté que vous ne pensiez point de ce mois ci à y en jetter et que vous vous informiez incessamment de la vérité de ce qui en est pour lui en rendre compte. Sa Maté étant toujours persuadée qu'il est de son service nonobstant les idées de M. de Vauban, d'essayer de faire pendant cet hiver aux Espagnols tout le mal que l'on pourra, non seulement en ruinant le plat Pays, sur quoi Sa Maté m'a recommandé de vous renouveller ce que je vous ai mandé de ses intentions, mais encore en essayant de brûler quelques une de leurs Villes, ce qui ne peut point attirer les inconvénients que M. de Vauban prévoit, puisque en se servant des Mortiers dont les chambres contiennent huit livres de poudre l'on peut s'éloigner de 400 toises des murailles de la Ville où on les jettera, de laquelle on ne doit point appréhender les Sorties que mon dit Sr de Vauban imagine, tant par le peu d'Infanterie que les Espagnols ont dans leurs Places que par le mauvais état de leur Cavalerie qui ne se montrera point en plaine devant celle du Roi.

Il n'est point vrai qu'il y ait dans Mons autant de vuide que le marque mon dit Sr de Vauban; il n'y a aucune Ville dans les Pays bas qui soit plus propre à être désolée par les bombes et dans laquelle on en puisse jetter impunément puisqu'en se mettant sur la hauteur qui est opposée à la Porte de Bertamont quant il y auroit une Armée dans la Ville elle ne sortiroit pas sur cet endroit.

Je n'ai aucune connoissance du Mont Barisel qui, ce me semble, est fort sur la droite de la Porte de Bertamont quand on aborde la dite Ville. S'il est plus près et que l'on y soit aussi incommodé des sorties il doit être préféré à la hauteur de la Porte de Bertamont pourvu que la difficulté des voitures ne soit pas plus grande à proportion de ce que l'on s'éloignera de St Guitain.

Le Roi connoit fort de quelle importance lui seroit le succès du Siège de Nieuport; mais pour des considérations qui regardent le déhors S.M. ne juge pas à propos que l'on y entreprenne rien de tout ce mois, pendant lequel elle vous recommande de bien faire éxaminer si le fort de Niewendam peut être emporté d'emblée quand la cessation de la gelée rendra les Canaux navigables, et s'il seroit impossible en cette Saison là de faire le Siège de Nieuport sans être maître dudit fort de Niewendam. S.M. doute que ce fut bien prendre son temps pour attaquer Nieuport que de le faire dans un temps qu'il ne gelera point, puisque par tous les avis que S.M. a eu de l'état de Nieuport et qu'elle a encore du côté de Bruxelles, il paroît que les Espagnols n'appréhendent rien tant pour cette Place que la gelée, laquelle en même temps qu'elle rendroit le fort de Niewendam et le Virrebout insultable oteroit peut-être au Gouverneur les moyens de faire courir l'eau dans son fossé, et si elle rendoit les Canaux impraticables pour les voitures de munitions elle mettroit les chemins en état que les charrois suppléeroient facilement à la commodité que l'on auroit pu tirer des Canaux. Les efforts du Mis de Grane pour sauver Nieuport ne sont point à appréhender puisque comme je vous l'ai dit ci dessus il n'a point d'Infanterie et qu'il ne peut en six jours de temps rassembler 4000 Chevaux avec lesquels il ne s'approcheroit pas de vous.

L'intention de S.M. est que vous éxaminiez pendant le reste de ce mois tout ce qui se peut faire à l'égard dudit Nieuport et attendiez les ordres du Roi auparavant de rien entreprendre contre cette Place, que vous ne pensiez point non plus de tout ce mois à jetter des Bombes dans aucune des Places de l'obéissance de S.M. Catholique, et que vous preniez vos mesures pour arriver sur le Canal de Bruges entre le 15 et le 20 de ce mois, que vous y meniez du Canon pour empêcher que l'on ne vous en dispute le passage avec le nombre d'infanterie que vous jugerez à propos, et que vous fassiez bien piller non seulement tout le pays qui est couvert dudit Canal de Bruges mais encore tout celui qui l'est de la Lieue, que dans le même temps vous ordonnerez à M. de Montbron si les Canaux sont gelés d'aller piller le pays qui est couvert du Canal de Bruges à Ostende, le tout à moins que ces pays là ne vinssent payer actuellement tout ce qui leur a été demandé ou donner de bonnes Cautions dans le pays couvert du Canal de Bruges et de la Lieue. Si vous jugez cela praticable et qu'il gelat fort dans le temps que S.M. vous prescrit de marcher sur le Canal de Bruges elle souhaiteroit que vous éxécutassiez plutôt cela que de marcher au Canal de Bruges que rien ne peut vous empêcher de passer quand même il n'y auroit point de forte gelée dans le mois prochain./.

No. 112

A M. le Mis de Boufflers
A Versailles le 5 Décembre 1683

[Résumé: Abattre les plus grandes maisons et granges dans les villages abandonnés.]

No. 113

A M. le M^al de Créquy
A Versailles le 6 décembre 1683

[Résumé: Le Roi approuve les mesures prise par le Maréchal pour l'éxpédition de Luxembourg et que celui-ci ne se serve que des troupes dont il aura besoin.]

No. 115

A M. le Cte du Montal
A Versailles le 6 Décembre 1683

M.

J'ay appris par les officiers de cavalerie qui se sont rendus ici depuis la séparation du Corps que vous avez commandé que plusieurs villages des environs des Camps que vous avez faits ont été conservés, en sorte que pendant que les sujets du Roy d'Espagne avoient leurs Granges remplies de grains, les troupes que vous commandiez étoient obligées de se fatiguer à en aller quérir bien loin, sur quoi je suis obligé de vous dire que si vous continuez à tenir une pareille conduite et à ménagar les sujets d'Espagne, au préjudice de ce que je vous ai expliqué de la volonté du Roy, je ne pourrois pas me dispenser de lui en rendre compte, ce qui vous rendroit un très mauvais office et porteroit S.Maté à charger quelqu'un du Commandement que vous avez, qui éxécutât avec plus de ponctualité les ordres que vous avez reçus d'Elle de ruiner entièrement le pays Espagnol, et d'empêcher par de dures représailles la continuation des désordres que les Garnisons Espagnoles ne font dans les terres de S.M. que parce qu'elles se croyent assurées que vous n'en ferez pas faire autant dans les Villages de leur dépendance.

Je suis./.

No. 116

A M. de Boufflers
A Versailles le 7 décembre 1683

[Résumé: Les 40 villages de la Chatellenie d'Ath unis au Tournaisis ne doivent pas être épargnés.]

No. 121

A M. le Mal d'Humieres
A Versailles 18 Décembre 1683

M.

J'ay reçu la lettre que vous m'avez fait l'honneur de m'écrire le 6 de ce mois. Si vous croyez qu'il soit important de ruiner les chateaux d'Oedonk et de Meucle, il n'y auroit qu'à y porter quelques bombes avec lesquelles on pourroit abattre une partie de la fermeture, moyennant quoi on mettroit ces postes en état de n'en rien appréhender.

Je suis./.

No. 123

A M. le Marquis d'Herleville
A Versailles le 8 Décembre 1683

Monsieur,

Le Roy ayant résolu de changer les Srs St Paul et Tourtat, ayde majors de Pignerol, et de les envoyer à Salins, et à Dolle pour y servir en la mesme qualité, Sa Maté m'a commandé de vous en adresser les Brevetz pour que vous preniez s'il vous plaist la peine de les leur remettre, et de vous mander en mesme temps que vous ne les laissiez partir, qu'après que les Srs du Fresne et Colongue qui les doivent aller relever se seront rendus dans vostre gouvernement.

Je suis,

Monsieur,

Votre très humble et très affectionné serviteur

LOUVOIS

No. 125

A M. le Cte du Montal
A Versailles le 9 Décembre 1683

M.

Je suis surpris d'apprendre que les Espagnols fassent tous les jours des pillages sur les terres du Roy sans que vous vous mettiez en peine de faire des représailles ainsi que S. M. vous l'a ordonné; c'est ce qui m'oblige à vous dire que si cela continue je ne pourrai pas m'empêcher de rendre compte au Roy de l'inéxécution de ses ordres.

Je suis./.

No. 132

A M. le M[al] de Crequy
A Versailles le 11 décembre 1683

J'ai reçu la lettre que vous m'avés fait l'honneur de m'écrire le 7 de ce mois. Le Roy ne juge pas à propos que vous vous engagiés à faire aucunes démonstrations pour attirer Mr le Prince d'Orange, et M. le Marquis de Grane autour de Luxembourg, lesquelles fatigueroient inutilement les troupes de S.M. puisque l'on ne pourroit point se flatter que M. le Prince d'Orange qui est à la Haye, fort embarassé à resister aux inclinations pacifiques de la plupart des Villes de Hollande, ni M. le Marquis de Grane qui a ses troupes séparées depuis Nieuport jusques à Namur, abandonnassent toutes les Places du Roy Catholique à la discrétion de M. le Mal d'Humieres.

L'intention de S.M. n'est donc autre que éxécution de ce qu'elle vous a prescrit à l'égard de l'embrasement des maisons des Villes haute et Basse dudit Luxembourg. S.M. s'attend d'apprendre au premier jour ce qui se passera auprès de ladite Ville dont elle vous recommande de ne lui laisser ignorer aucun détail.

Je suis./.

No. 133

Copie de la lettre de Mr de Louvois à M. le Mal d'Humieres
A Versailles le 11 Décembre 1683

L'intention de S.M. est que vous passiés le Canal de Bruges entre le 15 et le 20 de ce mois, et que vous fassiés brûler tout le Pays qui est au delà du Canal, s'il ne vous donne des suretés de payer le double de ce qui lui a été demandé.

Sa Majesté désire que vous donniés les mêmes ordres aux Officiers généraux qui commandent sur la frontière à l'égard de tous les Villages qui déserteront, et, qu'en cas que M. le Mis de Grane fasse faire la même chose dans les terres du Roy, vous ne manquiés pas de faire brûler 100 Villages pour un, et afin que les Villages du Pays Espagnol n'ignorent pas le traitement qu'il recevront s'il désertent, l'intention de Sa Majesté est que vous fassiés publier diligemment une ordonnance par laquelle vous exposerés que sur le compte que vous rendent ceux qui vont éxécuter les Villages de la domination d'Espagne pour le payement de ce qui leur a été demandé, la plupart des Villages désertent, vous ordonnés aux Commandants des troupes qui sont sous votre charge de brûler tous les Villages qu'ils trouveront déserts, et dans les lieux où ils ne trouveront que des pauvres Paysans, les maisons des riches qui les auront abandonnées; que vous fassiés promptement imprimer cette ordonnance, en sorte qu'elle arrive devant vous dans les Pays qui sont à couvert des Canaux et des Rivieres.

Je suis./.

No. 135

A M. le Mal de Crequy
A Versailles le 12 Décembre 1683

[Résumé: Copie de la lettre du 11 décembre 1683 est envoyée au Mal de Crequy pour qu'il fasse publier une pareille ordonnance. Idem à M. de Lambert.]

No. 141

A M. le Mal d'Humieres
A Versailles le 13 décembre 1683

J'ay reçu avec la Lettre que vous m'avez fait l'honneur de m'écrire le 10 de ce mois, le Controlle de la Cavalerie qui est à vos ordres à portée de marcher en Campagne. Le Roy se remet à vous d'en laisser pour la garde des retranchements, et d'en mener avec vous ce que vous jugerez à propos; mais vous ferez s'il vous plait réflexion que celle qui est à Luxembourg et à Namur ne viendra pas apparamment s'opposer à vous, et qu'ayant de l'Infanterie et du Canon, vous serez en état de résister à tout ce qui pourra se présenter devant vous.

Je suis./.

No. 149

A M. le Mal d'Humieres
A Versailles le 15 Décembre 1683

J'ai reçu par le retour du Courier Goret la Lettre que vous m'avez fait l'honneur de m'écrire le 13 de ce mois par laquelle et le Mémoire qui y étoit joint le Roi a vu avec plaisir les mesures que vous avez prises pour l'éxécution des ordres que S.M. vous a donnés lesquelles elle approuve.

Vous aurez vu par une de mes précédentes que l'intention du Roi est que vous laissiez M. de Boufflers à Tournay pour être en état de veiller à la sureté du Retranchement; à quoi je n'ai rien à ajouter que pour vous dire que S.M. ne désire point que l'on fasse aucun désordre dans les Villages des Hollandois, et que si vous ne jugez pas celui qui commande à Bavay capable de se bien acquitter de cet emploi, S.M. se remet à vous d'y envoyer un autre Commandant.

Elle vous recommande aussi de donner à tous les Gouverneurs des ordres si précis que s'il arrivoit que M. le Mis de Grane par chagrin du feu que vous aurez fait mettre aux Villages déserts faisoit brûler quelques maisons ou Villages dans les Terres du Roi, sans attendre vos ordres et sur le champ, l'on en fit dix fois autant dans les Terres de Sa Majesté Catholique.

Je suis./.

No. 150

A M. le Mal de Crequy
A Versailles le 16 Décembre 1683

La lettre que vous m'aves fait l'honneur de m'écrire le 12 de ce mois m'a été rendue, elle ne désire de réponse que pour vous dire que vous pouvés, pendant que vous serés près de Luxembourg, empêcher des Couriers d'y entrer, pourvu que pendant que vous les garderés vous leur laissiés leurs paquets entre les mains, lesquels S.M. désire que vous leur permettiés d'entrer dans la Ville lorsque vous marcherés pour vous en éloigner.

Vous ne devés pas faire état que je vous puisse rien mander des sentiments du Mis de Grane sur ce que vous ferés autour de Luxembourg, le Gouverneur ne se servant pas des mêmes gens qui nous ont donné des avis par le passé, mais comme le 18 de ce mois M. le Mal d'Humieres part de Lille avec 12 Batons et 4000 Chevaux pour aller pour passer le Canal de Bruges, et que dans le même tems M. Dumontal entre dans le Brabant, il n'y a pas lieu d'appréhender que le dit Mis de Grane puisse penser à envoyer aucunes Troupes du côté de Luxembourg, où vous devez demeurer si peu de tems que vous en serés parti auparavant qu'il puisse avoir assemblé les troupes qu'il a aux environs de Bruxelles.

Je suis./.

No. 162

A M. le M[al] d'Humieres
A Versailles le 18 Décembre 1683

J'ai reçu la lettre que vous m'avez fait l'honneur de m'écrire le 15 de ce mois. Je ne vois point d'inconvénient que vous ayiez fait marcher les trois Bataillons du Régiment du Roi qui sont à Arras; mais vous pouvez bien vous assurer que vous ne verrez jamais mille hommes d'Infanterie des troupes des Espagnols derriere le Canal de Bruges.

Pour répondre à ce que vous me mandez sur les éxécution que M. de Pertuis a fait faire dans la Chatellenie d'Oudenarde, de celles que les Espagnols ont faites dans le Département de M. Charuel, je suis obligé de vous dire que ce n'est point satisfaire à la volonté du Roi de faire piller deux ou quatre Villages, puisque l'intention de S.M. est que l'on en éxécute dix pour un, et c'est à quoi je vous supplie de donner de tels ordres que S.M. apprenne que l'on se conforme à ce qu'elle a commandé sur cela.

Je suis./.

No. 163

A M. de Montbron
A Versailles le 18 Décembre 1683

[Résumé: Approbation des éxécutions faites à Tourhout, Orskampf et Schors. Ordre de ne plus attendre les ordres du Roi ou du M[al] d'Humieres pour faire faire le plus de désordre possible dans les Pays Espagnols.]

No. 169

A M. du Montal
A Versailles le 19 Décembre 1683

Les deux Lettres que vous avez pris la peine de m'écrire le 15 de ce mois m'ont été rendues. Ce qui s'est passé pendant le temps que vous avez commandé les troupes qui ont été mises à vos ordres pendant les mois de Septembre, d'Octobre et les premiers jours de Novembre tant à l'égard des Villages d'Espagne épargnés que des Sauvegardes que vous avez obligés le pays de Liège de prendre, est si public et a été rapporté de même manière par tant d'officiers qu'il n'est pas possible d'en douter, non plus que du soin que vous prenez d'épargner les villages Espagnols, dans lesquels vous n'avez pas envoyé un seul parti depuis que les troupes sont en quartier d'hiver, et quand il seroit véritable que pendant le temps que vous avez été à Thuin vous n'auriez pas pu envoyer des partis considérables pour les raisons que vous marquez, rien ne vous empêchoit d'en envoyer de petits, et les Espagnols n'ont continué à faire des éxécutions dans le pays qui est sous votre commandement, que parce qu'ils se sont crus assurés que les représailles que le Roi vous a si souvent ordonnées, ne seroient point éxécutées par vous. Si vous voulez vous informer en quel état est la Recette des Contributions du Pays où vous commandez, et le peu d'argent qui a été reçu depuis deux mois, vous jugerez aisément que S.M. n'auroit nul sujet d'être content de vous si je l'en avois informé, ce que vous ne devez pas douter que je ne fasse si vous ne changer incessamment de conduite à cet égard. Rien n'est plus aisé présentement que de forcer le pays le plus éloigné à payer puisque S.M. trouve bon que l'on fasse mettre le feu dans tous les lieux qui ne payeront pas. La part que je prends à ce qui vous touche, m'oblige à vous donner ce dernier avis après lequel je ne pourrai m'empêcher de rendre compte au Roy de tout ce qui s'est passé, du préjudice que reçoit son service, et de l'avantage que tirent les Ennemis de la conduite que vous tenez et de l'inéxécution de ses ordres; à quoi j'ajoute que les troupes qui servent sous vous se plaignent que vous leur faites faire des Traites considérables sans repaitre pour épargner les Villages qui se trouvent sur la route, lesquels appartiennent toujours à vos amis pour lesquels il sera bon que vous ayez à l'avenir moins de considération que pour le conservation des troupes de S.M., et ce d'autant plus que son intention est non seulement que vous obligiez les Sujets d'Espagne à payer les sommes qui leur ont été demandées par M. Fautrier; mais encore que vous essayiez de faire que leur pays se déserte et soit absolument ruiné, et que les troupes du Roy profitent du dommage qui sera fait audit pays.

Vous informerez s'il vous plait de ce qui est en cela de l'intention de S.M. les officiers généraux qui servent sous vous, et prendrez vos mesures de maniere que ce qu'Elle ordonne soit ponctuellement éxécuté.

Si vous croyez avoir besoin de plus de troupes que vous n'en n'avez pour détacher de gros Partis au delà de la Sambre, vous prendrez la peine de m'envoyer un Mémoire de ce qu'il y en a dans chacune des Villes de votre Commandement, afin que je vous puisse faire savoir principalement sur cela les volontés de S.M.

Je suis./.

No. 182

A M. le M[al] de Crequy
A Versailles le 24 Décembre 1683

J'ai lu au Roy la lettre que vous avés pris la peine de m'écrire le 19 de ce mois, par laquelle S.M. a vu avec plaisir que vous deviés arriver le lendemain devant Luxembourg. S.M. attend avec impatience des nouvelles de ce qui s'y sera passé, Elle trouve bon que vous interdissiés tout commerce dudit Luxembourg avec tous les païs qui en sont voisins; mais S.M. ne juge pas de son service que l'on s'engage dans une aussi facheuse saison que celle où nous sommes à garder des Postes bien près de la Ville, lesquels pourroient être insultés par le Corps considérable des troupes qui est dans ladite Ville, que si vous jugé à propos d'établir des troupes à 2 ou 3 lieues de la Ville, dans des Lieux où il y ait assés de couvert pour que les troupes que l'on y mettra ne souffrent point trop pendant cet hyver, S.M. le trouvera bon et qu'en ce cas vous fassiés ruiner irémissiblement toutes les habitations qui se trouveront entre les Quartiers que vous occuperés, et ladite Ville de Luxembourg, sur quoi S.M. aura bien agréable que vous lui envoyés votre projet au paravant que d'entreprendre aucun nouvel établissement à cet égard.

Je suis./.

No. 185

A M. le M[al] d'Humieres
A Versailles le 25 Décembre 1683

J'ay reçu la Lettre que vous m'avez fait l'honneur de m'écrire le 20 de ce mois par laquelle le Roy a vu ce qui s'est passé au passage du Canal de Bruges. Comme vous vous en êtes rendu maitre aisément, S.M. s'attend que vous aurez bien ruiné le pays Ennemi.

Elle m'a commandé de vous faire savoir que son intention n'est pas que vous donniez congé à aucun officier de ses Gardes du Corps.

Je suis./.

No. 190

A M. le M[al] d'Humieres
A Versailles le 26 Décembre 1683

J'ai lu au Roy la lettre que vous m'avez fait l'honneur de m'écrire le 22 de ce mois du camp de Belin par laquelle S.M. s'attendoit d'apprendre la conclusion de quelque Traité avantageux, ou que vous auriez fait mettre le feu dans tout le pays, et Elle a été un peu surprise de voir qu'après deux jours de séjour, vous mandiez que vous attendiez encore des Baillifs.

Le Roy a approuvé que vous renvoyiez les troupes dans les garnisons dont vous les avez tirées après les avoir ramenées ensemble sur la Lys.

Je vous renvoye par ordre du Roy le Controlle qui étoit joint à votre Lettre afin que vous fassiez marquer à côté de chaque régiment les noms des officiers qui n'étant point de semestre ne se sont point trouvés à leurs charges et que vous me l'adressiez incessamment afin que S.M. puisse faire contre les absens les démonstrations nécessaires pour obliger les officiers à être assidus à leurs compagnies.

Je suis./.

No. 194

A M. de Lambert
A Versailles le 28 Décembre 1683

M.

J'ay reçu la Lettre que vous avez pris la peine de m'écrire le 22 de ce mois par laquelle le Roy a vu ce que vous me mandez des ordres que M. le Mis de Grane a donnés aux habitants du pays de Limbourg de charger les Partis françois qui y viendroient faire des éxécutions. S.M. s'attend que lorsque les troupes seront ramenées dans leurs quartiers, et qu'elles se seront reposées, vous y enverrez mettre le feu à tous les villages qui feront la moindre résistance, ou qui seront abandonnés.

Je suis./.

No. 199

A M. le M[al] d'Humieres
A Versailles le 30 Décembre 1683

L'intention du Roy n'étant pas de laisser le reste de cet hyver M. le Mis de Grane en repos, et S.M. étant persuadée que l'on ne lui peut point faire de mal plus sensible que de brûler le pays de Vaux ou le sommer à la Contribution, S.M. m'a commandé de sçavoir de vous par quel chemin vous croyez que l'on y pourroit entrer plus commodement. Elle connoit bien les difficultés qu'il peut y avoir au passage du grand Escaut, ce qui lui feroit croire qu'après avoir passé le Canal de Bruges à Bellein, l'on pourroit marcher à l'endroit où la Lys se joint au Canal de Bruges, où laissant un corps d'Infanterie retranché il seroit aisé de marcher à la Durme qui couvre la pays de Vaux de ce côté-là; et quoique l'intention de S.M. soit de donner du repos à ses troupes, Elle a jugé à propos d'avoir à l'avance votre avis sur cela.

Si vous ne jugiez pas qu'il convint de demeurer séparé en tant d'endroits, car outre le corps qu'il faudroit laisser à la jonction du Canal de Bruges et de la Lys, il en faudroit encore un autre sur le Canal du Saa de Gand, vous pourriez, ne laissant personne sur ces Canaux là, passer avec toutes les troupes qui seroient à vos ordres dans le pays de Waar, et vous en revenir par le grand Escaut, faisant trouver 2 ou 3000 Chevaux en deçà du grand Escaut, pour empêcher que vous ne trouvassiez aucune difficulté pour l'établissement de votre pont.

Vous éxaminerez lequel de ces deux partis sera le meilleur et me mettrez s'il vous plait en état d'en rendre compte à S.M.

Si la gelée qui commence continue, le Roy approuveroit fort que vous ordoniez à M. de Montbron de passer le Canal qui va de Bruges à Ostende, ou celui qui va d'Ostende à Nieuport pour bruler le pays qui en est couvert.

Tenez la main à ce que M. Dumetz mette un millier de Carcasses en bon état, afin que si Le Roy vous ordonnoit vers la fin du mois prochain de porter des bombes dans Mons, rien n'empêchât d'éxécuter les ordres que vous recevriez de S.M.

Je suis./.

No. 200

A M. le M[al] d'Humieres

A Versailles le 30 Décembre 1683

Le Roy est extrêmement en peine de ne point avoir de nouvelles de ce qu'est devenu le Corps commandé par M. du Montal duquel on n'avoit point encore entendu parler à Maubeuge le 28 de ce mois. Il est difficile de comprendre ce qui peut avoir donné lieu à un si long séjour, ne pouvant m'imaginer que dans l'Instruction que vous lui avez envoyée, vous ne lui ayiez pas marqué le temps dans lequel il faudroit qu'il fut de retour, et que vous ne l'ayiez pas instruit du jour que vous deviez partir de dessus le Canal de Bruges.

Je suis./.

PART VI

Nature: Hostilités en Flandre, 1684

Cote: Dépôt général de la guerre. A 1 729

Nature: Hostilités en Flandre, 1684

Cote: Dépôt général de la guerre. A 1 729

The letters in this volume, covering the period January-May 1684, deal mainly with the preparations for and the beginnings of the siege of Luxembourg. During the winter months orders are given for a new bombardment of Mons, for raids in the region of Waes and for the burning of villages that have not paid the special tax.

Beginning in April the letters deal with the siege of Luxembourg and with the bringing up of troops along the border regions under the command of Du Montal, the Marquis de la Trousse and Louis XIV in person.

LETTERS OF LOUVOIS

PART VI

No. 1

A M. du Montal
Versailles le 1er Janvier 1684

Monsieur,

Le Roy commencoit à être en peine de n'avoir point de vos nouvelles lorsque j'ai reçu la lettre que vous avez pris la peine de m'écrire le 26e du mois passé, par laquelle Sa Majesté a apris avec plaisir que vous ayez exécuté tout ce que vous aviez projetté sans trouver aucun obstacle, elle eut désiré que vous eussiez envoyé un mémoire des villages que vous avez fait exécuter, et de ceux où vous avez fait mettre le feu, et qu'au lieu de renvoyer les habitants de Tirlemont comme vous avez fait, vous les eussiez obligé à vous donner Otages, pour sureté de ce qu'ils doivent; le billet de M. Fautrier qui leur donnoit 10 jours de tems pour payer ne vous devant point dispenser de prendre cette précaution la, puisque s'ils ne satisfont pas dans ce terme la, l'on ne les y pourra contraindre qu'en fatiguant considerablement les troupes.

L'intention de Sa Majesté est aussi que vous lui envoyez un mémoire des Escadrons que vous aviez avec vous, et que vous y marquiez le nom des officiers par lesquels ils étoient commandés, et le nom de ceux qui étoient absents qui ne sont pas de semestre, afin qu'elle puisse faire punir trés séverement ceux qui se sont absentés sans congé.

Elle s'attend que vous enverrez de fréquents partis dans le pays Espagnol, si les villages ne viennent satisfaire incessamment à ce qu'il leur a été demandé, et que vous ferez faire de si rudes représailles dans les pays de la domination d'Espagne [que] leurs garnisons se désacoutumeront de faire du désordre dans les terres de Sa Majesté./.

No. 3

A M. le Mal d'Humieres
A Versailles le 2e Janvier 1684.

J'ai reçu la lettre que vous m'avez fait l'honneur de m'écrire le 31e du mois passé, le Roy approuve que vous consentiez à l'Echange général de prisonniers de guerre qui ont été faits de part et d'autre, mais observez de ne le point faire que le Marquis de Grane ne promette par écrit de rendre tous ceux qu'il a entre les mains, et d'éxécuter le Cartel qui a été fait pendant la dernière guerre.

Sa Majesté s'attend que vous prendrez de telles mesures que si les Espagnols vouloient s'engager dans le pays de Sa Majesté pour faire des représailles de ce qui s'est passé au dela du Canal, ils ne le fissent pas impunément, et s'ils se contentoient de faire quelque exécution, ou de bruler quelques villages à portée de leurs garnisons, vous exécuterez s'il vous plait, ponctuellement l'ordre qu'elle vous a donné d'en bruler cent pour un. Je suis tout à vous./.

No. 8

A Monsieur le M[al] d'Humieres
a Versailles le 5e Janvier 1684

Le Roy ne jugeant pas à propos de laisser longtems M. le Marquis de Grane en repos, Sa Majesté désire qu'entre le quinze et le vingt de ce mois, vous ordonniez à M. de Boufflers d'aller faire une course entre la Dendre et la riviere de Bruxelles, que vous lui donniez pour cela 250 Maitres, commandés de chacune des Compagnies des gardes du corps, Soixante Maitres des grenadiers, et 2000 chevaux ou dragons de cavallerie legère que vous prendrez à raison de 20 Maitres par Compagnie de la cavallerie qui est dans les places de la seconde ligne, Sa Majesté se remet à vous de lui prescrire le chemin qu'il devra tenir, c'est à dire, de s'aller poster à Lessines pour de là aller bruler tout le pays, ou en laissant Ath à sa gauche d'aller à Anghyen observant que le Roy ne veut pas que l'on fasse aucun désordre aux jardins et maison dudit Anghyen.

Si vous croyez qu'il soit necessaire pour la sureté de mondit Sr de Boufflers, que M. du Montal s'avance en même tems de Soignies ou Braisne-le-Comte, avec 14 ou 1500 Chevaux ou dragons commandés des troupes qui sont à ses ordres, Sa Majesté s'en remet à vous. Elle vous recommande seulement de régler de maniere la marche de mondit Sr de Boufflers et celle de M. du Montal, qu'ils se retirent du pays en même tems, ce que Sa Majesté vous prescrit [---] ce qui est arrivé à la course que M. du Montal a faite en Brabant. Si vous estimez à propos de donner à M. de Boufflers 14 ou 1500 Mousquetaires, il pourroit les mener jusqu'à Chivres pour lui faciliter la retraite, et empescher que la garnison d'Ath ne rompit les ponts sur la Dendre aprés qu'il seroit passé, vous [----] que toute la Cavallerie Espagnole est logée à Luxembourg, Namur, Charleroy, Mons, Oudenarde, Gand, et Bruges, et que le Marquis de Grane n'a pas

200 Chevaux à Bruxelles, et tout au plus 16 ou 1800 chevaux hollandois sur la Dendre, pourvu que l'armée que Sa Majesté vous donne soit tenu [----] il n'y a point d'apparence que M. le Marquis de Grane puisse s'opposer à rien de ce que Monsieur de Boufflers voudra exécuter. Quand je vous parle du secret sur cela c'est afin que vous le recommandiez à M. du Montal, parce que le Marquis de Grane a été averti par le Gouverneur de Mons de ce que M. du Montal devoit faire 2 heures avant qu'il ait commencé à marcher.

Je vois beaucoup d'apparence que Sa Majesté vous ordonnera de jetter des bombes dans Mons, vers le 20e du mois prochain, je vous supplie de travailler Monsieur du Metz à faire un projet de ce que vous estimerez necessaire pour cet effet, comptant qu'il faut tirer les bombes d'Avesnes et de Landrecy; et tirer votre pain de Valenciennes ou de Maubeuge, j'écris à M. Fautrier d'avoir 600 sacs de farine prête à Maubeuge pour le 10e du mois prochain, il sera bien à propos que vous avertissiez Monsieur de Breteuil d'amasser à Valenciennes l'avoine necessaire pour en donner à la cavallerie que vous menerez avec vous, de quoi subsister pendant sept ou huit jours, vous observerez qu'outre les 4000 Bombes, le Roy veut que l'on jette encore 1000 carcasses afin que M. du Metz prenne soin d'en faire mettre cette quantité en bon Etat, et de les faire remonter à Valenciennes entre cy et ce tems là.

Comme l'on a trouvé à l'expédition que Monsieur le Maréchal de Crequy a fait à Luxembourg beaucoup de difficulté à voiturer les mortiers avec leurs affuts sur des chariots de paysan, je vous supplie d'avertir M. du Metz de faire faire diligemment 14 ou 15 chariots propres à voiturer des affuts, que l'on puisse faire atteler par des chevaux de paysans lorsque vous voudrez marcher du côté de Mons.

Le même jour 5e Janvier 1684 M. de Louvois a écrit à l'Intendant Fautrier que le Roy ayant résolu du faire assembler le 15e du mois prochain un corps de troupe du coté du Haynaut, il prenne les mesures necessaires pour avoir 600 sacs de farine prêts à Maubeuge pour le 10e du mois prochain./.

No. 11

A M. le Mal d'Humieres
a Versailles le 6e Janvier 1684.

La lettre que vous m'avez fait l'honneur de m'écrire le 3e de ce mois m'a été rendue, j'attendrai de vos nouvelles sur la réponse qu'aura fait le Baron de Courieres au sujet de l'échange général des prisonniers.

Le Roy a vu les difficultés que vous croyez qui se trouveront à soumettre le pays de Waes dans la présente saison, il faudra attendre la fin de Mars pour lui rendre une visite, et en ce tems là, il y aura tant de troupes en Flandre, qu'il sera aisé de tenter en même tems le passage par Vetter, et par le canal du Saar, moyennant quoi il n'y a pas d'apparence que l'on y trouve beaucoup de résistance.

Ma lettre d'hier vous aura informé de ce que S.M. désire que vous fassiez entreprendre dans le reste de ce mois, et de ce qu'elle veut que vous fassiez le mois prochain.

J'attendrai l'état des équipages que M. du Metz jugera nécessaires pour mener les 4000 Bombes et 1000 Carcasses que le Roy veut faire jetter dans Mons; il ne pourroit être que fort utile de faire mener 10 ou 15 pieces d'Artillerie de Campagne pour tirer aux endroits où l'on verra le feu.

L'on a apris par des gens qui sont sortis de Luxembourg que ce qui a empescher l'entier embrasement de cette ville, a été que quand les bombes avoient tiré 7 ou 8 heures, l'on cessoit pendant 5 ou 6 heures pour donner le tems aux bombardiers de se reposer, pendant lequel tems tous les feux que les bombes avoient allumés étoient éteints par les habitants sans aucun risque; pour remédier à cet inconvénient, le Roy fait revenir la Cie de Vigny afin qu'étant jointe à celle de Camelin, les mortiers puissent être servis incessament, en sorte que depuis que l'on aura commencé, l'on ne finisse point jusqu'à ce que les 4000 bombes et 1000 carcasses ayent été employées.

Il sera nécessaire d'avoir 15 ou 16 mortiers, afin qu'on puisse leur donner quelque repos, sans quoi il y a bien de l'apparence qu'ils s'ouvriroient.

Le dit Sr de Vigny doit encore observer qu'il ne doit point tirer toujours au même endroit, y ayant un seul couvent des Récolets à Luxembourg où il est tombé 500 bombes. Je suis tout à vous./.

No. 28

A M. le Mal d'Humieres
a Versailles le 14 Janvier 1684.

La lettre que vous m'avez fait l'honneur de m'écrire le 8e de ce mois m'a été rendue; les difficultés que M. de Montbron trouve à passer les canaux d'Ostende et de Nieuport pourroient être de quelque considération si la gelée ne les mettoit pas en état que la Cavallerie y put passer tout comme s'il n'y en avoit point; l'Intention du Roy est que vous ne différiez pas à l'y faire marcher pour y aller faire une éxécution si la gelée continue à y être aussi favorable qu'elle l'est présentement.

Je suis trés véritablement tout à vous.

No. 33

A M. le M[al] d'Humieres

a Versailles le 18e Janvier 1684

J'ai reçu avec votre lettre du 13e de ce mois le projet que M. du Metz a fait de l'équipage d'Artillerie dont l'on aura besoin pour l'éxpédition de Mons; il me paroit inutile d'y mener des pieces de 24 ou de 16, et il me semble qu'il suffit d'y en avoir de 12 de 4 et de 8 puisqu'il n'est point question de battre en brêche n'y de percer des parapets.

Il me paroit encore que la quantité de quinze milliers de poudre qu'il propose d'y faire voiturer pour les troupes est exhorbitante, puisqu'elles ne pourroient en avoir affaire que pour quelqu'action, qui apparement n'arrivera pas, et que quand elle arriveroit ne seroit point de durée.

M. du Metz doit compter que l'on tirera toutes les bombes de Maubeuge ou du moins la plus grande partie, et qu'aussi il faut une bien moindre quantité de chariots, puisque pendant que l'on jettera les deux premieres 1000 bombes dans Mons, l'on pourra aller querir les 2 autres 1000 audit Maubeuge.

Le Roy désire que vous envoyiez incessament les choses dont vous pourrez avoir besoin, même les bombes nécessaires pour avec celles que l'on prendra a Avesnes et à Landrecy parfaire la quantité de 4000 que Sa Majesté veut qui soit tirée.

Il ne peut être que fort utile de faire préparer les boulets que l'on estimera à propos de tirer rouges dans Mons, parce qu'ils y feront beaucoup plus de mal que s'ils étoient froids, et comme vous ne devez point tenir secret le projet qui a été fait de jetter des bombes dans les grandes villes d'Espagne, vous pouvez en faisant insensiblement pousser vers Maubeuge les choses dont vous pouvez avoir besoin, diminuer considerablement l'attirail dont vous aurez affaire, suivant le projet dudit Sr du Metz.

L'on ne peut être plus véritablement que je suis tout à vous./.

No. 51

A M. le M[al] de Crequy

a Versailles le 16 février 1684

J'ai reçu la lettre que vous m'avés fait l'honneur de m'écrire le 11 de ce mois, il me semble qu'il est inutile d'envoyer de grands partis dans le Pays de Gueldre pour le soumettre à la contribution lorsque le Roy l'ordonnera, puisque les Espagnols n'ont pas de troupes de ce côté là, et qu'aussi il y a apparence qu'un parti de cent chevaux fera autant d'éxécution qu'un de mil et fatiguera moins les troupes.

Sa Majesté a résolu de mettre des Cornettes dans la Cavalerie, mais elle ne veut qu'un Etendar par Escadron.

Il n'y a guére d'apparence que ce que M. de Melac vous a mandé de l'avis qu'il a reçu de Tréves soit véritable, néanmoins si cela étoit, il seroit nécessaire que le Roy en fut averti diligemment, de sorte que je ne doute pas que par les prochaines ordinaires, vous ne me mettiés en état d'en rendre compte à S.M.

Je suis &

No. 56

A M. le M[al] d'Humieres

à Versailles le 18 fevrier 1684

Je vous ai mandé par ma précédente les raisons pour lesquelles le Roy ne jugeoit point à propos que vous fissiez jetter dans le mois prochain des bombes dans Mons et que Sa Majesté désiroit que vous en fissiez jetter dans Oudenarde, lorsque l'entier dégel et le ressuyement[1] des chemins vous le pourront permettre; comme Sa Majesté a depuis fait réflexion qu'il se passera peut-être un tems considérable auparavant que les chemins soyent en cet état, Elle m'a recommandé de vous faire savoir que dés que les canaux de Dunkerque à Furnes seront navigables, elle aura bien agréable que vous fassiez bruler Nieuport; vous apprendrez par Monsieur de Montbron qu'il faut un trés petit nombre de troupes pour cette éxécution, laquelle Sa Majesté désire que vous fassiez faire aussitôt que les glaces seront fondües dans les canaux, prenant toujours vos mesures pour entre cy et le quinze, ou la fin du mois prochain au plus tard, faire la même chose à Oudenarde.

Je suis tout à vous./.

No. 60

A M. de Montbron

à Versailles le 21 fevrier 1684

Monsieur,

Il y beaucoup de villages qui n'ont point encore payé les demandes qui leur ont été faites l'année passée et celle-cy, l'intention du Roy est que vous fassiez éxécuter avec la derniere sévér-

---

[1] Ressuyement=drying-up

ité ceux qui n'acheveront pas d'y satisfaire incéssament; Sa Majesté s'attend qu'aprés vous l'avoir si précisément recommandé elle sera obéie au pied de la lettre, puisque son service veut que le païs des Espagnols soit entiérement désolé, ou que tout ce qui lui a été demandé soit payé avant la fin du mois prochain. Je suis./.

Id à M. le Mis de Boufflers
à M. de Lambert
à M. le M^al^ d'Humieres
à M. le M^al^ de Crequy
à M. Dauger
à M. du Montal
à M. de Langallerie
et à M. de Bulondes./.

No. 62

A M. le M^al^ d'Humieres
a Versailles le 22 fevrier 1684

Les deux lettres que vous m'avez fait l'honneur de m'écrire les 17 et 18 de ce mois m'ont été rendues, le Roy trouve bon que vous envoyiez à Madame la Duchesse de Modene le passeport qu'elle demande.

Sa Majesté se remet à vous de faire assembler le nombre de troupes que vous estimerez à propos pour faire jetter des bombes dans Oudenarde.

Elle n'a pas compris ce que vous vouliez faire d'un pont de Batteaux puisque cette expédition se devant faire de deçà la riviere, le pont paroit entierement inutile, à moins que ce ne fut pour, en séparant les troupes, jetter quelque gros parti dans la partie de la Chatellenie d'Alost qui n'a point satisfait aux demandes qui lui ont été faites.

Vous devez être informé présentement que le regiment de Konigsmark n'est plus à vos ordres, et comme le Roy désire que la garnison de Tournay ne soit point affaiblie, pendant que vous serez auprés d'Oudenarde, Sa Majesté a bien voulu envoyer à vos ordres mille chevaux commandés des gardes du corps, qui seront le 28 de ce mois au soir à Cambray.

Sa Majesté juge inutile que vous les meniez à Oudenarde, mais elle trouvera bon que vous les mettiez à Condé et à Valenciennes aux ordres de M. de Bulondes, même que vous en fassiez aller une partie jusqu'à Tournay, moyennant quoi vous pourrez disposer de toute la Cavallerie qui est dans ses garnisons.

Le Roy croit qu'il suffira de jetter [----] Carcasses et 1800 ou 2000 Bombes dans la ville d'Oudenarde; aprés l'expédition terminée Sa Majesté désire que vous renvoyiez les Commandes des gardes du Corps, leur donnant des routes jusques à Cambray, où les ordres de Sa Majesté les feront remarcher dans leurs garnisons./.

No. 65

A M. le M[al] d'Humieres
a Versailles le 23 février 1684

La lettre que vous m'avez fait l'honneur de m'écrire le 21e de ce mois m'a été rendue, je me suis mal expliqué par la mienne du 18e si vous avez pu croire que le Roy avoit résolu de diférer l'entreprise d'Oudenarde, puisque je n'ai eu autre ordre de Sa Majesté que de vous faire savoir qu'en cas que les mauvais chemins et les inondations vous obligeassent de remettre ladite entreprise, Sa Majesté seroit bien aise que vous fissiez bruler Nieuport, et qu'elle désiroit toujours qu'avant la fin du mois prochain vous eussiez fait cette expédition, comme les ordres nécessaires pour la marche des gardes du Corps du Roy à Cambray sont partis, Sa Majesté sera bien aise que vous la fassiez aussitôt que la saison vous le permettra, et que vous fassiez ensuite jetter des bombes dans Nieuport, où elle aura bien agréable que vous vous trouviez, étant persuadée que son service en sera toujours mieux fait où vous serez. Je suis tout à vous./.

No. 69

A M. le M[al] d'Humieres
à Versailles le 28 février 1684

La lettre que vous m'avez fait l'honneur de m'écrire le 26e de ce mois m'a été rendue, de laquelle ayant rendu compte au Roy, Sa Majesté m'a commandé de vous faire savoir qu'elle approuve fort la résolution que vous avez prise de différer l'expédition d'Oudenarde jusqu'à ce que les rivieres soient rentrées dans leurs lits et les chemins ressuyés; je n'ai point bien compris dans vos dernieres lettres le chemin par lequel vous prétendez marcher pour cette expédition. J'ai reçu une lettre de M. du Metz qui m'écrit du mont de la Trinité, me fait croire que vous voudriez passer l'Escaut à Tournay et marcher l'Escaut à votre gauche, cependant M. de Chamlay assure que les chemins de ce côté là sont fort mauvais, et que celui du pont d'Espierre est infiniment meileur; vous ferez sur cela les réflexions que vous estimerez à propos; Je suis trés véritablement tout à vous./.

No. 70

A M. du Montal
a Versailles le 18 fevrier 1684

Monsieur,

Le Roy ayant été informé que les Espagnols ont fait mettre le feu a deux granges remplies de fourages et de grains situées aux extrémités des villages d'Avenelle et de Sepmenier, du gouvernement d'Avesnes; Sa Majesté m'a commándé de vous faire savoir qu'elle désire que vous fassiez bruler vingt villages tous les plus proches de Charleroy qu'il se pourra, et que vous fassiez jetter des billets qui disent que c'est par représailles de l'incendie de ces deux granges, l'intention du Roy est que Gauchelys, Guenets, et Fleuru soient du nombre, et que vous preniez de telles mesures pour cette éxécution qu'il ne reste pas une seule maison dans ces 20 villages, qu'à l'avenir sur le premier avis que vous aurez de pareille chose, vous en usiez de même sans attendre d'autre ordre de Sa Majesté; ce que dessus doit être éxécuté par un fort party, que Sa Majesté désire que vous commandiez vous même, et qui soit assez considérable pour ne pas craindre la jonction des garnisons de Namur et de Charleroy. Je suis./.

L'on a écrit la même chose à M. de Boufflers.

à M. de Breteuil pour lui dire que le Roy a approuvé le traité qu'il a conclu avec les mestiers de Bouchault et [----] a 32500#[3] pour leur contribution./.

No. 78

A M. le Mal d'Humieres
a Versailles le 3e Mars 1684

J'ai lu au Roy la lettre que vous m'avez fait l'honneur de m'écrire le dernier du mois passé par laquelle Sa Majesté a vu que le débordement des rivieres vous obligeoit de différer de quelques jours votre marche vers Oudenarde, ce qu'elle a fort approuvé; Sa Majesté a été surprise qu'en même tems que vous avez appris que l'on a mis le feu a 5 ou 6 maisons dans les villages de Templevue et de Fretin, vous n'ayiez pas envoyé bruler 6 villages dans les terres d'Espagne, c'est ce qu'elle vous ordonne d'éxécuter sans retard, faisant choisir les plus gros villages et

---

[2] # indicates *livres.*

répandre des billets en même tems que c'est en représailles du feu qui a été mis dans les susdits deux villages.

Elle désire enfin que vous continuyez à en user de même chaque fois que pareille chose arrivera, et que vous donniez des ordres si sévéres pour empêcher que les païs de sa domination ne contribuent que vous en puissiez répondre à Sa Majesté.

Comme les clameurs de la province de Flandres sont bien plus écoutées à Bruxelles que celles des autres pays, vous ne sauriez mieux faire que de faire faire cette éxécution sur les plus gros villages du Franc de Bruges, et S.M. vous recommande de prendre de telles mesures qu'il n'y reste que la maison du curé et l'église. Je suis tout à vous./.

No. 101

A M. de Lambert
a Versailles le 29. Mars 1684.

Il paroit par les nouvelles que le Roy a de la Haye et de Bruxelles que le Mis de Grane a un grand désir de jetter des troupes dans Luxembourg, espérant qu'en y mettant une grosse garnison le Roy sera obligé pendant la Campagne de laisser un Corps plus considérable pour préserver la frontiére des courses de la dite garnison, et comme il voit beaucoup de difficulté a y en faire passer de Namur a force ouverte, il croit qu'il n'y a de ressources qu'en traitant avec des Princes d'Allemagne qui y en fassent passer sous prétexte de mettre du monde dans Treves, de quoi Sa Majesté m'a commandé de vous donner avis, afin que vous renouvelliés vos soins pour essayer que la Garnison n'en étant point fortifiée, il faille vous laisser moins de troupes quand les armées se mettront en Campagne, pour la conservation de la frontiére. Sa Mté vous recommande pour cela de prendre toutes les mesures necessaires et de tenir des officiers à Treves, à Liége et du côté de Stavelo pour vous informer du moindre corps de troupes qui pourroit s'assembler de ce côté là, de vous y opposer avec toutes celles qui sont à vos ordres.

Je suis &.

No. 106

A M. du Montal
a Versailles le ler avril 1684

Monsieur,

J'ai reçu la lettre que vous avez pris la peine de m'écrire le 29 du mois passé, ce que je vous avois mandé par ma lettre du 23 concernant le logement des cinq regiments de Dragons ne se peut éxécuter ces regiments qui ont été retardés dans leur marche par les grandes Eaux ne pouvant arriver en Champagne assez à tems pour cela, mais afin que les places de la Meuse, ou qui en sont à portée dans votre département, soient assez garnies de troupes pour que les Espagnols ne puissent point penser à en faire passer à Luxembourg avec un mediocre Corps, vous pouvez tirer du Quesnoy le regiment de Bartillat, et celui de Dugas, de Maubeuge, et de Beaumont, pour les placer à Charlemont, à Dinant et aux autres lieux voisins où vous estimerez à propos de les mettre, et afin que les garnisons du Quesnoy et de Maubeuge soyent toujours aussi forts en Cavalerie, j'adresse présentement les ordres du Roy pour faire rendre audit Maubeuge le régiment de Vivans et au Quesnoy le régiment Dauphin.

Vous observerez que les régiments de Fimarcon et du Chevalier de Jessé qui sont chacun de huit Compagnies doivent se rendre incessamment à Philippeville et Mariembourg moyennant quoi suivant les ordres du Roy qui vous avoient été adressés, vous deviez renvoyer Grignan à Cambray, vous pourrez encore garder donnant ordre aux commandant de Charlemont et de Mariembourg de me renvoyer les ordres de Sa Majesté que je leur avoit adressés; la Cavalerie qui sera à vos ordres à [proximité] de la Meuse ou sur la Meuse, sera augmentée de deux régiments de Dragons et de deux régiments de Cavalerie, vous me manderez comme quoi vous les aurez disposé, et donnerez de bouche à M. de Beauprés les ordres de la maniére dont il devra s'en servir pendant que vous serez éloigné de la Meuse, à propos de laquelle il sera bon que vous vous [----] le plus que vous pourrez, d'ici au tems que l'on se mettra en Campagne./.

No. 111

A M. le M[al] d'Humieres
a Versailles le 14 avril 1684.

Lorsqu'en exécution des ordres du Roy qui vous seront adressés incessamment, les troupes de Sa Majesté sortiront de Courtray, son intention est que vous y envoyiez 60 hommes détachés de la garnison de Menin pour demeurer en garnison dans le chateau dudit Courtray.

Je suis./.

No. 118

A M. Dumontal
A Versailles le 20. avril 1684.

Le Roy ayant résolu de faire investir Luxembourg le 28 de ce mois S.M. juge de son service que des troupes qui sont à vos ordres à portée de la Meuse, vous en assembliés ce jour là 28 la quantité que vous jugerés nécessaire pour vous aller poster à une distance raisonnable de Namur, et pendant les deux ou trois premiéres nuits vous approcher assés du bord du Pont dudit Namur, pour être assuré qu'il n'en sortira personne pour marcher du côté de Luxembourg, aprés quoi Sa Majesté aura bien agréable que vous aurez assemblées dans leurs Garnisons et que vous vous teniés à Dinant pour éxécuter ce que je vous expliquerai cy aprés de ses intentions.

Je crois qu'il est inutile que je vous fasse remarquer que vous devés prendre toutes les mesures pour qu'il ne puisse point marcher de Bruxelles vers Namur de Corps plus considérable que celui que vous aurés sans que vous en soyez averti.

S.M. donne ordre à M. de la Trousse d'assembler 6000 Chevaux aux environs de Sedan et de les faire camper dans la prairie pour être en état de joindre M. le Mal de Crequy, si les démarches des Ennemis le lui faisoient juger nécessaire.

Elle désire que vous entreteniés un commerce réglé avec ledit Sr de la Trousse et que vous lui donniés avis par des Exprés de toutes les nouvelles que vous recevrés de Bruxelles et de Namur, essayant de lui en donner que de véritables, et de lui mander à peu prés quel sera le nombre du Corps de troupes qui pourroit marcher vers Namur ou vers Liége.

L'intention du Roy est que vous chargiés le Sr de la Raudiere de tenir des gens à Maestricht pour être informé de ce qui s'y passera, et particulierement si l'on y cuit du pain, si l'on y prépare des Batteaux pour faire un Pont sur la Meuse, et de toutes les démarches que pourroient faire les troupes qui s'en approcheroient.

Les exprés que vous depécherés à Mondit Sr de la Trousse se serviront des chevaux de postes de Dinant, de Gives et de Mezieres pour l'aller joindre, et comme il y a loin de Gives audit Mezieres, l'intention de Sa Majesté est que vous donniés ordre au Village qui se trouvera à moitié chemin dudit Givet à Mezieres, de tenir des chevaux prêts pour les exprés que vous dépécherés audit Sr de la Trousse ou qu'il vous enverra, et afin que lesdits couriers puissent presser plus surement vous trouverés cy joints six passeports du Mis de Grane, desquels vous en remettrés un à chaque courier que vous dépécherés et aurés un trés grand soin de les retirer aprés son retour, afin que vous puissiés me les renvoyer lorsque je vous les demanderai.

Vous aurez soin de rendre compte à S.M. par tous les ordinaires et par des Exprés lorsque la chose le méritera de tous les avis que vous aurés des Ennemis et de tout ce qui se passera à portée de Dinant.

S.M. fait état de partir de Versailles le 22 de ce mois pour se rendre en 8 jours à Valenciennes, ou vous aurés soin de ne lui laisser rien ignorer de tout ce qui viendra à votre connoissance.

J'oubliois de vous faire observer qu'il est nécessaire que la Cavalerie qui sera sous vos ordres ait toujours de l'avoine et du pain pour 4 ou 6 jours d'avance.

Je suis &.

No. 120

A M. de Breteuil
à Mouchy le 25 avril 1684

Les bleds des païs où le Roy a passé jusqu'à présent sont si peu avancés, que je crois qu'il ne seroit pas impossible que S.M. ne séjournat quinze jours à Condé avant que de pouvoir entrer en Campagne, de quoy j'ai cru vous devoir donner avis afin que vous preniés les mesures nécéssaires pour la subsistance en fourages et avoines des 200 gardes du Corps du Roy, des quatre Escadrons de gendarmes et de Chevaux legers, des quatre de Mousquetaires du Roy, et des neuf de Cavalerie qui doivent camper sous ledit Condé, ce qui fait environ 3000 rations par jour./.

No. 121

A M. du Montal
à Peronne le 27 avril 1684.

Je reçois par le Courier que je vous avois dépêché la lettre que vous avez pris la peine de m'écrire le 26 de ce mois, il y a si peu de troupes dans Namur qu'il n'y a point d'apparence que celui qui y commande pense à envoyer vers Luxembourg. Je ne crois point vous avoir mandé par ma lettre du 20 que le Roy voulut que vous fassiés camper sous Dinant les Régiments avec lesquels le Roy vous a donné ordre de joindre M. le Mal de Crequy dans les cas portés par madite lettre; mais bien que S.M. se remettoit à vous de les tenir camper ou de les laisser à Charlemont, Dinant, et Philippeville.

Si vous aviés bien lu les controlles que je vous ai envoyés, vous auriés connu qu'outre les Régiments de Grignan, St Agnan, Dugas, Bertillac et Langallerie, les Régiments de Bezons et de Lery ont ordre de se rendre entre ci et le 30e de ce mois à Philippeville, Charlemont et Dinant, ce qui joint avec les 5 Régiments suscités, font les 7 dont je vous ai parlé par ma lettre du 20, ce qui vous fera connoitre que les Régiments de Tessé, de Fimarcon et de Pinsonel doivent aller à Thuin, Beaumont et Maubeuge pour sous les ordres de M. de Bartillac veiller à la conservation de la frontiére.

Je crois vous avoir déja mandé que vous devés faire en sorte que les six régiments que vous devés mener du côté d'Arlon aux cas portés par ma lettre du 20 ayent toujours pour cinq jours de pain et d'avoine d'avance, afin que rien ne retarde votre marche des le moment que vous la jugerés nécessaire.

Je vous conjure de me faire part de toutes les nouvelles que vous aurés des mouvements que le Siége de Luxembourg fera faire aux Espagnols et aux Hollandois et de prendre les mesures nécéssaires pour être informé promptement de tout ce qui se passera du côté de Maestricht, Liége, Namur et Bruxelles.

Avertissés M. de Crenan quil doit servir de Brigadier au siége de Luxembourg.

Comme le courier doit me venir retrouvé à Condé vous pouvés le garder jusqu'à ce que vous ayés quelque chose à me faire sçavoir.

Je suis./.

No. 138

A M. de Vauban
A Condé du 4 May 1684

Je reçois présentement une lettre du 28 du mois passé par laquelle j'ai été bien aise d'aprendre que vous soyés arrivé à Thionville, je ne doute point que vous soyés content de la provision de prés de 300 mil sacs a terre qui sont présentement aux ordres de M. de la Freseliere.

A l'égard des brouettes, pics a roc et paniers, je ne doute point que vous ne fassiés faire à Metz toute la quantité dont vous aurés besoin.

La Compagnie de Camelin est en ce camp ci et vous devés avoir présentement le Sr Vigny avec sa Compagnie auprés de vous.

Ceux qui vous ont averti de bonne part qu'il y avoit 3000 hommes de pied à Luxembourg ont été libéraux au moins d'un tiers et à l'égard de la qualité hors un Régiment qui a vu le siége de Cambray les autres n'ont pas vu d'action depuis.

Le Sergent que vous avés vu à Paris est à Longwy ou à Arlon. M. de Lambert vous en dira des nouvelles et le fera venir à votre premiére requisition.

Je suis &.

No. 152

A M. du Montal
à Condé le 7e May 1684

Par les lettres que je reçois présentement de Bruxelles dattées du 6e de ce mois, l'on me mande que l'on ne songe à secourir Luxembourg que par de petits partis dont une partie va passer la Meuse à Liége, et les autres la doivent passer à Namur, que ceux cy ne sont au plus que 150 hommes qui doivent marcher en deux ou trois corps séparés, de quoi j'ai cru vous devoir donner avis afin que par des partis que vous manderez aux gouverneurs de Marche et de Bastogne de détacher, ils puissent éssayer de tomber sur ceux des Espagnols auparavant qu'ils approchent des lignes de Luxembourg, cependant S.M. vous recommande de prendre garde à la sureté des troupes qui sont à vos ordres en cas que vous les teniez campées, parce qu'il ne seroit pas impossible que les Espagnols ne pensassent à les enlever et comme en l'état où sont présentement les lignes dudit Luxembourg, ce ne sont plus de petits corps qui peuvent lui donner du soulagement, éxaminez s'il ne seroit point plus à propos de tenir le Corps que vous commandez sous Charlemont que sous Dinant, et me faites part de la résolution que vous prendrez afin que j'en puisse rendre compte à S.M.

J'oubliois de vous mander une chose que je ne puis croire, qui est que l'on me mande qu'il est sorti de Namur une [----] nouvelle composée de 30 Dragons habillés comme ceux de France pour essayer d'entrer dans Luxembourg./.

No. 170

A M. le Chancellier
à Condé le 10e May 1684

Barere m'a remis les deux pacquets que vous avez envoyé à Peronne, en dernier lieu par Boucher, je ne puis mieux vous rendre compte des nouvelles que l'on a reçu hier de Hollande, qu'en vous envoyant l'extrait cy joint de la lettre que j'ai écrite aujourd'hui à M. le Mal de Crequy.

Le Roy a jugé à propos d'assembler lundy prochain toute l'armée du Côté de St Guilain, les ordres de Sa Majesté nécessaires pour cet effet viennent de partir par des Couriers Exprés, il y a bien de l'apparence que S.M. n'y attendra pas plus de sept ou huit jours la prise de Luxembourg.

Je suis avec le respect et la reconnoissance que je dois.

Le Roy reçut hier au soir des nouvelles de Hollande en datte du huit; par lesquelles il paroit que le désir de la paix continu dans l'esprit de la pluspart de ceux qui gouvernent cette République, et que l'autorité de M. le Prince d'Orange y diminue tous les jours, les provinces de Frise et de Groningue ont résolu d'obliger les Espagnols à faire la paix aux conditions que le Roy prescrit; la ville d'Amsterdam et plusieurs villes de Hollande persistent dans le même avis, mais comme il s'est trouvé dans le mémoire présenté par M. d'Avaux quelques mots qui parloient de trêve le pensionnaire Fagel a fait résoudre la province de Hollande à demander à M. d'Avaux si le Roy seroit content qu'ils obligeassent lesdits Espagnols à accepter la Trêve, sur quoi M. Davaux n'étant pas instruit leur répondit Dimanche dernier qu'il ne le croyoit pas, mais qu'il en rendroit compte au Roy, comme il reçut le lundy suivant une dépêche de S.M. qui lui expliquoit qu'elle laissoit au choix des Espagnols de prendre la paix ou la trêve, mais, qu'en quelque cas que ce fut, elle vouloit avoir Luxembourg, mondit Sr Davaux manda qu'il leur avoit demandé une conférence pour le lendemain matin dans laquelle il leur expliqueroit si clairement les intentions du Roy, que les artifices du pensionnaires Fagel ne leur pourroit causer aucun doute./.

No. 174

A M. Dumontal
A Condé le 11 May 1684

J'ai reçu seulement ce matin par le Courier que vous m'avés dépêché la lettre que vous avés pris la peine de m'écrire le 9e de ce mois par laquelle le Roy a vu les différents avis que vous avés reçu d'un Corps considérable arrivé à Namur qui ne peut être tel à beaucoup prés que l'on vous a raporté, puisque par toutes les nouvelles que nous avons eues jusqu'à présent il ne paroit pas qu'aucun Corps de troupes Hollandoises ait bougé de derriére Bruxelles.

L'on m'a assuré encore ce matin que la Cavalerie d'Ath et celle de Mons n'en étoient pas encore sortis hier au soir et qu'ainsi tout cela ne peut être autre que 2 ou 3 Régiments d'assés mauvaise qualité qui étoient à Bruxelles ou qui y sont arrivés depuis peu de Terremonde et de Gand en fort mauvais état hors le Régiment d'Aremberg lequel peut avoir deux cents chevaux.

Le Roy a approuvé les ordres que vous avés envoyés à M. Dugast de vous venir joindre et le soin que vous avés pris de donner part à M. le Mal de Crequy et à M. de la Trousse des avis que vous avés eu, S.M. ne doutant point que vous n'ayés pris soin ensuite de leur faire part de ce que vous aurés démêlé de la force du Corps arrivé audit Namur, sur lequel je suis un peu surpris de n'avoir point de vos nouvelles depuis la datte de la lettre à laquelle je répons présentement.

S.M. ne croiroit point qu'il se falut commettre a une action pour sauver un Chateau, et si vous voyés arriver assés de troupes à Namur pour pouvoir croire qu'ils osassent tenir la Campagne devant vous, S.M. approuveroit fort que vous fassiés abandonner les chevaux qui vous pourroient donner de l'inquiétude et y mettre le feu.

S.M. n'a pas jugé à propos de vous envoyer le Régiment de Pinsonel mais je mande par ce même Courier à M. de Boufflers que S.M. trouve bon qu'il mette à vos ordres les Régiments de Dragons de la Reine qui est à Mariembourg et à Chimnay et celui du Chevalier de Tessé qui est à Rocroy, moyennant quoi au lieu des [---] Escadrons qui sont présentement avec vous, vous en aurés 23. S.M. trouve bon même que vous les appelliés auprés de vous dès à présent, afin que vous soyés en état de pouvoir entreprendre sur les Ennemis si vous jugés à propos de le faire ou de joindre plus promptement M. le Mal de Crequy si le cas arrivoit auquel votre instruction vous ordonne de le faire.

S.M. vous recommande seulement d'observer qu'il seroit d'un prejudice infini a son service de faire battre dans la conjoncture présente un Corps pareil a celui que vous avés et qu'il lui importeroit fort peu de battre 4 ou 500 chevaux des Ennemis, ce qui la porte à m'ordonner de vous recommander de Sa part de n'avoir pour but dans tout ce que vous ferés que de traverser les secours médiocres que l'Ennemi voudra envoyer vers Luxembourg et de joindre sans accident M. le Mal de Crequy aux cas portés par votre instruction, le service de S.M. voulant que l'on ne songe qu'à prendre Luxembourg et à se tenir en état aussitôt après la prise de faire une entreprise considérable.

S.M. a résolu de marcher lundy du côté de Mons pour y être plus à portée de veiller à la conduite des Espagnols et des Hollandois et d'investir la place qu'elle jugera à propos d'attaquer dès que la nouvelle de la reduction de Luxembourg lui sera apportée.

Je suis &/.

No. 175

A M. le Mis de Boufflers
A Condé le 11 May 1684
M.

La lettre que vous avés pris la peine de m'écrire hier à 5 h[res] du matin m'a été rendue, le Roy a fort approuvé que sur la nouvelle que M. Dumontal vous a donné, laquelle ne peut manquer d'être fausse en la plus grande partie, vous n'ayés point fait avancer vos Quartiers.

L'avis que M. de Pinsonel vous a donné de l'arrivée des 3 Régiments Hollandois dans Mons, n'est pas moins faux puisque tout se réduit à 150 Enfant Espagnols nouvellement débarqués.

Vous verrés par la copie qui sera ci jointe de la lettre que j'écris à M. Dumontal quelles sont les intentions de S.M. sur les Régiments de Dragons de la Reine et de Tessé a quoi j'ajouterai que j'adresse présentement par de Couriers Exprès au surplus des troupes qui étoient à vos ordres, ceux de Sa Majesté nécessaires pour par le Quesnoy et par Maubeuge se rendre lundi prochain au camp que Sa Majesté doit faire sur la Haisne, ou son intention est que vous vous rendiés par Maubeuge, faisant en sorte d'y arriver Dimanche, afin que vous puissiés lundi matin vous mettre à la tête des troupes qui devront venir joindre S.M. au lieu où M. de Bartillac vous dira qu'elle doit camper ce même jour.

Je suis &.

No. 176

A M. le M[al] d'Humieres
A Condé le 11 May 1684

Le Roy ayant résolu de partir d'ici Lundy prochain pour aller du coté de Mons, j'adresse présentement ses ordres nécessaires aux troupes mentionnées au mémoire cy joint pour se rendre Dimanche au soir au Camp.

L'intention de S.M. est que vous fassiez abandonner samedy Courtray en en retirant les bataillons d'infanterie que vous y avez envoyé de Lille, et les régiments de Cavalerie de Lumbre et de Cahieux qui y sont présentement, lesquels aussi bien que ceux de Poinsegut et de Montgomery, S.M. se remet à vous de loger ou faire camper en la maniere que vous estimerez plus à propos pour la conservation du Païs qui est couvert par le retranchement d'entre Ypre et Tournay, vous me donnerez part s'il vous plait du parti que vous aurez pris pour cela, cependant je demeure toujours tout à vous./.

No. 187

A M. le Mis de la Trousse
à Condé le 17 May 1684

Les prairies du paÿs étant en état de nourrir l'armée du Roy, S.M. a résolu de décamper Lundy pour marcher vers St

Guilain, et comme il y a bien de l'apparence qu'elles seront aussi avancées du côté où vous êtes, son intention est que vous fassiez mettre au vert ce même jour là, la cavalerie qui est sous votre commandement et que l'on ne donne plus aux chevaux que de l'avoine.

Je suis tout à vous./.

No. 199

A M. le M^al^ de Schomberg
à Valenciennes le 18 May 1684

Vous trouverez cy joint le chiffre dont vous devez vous servir pour me mettre en état de rendre compte au Roy de ce qui se passera à l'armée que S.M. a mis sous votre commandement, j'y en joint aussi un dont tous les gouverneurs des places de ces paÿs cy ont copie, lequel pourra vous servir à entretenir correspondance avec eux et leur donner des ordres de ce qu'ils auront à faire.

Vous trouverez dans le paquet qui enferme cette lettre un état des troupes qui composent l'armée que vous commanderez, de celles qui sont aux ordres de M. de la Trousse campés sous Sedan, et de celles que M. Du Montal a à Dinant, vous observerez que mesdits Sr de la Trousse et du Montal ont ordre d'aller joindre M. le Mal de Crequy si les Ennemis s'approchent de la Meuse avec un corps d'armée.

J'ai cru qu'il ne pouvoit être qu'à propos de vous adresser encore un Etat des troupes qui composent toutes les garnisons de ce paÿs cy, avec un mémoire[3] concernant ce que je réglai hier avec le Sr Berthelot pour la founriture du pain à l'armée que vous commandez, lequel vous instruira du jour que les Caissons partant d'ici doivent arriver au Camp, de celui que vous les devez faire passer à Maubeuge et du jour que vous devez pourvoir à les en faire revenir surement, vous leur prescrirés le chemin que vous estimerés à propos qu'ils tiennent et examinerés s'il vous plait, si celui de Bavay n'est pas le plus sur.

J'ai écrit hier au soir par un courier exprès à M. de Bartillat, de faire partir de Thuin de fréquents partis pour aller du côté de Bruxelles, et de vous rendre compte de tout ce qu'ils lui rapporteront.

S.M. m'a commandé de vous faire observer qu'il ne seroit peut être pas mal à propos de faire accommoder les abords de St Guilain audelà de la [---] de maniere que vous ne puissiez point

---

[3] Marginal note: Ce mémoire qui est cy après est du 18 mai 1684.

apréhender que si le prince d'Orange s'approchoit de Mons, il pût penser se saisir de ce poste.

Je suis tout à vous./.

No. 203

A M. le Maréchal de Schomberg
à Valencienes le 19 May 1684

J'ai reçu la lettre que vous m'avez fait l'honneur de m'écrire hier, le mémoire que je vous ai adressé concernant la fourniture du pain de munition doit être s'il vous plait suivi éxactement, c'est-à-dire qu'il faut envoyer à Maubeuge les caissons le jour marqué par ledit mémoire, et pourvoir à leur escorte pour les en faire revenir le jour qui y est marqué, après quoi si le retour du prince d'Orange en Hollande se confirme, l'on rétablira ici le travail du pain de quoi vous serez ponctuellement averti, cependant souvenez s'il vous plait que c'est après demain matin 21 de ce mois que les caissons partiront d'ici pour aller au Camp, chargés de pain pour quatre jours, et l'on pourvoit à leur escorte d'ici à Keurain où vous enverrez s'il vous plait ce que vous jugerez à propos pour les conduire au Camp.

Je ne puis mieux vous informez des nouvelles que le Roy a eu ce matin de Bruxelles, qu'en vous envoyant la copie d'une lettre que j'écris présentement à M. le Maréchal de Créquy, le Roy a fort aprouvé l'ordre que vous avez donné d'essayer d'arrêter des déserteurs, et S.M. ne doute point que si l'on les punit promptement ce mal ne s'arréte.

S.M. sera bien aise que vous fassiez faire cette semaine une revue éxacte de toute l'armée.

Je suis./.

No. 206

A M. de Chamlay
à Valenciennes ce 20 May 1684

J'ai reçu votre lettre d'hier au soir qui ne déșire de réponse que pour vous dire qu'on ne sauroit apporter trop de soin pour éssayer d'arreter des déserteurs d'infanterie afin de rémédier à ce mal par de fréquents exemples.

Les habiles gens qui discourent au Camp des partis que M. le prince d'Orange auroit pu prendre, ne font sans doute pas réflexion que les chevaux hollandois ne sont pas propres à faire fort vite une marche de 40 lieües, que ceux des Espagnols sont si mauvais qu'il n'en arriveroit jamais la moitié, et que quand leurs chevaux seroient les meilleurs du monde, M. de la Trousse et M. du Montal ayant ordre de joindre M. le Mal de Crequy en pareil cas, qui ont à leurs ordres 54 escadrons, M. le prince d'Orange trouveroit un corps plus fort que le sien à combattre auparavant que d'aborder des lignes, et que ce seroit une chose fort curieuse de voir forcer des lignes par 12 ou 1500 dragons, qui sont deffenduës par des bataillons d'infanterie françoise./.

No. 207

A M. le Mal de Schomberg
A Valenciens le 21 Mai 1684

Les nouvelles que j'ai reçu ce matin de Bruxelles confirment ce que je vous ai mandé avant hier du retour du Prince d'Orange en Hollande et à ce qu'on m'assure a déclaré nettement aux Espagnols qu'il n'étoit pas en son pouvoir de faire marcher un homme pour le secours de Luxembourg, et que si aussi tôt après sa réduction ils n'acceptoient les propositions du Roy, il ne pouvoit point empêcher que les Hollandois ne retirassent toutes leurs troupes et ne pourvussent à la sureté des Pays bas en la maniere qui leur a été proposée par S.M.

Le Roy vient d'apprendre par un Courier de M. le Mal de Bellefonds que le 13 de ce mois au soir Mondit Sr le Mal ayant joint M. le Duc de Bournonville au Pont major, près Gironne, avoit passé la Riviere du Ter, avoit passé devant l'armée commandée par ledit Sr Duc de Bournonville qui y étoit retranchée, avoit renversé toutes les Troupes qui s'étoient voulu opposer à son passage et obligé M. de Bournonville à se retirer en désordre toute la nuit du côté d'Ostabrick après avoir fait entrer son Infanterie dans Gironne.

Les Régiments d'Infanterie qui, en passant leurs munitions, ont rompu des Escadrons de Cavalerie à coups de picquet et de carosses de Mousquet et le Régiment de Dragons de Languedoc qui est levé de cet hyver, a fait la même chose a coups de Bayonnettes au bout de leur fusil.

Le Régiment d'Infanterie du Sr Maure ayant été commandé pour attaquer le Pont a forcé les deux Baricades qui étoient dessus, et ne pouvant passer dessus lesdites baricades, ni les rompre, il a défilé sur les Gardes fols du Pont et ayant forcé une derniere baricade qui étoit dans la Rue au dela dudit Pont, il a rompu un Escadron ou M. de Bournonville étoit, et a fait prisonnier un Capitaine de Cavalerie a côté de lui.

Je suis &./.

No. 211

A M. le M[al] de Schomberg
à Valenciennes le 22 May 1684.

Le Roy ne voyant point d'apparence que les Hollandois puissent faire aucune démarche qui vous oblige de marcher du côté de la Meuse a trouvé bon de me commander de faire recommencer à cuire du pain en cette ville pour l'armée, de maniere qu'après que les caissons auront été à Maubeuge et en seront revenus le jour porté par le mémoire que je vous ai adressé jeudy dernier, vous devez les renvoyer ici avec l'escorte que vous estimerez à propos, si vous voulez bien m'en avertir la veille, j'aurai soin de faire qu'une escorte de cette ville les aille recevoir à Keurain.

Je suis./.

No. 215

A M. le M[al] de la Trousse
à Valenciennes le 24 May 1684

Je mande à M. le Mal de Crequy que l'intention du Roy est qu'il vous ordonne de marcher à Maubeuge avec les troupes qui sont à vos ordres aussitôt que la ville de Luxembourg aura été réduite à l'obéissance de S.M. de quoi j'ai cru devoir vous donner part à l'avance, afin que vous vous teniés prêt à partir le lendemain du jour que vous en aurés reçu ordre, vous pouvez le premier jour venir camper sous Charleville, le 2e sous Rocroy, le 3e sous Mariembourg et le 5e sous Maubeuge, vous devés avoir soin de mander le jour que vous y pourrés arriver, et la quantité de pain qu'il sera nécessaire qu'on vous y fasse trouver, vous donnerés en même tems part à M. de Schomberg par un Courier Exprès du jour que vous pourrés arriver audit Maubeuge, afin qu'il vous puisse envoyer les ordres pour l'aller joindre après y avoir séjourné un jour et vous m'enverrés copie de la lettre que vous écrirés à Mondit Sr le Mal de Schomberg.

Vous vivrés dans votre marche en fauchant dans les lieux voisins des Camps que vous ferés et du pain que vous aurés pris en partant.

Je suis &./.

No. 224

A M. le Maréchal de Schomberg
à Valenciennes le 28 May 1684

J'ai reçu avec la lettre que vous m'avez fait l'honneur de m'écrire aujourd'hui à midi, celle qui y étoit jointe de M. de

Bartillat, il n'y a nulle apparence que M. le prince d'Orange soit arrivé le 25 de ce mois, le Roy ayant reçu hier au soir des lettres de M. d'Avaux dattées du même jour 25 qui ne parlent point du départ de M. le prince d'Orange et disent au contraire que les Etats généraux ont résolu que leurs troupes ne feroient aucun acte d'hostilité contre celles du Roy, lesquelles auroient fait déclarer à M. Davaux si le pensionnaire Fagel n'avoit pas trouvé moyen pour différents prétextes de les en empécher, ce qui persuade S.M. que s'il a marché des troupes du côté de Vavres, ce n'est que pour escorter quelques régiments d'infanterie que le Mis de Grane veut jetter dans Namur de peur que l'on ne l'assiége après la prise de Luxembourg; et en effet je reçois dans ce moment une lettre de M. du Montal qui porte que le régiment de Rhingraff, fort ce dit on de 600 hommes, est entré hier à cinq heures du matin dans Namur, mais comme il pourroit arriver que M. le prince d'Orange auroit fait marcher les troupes de Hollande contre l'intention des Etats, le Roy a trouvé bon que je mandasse à M. de la Trousse de se tenir prêt à aller joindre M. le Mal de Crequy dès que M. du Montal lui manderoit qu'il seroit entré un corps de 3 ou 4000 chevaux à Namur ou que l'armée des Hollandois y marcheroit, de quoi je donne avis à M. du Montal afin qu'il prenne soin d'avertir par plusieurs couriers M. de la Trousse d'éxécuter les ordres de S.M. que je lui adresse dès qu'il aura démêlé ce que c'est que cette marche vers Namur.

Je demande en même tems à M. Fautrier qu'en cas qu'il n'ait pas appris demain matin que les troupes qui ont passé à Vavres soyent retournées du côté de Bruxelles ou de Louvain, il fasse faire à Maubeuge pour 4 jours de pain pour l'armée que vous commandez, afin que vous ayiés de quoi vous approcher de la Meuse si les nouvelles que vous auriez des Ennemis vous le faisoient juger à propos.

Je suis tout à vous./.

Le même jour l'on a envoyé à M. le Mal de la Trousse une copie de la lettre adressé à M. du Montal avec ordre de se tenir prêt à aller joindre M. le Mal de Crequy aussitôt que M. du Montal lui mandera qu'il est entré 3 ou 4000 chevaux à Namur ou que l'armée des Hollandois y marcheroit.

Idem à l'intendant Fautrier pour la fourniture du pain à l'armée de M. de Schomberg.

PART VII

Nature: Hostilités en Flandre, 1684.

Cote: Dépôt général de la guerre. A 1 730.

Nature: Hostilités en Flandre, 1684.

Cote: Dépôt général de la guerre. A 1 730.

The following letters cover the period June-August 1684. Following the siege of Luxembourg, orders are given to prepare for the siege of Namur. A treaty with Holland having been signed at the Hague on the 29th of June, orders are sent to the various commanders to cease hostilities and to realign their troops.

Several letters contain instructions to M. de Chamlay for his negotiations with the Marquis de Grana, Governor of the Spanish Lowlands.

After the signing of the treaty at Ratisbon (August 16) the orders to Maréchal de Schomberg to march to Alsace are countermanded.

LETTERS OF LOUVOIS

PART VII

A M. le M^{al} de Créquy

A Versailles le 8 Juin 1684

J'ai vu par la lettre que vous m'avez fait l'honneur de m'écrire le 5 de ce mois que les Troupes qui ont ordre de marcher sous le commandement de M. le Comte du Plessis doivent se mettre en marche aujourd'hui pour se rendre sous Charlemont, il eut été à désirer que vous m'eussiez marqué la route qu'elles tiendront et les journées qu'elles feront pour y arriver.

Comme j'avois cru que vous auriez donné ordre aux Cadets des Compagnies de Metz et de Longwy de retourner dans leurs garnisons après la prise de Luxembourg je ne vous en avois rien écrit.

L'intention du Roi est que vous renvoyez M. de Morton a son inspection.

Je suis &.

No. 15

A M. le Comte du Plessis

à Versailles le 8 Juin 1684.

Monsieur,

M. le Mal de Créquy m'ayant mandé que vous arriveriez sous Charlemont le 13 ou 14 de ce mois avec les douze escadrons de Cavalerie et de dragons et les dix bataillons d'infanterie qu'il a mis à vos ordres; j'ai cru vous devoir informer que y ayant apparence que vous resterez sous ledit Charlemont pendant 10 ou 12 jours, S.M. s'attend que vous vous camperez de maniere que vous n'ayez point à apréhender que les ennemis viennent rien entreprendre sur vous durant ce tems, pendant lequel l'armée commandée par M. le Mal de Schomberg sera fort éloignée de la Meuse, puisqu'il doit le passer à Lessines.

Le Roy se remet à vous de vous mettre en deça ou en delà de la Meuse choisissant le poste que vous croirez le plus sur, et faisant remonter le Pont de Givet vis-à-vis le lieu où vous serez campé afin que vous puissiez plus facilement passer la rivière, si quelque démarche des ennemis vous le faisoit juger à propos, vous observerez seulement auparavant que de choisir le côté de la rivière où vous voudrez vous porter, que si vous vous mettez en deça, l'ennemi pourra marcher à vous également de Namur et de Charleroy, au lieu que vous mettant au delà de la Meuse, il ne peut venir que par Namur et donnant ordre à M. de Beauprés de tenir de fréquents partis en campagne du côté dudit Namur, et de tirer un certain nombre de coups de canons si quelque corps considérable marchoit vers vous, vous ne pourrez manquer d'être averti assez à tems pour prendre le parti que vous jugerez à propos, S.M. vous recommande aussi de contenir les troupes qui sont à vos ordres de maniére qu'elles ne soient à charge au pays qui est sous son obéissance dans lequel vous subsisterez que pour le fourage, S.M. vous recommandant toutefois d'empêcher autant que faire se pourra que l'on coupe les grains, et en cas que l'infanterie qui est à vos ordres vienne à manquer de vaches, elle trouvera bon que vous en envoyiez enlever dans la Comté de Namur.

S.M. désire aussi que vous en envoyez aux ordres de M. du Montal les deux régiments de Cavalerie qui sont à vos ordres, moyennant quoi il ne vous restera que les deux régiments de dragons.

Je suis &.

No. 17

A M. du Montal
à Versailles le même jour 8e Juin 1684

M. le Comte du Plessis devant rester sous Charlemont pendant 10 ou 12 jours, le Roy a trouvé bon qu'il envoyât à vos ordres les deux régiments de Cavalerie qu'il a avec lui, dont l'un est Cavalette et l'autre Schomberg; vous vous servirez de ces deux régiments pour avec le surplus de la cavalerie qui est restée à vos ordres, contenir la garnison de Charleroy, et l'empêcher de continuer à se promener dans les pays de l'obéissance du Roy, avec la même familiarité qu'elle y est venue pendant le siége de Luxembourg, vous pouvez aussi faire faire dans le pays ennemi, les courses nécessaires pour obliger les pays de contribution à recommencer les payements qu'ils ont discontinué pendant le dit siége.

No. 18

M. de Louvois à M. de St Pouenges. à Versailles le 8 Juin 1684.

Il paroit par les lettres de M. le Mal de Crequy, que M. le Comte du Plessis doit être parti aujourd'huy d'auprés de Luxembourg pour se rendre en six jours à Charlemont où il arrivera par conséquent le 13 ou le 14 de ce mois; Je dis le 13 ou le 14 parce que je ne sais point s'il ne sera point obligé de faire quelque séjour, Je lui écris présentement la lettre dont copie sera cy jointe, aussi bien que de celle de M. du Montal, je vous prie de rendre compte à M. le Mal de Schomberg de ce qu'elles contiennent n'ayant rien à lui mander présentement.

Je ne doute point que Mondit Sr Mal de Schomberg ne marche vers Lessines, aussitôt que les troupes de M. du Montal, et le corps de M. de la Trousse l'auront rejoint.

No. 26

A M. le Mal de Schomberg
à Versailles le 11e Juin 1684.

Je ne vous puis mieux informer des ordres que S.M. juge à propos d'envoyer à M. le Comte du Plessis, qu'en vous envoyant la copie qui sera cy jointe de la lettre que je lui écris par ordre de S.M., j'y ajouterai seulement que comme M. le Comte du Plessis a avec lui 100 caissons de l'équipage de l'armée d'Allemagne, 800 chevaux de Gauthier, les Ingenieurs, et des officiers d'artillerie dont le séjour sous Maubeuge ne pourroit que consommer beaucoup de fourages et donner des vues aux ennemis qu'il est bon de leur ôter, S.M. estime à propos que vous ordonniez à Mondit Sr le Comte du Plessis, aprés qu'ils auront séjourné un ou deux jours à Maubeuge, de vous les envoyer par Condé, Mortagne et Tournay, le chargeant de les faire éscorter jusqu'à Bavay; M. de Bulonde de pourvoir à leur sureté depuis Bavay jusqu'à Condé, et de Condé jusqu'à Tournay d'où S.M. désire que vous pourvoyez à les faire passer surement à l'armée que vous commandez.

Je suis tout à vous.

No. 27

A M. le Comte du Plessis
à Versailles le 11e Juin 1684

Monsieur,

Depuis ce que je vous ai mandé de l'intention du Roy concernant votre séjour sous Charlemont, S.M. désire qu'aprés avoir demeuré audit camp sous Charlemont un, deux ou trois jours, suivant qu'il sera nécéssaire pour que vous puissiez avoir du pain d'avance pour les troupes, vous passiez la Meuse pour vous rendre à Maubeuge en faisant des journées qui ne fatiguent point l'infanterie, qu'en cas qu'il n'y ait point de corps considérable de troupes ennemies à Charleroy ou à Namur vous preniez le chemin de Philippeville et de Beaumont, que si quelque corps de troupes ennemies considérable étoit à portée de la

Sambre, vous passiez par Mariambourg et Fort le chateau, que vous écriviez à M. de Schomberg par le courier qui vous rendra cette lettre, qui a un passeport pour passer en sureté, le jour que vous marcherez et les journées que vous ferez.

Vous devez mener avec vous non seulement les 10 bataillons d'infanterie qui sont à vos ordres, et les deux regiments de dragons, mais encore les equipages d'artillerie, des vivres et [----] Gauthier, et les ingénieurs qui ont marché à votre suite.

Vous chargerez le courier que vous enverrez à M. de Schomberg d'une lettre pour M. Fautrier intendant à Maubeuge, qui lui marquera le jour que vous y pourrez arriver, et la quantité de pain qu'il faudra qu'il vous tienne prête, tant pour la subsistance journaliere du corps de troupes qui doit rester sous Maubeuge jusqu'à nouvel ordre du Roy, ou de M. de Schomberg, que pour faire que vous en ayiez pour sept ou huit jours d'avance lorsque vous pourrez recevoir ordre de marcher.

S.M. vous recommande de donner les ordres nécéssaires pour empêcher que l'on ne se campe sur les glacis de Maubeuge, ni que l'on ne fasse aucun préjudice aux ouvrages de la place.

Je suis./.

No. 31

A M. Charuel à Versailles le 11 Juin 1684.

Le Roi envoyant ordre à M. le Mal de Créquy de faire marcher au secours de M. l'Electeur de Cologne 5 Bataillons d'Infanterie et deux Régiments de Cavalerie sous le commandement de M. de Ranty a destiné le Commissaire Corselles pour avoir l'inspection sur la police et payement de ces troupes, je lui mande présentement de se rendre en toute diligence près de vous pour recevoir les instructions de ce qu'il a à faire, qui doit être de se rendre près M. le Mal de Créquy pour, en attendant que M. de Ranty marche, faire sous le commandement de M. de la Coudroy les fonctions ordinaires de Commissaire lorsque ledit Corps devra marcher, d'envoyer à ses suites deux Commis entendus pour faire que le pain soit fourni sur le pied qu'il se fait en Campagne à tout ce Corps pour la facilité de laquelle fourniture le Roi désire que le Sr Jacquier fasse marcher 25 Caissons à la suite dudit Corps.

Ledit Commissaire Corcelles doit donner des soins pour la manutention du dit Corps et pour sa conservation pour qu'il soit contenu en bon ordre dans les Etats de M. l'Electeur de Cologne en sorte qu'il ne soit à charge aux sujets de Mondit Sr l'Electeur que pour le simple fourrage.

Qu'afin que les Officiers et Soldats puissent être contenus en meilleur ordre le Roi trouve bon que pendant que ledit Corps séjournera dans [*unfinished in manuscript*].

No. 36

A M. le M[al] de Schomberg
à Versailles le 12 Juin 1684

J'ai reçu la lettre que vous avez pris la peine de m'écrire le 9e de ce mois, le Roy approuve fort l'ordre que vous avez donné à M. du Montal d'interrompre autant que faire se pourra le commerce entre Chapelet et Charleroy, et ce que vous avez dit à M. le Comte d'Auvergne sur le peu d'application des officiers subalternes à contenir les cavaliers, S.M. fera casser ceux desdits officiers qui ne donneront pas les soins nécéssaires pour empêcher que les cavaliers ne s'écartent, lesquels cavaliers S.M. vous recommande aussi de faire sévérement punir, n'y ayant que cette voie pour les remettre dans la discipline.

S.M. attendra avec inquiétude des nouvelles du parti que vous avez renvoyé sur la Dendre, ayant eu avis que les garnisons de Cavalerie d'Oudenarde, de Gand et Bruges avoient marché de ce côté la.

Ce que vous me marqués du peu de fourage qu'il y a aux environs de Mons mérite une grande réflexion et comme je viens d'écrire une lettre fort ample sur cela à M. de Chamlay que je lui ai mandé de vous lire, je vous suplie de trouver bon que je me remette à ce que contient la susditte lettre et que je vous supplie d'y répondre tout comme si elle vous étoit écrite.

L'intention du Roy est que M. du Montal reste dans l'entre Sambre et Meuse pour veiller à la conservation du pays.

La brigade des gardes du Roy doit être commandée par M. de la Fitte et composée seulement des gardes du Roy, gendarmes, chevaux légers, mousquetaires et grenadiers.

M. de St Esteve doit servir dans la Compagnie dont il est sans plus faire de fonctions de brigadier, que lorsque dans des détachements les troupes de cette brigade se trouveront mélées avec de la petite Gendarmerie, de la cavalerie ou des dragons.

La petite gendarmerie doit faire une brigade à part sous M. de Sebbeville.

Les lettres de M. le Comte d'Avaux du 8e de ce mois, portent que la ville d'Amsterdam et les provinces de Frise et de Groningue, continuent à faire tout ce qui peut dépendre d'elles pour faire accepter les propositions de S.M. pendant que le pensionnaire Fagel fait tout de son mieux pour les en empêcher, que les députés des Etats qui ne sont point de la dépendance du prince d'Orange trouvent fort mauvais qu'il soit parti pour aller à Villevorden sans leur consentement, et que l'on n'y fait aucune réflexion sur les visions dont les lettres du Comte de Valdeck sont remplies.

Je suis tout à vous./.

No. 37

A M. de Chamlay
à Versailles le 12 juin 1684

J'ai reçu votre lettre du 8e de ce mois qui contient les réflexions que vous faites après avoir vu le peu de fourages qu'il y a aux environs de Mons, sur le siège que l'on pourroit faire en cas que les Hollandois ne se portent point à profiter des offres que S.M. leur a fait faire, sur quoi je vous dirai que vous ne devez point croire qu'il soit plus difficile de fournir les choses nécéssaires pour le siège de Namur que pour celui de Mons, parce que à force de Charrois dont les Etats du Roy ne manquent point, l'on surmontera aisément les difficultés qui peuvent se rencontrer à la voiture des munitions nécéssaires pour le siège de Namur, qui, pourvu que l'on puisse avoir cinq ou six jours pour s'y établir, sera peut être plus aisé que celui de Mons, mais je ne puis croire que le Mis de Grane qui connoit de quelle importance est cette place pour la manutention des pays bas, et que rien n'empêche d'y mettre autant de monde qu'il désire la laisse en état d'être assiégée, et en éffet, je reçois présentement des lettres de Dinant, et de Philippeville qui portent qu'il y est entré plusieurs régiments d'infanterie dont on me mandera le nombre par l'ordinaire prochain; si cette nouvelle est véritable comme il n'y a pas lieu d'en douter, l'action des armes du Roy ne peut avoir pour objet qu'Ath, Mons, ou Charleroy, vous savez les difficultés de Mons qui me paroissent invincibles par manque de fourage, à moins que les mars[1] qui deviendront bons à faucher dans les premiers jours du mois prochain, ne puissent servir à la subsistance de l'armée; Ath est apparemment mal fourni de munitions de guerre, et il y a peu de garnison, ainsi la bonté de la place sera le seul obstacle à sa prise, laquelle ne sera pas beaucoup retardée si les ennemis n'y jettent pas plus de monde et les difficultés que l'on pourroit trouver au passage de son fossé par le courant des eaux, seront facilement surmontées par des expédiens que j'ai entendu proposer à M. de Vauban et seront beau-

[1] les mars=grains sown in the month of March.

coup diminuées par la sécheresse de la saison, l'ennemi ne pourra oter à l'armée la communication de Tournay ou de Condé, et l'on pourra faire sur la Dendre tant de ponts que les quartiers n'en seront point séparés.

Charleroy n'est pas mieux fourni de troupes et de Munitions qu'Ath, la seule difficulté qu'il y aura sera la circonvallation, à cause de l'inondation de la basse ville, laquelle je ne doute point que M. de Vauban ne fasse écouler en deux ou trois jours de tems, cette place ne peut être attaquée que par le faubourg de Bruxelles, par ou elle est fort commandée, et l'on peut tenir pour assuré qu'avec les bombardiers que le Roy a, les cavaliers de cette place et la redoute qui est dans l'Etang, seront bientôt mis hors d'état de nuire aux troupes du Roy.

Les vivres et les munitions viendront de Maubeuge, et de Philippeville, que les ennemis ne sauroient réussir à nous ôter, ainsi l'atttaque de ces deux places étant à peu près également facile, il reste à éxaminer qu'elle est celle dont la conquête peut être plus utile, Ath donnera moyen d'établir pendant l'hiver des garnisons sur la Dendre et facilitera la prise de Mons pendant l'hiver, Charleroy met à couvert les pays du Roy, met en état d'attaquer Namur au commencement du printems et d'établir pendant l'hiver du monde à Nivelle et peut-être à Hall.

Je sais que la prise d'une de ces deux places ne portera pas le coup mortel aux pays-bas, qu'elles ne sont pas de la même conséqences que Mons et Namur, mais si la garnison de Namur est aussi forte que l'on le mande, et qu'il n'y ait pas de fourage pour subsister autour de Mons, il vaut mieux prendre l'une de ces deux places que de ne rien faire, l'on pourroit même après la prise d'Ath aller impunément jetter des bombes dans Bruxelles; et finir la campagne par bruler Mons ensuite.

Lisez cette lettre à M. de Schomberg auquel j'écris pour le supplier de me mander son avis sur ce qu'elle contient, mandez moi le votre sur ce qu'elle contient et celui de M. de St Pouenge, cependant croyez moi toujours tout à vous.

No. 49

A M. de St Pouenges
à Versailles le 19 Juin 1684

J'ai reçu votre lettre du 15e de ce mois, avec celle de M. de Chamlay qui est de même datte, lequel, comme je l'espére, voudra bien que celle cy luy serve de réponse.

La copie qui sera cy jointe de la lettre que j'écris par ordre du Roy à M. de Schomberg, traite si amplement la matiere sur laquelle le Sr de Chamlay s'étoit étendu dans la lettre qu'il m'a écrite, que j'ai peu de choses à y ajouter, que pour vous dire qu'il me semble que pour réussir a investir Namur, Il faudra que pendant que M. de Schomberg marchera entre Baisne le Comte et Nivelle, M. le Comte du Plessis s'avance à Binche pour prétexte de lui envoyer du pain, qu'en éffet il lui en envoye, que M. le Mal de Schomberg envoye un corps de Cavalerie un peu considérable pour prendre ce pain, duquel corps un détachement éscortera les caissons jusqu'au lieu où M. de Schomberg sera convenu d'envoyer au devant desdits caissons, et que cependant M. le Comte du Plessis renforcé dudit corps de cavalerie, marche laissant Charleroy à sa droite, et qu'aprés y être arrivé, il détache le corps de cavalerie que M. de Schomberg lui aura envoyé, qui ne peut être moindre de 3 à 4000 chevaux pour aller investir Namur entre la Sambre et le dessous de la Meuse.

L'on pourra faire que le même jour 25 ou 30 escadrons de l'armée de M. le Mal de Créquy arrivent sur la Meuse au dessous de Namur, la passent à gués, et fortifient de maniére le corps que M. le Comte du Plessis aura détaché, qu'il se trouve dans ce quartier là plus de cavalerie que M. le Prince d'Orange et le Mis de Grane n'en peuvent joindre ensemble, lesquels apparemment ne seront pas tentés de penser à ce secours, pendant que M. de Schomberg sera à portée de marcher à Bruxelles, et mondit Sr le Maréchal marchant vers Genap le même jour que M. le Comte du Plessis partira de la hauteur de Charleroy, il se trouvera toujours entre Namur et les ennemis et ainsi arrivera apparemment au tour de cette place auparavant que les ennemis soient préparés à partir de Bruxelles.

Je ne pense pas qu'il faille du monde du côté du faubourg de Jambes, et je crois que les garnisons de cavalerie et de dragons qui sont dans le Haïnaut, arrivant en même tems que les premiéres troupes entre la Sambre et la haute Meuse, cette place pourra demeurer en cet état jusqu'à l'arrivée de mondit Sr de Schomberg.

Examinez avec M. de Chamlay tout ce que dessus, et si vous croyés qu'il y ait quelque vue dont il soit utile de profiter, vous en pourrés faire part à mon dit Sr le Mal, vous observerez qu'en ce cas là, il faudra envoyer, à l'avance, des caissons sous Maubeuge; vous éxaminerés s'il les faut faire passer Condé, ou entre Mons et Binche.

Je vous prie, dans le projet que vous m'enverrés, de me marquer un jour, c'est-à dire que supposant que Namur doit être investi un tel jour, quels seront les jours que chaque mouvement se devra faire, afin que si le Roy avance ou recule de quelques jours l'on puisse voir tout d'un coup de combien devront être avancés ou reculés touts les mouvements dont votre projet fera mention./.

No. 54

A M. le Cte de Montbron
A Versailles le 21 Juin 1684

M.

Comme il n'y a point présentement de Cavalerie Espagnole du côté de Flandre je ne doute point que vous preniez ce temps là pour faire éxécuter fort sévérement les villages qui se trouveront en reste de la contribution, et bruler les maisons qui se trouveront désertes.

Je suis./.

No. 61

A Monsieur le Mal de Schomberg
à Versailles le 23 Juin 1684

J'ai lu au Roy la lettre que vous avez pris la peine de m'écrire le 18 de ce mois, S.M. s'attend que vous continuerés à faire éxécuter tous les villages qui sont en reste du payement de la contribution, et à faire punir si sévérement les soldats qui iront en maraude, que l'armée se contienne dans la bonne discipline nécéssaire à sa conservation.

Il n'y a point d'apparence que les Espagnols pensent à vous abandonner Bruxelles en marchant du côté de Dendermond, et S.M. cependant m'a commandé de vous faire savoir, qu'elle trouvera bon que vous régliez vos démarches sur celle que vous leur verrez faire, observant que si la paix n'est pas faite dans toute la semaine prochaine, elle vous enverra ordre pour attaquer une des places mentionnées[2] dans la lettre que le courier de Neuville doit vous avoir rendu présentement.

Je suis tout à vous./.

No. 65bis

A M. le Mal de Schomberg
à Versailles le 25 Juin 1684

Le courier que vous avez chargé M. de Pouenges de me dépêcher étant arrivé ici pendant le diner de S.M., je lui ai rendu

---

[2] Marginal note: c'étoit Namur, Mons, Ath et Charleroy.

compte de ce que contenoit le paquet de M. le Comte Davaux, que vous m'avés adressé; S.M. attendra avec impatience des nouvelles de la résolution qui doit avoir été prise hier par les états génér-aux, et elle vous recommande de lui faire passer en toute diligence, l'avis que vous en donnera M. Davaux; cependant S.M. trouvera bon, que tant que vous verrez M. le prince d'Orange demeurer au camp où il est, et que les troupes de Hollande ne feront point d'acte d'hostilité contre celles du Roy, vous n'entrépreniez rien contre lui, jusqu'à nouvel ordre de S.M. qu'elle vous enverra aussitôt aprés avoir appris par M. Davaux, la réponse qui doit lui avoir été rendue hier au soir.

Je suis toujours trés véritablement tout à vous./.

No. 85

A M. le M[al] de Schomberg
à Versailles le 2e Juillet 1684.

La lettre que vous m'avés fait l'honneur de m'écrire le 26e du mois passé m'a été rendue: elle ne désire de réponse que pour vous dire que S.M. sera bien aise que vous ne changiez point de camp, jusques à ce que ayant vu le traité qui a été signé à la Haye, elle vous envoye d'autres ordres pour vous donner moyen de faire vivre plus commodément l'armée que vous commandez: cependant elle trouve bon que vous fassiez consommer les fourages que vous aviez conservé du côté d'Ath. Je suis tout à vous./.

No. 87

A Monsieur le M[al] de Schomberg
à Versailles le 4 juillet 1684

La lettre du Roy qui sera cy jointe, et le mémoire pour servir d'instruction[3] à M. de Chamlay, vous informeront si particulierement de la résolution que S.M. a prise aprés avoir entendu la lecture du Traité signé à la Haye le 29e du mois passé, que j'ai peu de choses à y ajouter.

Quoique S.M. ordonne à M. de Chamlay de m'adresser de Bruxelles une relation de ce qui se sera passé entre lui et le Mis de Grane, S.M. ne laisse pas de désirer que vous lui envoyéz un courier exprés aussitôt aprés le retour dudit Sr de Chamlay prés de vous, pour lui en rendre compte, afin que si les Espagnols retenoient son paquet à la poste de Bruxelles, elle ne manque pas d'en être informée.

---

[3] Marginal note: Ces deux Expéditions manquent.

J'adresse présentement à M. le Mal d'Humieres les ordres de S.M. nécéssaires pour qu'il donne les siens aussitôt qu'il en sera par vous requis pour l'éxécution de ce dont on sera convenu à Bruxelles.

L'intention de S.M. est que vous fassiez partir le plûtot que vous pourrez après avoir reçu cette lettre les bataillons qui seront mentionnés en l'Etat cy joint, avec les équipages dont vous seréz requis par M. de St Pouenges, les faisant escorter avec le nombre de cavalerie que vous estimerez à propos, jusqu'à Tournay où j'aurai soin de faire trouver les ordres de S.M. nécéssaires pour marcher en deça.

S.M. attendra à vous envoyer ses ordres sur les lieux où vous devrez faire subsister l'armée que vous commandez pendant la suspension d'armes, jusques à ce qu'elle ait eu des nouvelles de ce qui se sera passé à Bruxelles, cependant elle m'a commandé de vous dire que lorsque vous aurez consommé les fourages d'entre le camp où vous êtes et Ath, vous pouvez marcher du côté de [----] pour vous rapprocher des fourages et fourager de là ou vous jugeréz à propos, pourvu que ce ne soit point d'une petite lieue des villes fortifiées des Espagnols.

S.M. jugeant inutile le plus long séjour à l'armée d'un aussi grand nombre d'officiers généraux qu'il y en a, a trouvé bon que vous permissiez à ceux mentionnés au Mémoire cy joint d'en partir pour se rendre auprès de S.M.

Je suis trés véritablement tout à vous./.

P.S. Depuis cette lettre écrite, j'ai relû le traité qui porte que l'on ne campera point à une lieue des villes fortifiées, ainsi vous pouvez consommer les fourages qui se trouveront à la portée du canon desdites places./.

No. 89

Lettre de M. de Louvois à M. le M[al] de Schomberg
à Versailles le 11e Juillet 1684.

Je suis en peine de n'avoir point de nouvelles de M. de Chamlay, cependant toutes les lettres que l'on reçoit de Flandre portant que les Espagnols y ont fait publier la suspension d'armes, S.M. a jugé à propos de vous informer des mesures qu'elle a prise pour la subsistance de l'armée que vous commandez pendant les six semaines qui ont été données aux Espagnols pour accepter la trêve.

S.M. a estimé de son service de nommer 22 bataillons pour

marcher du côté de Nacarre, vous en trouverez l'Etat[4] cy joint, et parce qu'il vous resteroit peu d'infanterie laquelle ne pourroit que diminuer par les maladies et les désertions, si elle continuoit à camper, S.M. désire que vous renvoyéz toute l'infanterie à Tournay la faisant escorter par tel nombre de Cavalerie que vous jugerez à propos et comme S.M. sera bien aise de ménager les Environs de Tournay autant que faire se pourra elle estimeroit que vous pourriez faire marcher cette infanterie à deux lieues dudit Tournay, ou aprés avoir toute séjournée un jour elle pourroit dans les 3 ou 4 premiers jours suivants, s'acheminer à Tournay, suivant le projet adjoint, auquel S.M. se remet à vous de changer ce que vous jugerez à propos.

Etant inutile de conserver des officiers, ni des charettes d'artillerie sans infanterie, S.M. trouve bon que vous donniéz ordre à M. du Metz de la reconduire toute à Tournay, de renvoyer à Douay tous les officiers et d'y faire resserrer les charettes, aprés quoi il renvoyera les charettes d'artillerie au Camp que vous feréz sur la Sambre, ainsi qu'il vous sera marqué cy aprés pour y subsister plus commodément jusques à nouvel ordre de S.M.

A l'égard des officiers, l'intention de S.M. est que M. du Metz les licencie à la réserve de ceux que l'on pourra entretenir pour 9000#[5] par mois, lesquels demeureront à Douay en état de marcher au premier ordre que S.M. pourra leur en envoyer, et afin que ceux qui seront licenciés ayent de quoi s'en retourner chez eux, S.M. trouve bon que M. l'Intendant leur fasse payer toute leur solde jusques à la fin du prochain mois.

Le Vaguemestre devra aussi marcher à Tournay avec l'Infanterie, pour de là s'en retourner à sa garnison avec le détachement de sa compagnie.

A l'égard de la cavalerie et des dragons qui vous resteront, l'intention de S.M. est qu'avec les 55 Escadrons mentionnés en l'Etat cy joint, vous vous rendiez au Chasselet ou S.M. désire que vous les fassiez subsister jusques à ce que voyant les démarches que feront les Allemands, elle puisse vous envoyer les ordres de marcher du côté d'Alsace avec les susdits 55 Escadrons.

Que vous ordonniez à M. de la Trousse de se rendre avec M. le Marquis d'Huxelles et les 34 Escadrons de cavalerie ou Dragons qui sont présentement à l'armée, et les 15 qui le doivent joindre à la Nivelle ou en tel lieu des environs que vous le jugeréz plus à propos, à M. le Mis de Boufflers de se rendre avec M. Rosen et

[4] Marginal note: Il manque.

[5] # indicates livres

les 31 Escadrons de l'armée, mentionnés en l'état cy joint, et les 21 des garnisons qui le joindront sur la riviere qui passe auprés de Chevres pour y subsister jusqu'à autre ordre de S.M. qui estime que moyennant l'éxécution de ce projet, le Marquis de Grane avec le peu de cavalerie qu'il a, ne sera point tenté de manquer à ce qui aura été stipulé pour la suspension d'armes, et que si contre toutes les apparences, les troupes de Hollande que S.M. suppose être remarchées en leur pays, retournoient en Flandre, vous seriez en état de rejoindre tous ces corps en attendant que sur la connoissance que vous en donneriez à S.M., elle vous envoyat d'autres ordres.

Suivant cette destination, M. le Duc de Choiseul doit rester auprés de vous pour lieutenant général, et Ms de Schomberg, Chevalier de Tilladet, St Ruë, pour Maréchaux de Camp.

L'intention de S.M. est que M. de Breteuil partage les commissaires qui lui restent entre ces trois corps, qu'ils pourvoyent à ce qu'ils soient régulierement payés de leur solde, et que vous recommandiez à ceux qui les commandent de tenir la main à ce que les officiers fassent le prêt réguliérement.

Que par les villages à portée desdits camps il soit fourni des vaches, de maniere que l'on puisse continuer à en fournir à la cavalerie et aux dragons la quantité qui sera jugée nécéssaire par Mondit Sr de Breteuil.

Que les chevaux des vivres soient partagés [----] que de Valenciennes ou de Condé le pain soit fourni au corps de M. de Boufflers, de Thuin à M. de la Trousse, et de Philippeville ou de Dinant à celui qui restera à vos ordres.

Que vous donniez à Mesdits Srs de la Trousse et de Boufflers ordre de pourvoir à l'escorte des caissons, de sorte qu'ils ne puissent être insultés ni par les paysans ni par les troupes d'Espagne, qui pourroient courir le pays. Je suis tout à vous./.

Note: Il a été expédié trois états pour joindre à cette lettre, savoir, celui des 22 bataillons pour aller en Navarre, celui des 55 Escadrons qui doivent rester avec M. le Mal de Schomberg, et celui des 31 qui seront sous les ordres de M. le Mis de Boufflers pour aller vers Chevres;

Les minutes des dits Etats sont au bureau de M. de Jossigny./.

No. 90

A M. le Mal d'Humieres
A Versailles le 12 Juillet 1684.

Sa Majesté désirant de sa part se conformer entiérement à ce qui est porté par l'Article 8 du Traité signé à la Haye le 20 du mois passé m'a commandé de vous faire savoir qu'elle désire que vous envoyiez ordre à tous les Gouverneurs qui sont sous votre commandement de ne plus faire sortir aucun Parti, et de faire cesser tous actes d'hostilité jusqu'à nouvel ordre, leur recommandant de vous donner avis par des Couriers exprès s'il en étoit commis quelqu'un de la part des Espagnols, de quoi vous rendriez compte à S.M. avec la même diligence.

Je suis./.

P.S. J'oubliois de vous dire que l'état où sont les Espagnols ne donnant pas lieu de croire qu'ils pensent à recommencer des actes d'hostilité, il paroit inutile à S.M., tant qu'ils se contiendront, de fatiguer des Troupes à la garde des Retranchemens d'entre l'Escaut et la Lis et ladite Lis de Dunkerque ni de faire d'autre garde sur l'anneau que contre des voleurs./.

No. 91

A Monsieur le M[al] de Schomberg
à Versailles le 12e Juillet 1684

Ayant retardé le départ de ce courier jusqu'à ce matin dans l'espérance que celui de M. de Chamlay pourroit arriver, j'ai reçu à mon réveil la lettre qu'il m'a écrite de Bruxelles avanthier à deux heures aprés midi, de laquelle ayant rendu compte au Roy, Sa Majesté m'a commandé d'écrire à M. le Mal d'Humieres d'envoyer ordre dans toutes les places de son gouvernement, pour faire cesser les actes d'hostilité en éxécution du 8eme article de la convention faite à la Haye, Sa Majesté envoye le même ordre à M. de Lambert et à M. de Joyeuse et elle désire que vous fassiez éxécuter la même chose par les troupes qui sont à vos ordres, et que renvoyant mondit Sr de Chamlay à Bruxelles, vous le chargiéz de dire à M. le Mis de Grane que le 8e article de ladite convention faite à la Haye, que le Roy n'a reçu que le 4e de ce mois obligeant S.M. a faire cesser tous actes d'hostilité dans les pays bas Espagnols, pendant six semaines à compter du jour de la signature de la dite convention si les Espagnols s'en abstiennent, elle a envoyé ses ordres pour faire qu'il y soit satisfait de son côté, et que cela continuera jusqu'à ce que de la part des troupes du Roy catholique il en soit commencé quelqu'un, et que cependant c'est-à dire jusqu'à l'arrivée des ratiffications d'Espagne, les troupes du Roy subsisteront ainsi qu'il est porté par ladite convention, dans les endroits du plat pays Espagnol non compris dans le billet de M. Davaux, de quoi S.M. a bien voulu que mondit Sr le Marquis de Grane soit informé, afin qu'il puisse prendre ses mesures comme il le trouvera bon; que pendant les dites six semaines, il ne sera fait aucune éxécution pour les contributions, mais que conformément à l'article 7e de la dite convention, elles seront continuées aprés l'échange des ratiffications contre les communautés qui n'auront pas donné les cautions prescrites par le sus dit article, aprés quoi le Sr de Chamlay se retirera en faisant entendre à M. le Mis de Grane que s'il est commis par les troupes du Roy catholique quelque acte d'hostilité pendant les dites six semaines, les sujets du Roy son maître le paieront chérement.

Si ledit Mis de Grane demande audit Sr de Chamlay réponse sur le mémoire qu'il lui en a fait donner, il lui répondra sur les 1er, 2eme, 4eme et 5eme articles, que l'article 7eme de la convention réglant ce qui concerne lesdits 3 articles, il n'y a rien à y régler si ce n'est que si pour faciliter l'éxécution dudit 7eme article il n'est question que de quelques mois de plus, il est persuadé que S.M. ne les refusera pas.

Sur les 3 et 9e articles, que ce dont il se plaint ne seroit point arrivé si les troupes du Roy son maître n'avoient point fait de désordre dans les terres de S.M.

Sur le 6eme que les actes d'hostilité ont du continuer jusqu'à l'établissement de la suspension et que S.M. avoit donné ses ordres pour envoyer vers lui ledit Sr de Chamlay dès le même jour 4eme de ce mois que le traité signé à la Haye lui a été apporté par un courier qui n'a pu lui arriver plûtot, à cause qu'il n'a pu suivre la route des postes par le pays bas Espagnol.

Sur le 7eme que le Roy d'Espagne ne pouvant avoir rien à voir dans ce qui se passe à Courtray et dans sa Chastellenie, qu'aprés la ratification, l'on n'a pu demander à cette Chastellenie les rentes dues aux sujets d'Espagne jusques au jour de la dite ratification.

Sur le 8eme que ne sachant ce que c'est que le Walon Brabant, on n'a pu rien répondre à M. de Chamlay sur les fourages que l'on y a brulés.

Sur les 10e et 11e que l'on n'a pu et du continuer les éxécutions permises pendant la guerre que les Espagnols ont déclaré jusques à ce que la suspension d'armes ait été établie de commun concert et que si M. le Mis de Grane qui a beaucoup plus d'interêt à cette suspension pour les sujets du Roy son maître, que S.M. n'en a pour les siens, avoit fait les mêmes pas que S.M. a fait pour établir ladite suspension, il auroit évité les éxécutions dont il se plaint.

S.M. désire que vous ordonniez à mondit Sr de Chamlay de dépêcher un courier aprés qu'il aura rendu audit Mis de Grane les réponses cy dessus, par lequel il me mettra en état de rendre compte à S.M. de tout ce qui se sera passé entre ledit Mis de Grane et lui, Je suis tout à vous./.

Il a paru au Roy que M. le Mis de Grane n'a refusé de convenir d'une suspension d'armes que pour éssayer de porter S.M. a faire retirer son armée du pays bas espagnol, ou du moins de la faire subsister aux dépens de la Chastellenie de Courtray, sur quoi S.M. m'a commandé de vous faire savoir qu'elle désire que vous chargiez M. de Chamlay de lui éxpliquer que S.M. ne s'abstenant de faire dans les pays bas les conquêtes que personne ne pouvoit l'empêcher de faire pour satisfaire au traité signé à la Haye, il ne devoit point éspérer que les troupes du Roy se retirassent du plat pays Espagnol qu'aprés la ratification d'Espagne, et qu'il a d'autant moins de sujet de se plaindre du séjour qu'elles y feront quand ce traité auroit été signé par l'ambassadeur d'Espagne, il ne pourroit pas espérer que les troupes du Roy sortissent dudit pays qu'aprés l'échange des ratifications, cet usage ayant été observé pour les suspensions d'armes qui ont suivi la signature des traités des Pirênées, d'Aix la Chapelle et de Nimégue.

J'ajoute encore ce mot pour vous dire que le Roy trouve bon que vous permettiez à tous les colonels de l'infanterie qui étoit à vos ordres et qui vont à Tournay de s'en revenir ici.

J'oubliois de vous dire M. que l'établissement de cette suspension d'armes ne doit point vous empêcher de faire fournir aux troupes qui seront campées selon ce qui est porté par mon autre lettre, la viande qui leur est nécéssaire aux dépens des pays espagnols, et de permettre aux cavaliers de battre beaucoup de grains pour leur subsistance et en revendre le plus qu'ils pourront./.

No. 92

A M. le Mal de Schomberg.
à Versailles le 13 Juillet 1684

J'ai reçu par le courier que vous m'avez dépêché, la lettre que vous m'avez fait l'honneur de m'écrire le 11e de ce mois, vous devez être si particuliérement informé des intentions de S.M. tant sur les lieux ou pourront subsister les troupes que S.M. laisse à vos ordres, que sur ce qui regarde la suspension d'armes par les originaux et duplicata des lettres dont sont chargés les deux couriers que je vous depêchai hier, que je n'ai rien à y ajouter, si ce n'est que M. le Mis de Grane doit comprendre de ce que M.

de Chamlay lui dira, que le Roy se soucie fort peu que la suspension d'armes dure ou non, qu'aprés que pour satisfaire au Traité signé à la Haye elle aura été établie, si les Espagnols recommencent des actes d'hostilité, ils ne seront pas longtems sans s'en répentir, cependant S.M. approuve que vous ayiez fait garder le capitaine et les deux alfers[6] qui ont été pris en allant de Namur à Bruxelles, pour les rendre si M. le Mis de Grane convient de la suspension, et s'il n'en convient pas, les retenir prisonniers jusqu'à l'échange des ratifications.

S.M. a approuvé l'ordre que vous avez envoyé à M. de Maulévrier de ne plus faire faire d'éxécutions ce qui doit continuer tant que les Espagnols ne recommenceront point d'actes d'hostilité./. Je suis tout à vous.

Si vous jugez à propos d'envoyer copie de cette lettre à M. de Chamlay à Bruxelles, vous pourrez la lui envoyer sous prétexte de lui donner avis que le Roy a bien voulu laisser passer le courier de M. de Grane qui m'a rendu une lettre de sa part dattée de Bruxelles.

J'ajoute ce mot pour vous dire, Monsieur, que S.M. me commande de vous faire savoir qu'elle juge à propos qu'avec les trois corps de troupes que vous devez établir vers Chasselet, Rivelle et Chevres, il est bien à propos qu'il y ait quelques charettes de munitions pour en délivrer aux dragons si l'on venoit à en avoir besoin./.

No. 96

A Monsieur de Breteuil
à Versailles le 21 Juillet 1684

Le septiéme article du Traité signé à la Haye le 29e du mois passé dont copie sera cy jointe, portant que la levée des contributions sera continuée jusqu'au jour de l'échange des ratifications qui doivent être fournies par l'Espagne entre cy et le 15e du mois prochain, que l'on ne fera point d'éxécutions pendant les six semaines durant lesquelles l'on doit attendre lesdites ratifications et que l'on n'en fera plus ensuite des dites ratifications entre les pays qui auront donné des cautions solvables dans les terres de la domination du Roy, l'intention de S.M. est que vous mandiez incessamment à toutes les communautés redevables es[7] demandes qui leur ont été faites sous quelque prétexte que ce soit depuis la

[6] alfers, from the Spanish *alférez*; rank in Spanish army roughly equivalent to second lieutenant.

[7] es=en les

déclaration de la guerre jusques à présent de se rendre auprés de vous pour vous représenter les quittances des receveurs des contributions, et arrêter le compte de ce qu'ils redevront de reste jusqu'au dit jour 15 du mois d'août prochain, les avertissant que si elles n'ont pas satisfait en ce tems là en argent ou en caution, elles ne pourront éviter d'être éxécutées, jusqu'à ce qu'elles y ayent satisfait, et qu'elles payeront chérement les courses des troupes qui les iront éxécuter, comme il se pourra faire que les communautés qui, de bonne foi, voudront sortir d'affaire auront de la peine à trouver des cautions pour un prompt payement, S.M. veut bien que les dites cautions s'obligent de payer dans la fin de cette année même des payements égaux dans les 2 ou 3 premiers mois de l'année prochaine, pourvu que les dites cautions soient bonnes et resséantes dans les terres du Roy, cependant l'intention de S.M. est que vous mandiez tout le plûtot qu'il vous sera possible, un état de toutes les demandes que vous avez faites aux sujets du Roy d'Espagne, des sommes qu'ils ont payées, et ce dont ils se trouveront redevables au 15e du mois d'août prochain, observant de faire mention des pays qui ont fait des traités, et ceux des dits traités, dans lesquels il n'est pas stipulé qu'ils les ont fait, ne payeront qu'à proportion du tems que durera la guerre, doivent satisfaire entiérement aux sommes qu'ils ont promises bien que le payement desdites sommes les dut exempter de toutes les demandes pendant quelques mois audelà du 15e août prochain.[8]

Vous devez aussi m'envoyer un Etat de ce à quoi se montent les biens confisqués de votre département, ce qui en a été reçu, et de ce qui en sera du, jusqu'au 15e août prochain.[9]

Vous comprendrez s'il vous plaist dans l'état cy dessus ce qui restera du au Roy par la ville et Chastellenie de Courtray, tant pour l'acquit des demandes que vous leur avez faites devant et aprés leur réduction à l'obéissance du Roy, que pour les arrérages des rentes dues par les dites villes et Chastellenies aux sujets du Roy d'Espagne, et ce qui sera du à S.M. par les fermiers auxquels vous avez affermé le domaine.[10]

Vous observerez de comprendre dans l'état des biens confisqués ce qui est du des fermes du domaine de ladite ville et des arrérages dus par ladite ville aux sujets d'Espagne[11]./.

---

[8] Marginal note: Cette lettre jusqu'à la fin de cet article pour Ms de Breteuil, Fautrier, et Mahyeu.

[9] Marginal note: Cet article seul pour Ms Chevalier Desmadrys, La Goupillere et Charuel.

[10] Marginal note: Cet article seul pour M. de Breteuil.

[11] Marginal note: Cet article à Desmadrys.

No. 97

A Monsieur de Chamlay
à Versailles le 21 Juillet 1684

J'ai lu au Roy votre lettre du 19 de ce mois, par laquelle S.M. a vu ce qui s'est passé entre vous et le Mis de Grane, qui a fait clairement connoitre à S.M. que le dit Marquis ne cherche qu'à obtenir quelqu'avantage dans la suspension d'armes, ou à gagner le tems de l'échange des ratifications, sur quoi S.M. m'a commandé de vous faire savoir, qu'en cas que vous ne soyiez point convenu avec ledit Mis de Grane de retourner à Bruxelles un jour préfixé, S.M. trouve bon que vous difériez à y aller jusqu'à ce qu'il vous en fasse solliciter, en un mot que vous diferiez d'y aller autant que vous le pourrez honnêtement, que lorsque vous ne pourrez vous en empêcher vous retourniez audit Bruxelles, et lui disiez qu'il n'est point question de convenir d'un Traité de suspensions d'armes qu'il n'y a qu'à lire ce qui est porté dans le Traité de la Haye, et l'éxécuter.

Que si dans l'acte à passer pour cela, il ne veut point faire mention du traité de la Haye, le Roy ne le trouvera point mauvais, pourvu que dans ce que vous dresseréz pour signer avec ledit Mis de Grane vous vous serviez de termes qui ne signifient que la même chose que ce qui est réglé par le Traité de la Haye.

Vous observerés de porter avec vous un pouvoir de M. le Mal de Schomberg pour vous autoriser à signer avec ledit Marquis de Grane, ou celui qu'il nommera, un traité pour la suspension d'armes, cependant, afin que M. le Mis de Grane puisse être informé de l'intention du Roy sur chacun des articles qu'il vous a proposé, je vous envoie une copie de son mémoire, à côté de chacun des articles duquel vous verréz quelles sont les intentions de S.M.

Depuis cette lettre écrite j'ai reçu par le courier dépêché par M. le Mal de Schomberg le duplicata de la lettre à laquelle je viens de répondre, et celle que vous m'avez écrite de Nivelle le 19e de ce mois au soir, vous verréz par ce que je vous ai marqué cy dessus que le Roy a prévenu la proposition que vous faites sur la maniere de répondre à M. le Mis de Grane, laquelle S.M. approuve fort, vous lui ferez seulement observer que s'il n'y a point de suspension d'armes réglée entre M. de Schomberg et lui, ceux qui commandent les corps de troupes aux ordres de M. de Schomberg ne pourront s'empêcher d'envoyer de fréquents partis pour veiller aux démarches des Garnisons Espagnoles, lesquelles ne laisseront pas, quelqu'ordre qu'on leur donne, d'être à charge au pays, au lieu que si une suspension avoit été réglée entre M. de Schomberg et lui, l'on pourroit faire observer un meilleur ordre dans le pays, à quoi les sujets du Roy son maître ayant seuls interêt, il peut prendre tel parti qu'il lui plaira, se souvenant seulement que les commandants des troupes, et gouverneurs des places de S.M. ont ordre de suspendre tout acte d'hostilité jusqu'à ce qu'il en ait été recommencé de la part des troupes de S.M. Catholique, et qu'à l'égard des armateurs, le Roy ne fera point de difficulté d'ordonner quil se sera plus fait de prise de part et d'autre à commencer du jour dont on conviendra, pourvu que ce que le Mis de Grane promettra à cet égard soit éxécuté non seulement par les armateurs d'Ostende mais encore par les autres sujets du Roy d'Espagne qui ne sont pas sous la charge du Mis de Grane.

Je garderai ce courier de M. de Schomberg jusqu'à lundy à midi, afin que si S.M. recevoit quelque nouvelle de Hollande qui lui fit juger à propos d'ajouter quelque chose à ce qui est cy dessus expliqué de ses intentions, il put vous les porter diligemment, ainsi vous ne partirez point pour Bruxelles, quand même le Mis de Grane vous en presseroit, qu'après l'arrivée du courier de M. le Mal de Schomberg./.

No. 99

A Monsieur le M[al] de Schomberg
à Versailles le 25 Juillet 1684.

La lettre que vous m'avez fait l'honneur de m'écrire le 20e de ce mois m'a été rendue, le Roy a fort approuvé que vous vous soyiéz campé au delà de la Sambre, S.M. désire que vous fouragiéz tous les pays situés au delà de cette riviére qui seront à portée du camp où vous êtes, et que vous conserviéz autant que faire se pourra ceux qui sont en deçà, comme S.M. a considéré qu'il se pourroit faire que si vous y séjourniéz un tems considérable, la cavalerie seroit obligée d'aller loin au fourage, Elle approuvera que lorsque vous le jugerez à propos, vous vous avanciéz soit du côté de Genap ou du côté de Gembloure pour vous approcher plus des fourages, laissant au Chasselet, ou au pont de Loup, un corps de dragons retranchés, pour assurer votre communication avec Philippeville.

Je suis tout à vous./.

P.S. S.M. laisse aussi à votre disposition de faire changer de camp à Ms de la Trousse et de Boufflers lorsque vous le jugerez à propos pour la commodité des fourages, observant de ne les pas faire approcher des places frontiéres d'Espagne de plus près qu'une lieue./.

No. 100

A M. de Chamlay
à Versailles du 25 Juillet 1684

J'ai reçu votre lettre du 20e de ce mois par laquelle le Roy ayant vu que vous ne vous êtes point engagé de retourner vers M. le Mis de Grane, S.M. m'a commandé de vous faire savoir qu'elle aura bien agréable que vous n'y retourniéz point du tout, s'il ne vous en fait point presser, et que quand il vous en feroit solliciter vous ne partiez point pour y retourner qu'au moins huit jours après que cette lettre cy vous aura été rendue.

La Ratification de Hollande arriva hier nonobstant les traverses que les créatures du prince d'Orange avoient continué d'y apporter, ses soins devront avoir à l'avenir pour objet de se parer des grandes réformes que l'on prétend que les Etats généraux veulent faire tant à l'égard de leurs troupes que de l'autorité presque souveraine que M. le prince D'Orange avoit presque usurpée sur eux.

Si ce que m'a dit un courier du Comte de Mansfeld, parti de Madrid le 16e de ce mois, est véritable, nous aurons nouvelle dans peu de jours de l'arrivée de la ratification d'Espagne, ledit courier m'ayant assuré que la trêve y avoit été acceptée avec beaucoup de démonstrations de joie, et qu'il en portoit la nouvelle à l'empereur.

Le Roy a approuvé l'ordre que M. le Mal de Schomberg a envoyé à M. de Boufflers de permettre à M. le Mis de Grane d'envoyer de l'argent à Ath.

S.M. approuvera fort que mondit Sr le Mal fasse ce qui est nécéssaire pour contenir les troupes qui sont au camp de Chasselet, et ordonne la même chose à Ms de la Trousse et de Boufflers, à quoi il parviendra en faisant faire des éxemples sévéres des cavaliers ou Dragons qui contreviendront à ses ordres, et envoyant dans quelque citadelle les officiers qui ne feront pas sur cela leur devoir.

Il est difficile et même peu en usage que l'on distingue les pays lorsqu'il est question de fourage nécéssaire pour la subsistance d'un grand corps de cavalerie, si néanmoins M. le Mal de Schomberg peut témoigner de la considération pour les sujets de M. l'Electeur de Cologne sans que cela nuise à la subsistance du Corps qui est à vos ordres, S.M. l'aura bien agréable./.

No. 102

A M. le M[al] de Schomberg
à Versailles le 31 Juillet 1684

Le Roy jugeant de son service que vous passiez en Alsace avec la cavalerie qui est présentement campée au Chasselet, je vous en donne avis afin que vous ne vous éloigniéz point dudit Chasselet; et y attendiéz les ordres de S.M. qui partiront apparemment demain au soir par un courier exprés. Je suis tout à vous./.

No. 103

A M. le M[al] de Schomberg
à Versailles le l[er] aout 1684

Je vous ai donné part hier de la résolution que le Roy a prise de faire marcher en Alsace les cinquante cinq escadrons de gendarmerie, cavalerie et dragons qui sont présentement à vos ordres, je vous dépêche ce courier pour vous faire savoir, que S.M. aura bien agréable que vous preniez les mesures nécéssaires pour (si elle ne vous en envoie point d'ordres contraires entre cy et le 9e de ce mois) faire marcher le 10 les susdits 55 escadrons en la forme que je vais vous expliquer, c'est-à dire qu'après avoir consulté M. de Chamlay, vous leur prescriviéz une route pour se rendre sur la rivière d'Orne au dessus de Conflans, où ils trouveront les ordres du Roy nécéssaires pour marcher par étapes en Alsace.

Qu'afin que le pays du Roy dans lequel ces troupes devront faire la plus grande partie de leur marche soit moins fauté, vous fassiez marcher brigade par brigade, faisant partir les dites Brigades à deux jours l'une de l'autre, afin qu'elles ne se rencontrent point dans les séjours qu'elles devront faire.

L'intention de S.M. est que vous leur fassiez passer la Meuse à Charlemont, et de la passer vers Bouillon entre Montmédy et Virton, pour ensuite gagner ladite rivière d'Orne à peu prés vis-à-vis de Gondremont et de Briéz, et toujours en dessous de Conflans qui est situé sur ladite rivière.

S.M. vous recommande de leur prescrire de telles journées que les chevaux arrivent, s'il se peut, en aussi bon état qu'ils sont présentement, et de leur faire faire autant de séjour que vous le jugeréz nécéssaire pour la conservation des chevaux et équipages, elle désire que vous chargiez le munitionnaire de prendre ses mesures pour le faire distribuer du pain en passant à Charlemont et leur en faire trouver en passant auprès de Bouillon en la quantité suffisante pour leur subsistance, jusques à comprendre le jour qu'ils partiront de dessus ladite rivière d'Orne.

Que vous fassiez mettre en marche le dit jour 10e de ce mois la brigade des gardes du Roy composé de 4 compagnies desdits gardes et de celle des Gendarmes et Chevaux légers de S.M. et des grenadiers à cheval.

Le 12e un tiers de la cavalerie légère que vous avez.

Le 14e un autre tiers.

Le 16e le reste de la dite cavalerie légère.

Le 18e les 10 Escadrons de Dragons.

et le 20e la petite Gendarmerie.

Que si vous ne croyez pas pouvoir avoir du fourage aux environs de Chasselet, de quoi subsister d'ici à ce tems là, S.M. aura bien agréable que vous vous approchiéz plus près de Namur, pourvu que vous n'en campiéz pas plus pres qu'une lieue, ou que passant la Meuse sur un pont que vous feriez descendre de Dinant ou de Charlemont vous subsistiéz jusques à la parfaite éxécution de ce que je vous viens de marquer des intentions de S.M., des villages de la comté de Namur qui sont situés au delà de la Meuse.

S.M. vous ordonne de recommander aux officiers que vous chargerez de la conduite de chacune de ces brigades, de contenir ceux qui seront sous leurs charges de manière que les fourages nécéssaires pour la subsistance des chevaux soient pris sans désordre ni dégat, et qu'ils ne soient à charge des pays de l'obéissance de S.M. que pour le dit fourage, faisant entendre à chacun de ceux que vous chargeréz dudit commandement, qu'ils répondront à S.M. du dommage que recevront ses sujets.

L'intention du Roy est qu'après avoir donné à M. le duc de Choiseul les instructions nécéssaires pour l'éxécution de ce que je viens de vous marquer, vous partiéz le 10e de ce mois pour vous rendre droit à Strasbourg aussi diligemment que votre équipage vous le pourra permettre, S.M. étant bien aise que votre arrivée en Alsace (ou j'adresse présentement les ordres du Roy pour vous faire reconnoitre) donne le plûtot qu'il se pourra l'alarme nécéssaire aux princes de l'empire pour les obliger à porter l'empereur à se déterminer sans plus de remises à l'acceptation de la trêve.

S.M. trouve bon que vous meniez avec vous M. le Comte de Schomberg et à l'égard de M. le duc de Choiseul et de M. de St Rhue, l'intention de S.M. est qu'ils restent au camp et qu'ils n'en partent qu'avec la brigade de la petite gendarmerie qui doit marcher la dernière avec les chevaux d'artillerie, les 400 chevaux des vivres détachés de l'armée de M. le Mal de Créquy, et 1000 chevaux de ceux du Sr Berthelot, le prevost et les [----].

Et parce qu'il convient au service du Roy que si entre cy et l'arrivée sur la rivière de Born des brigades cy dessus, S.M. avoit nouvelle de l'acceptation de l'Empire, elle fut en état d'envoyer à ceux qui commanderont les dites brigades les ordres qu'elle estimera à propos, son intention est que par le retour de ce courier vous m'adressiéz un état des campements que vous aurez résolu de prescrire à chacune des dites brigades, des régiments dont elles sont composées avec un mémoire des journées que vous proposerez de faire pour vous rendre en Alsace, afin que si l'acceptation de l'empereur et de l'empire portoit S.M. à envoyer d'autres ordres aux troupes, qu'elle vous ordonne d'y pas marcher, je puisse vous épargner la fatigue de ce voyage en vous le faisant savoir au lieu où je verrai par le dit mémoire que le courier que je vous dépêcherai vous pourra joindre.

Et comme S.M. sera bien aise que les Corps qui resteront sous les ordres de M. de la Trousse et de M. de Boufflers soient à portée de se joindre si il convient ainsi à son service et de recevoir les ordres de M. le Mal d'Humieres, l'intention de S.M. est que vous ordonniéz à mondit Sr de la Trousse d'aller passer Namur au pont d'Espières sur un pont qu'il y fera descendre de Tournay, et de se rendre ensuite à Deins sous les ordres de M. le Mal d'Humieres, où il fera subsister le Corps qui est à ses ordres aux dépens des terres du franc de Bruges et du vieux bourg de Gand.

Que vous ordonniez à M. de Boufflers d'envoyer prendre à Tournay le nombre de bateaux de cuivre nécéssaire pour faire un pont à Gaure qui est sur l'Escaut entre Oudenarde et Gand, et de s'établir audit Gaure où sous les mêmes ordres de mondit Sr le Mal d'Humieres, il subsistera des fourages de la Chatellenie d'Alost, parce que celle d'Oudenarde ayant entiérement payé toute la contribution, S.M. sera bien aise que les villages qui en dépendent ne soient point fouragés, de quoi vous informeréz s'il vous plait, Ms de la Trousse et de Boufflers, afin qu'ils se conforment en ce qui est en cela des intentions du Roy.

Je vous supplie de vouloir bien faire part de cette lettre à M. de Breteuil, afin qu'il se conforme à ce qu'il y verra de la volonté de S.M. pour ce qui regarde ses fonctions.

Il m'avoit échappé de vous dire que l'intention de S.M. est que M. du Chamlay demeure auprès de M. le duc de Choiseul, et ne marche qu'avec lui s'il n'a point été à Bruxelles, vous pourrez lui envoyer pour parler à M. le Mis de Grane en conformité de ce qui lui a été écrit sur ce fait en dernier lieu. S.M. m'a commandé d'ajouter qu'elle juge à propos que M. le duc de Choiseul fasse marcher la petite gendarmerie et le quartier général le 18e de ce mois avec les dragons.

Le même jour il a été expédié et envoyé des ordres du Roy en Alsace pour y faire reconnoitre M. le Mal de Schomberg en qualité de général des armées du Roy.

Idem, M. de Louvois a écrit à M. de la Trousse pour accuser la réception de sa lettre du 26 de juillet et celle du Mis de Grane qui l'accompagnoit, et lui mande que le Roy veut bien qu'après que l'arrivée de la ratification de la Trêve aura donné lieu à la séparation des troupes, il aille voir ledit Mis de Grane./.

No. 104

A M. le Mal d'Humieres
à Versailles le 1er aout 1684

Je ne puis vous mieux informer des ordres que le Roy envoie présentement à M. le Mal de Schomberg qu'en vous en envoyant la copie, laquelle vous informera que les corps de troupes qui sont présentement commandés par Ms de la Trousse et de Boufflers doivent être dorénavant à vos ordres, et afin que vous soyiéz informé de la négociation que M. de Chamlay a eu ordre de faire avec M. le Mis de Grane, je vous envoye la copie des deux dernières lettres que je lui ai adressées pour lui servir d'instruction. Je suis toujours tout à vous./.

No. 109

A M. de Chamlay
à Versailles le 11e aout 1684

J'ai reçu par le courier que vous m'avez dépeché le 9e de ce mois la lettre et les papiers dont vous l'aviez chargé, le Roy approuve que pour la conservation du pays ou est présentement campée la cavalerie qui doit marcher en Alsace, l'on la fasse marcher suivant le projet que vous m'avez adressé, je ne doute point que vous n'ayiez donné à M. de Vrevin et à M. Charuel les avis nécéssaires pour que les troupes trouvent du pain à leur arrivée à la hauteur de Bouillon et sur la rivière de Born.

S.M. trouvera bon que vous alliéz faire un tour à Bruxelles en poste, et que vous disiez à M. le Mis de Grane que vous n'avez point été le retrouver parce qu'elle a connu par le compte que vous lui avez rendu de ce qui s'est passé entre vous et lui, qu'il ne vouloit que gagner du tems, et que comme ce sont les pays de son gouvernement qui font subsister ses troupes, S.M. a cru qu'il ne falloit pas le presser d'une chose qu'il devoit désirer plus que personne.

Sur les plaintes qu'il fait de M. de Joyeuse, vous lui pourrez dire que le Roy n'a point promis d'évacuer les pays de la domination d'Espagne qu'après l'échange des ratifications, et que le Roy son maître n'ayant point fourni la sienne, ne se devoit prendre qu'à lui de ce que souffroient ses sujets, et de ce qu'ils souffriroient d'ici à l'échange des dites ratifications, qui apparemment ne viendront pas sitôt, puisque suivant les avis d'Espagne S.M. Catholique ne veut ratifier que le traité qui sera signé au nom de l'empereur après la signature duquel (dont nous n'avons encore aucune nouvelle) il faudra au moins six semaines pour l'envoyer à Madrid et que la ratification en puisse revenir, et qu'ainsi les sujets du Roy son Maître ne seront point sitôt délivrés des troupes du Roy.

Que n'ayant rien à lui dire de nouveau, vous n'avez été à Bruxelles que pour avoir occasion encore de lui faire une visite, que vous êtes seulement obligé de lui dire qu'après le 15e de ce mois, les pays du Roy d'Espagne qui n'auront pas donné des suretés pour le payement de ce qu'ils doivent de contributions seront éxécutés et que si les 100 Escadrons qui restent campés ne suffisent pas pour cela, l'on y joindra de l'infanterie parce que le Roy qui, de son côté veut satisfaire en tous points à ce qu'il a promis, veut aussi tirer les avantages qui lui sont permis par le traité.

Après avoir demeuré un jour à Bruxelles, S.M. désire que vous en partiez pour par Mons, Maubeuge, Sedan et Metz, vous rendre en poste en Alsace auprès de M. le Mal de Schomberg, S.M. vous prescrit cette route parce qu'il ne fait point sur[12] par le Luxembourg.

Si vous jugez qu'il y ait quelque chose dans les conversations que vous auréz avec M. le Mis de Grane qui mérite que le Roy en soit informé par un courier exprès vous le lui enverrez, sinon vous vous servirez de l'ordinaire.

Vous pourrez aussi en informer M. le Mal d'Humieres si vous croyez qu'il y ait quelque chose qui mérite qu'il le soit.

Je ne sais pas à quoi vous pensez quand pour la marche des troupes, pour lesquelles il faut faire des routes, vous me marquez seulement le nom de chaque brigade, sans faire mention des noms des régiments dont elle est composée.

Je ne vous parle point des griefs de M. de Grane mentionnés dans le mémoire que vous m'avez envoyé en partant de Bruxelles la derniere fois que vous y avez été, parce que vous êtes en état de lui répondre au moyen des apostilles que j'ai mis à côté du dit

---

[12] il ne fait point sur=it is not safe

mémoire que je vous ai envoyé auparavant d'aller à Luxembourg./.

No. 114

A M. de Chamlay
à Versailles du même jour 16 aout 1684.

Le Roy ayant appris par un courier exprès, que les affaires sont sur le point de se terminer à Ratisbonne, S.M. envoye ses ordres à toutes les troupes qui devoient marcher en Alsace, à la réserve de la grande gendarmerie qui demeurera sur la Moselle, de remarcher du côté de Charlemont, où M. le duc de Choiseul auquel S. M. ordonne aussi d'y retourner leur donnera les ordres de ce qu'elles auront à faire, de quoi je vous donne avis afin qu'aussitot que cette lettre vous aura été rendue, vous partiez de Metz pour vous rendre audit Charlemont, et y aider mondit Sr le duc de Choiseul de vos conseils, pour la plus commode subsistance des dites troupes./.

No. 115

A M. le Mal de Schomberg
à Versailles le 16e aout 1684.

Le Roy ayant appris par un courier de M. de Creci son plenipotentiaire à Ratisbonne, que les articles du traité de trêve entre la France et l'Espagne y ont été signés le 11e de ce mois, tels que le Roy les a prescrits et que ceux du traité à faire avec l'empire ne recevoient plus aucune difficulté, et devoient être signés trois ou quatre jours après, S.M. a trouvé bon de renvoyer sur la Sambre 44 Escadrons des 55 que vous avéz fait marcher vers la Moselle, et de faire arreter sur la rivière de Moselle les 11 Escadrons de la brigade des gardes du corps du Roy qui marchoient les premiers, de quoi j'ai cru vous devoir informer, je vous dirai cependant que S.M. juge à propos que vous teniez secrette la résolution qu'elle a prise, afin que les allemands croyant toujours que le grand corps de cavalerie qui s'étoit ébranlé vers l'Alsace y doit arriver au 1er jour, se pressent d'avantage de donner une entiere satisfaction à S.M. il sera seulement bien à propos que vous en fassiez part à M. de la Grange afin qu'il ne se mette point en peine de faire préparer des étapes, lui recommandant en même tems de n'en dire mot à personne. L'on ne peut être plus véritablement que je suis tout à vous./.

L'on a écrit au même jour à M. le Mis de Joyeuse en lui ajoutant, ce qui fait désirer à S.M. que vous preniés vos mesures pour faire subsister les troupes que vous commandez dans le pays où vous êtes jusqu'au 15e du mois prochain, qui est le tems à peu près que la ratification des Espagnols pourra arriver, si poûr la plus commode subsistance des dites troupes vous jugez à propos de les séparer brigade par brigade et de leur donner le couvert, S.M. le trouvera bon; je vous prie de me mander le parti que vous prendrez et de me croire./.

No. 119

A M. de Croissy
du 20e aout 1684

Le Roy ayant donné ordre à M. de Chamlay de se rendre à Bruxelles pour expliquer au Mis de Grane que les communautés de la domination espagnole redevables de la contribution, ne se mettant point en devoir de satisfaire à ce qu'elles doivent de reste ou de donner des cautions dans les villes de la domination de S.M. elle seroit obligée de les faire éxécuter, le Mis de Grane a témoigné être fort surpris de cette déclaration, a dit que le Roy contrevenoit au traité en menaçant de faire faire des éxécutions, et qu'il alloit dépêcher à Londres et à la Haye sur ce sujet, et comme l'article 7eme de la convention faite à la Haye porte expréssément que les contributions qui se trouveront dues lors de l'échange des ratifications seront payées, S.M. a ordonné audit Sr de Chamlay de retourner à Bruxelles pour déclarer au Mis de Grane que conformément à l'article 7e du dit traité, l'on ne feroit aucune éxécution contre les communautés qui auroient donné des cautions de payer dans trois mois ce qu'elles redoivent, même que les officiers de S.M. attendroient encore tout le reste de ce mois auparavant que de faire faire les dites éxécutions, mais que si dans la fin dudit mois les dites communautés n'étoient venues traiter du reste de ce qu'elles doivent, S.M. ordonneroit à ceux qui commandent ses troupes de faire éxécuter les communautés défaillantes et que si quelques troupes du Roy catholique s'y opposoient celles de S.M. auroient ordre de les charger, c'est ce de quoi le Roy m'a commandé d'informer M. de Croissy par ce mémoire, afin qu'il puisse écrire sur cela à M. de Barillon et à M. Davaux au sens que S.M. lui a prescrit./.

No. 120

A Monsieur de Chamlay
à Versailles du même jour 20e aout 1684

La Roy a entendu la lecture de la lettre que vous m'avez écrite le 16e de ce mois, sur laquelle S.M. m'a commandé de vous faire savoir, qu'après que M. le duc de Choiseul aura établi son camp audelà de la Sambre elle désire que vous vous rendiez à Bruxelles pour faire entendre au Mis de Grane, que le 7e article portant clairement que ce qui sera du des contributions sera payé, et que l'on ne fera point d'éxécution contre les communautés qui auront donné caution pour le payement de ce qu'elles doivent, il doit obliger les communautés de son gouvernement à venir satisfaire à l'article dudit traité dans la fin de ce mois, ou les 7 ou 8 premiers jours de l'autre, s'il ne veut point voir que M. le Mal d'Humieres répande des troupes dans tout le plat pays Espagnol lesquelles non seulement consommeront des fourages et des bestiaux comme font celles qui y sont présentement, mais encore se feront payer d'une grosse solde jusqu'à ce que toutes les communautés ayent satisfait au 7e article dudit traité, que s'il fait charger les troupes qui iront éxécuter les dites communautés la contravention qu'il aura fait au traité ne demeurera pas longtems impunie, de quoi S.M. a bien voulu le faire avertir auparavant que de faire faire aucune éxécution, afin qu'il puisse y faire réflexion, et voir s'il ne conviendroit pas mieux au repos des sujets du Roy son maître d'éxécuter le traité de bonne foi, que de faire des chicanes qui ne leur peuvent être que ruinéuses et qui ne les empêcheront pas de subir la loi portée par ledit traité.

S'il veut entrer dans la discussion de l'exhorbitance des demandes qui ont été faites, l'intention de S.M. est que vous lui disiez que vous n'avez point connoissance de ce détail, mais que vous êtes bien assuré qu'il n'en a point été fait depuis la signature du traité, et qu'ainsi tout ce qui a été demandé auparavant doit être payé sans aucune difficulté.

Qu'au surplus vous savez bien que si les gouverneurs qui sont sous son commandement avoient bien voulu ne point faire de désordre sur les terres de S.M., qu'ils savoient bien qu'ils ne pouvoient pas continuer impunément, les sujets du Roy son maître n'auroient point été chargés des demandes de l'excès desquelles ils se plaignent présentement, vous me ferez savoir ce qui se sera passé entre vous et M. le Mis de Grane, et vous en retournerez ensuite auprès de M. le duc de Choiseul./.

No. 121

A M. le Mis de la Trousse
à Versailles le 22e aout 1684

J'ai lu au Roy la lettre que vous avez pris la peine de m'écrire le 18e de ce mois, il n'est pas à propos que vous conveniez avec les députés du franc de Bruges et du vieux bourg de Gand, de vous amener du fourage dans votre camp puisque vous priveriéz par la les cavaliers de battre du grain, et comme vous êtes entouré des villages de la Chatellenie d'Oudenarde et de Courtray, que S.M. sera bien aise que vous conserviéz le plus long tems que faire se pourra, elle aura bien agréable que laissant quelques régiments de dragons à Deins pour la garde du pont, et pour maintenir la communication libre avec M. de Boufflers, vous vous avanciez sur quelque ruisseau qui vous mette au milieu du franc de Bruges, pourvu que ce ne soit point sur le canal de Gand à Bruges, ni sur celui de Bruges à Ostende.

S.M. approuvera fort aussi que du lieu où vous estimerez à propos d'établir votre camp, vous envoyiéz des brigades qui pourront demeurer plusieurs jours dehors pour battre du grain avec plus de commodité, et en consommant celui qui sera le plus éloigné de votre camp, vous donner moyen de subsister plus longtems dans le lieu où vous vous serez établi.

Je suis tout à vous./.

No. 122

A Monsieur de Chamlay
à Versailles le 22e aout 1684

La lettre que vous m'avez écrite de Maubeuge le 18e de ce mois m'a été rendue par l'ordinaire, par laquelle le Roy a vu la conversation que vous avez eue le 17e avec le Mis de Grane auquel S.M. désire que vous expliquiez nettement, que s'il veut que les troupes de S.M. sortent du pays bas Espagnol, et que Courtray et Dixmude lui soient restitués il faut qu'ils fournissent une ratification d'Espagne du Traité signé à la Haye, ou de celui signé à Ratisbonne, et que les pays de son gouvernement soumis à la contribution ayent fait le décompte de ce qu'elles doivent des demandes qui ont précédé la signature du traité de la Haye, ayent payé ou donné des cautions dans les terres du Roy qui s'obligent de payer dans les termes portés par l'article 7e du Traité de la Haye, que S.M. ne peut mieux témoigner le désir qu'elle a de faire jouir les sujets du Roy d'Espagne du repos qu'ils se doivent promettre de l'éxécution du dit traité, qu'en faisant avertir de bonne heure le gouverneur des pays bas, de ce qui doit précéder la sortie des troupes de S.M. de ceux de sa dépendance.

Que Ms de Breteuil, Fautrier, et Mahyeu, ont ordre, il y a plus de 3 semaines, d'arreter les susdits comptes avec les députés des pays soumis à la contribution; et qu'ainsi si les troupes de S.M.

restent après la ratification, M. le Mis de Grane ne pourra si prendre qu'à lui du préjudice qu'en recevront les sujets du Roy son maître qui ne seront point déchargés l'entretenement des troupes du Roy, qu'après les dits comptes arretés, et les cautions fournies, et ne manqueront point d'être éxécutés si dans les 7 ou 8 premiers jours du mois prochain ils n'ont satisfait à ce qui est porté par ledit 7e article.

Vous y ajouterez s'il vous plait que M. le Mis de Grane ne doit point s'attendre que S.M. fasse aucune remise de ce qui lui est du par les communautés de l'obéissance de S.M. Catholique, desquelles elle veut être payée de tout ce que le traité régle qu'elle touchera.

Qu'il ne doit point espérer non plus que les villages de l'obéissance du Roy, qui n'ont point été soumis à la contribution, payent rien de ce qui leur à été demandé, que S.M. lui fait parler si clairement afin qu'il ne se flatte point sur cela, et qu'il prenne au plutôt les mesures nécéssaires pour faire qu'il soit satisfait de la part des communautés de son gouvernement, à ce qui est porté par ledit traité, et qu'elles se préparent à nourrir la cavalerie qui est présentement campée dans l'étendue du pays-bas Espagnol, et qui pourra être augmentée d'un camp considérable d'infanterie que l'on tirera des garnisons, si cela est nécéssaire, pour vaincre l'opiniatreté des communautés de son gouvernement./.

No. 125

A Monsieur de Chamlay
à Versailles le 23 aout 1684

Le Roy a reçu aujourd'hui une lettre de M. Davaux, qui lui rend compte de l'instance qui lui a été faite de la part des Etats généraux pour la retraite des troupes de S.M. des pays bas Espagnols, desquels les Députés lui ont dit que le 9e article du traité portant qu'apres six semaines à commencer du jour de la ratification, l'on ne feroit plus d'actes d'hostilité dans les pays bas, et, il s'en en suivoit une conséquence que S.M. avoit promis de retirer ses troupes, sur quoi elle a commandé qu'on lui répondit que le traité signé à la Haye pourvoit à régler ce qui se doit passer dans les pays bas en deux cas, le premier si le Roy d'Espagne veut bien ratifier la trêve, et le second si S.M. catholique persistant dans la déclaration qu'ont fait ses ministres dans toutes les cours de l'Europe vouloit continuer à soutenir une malheureuse guerre plutôt que d'entrer dans aucun accomodement, en ce dernier cas il est dit par le 9e article que le Roy s'oblige à ne faire aucun acte d'hostilité dans le plat pays Espagnol, si les Espagnols s'en abstiennent, et quoiqu'il soit expréssement porté par le dit article que les Etats généraux retireront leurs troupes, il n'est point parlé de celles de S.M., que néanmoins c'est à M. le Mis de Grane à s'expliquer si le Roy son maître ne veut point ratifier la trêve, auquel cas les troupes du Roy pourront sortir du pays, et les gouverneurs des places de son obéissance s'abstiendront de faire des actes d'hostilité, s'il déclare que les troupes du Roy son maître n'en feront point, mais en ce cas S.M. sera dispensée de l'obligation de rendre au Roy son maître Courtray et Dixmude.

Que si comme le Mis de Grane vous l'a assuré, l'intention du Roy son maître est de ratifier le traité qui a été arreté à Ratisbonne, il faut qu'il attende que la ratification soit venue pour qu'en conséquence du 5e article dudit traité signé à la Haye, il puisse demander que les troupes du Roy se retirent dans les terres de son obéissance, ce que S.M. ordonne à M. Davaux de déclarer aux Etats généraux que le dit Mis de Grane obtiendra sans aucune difficulté, pourvu qu'entre ceci et l'échange des ratifications les communautés de son gouvernement ayent satisfait à ce qu'elles doivent de reste des contributions en argent ou en cautions suivant qu'il est porté par le 7e article dudit traité, c'est de quoi S.M. m'a commandé de vous faire savoir, afin que vous puissiez parler au même sens au Mis de Grane et lui faire remarquer que le Roy n'a point intention de vexer les sujets du Roy son maître puisqu'il le fait avertir à l'avance de ce qu'il doit faire pour leur procurer du soulagement ,et que ce que S.M. demande est entiérement conforme à ce qui est prescrit par ledit traité./.

No. 126

A Monsieur de Chamlay
à Versailles le 24 aout 1684

J'ai lu au Roy la lettre que vous m'avez écrite le 21 de ce mois par laquelle S.M. a vu la proposition que vous faites de faire camper à Andenne le corps de troupes commandé par M. le duc de Choiseul, laquelle S.M. a fort approuvé, j'écris présentement à mondit Sr le duc de Choiseul que soit qu'il ait marché à Gimblours, soit qu'il ne soit pas encore parti de Charlemont, S.M. désire qu'il aille audit Andenne pour y subsister du pain que le munitionnaire fera faire à Buÿ et que s'il se trouvoit trop de difficulté il sera toujours aisé avec les grands équipages qu'il a de le tirer de Dinant et de Philippeville, passant par Chinon, vous me ferez s'il vous plait savoir le tems que vous croirez que le corps de mondit Sr le duc de Choiseul pourra subsister sur la Meuse et si en cas que celui de M. de Joyeuse qui est présentement dans le banc de Spremont y manquat de fourage il n'en pourroit pas trouver de ce côté là.

Le Sr Fricheman est arrivé la nuit passée avec deux traités de trêve, l'un pour l'empire l'autre pour l'Espagne, signés le 18e de ce mois à Ratisbonne, ils sont néanmoins dattés du 15e, parce que les députés de l'Empereur ont eu peur que s'ils restoient dattés de ce jour là le Roy ne voulut pas les ratifier, ils sont tels que S.M. les a prescrit, *et à la tête de chacun desdits traités les plenipotentiaires impériaux y ont bien voulu mettre qu'ils acceptoient la trêve que le Roy a proposé aux mêmes conditions qu'il l'a offerte depuis longtems, de maniere qu'ils avouent par la qu'ils ont suivi la loi qui leur a été prescrite et qu'ils sont les seuls cause de tous les maux que cette guerre leur a causé.*

Les articles du traité signé pour l'Espagne, portent expréssément que les troupes du Roy ne sortiront des pays bas qu'après l'échange des ratifications, ce qui fait voir clairement que M. le Mis de Grane ne peut prétendre avec fondement la sortie des troupes du Roy qu'après que les ratifications auront été fournies, et qu'en éxécution du même traité signé à Ratisbonne les communautés de son gouvernement auront satisfait en argent ou en cautions aux demandes qui leur ont été faites.

Je suis tout à vous./.

Le même jour on a écrit un mot à M. le Mal d'Humieres pour lui envoyer copie des deux lettres de M. de Louvois à M. de Chamlay./.

PART VIII

Nature: Hostilités dans le Luxembourg, 1684.

Cote: Dépôt général de la guerre. A 1 734

Nature: Hostilités dans le Luxembourg, 1684.

Cote: Dépôt général de la guerre. A 1 734

The letters in the next two volumes deal entirely with the siege of Luxembourg. In this volume, which covers the period from January to May 1684, all but twelve of the letters are addressed to de Créquy, commander of the troops besieging Luxembourg.

Preliminary instructions for the siege are given in the first letter of the volume, dated January 3, 1684. The definitive instructions are found in the letter dated April 1, 1684.

LETTERS OF LOUVOIS
PART VIII
No. 5

A M. le M[al] de Crequy
à Versailles le 3 Janvier 1684

J'ai lu au Roy la lettre que vous avés pris la peine de m'écrire le 26 du mois passé, S.M. s'attend qu'elle apprendra plus distinctement par vos premieres lettres quel aura été le désastre de Luxembourg, duquel vous aurés pu être instruit plus particulierement après que la retraite des troupes qui étoient à vos ordres, aura rétabli le commerce de cette ville avec les villages voisins.

Le Roy connoit l'importance de la Conquête de Luxembourg et désireroit passionément de la faire; mais S.M. ne juge pas de son service de l'attaquer dans un tems ou la rigueur de la saison et la mauvaise qualité des chemins lui pourroient faire courir risque de ne pas réussir, et comme la saison propre à cette expédition ne peut être devant les premiers jours du mois d'avril, S.M. appréhenderoit que si l'on formoit présentement l'espéce de blocus que vous proposés autour de Luxembourg, l'on ne fit assés inutilement beaucoup de bruit en Hollande, et que l'on ne reveillat l'inquiétude que M. le Mis de Grane ne peut manquer d'avoir pour cette Place, je dis assés inutilement, puisque si S.M. fait attaquer cette Place dans les premiers jours du mois d'Avril, ce que la Garnison pourra souffrir d'ici en ce tems là n'en diminuera pas la déffense, S.M. croiroit donc qu'il ne faudroit occuper autour de Luxembourg que les mêmes postes que M. de Lambert occupoit auparavant l'expédition de [----] les fortifier autant que vous le jugerés à propos, pour que la Cavalerie de Luxembourg ne puisse pas se promener impunément hors de cette Place, et l'on devroit ordonner aux partis qui seront envoyés à Luxembourg de prendre tous les vivres que l'on voudroit mener dans la dite ville, de bruler tous les fourages qui se trouveront dans les Villages à trois lieues autour d'icelle, et de ne point souffrir que les Paysans des Villages qui sont à cette distance de Luxembourg ayent chéz eux plus de vivres qui ne leur en faut pour vivre d'une semaine à l'autre, et ainsi passé les trois mois qui restent d'ici au premier avril, de maniére que le Gouverneur des Pays bas ne put point croire que l'on pensat à autre chose qu'à faire souffrir la Garnison et à mettre la Ville de Luxembourg hors d'état d'y faire subsister beaucoup de Cavalerie.

Pendant ce tems là les préparatifs que l'on fera sur l'Escaut, et sur la Lys pourront attirés l'attention du Mis de Grane, et lui faire croire que c'est de ce côté là que le Roy veut faire les premieres entreprises.

S.M. ne juge point à propos de différer jusqu'au mois de may l'attaque de cette Place, non seulement parce que la pointe des herbes n'est d'ordinaire pas plus avancé en ce Pays là qu'au mois d'Avril, mais parce que c'est donner un tems inutile au Mis de Grane d'y faire entrer des troupes, et cette réfléxion porteroit S.M. a avancer le tems de votre expédition, si elle ne craignoit que le débordement de la Riviere dans le mois de Mars et la difficulté des chemins, ne rendissent trop difficile la voiture des choses nécéssaires à la subsistance des troupes et pour l'Artillerie, c'est sur quoi S.M. sera bien aise d'être informée distinctement par vous.

Comme il y a bien de l'apparence que vous n'aurés pas manqué, dans le séjour que vous avés fait près de cette place d'en reconnoitre les avenües, S.M. sera bien aise aussi que vous lui mandiés par quel endroit vous croyés que cette place doive être attaquée, et qu'elles sont les facilités ou difficultés que l'on y pourra rencontrer, jusques ou les munitions de guerre et de bouche pourront être voiturées par la Riviere, et si en les descendant un peu plus ou moins bas, l'on ne trouveroit point des chemins ferrés et plus faciles que ceux que vous avés trouvés.

Vous avés auprès de vous M. d'Asfeld, lequel est homme entendu et auquel vous pouvés vous confier, il peut sous prétexte de son inspection aller et venir d'un Quartier à l'autre et reconnoitre quels seroient les chemins les plus faciles ou qui pourroient être plus aisément reparés.

Suivant ce qu'en marque votre lettre et les avis que S.M. en a eus, cette Place doit être réduite de bombes et d'artillerie, on ne peut moins compter pour cela que 30 piéces de 24, 12 Mortiers, 3000 bombes et 20 à 25 mille boulets de 24. Il faut 400 milliers de poudre et au moins 20 mille outils. Vous examinerés s'il vous plait, avec M. de la Freselière, auquel vous pouvés prendre encore une entiere confiance, d'ou l'on pourra tirer toutes ces munitions et m'en enverrés un Mémoire.

La Subsistance de l'Armée en pain qui devra se cuire à Thionville et être descendu par Batteau jusqu'au lieu ou vous jugerés necéssaire, pour ensuite être voituré sur les caissons.

Il est nécessaire que le Roy soit informé de la distance qu'il y aura du lieu ou les caissons et charois d'Artillerie pourront aborder la Riviere au camp qui devra être établi devant Luxembourg, ou S.M. croit que 30 Bataillons d'infanterie suffiront avec deux à 3000 chevaux ou Dragons, lesquels pourront subsister au moyen de l'avoine que M. Charuel amassera sans bruit à Metz, des foins que l'on pourra faire descendre par la Riviere, pour être voiturés au camp par des chariots du Pays, et ceux que l'on pourra, dans le moment que l'on investira cette Place, obliger toutes les communautés de la Comté de Chiny de voiturer brusquement, lesquels pourront faire vivre ces deux ou 3000 chevaux pendant les huit ou six premiers jours pendant lesquels ceux qui viendront de Metz arriveront, et quand l'on ne pourroit pas venir à bout de faire conduire ce foin, je suis persuadé que la Cavalerie pourroit subsister au moyen d'un boisseau d'avoine que l'on donneroit par Cavalier.

Je dis qu'il ne faudroit que 2 à 3000 chevaux, parce que je pense qu'il fut possible d'y en faire subsister d'avantage, et que les ennemis ne pouvant marcher au secours de cette Place que de Namur ou de Limbourg il sera aisé de faire joindre à l'Armée qui fera le Siége de cette Place 10 à 11000 chevaux que l'on logera sur la Meuse, sur la Chier et le long de la Moselle; pour la subsistance desquels l'on pourra, dans les premiers jours du Siege, mettre de l'avoine dans le camp si l'on est obligé de les y appeller.

S.M. fait encore état que dans le département d'entre Sambre et Meuse, il pourra y avoir 6000 chevaux, lesquels par Dinant et par le neuf château joindront l'Armée auparavant que le Mis de Grane puisse être a portée d'Elle, l'on pourroit même espérer que ce Marquis entêté comme il est pour la conservation de cette Place, feroit la folie d'hazarder de la sécourir ou l'on pourroit espérer de lui faire mal passer son tems, puisqu'il ne pourroit aborder Luxembourg qu'avec un très médiocre Corps d'Infanterie et avec 4 ou 5000 chevaux, l'intention de S.M. est que vous lui donniés votre avis par le retour de ce Courier que vous garderés autant que vous le jugerés à propos, et ferés escorter à son retour jusqu'à Verdun, sur tous les points de cette lettre, lui disant avec liberté ce que vous penserés qu'il y auroit à ajouter ou diminuer au projet de que S.M. fait, et mettant dans votre paquet l'avis de M. de Charuel sur les choses qui regardent ses fonctions, auquel vous communiquerés, s'il vous plait, cette lettre et pourrés même vous servir de lui pour mettre au net votre réponse, S.M. sera encore bien aise que vous lui envoyés M. d'Asfeld après qu'il aura reconnu les chemins.

J'obmettois de vous dire que pour l'éxécution de ce projet, il faut un pont de batteaux, par lequel la Cavalerie qui sera au delà de la Moselle puisse venir joindre l'Armée lorsqu'elle sera mandée, vous ferés examiner, s'il vous plait, le nombre de batteaux qu'il y a à Metz, et en quel état sont les poutrelles, cordages et ancres, qui ont servi pendant la derniere guerre.

Il y a beaucoup de Batteaux à Sarrelouis que l'avancement de cette Place rend inutiles, je mande au Sr Boisot de les délivrer aux ordres de M. de Charuel, lequel il sera bien à propos que vous chargiés de les faire revenir à Metz, et de les faire rédouber et que vous pourvoyés en même tems à ce qu'ils y soient remontés surement.

Comme S.M. a résolu de faire jetter des bombes dans quelqu'unes des Grosses Places de Flandre, je ne doute point qu'elle ne m'ordonne bientôt de faire remarcher vers la Flandre la Compagnie du Sr de Vigny, cependant je lui mande de s'appliquer à mettre des Carcasses[1] en état d'être jettées plus utilement que n'ont été celles qui ont été jettées dans Luxembourg, et je lui marque de quel expédient s'est servi le Sr de Metz pour les rendre capables d'être jettées aussi loin que les bombes.

J'ai deja mandé à M. de la Frezeliere de faire faire diligemment 3000 Bombes pour remplacer celles que vous avés consommées, et j'écris à M. de Charuel de vous faire rendre les 50 pistolles que vous avés distribués, et de prendre un grand soin du Sr de Villegrace, auquel le Roy a bien voulu donner 1200#[2] par gratification extraordinaire en consideration de sa blessure.

Je suis &.

No. 6

A M. le M^al^ de Crequy
à Versailles le 5 Janvier 1684

La lettre que vous m'avés fait l'honneur de m'écrire le dernier du mois passé m'a été rendüe, le Roy a vu avec plaisir la relation qui vous a été faite du désastre de Luxembourg, S.M. m'a commandé d'envoyer ordre à M. de la Frezeliere de faire faire des chariots propres à porter des affuts à Mortier, et de les avoir dans les magasins de Metz tout prêts à atteler lorsque S.M. l'ordonnera.

J'ai lu au Roy l'Etat des Quartiers que vous vous proposés de faire occuper autour de Luxembourg, S.M. trouve bon que vous éxécutiés ledit projet, et que vous fassiés retirer tous les Paysans qui sont entre les dits quartiers de la Ville de Luxembourg, leur permettant de se refugier dans des Pays neutres, ou leur faisant

---

[1] carcasse: a hollow shell or case, filled with combustibles, to be thrown from a mortar or howitzer.

[2] # indicates *livres*.

assigner par M. de Charuel des Lieux dans les Evêchés ou ils puissent rester jusqu'à ce que le Roy leur permette de retourner chéz eux; vous observerés seulement que S.M. ne jugeant pas a propos, quant à présent, de donner de l'inquiétude à Treves il est inutile de fortifier la Garnison de Traerback. Vous m'enverrés, s'il vous plait, un mémoire du nom des compagnies que vous aurés établies dans ces Postes; afin que je sois toujours en état de rendre compte à S.M. des lieux ou sont ses troupes.

Vous devés être informé que la contribution est entierement établie dans le Pays de Limbourg, que celui de Gueldres négocie pour s'y soumettre et le feu mis en quelques maisons dudit Pays achevera de les déterminer, je ne doute point que M. de Lambert n'ait donné les ordres pour cela.

A l'egard du Pays de Juliers, le Roy ne juge pas à propos que l'on y demande rien et ne trouve pas qu'il convienne à son service de faire présentement aucun acte d'hostilité contre l'empire.

S.M. a approuvé la maniere dont vous avés parlé au député de M. de Treves auquel vous devés faire entendre si vous le renvoyés que S.M. ne peut regarder l'augmentation de la Garnison dudit Treves que comme un dessein formé par ledit Electeur d'entrer dans les interêts de ses Ennemis.

Je suis &.

No. 13

A M. le M[al] de Crequy
à Versailles le 18 Janvier 1684.

La lettre que vous m'avés fait l'honneur de m'écrire le 12 de ce mois m' été rendüe, l'intention du Roy est que toutes les troupes soyent en état de servir avant le 15e de mars, que la Cavalerie et les Dragons ayent leurs Tentes prêtes, à l'égard de l'Infanterie S.M. en fait faire.

Le Roy a trouvé bon que les nouvelles compagnies levées depuis 2 ans ne donnassent point de congé d'ancienneté.

Il n'y a pas d'apparence que dans la conjoncture présente M. de Treves songe à augmenter la Garnison de sa Capitalle et je ne comprend point de quel utilité pourroit être le Poste de Vasserbilick qui augmenteroit la jalousie de mondit Sr l'Electeur de Treves sans pouvoir l'empêcher d'y faire entrer des troupes si l'envie l'en prenoit.

Je m'attends de recevoir au premier jour un état des prisonniers que M. le prince de Chimay aura renvoyés et de ceux qui lui auront été remis.

Je suis &.

No. 14

A M. le M^{al} de Crequy
A Versailles le 18 Janvier 1684

Le courier que je vous avois dépêché m'a remis la lettre que vous m'avés fait l'honneur de m'écrire le 10 de ce mois avec les mémoires qui l'accompagnoient, par lesquels le Roy ayant reconnu l'impossibilité de l'éxécution du Projet qu'il avoit fait de faire attaquer Luxembourg dans le mois d'Avril, il a trouvé bon de remettre cette expédition jusqu'à ce que la saison soit assés avancée pour que la pature et l'avoine que l'on donnera puisse faire subsister les chevaux, n'y ayant point d'apparence de s'engager à fournir du foin qu'il faudroit voiturer de cinq lieues loin pour 4000 chevaux de Cavalerie ou Dragons, pour leurs officiers, pour ceux d'Infanterie, pour ceux du Quartier Général, pour les chevaux d'Artillerie et des vivres, et pour 2000 chariots de Paysans qui ne pourroient être attelés de moins de 4000 chevaux, vous me manderés donc, s'il vous plait, dans quel tems la pointe des herbes commence à pousser du côté de Luxembourg, afin que l'on puisse régler au juste l'éxécution du projet de S.M., cependant son intention est que de l'Infanterie qui est à Metz et de la Cavalerie qui est à vos ordres dans les lieux ou elle n'est point nécéssaire pour la conservation de la frontiére, vous établissiés dans la Comté de Chiny les Postes que vous estimerés plus à propos pour contenir le Garnison de Luxembourg et empêcher qu'elle ne tire du Pays qui en est voisin les commodités nécéssaires pour sa subsistance, et que vous examiniés s'il ne seroît point utile de retourner vers le 16 mars audit Luxembourg pour achever de ruiner avec des Bombes les Batiments qui y restent et particulierement les Casernes, lesquelles n'ont reçu que fort peu de domage; Si vous avés besoin d'un plan du dedans de la Ville de Luxembourg, j'en ai vu un que je crois bon, dont je pourrai vous envoyer copie.

Le Roy n'a pas bien compris ce que vous lui avés voulu mander touchant l'endroit par ou la Place devroit être attaquée, parce que l'article de votre lettre parle de trois bastions qui sont sur une ligne et de deux qui sont à la gauche de la Place, et cependant S.M. ne peut croire que vous proposiés en même tems l'attaque de ces 5 Bastions.

L'intention du Roy sera de faire distribuer, pendant le Siege, de la Viande à l'Infanterie mais il n'y a pas d'apparence d'en traiter avec des Entrepreneurs, comme le propose M. de Charuel, par ce qu'il n'est pas à propos de leur faire confidence du projet de Sa Majesté.

Je ne puis comprendre quel seroit l'utilité du Pont que vous proposés d'avoir pour mettre à Vasserbilick, que l'on ne pourroit point garder si l'ennemi s'approchoit du camp avec un corps tant soit peu considérable et qui seroit fort inutile s'il ne s'en approchoit pas.

S.M. trouve bon que vous fassiés ruiner les 40 ou 60 Villages qui sont le plus proche de Luxembourg, et Elle vous recommande dans l'établissement des Postes que vous ferés, de ne point exposé ses troupes à être enlevées, ni à des incommodités capables de les empêcher d'être en bon état lorsqu'il faudra entrer en Campagne.

La quantité de sacs à terre que l'on demande a paru à S.M. fort excessive, Elle m'a donnée ordre d'en faire faire 200 m. à Paris que j'enverrai à Metz, sans que l'on sache ce qui sera dans les Tonneaux qui les enfermeront. S.M. désire que vous ordonniés à M. de la Frezeliere de faire faire 20 milliers de cordages et de les mettre dans les Magasins de Metz.

Son intention est encore qu'il fasse faire entre ci et la fin du mois de Mars 120 Charetes à Ridelles et que l'on les mette à couvert à Nancy ou à Metz, S.M. lui laissant la liberté de les faire faire à Auxonne ou ailleurs ou il croira trouver les bois meilleurs et à meilleur marché pourvu qu'elles soient dans ce tems là au lieu que je vous viens de dire.

Elle trouve bon aussi qu'il fasse faire les 6 ou 7 Equipages d'outils à Mineurs qu'il propose, observant de faire faire tous lesdits outils propres a travailler dans le Roc.

Il doit y avoir dans les Magasins de Metz et de Nancy des Cuirasses à l'épreuve, je vous prie de lui ordonner de m'envoyer un mémoire de ce qu'il y en a, afin que je puisse faire faire le reste.

Je ne parle point du Pont de Batteaux ni du radoub des autres Batteaux qui doivent servir à voiturer les munitions, parce qu'ayant déjà mandé à M. de Charuel de prendre soin qu'ils fussent en bon état, il me paroit inutile de le répêter ici.

Je vais présentement répondre au mémoire apostillé par ledit Sr. Charuel.

Puisque le Roy veut bien attendre que les herbes puissent faire subsister les Chevaux, il n'est plus question d'amasser du foin.

Je mande à M. Charuel de faire amasser 10,000 septiers d'Avoine à Nancy et à Metz sans bruit, et de faire faire 5 à 6000 sacs de toille capables de tenir 15 à 16 boisseaux chacun, pour le pouvoir faire voiturer et qu'il pourra se servir des rations d'avoine imposées sur le Pays, pour composer partie desdits Magasins.

Je chargerai le Sr Jacquier avec lequel je négocie présentement pour lui faire entreprendre la fourniture du Pain aux Armées qui seront en Allemagne et en Lorraine, de faire faire les fonds à Rodemack, Thionville et Longwy. M. de Charuel devra prendre soin de l'établissement de l'hôpital et de l'achat des meubles pour cela a quoi il sera assés à tems de pourvoir dans la fin du mois d'Avril prochain.

Je suis &.

No. 16

A M. le M[al] de Crequy
à Versailles le 21 Janvier 1684

J'ai reçu la lettre que vous m'avés fait l'honneur de m'écrire le 16 de ce mois, il sera bon que vous ne fassiés partir M. d'Asfeld pour aller visiter le Pays, qu'après que les gelées seront passées, par ce que la terre étant couverte de neige, il ne pourroit pas remarquer l'Etat des Chemins.

C'est une bonne chose que la farine soit aussi rare qu'on vous la dit à Luxembourg, mais pour rendre à la Place sa subsistance encore plus difficile, il faut faire bruler tous les moulins qui sont à une lieüe à la ronde.

Je suis &.

No. 20

A M. le M[al] de Crequy
à Versailles le 25 Janvier 1684

Le Roy ayant été informé que les Espagnols ont commencé à mettre le feu à quelques maisons des Prevotés de Longwy et de Montmédy, S.M. m'a commandé d'écrire à M. de Lambert de faire bruler incessamment dix villages dans le Pays de Limbourg par represaille de cette éxécution et d'en user toujours de même en pareille occasion; observant de faire jetter des billets pour apprendre aux peuples la raison pour laquelle ils sont brulés, je vous en donne avis afin qu'il vous plaise à tenir la main à ce qu'il se conforme surement à l'intention de S.M. qui commande en même tems à Mondit Sr de Lambert de donner avis à M. de Langallerie de toutes les incendies que fera la garnison de Luxembourg, afin qu'il en fasse dix fois autant dans la Comté de Namur.

Je suis &.

No. 21

A M. le M[al] de Crequy
à Versailles le 27 Janvier 1684

J'ai reçu par le retour du Courier Goret la lettre que vous m'avés fait l'honneur de m'écrire le 22 de ce mois avec le Plan qui y étoit joint que je vous renvoye, S.M. attendra des nouvelles de l'éxécution du projet que vous avés fait pour contenir la garnison de Luxembourg.

Elle ne juge point à propos d'établir présentement de Pont à Vasserbilick.

Je suis & ./.

No. 25

A M. le Maréchal d'Humieres
à Versailles le 2 fevrier 1684

Sur le compte que j'ai rendu au Roy, que la garnison de Luxembourg a brulé quatre maisons dans le village d'Aupack prevôté de Cirk, et six dans celui de Gasche, Sa Majesté m'a commandé de vous en donner avis afin que vous fassiés bruler un village pour chacune de ces maisons donnant l'ordre à l'officier qui en sera chargé de laisser des billets qui portent que c'est par represaille de ce qu'a fait ladite garnison.

Je suis tout à vous./.

No. 27

A M. le M[al] de Crequy
à Versailles le 5 fevrier 1684

La lettre que vous m'avés fait l'honneur de m'écrire le 28 du mois passé m'a été rendue, le Roy approuve que vous fassiés occuper le Chateau de la mauvaise hache, aussi bien que Bettembourg.

S.M. vous recommande de faire faire une si exacte garde dans le Pays, que l'on puisse attraper quelqu'un de ceux qui vont chargés d'Artifice mettre le feu dans les Villages qui appartiennent au Roy, et vous pouvés promettre 50 Ecus au premier qui en arrêtera un.

Je suis &./.

No. 29

A M. le M^{al} de Crequy
à Versailles le 8 fevrier 1684.

J'ai reçu la lettre que vous m'avés fait l'honneur de m'écrire le 4 de ce mois, par laquelle j'ai appris avec inquiétude l'incommodité que vous avés eüe à la jambe ou vous avés été blessé. J'attendrai avec impatience par l'arrivée des premiers ordinaires les nouvelles que cette incommodité vous soit cessée.

Si vous voulés bien incommoder la ville de Luxembourg, il faut faire vuider de fourages les maisons que vous avés fait déserter et faire bruler les dits fourages après les en avoir tirés, il sera aussi bien à propos que vous obligiés les villages du côté du Chier à faire si bonne garde que les petits partis ne puissent point se glisser dans le Pays, ou assurement ils ne subsistent que par l'intelligence qu'ils ont avec les Paysans qui leur fournissent des vivres.

Je suis &./.

No. 44

A M. le M^{al} de Crequy
à Versailles le 15 mars 1684

La lettre que vous m'avés fait l'honneur de m'écrire le 12 de ce mois m'a été rendüe, vous devés avoir appris par M. de St Pouenge le tems précis auquel il est nécéssaire que vous soyés de retour à Metz, j'ajouterai seulement à ce qu'il vous a dit, que S.M. vous a destiné pour commander une de ses Armées en Flandre et que vous devés vous pourvoir d'équipages sur ce pied là.

Je suis./.

No. 45

Mémoire pour servir d'Instruction au Sr de St Rhue, M^{al} de camp des Armées du Roy, allant commander un Corps de troupes de S.M. &
à Versailles le 1er Avril 1684

Le Roy ayant donné ses ordres au Sr Mal de Crequy pour attaquer Luxembourg, et jugeant de son service de mettre un Corps considérable de troupes à portée dudit Sr Mal, pour être en état de le joindre au premier ordre que lui en enverra le dit Sr Mal, S.M. a jetté les yeux sur le Sr de St Rhue pour le commander, elle désire qu'il parte le - - - [3] sous prétexte d'aller voir sa brigade, mais en effet pour se rendre sur la Meuse.

Il verra par le Controlle qui sera cy joint qu'elles sont les troupes que le Roy met à ses ordres, desquelles il sera reconnu en vertu des ordres de S.M. qui seront cy joints.

L'intention de S.M. est qu'il pourvoit à ce que cette Cavalerie soit toujours en état de marcher au premier ordre qu'il en recevra pour cet effet qu'il fasse que les Cavaliers ayent toujours du pain et de l'avoine d'avance pour 5 jours, qu'en cas que le Sr Mal de Crequy lui ordonne de marcher vers lui avec le tout ou partie desdites troupes, il l'éxécute sans retardement, marchant en personne avec les Troupes qui seront des plus avancées et envoyant des ordres et des routes à celles qui seront les plus en arriere pour les venir joindre, et comme suivant les apparences ledit Sr Mal de Crequy ne lui enverra point d'ordre de marcher que sur les avis que lui donnera le Sr du Montal des démarches des Espagnols, l'intention du Roy est que ledit Sr de St Rhue entretienne un commerce réglé avec ledit du Montal, auquel S.M. donnera avis de se rendre à Dinant vers le 25 de ce mois et de faire part journellement audit Sr de St Rhue de tous les avis qu'il aura des démarches des troupes Espagnolles et Hollandoises, afin que si le Sr de St Rhue apprenoit qu'il fut arrivé quelque corps à Namur, ledit Sr de St Rhue peut marcher droit à Orlon ou Longwy suivant les ordres qu'il auroit dudit Sr Mal et ensuite éxécuter les ordres qu'il lui enverroit.

Que si le Corps que les Espagnols enverroient à Namur, n'étoit que de 1500 ou 2000 chevaux, comme il n'y a point d'apparence qu'avec un si petit corps de troupes ils pussent penser à secourir Luxembourg, ledit Sr de St Rhue feroit passer les avis qu'il en auroit audit Sr Mal, et il ne marcheroit point vers lui, que suivant les ordres qu'il lui enverroit.

S.M. recommande audit Sr de St Rhue de contenir les troupes qui seront sous son commandement dans un si bon ordre, que ses sujets n'en puissent recevoir aucun préjudice, et de tenir la main à ce que dans les marches qu'il fera faire auxdites troupes, elles ne soient à charge à ses peuples que pour le simple fourage.

Il établira des Cavaliers en relais entre Longwy et la Meuse pour lui apporter plus diligemment les ordres dudit Sr Mal de Crequy, et lui faire passer les avis qu'il recevra dudit Sr du Montal.

Et afin qu'il puisse recevoir et donner des avis plus surement audit Sr du Montal, S.M. lui fait remettre trois passeports du

---

[3] date left in blank.

Mis de Grane, au moyen desquels il pourra lui faire passer des couriers en toute sureté.

Il rendra compte à S.M. par tous les ordinaires de tout ce qu'il fera en éxécution de la présente instruction et au cas qu'il fut obligé d'assembler le Corps de Troupes que S.M. met à ses ordres, il composera une Brigade des 4 Régiments de Cavalerie dont il est composé qu'il fera commander par - - -[4] en vertu de la dépêche de S.M. qui sera cy jointe./.

No. 46

Instruction à M. le M^{al} de Crequy pour faire le Siege de Luxembourg du premier avril 1684

Le Roy ayant jugé qu'il ne pouvoit rien entreprendre de plus utile que la reduction de Luxembourg a son obeissance a donné ordre il y a plusieurs mois pour l'amas des munitions, farines et avoines necessaires pour la Subsistance de l'Armée qui doit s'assembler pour en faire le siege, de quoy le Sr Mal de Crequy a esté si particulierement informé qu'il a paru inutile à S.M. d'en faire mention dans le present memoire.

L'intention de S.M. est que ledit Sr Mal de Crequy se rende le plustost que faire se pourra a Verdun, ou sous pretexte que sa blessure de sa jambe s'estant rouverte l'empesche d'aller plus loing, il mandera le Sr Charuel et le Sr de la Frezeliere pour prendre avec eux les mesures pour achever de preparer tout ce qui est necessaire pour ce Siege, il pourra mander aussy le Sr de Lambert, s'il juge que son absence du pais ou il commande ne puisse point prejudicier en donnant lieu aux Espagnols de jetter du secours dans Luxembourg et si comme les aparences le veulent le dit Sr Mal juge à propos de laisser ledit Sr de Lambert aux environs de Luxembourg, il luy envoyera les ordres de ce qu'il aura a faire pour sans faire de demonstration qui puissent donner une plus grande inquietude au marquis de Grana qu'il n'en a deja pour Luxembourg empescher qu'il n'y entre de secours considérable.

Par les dernieres lettres que le Roy a receües dudit Sr de Lambert il paroist que la garnison de Luxembourg avoit receu l'ordre de se tenir preste à marcher, et qu'on disoit dans ladite ville qu'une partie de la Cavallerie devoit marcher du costé de Bruxelles, sur quoy S.M. a fait mander audit Sr de Lambert qu'Elle aprendroit avec plaisir qu'il eüst donné quelque échecq a cette Cavallerie en sortant dudit Luxembourg, mais qu'il devoit

[4] name left in blank.

surtout s'apliquer a empescher qu'il n'y entrast point de troupes, et prendre garde que cette Cavallerie ne sortist pour aller au devant de quelque secours, plustost que pour son retour vers Bruxelles.

Ledit Sr Mal jugera par la connoissance qu'il a de la situation de Luxembourg s'il est apropos d'envoyer audit Sr de Lambert plus de troupes qu'il en a presentement, et en ce cas il envoyera ses ordres a telles des troupes de Cavallerie ou d'Infanterie qui sont sous son commandement pour marcher aux ordres dudit Sr de Lambert, pourvue que cela se puisse faire sans marquer le dessein de S.M. sur cette ville.

Il recommandera audit Sr de Lambert de donner doresnavant aux troupes qui sont à ses ordres le plus de repos que faire se pourra, et autant que l'aplication qu'il doit avoir a empescher qu'il n'entre de troupes dans Luxembourg le luy pourra permettre, luy faisant connoistre qu'il doit prendre plus de soin a empescher qu'il n'y en entre, qu'a contenir les partis que le gouverneur de Luxembourg pourroit envoyer sur les terres du Roy.

Le Controlle cy joint informera le dit Sr Mal du nombre de troupes que S.M. a jugé a propos de luy donner pour faire cette Expedition, des lieux ou elles sont, des ordres que S.M. fera envoyer a quelques unes desdites troupes, et de celles qui devront marcher sur ses ordres, il connoistra par ledit Controlle que les Battaillons des Fuziliers ne pourront arriver que 8 ou 10 jours apres l'investiture de la place, S.M. ayant jugé que si on les faisoit mettre en marche plustost on donneroit a connoistre au Marquis de Grana la resolution qu'Elle a prise de faire attaquer Luxembourg, Elle desire que ledit Sr Mal prenne ses mesures pour faire investir la dite place le 30e de ce mois, et comme elle est fort éloignée des autres places de la domination d'Espagne, il n'est point nécessaire que toutes les troupes y arrivent au mesme jour, et il suffira qu'elles y arrivent par un mesme chemin et en assés grand nombre a la fois pour n'avoir rien a aprehender de la garnison.

Ledit Sr Mal pourra s'il le juge a propos faire assembler 7 ou 8 Battaillon a Thionville avec 2 ou 3 Regiments de Cavallerie vers le 5 de ce mois sous pretexte de les faire marcher dans les Etats de M. l'Electeur de Cologne auquel S.M. a promis un pareil secours, Elle a nommé des a present le Sr de Renty maréchal de camp pour commander ledit secours et Elle luy fera donner ordre de se rendre pres le dit Sr Mal de Crequy dans le 15 de ce mois.

Le dit Sr Mal pourra en mesme temps envoyer quelque Officier entendu vers M. l'Electeur de Treves pour luy demander passage pour ledit corps de Troupes et concerter les logements qu'il fera dans ses Etats; cette negociation fera deux bons effets, l'un que le prince d'Orange et le marquis de Grana qui ont de fortes habitudes dans la cour dudit Electeur ne manqueront pas d'estre avertis promptement du dessein que S.M. aura de faire passer lesdites troupes dans les Etats de M. l'Electeur de Cologne, et l'autre que le gouverneur de Luxembourg verra assembler ledit Corps et cuire du pain pour sa subsistance sans qu'il puisse soubçonner qu'il doit servir a son investiture, en effet l'intention de S.M. n'est pas que ledit Sr de Renty marche vers les Etats de M. l'Electeur de Cologne jusqu'a nouvel ordre d'Elle, et S.M. desire que le dit Sr Mal de Crequy employe ledit Corps a l'attaque de Luxembourg le separant en autant de Brigades qu'il jugera a propos de le faire pour la commodité du service de l'Armée qu'il commandera, et employant ledit Sr Marquis de Renty en qualité de maréchal de camp.

Le pain necessaire pour la subsistance de ladite armée sera fourny commodement par les ordres du Sr Charuel, et les soins du Sr Jacquier que S.M. fera partir de Paris vers le 25 de ce mois au moyen de 1200 chevaux des vivres que ledit Sr Jacquier a eü ordre de mettre sur pied, et qui doivent s'assembler a Nancy et a Verdun le 20e dudit mois.

Lesdit Sr Mal fera etablir le travail dudit pain de munition au lieu qu'il estimera le plus a propos, et comme les bois sont fort communs aux environs dudit Luxembourg, il ne sera que fort a propos que ledit Sr Mal fasse établir le travail dudit pain de munition dans son camp faisant desçendre les farines en batteau jusqu'au lieu qu'il estimera le plus propre entre Crik et Thionville et employant de maniere les chevaux des vivres a voiturer les farines dans le camp qu'ils n'y sejournent point, et qu'ils retournent sur le bord de la Riviere s'il se peut le mesme jour, ou il sera facile audit Sr Jacquier de leur faire descendre du fourage par la Riviere.

Le dit Sr Mal doit observer d'obliger ledit Sr Jacquier de mettre des farines dans son camp, non seulement pour les troupes qui sont mentionnées au Controlle cy joint, mais encores pour 8 ou 10000 chevaux ou dragons que S.M. se tiendra toujours en etat de luy envoyer si les demarches du prince d'Orange, ou du marquis de Grana le luy faisoient juger necessaire.

La plus grande difficulté que ledit Sr Mal de Crequy trouvera pour la subsistance de l'armée qu'il commandera viendra du deffaut de fourage qui ne peut manquer d'estre rare dans le pais a cause du grand hyver qu'il a fait, de celuy que les troupes que commandoit le dit Sr Mal ont consommé lorsqu'on [a] jetté des bombes dans Luxembourg, et de celuy que l'on a bruslé aux environs de ladite place.

Il prendra les mesures necessaires pour qu'en mesme temps que l'on investira la place, ledit Sr Charuel envoye des ordres a tous les villages situés a 7 ou 8 lieües autour de Luxembourg d'amener au camp tous les fourages qui leur restent lesquels il fera distribuer a la cavallerie qu'il jugera a propos de garder dans les lignes, et il chargera les commandants de Bastogne, Marche et Arlon d'envoyer des Troupes pour presser lesdits villages d'obeir auparavant que le gouvernement de Namur en étant informé puisse envoyer de petits partis qui les en empeschent.

Il solicitera aussy ledit Sr Charuel d'envoyer des ordres aux villages sçitués a 7 ou 8 lieües autour de Luxembourg [où la] Sourre commence a porter batteau pour y amener tous les fourages qu'ils ont ou le dit Sr Charuel les fera charger sur des batteaux pour estre remontés a Remick et de la voiturer dans le camp par des charois du pais, que ledit Sr Charuel fera assembler pour cet effet.

Ledit Sr Charuel a eu ordre du Roy de faire achepter 10000 septiers d'avoine lesquels il fera charger dans des batteaux pour estre desçendus au dessous de Thionville, et de la par des chevaux de Gauthier et des chevaux du pais estre voiturés au camp, en sorte que la Cavallerie et les dragons que ledit Sr Mal jugera a propos de tenir dans les lignes en prenant dans les dernieres villes ou ils passeront pour quelques 4 ou 5 jours d'avoine, puissent en avoir au camp devant qu'ils soient consomméz, l'intention de S.M. étant que la distribution soit sur le pied d'un boisseau mesure de Paris par jour a chaque Cavalier ou dragon, et que ledit Sr Charuel prenne de telles mesures qu'il y en ait toujours dans le camp pour 15 jours d'avance, non seulement pour le corps de Cavallerie qui y sera mis mais encores pour le reste des 46 Escadrons que le Roy met aux ordres dudit Sr Mal, s'il jugeoit a propos de les y appeller, et pour en distribuer pour 8 ou 10 jours a un corps de 9 ou 10000 chevaux si S.M. trouvoit qu'il a son service de l'y envoyer, Et comme ces 9 ou 10000 chevaux devront necessairement passer par Arlon, ou par Longwy, l'intention de S.M. est que ledit Sr Charuel tienne 1500 septiers de farine toute preste a estre convertie en pain, S.M. desire aussy que ledit Sr Charuel fasse travailler des le 30e de ce mois a construire 5 ou 6 fours en chacune d'icelles, et oblige le munitionnaire a y tenir la quantité de boulangers necessaires pour y cuire 8 ou 10000 rations de pain par jour au premier ordre qu'il en recevra.

S.M. recommande audit Sr Mal de Crequy de n'emener a cette Expedition que la quantité de Cavallerie, ou de dragons qu'il jugera absolument necessaire pour la garde de son camp, et Elle croit qu'il pourra facilement faire subsister le reste a Arlon, Longwy, Thionville et Rodenack, qu'il pourra utilement tenir un corps de dragons sur la Sourre qui y subsistera facilement des fourages des lieux voisins, tiendra la main a ce que ceux qui sont éloignez voiturent les fourages dont il a esté parlé cy dessus, et sera toujours en état de le rejoindre au premier besoin qu'il croira en avoir, et que le surplus desdits 46 Escadrons pourra estre logé de l'autre costé de la Mozelle ou il pourra avoir le couvert dans les villages voisins, y subsister des fourages qui s'y trouveront et de l'avoine qui leur sera distribuée par ledit Sr Charuel au moyen d'un pont de Batteaux, y garder les chevaux des vivres, et estre en état de joindre ledit Sr Mal au premier ordre qu'il leur envoyera, et afin que ledit corps de troupes, celuy qui sera sur la Sourre, et les Regiments qui seront a Arlon, Longwy, Thionville, et Rodenack, puissent estre prests a touts moments a joindre ledit Sr Mal, S.M. juge a propos qu'il donne[5] qu'ils ayent toujours du pain, et de l'avoine pour 4 jours d'avance, en sorte qu'une heure apres que l'ordre de marcher sera venû, ils puissent sortir des lieux ou ils seront.

S.M. se remet audit Sr Mal de regler avec ledit Sr Charuel la quantité de pionniers de la Comté de Chiny et des Esveschez que ledit Sr Charuel devra mander pour travailler et mettre promptement en bon état les lignes que ledit Sr Mal jugera a propos de faire faire pour la sureté, L'Intention de S.M. est que l'on donne auxdits païsans 2 rations de pain par jour pendant qu'ils travailleront, et que l'on les renvoye aussytost que ledit Sr Mal jugera n'en avoir plus besoin.

Comme les Espagnols ne peuvent songer a jetter du monde dans Luxembourg que par Namur, d'ou s'ils y marchent avec peu de troupes ils ne seront pas en etat d'en jetter dans Luxembourg, Et s'ils y marchent avec un grand Corps Ils ne le pourront faire qu'en plusieurs jours, S.M. qui ne croit pas que les herbes luy puissent permettre d'assembler son armée en Flandre avant le 15 du mois de may prochain, fera rendre dans lesdits premiers jours du may prochain dans les lieux marquez par le Controlle cy joint les troupes dont il y est fait mention, Elle donnera ordre au Sr de St Rhue qui est destiné pour les commander de faire qu'elles ayent toujours pour 4 jours de pain, et d'avoine d'avance pour estre en état de marcher droit a Arlon sur les premieres nouvelles que le dit Sr de St. Rhue aura du Sr du Montal que quelque Corps considérable de Troupes Espagnoles, ou hollan-

[5] The word *ordre* has evidently been left out here.

doises, s'approchassent de la Meuse, ou s'il en recevoit l'ordre dudit Sr Mal.

Ledit Sr du Montal aura ordre de se rendre a Dinant dans le 25 de ce mois pour y veiller a ce qui se passera a Namur, en informera ponctuellement ledit Sr Mal de Crequy et ledit Sr de St Rhue, lequel se tiendra pour cet effet a Charleville.

De toutes les munitions comprises dans l'Etat que le Sr de la Frezeliere a envoyé au mois de janvier dernier contenant ce que ledit Sr Mal jugeoit necessaire pour la reduction de Luxembourg, il ne reste plus a envoyer que 200000 Sacs a terre dont 100m partiront dans toute la semaine prochaine, et le reste partira au plus tard dans le 15 de ce mois et S.M. a donné de tels ordres pour leur conduite qu'ils ne manqueront point d'estre livrez touts dans le Pont a Mousson dans le 6 du mois de may prochain, ou le Sr Charuel donnera ordre qu'ils soient mis dans des batteaux pour estre desçendus au lieu ou ledit Sr Mal aura jugé a propos de faire debarquer l'artillerie.

600 chevaux d'artillerie et les officiers mentionnez en l'Etat cy joint ont ordre de se rendre à Verdun le 10 du present mois d'Avril le dit Sr Mal chargera ledit Sr de la Frezeliere de visiter exactement lesdits chevaux et d'obliger les capitaine de charoy a changer ceux qu'il ne trouvera pas en etat de servir.

800 chevaux qui ont esté levez par le nommé Marinuille, et marchent sous la direction du Sr Gauthier, partiront de Rheims le 29 de ce mois pour se rendre le 26 ou le 27 a Frenay ou le dit Sr Mal leur fera tenir les ordres de ce qu'ils auront a faire.

Il observera de ne les faire partir non plus que les officiers d'artillerie, que le plus tard que faire se pourra, en sorte que Luxembourg soit investy au plus tard un jour ou deux apres qu'il auront commencer a passer la.

Il employera les chevaux dudit Gauthier a voiturer les munitions d'artillerie du lieu ou il les aura fait debarquer jusqu'audit Luxembourg et se servira des dits 600 chevaux d'artillerie pour mener les pieces de canon, et les voitures du parcq et les munitions aux Batteries, et comme les officiers d'artillerie mentionnez dans l'Etat dont il vient d'estre parlé ne seroient peut estre pas sufisans pour servir toutes les Batteries qui sont necessaires pour la reduction de Luxembourg, S.M. fera faire un detachement d'officiers d'artillerie destiné pour son armée le 20 de ce mois, et les fera rendre au camp devant Luxembourg avant le 8 du mois prochain.

Le Sr de Vauban avec un nombre d'ingenieurs considerable[6] ne manquera point de se rendre aupres dudit Sr Mal dans les

[6] Marginal note: 50 ingenieurs.

premiers jours du mois prochain, et en attendant leur arrivée ledit Sr Mal pourra se servir du Sr de Choisy et de l'ingenieur de Thionville pour tracer les lignes qu'il jugera a propos de faire faire autour de la ville de Luxembourg.

S.M. recommande audit Sr Mal de donner audit Sr de Vauban tout le temps necessaire pour la conduite des travaux qui seront a faire pour la reduction de cette place en sorte qu'elle se puisse faire avec le moins de perte qu'il se pourra.

Elle recommande audit Sr Mal de donner de tels ordres que l'on empesche que ledit Sr de Vauban ne s'expose inutilement.

Que si ledit Sr de Vauban venoit a estre blessé et hors d'etat de vacquer a la conduite de la tranchée l'intention de S.M. seroit que le dit Sr Mal mandast le Sr de Choisy, gouverneur de Sarrelouis pour prendre la conduite desdits ouvrages.

S.M. recommande encores audit Sr Mal de l'informer personnellement tous les jours de ce qui se sera passé audit siege depeschant pour cet effet tous les matins un courrier a S.M., lequel s'en viendra droit a Avesnes ou il sçaura le chemin qu'il devra prendre pour joindre S.M., et afin que lesdits courriers puissent passer en toute sureté, Elle a fait joindre a cette Instruction 4 passeports du marquis de Grana, lesquels ledit Sr Mal remettra aux courriers qu'il depeschera, et aura soin de les retirer apres l'expedition finie. Fait a

No. 46 bis

Lettre[7] de M. de Louvois a M. Charuel
Intendant en Lorraine et Eveschez du
2 avril 1684 a Versailles

Je reçois par le retour du courrier Goret votre lettre du 29 du mois passé, je ne puis vous specifier la quantité de fourage qu'il faut obliger la Comté de Chiny a voiturer dans le Camp, qu'en vous disant que plus vous en y ferez mener, plus vous donnerez moyen aux troupes de subsister commodement, et vous ôterez aux ennemis les moyens de s'aprocher du Camp, ainsy vous ne sçauriéz manquer d'y en faire venir toute la plus grande quantité que faire se pourra, et s'il se peut tout ce qui sera dans le pais./.

---

[7] Marginal note: C'est une espece d'instruction.

No. 47

Mémoire servant d'Instruction pour le Sr Marquis de la Trousse Lieutenant Général des Armées du Roy, allant commander un Corps de Troupes sur la Meuse.
A Versailles le 3 avril 1684

Le Roy ayant donné ses ordres au Sr Mal de Crequy pour attaquer Luxembourg, et jugeant de son service de mettre un Corps de Troupes considérable à portée de joindre ledit Sr Mal de Crequy au premier ordre qu'il en enverra, S.M. a jetté les yeux sur ledit Sr de la Trousse Lieutenant Général, Elle désire qu'il parte assez à tems de ce lieu pour se rendre le premier may à Sedan.

Il verra par le Controlle qui sera cy joint quelles sont les Troupes que le Roy met sous son commandement, desquelles il sera reconnu en éxécution des ordres que S.M. qui seront joints audit Controlle.

L'intention de S.M. est qu'il fasse camper ces troupes entre la Riviere de Meuze et Domjy, ou elle subsisteront au moyen des fourages et avoines que le Sr de Vrévin leur fera délivrer en cas que lorsqu'elles s'assembleront les prairies ne soient pas encore en état d'être paturées et des avoines qu'il leur donnera seulement lorsque les chevaux pourront se passer des fourages.

Ledit Sr de la Trousse contiendra lesdites troupes de maniere qu'elles ne soient en aucune maniere a charge à ses sujets et fera punir très séverement les désordres qu'elles feront.

Il entretiendra un commerce fort regulier avec le Sr du Montal auquel S.M. ordonnera de se rendre à Dinant dans la fin de ce mois et de prendre les mesures nécessaires pour être informé des démarches que pourroient faire les Espagnols pour secourir Luxembourg, ce qu'ils ne peuvent faire qu'en passant la Meuse à Namur ou environs de Liege, au moyen d'un Pont qu'ils feroient remonter de Maestrick.

Ledit Sr du Montal aura ordre d'informer ledit Sr de la Trousse par des Exprès de tout ce qui pourra s'assembler du coté de Namur.

S'il ne s'y assembloit qu'un corps de 2 ou 3000 chevaux, l'intention de S.M. seroit que ledit Sr de la Trousse fit passer diligemment cet avis audit Sr Mal et attendit ses ordres, sur lesquels l'intention de S.M. seroit qu'il marchat avec toutes ses troupes ou avec une partie au lieu et suivant que ledit Sr Mal lui en ordonneroit.

Que s'il apprenoit par ledit Sr du Montal que les Ennemis s'assemblassent à Namur avec 4 ou 5000 chevaux, l'intention de S.M. seroit que ledit Sr de la Trousse sans attendre d'ordre dudit Sr Mal marchoit droit à Arlon et lui donnat seulement avis du tems qu'il y pourroit arriver ou il éxecuteroit les ordres dudit Sr Mal.

Que si ledit Sr de la Trousse apprenoit par ledit Sr du Montal que les Ennemis s'assemblassent audessous de Liege, il en rendroit compte audit Sr Mal de Crequy, et ne partiroit point du lieu ou il seroit campé que sur les ordres qu'il en recevroit de lui.

Et afin que ledit Sr de la Trousse soit en état de marcher sans aucun retardement vers ledit Sr Mal de Crequy, si les ordres qu'il en recevoit ou les nouvelles qu'il auroit dudit Sr du Montal l'y obligeoient l'intention de S.M. est qu'il fasse que les troupes qui doivent être à ses ordres ayent toujours du pain et de l'avoine pour 5 jours d'avance ensorte qu'une heure après que ledit Sr de la Trousse en aura donné l'ordre on puisse se mettre en marche.

Qu'en même tems qu'il marchera, il dépêche un courier à Arlon pour mander au commandant le jour qu'il y arrivera, afin qu'il lui fasse tenir du pain et de l'avoine prêts. S.M. ayant donné ses ordres pour qu'il y ait audit Arlon les farines et avoines nécéssaires, pour que le Corps que commande ledit Sr de la Trousse puisse y en prendre en passant.

S.M. a fait traiter avec le nommé Barier pour la levée de plusieurs chevaux de Poste, Elle donnera ordre qu'il y en ait 24 à Sedan, le premier jour du mois prochain, desquels ledit Sr de la Trousse en fera établir 6 à Carignan, autant à Orval, pareil nombre à Virton et autant à Soleures.

Il chargera un Commissaire de les y établir, et d'obliger les habitans à lui fournir le logement gratuitement et du fourage pour leur argent a prix raisonnable.

Il se servira des relais pour avoir journellement des nouvelles dudit Sr Mal de Crequy, et lui faire passer diligemment celles qu'il recevra dudit Sr du Montal.

Il prendra des mesures avec ledit Sr du Montal pour avoir souvent de ses nouvelles par des exprès qui, se servant des postes de Dinant, de Givet, de Mezieres et de Sedan, pourroient faire toute la diligence que l'on peut désirer, et encore d'avantage, si comme S.M. l'ordonne audit Sr du Montal, l'on donne ordre aux habitans de celles de Fumay ou de Revin par lequel lesdits couriers devront passer, de tenir toujours des chevaux prêts pour leur en fournir à leur passage.

Et afin que si lesdits exprês rencontroient des partis Espagnols ils ne soient retardés, S.M. a donné ordre qu'il fut remis audit

Sr de la Trousse avec la présente instruction, trois passeports du Marquis de Grane, en éxécution desquels ceux qui en seront chargés doivent passer en toute liberté.

Ledit Sr de la Trousse rendra compte à S.M. les premiers jours de son campement par les ordinaires et ensuite par les couriers que le Sr Mal de Crequy à ordre de dépêcher au Roy tous les jours de tout ce qui se passera à son camp et des avis qu'il aura dudit Sr du Montal.

S.M. donne ordre au Sr de St Rhue de se rendre auprès de lui pour servir sous lui en qualité de Mal de Camp.

L'intention de S.M. est que la brigade des grades du Corps soit commandée par le Sr de la Fitte celle de la petite gendarmerie par le Sr de Sebeville, celle des Régiments de Cavalerie de Chartres, la Roche-sur-Yon, Bellegarde et Savon par [----][8] et les dragons par le Comte de Tessé./.

No. 48

A M. le M^al^ de Crequy
à Versailles le 4 avril 1684

Vous trouverés dans ce paquet les Controlles que le Roy a jugé à propos de faire publier des troupes qui doivent composer ses armées lesquels sont faux et sont cottés A.

Le véritable contenant les troupes qui doivent servir sous vos ordres, dans lequel il est fait mention de ceux de S.M. qui doivent être adressés à quelques unes ses dites troupes, et de ceux que vous devés envoyer aux autres, de plus l'expédition duquel controlle cotté B.

S.M. ayant remarqué que le Régiment de Soissons, auquel il avoit été adressé une route pour le faire marcher à Landrecy passant par Pont à Mousson, avoit été mis sur le Controlle qui a été rendu public comme devant marcher dans le Pays de Cologne, S.M. a jugé a propos de lui envoyer présentement un ordre à Strasbourg pour le faire marcher droit à Metz, ou vous pouvés compter le 20 de ce mois [sic].

Vous verrés dans le même controlle cotté b que les jours de l'arrivée à Arlon des Régiments d'Infanterie de Vaubecourt et de Condé et de celui de Cavalerie de la Valette sont laissés en blanc, aussi bien que les lieux par ou ces trois Régiments doivent passer pour s'y rendre; mais j'aurai soin de vous en informer le plûtôt qu'il me sera possible.

---

[8] Name left in blank.

Vous savés sans doute présentement la résolution que le Roy prit hier de partir le 20 de ce mois pour se rendre à Condé le 30, S.M. ayant jugé qu'il ne pouvoit être que fort à propos que ce bruit se répandit à Bruxelles et que son séjour audit Condé pourroit ôter au Mis de Grane la pensée de rien entreprendre de votre côté.

Je ne pourrai vous adresser de deux ou trois jours la copie de l'Instruction que le Roy fait donner à M. le Mis de la Trousse; mais vous trouverés à la fin du Controlle cotté B l'Etat des troupes que Mondit Sr de la Trousse doit avoir sous ses ordres, campées entre Sedan et Domzy, avant le 15 du mois prochain.

Vous trouverés dans ce Paquet le chiffre dont vous devés vous servir pour me mettre en état de rendre compte au Roy de ce qui se passera dans l'Armée que vous commanderés, vous observerés que M. le Mis de la Trousse en aura Copie, et qu'ainsi vous pourrés vous servir de ce Chiffre pour lui écrire lorsque les ordres que vous aurés à lui envoyer meriteront cette précaution.

Je vous adresse aussi les quatre Passeports du Marquis de Grane, dont il est fait mention dans votre Instruction, de la conservation desquels je vous suplie de prendre soin.

A l'égard de votre pouvoir, comme il ne peut être prêt de 5 ou 6 jours, j'aurai soin de vous l'adresser à Verdun.

Je vous adresse un autre Controlle qui vous fera connoitre comment resteront les Garnisons des Places de votre Commandemant destinées pour les Armées, après que les troupes d'Armées en seront sorties. J'y joint un Etat des Commissaires des guerres et un autre des Officiers d'artillerie qui devront servir dans l'Armée que vous devés commander.

Je suis &./.

No. 51

A M. le Mal de Crequy
à Versailles le 10 avril 1684

Suivant ce que j'ai eu l'honneur de vous marquer par ma lettre du 4 de ce mois, je vous envoye le pouvoir qui vous est nécessaire pour commander l'Armée que S.M. met à vos ordres. Je ne vous écris ce mot que pour l'accompagner et vous assurer que je suis &./.

No. 58

A M. le Mal de Crequy
A Versailles le 15 avril 1684

Il ne paroit point par les nouvelles que le Roy reçoit de Bruxelles et de la Haye, quel parti le Mis de Grane prend pour jetter de l'Infanterie dans Luxembourg en en retirant la Cavalerie qui y est; cependant tous ceux qui donnent des avis à S.M. s'accordent à dire que ledit Mis de Grane est convenu avec M. le Pce d'Orange d'y faire entrer de l'Infanterie auparavant que l'on se mette en Campagne, de quoi elle m'a commandé de vous informer et de vous dire qu'elle jugeroit a propos que sous prétexte d'envoyer vers l'Electorat de Cologne les 8 Bataillons d'Infanterie et les trois Régiments de Cavalerie qu'elle a fait publier y devoir marcher sous les ordres de M. de Ranty vous fissiés assembler ceux desdits Bataillons qui sont en état de marcher, les faisant passer par deça la Moselle et leur donnant ordre de marcher à très petites journées jusques à Eisternach, ou vous leur ordonniés de demeurer jusqu'à ce qu'ayant eu des réponses de l'officier que vous auriés envoyé vers Treves, vous leur envoyassiés des ordres pour passer plus loing, S.M. estimeroit que par ce moyen vous vous mettiés en état d'avoir un Corps considerable pour oposer à ce que le Mis de Grane voudroit faire entrer dans Luxembourg et ce Corps reviendroit d'Eternach à Luxembourg au jour que vous lui ordonnerés, il seroit besoin de pourvoir à la subsistance de ce Corps d'Infanterie en lui faisant descendre du pain par la Mozelle. S.M. m'a commandé de vous proposer ces expédients et de vous dire qu'elle se remet à vous de faire ce que vous jugerés pour le mieux.

Vous trouverés cy joint la Copie de l'Instruction que S.M. a fait donner à M. de la Trousse qui se rendra sans faute le premier May à Sedan.

Je suis &./.

No. 59

A M. le Mal de Crequy
A Versailles le 16 Avril 1684

La lettre que vous m'avés fait l'honneur de m'écrire le 12 de ce mois m'a été rendue avec le mémoire qui l'accompagnoit. Le Roy a aprouvé le projet que vous faites d'investir Luxembourg le 28 de ce mois au lieu du 30 et S.M. envoyera ses ordres pour que les Bataillons de Fusiliers marchent ledit jour 28, moyennant quoi ils arriveront deux jours plutot au lieu porté par votre Controlle.

S.M. se remet a vous de regler les Brigades d'Infanterie, comme vous le jugerés a propos, observant que les fusiliers ne doivent être employés dans aucune brigade par ce qu'ils sont destinés à servir toujours l'artillerie et que quand leur rang de remonter la tranchée vient, le premier des deux Bataillons la doit monter, et l'autre rester au service de l'artillerie et que quand le rang dudit Régiment vient une seconde fois, le second monte la tranchée pendant que le premier demeure à l'artillerie.

L'intention de S.M. est que quoi qu'une partie des Régiments qui composent les Brigades de Cavalerie ne soyent pas au camp, les Brigadiers ne laissent pas d'y demeurer, à la reserve de ceux que vous jugerés à propos de tenir dehors pour commander le Corps de Cavalerie ou de Dragons que vous établirés sur la Sourre.

Le Roy ne veut point donner de viande à la Cavalerie parce qu'un Cavalier qui a trois sols par jour et du pain est en état d'en acheter, et qu'il n'y a qu'à tenir la main à ce que l'officier lui donne exactement lesdits trois sols, c'est à quoi S.M. vous recommande de tenir surement la main.

Le Controlle cy joint vous informera du jour que les troupes qui ne doivent point marcher par vos ordres arriveront, en éxécution de ceux que Sa Majesté va envoyer, sur le pied que la place sera investi le vingt huit de ce mois, au lieu du 30.

Je ne doute point que M. de Maurevert ne se rende auprès de vous pour commander la Cavalerie en qualité de Commissaire Général et vous n'avés rien de nouveau a ajouter a l'egard des honneurs à rendre a Mgr le Prince de Conty, S.M. se remet à ce que vous avés fait lors du blocus de Luxembourg en éxécution des ordres de S.M.

Elle vous recommande de ne point mettre les Régiments de Turenne et de Conty dans la Brigade de M. le Duc de La Ferté et elle est persuadée que le Régiment Royal n'y sera pas non plus.

Je suis &./.

No. 60

A M. le M[al] de Crequy
A Versailles le 17 Avril 1684

J'ay reçu par le retour du Courier la Neuville, la lettre que vous m'avés fait l'honneur de m'écrire le 15 de ce mois au soir, par laquelle j'ai vu avec beaucoup de plaisir le bon état de votre santé.

J'ai pourvu a faire achetter des avoines du côté de Sedan et vous pouvés compter qu'avant le 8 du mois de may le Sr de Vrevin Intendant de la Frontiere de Champagne en fera voiturer deux mille septiers à Longwy aux ordres de M. de Charuel auquel j'en donne avis par la lettre cy jointe que je vous prie de lui faire tenir, ainsi il me paroit inutile d'en faire acheter de Verdun.

Je vous ai deja mandé que le Roy avoit continué aux enfans du Sr Jacquier l'éxécution du traité que le père avoit fait.

L'on a fait tout ce qui étoit possible (par des commandements de Charois et de Pionniers du côté de Flandre et l'assemblée de l'Armée sous Condé le 30 de ce mois) pour empêcher M. le Mis de Grane d'envoyer un gros corps de troupes pour escorter l'Infanterie qu'il voudroit jetter dans Luxembourg et M. du Montal est à Dinant et Charlemont avec 2500 chevaux à portée de lui, ainsi il n'y a aparemment a apprehender que ce qui pourroit venir par le Pays de Limbourg ou du côté de Treves à quoi vous remedierés facilement par la Marche du Corps de M. de Ranty, si vous jugés a propos de profiter de l'expédient qui vous est proposé par la lettre que vous rendra ce Courier.

Je suis &./.

No. 67

A M. le Mal de Crequy
A Paris le 21 Avril 1684

Le Courier Mezieres m'a rendue la lettre que vous m'avés fait l'honneur de m'écrire le 19 de ce mois à 6 heures du soir, comme j'ai pris congé du Roy hier pour ne me rendre que demain à Louvres, je ne pourrai vous mander que de là l'intention de S.M. sur Marche et sur Bastogne, que je doute qu'elle veuille faire abandonner, mais comme il est bon d'empêcher que si le Prince d'Orange les prenoit, il n'y trouvat une subsistance considérable, il ne seroit que très a propos que sous prêtexte de pourvoir à la subsistance des troupes qui assiegeront Luxembourg vous en fissiés sortir tous les bleds et les avoines qui y sont pour les faire conduire à votre camp, n'y laissant que 50 ou 60 sacs de farine pour la Garnison.

J'ai vu avec plaisir (quoique j'aie donné à votre mémoire du 12 un sens qui n'étoit pas conforme à votre intention) que vous ayés pourvu a faire que toutes choses s'éxécutent suivant la résolution que S.M. avoit prise après en avoir entendu la lecture, et vous voulés bien que je profite de cette occasion pour vous representer qu'en pareil cas il est de la premiere importance de s'expliquer clairement, et de maniere que les termes de vos lettres ne soyent point susceptible d'un double.

Quelque peu d'apparence qu'il y ait que le Corps de M. de la Trousse puisse être obligé à entrer dans vos lignes n'y a y demeurer longtems je mande au Sr de Vrevin d'envoyer à Longwy 3000 Septiers d'Avoine au lieu de deux, ce qui joint avec les 1000 que M. de Charuel a fait acheter, sont plus que suffisants pour le siege, puisque dès que le bled et l'herbe commenceront à être bonne à faucher, il ne faut plus donner qu'un demi boisseau par Cavalier ou Dragon.

J'ai dépêché un courier à M. de Vauban pour le presser de se rendre auprès de vous dans le 28 de ce mois.

Je suis &./.

No. 69

A M. le M[al] de Crequy
A Pont St Maixence 23 Avril 1684.

J'ai rendu compte au Roy de ce que vous m'avés mandé à l'égard de Bastogne et Marche, S.M. m'a commandé de vous faire savoir qu'elle ne juge point a propos de faire abandonner ni l'un ni l'autre, encore que M. le Prince d'Orange et M. le Mis de Grane, joints ensemble passassent la Meuze pour s'approcher de vous, mais qu'elle désire que sous prêtexte de la subsistance des troupes qui seront au siege de Luxembourg, vous en fassiés retirer tous les grains, farines, et fourages, n'y laissant que ce qui est absolument nécessaire pour la subsistance de la Garnison pendant 12 ou 16 jours et en fassiés sortir la Cavalerie auparavant qu'elles puissent être investies.

A l'égard des autres petits postes ou il peut y avoir des Garnisons S.M. se remet à vous d'en retirer celles que vous jugerés à propos.

Je suis &./.

No. 75

A M. le M[al] de Crequy
A Peronne le 27 Avril 1684

Le Roi me commande de vous faire savoir qu'il juge à propos que vous envoyés quelque officier entendu vers M. l'Electeur de Treves pour lui faire part de l'ordre que S.M. vous a donné d'attaquer Luxembourg et lui temoigner que vous exécuterés l'ordre qu'elle vous a donné en même tems d'empêcher qu'aucune des troupes qui sont sous vos ordres ne commettent aucun désordre dans les terres qui dépendent de l'Archevêché de Treves et qu'afin que vous puissiés remédier à ce qui se passeroit sur cela contre vos intentions, vous avés chargé l'officier que vous lui envoyerés de demeurer auprès de lui pendant le Siege, pour être en état de vous faire savoir plus promptement ce que Mondit Sr l'Electeur aura a désirer de vous pour la conservation de ses Sujets.

Il sera bon que cet officier que vous devés choisir entendu ait avec lui 3 ou 4 officiers subalternes qu'il puisse envoyer à 10 ou 12 lieues au dela du Rhin voir ce qui s'y passe et qu'il soit chargé par vous d'insinuer aux Ministres de M. l'Electeur que vous vous attendés bien qu'il ne donnera aucun passage sur ses Etats à des troupes qui voudroient marcher au secours de Luxembourg ou aller joindre les troupes du Mis de Grane ou des Hollandois dans les Païs Bas et qu'il ajoute que si leur maître donnoit sur cela le moindre sujet de se plaindre à S.M. il ne doit point douter qu'après la prise de Luxembourg l'Armée que vous commandés ne fut employée à la désolation entière de ses Etats, cet officier ne doit tenir ce discours que fort à propos et sans affection à moins qu'il n'eut nouvelle qu'il marchat quelques troupes à Cassel ou des Cercles vers Coblentz, auquel cas il devroit dire à L'Electeur même que vous vous attendés qu'il ne donnera aucun passage aux troupes qui s'aprocheront du Rhin et que vous le croyés trop prudent pour s'exposer au ressentiment de S.M. dans un tems ou rien ne le peut empêcher de prendre Luxembourg et de se venger ensuite de ceux qui auroient voulu s'opposer a une conquête qui doit assurer le repos de l'Europe et reduire les Espagnols dans la nécessité de profiter des dispositions dans lesquelles S.M. est de rétablir pour toujours la tranquilité qu'a troublé leur mauvaise conduite et leur déclaration de Guerre faite mal a propos.

Je suis &./.

No. 76

A M. le M[al] de Crequy
a Peronne le 27 Avril 1684

M. Davaux mande au Roy que les Créanciers du Prince d'Orange publient à la Haye que M. de Valdeck est allé passer à Hesse Cassel pour y faire marcher 4000 hommes de pied et 1000 chevaux que le Landgrave de Hesse a promis aux Espagnols pour mettre dans Luxembourg, et qu'ensuite il doit passer en Franconie pour faire marcher les troupes qui doivent se rendre sur le Rhin, desquelles il doit avoir le commandement, quoiqu'il n'y ait guere d'apparence que quand il sçaura Luxembourg investi, il songe à faire passer un si petit corps de troupes, ni que M. l'Electeur de Treves veuille lui donner passage, S.M. a cru qu'il ne pourroit point y avoir d'inconvénient de vous donner part de cet avis, afin qu'en envoyant des officiers au delà du Rhin, vous puissiés être diligemment informé si ce corps venoit à s'ébranler, du nombre et de la qualité des troupes dont il seroit composé pour en rendre compte à S.M.

Les affaires paroissent en Hollande dans la même disposition ou elles étoient il y a 15 jours, c'est à dire que le Prince d'Orange est fort contredit, que les Provinces voisines des Etats de M. de Cologne redemandent leurs troupes et que quelques solicitations que le Mis de Grane fasse faire au Prince d'Orange de consentir qu'il envoye de l'Infanterie dans Mons, Charleroy et Ath, jusqu'à cette heure, il n'a donné les mains qu'à la marche d'un ou deux Régiments d'Infanterie vers Namur.

J'ai reçu la lettre que vous m'avés fait l'honneur de m'écrire le 22 de ce mois, je n'ai pas bien compris ce que vous m'avés voulu mander en faveur des Srs Jacquiers lesquels ont les mêmes assignations dont le pere a été content et ainsi n'ont rien a désirer de moi.

Vous devés avoir été informé par M. Charuel que les 200 mille sacs a terre sont en marche et arriveront au Pont à Mousson avant le 5 du mois prochain, il n'y a point d'apparence que vous en ayés besoin d'un plus grand nombre et ce d'autant moins que hors une batterie sur la contrescarpe je ne pense pas que M. de la Frezeliere vous propose d'en faire une toute de sacs a terre, cependant vous verrés par l'Etat cy joint qu'il y a dans les places a portée du Siege que vous faites 69535 sacs a terre et 13000 aunes de toile pour en faire, lesquels vous pouvés donner ordre que l'on fasse avancer à Metz pour vous en servir au besoin, ce qui avec ce que j'ai envoyé fera plus que les 300 mille que vous avés demandé.

Le Roy aprouve fort le projet que vous faites de conserver les troupes qui sont à vos ordres le plus que faire se pourra et vous ne sauriés rien faire qui lui soit plus agréable que de lui ramener en bon état l'Armée que vous commandés, lorsqu'après l'expédition finie S.M. vous donnera ordre de vous rapprocher d'elle.

Je suis &./.

No. 81

A M. le Mal de Crequy
à Cambray le 29 avril du matin 1684

Le Roy croyant qu'il est de son service de ne point raser les fortifications de Luxembourg, S.M. m'a commandé de vous faire remarquer que vous ne devez pas souffrir que l'on jette des bombes dans la ville et qu'elle désire que vous avertissiez le Sr de Vigny de n'en faire tirer que dans les Batteries et dans les ouvrages qui peuvent servir à la défense de la place./.

No. 87

A M. le M[al] de Crequy
a Condé le 1er May 1684

Je ne sçais par quelle aventure la lettre que vous m'avés fait l'honneur de m'écrire le 28 au soir de devant Luxembourg m'a été aportée par un Postillon de Dinant, [----] par ce courier que je vous dépêche par la route que j'ai établie par ordre du Roy d'ici au Quesnoy à Landrecy, à Avesnes, à Rocroy, à Mezieres, à Sedan, à Carignan, Ornal, Virton et Soleure, de quoi j'ai cru vous devoir avertir, afin que les Couriers que vous dépêcherés en éxécution des ordres que S.M. vous a donné puissent prendre la même route.

La nouvelle du mouvement des Sept Régiments Hollandois vers Liege ne se confirme point et il paroit par les avis que le Roy a reçu hier que les troupes qui ont remué ne l'on fait que pour se mettre derriere le Demers ou elles se sont cru plus en sureté que dans les Villages ou elles étoient, le bruit couroit même hier au soir à Mons que les Etats Généraux redemandoient leurs troupes, mais cette nouvelle a besoin de confirmation.

Le Roy ne doute point que vous ne preniés les mesures nécessaires pour empêcher que les partis qui sont dehors de Luxembourg, ne troublent la communication de votre camp a Arlon et Thionville, et que vous ne donniés ordre aux Gouverneurs de Longwy et de Montmedy pour que les chemins d'entre Sedan et votre Camp soient libres.

Vous avés été informé auparavant votre départ des ordres que le Roy a donné à M. de la Trousse et je vous ai envoyé depuis que S.M. est partie de Versailles la Copie de la lettre que j'ai écrite à M. du Montal par son ordre par laquelle Elle lui prescrit de marcher aux votres avec 18 Escadrons en cas que le Prince d'Orange et le Mis de Grane songeassent à secourir Luxembourg, depuis S.M. qui voit avec chagrin que l'Etat des herbes et des bleds l'empêchera de faire camper sa cavalerie de plus de 15 jours a trouvé bon de mettre 20 Escadrons aux ordres de M. de Boufflers lesquels Elle fait loger à Guise, St Quentin, Landrecy, Avesnes, Vervins, Marle, Mariembourg et Rocroy, pour en même cas passer diligemment à Arlon ce qui vous mettra en état d'avoir près 17000 chevaux à votre disposition si vous veniés à en avoir besoin.

Il sera de vos soins d'obliger les Srs Jacquier a passer assés de farine à Longwy et Arlon pour faire subsister ce Corps, s'il marchoit vers vous, et afin que l'avoine ne manque pas j'écris au Sr de Vrevin d'en faire passer encore 600 septiers audit Longwy outre les 3000 qui lui ont été déja ordonnés, d'ou vous pourvoyerés s'il vous plait à les faire passer plus avant si vous le jugés a propos.

Je suis &./.

No. 88

A M. le M^{al} de Crequy
A Condé le 1er May 1684.

Depuis la lettre que je me suis donné l'honneur de vous écrire ce matin, il en arrive une de M. Davaux dattée du 27 du mois passé, laquelle accuse la réception des ordres du Roy et mande qu'il devoit donner le 29 au matin le mémoire que S.M. lui a prescrit de présenter aux Etats Généraux. Il a ajouté que le Prince d'Orange ne sachant plus comment empêcher que lesdits Etats Généraux ne déliberassent sur le mauvais état des Pays Bas, avoit obligé depuis 4 ou 5 jours le pensionnaire a faire le malade. Que ledit pensionnaire n'ayant pu se dispenser de se trouver à l'assemblée de la Province d'Hollande qui s'étoit tenue le matin du 27 il y avoit proposé de consentir que la levée se resolut dans l'Assemblée desdits Etats Généraux à la pluralité des voix des Provinces, à quoi il fut surpris de voir que les députés des Villes qui avoient été jusques à présent les plus dévouées au Prince d'Orange, répondirent qu'il ne faloit plus parler de levée, mais bien d'obliger les Espagnols a faire la Paix et que s'ils ne vouloient pas s'y soumettre les Etats Généraux devoient donner des suretés au Roy qu'ils seroient neutres dans la Guerre que leur opiniatreté leur faisoit souffrir.

Mondit Sr le Comte d'Avaux ajoute qu'aussi tôt après que cette assemblée d'Hollande a été levée, le Mis de Castelmoncajo et le Sr Delval ont pris la poste pour se rendre à Bruxelles.

J'ai parlé à un homme qui est parti hier matin dudit Bruxelles qui assure que l'on n'y parloit point encore du Siege de Luxembourg, n'y que les troupes dussent faire aucun mouvement.

J'obmettois de vous marquer que Mondit Sr Davaux ajoute que les Provinces de Frise et de Groningue ont réïteré la demande de leurs troupes et que l'on ne doute point que sur le refus qui leur a été fait tant par le Prince d'Orange que par les Etats Généraux elles ne leur envoyent ordre de revenir et ne cassent les officiers qui ne satisferont pas.

Je suis &./.

No. 91

A M. le M[al] de Crequy

A Condé le 2 May 1684.

J'étois prêt à vous dépêcher ce Courier, lorsque le nommé Goret est arrivé avec la lettre que vous avés pris la peine de m'écrire le 2 de ce mois à cinq heures du matin. Le Roy a fort aprouvé le Soin que vous vous proposé de prendre pour faire donner le couvert aux 300 Cadets que S.M. a trouvé bon que vous appellassiés au Siege de Luxembourg. S.M. vous recommande d'empêcher qu'aucun des gens de qualité ou autres gens qui ont des charges ne passent de nuit à la tranchée que celles qui devront y être par les fonctions de leurs charges et afin que vous soyés obéi plus ponctuellement, S.M. trouve bon que vous leur déclariés à tous que vous enverrés pour le reste du Siege dans le Chateau de Rodemack ceux qui auront contrevenu à l'ordre que vous leur aurés donné sur ce Sujet.

S.M. auroit désiré que vous fussiés un peu descendu d'avantage dans le détail de ce que vous faîtes pour avancer les lignes de circonvalation et contrevalation, et que vous lui eussiés fait connoitre avec combien de gens vous y faites travailler et dans quel tems elles pourront être parachevées.

Le Roî vient de recevoir une dépêche de M. Davaux dattée du 1er de ce mois, par laquelle il mande avoir présenté le mémoire dont copie imprimée est cy joint qui a mis le Prince d'Orange et toutes ses créatures dans une grande consternation, en sorte que tout son équipage étant parti le vendredy et le Samedy matin, lequel il devoit suivre le dimanche 30 du mois passé, il a dépêché un courier le Samedy en sortant de l'assemblée de la Province de Hollande pour faire revenir les relais qui étoient rentrés à la Haye le Lundy auparavant le départ de l'ordinaire, vous serés informé des premieres nouvelles que S M. recevra de la Haye ce qui ne peut pas tarder plus de 2 ou 3 jours.

Adition

Je rèçois dans ce moment une lettre de M. Dumontal dattée d'hyer au soir par laquelle il paroit que les Espagnols n'ont fait jusqu'à ce tems là aucuns préparatifs pour secourir Luxembourg et que le bruit court toujours dans le Pays Espagnol que les troupes Hollandoises ne veulent point passer au delà de Bruxelles.

Je suis &./.

No. 92

A M. le M[al] de Crequy

A Condé le 2 May 1684

Le Roy étoit en peine de n'avoir point eu de vos nouvelles depuis la lettre du 28 du mois passé que vous m'avés fait l'honneur de m'écrire, lorsque j'ai reçu par le maitre de la Poste de Philippeville la votre d'hyer à la pointe du jour, S.M. a été bien aise d'apprendre que M. de Vauban soit arrivé auprès de vous et que l'on commence à travailler au débarquement de l'Artillerie et à l'établissement des fours.

Ma lettre cy jointe contient toutes les nouvelles que le Roy a reçu d'Hollande, je n'ai rien a y ajouter, si ce n'ai que j'ai reçu aujourd'hui une lettre de Dunkerque par laquelle on me marque qu'on y avoit eu avis le jour précédent que les 3 Régiments Hollandois qui étoient du côté de Bruges et de Gand avoient eu ordre de marcher du côté de Bruxelles.

M. de Boufflers est parti cet après midi pour se rendre à Mariembourg en état d'éxécuter les ordres que S.M. lui a donnés desquels je vous ai rendu compte, les 22 Escadrons que S.M. met à ses ordres seront placés le 5 de ce mois.

Je suis &./.

No. 105

A M. le M[al] de Crequy
A Condé le 5 May 1684

J'ai reçu par le retour du Courier Mezieres la lettre que vous m'avés fait l'honneur de m'écrire le 3 de ce mois après midi, j'ai déja mandé au Sr de Vrevin de changer le relai qui avoit été établi à Soleure entre Virton et Luxembourg et de le mettre à Longwy.

Il n'y a nulle apparence que le Mis de Grane songe à secourir a force ouverte Luxembourg, ayant vu un homme qui est sorti de Bruxelles hyer a midi, qui dit que toutes les troupes Hollandoises qui sont au Pays Bas ne passent pas quinze mille hommes.

Que le Mis de Grane est à Bruxelles enfermé dans le Palais, et se montrant le moins qu'il peut.

Que le Prince d'Orange est retourné à la Haye par les mouvements que cause en Hollande le dernier mémoire de M. Davaux, et que les officiers des troupes de Hollande disent publiquement à Bruxelles qu'ils attendent à tous moments des ordres des Etats pour retourner en Hollande, mais que quand on les laisseroit tous en Flandre ils ne sont au plus en état que d'essayer de soutenir Bruxelles, Malînes et Anvers.

Cet homme m'a dit qu'il ne croit point qu'il y ait aucunes troupes qui ont encore remarché vers Cleves.

Il est bien a propos que vous pressiés le Sr Jacquier d'envoyer des farines dans les lieux que vous estimerés nécessaires et que vous l'obligiés en même tems à vous donner un état signé de lui, des provisions qu'il a devant lui, c'est à dire des lieux ou sont ses bleds et farines et de ce qu'il fait moudre par chaque jour, duquel je vous supplie de m'envoyer une copie, afin que je puisse connoitre s'il fait ce qu'il doit.

Je n'entends pas bien ce que vous me voulés insinuer quand vous dites que si c'est faute de crédit, qu'il n'a pas les farines, il faut l'aider, puisque comme je vous l'ai mandé, il a toutes les assignations dont son pere étoit content et avoit sujet de l'être, de quoi j'avois d'autant plus de connoissance que j'avois sollicité M. le Controlleur Général de les lui donner.

Je ne puis répondre à ce que vous me dittes en général qu'il seroit nécessaire d'avoir plus de poudre qu'il n'a été projeté, je vous suplie en pareille chose d'entrer dans de plus grands détails qui me donnent moyen de satisfaire a ce que vous me demandés pour quoi sur ce fait là j'ai besoin d'un état des poudres sur lesquels M. de la Frezeliere compte pour la consommation du Siege, qu'il me fasse mention des Places d'ou l'on les tire, afin que voyant ce qui restera dans chacune, je puisse pourvoir à en faire avancer la quantité que vous et lui estimerés nécessaire.

Je ne doute point que M. de la Frezeliere ne trouve dans le détachement des Officiers d'Artillerie qui a été fait de l'Armée du Roy, tous les secours dont il aura besoin et particulierement en la personne du Sr de Lainville Lieutenant d'Artillerie que le Roy a envoyé pour commander l'Equipage sous lui.

Vous ne m'avés point envoyé d'Etat de la Cavalerie et des Dragons que vous avés dans votre camp et des lieux ou vous avés logé le reste, je vous supplie de me les faire tenir.

S.M. s'attend d'apprendre précisement par vos premieres lettres quel jour vous projettés de faire ouvrir la tranchée et combien d'attaques vous ferés et quels ouvrages de la place vous prétendés attaquer.

S.M. m'a commandé de vous marquer qu'elle n'avoit rien à vous prescrire a l'egard de M. de Bauzun si ce n'est que vous l'empêchiés de faire journellement le métier de volontaire.

S.M. s'attend de recevoir au premier jour l'Etat des Brigades.

Je vous suplie d'empêcher par des ordres très severes qu'un officier ne se serve des chevaux que le Roy a fait mettre en relais entre ci et Luxembourg et s'il y en a quelqu'un dans l'Armée de les obliger à les renvoyer.

Je suis &./.

No. 109

A M. le M[al] de Crequy
A Condé le 6 May 1684

Le Roy est un peu en peine de n'avoir point reçu de vos lettres depuis celle du 3 à deux heures après midi qui m'a été rendue par le Courier Mezieres.

Toutes les nouvelles que nous avons eu depuis deux jours ne parlent que de l'impuissance des Espagnols et de l'abatement du Mis de Grane, qui dépêche force ouvriers à la Haye qui a ce que l'on prétend ne rapportent pas des nouvelles favorables, ce qui est confirmé par une lettre que le Roy vient de recevoir de M. le Cte d'Avaux en datte du 4e par laquelle il marque que toutes les Villes de la Province d'Hollande à la réserve d'une dont le député est fils du pensionnaire Fagel, sont d'avis qu'il faut abandonner les Espagnols, s'ils n'acceptent pas les propositions contenues dans le mémoire du 29 du mois passé dont je vous ai envoyé une copie imprimée. Vous serés informé de la suite des nouvelles que S.M. recevra, cependant vous pouvés juger qu'avec de pareilles délibérations vous n'avés point a apprehender que Luxembourg soit secouru, ainsi vous pouvés vaquer fort en repos à sa reduction.

Je suis &./.

No. 114

A M. le M[al] de Crequy
A Condé le 7 May 1684

Le Roy n'a point eu de nouvelles depuis ma lettre d'hyer, je ne vous dépêche ce courier que pour vous en porter le duplicata et vous dire que M. Fautrier me mande que le Gouverneur de Namur est fort en peine des reproches que l'on lui fait de Bruxelles de n'avoir pas éxécuté l'ordre qu'on lui avoit envoyé il y a 7 ou 8 jours d'envoyer un Régiment d'Infanterie et cent hommes détachés d'un Régiment Espagnol à Luxembourg, que pour réparer sa faute il a fait partir il y a deux ou trois jours cent Dragons habillés comme ceux de France pour essayer d'entrer à Luxembourg.

J'ai vu des lettres de Bruxelles qui portent que l'on y tient beaucoup de conseils de Guerre dans lesquels on propose beaucoup de sottises que le Mis de Grane est assés habile pour ne se pas charger d'éxécuter et qu'en attendant que les affaires ayent pris une forme tous les résultats des Conseils se reduisent à envoyer

300 officiers reformés en plusieurs partis pour entrer dans Luxembourg, que plus de 150 officiers reformés étoient à Leau vendredy à midi qui prenoient le chemin de Liege pour essayer aussi de jetter dans Luxembourg, que l'on compte à Bruxelles pouvoir tenir jusqu'au 25 de ce mois.

Je suis &./.

No. 136

A M. le M^al de Crequy
a Condé le 11 Mai 1684.

Le Corps de 4000 chevaux arrivé à Namur dont la lettre de M. Dumontal du 9 de ce mois au soir fait mention, consiste aux Régiments de Cavalerie d'Aremberg et a celui de Mastain qui ne sont pas les deux plus de quatre cents chevaux.

Je suis &/.

No. 137

A M. le M^al de Crequy
a Cond le 11 Mai 1684.

Je ne vous puis mieux informer de la résolution que S.M. a prise sur la lettre de M. Dumontal dont l'Original est cy joint, qu'en vous envoyant la copie de la réponse[9] que j'y fais par ordre de S.M. et y ajoutant que les pluyes qu'il a fait ces deux derniers jours, ayant mis la Campagne en état de faire subsister l'Armée, S.M. a jugé a propos de l'assembler lundi prochain entre Thulin et Bossu sur la riviere d'Haine et que M. Dumontal en état de vous joindre avec 23 Escadrons, Elle a jugé apropos de rapeller M. de Boufflers avec le surplus des troupes qu'Elle avoit mis à ses ordres, lequel reduit les secours que vous pourrés avoir en cas de besoin à 55 Escadrons, savoir 32 de M. de la Trousse et 23 de Mondit Sr Dumontal, avec quoi je suis persuadé que M. le Cte de Valdeck quand il pourroit armer a tems, ne vous fera pas grand mal.

Je suis &./.

No. 138

A M. le M^al de Crequy
A Condé le 11 May 1684

La lettre que vous m'avés fait l'honneur de m'écrire par le Courier Goret le 9e de ce mois à 5 heures et demi du soir m'a été

---

[9] Marginal note: Cette réponse qui est du 11, se trouve dans le Volume des 5 premiers mois de la guerre de Flandre, 1684.

rendue hyer à peu près a pareille heure par laquelle le Roy a été bien aise de voir ce qui s'étoit passé jusqu'à cette heure là à la tranchée. S.M. s'attend que vous continuerés à l'informer ponctuellement de tout ce qui s'y passera et elle vous recommande que ce soit le plus en détail qu'il vous sera possible.

Ce que M. Charuel me mande concernant l'hôpital est fort confus et me marque qu'à l'heure qu'il m'a écrit, vous n'aviés pas encore rien arrêté sur le lieu ou l'on pourroit le placer, cependant il auroit été a désirer que l'on se fut déterminé plutôt sur une pareille chose et il est certain que plus il pourra être près de la grande tranchée ce sera le meilleure et que s'il n'est pas possible de les établir bien près, il faut au moins que ce soit le moins eloigné qu'il se pourra, en sorte que les blessés qui auront des os fracassés y puissent être traités et que l'on renvoye plus loin ceux qui auront de moindre blessures qui pourront permettre que l'on les transporte.

Le Roy a vu avec plaisir le bon ordre que vous avés établi parmi les volontaires, vous devés être informé présentement de la volonté de S.M. a l'égard de M. le Prince de Commercy ainsi je ne vous la repetterai point.

Plusieurs personnes travaillent au déchiffrement des deux billets que vous m'avés envoyé, des que l'on en sera venu a bout je vous les ferai passer par un Courier exprès, si cependant il en tombe d'autres entre vos mains, il seroit bien important que [je] les eusse promptement par ce que l'un aideroit a trouver l'autre.

Le Roy reçut hyer au soir des nouvelles de Hollande en datte du 8. par lesquelles il paroit que le désire de la paix continue dans l'esprit de la plupart de ceux qui gouvernent cette republique et que l'autorité de M. le Prince d'Orange y diminue tous les jours, les Provinces de Frise et de Groningue ont résolu d'obliger les Espagnols a faire la paix aux conditions que S.M. prescrit, la Ville d'Amsterdam et plusieurs Villes d'Hollande persistent dans le même avis; mais comme il s'est trouvé dans le mémoire présenté par M. Davaux quelques mots qui parloient à Treve,[10] le pensionnaire Fagel a fait resoudre la Province de Hollande à demander a M. Davaux si le Roy seroit content qu'ils obligeassent lesdits Espagnols a accepter la treve, sur quoi M. Davaux n'étant pas instruit leur répondit dimanche dernier qu'il ne le croyoit pas, mais qu'il en rendroit compte au Roy, comme il reçut le lendemain une dépêche de S.M. qui lui expliquoit qu'elle laissoit au choix des Espagnols de prendre la paix ou la treve, mais qu'en quelque cas que ce fut Elle vouloit avoir Luxembourg, Mondit Sr

---

[10] qui parloient à Treve *should be* qui parloient de treve.

Davaux mande qu'il leur avoit demandé une conference pour le lendemain matin, dans laquelle il leur expliqueroit si clairement les intentions du Roy que les artifices du pensionnaire Fagel ne leur pourroient plus causer aucun doute.

Je reçois présentement une lettre de M. du Montal d'avant hier à dix heures du soir, par laquelle il me paroit être un peu en peine d'un corps de troupes que l'on lui avoit dit être à Namur. Je vais porter sa lettre chés le Roy et vous envoyerai la copie de la réponse que je lui ferai ensuite de la résolution que S.M. prendra. Cependant il y a lieu de croire par les avis que j'ai reçu hier au soir que le 9 à trois heures après midi aucune troupe de Hollande n'avoit bougé et vous pouvés bien juger qu'en l'état présent des choses et M. le Prince d'Orange étant absent il n'y a pas d'apparence que les Hollandois les laissent marcher, mais bien plutot que M. le Mis de Grane a voulu jetter du monde dans Namur dont il est sorti plusieurs petits partis pour tenter d'entrer dans Luxembourg ou que le corps qui y est arrivé est destiné pour tenter quelque chose sur M. Dumontal que de penser qu'ils veulent s'aller faire battre proche de Luxembourg.

Le Roy a été informé que M. de Vauban s'expose infiniment, s'amusant à aller escarmoucher avec des Grenadiers, S.M. m'a commandé de vous faire savoir qu'elle vous ordonne de l'en empêcher et vous recommande de faire qu'il ne s'expose point inutilement. Je vous suplie de me faire une réponse à cet Article que je puisse montrer à Sa Majesté afin qu'elle ne doute pas que j'aie satisfait a ce qu'elle m'a commandé à cet égard.

Je suis &./.

No. 145

A M. le M[al] de Crequy
A Condé le 12 May 1684

J'ai différé jusqu'à présent de faire partir ce Courier, espérant toujours que j'en verroit arriver quelqu'un de votre part, en effet le laquais que je vous avois envoyé m'a raporté votre lettre du 10 à 8 heures du soir par laquelle le Roy a été bien aise de voir que les ouvrages s'avancent sans perte considérable et que la contenance des assiegés ne promet pas une longue déffense.

Vous devés avoir été promptement averti par M. Dumontal de la fausseté de l'avis qu'il vous a donné sur le Corps de Cavalerie et d'Infanterie qui s'avançoit à Namur, et je ne doute point que vous ne sachiés présentement qu'y compris ce qu'il y avoit de Garnison tout cela se reduit à 7 ou 800 chevaux sans aucun fantassin, outre que la Garnison ordinaire qui ne passe pas 2000 hommes, et afin que vous jugiés mieux de ce qui y est, je vous envoye la Copie d'une lettre que je viens de recevoir de Maubeuge par laquelle on me mande les Régiments qui y sont.

Je suis &./.

No. 146

A M. de Vauban
A Condé le 12 Mai 1684

J'ai reçu votre lettre du 11 de ce mois, avec laquelle j'ai été surpris de ne point avoir de plan de la tranchée, mais un laquais que j'avois envoyé a eu l'esprit de le faire faire par un officier, il y a de la raillerie qu'ayant 50 Ingénieurs sous vous je ne puisse avoir ce que je demande, si cela continue j'en nommerai qui ne feront que cela et qui m'oteront la honte de paroitre devant le Roy sans ce qu'il m'a ordonné de lui faire venir chaque jour, sur quoi deux coups de crayon me donneroient la satisfaction que je demande.

S.M. a vu avec plaisir l'avancement considérable des ouvrages et le peu qu'ils ont couté, Elle eut désiré qu'en lui rendant compte aussi en détail que vous avés fait de ce qui s'est passé jusqu'au 11 au matin, vous lui eussiés marqué ce que vous esperiés de faire dans les jours suivants et à peu près quel jour vous croyés pouvoir faire attaquer la contrescarpe, et si pour éviter l'effet des fourneaux vous n'essayerés point de vous rendre maitre des deux en même tems, c'est sur quoi je vous prie de vous expliquer et ne vous contentant pas de rendre compte au Roy de ce qui s'est passé lui marquer toujours ce que vous esperés faire dans les jours suivants.

S.M. a vu avec plaisir le succès auquel les bombes ont tiré et elle espère que lesdites bombes ruineront tellement les déffenses qu'elles sauveront la vie a beaucoup de gens et avanceront considérablement la réduction de la place.

Expliqués moi un peu comment vous prétendés marcher à la demie sape dans du Roc et ayiés soin de me mander tous les jours si vous trouvés de la terre et à quelle profondeur.

Je crains que vous n'ayiés écrit un peu tard sur les abbayes qui vacquent par la mort de M. de Fourbin, mais vous pouvés compter que soit de cette vacance soit des plus prochaines, vous aurés la satisfaction que vous désirés et que je dirois que vous mérités si vous ne m'aviés pas fait attendre si longtems les plans que je vous demande.

Je suis &./.

No. 155

A M. le M[al] de Crequy
A Condé le 13 May 1684

N'étant point arrivé de courier de votre part depuis le laquais qui sera porteur de ce paquet ci, je vous l'envoye pour vous porter le duplicata des dépêches dont celui d'hier étoit chargé et vous conjurer d'être ponctuel a informer S.M. de ce qui se passe au Siege de Luxembourg dont vous ne pouvés pas douter qu'elle n'ait beaucoup d'impatience d'avoir des nouvelles, si les occupations que vous avés vous empêchent d'écrire ne laissés pas de faire partir un courier tous les jours avec un mot de relation de ce qui se sera passé pendant la nuit.

Il y a quelques sujet de croire par des lettres que j'ai reçues du 10 au soir de Dinant que la Cavalerie dont M. Dumontal vous avoit écrit est repartie de Namur reprenant le chemin de Louvain, au moins a-t-il été rapporté à M. le Mis de Beaupré par un rendu.

Il est arrivé ce matin sur les 9 heures un Paysan qui prétend avoir vu mettre en marche hier matin les troupes Hollandoises qui étoient entre Bruxelles et Malines et les avoir vu reprendre le chemin d'Anvers et qu'il a oui dire aux vivandiers des dittes troupes que tous s'en retournoit en Hollande à la reserve de 8000 hommes qui devoient demeurer auprès du Mis de Grane pour faire la guerre tant qu'il voudra, les Etats Généraux n'en voulant point, mais comme depuis plus de 7 heures qu'il y a depuis le tems de son arrivée, il n'en est venu aucun autre de ce côté là il ne faut point ajouter une foi entiere à cette nouvelle.

Quelques lettres de particuliers ont apris au Roy que M. de Vauban prenoit jour de Mal de Camp à la Tranchée, S.M. a été un peu surprise que vous l'ayés souffert ne vous ayant point présenté de lettres de service et elle ne veut pas que vous lui en laissiés faire aucune fonction, S.M. vous recommandant toujours sa conservation qui lui est infiniment chere.

Je suis &./.

No. 166

A M. le M[al] de Crequy
A Condé le 14 May 1684.

Le Courier la Neuville m'a rendu la lettre que vous avés pris la peine de m'écrire hier à 5 heures du soir et celle de M. le Mis de Crequy dattée du même jour à 6 heures et demi, le Roy a vu avec plaisir par ce que contient l'une et l'autre la facilité avec laquelle on s'est logé du côté de la droite dans le premier chemin couvert, S.M. s'attend d'apprendre par votre premiere que l'on en aura fait autant à la gauche et comment vous aurés chassé les Ennemis des deux redoutes qui sont la contrescarpe avancée.

S.M. vous sçait beaucoup de gré du soin que vous prenés de ménager M. de Vauban et de le contenir.

Elle est un peu surprise du longtems que l'on a retenu un aussi grand nombre de pionniers que celui que vous avés, et elle approuve fort que vous vous déchargiés d'une aussi grande consommation de pain que celle que causent ces gens là.

M. de Croissy vient de recevoir une lettre de M. Davaux du 12 qui porte que les Etats Généraux les ont venus soliciter de signer un traité aux conditions du mois de février dernier, lui disant qu'il n'y a point d'apparence que S.M. refuse des conditions qu'elle a proposée elle-même, Mondit Sr Davaux leur a répondu comme il devoit en éxécution de ses ordres, après quoi en se retirant pour en rendre compte à l'assemblée qui se devoit tenir l'après midi, ils lui ont demandé jusqu'à quel tems il avoit pouvoir de signer; il leur a dit que son pouvoir expiroit le 20e de ce mois, ils étoient encore assemblés lorsqu'il a écrit et il a été informé que dans l'assemblée du 11 la plupart des villes d'Hollande étoient d'avis de faire la paix aux conditions du Roy, mais que le pensionnaire ayant remontré qu'il falloit au moins de découvrir si l'on pourroit avoir la paix et sauver Luxembourg, tout le monde fut d'avis que l'on demandat la susdite conference à M. Davaux, peu de jours nous apprendront a quoi ils se détermineront, et il me semble qu'il ne sçauroient mieux faire que de lui donner occasion de prendre le reste de la Flandre dans le cours de cette Campagne.

Je suis &./.

No. 168

A M. le M[al] de Crequy
A Condé le 14 May 1684

Le Roy passa hier la journée toute entiere avec chagrin et inquiétude de n'avoir point de nouvelles de Luxembourg, je ne doute point que vous ne preniés les mesures nécessaires pour que S.M. en ait a l'avenir aussi promptement qu'elle vous a temoigné le désirer.

Elle a apris ce matin avec plaisir par la lettre que vous avés pris la peine de m'écrire avant hier, le considérable avancement des ouvrages et le peu de gens qui avoient été blessés jusqu'a ce jour là.

Elle souhaite que dans les lettres que vous m'écrivés vous vous expliquiés un peu de ce que vous croirés pouvoir faire les jours suivants en sorte qu'elle soit informée de ce que vous aurés réglé avec M. de Vauban sur ce sujet.

S.M. reçut hier un Courier de Baviere qui aporta des lettres de cet Electeur pour Mlle la Dauphine, par lesquelles il la prie d'assurer S.M. de ses très humbles services et de lui déclarer qu'il accepte la treve de tout son coeur, et ne va songer qu'a marcher en Hongrie avec ses troupes, ce courier est parti le 9 ou le 10 de ce mois, de maniere que vous pouvés compter que vous n'aurés aucune inquiétude de ce côté là, il n'y a pas d'aparence que vous en ayés des Hollandois, ni du Mis de Grane puisque rien ne remue jusqu'a présent du côté de Bruxelles, et vous jugés bien que je m'assure qu'ils le seront encore moins quand ils verront le Roi campé à St Guilain ou S.M. marche demain matin.

La nouvelle qu'un paysan aporta hier que la plus grande partie des troupes hollandoises avoit remarché vers Anvers ne s'est pas confirmée, c'est a dire qu'il n'est point venu de paysans depuis l'arrivée de celui du rapport duquel je vous ai rendu compte par ma lettre d'hier.

Je suis &./.

No. 177

A M. de Vauban
Au Camp de Thulin du 16 May 1684

J'ai reçu votre lettre du 14 de ce mois avec le plan qui y étoit joint, par lequel S.M. a vu avec plaisir l'état de tous les ouvrages que vous conduisés, elle vous recommande de vous conserver et n'est pas contente d'apprendre tout ce que vous faites pour vous faire estropier.

Je crois qu'après le Siege de Luxembourg vous conviendrés que les redoutes avancées au dela du chemin couvert ne sont pas si inutiles que vous les avés crues jusqu'à présent, je crains bien que celle dont vous m'avés envoyé le plan et celle qui est vis a vis de la gauche ne vous retarde considérablement et que vous n'en veniés pas encore a bout par la batterie de trois pieces que vous avés fait commencer, laquelle ne voyant les faces de la dite redoute qu'obligemment ne les ruinera peut étre pas bien, et n'empêchera pas que l'Ennemi ne tire des creneaux qu'il a au fond de son fossé, au lieu que s'il avoit été possible de ruiner la caponiere qui sert à la communication de la dite redoute [et] est considérablement élevée audessus du pied du glacis, vous seriés peut être venu a bout de la leur faire abandonner dès qu'ils n'auroient pu communiquer à couvert, ceci sont raisonnements pour vous seul, lesquels peuvent être très faux quand on les fait d'aussi loin.

J'ai bien de la peine à comprendre comment vous pouvés croire que l'attaque du vieux chateaux pressera les Ennemis, puisqu'il paroit sur le plan qu'il est coupé par 3 ou 4 fossés que le front est extremement étroit, et qu'aparemment il n'y aura pas de terre pour s'y loger, expliqués moi un peu comment vous croyés surmonter cette difficulté.

Je n'entends pas bien ce que vous me dites quand après m'avoir dit que le Siege ira bien, vous demandés que l'on vous garde du dehors et que l'on vous fournisse le nécessaire abondamment, à l'égard du dehors vous devés savoir par M. le Mal de Crequy l'impossibilité qu'il y a que les Ennemis songent à secourir Luxembourg, à l'égard du nécessaire il me semble que l'on a tout ce que l'on a demandé et même au dela, si vous croyés qu'il y put manquer quelque chose, mandés le moi afin que j'y puisse pourvoir à tems.

Je suis &./.

No. 188

A M. de Vauban
A Valenciennes le 17 Mai 1684

Votre lettre du 15 à 7 heures du soir m'a été rendue avec le bout de Plan qui y étoit joint, j'ai été bien aise de voir que vous ayés mis du Canon pour voir la communication de la redoute qui est vis a vis l'attaque de la droite, espérant que vous en serés bien plûtôt maitre par là, que par quelqu'autre voye que ce soit.

Une lettre du 16 à 6 heures du matin que je viens de recevoir de M. le Mal de Crequy me donne lieu de croire que vous en avés fait autant à la redoute qui est vis a vis la gauche de l'attaque et que l'on s'est emparé de trois redoutes qui sont du côté du Pasendal, ce qui donnera moyen de s'attacher à la contre garde, à la Dame qui en ferme le fossé, et à la partie de cette contre garde qui figure à l'ouvrage a corne et qui sur votre plan paroit fort proche du Bastion de Barlemont. J'attendrai avec bien de l'impatience de vos nouvelles, esperant que par ce que vous me manderés, je comprends encore mieux ce qui s'est passé la nuit du 15 ou 16.

J'ai de la peine a entendre ce que le nommé Belet mon laquais (qui m'a rendue celle de vos lettres à laquelle je réponds) m'a raporté que l'on étoit maitre du Grum et de la redoute qui est dedans dont il pretend qu'un Ingénieur lui a donné la clef, expliqués moi un peu ce que c'est, si vous pouviés me faire faire un profil a vue de ce que vous voyés du Bastion de Barlemont, de l'ouvrage a corne qui est sur sa capitalle et du terrain qui est jusques à la Riviere, je comprendrois mieux que je ne puis faire ce que l'on peut espérer de la prise des trois redoutes.

Je serois aussi bien aise de savoir ce que c'est que ce chateau et si les fossés qui paroissent le couper sont bien profond, et ce que c'est que les murailles qui l'enferment, il me semble que l'on doit voir la profondeur de ces fossés par les hauteurs qui sont a droite et a gauche dudit chateau ou du moins que les gens que vous avés qui ont été dans la Ville doivent vous en avoir rendu compte.

Je suis &./.

No. 189

A M. le M[al] de Crequy
A Valenciennes le 17 May 1684

J'ai reçu les deux lettres que vous m'avés fait l'honneur de m'écrire le 15 de ce mois a 3 heures du matin, S.M. a été bien aise de voir par la premiere que vous ayiés licentié les pionniers à la reserve de 500 qu'elle ne doute point que vous ne renvoyés bientôt.

Le second apprend à S.M. l'apparence qu'il y avoit que vous vous empareriés bientot des deux redoutes qui sont opposées à la grande attaque et que vous vous êtes emparé de trois autres redoutes que l'Ennemi tenoit dans le penchant du Pasendal, ce que vous estimés qui vous pourra donner moyen de vous attacher incessamment à la contregarde et à la dame qui couvrent le bastion de Barlemont, de quoi S.M. s'attend qu'elle sera informée plus en détail par le courier que vous deviés dépêcher hier au soir.

Je ne puis mieux satisfaire à ce que vous me mandés concernant la poudre et les bombes qu'en vous envoyant la copie qui sera ci jointe de ce que j'écris a M. de la Frezeliere de quoi j'espere que vous serés satisfait et je ne doute point que vous ne preniés les mesures nécessaires pour faire voiturer au camp ou du moins à Metz et à Thionville, les poudres que j'ai pourvu a faire mener à Nancy et à Phalsbourg sans vous en avoir rien dit, vous verrés par la même lettre ce que je lui mande à l'egard des mousquets, S.M. vous recommande de pourvoir à ce que cette distribution se fasse de maniere qu'on n'en donne qu'aux Compagnies qui en auront un véritable besoin.

Le Roy a appris par un courier dépéché par M. D'Avaux le 15 de ce mois que M. le Prince d'Orange n'ayant pu empêcher que les Villes de la province de Hollande ne convinssent manierement de déffendre à leurs troupes de faire aucun acte d'hostilité contre celles de S.M. avoit fait en sorte que le pensionnaire Fagel refusat d'en dresser la conclusion sur quoi les députés de l'Assemblée sont allés prendre les ordres de leurs supérieures et devoient être de retour le Lundy a midy, cependant M. le Prince d'Orange sans que l'on sache a qu'elle fin est parti de la Haye en relais de Carosse et est arrivé hier à Villevorde, il a fait dire aux Etats par le President de semaine qu'il étoit allé voir les Troupes et qu'il seroit de retour dans 4 ou 5 jours, l'on ne peut comprendre quel est le but de ce voyage, car il n'est point encore en état de marcher sur la Meuse ou l'Armée du Roy commandée par M. de Schomberg et plus forte de plus d'un tiers que tout ce qu'il pourra rassembler, arrivera quand et quand [sic] lui de marcher à Mons il n'y sauroit vivre, et il ne battra pas l'Armée de S.M. que commande M. de Schomberg qui lui est infiniment supérieure en qualité et en nombre et se postera bien pour l'attendre il ne peut donc être venu pour quelque dessein raisonnable que pour essayer de prendre quelque parti de concert avec M. de Grane pour une paix ou pour une Treve c'est a quoi peu de jours nous éclairciront et vous serés ponctuellement informée [sic] des avis que S.M. en aura et de ce quelle apprendra de ses demarches, je vous ai dit que le Prince d'Orange ne peut vivre à Mons par ce que la Campagne est affreuse en ce Pays ci, tous les bleds généralement ayant manqué, les mars ne faisant que de sortir de terre et l'herbe étant encore très courte.

Je suis &./.

No. 201

A M. le M[al] de Crequy
A Valenciennes le 19 May 1684

Le Roy a vu par la lettre que vous avés pris la peine de m'écrire le 17 de ce mois, la satisfaction que vous témoignés de l'état des attaques, ce seroit une grande avance si l'on pouvoit attacher le mineur à la contregarde du bastion de Barlemont et S.M. sera bien aise que vous lui expliquiés un peu quand et comment vous croyés y pouvoir parvenir.

Je ne doute point que vous ne soyés a présent entierement en repos sur la poudre qui vous est nécéssaire pour la reduction de Luxembourg et quoique M. de Miromesnil me mande qu'il vous ait envoyé la Copie du mémoire cy joint, je ne laisse pas de vous l'adresser pour faire voir que vous pouvés compter surement sur la poudre qui avoit resté a Rheims par la négligence des officiers d'Artillerie.

Ceux qui travaillent à la distribution du pain de munition, me mande [sic] qu'il reste encore mil pionniers dans le Camp, le Roy ne doute point que vous n'acheviés de les licentier.

S.M. a vu avec plaisir l'opinion ou vous êtes que l'on pourra mettre les chevaux à l'herbe dans le 25 de ce mois et pour lors reduire la ration d'avoine, elle ne doute point que vous ne preniés les précautions nécessaires pour que les partis ennemis qui sont aux environs du Camp ne puissent point prendre les chevaux a la pature.

Vous aurés vu par mes précédentes que le Prince d'Orange étoit arrivé a Vilworder, j'ai appris ce matin par un homme qui est sorti hier au soir de Bruxelles a portes fermantes qu'il arriva audit Vilworder mardy au soir, que le Mis de Grane y retourna diner avec les Généraux, que le jeudi à la pointe du jour les troupes de Hollande qui étoient dans Bruxelles en sortirent pour aller passer en revue devant le Prince d'Orange et que lesdites troupes rentrerent à Bruxelles hier avant la nuit, que le Prince d'Orange après en avoir fait revue, et de ce qui est logé entre Malines et Bruxelles, vint diner hier audit Bruxelles d'ou il repartit pour Vilworder sur les 6 heures du soir que le bruit étoit qu'il devoit aujourd'hui voir les troupes qui sont campées du côté de Vilbrouck et s'en retourner demain en Hollande, que l'on ne parle non plus a Bruxelles de secourir Luxembourg que s'il n'étoit point attaqué, que l'on dit que c'est l'affaire des Allemands qui ne manqueront pas d'y pourvoir, ce même homme ajoute que le 17 de ce mois le Comte de Valsassins ayant été rendre compte au Mis de Grane du peu de succès de son voyage, le Mis de Grane le traita fort durement.

Je suis &./.

No: 206

A M. de Vauban
A Valenciennes le 20 May 1684

Votre lettre du 18 de ce mois m'a été rendue avec le plan qui y étoit joint, vous avés oublié de m'envoyer celui des lignes lequel vous me promettés depuis si longtems, mandés moi comment les lignes sont faites du côté du quartier d'Homeldange et du Pasendal, ayant vu des lettres du Camp qui portent quelles sont fort mal assurées.

Vous avés raison de dire que l'attaque du Gronds est la partie honteuse, puisque c'est faire beaucoup d'honneur à un vieux fauxbourg retranché que le faire durer 10 ou 11 nuits de tranchée ouverte.

Mandés moi si vous avés avis qu'il y ait des fourneaux sous la seconde contrescarpe de la place et ce que l'on vous en a raporté.

Vous ne devés pas douter que le Roy ne désire la prompte réduction de cette place, mais puisque l'on n'est point inquiété du côté du dehors, S.M. approuvera toujours que l'on retarde de quelque peu de jours pour essayer que l'on continu à la reduire avec aussi peu de perte que l'on a fait jusquà présent.

Le Roy a vu avec plaisir l'esperance que vous lui donnés qu'en même tems que l'on se rendra maitre de la contrescarpe, vous pouvés attacher le mineur à la contregarde du bastion de Barlemont, mandés moi cependant si vous croyés que l'on puisse reduire la place par là ou s'il faudra prendre la demie lune et aller au Bastion qui est vis a vis de l'attaque de la droite auquel cas, il y aura ce me semble encore une contregarde a emporter.

Mandés moi ce que ceux qui ont été dans la place vous rapportent de la profondeur de ses fossés, de leur longueur et de la qualité du Rock.

Je suis &./.

No. 207

A M. le M[al] de Crequy
A Valenciennes le 20 May 1684

Le Courier la Neuville m'a remis la lettre que vous avés pris la peine de m'écrire le 18 de ce mois, le Roy approuve fort que vous continuiés a suivre les propositions que vous fait M. de Vauban pour ménager le monde, et puisque l'on n'est point pressé du dehors, S.M. aura fort agréable que l'on differe la prise de la place d'un jour ou deux, pour la reduire a son obéissance avec moins de perte de gens.

S.M. vous recommande fort d'écarter les partis de l'Ennemi des environs du Camp et d'essayer d'arreter les volontaires de l'Armée qui se mettent sur le pied de tenir les grands chemins.

Je suis &./.

No. 212

A M. de Vauban
A Valenciennes le 21 May 1684

J'ai reçu votre lettre du 19 de ce mois, sans plan des Lignes ni de la tranchée, le Roy a appris avec plaisir que l'on se soit enfin rendu maitre de la redoute et de sa communication, mais je vous avoue que je n'ai pas bien compris comment il peut être vrai que les Ennemis travaillassent a une galerie pour aller faire sauter votre batterie, puisque le fossé de ces ouvrages étant taillé dans le Roc, c'étoit un travail de trois semaines ou un mois que donnoit cette Galerie.

C'est un grand bien qu'ils n'ayent pas fait sauter cette Redoute dont le débris auroit mis bien en désordre toute la tête de votre tranchée, je souhaite que vous vous défassiés bientot de l'autre.

Vous ne me marqués point quand vous prétendés faire attaquer la contrescarpe, cependant je compte que c'est une affaire faite d'hyer ou de ce soir, il est bon que vous me mandiés toujours ce que vous croyés faire les 2 ou 3 jours suivants.

Je suis &./.

No. 213

A M. le M[al] de Crequy
A Valenciennes le 21 May 1684

Je reçus hier au soir la lettre que vous m'avés fait l'honneur de m'écrire le 19 de ce mois après midi, par laquelle le Roy a appris avec plaisir que l'on se soit rendu maitre de la redoute oposée à l'attaque de la droite sans que les Ennemis l'ayent fait sauter.

Si la contregarde de Barlemont est denuée de toutes sortes de flancs, je ne doute point que vous ne preniés des mesures pour y attacher en même tems plusieurs mineurs, afin que si les Ennemis avoient fait quelque travail pour éventer les mines, il y en eut toujours quelqu'unes qui ne manquat point de réussir.

Vous verrés par la copie qui sera ci jointe d'une lettre que j'ai reçüe de Bruxelles de quelle maniere un alfer reformé a dit à M. le Mis de Grane être sorti de Luxembourg, je ne doute point que vous jugiés a propos de retenir et faire garder jusqu'à la fin du siege tous ceux qui viendront sous prêtexte de rendus pour empêcher la continuation de ce commerce.

Il paroit entierement inutile de tirer des picques des magasins du Roy pour en donner aux officiers, lequels doivent s'en pourvoir à leur dépens et être severement punis lorsqu'ils ont la négligence de n'en point avoir.

Toutes les nouvelles que nous recevons de Bruxelles confirment celles que je vous ai mandé avant hier, et que le Prince d'Orange est retourné d'hier à la Haye, ou le Sr Fagel continue a se servir de toutes sortes d'artifice pour empêcher les Villes de Hollande de faire une conclusion conforme a leur inclination.

Le Roi approuve fort que vous fassiés rassembler au Camp le 25 de ce mois, la plus grande partie de la Cavalerie qui est à vos ordres, en laissant à Thionville et à Longwy ce que vous jugerés nécessaire pour la sureté des convoys et sur la Sourre ce que vous estimerés nécessaire pour contenir les partis Ennemis.

S.M. vous recommande de faire prendre les precautions nécessaires pour que les chevaux soient gardés de maniere dans les patures que les partis Ennemis ne les enlevent point.

Je suis &./.

No. 224

A M. le M^al^ de Crequy
A Valenciennes le 22 May 1684

La lettre que vous m'avés fait l'honneur de m'écrire le 20 de ce mois à 3 heures après midi, m'a été rendue, par laquelle le Roi a vu que l'on s'est enfin rendu maitre de Gronds et que l'on a occupé le retranchement qui avoient fait les Ennemis, S.M. eut désiré que vous lui eussiés marqué quand vous pretendés faire attaquer la grande contrescarpe et Elle sera bien aise de voir dans vos lettres ce que vous croyés pouvoir faire les deux ou trois jours.

Il ne faut point s'etonner si les fusils des Grenadiers crevent, ils ne sont point faits pour faire un grand feu, les officiers les voulant extremement legers.

Le Roi reçu hier au soir des nouvelles de Hollande du 19 de ce mois, qui portent que tout le monde y étoit d'accord qu'il falloit faire la paix aux conditions préscrites par le Roi et que la question n'étoit plus que de savoir si l'on attendroit que Luxembourg fut pris ou non, c'est sur quoi les avis étoient partagés et l'on auroit conclu a faire la paix indépendemment des Espagnols, si le pensionnaire Fagel n'avoit pas remontré que le Prince d'Orange arrivoit le lendemain et qu'il n'étoit pas impossible qu'il n'eut[11] le Mis de Grane a faire ce que l'on pouvoit désirer, vous serés informé de la suite qu'aura cette affaire, cependant il a été résolu unanimement dans la Province d'Hollande de déffendre aux troupes qui sont dans les Pays bas de faire aucun acte d'hostilité contre celle du Roi.

---

[11] The word *décidé* has obviously been left out.

Les troupes qui sont entretenues par les Provinces de Frise et de Groningue ont entierement déserté, en éxécution des ordres quils leur en ont été envoyé par lesdites Provinces, en sorte que le Prince d'Orange a eu le plaisir de voir deux Régiments d'Infanterie qui n'avoient pas trente hommes, il a fait arreter sept des déserteurs qu'il vouloit faire pendre, mais la Province de Frise ayant fait dire qu'elle feroit pendre autant de Marchand hollandois des Villes qui ne sont pas de l'avis Damsterdam que l'on feroit éxécuter de Soldats qui n'avoient fait d'autre faute que de leur avoir obéi, M. le Prince d'Orange s'est contenu.

P.S. Il m'avoit échapé de vous mander que le Roi sera bien aise que vous fassiés mention dans vos lettres des troupes qui étoient à chaque attaque et des officiers Généraux qui étoient de Garde.

No. 231

A M. de Vauban

A Valenciennes le 23 May 1684

Je vis bien arriver le troisieme courier qui est parti du Camp de Luxembourg sans m'apporter de vos lettres, j'espere que cela ne continuera pas, après vous avoir dit que le Roi vouloit que préférablement à toutes choses l'on lui rendit compte de ce que l'on fait pour son Service.

S.M. a été un peu surprise de voir qu'après 14 jours de tranchée ouverte l'on ne parle point de faire le logement de la contrescarpe que je ne doute point qui ne soit fait présentement et je dois vous dire que ces lenteurs ne conviennent point à son service non seulement en égard aux affaires du dehors, mais encore vu que les consommations d'hommes qui se font pendant les 3 ou 4 jours que l'on retarde a s'en rendre maitre sont aussi grande que ce que l'on perdroit en les attaquant 3 jours plutot, et qu'il est assuré qu'en une pareille action l'on feroit périr beaucoup des Ennemis que l'on ne retrouveroit pas sur les ouvrages, pour en déffendre les breches.

Je n'écris rien de cela à M. le Mal de Crequy, mais vous vous servirés de ce que je vous mande des intentions du Roi pour vous conduire a l'avenir.

J'ai l'honneur &./.

No. 243

A M. le M^al^ de Crequy

A Valenciennes le 24 May 1684

Le Roy a reçu aujourd'hui une lettre de M. Davaux en datte du 21 de ce mois, par laquelle il paroit que quoi que toutes les

Villes de Hollande soyent unanimement d'accord qu'il faut faire la paix ou la treve aux conditions prescrites par S.M. le pensionnaire les a empêché de rendre aucune réponse positive à M. Davaux en leur disant qu'étant assuré que les Espagnols consentiront à cette paix aussitot après la reduction de Luxembourg, et le Roi n'ayant rien demandé par son mémoire, si ce n'est que leurs [troupes] ne fassent aucun acte d'hostilité, il falloit attendre que cette place fut prise pour faire conjointement avec tous leurs alliés ce qu'ils feroient présentement en s'en séparant.

Le Roi étant bien aise d'avoir promptement la nouvelle de la reduction de Luxembourg a donné ordre au Gouverneur d'Avesnes d'avoir du Canon prêt a tirer des que vous le lui manderés et à ceux de Landrecy et du Quesnoy d'en faire tirer des qu'ils entendront tirer celui de la place qui leur est voisine, l'intention de S.M. est que dès que la Garnison aura demandé a Capituler vous dépêchiés un Courier au Gouverneur d'Avesnes avec ordre de faire les salues que S.M. lui a ordonné de faire lorsque la Garnison de Luxembourg auroit demandé a capituler, et comme le plus lon [sic] séjour du Corps qui commande M de la Trousse[12] sera inutile aussitot que la Garnison de Luxembourg aura demandé à sortir, l'intention de S.M. est que vous lui mandiés en même tems de marcher à journées réglées droit à Maubeuge avec le corps qui est à ses ordres ou j'aurai soin de lui faire savoir ce que S.M. desire qu'il demeure.

L'intention de S.M. est aussi que vous donniés avis de la reduction de Luxembourg avec la même diligence à M. du Montal afin qu'il puisse faire marcher les 20 Escadrons de Campagne qui sont à ses ordres au lieu ou je lui ferai savoir que S.M. désire qu'il se rende.

Elle désire aussi qu'en même tems vous envoyés un exprès à Liege pour porter cette nouvelle au Sr de la Raudiere et en faire l'usage qui lui aura été prescrit par ordre de S.M.

P.S. Depuis cette lettre écrite le Roi a reçu une de M. Davaux du 22 par laquelle il mande qu'il a appris plus distinctement ce qui s'étoit passé dans l'assemblée du 20 et que l'on lui a rapporté que l'assemblée d'Hollande ayant mis en déliberation ce qu'il falloit faire sur les propositions du Roi, onze Villes toutes des principales, ont été d'avis qu'il falloit faire la paix aux conditions de S.M. et huit qu'il falloit attendre que Luxembourg fut pris, le plus grand nombre a voulu faire dresser une conclusion, le pensionnaire Fagel la refusé, l'on a ordonné au pensionnaire de Dors

[12] Marginal note: Voyez la lettre du 27 mai à M. de la Trousse, 5 ler mois de la guerre de Flandre.

de la faire lequel étant dévoué à M. le Prince d'Orange a fait des difficultés qui ont obligé l'assemblée a se séparer pour aller prendre les ordres de leurs supérieurs.

Je suis &./.

No. 244

A M. de Vauban
à Valenciennes le 24 May 1684

Après avoir été trois jours sans recevoir de vos nouvelles, j'ai reçu votre lettre du 22 de ce mois avec une grande quantités de Plans desquels le Roi a été très satisfait et a fort admiré l'industrie avec laquelle vous êtes venu a bout de faire des logements sur la contrescarpe sans perdre personne.

Si vous n'aviés point obmis de marquer sur le plan de l'attaque du Gronds l'Abbaye du nouveau Munster, l'on auroit mieux compris ce que vous voulés faire de ce côté là, ne pouvant croire que vous puissiés ôter l'eau aux Ennemis, tant qu'ils tiendront la redoute qu'ils occupent dans ledit Gronds et qu'il ne me semble pas que vous pensiés a prendre.

A l'égard du vieux chateau, S.M. a vu avec plaisir que l'on s'est rendu maître de la premiere partie d'icelui, et l'assurance que vous donnés que dans le même jour 22 l'on devoit être maitre de la 3e, c'est une grande benignité à M. le Prince de Chimay de vous laisser aussi prendre des lieux que l'on ne peut aborder qu'avec des Echelles et que vous ne pouviés attaquer que par un front égal au sien.

Je serai bien aise de voir le plan et le profil que vous me promettés des deux redoutes qui vous ont donné tant de peine, je suis bien trompé si on se mêle d'en faire faire dans les places du Roi, si on n'y ajoute quelquechose qui les rendra encore meilleures.

Vous me ferés plaisir au premier moment de votre loisir de m'envoyer un profil de vos petits cavaliers, de l'effet desquels si j'avois été au conseil de M. le Prince de Chimay je me serois garanti avec deux pistolles de dépense, cela soit dit sans vous facher.

Je ne puis assés admirer la bonté de M. le Prince de Chimay de vous avoir abandonné la Galerie qui est sous la contregarde, je ne doute point qu'au moyen de cette Gallerie vous n'établissiés plusieurs mineurs qui par l'effet de leur travail pourroient renverser tout d'un coup cet ouvrage et par les décombes qu'ils pourroient jetter dans le fossé qui est derriere vous donner moyen de vous attacher bien promptement à la face droite du Bastion de Barlemont.

Si le profil ou developement que vous m'avés envoyé est juste et que le terrain qui reste entre le mur de Pasendal et les anciens Murs qui paroissent fermer la Ville de ce côté là, ne soit point de Roc vif, il pourroit bien arriver à M. le Prince de Chimay de capituler en cet endroit plutot qu'au bastion de Barlemont dont j'apprehende que la Cavalerie ne lui donne moyen de déffendre la breche et de ne capituler que quand on sera logé dessus.

C'est une chose bien facheuse que nos mineurs soient tués de notre Canon, mais elle arrivera toujours si l'on prétend que cette batterie tire à 20 toises près de l'endroit ou nous avons du monde.

Je vous renverrai demain le plan que vous m'avés adressé des lignes ou vous avés omis de marquer les coupures et retranchements que l'on a faits dans les fonds.

Il est difficile de remédier à l'inconvénient qui arrive par ce que les armes crevent lesquelles l'on veut legeres pour servir en campagne, et qui par conséquent ne peuvent resister a un feu continuel comme celui d'une tranchée et particulierement quand il plait aux soldats d'y mettre plus de poudre qu'il ne faut et je n'ai rien pû imaginer de mieux que d'obliger les officiers a éprouver leurs armes quand il [sic] les achetent et d'y avoir un homme qui y soit présent.

A l'égard de la mauvaise poudre on a laissé jusqu'a présent l'examen de cette fourniture aux officiers d'Artillerie et s'il n'y ont pas fait leur devoir, il faudra voir quel remede on pourra y aporter pour l'avenir.

Le Roi a bien voulu accorder la Lieutenance du Sr Dufort au Sr Daran que vous proposés pour la remplir.

Cet honnête homme qui vous a écrit sur la mauvaise qualité des poudres m'en vient de fournir qu'il avoit fait faire pour son compte étant commis du Sr Berthelot qui ne se sont pas trouvées bonnes, le monde est rempli de gens qui discourent et de fort peu qui executent de bonne foi ce qu'ils doivent.

Conservés vous mieux que vous n'avés fait par le passé l'emploi que que vous avés vous obligeant assés à vous exposer sans que vous vous amusiés à carabiner de dessus des Cavaliers.

Je m'attends que vous me manderés dans peu de jours combien vous donnés encore à M. le Prince de Chimay pour rester dans Luxembourg étant important que le [Roi] le sache quelques jours à l'avance pour la direction des affaires générales.

Je suis &./.

No. 246

A M. le M[al] de Crequy
A Valenciennes le 25 May 1684

La lettre que vous m'avés fait l'honneur de m'écrire le 23 de ce mois, me fut hier rendue par le Courier la Neuville avec le mémoire du Sr Descurer qui y étoit joint qui a omis de marquer en quel état étoit l'ouvrage des Mineurs sous la contregarde du Bastion de Barlemont, S.M. vous recommande de tenir la main à ce quelle soit informée fort en détail de tout ce qui se passe et si précisément qu'elle n'ignore aucune des circonstances de l'état des attaques.

Si le prévôt qui sert dans votre Armée ne se corrige il ne sera de sa vie employé, j'écris à M. de Charuel pour lui dire ce qu'il faut pour cela.

Le Roi a trouvé bon d'accorder à M. de Lambert le Gouvernement de Luxembourg, avec une autorité dans tout le Pays dépendant de la Comté de Chiny sous les ordres du Gouverneur de Lorraine, S.M. a aussi accordé la lieutenance de Roi au Sr de la Bruyere commandant à Rodemack, mais elle sera bien aise que ces destinations ne soient point rendues publiques que lorsque la Ville demandera à capituler, cependant elle a jugé nécessaires que vous les seussiés afin qu'en attendant les expéditions de S.M. qui leur sont nécessaires, vous puissiés les y établir dès que les troupes du Roy seront entrées, et que la Ville puisse par leurs soins être preservée des désordres que des officiers qui sont dans une place souffrent quand ils ne croyent pas y devoir demeurer.

L'intention de S.M. est que vous établissiés dans ladite place le premier Bataillon de la Couronne et celui de Rouergue, lesquels y doivent demeurer en Garnison et que vous y ajoutiés tels des Bataillons mentionnés en l'état ci joint que vous jugerés à propos, en attendant l'arrivée des deux Bataillons de Picardie et de Bourgogne qui sont destinés pour y tenir garnison.

J'ai l'honneur d'être &./.

No. 262

A M. le M[al] de Crequy
A Valenciennes le 26 May 1684

Le Courier que vous m'avés dépêché le 24 de ce mois à 3 heures après midi n'est arrivé que ce matin à 8 h[res] sans en pouvoir dire d'autre raison si ce n'est qu'il a perdu sa bourse dans les bois de Chimay.

Le Roi a vu par ce que contenoit votre lettre et le mémoire qui l'accompagne le bon état des attaques.

S.M. approuva que vous régliés la capitulation de la Garnison de Luxembourg suivant l'Etat ou sera la place lorsqu'elle demandera à capituler, observant toujours de la renvoyer à Gueldres ou a Ruremonde.

S.M. ne peut point vous expliquer encore ce quelle voudra faire entreprendre après le Siege de Luxembourg, ayant bien voulu donner 10 jours aux Hollandois après la reduction de cette place pour s'expliquer sur ce qu'ils veulent faire, cependant son intention est qu'aussitot après que ses troupes seront entrées dans Luxembourg vous dépêchiés M. Dasfeld à Coblents avec une lettre de vous pour M. l'Electeur de Treves en creance sur lui et que vous chargiés ledit Sr Dasfeld de dire à Mondit l'Electeur que vous ne doutés point qu'il n'aprenne avec plaisir la reduction de Luxembourg à l'obéissance de S.M. laquelle mettra ses Etats dans un repos parfait, si Mondit Sr l'Electeur veut bien n'avoir plus aucun ménagement pour les Espagnols et entretienne avec S.M. le bon voisinage auquel ses propres interêts et l'inclination que S.M. a toujours fait paroitre pour le repos de l'Empire le doivent convier.

Que vous n'ignorés pas que les Espagnols comme Seigneurs de Luxembourg avoit un droit de protection sur la Ville de Treves en vertu duquel ils se pretendoient en droit d'y mettre garnison lorsqu'ils le jugeoient a propos, que S.M. dans la conquête qu'elle a voulu faire de Luxembourg n'ayant eu d'autre vue que de mettre ses sujets a couvert des domages que cette Ville leur causoit journellement ne veut faire aucun usage de ce droit et sera même disposé à renoncer si M. l'Electeur veut de son côté faire ce qu'elle peut désirer pour que le repos des sujets de S.M. ne puisse plus être troublé, que comme la Ville de Treves en l'état qu'elle est ne peut couter que du domage aux sujets du Roy et à ceux de l'Archevêché de Treves il est de la prudence de M. l'Electeur de mettre cette Ville en état que ceux qui voudront continuer a troubler le repos de l'Empire ne soient point tentés de s'y venir établir et que les démarches qu'ils feroient pour cet effet n'obligent point Sa Majesté de les prevenir en y établissant ses troupes.

Que S.M. ne désire rien pour cet effet si ce n'est que l'on en raze les fortifications extérieures, c'est à dire tous les dehors et qu'a l'égard du fossé de la place il soit comblé, moyennant quoi cette Ville demeurera fermée des mêmes murailles et des mêmes tours qui l'environnent présentement pour mettre les habitants a couvert des partis qui dans une Guerre pourroient vouloir s'en aprocher.

Que S.M. qui veut en toutes choses donner des marques à M. l'Electeur de Treves de sa bienveillance, veut bien faire la dépense nécessaires pour mettre cette place en l'état marqué ci dessus et que si Mondit Sr l'Electeur y veut bien faire travailler, l'on commettra un homme pour en payer les ouvriers de la part du Roy.

Ledit Sr Dasfeld devra, en parlant aux Ministres de M. l'Electeur de Treves, leur dire que vous devés vous avancer sur la Soure pour attendre la réponse de Mondit Sr l'Electeur, qu'il ne doute point que si elle n'est pas telle que S.M. la peut desirer, vous ne preniés le parti de vous aprocher de Treves pour faire faire vous même ce que M. l'Electeur aura refusé, et que vous ne vous avanciés dans ses Etats pour y demeurer jusqu'à ce qu'il ait satisfait à ce que S.M. desire, mais que ledit Sr D'Asfeld n'a point jugé a propos de s'expliquer sur cela avec M. l'Electeur afin qu'il put de meilleure grace acquiescer au desir de S.M.

En effet l'intention du Roi est qu'après avoir établi la Garnison de Luxembourg, et donné les ordres nécessaires pour la réparation des ruines que vous y aurés causés lesquelles M. le Président Boisot doit se charger de faire éxécuter, suivant ce que reglera M. de Vauban, vous vous mettiés en marche avec les troupes mentionnées en l'état ci joint pour vous rendre ou sur la Soure ou sur la Moselle dans les Etats du Roy à l'endroit que vous estimerés le plus propre pour que l'Armée y puisse subsister et assés proche des Etats de M. l'Electeur pour lui faire comprendre qu'en une marche vous serés en état d'y entrer.

Quand je dis que l'intention de S.M. est que vous marchiés avec les troupes mentionnées en l'état ci joint, cela n'empêche point que conformément a ce que je vous mandai hier de la volonté du Roi, vous ne laissiés dans Luxembourg des troupes mentionnées dans ledit Etat, celles que vous estimerés nécessaires pour sa garde au dela des deux Bataillons que je vous ai marqué que S.M. avoit nommés pour y demeurer en Garnison même après les deux autres qui sont dans la Comté de Chiny se seront rendus, S.M. désire que vous reteniés avec vous M. de Joyeuse, M. de Genlis, M. le Cte Duplessis et M. de St Geran pour Lieutenants Généraux, MM. Dherlac de Gournay, de Broglie, Ranty et Langallerie pour Marechaux de Camp que M. de la Frezeliere vous suive avec 600 chevaux d'Artillerie de son équipage et les officiers mentionnés dans le premier état qui lui a été envoyé dont la Solde monte a 10# par mois desquels il sera fait un détachement du tiers desdits officiers pour sous le Commandement du Sr Dalainville revenir joindre l'Armée du Roi avec les officiers d'Artillerie qui en ont été détachés d'auprès de Peronne, lesquels marcheront vers ladite Armée suivant qu'il vous sera expliqué ci après.

L'intention de S.M. est aussi qu'en même tems que vous partirés de dessous Luxembourg pour marcher du côté du Bac de la Moselle, vous fassiés marcher du côté de Charlemont sous le Commandement de M. le Chevalier de Sourdis comme Lieutenant Général et Ms le Chevalier de Tilladet, le Mis d'Hucelles et de Rubantel comme Maréchaux de Camp les troupes mentionnées dans l'autre état qui sera ci joint, à la suite desquels S.M. désire que vous mettiés les chevaux de Gautier, cent caissons des équipages du Sr Jacquier, les officiers d'Artillerie qui ont été détachés de l'Armée du Roi, et ceux qui en éxécution de ce que je vous viens de marquer de l'intention du Roi, seront détachés de l'équipage de M. de la Frezeliere; que vous ordonniés à M. Dalainville de faire charger sur les charettes de Gautier deux ou trois milliers de poudre, autant de plomb et mêche, une ou deux charettes d'outils et quelques centaines de Grenades.

Que vous fassiés marcher à la suite de ce Corps de troupes les recolets qui de l'Armée du Roi ont été envoyés au camp devant Luxembourg et les Ingénieurs qui resteront en santé du Siege de Luxembourg à la réserve de M. de Vauban, de M de Choisi et de ceux que mondit Sr de Vauban voudra garder avec lui pour faire le projet de ce qu'il proposera au Roi pour mettre Luxembourg en bon état et pour conduire les ouvrages qui seront ordonnés par S.M.

Elle desire que vous ordonniés à M. le Chier de Sourdis après avoir fait prendre aux troupes qui seront sous ses ordres du pain pour 4 jours et en avoir fait charger sur les Caissons de quoi leur en distribuer encore pour six autres de prendre sa marche le long de la Riviere de Simoi [?] vers Orchimont où il attendra les ordres de M. le Mal de Schomberg, observant en même tems que vous le ferés partir de dépêcher un courier à M. de Schomberg avec une lettre chiffrée du chiffre général pour lui mander le jour à peu près que Mondit Sr le Chevalier de Sourdis pourra arriver sous Charlemont, chargeant M. Charuel de mander en même tems au Gouverneur de Charlemont la quantité de pain qu'il faudra qu'il fasse faire pour le corps qui sera sous les ordres de mondit Sr le Chevalier de Sourdis et comme pendant le jour que vous serés sur la Moselle en attendant le succès de la négociation de M. Dasfeld et les ordres que S.M. vous enverra par le retour du Courier que vous lui dépêcherés à Versailles pour lui en rendre compte, Il vous sera inutile d'avoir auprès de vous l'équipage de M. de la Frezeliere, S.M. s'attend que vous la laisserés sous Luxembourg avec ordre de remettre dans laditte ville la quantité de munitions et de pieces d'Artillerie de toutes sortes que vous jugerés nécessaires pour sa sureté et que les magasins seront en état de contenir et de renvoyer le reste dans les places voisines.

S.M. s'attend aussi que vous chargerés M. de Charuel de commander le nombre de Paysans nécessaire pour razer toutes les Lignes diligemment les tranchées et toutes les Batteries qui ont été faites au retour de la Ville, que vous chargerés celui que je vous ai mandé que S.M. désiroit que vous y établissiés pour commandant de faire relever diligemment les brêches qui y auront été faites et replanter des Palissades ou il en sera nécessaire, afin que cette importante place soit au plutot en sureté.

Je vous ai marqué cy dessus que vous dépêcheriés à Versailles un Courier pour rendre compte au Roi du succès de la négociation de M. Dasfeld par ce que S.M. fait état de partir pour s'y rendre le lendemain qu'elle aura reçu avis de votre part de la reduction de Luxembourg ce qu'elle sera bien aise que vous teniés secret jusques à ce tems là.

Comme je n'ai point le tems d'envoyer copie de cette lettre à M. de Charuel, je vous suplie de la lui communiquer, afin qu'il l'aprenne lui même.

Je suis &./.

No. 268

A M. de Vauban
A Valenciennes le 27 May 1684

Je n'ai point reçu de vos lettres par le Courier qui arriva hier par lequel le Roi a apris avec surprise la lenteur avec laquelle on continue à s'établir sur la contrescarpe de Luxembourg, je ne doute point qu'ayant reçu la lettre que je vous ai écrite sur cela l'on n'aille plus vite à l'avenir.

S.M. a vu encore avec un extrême chagrin, que les mines que le Sr Goulon a commencées des dimanche dernier ne pourront jouer qu'aujourd'hui et peut être demain, rien n'est plus propre à donner aux Ennemis le moyen de les éventer que de pareilles lenteurs, desquelles le Sr Goulon est d'autant moins excusable qu'au moyen de la Galerie dans laqu'elle [sic] il est établi, il a travaillé sans être inquiété par les Ennemis auxquels il donne le tems de réussir à éventer ses fourneaux.

S.M. fait aussi une réflexion que si l'on est aussi longtems à faire sauter chaque ouvrage et que si le rocq que l'on pourroit trouver au bastion de Barlemont ou d'autres empêchemens obligeoient à attaquer la demie lune neuve, les Mines qu'il faudroit faire pour la faire sauter, la contregarde et le bastion de la droite consommeroient plus d'un mois, si on laissoit au Sr Goulon la liberté de les mener avec la negligence qu'il a fait celle ci, ce qui feroit perdre un tems considérable que l'on pourroit employer plus utilement ailleurs.

Je m'attends que vous profiterés de ce que je vous mande des volontés de S.M. pour faire qu'elle ait lieu d'être satisfaite sur cela.

Je vous renvoye suivant que vous l'avés désiré, l'original du plan des Lignes de Luxembourg.

Je suis &./.

No. 287

A M. le M[al] de Crequy
A Valenciennes le 29 May 1684

Le Roi vient d'apprendre par des lettres de M. du Montal et de M. Fautrier que le Corps de Cavalerie qui avoit passé à Vaure, tenant le chemin de Namur n'avoit été que jusqu'à Hannuye d'ou il avoit fait escorter par quelque centaine de chevaux un Régiment d'Infanterie qui est entré dans Namur, et s'en étoit ensuite retourné du côté de Louvain passant par le même chemin de Vaure qu'ils avoient tenu en allant du côté dudit Hannuye, ainsi le corps commandé par M. de la Trousse ne marchera point vers vous, a moins que la nouvelle de quelques troupes qui s'approcheroient du côté du Rhin, ne vous obligeassent a lui en envoyer l'ordre.

Je suis &./.

No. 288

A M. le Maréchal de Crequy
A Valenciennes le 29 May 1684

Je ne vous repette point ce que M. du Montal vous a mandé sur le porteur de lettres pour Luxembourg qu'il a fait arreter du côté de Huy par ce que je ne doute point que vous n'en soyés présentement informé par la lettre de M. Du Montal qui ne m'a envoyé que la copie de ce qu'il vous a écrit, je vous adresse la lettre du Mis de Grane dont ce prisonnier étoit porteur par laquelle vous verrés qu'il faut qu'il ait de mauvaises nouvelles des secours qu'il attend d'Allemagne, puisqu'il en parle autant en général qu'il fait.

A l'égard du secours qu'il dit qu'il doit tenter avec le Prince d'Orange il n'y a point d'apparence qu'il parle sincerement puisque par les nouvelles que le Roi reçut hier de M. Davaux dattées du 26 de ce mois, il ne paroit point que le Prince d'Orange doive s'éloigner de la Haye, ni que les Etats Généraux soyent en disposition de rien changer à l'ordre qu'ils ont envoyé a leurs troupes de ne faire aucun mouvement pour le secours de Luxembourg.

Le Roi attend avec impatience des nouvelles du succès de l'action que l'on a du faire hier matin et S.M. vous recommande fort de faire veiller le Sr Goulon dans les ouvrages que vous aurés a lui faire faire de maniere que l'on ne tombe pas dans d'aussi dangereuses longueurs que celle avec laquelle il a travaillé sous l'ouvrage à Corne de Barlemont.

Je suis &./.

PART IX

Cote: Dépôt général de la guerre. A 1 735.

Nature: Hostilités dans le Luxembourg. 1684

Nature: Hostilités dans le Luxembourg. 1684

Cote: Dépôt général de la guerre. A 1 735.

This volume is the continuation of Volume 734 and deals with the end of the siege of Luxembourg. After the fall of that city, orders are given to various commanders for the realignment of their troops as a result of the Treaty of Ratisbon.

LETTERS OF LOUVOIS

PART IX

No. 6

A M. de Vauban
a Valenciennes le 1er Juin 1684

J'ai reçu votre lettre du 30 du mois passé par laquelle le Roi a vu avec beaucoup de plaisir le Bon Etat de toutes les attaques, vous avés oublié de me mander comment étoit l'ouvrage des Mineurs c'est à dire s'ils avoient percé la muraille, combien elle a de dépaisseur [sic] et quel terrain on trouve derriere, j'espere que vos premieres lettres en feront mention et que vous n'oublierés pas de me donner l'eclaircissement que je vous ai demandé sur la qualité du terrain qui est à la gauche à votre égard de l'ouvrage à corne sur lequel on est logé, dans lequel terrain je vois par votre dernier plan que vous vous êtes étendu, même que vous avés fait une galerie pour y attacher un mineur. Si l'on en pouvoit encore mettre un sur la gauche au delà du petit flanc droit du bastion de Barlemont, il me semble que l'on prendroit les retranchements de M. le Prince de Chimay par derriere.

Expliqués moi encore d'ou vient que l'on dit que l'on manque de Mineurs dans l'Armée et que l'on n'en prend pas dans le Régiment des fusiliers, ou il doit y en avoir considérablement.

Il faut que le fossé qui est devant le Bastion du chateau soit bien étroit si les gardes peuvent porter dans la piece dont le Régiment des fusiliers s'est emparé.

J'ecris au sens que vous désirés à M. le Mal de Crequy pour empêcher que la tranchée ne soit pillée.

Les Ingénieurs qui ne sont point blessés doivent suivre les troupes qui marcheront vers la Flandre, aussi bien que votre équipage et vous devés, après vous être reposé les 2 ou 3 jours que vous desirés, travailler au projet de ce qu'il y a à faire pour mettre Luxembourg dans tout le bon état que son importance merite, je ne doute point que vous ne vous apliquiés fort a remédier à la facilité que vous avés trouvé a l'attaquer par le Bastion de Barlemont.

Je ferai voir au Roi aujourd'hui l'Etat des Ingénieurs blessés que vous m'avés envoyé et vous ferai savoir ce que S.M. ordonnera en leur faveur.

Je suis &./.

No. 7

A M. le M[al] de Crequy
A Valenciennes le 1er Juin 1684

Il vient d'arriver un Courier de M. de Seignelay parti de devant Genes le 25 du mois passé, par lequel le Roi a été informé de ce qui suit.

Que l'on avoit déja tiré 10 mille bombes, lesquelles ont fait un si surprenant effet dans la Ville de Genes que les trois quarts d'icelle étoit entierement consommé du feu, qui ayant commencé le 19 du même mois duroit encore ce jour là, et étoit si grand qu'à sa lueur l'on pouvoit lire la nuit sur les Vaisseaux du Roi qui en étoit éloignés plus de la portée du Canon.

Que tout le monde abandonne la Ville pour se retirer aux montagnes, et que les bandits et milices qu'ils ont appellés pour leur déffense pillent impunement les maisons que les maitres ont abandonnées toutes meublées.

Que dans cet embrasement la maison du Doge, autrement de la Republic avoit été ensevelie, la moitié de St Georges, le magasin aux Armes, celui ou l'on dépose toutes les marchandises et plus de trois mille maisons.

Le 23 du mois passé, deux heures devant le jour 400 hommes commandés par le Sr Danfreville ont tenté un débarquement du côté de Bizague ou le terrain s'étant trouvé fort escarpé il n'a pu descendre que 15 Gardes de Marine avec un Capitaine de Vaisseau nommé la Motte lesquels n'ayant pas été suivis ont été envelopés et se sont retirés dans une maison ou ils se sont rendus à condition d'être traités comme prisonniers de Guerre. Ledit Sr Danfreville n'ayant pu réussir de ce côté là, quoique blessé d'un coup de mousquet à la cuisse, est retourné à la principale descente qui se faisoit du côté de St Pierre Darenne ou 3000 hommes commandés par M. de Mortemar, le Chevalier de Tourville et le Chevalier de Lery ont mis pied à terre, et forcé un Régiment de 1000 hommes des troupes d'Espagne et 500 Suisses de la Garnison de Génes qui étoient retranchée sur le bord, et occupoient des maisons qui soutenoient leur retranchement, l'on en a tué plus de 300 sur la place et le reste a été poussé jusques aux portes de la Ville, après quoi au moyen des feux d'artifice que l'on avoit préparés pour cet effet, ce beau fauxbourg rempli d'édifices de marbre a été totalement brulé, de maniere que sur les une heure après midi tout le monde s'est rembarqué sans être inquiété des Ennemis et sans avoir laissé un mousquet a terre.

M. de Seignelay marque que l'on continuoit à jetter les 5000 bombes qui restoient après quoi l'Armée Navalle devoit se mettre à la voile pour aller sur les côtes de Catalogne. Il y a bien de l'apparence qu'un si rude chatiment aprendra aux Gênois a devenir sages et donnera une grande terreur à tous les Princes qui ont des Villes considerables sur le bord de la Mer.

Nous avons perdu dans l'occasion dont je viens de vous parler le Chevalier de Lery, 70 hommes tués et 149 de blessés.

Je viens de voir un homme aussi qui est sorti cette nuit de Bruxelles qui dit que les troupes Hollandoises sont campées au tour de Louvain comme elles étoient du côté de Villevorde, qu'il ne s'y fait aucun mouvement ni preparatif de guerre, et que le Mis de Grane y fait publier qu'il a eu des nouvelles de Luxembourg du 27 par lesquelles on l'assure que les françois ont perdu plus de 8000 hommes qu'ils n'avoient point encore gagné la contrescarpe et qu'elle tiendroit au moins encore un mois.

Je suis &./.

No. 8

A M. le M^al^ de Crequy
A Valenciennes le 1er Juin 1684

Le Roi a appris par la lecture que j'ai eu l'honneur de lui faire de la lettre que vous avés pris la peine de m'écrire le 30 du mois passé le mauvais état ou est réduit le Prince de Chimay qui doit capituler incessamment s'il ne veut pas être prisonnier de Guerre.

Vous aurés vu par mes dernieres lettres que la marche de troupes dont on avoit eu avis du côté de Namur, n'a été faite que pour jetter un Régiment d'Infanterie dans Namur et qu'ainsi M. le Prince d'Orange ni M. le Mis de Grane n'ont point intention de tenter de secourir Luxembourg.

Les lettres que le Roi reçut hier de M. Davaux du 29 du mois passé portent que M. le Prince d'Orange étoit à Houslardie et que l'on disoit qu'il devoit aller à Diren que les républicains faisoient de grands projets pour ruiner l'autorité de M. le Prince d'Orange dont le premier étoit de casser 25000 hommes, et de ne garder que les troupes dont les officiers étoient le moins dévoués à M. le Prince d'Orange le second de lui ôter la disposition dans les Villes des Magistratures et le 3e de casser le pensionnaire Fagel et de mettre à sa place un homme entierement oposé au Prince d'Orange.

Quoique vous m'assuriés que la blessure de M. le Mis de Crequy ne soit pas considerable et que la Saignée qu'il s'est fait faire ne soit que par précaution, j'attendrai avec beaucoup d'inquiétude des nouvelles de l'état de sa santé, les blessures de tête par des eclats de Grenades me paroissant très dangereuses.

S.M. vous recommande d'empêcher que l'on pille les outils, les sacs a terre et les palissades qui sont dans la tranchée et au tour de Luxembourg, et elle desire que vous chargiés de ce soin, ceux que vous devés y établir pour officiers majors et que vous donniés ordre à M. de la Frezeliere de faire mettre dans les Magasins tout ce qui pourra servir.

Je suis &./.

No. 11

A M. le M^al^ de Vauban
A Valenciennes le 2e Juin 1684

J'ai appris avec toute la joie possible que Luxembourg soit soumis a l'obéissance du Roi, et que vous vous portiez bien, j'y aurois été de tout mon coeur voir les ouvrages de la Place si le Roi m'en avoit laissé la liberté, mais ne le pouvant faire présentement j'y ai envoyé mon fils, et le Sr Daugecourt pour me rapporter quelque idée de ce que j'aurois vu avec beaucoup de plaisir.

La satisfaction que S.M. a du service que vous lui venéz de rendre l'a porté a vous donner 3000 pistolles par gratification, j'aurais soin de solliciter l'assignation de l'ordonnance et de les faire payer à votre ordre à Paris.

S.M. a bien voulu accorder au Sr de Lapara la Majorité de Luxembourg sur l'assurance que j'ai donné à S.M. qu'il seroit plus Sage qu'il n'a été à Huningue, et elle a en même tems disposé de la Majorité de la Citadelle d'Arras qu'il avoit en faveur de Launoy Montagny.

J'attendrai à Versailles les plans et mémoires de ce que vous croiréz que le Roy devra faire faire à Luxembourg pour la rendre une très bonne place.

Je vous prie d'ajouter aux plans et profils que vous m'enverrez des ouvrages tous ceux qui seront nécessaires pour me faire bien entendre comment sont faits les fonds qui environnent la place, et les hauteurs qui ont contribué à sa perte.

Envoyez moi à Versailles ce que vous proposerez pour sa réparation et fortification, par un Courier exprés, et comptez que pourvu que vous vous rendiez à Sedan le 20e de ce mois, vous y serez encore assez à tems pour vous rendre au lieu où l'armée du Roi devra agir, Si les Hollandois ne profitent pas de la bonté que

S.M. a de ne vouloir pas se prévaloir de l'Etat où elle est pour prendre tous les Pays bas.

Je pourvoirai de Versailles à la gratification que S.M. réglera pour les Ingénieurs blessés; Je vous embrasse de tout mon coeur et suis tout à vous./.

No. 12

A M. le M^al^ de Crequy
A Valenciennes le 2 juin 1684

Le Roi vit hier au soir par la lettre que vous m'avés fait l'honneur de m'écrire le dernier du mois passé a midi, le bon état ou étoient toutes les attaques et a appris cette nuit avec toute la satisfaction que vous pouvés vous imaginer par les salues de canon qui avoient été ordonnées et ensuitte par l'arrivée du Sr Desbordes qui s'est rendu ici entre quatre et cinq heures du matin que M. le Prince de Chimay avoit battu la Chamade[1]. S.M. attend avec impatience la capitulation qu'elle ne doute point qu'elle ne recoive entre ci et ce Soir, cependant je vous dépêche ce Courier pour vous marquer que S.M. part après demain pour s'en retourner a Versailles, et ce sera dorenavant en ce lieu là que vous devés m'adresser ce que vous aurés a m'ecrire pour lui rendre compte de ce qui se passera.

S.M. trouve bon d'accorder au Sr de Lapara la majorité de Luxembourg, l'aide majorité au Sr Hermay, capitaine dans Vaubecourt, et la charge de Capitaine des Portes à un Mousquetaire de la première Compagnie qui s'y [rendra] incessamment.

Le Roi approuve que les chirurgiens continuent pendant tout le reste de ce mois a rester auprès des officiers qui ont été blessés au siège de Luxembourg.

En cas que M. l'Electeur de Treves ne se veulle pas laisser persuader de mettre sa capitale en l'état que S.M. lui propose, Son intention est que vous entriés dans ses Etats avec l'Armée, que vous vous saisissiés de sa Capitalle en y faisant le moins de désordre que faire se pourra, et fassiés remplir ses fossés et razer ses dehors par l'Armée, et démolir les tours qui deffendent les Ponts de la Mozelle et de la Sarre.

Le Roi attendra l'état des poste que vous jugés a propos de razer dans la Comté de Chiny, cependant S.M. ne peut croire qu'il convienne de razer Arlon qui n'est point en état de tenir devant

[1] *battre la chamade*: rolling of drums of the besieged garrison to announce their desire to capitulate.

deux pieces de canon et qui peut donner du couvert à des troupes.

S.M. estime encore qu'il est de son service de faire avec le tems fermer les petites villes dont les murailles ont été détruites pour y tenir des troupes en seureté et y aider a soutenir de gros quartiers d'hyver qu'il seroit aisé de prendre entre le Rhin et la Meuse.

A l'egard de Bastogne S.M. croit utile de le laisser en l'etat qu'il est puisqu'il peut donner le couvert a beaucoup de troupes et ne peut jamais être occupé par d'autres que celles de S.M.

J'attendrai le mémoire des Armes crevés, cependant je ne doute point que vous ne les ayés fait remplacer au moyen de celles qui sont présentement à vos ordres.

J'adresserai par ce courier ou au plus tard par celui qui partira demain, l'état des gratifications que le Roi a fait aux officiers blessés.

Depuis ce que je vous ai mandé des intentions du Roi sur les 15 Bataillons que S.M. désiroit que vous fissiés marcher à Charlemont sous le commandement de M. le Cte Duplessis, S.M. trouve bon que les Bataillons d'Auvergne, celui d'Anjou, les deux de la Reine, et celui de Languedoc restassent encore auprès de vous et que vous ne fassiés marcher à Charlemont, que les deux Bataillons de Navarre, les deux du Royal, celui de Lyonnois, celui de Conty et les deux des fusiliers du Roy avec les Compagnies de Cannoniers et la Compagnie de Goulon.

Je suis./.

No. 20

A M. le Mal de Créquy
A Valenciennes le 3 Juin 1684

Le Roi attendit hier toute la journée avec beaucoup d'impatience le Courier que M. Desbordes l'avoit assuré que vous dépêcheriez 6 heures après lui pour lui apporter la Capitulation de Luxembourg et S.M. a été bien surprise d'apprendre en sortant de l'église où l'on avoit chanté le Te Deum pour la prise de Luxembourg les propositions ridicules dont le Prince de Chimay s'est servi pour avoir 12 ou 15 heures de relache, Elle a été un peu surprise que vous ne lui en ayez point rendu compte dans le moment que l'on a commencé a tirer, Elle s'attend bien que vous n'écouterez point le Prince de Chimay que pour vous remettre la Place le jour même qu'il demandera à capituler ou au plûtard le lendemain, comme la pluspart des Equipages étoient partis ce matin pour Cambray, S.M. y marchera demain où Elle attendera des nouvelles de la réduction de la Place, et Elle se promêt que si M. le Prince de Chimay laisse ouvrir ses courtines il sera pris au moins prisonnier de guerre.

J'écris par ce même Courier au Sr de Vrevin de vous envoyer les mille bombes que je lui ai marqué de faire voiturer à Longwy et que je lui avoit mandé hier au soir de laissér à Meziere et je fais mettre des Chevaux de relais entre Landrecy et Cambray moyennant quoi les Couriers que vous me depêcherez arriveront aussi promptement audit Cambray qu'ici.

M. de Vauban ayant demandé au Roi la vie d'un Cavalier de la Compagnie de Bouligneux au Régiment Dauphin Etranger, S.M. a trouvé bon que l'on sursit l'éxécution du jugement qui sera rendu contre lui et de lui accorder une commutation de la peine de mort en laquelle il sera condamné en celle de galeres perpetuelles.

Je suis./.

No. 22

A M. le M[al] de Créquy
à Valenciennes le 3 Juin 1684

Ce mot n'est que pour accompagner la Lettre que le Roi vous écrit et vous assurer en même tems que personne ne prend plus de part que moi à la satisfaction que vous devez avoir de l'important service que vous venez de rendre à S.M., je vous suplie d'en être persuadé et qu'on ne peut être plus véritablement que je suis tout à vous./.

No. 23

A M. de Vauban à Valenciennes
Le 3 Juin 1684

J'ai reçu votre Lettre d'avant hier par laquelle le Roi a été informé de la ridicule proposition qu'a faite M. le Prince de Chimay pour avoir 12 ou 15 heures de relache; S.M. s'attend que vous ferez toutes les diligences nécessaires pour punir Mondit Sr le Prince de Chimay de sa mauvaise finesse.

Je suis &./.

No. 24

A M. le M[al] de Crequy
à Cambray le 4 Juin 1684

Le Roy vient d'apprendre par la Lettre dont vous avez chargé hier Meziere sur le midi que M. le Prince de Chimay a redemandé a Capituler, S.M. s'attend d'apprendre entre ci et demain matin les conditions dont vous serez convenu étant bien persuadée qu'en l'état où sont les choses le Prince de Chimay ne peut penser qu'à se rendre, S.M. continuera sa marche pour se rendre à Versailles où il sera bien a propos que vous m'écriviez pour rendre compte au Roi de ce qui se passera dans l'Armée que vous commandez.

Je ne doute point que dès que la Capitulation aura été signée vous n'ayez pris soin de demander à M. de la Trousse et à M. du Montal de marcher vers M. de Schomberg et que si cela vous avoit échappé vous ne le fassiez aussitôt cette Lettre reçue en cas que vous soyez convenu avec le Prince de Chimay des conditions auxquelles il doit évacuer Luxembourg./.

Je suis &./.

No. 28

A M. le Comte du Montal
à Cambray le 4 Juin 1684

M.

Le Roi vient d'avoir nouvelle que le Prince de Chimay a redemandé à Capituler comme S.M. a été en même tems informée que les mines qui ont été faites à Luxembourg sont en état de sauter s'il differoit de se rendre, Elle ne doutte point que ce ne soit tout de bon cette fois ci, et S.M. qui est bien persuadée que M. le Mal de Crequy ne manquera pas de vous mander de marcher vers M. le Mal de Schomberg en conformité de ce que je vous ai fait ci devant savoir des intentions du Roi; S.M. m'ordonne de vous faire savoir de donner part à Mondit Sr le Mal de Schomberg par un Courier Exprès du jour que vous pourrez arriver sous Maubeuge (prenant soin de m'en informer aussi à Versailles où j'espere être après demain) après quoi avec les Troupes qui resteront dans le pays vous devez vous appliquer à contenir la Garnison de Charleroy et à faire éxécuter[2] les Peuples qui depuis 10 à 12 jours ont entierement cessé de payer la contribution.

---

[2] *faire éxécuter* is used here in the sense of seizing the goods of the people who have not paid the special tax.

M. le Cte Duplessis doit se rendre sous peu de jours sous Charlemont avec 15 Bataillons d'Infanterie et 12 Escadrons de Cavalerie ou de Dragons, je crois que S.M. lui ordonnera de mettre 6 Escadrons de Cavalerie à vos ordres pour renforcer les garnisons que vous estimerez à propos, vous aurez soin de les distribuer dans les Lieux d'ou vous croirez qu'elles pourront le plus mettre le pays du Roi a couvert des éxécutions des Ennemis et prendrez soin s'ils en faisoient de faire de si rudes représailles qu'ils soient portés à se contenir./.

Je suis &.

No. 54

A M. Charuel, a Versailles
le 7 Juin 1684

J'ai vu des Lettres de Bruxelles qui portent que l'on y flattoit les peuples que Luxembourg seroit sauvé par le moyen d'une Image de Notre Dame qu'ils appellent de consolations entre les mains de laquelle l'on auroit coutume de remettre les Clefs de la Ville plusieurs festes de l'année, comme il est bon d'être informé de tout je vous prie sans faire semblant que je vous en aye rien mandé, de m'expliquer un peu ce que c'est que cette dévotion que l'on prétend ne s'être accréditée dans la Ville que parce qu'elle les a sauvés deux fois des François, mandez moi aussi où est l'Eglise où cette Image est réservée ne pouvant croire que ce soit la Chapelle de l'attaque, en cas que cela soit ce qu'elle est devenue et si les gens de Luxembourg ont eu soin de l'emporter dans la ville, quand ils l'ont abandonné.

Je m'attends que j'apprendrai par vous au premier jour en quel état s'est trouvée la ville de Luxembourg ce qu'il y a d'habitans, en quel état sont leurs habitations et ce que l'on aura trouvé de grains appartenants au Roi d'Espagne qui doivent être en d'autant plus grande quantité, que j'ai toujours entendu dire qu'il y en avoit au moins pour faire subsister la garnison pour deux ans.

Si vous pouvez trouver quelque habitant qui ait du sens duquel vous puissiez aprendre des particularités de ce qui s'est passé dans la Place pendant le Siege vous me ferez plaisir de m'en faire part.

Comme je ne doute point que les Régiments qui quitteront l'Armée que commande M. le Mal de Crequy pour marcher du côté de Flandre en laissent quelques Officiers pour avoir soin de leurs blessés vous aurez soin de m'adresser des Mémoires de ceux qui seront en état de marcher afin que je puisse vous envoyer des Routes pour leur donner moyen de rejoindre leurs Régiments./.

Je suis &./.

No. 56

A M. le M[al] de Crequy
A Versailles le 7 Juin 1684

Etant parti de Peronne Lundi au soir pour me rendre ici je n'ai reçu que ce matin la Lettre que vous m'avez fait l'honneur de m'écrire le 4 de ce mois a cinq heures du soir avec la capitulation de Luxembourg, comme je ne suis point auprès du Roi je ne puis répondre à ce qu'elle contient qu'après son retour, je vous dirai seulement que S.M. m'ordonne par un billet de vous marquer qu'Elle ne juge pas à propos que l'on surprenne Trêves qu'après que M. d'Asfeld ayant parlé à M. l'Electeur ce Prince aura été mis dans son tort et S.M. déchargée par son refus envers tout l'Empire de ce qui pourra arriver audit Trêves et comme il paroit par les cartes que le pays que l'on nommoit ci devant de Luxembourg approche tout à fait du pays de Trêves par le cours de la Soure qui au dessous d'Eschternach s'approche d'une lieuë de ladite ville de Trêves, si vous vous portiez promptement en cet endroit vous seriez en état de veiller de plus près à ce qui voudroit entrer dans ladite Ville qui ne pouvant être que des Milices n'en retardera pas la prise si Mondit Sr l'Electeur est assez mal conseillé pour ne pas satisfaire à ce que le Roi desire, que si, comme il y a sujet de l'espérer, il y donne les mains, il vous sera facile de tirer de Metz, les hottes et outils nécessaires pour le comblement des fossés.

Quoique votre Lettre ne fasse point mention que vous ayez envoyé ordre à M. de la Trousse et à M. du Montal de marcher vers M. de Schomberg je ne doute point que vous ne l'ayez fait./.

Je suis &./.

J'ajoute ce mot pour vous dire que si les Cartes que nous avons sont fidèles, en vous campant la gauche à Wasserbilick et la droite en descendant vers Trêves, votre droite ne sera pas à une demi lieuë du dit Trêves, et que laissant un pont sur la Moselle vous serez en état de faire investir cette Place des deux côtés, si par les gens que vous aurez dans le pays vous apprenez qu'il se fasse aucun mouvement pour assembler des Milices.

Je suis.

No. 63

M. de Louvois au Roi
A Versailles le 8 Juin 1684

J'ai reçu les 3 Lettres dont il a plu à V.M. de m'honorer hier et avant hier, j'ai écrit à M. le Mal de Créquy au sens qu'elle me le commande sur la proposition qu'il avoit faite sur Trêves.

M. de Lambert est averti de l'intention de V.M. sur le retour des Cadets dans leurs garnisons et j'enverrai à V.M. la nouvelle de la sortie de la Garnison Espagnole de Luxembourg quand même celui qui l'apportera à V.M. ne pourroit la lui donner qu'entre la Ville d'Avray et Versailles.

V.M. verra par les Lettres ci jointes de M. le Mal de Créquy et de M. Charuel, l'état où toutes choses étoient mardi au soir./.

No. 69

A M. le Mal de Créquy
A Versailles le 11 Juin 1684

Je n'ai encore pu lire au Roi les Lettres que j'ai reçues de vous depuis mon départ de Peronne, j'espere que ce sera pour demain, Cependant je vous dirai pour mieux expliquer l'intention du Roi à l'égard de Trêves, que S.M. n'a pas jugé à propos que vous fissiez surprendre la ville auparavant que M. d'Asfeld ait parlé à M. l'Electeur, mais si vous avez lieu de juger par les premieres réponses que Mondit Sr l'Electeur fera à M. d'Asfeld, que son intention ne soit point de donner à S.M. la satisfaction qu'elle demande, Elle trouve bon que vous fassiez surprendre une porte de Trêves s'il vous est possible sans attendre que cet Electeur ait absolument refusé ledit Sr d'Asfeld ou lui ait fait consommer un tems considérable sous prétexte de résoudre la réponse qu'il lui doit faire.

Le Roi a destiné les Troupes mentionnées en l'état ci joint pour aller au secours de M. l'Electeur de Cologne sous le commandement de M. le Mis de Ranty l'intention de S.M. est que vous les y envoyez lorsque vous les serez requis par M. l'Evêque de Strasbourg, donnant pour instruction à Mondit Sr le Marquis de Ranty que les dites troupes que S.M. mêt à ses ordres doivent toujours servir ensemble et n'être point partagées, qu'il doit obéir à M. de Charuel ou a celui qui par son absence commanderoit en Chef les Troupes de M. l'Electeur de Cologne mais qu'il doit faire toujours le détail des Troupes que le Roi mêt à ses ordres, qu'il doit s'il en est requis prêter serment à M. l'Electeur de Cologne et à son Chapitre de bien et fidélement le servir pendant que par la permission du Roi il demeurera dans les Etats de M. l'Electeur de Cologne qu'il doit faire ce dont il sera requis par M. l'Evêque de Strasbourg soit pour la défense du pays ou des Places de l'Archevêché de Cologne contre qui que ce soit, soit pour agir hostilement contre les Hollandois, mais qu'il ne doit point pour quelque raison que ce soit marcher du côté du Weser que pendant le Séjour qu'il fera dans les Places ou plat pays de M. l'Electeur de Cologne, il doit contenir les Troupes qui sont sous son commandement dans tout le bon ordre possible en sorte qu'elles ne soient à charge aux sujets de Mondit Sr l'Electeur que pour le simple fourrage.

L'intention de S.M. est que vous mettiez à la suite du dit Corps de Troupes 25 Caissons du Sr Jacquier pour leur fournir le pain nécessaire partout où elles marcheront.

Le Commissaire Courcelles doit avoir la police et la direction du payement de ce Corps avec les Commissaires Charles et Mitton sous lui.

Je vous ai marqué cy dessus que ce Corps devoit être mis en marche par vos ordres aussitot que vous en seriez requis par M. l'Evêque de Strasbourg, pourvu que ce fut pour aller tout droit dans l'Archevêché de Cologne parce que Mondit Sr l'Evêque de Strasbourg avoit proposé au Roi de le faire marcher dans le pays de Limbourg pour attendre que M. l'Electeur de Cologne en eut besoin et cependant n'être point à charge à ses Etats, sur quoi je lui ai répondu par ordre de S.M. que ce Corps ne pouvoit être en sureté dans le pays de Limbourg et qu'ainsi il ne devoit pas compter qu'il quittat l'Armée que vous commandez que pour marcher droit dans le pays de M. de Cologne, de quoi S.M. a jugé à propos que vous fussiez informé afin que si M. l'Evêque de Strasbourg vous faisoit une pareille proposition vous sussiez que l'intention de S.M. n'est point que ce Corps se sépare de l'Armée que vous commandez que pour aller droit dans l'Archevêché de Cologne.

Addition

Le Roi ayant fait réflexion qu'il avoit fait offrir quelques subsides à M. l'Electeur de Trêves lorsque S.M. lui a fait proposer cet hiver de mettre la ville de Trêves en l'Etat qu'Elle le lui demande présentement Elle trouve bon que vous ordonniez à M. d'Asfeld de lui offrir les mêmes subsides qui lui ont été offertes par M. Tambonneau en cas que lorsqu'il recevra ce que vous lui en écrirez après avoir reçu cette Lettre la négociation soit en état que cet offre puisse la faire terminer heureusement./.

No. 70

A M. le Mis de Chiverny
Envoyé du Roi auprès de l'Empereur
du 12 Juin 1684 a Versailles

M.

J'ai recu la Lettre que vous avez pris la peine de m'écrire le 27 du mois passé je vous remercie des nouvelles que vous me mandez du mouvement que font les Troupes de l'Empereur et celles des Turcs et vous me ferez plaisir de continuer à me mander ce que vous apprendrez.

Vous pouvez assurer que les Troupes du Roi sont entrées dans Luxembourg le 7 de ce mois et pour vous faire juger de la perte que nous y avons faite, je vous dirai qu'il n'y avoit que 935 hommes à l'hopital 8 Capitaines 11 Officiers subalternes et 9 Ingénieurs et que depuis le commencement du Siege jusqu'à la fin M. le Prince de Chimay n'a pas fait une sortie de 200 hommes.

Je suis &./.

No. 81

A M. le Mal de Crequy
A Versailles le 16 Juin 1684

La Lettre que vous m'avez fait l'honneur de m'écrire le 12 de ce mois ne desire de réponse que pour vous dire que S.M. attendra avec impatience des nouvelles du parti que M. de Trêves aura pris sur ce que M. d'Asfeld doit lui avoir représenté par votre ordre et des mesures que vous prendrez pour réduire la ville de Trêves à laisser combler les fossez en cas que M. l'Electeur ne veuille point consentir à ce que S.M. désire.

L'on ne peut rien savoir du parti que prendront les Hollandois que dans la semaine prochaine puisque les Députés de Hollande ne doivent avoir recommencé leurs assemblées que mercredi dernier.

M. le Mal de Bellefonds est resté 9 jours sous Gironne après en avoir abandonné la Tranchée pour montrer aux Ennemis qu'il n'avoit point levé le Siege par force, et je le crois présentement devant Cap de Quiere si l'Armée Navalle s'est rendue sur les Cotes de Catalogne.

Je suis &./.

No. 89

A M. le M[al] de Crequy
a Versailles le 19e Juin 1684

Depuis mon autre lettre écrite, le courier, chargé de celle que vous m'avez fait l'honneur de m'écrire le 16e de ce mois au soir est arrivé, par laquelle vous me marquez qu'il faudra assez de tems pour bien raser les déhors et combler les fossés de la ville de Treves, sur quoi vous me permettrez de vous dire qu'il est facheux que demeurant en des expressions aussi générales que celles là, vous laissiez le Roi hors d'Etat de prendre les mesures justes pour l'emploi de l'Armée que vous commandez; mandez moi donc s'il vous plait au plûtôt combien de jours vous croyez qu'il faut pour bien faire ce rasement.

Je vous dirai cependant qu'il n'y a point d'apparence que l'on puisse tirer de Phalsbourg, ni de Thionville, d'infanterie pour laisser dans Treves.

Qu'à l'égard de Sarrelouis, il est de la derniere importance d'en achever les fortifications, lesquelles languissent déjà faute de troupes et qu'ainsi ce que S.M. pourra faire si l'état des affaires générales lui fait juger à propos de vous éloigner de la Mozelle, ce sera de laisser M. de Ranty dans Treves pour avec les cinq bataillons qu'il a à ses ordres prendre soin de diligenter ce travail.

Vous pouvez encore en n'entreprenant que la moitié, ou les deux tiers de ce rasement, mettre la ville en état de n'oser manquer d'achever le reste, au moyen de quelque argent dont on conviendroit avec le magistrat. Je vous supplie de me mettre en état de rendre compte au Roi, en détail de l'Etat où sera ce rasement lorsque vous recevrez cette lettre, et du tems que vous croyez qu'il pourra finir.

Le Roi ne sauroit garder la tour de Consarbrick sans donner un sujet de plainte à M. l'Electeur, qui feroit un fort mauvais éffet dans l'Empire, et lui seroit d'une très médiocre utilité, ainsi S.M. estime qu'il vaut mieux raser cette tour, et en la rasant laisser sans affectation tomber les décombres dans le cours de la Sarre, afin d'empêcher que cette riviere ne soit navigable et ne puisse porter une grosse artillerie ennemie jusques à Sarrelouis.

Elle ne juge point à propos non plus de batir une redoute à la jonction de la Sarre avec la Mozelle, et S.M. estime qu'il sera aisé au gouverneur de Luxembourg d'être bien ponctuellement informé de ce qui se passera à Treves, où je ne pense pas qu'après l'état où on met les déffenses de cette ville, des gens suspectes à S.M. puissent penser à y faire quelque séjour.

Le Roi approuve fort à ce que vous teniez la main à ce que l'Armée se contienne en bonne discipline et son intention n'est point que l'on donne de la viande à la Cavalerie laquelle ayant trois sols et le pain, a de quoi en manger. S.M. vous recommande seulement de tenir la main à ce que le prest soit fait régulierement, sans que, pour quelque raison que ce soit, vous souffriez que l'on s'en dispense.

Je suis tout à vous./.

No. 96

A M. le Mis de Lambert
A Versailles le 25 Juin 1684

Monsieur,

J'ai reçu la lettre que vous avez pris la peine de m'écrire le 20e de ce mois, par laquelle le Roi a vu votre avis sur le rasement de Rodemack, que je ne doute point qu'il ne soit suivi au premier jour.

S.M. a ordonné que l'on fit relever l'infanterie qui est à Bastogne pour en fortifier la garnison de Marche, ce qui sera éxécuté au plutôt; à l'égard de la Cavalerie, je ne doute point que S.M. ne trouve bon que l'on fasse marcher encore un régiment à vos ordres, pour être placé suivant que vous le jugerez à propos, et comme l'on ne pourra cet hiver s'opposer avec succes aux courses de la garnison de Namur, qu'en établissant beaucoup de troupes à Marche, je mande à M. Boisot de voir avec vous ce que l'on peut faire pour y batir des Ecuries de Charpente, capables de tenir 4 ou 500 chevaux.

Il n'y a point d'apparence que pendant la campagne, le Roi vous donne des troupes pour en mettre à St With, et il faut d'ici à ce tems là faire du mieux que l'on pourra pour conserver le pays avec quelques compagnie de Dragons que vous pourrez mettre dans les Chateaux.

Vous devez faire entendre aux habitants de Luxembourg qui ne se mettront pas en état d'avoir rétabli leurs maisons avant le mois de Septembre prochain, que s'ils ne prennent pas les mesures nécessaires pour cet éffet, S.M. disposera des dites maisons en faveur des françois qui seront bien aise de faire la dépense qu'il faut pour cela./. &.

No. 97

A M. le Mis de Lambert
A Versailles le 25 Juin 1684

M.

J'ai reçu la Lettre que vous avez pris la peine de m'écrire le 21 de ce mois, les 4 Bataillons mentionnés dans l'état que je vous ai adressé étant suffisants pour la garde de Luxembourg, je ne doute point que M. le Mal de Crequy n'en retire les deux Bataillons de Vaubecourt et de la Ferté qu'il y a fait entrer.

Je mande présentement à M. Charuel que l'intention du Roi est qu'il vous fasse payer et à vos aides de Camp un mois d'apointement de Campagne à l'égard des six premiers de la presente année qui vous sont dus en qualité de Commandant dans la Comté de Chiny, l'ordonnance vous en sera expédiée incessamment.

Je suis./.

No. 99

A M. le Mis de Lambert
A Versailles le 28e Juin 1684

Monsieur,

Ce mot n'est que pour vous donner avis que les ordres du Roi sont partis pour faire marcher le Régiment d'Arnolfiny à Thionville ou vous lui enverrez les votres pour se rendre dans les Lieux de la Comté de Chiny que vous jugerez plus à propos pour la conservation de cette frontiére.

Je suis &./.

No. 100

A M. de Vauban
A Versailles le 28 Juin 1684

La prise de Luxembourg mettant la frontiére du Roi en tel état que les Allemands qui dorénavant doivent être considérés comme nos véritables ennemis et les seuls dont nous pouvions recevoir du préjudice s'ils avoient à leur tête un Empereur qui voulu monter à Cheval ne pouvant point attaquer le Royaume de ce coté là seront obligés de venir par la basse Alsace ou par la haute S.M. sera bien aise d'avoir votre avis sur ce que vous croyez qu'il y auroit à faire pour mettre la basse Alsace en sureté et pourvoir à celle de la haute ce que l'on ne peut faire ce me semble qu'en accomodant Huningue mieux qu'il n'est et c'est sur ce mieux que S.M. désire que vous lui mandiez diligemment ce que vous croyez qu'il y a à faire c'est à dire s'il sera à propos de faire quelques ouvrages à Corne ou contregardes aux fronts d'Huningue les plus attaquables ou si l'on feroit un avant chemin couvert pour enfermer des redoutes que l'on feroit vis à vis des angles rentrants de la contrescarpe qui y est à présent, comme cette place est dans une plaine vous pouvez ce me semble donner votre avis présentement sur ce qu'il y a à faire tout comme si vous étiez sur les Lieux./.

Je suis./.

No. 105

A M. le M[al] de Créquy
A Versailles le 2 Juillet 1684

La Lettre que vous m'avez fait l'honneur de m'écrire le 26 du mois passé m'a été rendue, le Roi sera bien aise que l'on comble les fossez de Treves tout le plus que faire se pourra et que si cela ne se peut pas dans toute l'étendue du circuit de la ville l'on le fasse au moins dans une étendue considérable que si la moisson vous oblige à licencier les paysans S.M. trouvera bon que vous lui employez les Troupes lesquelles peuvent fournir un bien plus grand nombre de travailleurs que celui que vous employez.

La perfection de cette ouvrage ne peut manquer d'être fort utile à S.M. pendant ce tems là l'Armée vivra dans le pays de Treves et comme le Traité qui doit avoir été signé à la Haye la semaine passée n'est pas encore arrivé S.M. qui ne peut encore vous envoyer des ordres sur ce que vous aurez à faire qu'elle n'en ait entendu la lecture trouve plus à propos que vous restiez au lieu où vous êtes que de vous en éloigner.

Vous aurez vu par mes précédentes que le Roi persistoit à désirer que l'on renversat la tour de Consarbrik dans la Sarre et que cela se fit de maniere que l'on ne crut point que l'on ait eu intention de le faire.

S.M. ne juge point à propos d'établir d'autre Maréchaussée à Luxembourg que celle qui y est, les érections en charge de pareils postes n'étant bonnes qu'a les remplir de gens à charge au pays ou du moins inutile.

Je crois que S.M. prendra la résolution de transferer le Conseil de Luxembourg à Longwy qui est plus au milieu de la province que le dit Luxembourg.

Comme il n'y a point d'apparence que le service du Roi vous oblige à faire de séjour considérable à Luxembourg et que quand il vous y appellera M. le Mis de Lambert ne fera point de difficulté de vous ceder sa Maison, l'intention de S.M. est que Mondit Sr de Lambert occupe celle du Prince de Chimay.

Comme S.M. ne veut point rétablir les Etats de Luxembourg il n'y a pas d'apparence que les revenus du gouverneur de Lorraine augmente des présents que lesdits Etats avoient accoutumé de faire au Prince de Chimay./.

Je suis ./.

A M. le M[al] de Créquy
A Versailles du 5 Juillet 1684

La dépêche du Roi ci jointe et les Copies qui l'accompagnent vous informeront des ordres que le Roi a envoyé en Flandre pour l'éxécution de la suspension d'Armes et de ceux que S.M. désire que vous envoyez a M. le Mis de Joyeuse pour l'éxécuter de sa part aussitôt que M. le Mal de Schomberg ou M. de Chamlay lui manderont que le Mis de Grane sera convenu de l'éxécuter de son coté.

Le Mémoire ci joint vous informera des noms des Bataillons que le Roi a jugé à propos de séparer de l'Armée que vous commandez lesquels S.M. désire que vous fassiez mettre en marche faisant conduire jusqu'à Sarrelouis par un Brigadier ceux qui doivent se rendre à Sarrelouis, Bitche et Homberg les faisant camper entre Treves et ledit Sarrelouis et vous estimerez à propos pour faire qu'ils ne fassent point des Journées pareilles à celles que M. Descures a fait faire à M. le duc de Choiseul c'est à dire qu'il vaut mieux les y faire aller en trois jours qu'en deux, à l'égard de ceux qui iront à Metz, Strasbourg et Phalsbourg vous leur donnerez s'il vous plait des routes pour s'y rendre et j'aurai soin que ceux qui sont pour aller à Phalsbourg et à Strasbourg trouvent des routes pour y marcher, vous en userez aussi s'il vous plait de même à l'égard de celui qui doit aller à Longwy.

L'intention de S.M. est qu'avec le reste de l'Armée M. le Mis de Joyeuse se rende dans le pays de Limbourg et qu'il prenne les mesures pour y pouvoir subsister pendant six semaines lui recommandant d'avoir un grand soin de contenir l'Armée dans tout le bon ordre possible, pour cet effet de tirer dudit pays de Limbourg les bestiaux nécessaires pour en faire distribuer à la Cavalerie, à l'Infanterie et aux Dragons, comme il y a quelques Villages dans ledit pays de Limbourg qui appartiennent aux Hollandois vous chargerez s'il vous plait Mondit Sr le Mis de Joyeuse de prendre un très grand soin de leur conservation et de donner avis à l'avance au Gouverneur de Mastreich de l'ordre qu'il a d'empêcher qu'il ne soit fait aucun tort aux villages qui sont de son gouvernement, même de leur donner des sauves gardes gratuitement S.M. désire aussi que vous lui recommandiez la conservation des biens qui dépendent de Stavelot et de Malmedi qui sont a l'Evêque de Strasbourg.

Il pourra aussi tirer sa subsistance des terres qui sont entre l'Archevêché de Treves le Duché de Juliers et l'Archevêché de Cologne lesquelles appartiennent à de petits Comtes qui n'ont aucune dépendance des pays nommés ci dessus.

S.M. ne juge point à propos qu'il s'avance bien avant dans le pays de Limbourg non seulement à cause de la jalousie que cela donneroit aux Etats Généraux auxquels dans la conjoncture présente S.M. n'en veut donner aucune, mais encore par la difficulté qu'il y auroit à lui faire fournir du pain il pourroit donc commencer par se rendre dans les sus dits Comtés et après y avoir demeuré le tems qu'il pourroit, reprenant sur sa gauche, regagner le pays de Limbourg et finir par manger le bien d'Espremont qui est sur la riviere d'Ourte.

Jusqu'à ce qu'il ait avis que la Suspension d'Armes ait été établie en Flandre il doit se tenir au Corps d'Armée c'est à dire camper en front de bandiere[3] mais après qu'elle aura été établie il pourra donner le couvert aux Troupes s'il le juge nécessaire.

Il sera bien à propos que sous prétexte de bonne correspondance avec le Gouverneur de Mastreicht il y tienne quelqu'un, aussi bien qu'à Liege, qui puisse l'avertir des mouvements des Troupes qui se feront de ce coté là et qu'en marchant dans les terres particulieres dont je vous ai parlé ci dessus il donne avis à M. de Strasbourg de l'ordre qu'il a de ne point toucher les terres de M. de Cologne ni les siennes et lui mande qu'il ne doute point que S.M. ne l'ait fait marcher de ce côté là pour être à portée de secourir M. l'Electeur s'il venoit à en avoir besoin cependant l'intention de S.M. n'est point qu'il marche dans le pays de Mondit Sr l'Electeur jusqu'à ce qu'il ait de nouveaux ordres d'Elle.

Je vous prie de remettre à Mondit Sr de Joyeuse le chiffre général que vous avez entre les mains afin qu'il soit en état de me pouvoir mander surement ce qu'il jugera mériter cette précaution.

S.M. vous recommande de donner au munitionnaire auparavant que de partir de l'Armée les instructions nécessaires pour

[3] front de bandière=line of an army ranged in battle order.

que la fourniture du pain ne manque point d'être faite réguliérement à quoi S.M. estime qu'il ne se rencontrera point de difficulté au moyen de grands Equipages qui sont à la suite de l'Armée et de la diminution de l'Armée [en blanc] de la fourniture, S.M. juge inutile que Mondit Sr le Marquis de Joyeuse mène à la suite de l'Armée un grand Equipage d'Artillerie estimant qu'il suffit qu'il ait dix pieces de Campagne et des munitions à proportion et à l'égard des chevaux d'Artillerie il doit les mener tous à sa suite afin qu'ils subsistent plus commodément pour les Capitaines des Charois.

Le séjour de M. de la Frezeliere auprès de M. de Joyeuse ne paroissant point nécessaire à S.M. Elle désire qu'elle [sic] se rende à Metz pour pendant la suspension d'Armes remettre tout ce qui regarde sa charge en état dans les Places de son départ où tous les mouvements que l'on a faits pour le siege de Luxembourg ne peuvent manquer d'avoir mis quelque confusion.

Le Roi jugeant aussi le plus long séjour à l'Armée de Ms de Genlis, St Geran et d'Herlach inutile dans la conjoncture présente veut bien que vous lui [sic] permettiez d'en partir pour se rendre auprès de S.M.

Je suis./.

No. 109

A M. le Mal de Créquy
A Versailles le 5e Juillet 1684

Depuis mon autre lettre écrite qui sera cy jointe le Roi ayant fait réflexion que si la diette de Ratisbonne n'acceptoit pas la treve, il seroit de son service d'avoir de l'infanterie en Alsace, et que celle qui marcheroit avec M. de Joyeuse du côté de Limbourg en seroit fort éloignée, S.M. a trouvé bon d'ordonner que les 14 Bataillons qui devoient marcher avec mondit Sr de Joyeuse seroient par vous envoyé à Metz, où ils trouveront les ordres de S.M. nécessaires pour aller dans les lieux mentionnés en l'Etat cy joint[4], et comme il ne conviendroit pas que mondit Sr de Joyeuse eut de l'Artillerie, n'ayant que de la Cavalerie et des Dragons, l'intention de S.M. est que vous ordonniez à M. de la Freseliere de renvoyer toute l'artillerie à Metz, même les charettes et de ne laisser à la suite de mondit Sr de Joyeuse que les officiers et chevaux d'artillerie. Je suis tout à vous.

Nota: Dans la fin du 2e Volume des Minutes des Dépêches de la Guerre contre les Espagnols en flandre 1684, l'on verra que le

---

[4] marginal note: il manque.

Mal de Schomberg marcha par ordre du. Roi de Flandre en Alsace, où, avant que d'avoir assemblé l'Armée S.M. lui manda qu'on avoit signé la Treve aux conditions prescrites par S.M. au moyen de quoi toutes ses Troupes se séparerent./.

No. 118

Lettre de M. de Louvois à M. le Mis de Joyeuse
à Versailles le 21e Juillet 1684

Le Roy ayant été informé que l'Empereur a fait déclarer à la diette qu'il acceptoit la tréve aux conditions de S.M., elle m'a commandé de vous faire savoir qu'elle désire que vous partiez des petites comtés, où vous devez être présentement, et que vous vous rendiez dans le pays de Limbourg, pour y subsister jusqu'à la ratification d'Espagne conformément à ce qui vous a été expliqué des intentions de S.M./.

No. 120

A M. le M[al] de Crequy
à Versailles le 11e aout 1684

J'ai reçu à mon retour de Luxembourg la lettre que vous m'avez fait l'honneur de m'écrire le dernier du mois passé, j'ai demeuré deux jours et demi à Luxembourg dont j'ai fait le tour à pied et à cheval par deux fois, j'ai vu aussi la circonvallation laquelle m'a paru bien difficile du côté du Bambuche.

Le Roy fait marcher 120 Escadrons en Alsace pour obliger l'Empereur qui se déclare avoir un pouvoir d'Espagne d'accepter la trêve pour cette Couronne, à finir promptement cette négociation, sur laquelle quoique ses ambassadeurs à Ratisbonne parlent assez bien, S.M. a cru qu'il ne pouvoit qu'être à propos de leur montrer une armée sur le Rhin pour les obliger à conclure promptement.

Je suis très veritablement tout à vous./.

No. 121

A M. le Duc de Choiseul
à Versailles du même jour 16e aout 1684

Monsieur,

Le Roy ayant apris par un courier exprès que les affaires sont sur le point de se déterminer à Ratisbonne, a trouvé bon de ne point faire marcher en Alsace les brigades de Bartillat,

Watteville, et Vivans, non plus que la petite gendarmerie, les dragons et les équipages de l'armée qui marchent sous votre commandement; S.M. envoye pour cet éffet, à Mm. de Bartillat, Watteville et Vivans, les ordres dont copies sont cy jointes, et Elle m'a commandé de vous faire savoir que son intention étoit qu'après avoir fait séjourner le Corps qui est à vos ordres le 20e de ce mois au petit Vireux, vous donniez ordre qu'il remarche le 21e à Ste Cecile, le 22e sous Bouillon, et de là en deux sous Charlemont diligement, pour recevoir les troupes, et comme S.M. sera bien aise qu'elles restent sous Charlemont tout le moins que faire se pourra, elle désire que vous les fassiez avancer brigades par brigades à Storennes, à Marchiennes au pont, et de là sous Binche où vous les ferez subsister autant de tems que vous le pourrez, tenant la main à ce que les cavaliers n'y fassent d'autre désordre que d'y battre du grain, et qu'ils y subsistent au moyen du pain que l'on tirera de Maubeuge, ou de Thuin, suivant qu'il sera plus commode au munitionnaire et de la viande que M. Fautrier fera fournir aux dépens du pays des Espagnols.

A l'égard de la brigade des gardes du corps du Roy, S.M. la laisse sur la Mozelle jusques à nouvel ordre.

Le Roy vous recommande de ne point souffrir que les troupes s'écartent, de donner tous les soins nécessaires pour empêcher qu'elles ne déperissent, et de tenir la main à ce que les officiers distribuent aux cavaliers et dragons leur solde sur le pied que S.M. l'a réglée.

Vous me ferez s'il vous plait savoir diligemment si vous trouverez des fourages abondamment du côté de Binche parce que si vous n'en trouviez pas, l'intention de S.M. seroit que vous marchassiez du coté de Gimblours, ou de Vavre, en sorte que les troupes qui sont à vos ordres puissent subsister commodément pendant que le manque de ratiffication, de la part des Espagnols donnera lieu que l'on puisse subsister dans leur pays, et il y a bien de l'apparence qu'elle ne pourra guère arriver avant le 15e ou le 20e du mois prochain, puisque les Espagnols, pour avoir la satisfaction de ne point ratiffier le traité qui a été signé à la Haye, ont désiré que l'on en signat un nouveau à Ratisbonne.

Je dépêche présentement un courier au Sr de Vrevin Intendant de la frontiere de Champagne, afin qu'il fasse trouver du pain pour 4 jours à la brigade de Bartillat à Bouillon, à celle de Watteville à Ham près ledit Bouillon, à celle de Vivans à Slenevaux, et au corps de troupes avec lequel vous marchez à son passage à Bouillon.

Je dépeche en même tems un autre courier à M. Fautrier pour l'avertir du retour des susdites troupes, le charger de leur faire préparer du pain à Charlemont, et comme vous pourréz apprendre par lui il y a beaucoup de fourages du coté de Binche, S.M. trouveroit bon, s'il vous dit qu'il n'y en a pas, que vous fissiez avancer les troupes que vous commandez vers Sosse d'ou vous avanceriez droit à Gimblours laissant un Régiment de dragons au Chasselet pour la sureté de vos convois, et après que vous auriez consommé les fourages à portée de Gimblours, S.M. trouvera bon que vous vous avanciéz vers Judoigne ou vers Vavre, suivant que M. de Chamlay vous le conseillera, je dis M. de Chamlay parce que je lui écris à Metz où il se doit rendre Dimanche prochain, de se rendre diligemment à Charlemont pour continuer à servir sous vos ordres, vous ne sauriéz trop prendre ses avis sur la marche et subsistance des dites troupes, par la parfaite connoisance qu'il a du pays. Je suis./.

Je vous supplie de ne me plus écrire comme vous faites, et d'en user de la même manière que font ceux qui sont revêtus de pareille dignité que vous./.

PART X

Cote: Dépôt général de la guerre. A 1 738

Nature: Hostilités en Espagne, 1684

Nature: Hostilités en Espagne, 1684

Cote: Dépôt général de la guerre. A 1 738

The letters in this volume, addressed for the most part to Maréchal de Bellefonds, deal with the expedition against the Spaniards in Catalogna.

The "Pouvoir du Roy au Sr Mis de Bellefonds" has been included after the letter of March 13, 1684, which accompanied it, because of its interest as a document. It is not a letter written by Louvois.

LETTERS OF LOUVOIS

PART X

No. 10

A M. Planque
A Versailles le 9 Mars 1684

M.

J'ai reçu votre lettre du 1er de ce mois, par laquelle le Roi a vu avec plaisir le bon éffet que les bombes font dans la ville de Fontarabie, dans laquelle l'intention de S.M. est que l'on continue à en jetter tant qu'elle tirera du Canon sur la Redoute, mais si ladite Ville cessoit de tirer S.M. veut que la Redoute ne recommence pas, c'est-à-dire, que chaque jour il faut laisser commencer Fontarabie, et que la Redoute tire toujours le dernier coup sans tirer le premier. Sa Majesté trouve bon même que si les habitants de Fontarabie convenoient de ne plus tirer on leur promette que l'on ne tirera plus aussi. Vous continuerez à me faire savoir tout ce qui se passera à cet égard afin que je sois en état d'en rendre compte à Sa Majesté.

Je suis./.

No. 11

A M. le M[al] de Bellefonds, général Commandant l'armée du Roy en Catalogne.

A Versailles le 13 Mars 1684

Vous trouverez cy joint le pouvoir et les ordres du Roy nécessaires pour vous faire reconnoitre en Roussillon, avec un Chiffre dont je vous supplie de vous servir, pour me mettre en état de rendre compte au Roy de ce qui se passera au dit pays, lorsque les affaires desireront cette précaution, et la Copie du Chiffre général qui a été envoyé aux Gouverneurs des places, afin que vous puissiéz correspondre surement avec eux.

Je suis./.

Pouvoir du Roy au Sr Mis de Bellefonds M[al] de France pour commander l'armée de Sa Majesté en Catalogue et dans la province de Roussillon.

à Versailles le 13 Mars 1684.

Louis, par la grace de Dieu, Roy de France et de Navarre, à tous ceux qui ces présentes verront, Salut; la paix que nous avions donné à l'Europe par le Traité de Nimègue, avoit fait connoitre à toute la Chrétienté les bonnes intentions où nous étions de la perpetuer, et les conférences de Courtray en étoient des marques bien évidentes, si les Commissaires d'Espagne n'y avoient point apporté toutes les difficultés imaginables tantot à produire leurs répliques, et tantot à se trouver au lieu du Congrés, ce qui ne nous empecha pas de terminer la ditte Conference au gré des uns et des autres, mais ayant attendu inutilement, depuis plus de deux ans, que l'on nous fit raison des justes prétentions que nous avons, en éxécution du Traité de Nimègue, sur les Chastellenies d'Alost, vieux bourg de Gand et autres paÿs compris dans les demandes de notre procureur aux Conferences de Courtray, nous ordonnâmes au Sr Mis d'Humieres Mal de France, d'entrer avec l'armée que nous avions fait assembler sous ses ordres, au mois d'Août dernier, sur les terres de la domination d'Espagne, et de les y faire subsister jusqu'à ce que le gouverneur des paÿs bas pour Sa Majesté Catholique, se fût résolu à nous faire raison de nos justes prétentions; mais au lieu de ce nous reçûmes des lettres du Mis de Lambert, notre lieutenant général en nos armées et dans la Comté de Chiny, qui nous donnoit avis des grands dommages que des troupes de la garnison de Luxembourg avoient fait dans les terres de notre obéissance; et étant résolu de ne pas souffrir davantage que l'on opprime nos sujets et que l'on ote à nos Etats les lieux que nous avons droit de prétendre en éxécution du Traité de Nimègue, nous avons résolu de mettre plusieurs armées en Campagne, et avons donné rendez vous à l'une d'icelles dans notre province de Roussillon, et considérant combien il importe à notre service d'en donner le commandement à un chef capable et éxpérimenté pour la faire agir utilement, nous avons pour cette fin, jetté les yeux sur la personne de notre trés cher et bien aimé cousin le Sr de Bellefonds Mal de France; sachant par les preuves qu'il nous a données dans les divers commandements et Emplois que nous lui avons octroyé cy devant, dont il s'est acquitté à notre satisfaction, qu'il a toute la capacité, valeur, expérience en la guerre, diligence et sage conduite, pour s'acquiter dignement d'un emploi de cette conséquence; nous confiant aussi en sa fidélité et affection singuliére à notre service, nous avons résolu de lui donner le Commandement de notre armée en Catalogne, et pour ces causes et autres à ce nous mouvant, nous avons notre dit cousin, le Sr Mal de Bellefonds, fait, constitué, ordonné, et établi; faisons, constituons, ordonnons, et établissons par ces présentes signées de notre main, notre Lieutenant général représentant notre personne, pour, en cette qualité, commander en Chef l'armée que nous faisons assembler en notre province de Roussillon, et la ditte charge lui avons donnée et octroyée, donnons et octroyons avec plein pouvoir d'ordonner à toutes les troupes, tant d'infanterie que de cavallerie françoise et etrangère dont la ditte armée sera composée, ce qu'elles auront à faire pour notre service, icelles exploiter et employer par tout et en la maniere qu'il verra être à propos pour le plus grand bien de nos affaires et l'éffet de nos intentions, s'opposer aux entreprises que les Espagnols et leurs alliés voudroient faire au préjudice d'icelles, contre nos places et celles tenües par nos armes, entreprendre sur eux, selon les occurences, ce qu'il jugera etre plus avantageux à la réputation de nos armes et utile à notre service, entrer dans leur paÿs si besoin est, assieger et faire battre les villes, places, et chateaux, étant en iceux, qui refuseront de nous obeir, y donner assaut, les emporter de force s'il est possible, ou les prendre par composition, combattre nos ennemies, leur livrer bataille, rencontrer, éscarmoucher, faire tous autres actes et exploits de guerre, que besoin sera, pour le bon succés de nos desseins; faire faire les montres et revües de nos dits gens de guerre par les commissaires et controlleurs ordinaires de nos guerres, par nous départis en notre ditte armée, commander et ordonner a tous nos officiers d'artillerie, vivres et autres, étant en notre dite armée, tout ce qu'il jugera etre à propos, faire vivre les gens de guerre d'icelles en bon ordre et police et discipline, suivant nos Réglements et ordonnances, les faire entretenir et garder inviolablement en tous les lieux où notre dite armée sera employée, faire punir et chatier sévérement ceux qui oseront y contrevenir, ordonner des dits payements de nos dits gens de guerre, tant de cheval que de pied, suivant nos etats, comme aussi de toutes les autres dépenses ordinaires qui seront à faire en notre dite armée, en expédier toutes les ordonnances nécessaires aux trésoriers de l'ordinaire et extraordinaire de nos guerres et cavallerie légére, lesquelles nous avons des à présent, comme pour lors validées et autorisées, validons et autorisons par ces dites présentes, voulons que les payements qui auront été faits par les dits trésoriers ou leurs commis en vertu d'icelle, soyent passés et aloués en la dépense de leurs comptes par nos [aimés?] et feaux les gens de nos comptes à Paris, auxquels nous mandons ainsi le faire, sans difficultés; ayant donné et donnons pouvoir à notre dit Cousin de commander, faire, et ordonner en la dite armée, en toutes les choses susdites circonstances et dependances d'icelles tout ce que nous même ferions, ou faire pourrions, si nous y étions présent en personne, encore bien que le cas requis mandement plus spécial qu'il

n'est porté par ces dites présentes, si donnons en mandement à nos autres lieutenants généraux en notre dite armée, Maréchaux de Camp, Brigadiers tant de Cavallerie que d'infanterie, Colonels Maréchaux de Camp, officiers de notre artillerie, généraux des vivres ou commis à l'exercice de leurs charges, capitaines, chefs ou Commandants de nos dits gens de guerre, et autres nos officiers et sujets qu'il appartiendra de reconnoitre notre dit Cousin, le Mal de Bellefonds, et lui obéir et entendre en la dite qualité de notre Lieutenant Général commandant en chef en notre armée, et en toutes les choses concernant le dit pouvoir sans difficulté, car tel est notre plaisir, en témoin de quoy &.
Donné à &.

No. 12

Ordre pour faire reconnoitre le Sr M[al] de Bellefonds dans le commandement de la province de Roussillon, &
à Versailles le 13 Mars 1684
De par le Roy.

Sa Majesté ayant choisi le Sr Mis de Bellefonds Mal de France pour lui donner le commandement en chef de l'armée qu'elle fait assembler en Roussillon et jugeant à propos de lui donner en même tems le pouvoir de commander aussi dans la province de Roussillon et dans toutes les villes et places en icelle, ensemble sur toutes les troupes qui y seront en garnison ou pourront y venir; Sa Majesté ordonne et enjoint au Sr de Chazeron, l'un de ses lieutenants généraux en ses armées et commandant pour son service en la dite province de Roussillon, et aux gouverneurs ou commandants pour son service et villes et places de Roussillon, de reconnoitre ledit Sr Mal de Bellefonds en qualité de son lieutenant général et de luy obéir et entendre en toutes les choses qu'il leur commandera et ordonnera pour le Service de Sa Maté et la conservation et sureté des dites villes et places, même de laisser sortir d'icelles les troupes qu'il desirera, à l'exception toutes fois de la Citadelle de Perpignan, et du Chateau de Villefranche d'où Sa Maté ne veut pas absolument que l'on sorte aucunes troupes; recevoir celles qu'il aura tiré des dites places quand il les y renverra au plus grand nombre selon et ainsi qu'il verra être plus à propos; ordonne en outre trés éxpréssément Sa Maté à tous les Chefs et officiers de ses troupes étant et qui seront cy aprés en garnison dans les villes de la province de Roussillon de lui obéir et faire tout ce qu'il leur commandera pour le service de Sa Maté sans difficultés sur peine de désobéissance.

Fait à Versailles ce 13 Mars 1684.

No. 14

A M. le M[al] de Bellefonds
à Versailles le 21 Mars 1684.

J'ai adressé il y a quelques jours à Mr de Chazeron un paquet pour vous le rendre à votre arrivée en Roussillon, dans lequel vous trouverez le pouvoir qui vous est nécessaire pour y être reconnu, et commander l'armée que le Roy y fait assembler, avec les copies des chiffres dont vous pourrez vous servir pour me mettre en état de rendre compte au Roy de ce qui s'y passera, et correspondre avec les gouverneurs.

Je vous adresse présentement l'Etat des troupes qui sont en Roussillon, et de celles qui y doivent arriver dans le courant du mois prochain, par lequel vous connoitréz le jour que chacune des dites troupes y arrivera, et les dernieres Etapes de Languedoc par lesquelles elles entreront en Roussillon; l'intention de Sa Majesté est que sur les dites troupes vous preniez ce que vous estimerez à propos pour composer les garnisons des places du païs, lesquelles S.M. se remet à vous de régler comme vous le jugeréz à propos, à la réserve de la Citadelle de Perpignan, de laquelle elle ne veut pas que vous tiriéz aucunes troupes, elle ne désire pas non plus que vous en tiriéz du Chateau de Villefranche, et S.M. s'attend que vous réglerez les garnisons des places de la dépendance du gouvernement général de Roussillon, de sorte qu'il n'en puisse mésarriver n'y de la part des Ennemis, n'y de la part des peuples desquels il se faut toujours défier.

J'y joins aussi un Etat du pain qui doit être fourni aux troupes sur le plan des présents et éffectifs, à commencer du jour qu'elles s'assembleront par vos ordres, et de la solde que S.M. ordonne qui leur soit payée ponctuellement de dix jours en dix jours, sur laquelle S.M. vous recommande d'avoir une application continuelle et particuliere a empecher que les officiers ne retiennent quoi que ce soit, aux cavalliers et aux soldats.

S.M. s'attend aussi que vous trouverez moyen de faire donner à l'infanterie aux depens du pais ennemi, des vaches ou autres sortes de bestiaux qui lui puisse donner moyen de subsister plus commodément.

Vous trouveréz aussi cy joint un Etat des Commissaires qui doivent servir dans le dit païs, parmi lesquels M. Trobat à ordre de choisir ceux qu'il trouvera à propos de laisser dans les places de Roussillon.

Je vous adresse trois Brevets, pour faire servir de brigadiers d'infanterie le Sr de ——— que Sa Majesté a choisi pour cet effet, et le Sr de ——— pour servir de Major général.

S.M. vous recommande de rester avec l'armée en Roussillon tout le moins que vous pourrez, et elle se remet à vous d'entreprendre du coté de la Catalogne ou de la Cerdagne ce que vous estimerez de plus convenable, elle m'a seulement ordonné de vous faire observer qu'elle ne juge point à propos que vous vous engagiez à attaquer Palamos, et qu'elle est persuadée que rien ne conviendroit mieux à son service que la prise de Gironne, celle de Rose, ou celle de Campredon, Castelfolit, ou de la seu d'Urgel, sur quoi elle ne vous prescrit rien, se remettant à vous de vous gouverner suivant que les forces des ennemis, et les garnisons qu'ils mettront dans les dites places, vous le feront juger plus à propos.

S.M. espére que dans la fin du mois de May prochain, son armée navalle pourra être sur les côtes de Catalogne et en état d'éxécuter ce que vous désirerez, pour apuyer les entreprises que vous jugerez à propos de faire, ou pour faciliter la subsistance de l'armée que vous commanderéz dans le pays ennemi.

Il n'y a rien de changé depuis votre départ à l'état des affaires générales l'on passe le tems à la diette de Ratisbonne, a disputer sur le Cérémonial.

Il paroit que les Turcs ont ravitaillé Neuhausel, et que la mort du grand Vizir, qui se confirme de toutes parts, ne retarde point les aprêts que les Turcs font pour être plus forts cette campagne que la derniere.

La dissention augmente en Hollande, ou le 13e de ce mois, l'on n'avoit encore rien conclu pour les nouvelles levées.

Les Espagnols meurent de faim en Flandre, et n'en font pas moins extravaguer dans leurs propositions pour la paix.

La rigueur du tems empéchant que le bled ne sorte de terre, retardera l'ouverture de la campagne, et empechera que le Roy ne parte pour se rendre à la tête de ses armées, auparavant les premiers jours de May. Je suis trés veritablement tout a vous./.

Depuis cette lettre écrite, le Roy m'a commandé de vous faire observer, qu'il jugeoit à propos que pendant que vous serez en Catalogne, Monsieur de Chaseron reste en Roussillon, pour y éxécuter les ordres que vous lui enverrez et pourvoir à la sureté du païs./.

No. 16

A M. le M[al] de Bellefonds
à Versailles le 6. Avril 1684.

J'ai reçu les lettres que vous m'avez fait l'honneur de m'écrire les 19. et 22. du mois passé. Le Roy a vu avec plaisir la maniere dont vous avez donné l'allarme dans le Navarre Espagnol, et attendra avec impatience des nouvelles de votre arrivée en Roussillon.

Je suis &.

No. 17

A M. Planque

à Versailles le 6. Avril 1684

M.

J'ai lu au Roy votre Lettre du 22. du mois passé par laquelle S.M. a vu ce qui s'étoit passé à Andaye jusqu'à ce jour là; Elle m'a commandé de vous faire scavoir qu'Elle approuvera que l'on ne recommence point à tirer sur Fontarabie tant que les Espagnols ne tireront point sur la dite Redoute, mais que dés qu'ils recommenceront son intention est que l'on leur réponde, et outre cela que l'on tire sur les batiments qui entreront dans leur port.

Je suis &.

No. 19

A M. le M[al] de Crequy

A Versailles le 11. Avril 1684

Je vous ai informé que l'on avoit mandé au Roy, de Hollande, que le Landgrave de Hesse avoit fait un traité avec les Espagnols, par lequel (moyennant une certaine somme) il s'obligeoit de leur fournir 4. ou 5000. hommes de pied et 1000. Chevaux. S.M. ayant fait écrire à Monsieur l'Evêque de Strasbourg pour qu'il essayat de s'informer si cela étoit véritable, il a mandé qu'il étoit bien vrai que cette proposition avoit été faite au Landgrave de Hesse, mais qu'il l'avoit refusée; cependant M. Davaux mande par le dernier ordinaire à S.M. que le traité a été assurement signé, et que l'on n'attend que la ratification d'Espagne, de quoi S.M. a jugé à propos que vous fussiéz informé, afin que si vous appreniéz que des troupes voulussent s'approcher de Luxembourg vous prissiéz les mesures nécessaires pour les empêcher d'y entrer, la vue des Espagnols étant de mettre tant de troupes dans cette Place qu'elles obligent S.M. a laisser un grand corps de ce côté là pour la conservation de la frontiere, ce que S.M. est bien aise d'éviter. Je suis &

No. 24

A M. le M[al] de Bellefonds

a Peronne le 27 Avril 1684

J'ai reçu la lettre que vous m'avez fait l'honneur de m'écrire le 15 de ce mois avec le memoire qui y étoit joint, dont l'éxécution paroit fort facile à deux ou trois points près, c'est-à-dire l'Artillerie, les munitions de guerre et de bouche, et les voitures pour les trainer, l'on travaille à faire transporter à Bayonne l'artillerie et les munitions nécessaires pour un siége, ce qui ne pourra être éxécuté que dans la fin du mois d'aout, le Roy résoudra entre cy et ce tems là sur les nouvelles qu'il aura d'Allemagne, si il sera à propos de faire le détachement nécessaire pour l'éxécution de votre projet, de quoi vous seréz ponctuellement informé, en attendant S.M. vous recommande de profiter de l'état de supériorité où vous êtes sur les Espagnols pour entreprendre ce que vous estimerez à propos, observant que vous ne pouvez compter sur l'armée navalle ni sur le galeres, avant le quinze ou 20e du mois de Juin prochain.

S.M. a vu par l'Etat que M. de Chazeron m'a adressé, comment vous avez résolu de composer les garnisons des places situées dans le gouvernement général de Roussillon, qu'elle a fort approuvé, à la réserve de la garnison de Perpignan où elle désire que vous laissiéz le moins bon des bataillons françois que vous destinez pour mener en Campagne, pour faire qu'il y ait au moins 30. Compagnies dans la ville de Perpignan.

Luxembourg doit être investi de ce matin, et M. le Mal de Créquy l'attaque avec 34 Bataillons et 8000. Chevaux.

M. de la Trousse est campé sous Sedan avec la maison du Roy, la petite gendarmerie, de la Cavalerie et des Dragons, jusqu'au nombre de 5000. Chevaux.

Et M. du Montal a sous ses ordres à Charlemont, Dinant, et Philippeville 3000. Chevaux, avec lesquels lui et M. de la Trousse doivent joindre M. le Mal de Créquy, en cas que M. le Prince d'Orange voulut faire la folie de tenter le secours de cette place.

S.M. arrivera dans trois jours à Condé ou 32 bataillons se trouveront qui demeureront campés dans l'isle de St Amand jusqu'à ce que les herbes soient asséz avancées pour faire subsister 70 Escadrons de 160 Maitres chacun qui sont destinés pour composer l'armée du Roy, outre les Corps de M. de la Trousse et de M. du Montal, cependant ces 70 Escadrons subsisteront dans des places à portée de se rendre sous Condé en deux jours de Marche.

Les bleds que nous avons vu de Paris ici paroissent si peu avancés qu'il n'y a pas lieu d'ésperer que l'on puisse avant trois semaines mettre une armée ensemble.

Je suis./.

No. 34

A M. le M[al] de Bellefonds
à Condé le 12 May 1684.

N'ayant point reçu de vos lettres depuis la derniere que je me suis donné l'honneur de vous écrire, je ne vous fais cette lettre, que pour vous dire, que la ville de Luxembourg ayant été investie le 28 du mois passé, les lignes de circonvallation faites en trois jours de tems par 8000 pionniers des Evechés et de la comté de Chiny, et toutes les pieces d'artillerie, mortiers et munitions nécéssaires pour sa réduction, voiturées dans le Camp le 6e de ce mois, la tranchée a été ouverte le 8. par la brigade de la Ferté qui n'ayant point été découverte par les ennemis, la tranchée a été avancée jusqu'à soixante toises des palissades, et l'on a fait une ligne pareille de plus de 200 toises de long vis-à-vis le front de la place que l'on veut attaquer.

En même tems on a ouvert l'autre tranchée du côté de Grunt et l'on a établi 38 pieces de canon de batterie et 12 mortiers qui doivent avoir commencé à tirer contre la place le 10e de ce mois au matin, et comme je ne doute point qu'il n'en arrive un Courier auparavant que je puisse signer cette lettre, je mettrai en bas d'icelle ce qu'il en aura rapporté.

Il n'y a dans la place que 2000 hommes de pied et 5 ou 600 Chevaux, qui n'ont pas du fourage pour vivre plus de huit ou dix jours, cependant le marquis de Grane reste sans troupes a Bruxelles, et les 14 ou 15000 hommes hollandois qui sont entre Malines et Bruxelles, n'avoient point encore marché hier.

Le Prince d'Orange devoit partir de la Haye le 30e du mois passé, y a été arreté par le memoire que M. Davaux y a donné par ordre du Roy le 29 et quoiqu'il ait fait tout ce qu'il a pu pour porter les états de se remettre à lui de toutes choses, il n'a pu en venir à bout, la ville d'Amsterdam et plusieurs autres de Hollande persistant à vouloir que l'on fasse la paix aux conditions de S.M. et les provinces de Frise et de Groningue appuyant de toutes leurs forces le sentiment d'Amsterdam, en sorte que le prince d'Orange qui prétendoit que la premiere entreprise du Roy feroit convenir toutes les provinces de Hollande de la levée de 16000 hommes qu'il propose inutilement depuis six mois, est présentement bien embarassé à empêcher que les Hollandois ne forcent les Espagnols à se soumettre à ce qu'il a plu au Roy de prescrire, cependant l'armée de S.M. composée de 32 bataillons les plus beaux que l'on puisse voir, quoiqu'il y en ait plus de la moitié d'Etrangers, s'est assemblée dans l'isle de St Amand avec 17 escadrons seulement que l'on a fait subsister de foin et d'avoine, ce qui se continuera jusqu'à lundy prochain que le Roy ira camper vers St Guilain avec les sus dits 32 bataillons et 64 escadrons, 32 escadrons de l'armée du Roy restant campés à Sedan pour être à portée de joindre aussi M. de Créquy au besoin, et 23 étant campés pour contenir la garnison de Namur, et joindre aussi M. le Mal de Créquy si les démarches des Ennemis le faisoient juger à propos.

L'armée de M. le Mal de Créquy est composée de 34 bataillons, et de 46 escadrons dont 20 seulement sont dans le camp, et les autres sont dans les villes voisines prêtes à entrer dans les lignes en 24 heures de tems s'il étoit besoin.

Je suis très veritablement tout à vous./.

No. 45

A M. le M[al] de Bellefonds
à Valenciennes le même jour 22 May 1684.

J'ai reçu la lettre que vous avez pris la peine de m'écrire le 14e de ce mois avec la relation et le plan qui y étoient joints par lesquels le Roy a appris avec beaucoup de plaisir l'avantage que vous avez remporté sur M. le duc de Bournonville, et la résolution que vous avez prise d'attaquer Gironne, du succés de laquelle elle attendra des nouvelles avec inquiétude; je prends beaucoup de part à la satisfaction que vous témoignez de M. le Mis de Bellefonds, et à la gloire que vous avez acquise en cette occasion; Je suis trés véritablement tout à vous./.

No. 61

A M. le M[al] de Bellefonds
à Cambray le 4 Juin 1684

Le Roy a appris par la lettre que vous avez pris la peine de m'écrire le 18e du mois passé, que vous étiez sur le point d'attaquer Gironne, vous ne doutez pas je m'assure que S.M. n'attende avec beaucoup d'inquietude des nouvelles du succés de cette entreprise, sur le détail de laquelle S.M. eut désiré que vous vous fussiez plus étendu, aussi bien que sur le renfort que vous proposez que S.M. pense à vous envoyer, ce qui lui paroit d'autant plus impossible, que n'y ayant aucune troupe qui puisse servir en campagne plus près de Roussillon que ce pays cy, de l'infanterie ne pourroit pas vous joindre en moins de trois mois, pendant lesquels si la guerre continue, elle pourra être employée utilement sur cette frontiere.

A l'égard de l'armée navalle, je vous ai déjà mandé que celui qui la commanderoit auroit ordre de concerter avec vous ce qu'il auroit à faire, je ne doute point qu'elle ne soit sur les côtes de Catalogne auparavant que cette lettre vous soit rendue, le Roy ayant appris par un Courier que M. de Seignelay lui a dépêché le 23 de ce mois, que la ville de Gênes étoit plus des deux tiers brulée, que le fauxbourg de St Pierre, d'Arennes l'avoit été entierement par un détachement des soldats des vaisseaux et des galeres, lesquels ont taillé en pieces un Régiment de 1000 hommes qui de l'état de Milan avoit marché à leur secours, et comme il ne restoit plus à l'armée navale que 5000 bombes à tirer qui devoient l'être en trois ou quatre jours, il y a bien de l'apparence qu'elle est presentement en Provence pour y faire de l'Eau et aussi tot aprés se mettre à la voile pour les côtes de Catalogne.

Il y a ce me semble lieu de se flatter que la défaite de ce régiment et le dommage que les autres troupes Espagnols ne peuvent manquer d'avoir reçu dans la ville de Gênes, mettra le gouverneur de Milan hors d'état d'envoyer en Catalogne autant de troupes qu'il auroit faites si elles n'avoient point reçu cet échec à Gênes.

Le Roy croyoit la ville de Luxembourg en son pouvoir d'hier, ce matin ayant reçu nouvelle avant-hier à la pointe du jour que le gouverneur avoit demandé à capituler le premier de ce mois à 4 heures du matin, mais S.M. vient d'apprendre que le dit gouverneur ayant fait faire des demandes impertinentes, l'on avoit recommencé à tirer le même jour premier de ce mois à huit heures du soir, et qu'avant-hier à trois heures aprés midy, il y avoit deux mineurs attachés aux courtines, ce qui mettra apparamment M. le Prince de Chimay à la raison avant qu'il soit 24 heures. Je suis tout a vous./.

Comme je signois cette lettre il arrive un courier du Camp devant Luxembourg qui apprend au Roy que le prince de Chimay a redemandé à capituler, comme les mines sont en état de sauter, il y a bien de l'apparence que c'est pour se rendre cette fois cy. Observations. Ce même jour là Mr de Louvois eut permission du Roy de quitter S.M. a Cambray, pour, en qualité de surintendant de ses batiments, venir à Versailles donner ses ordres et voir par lui même si les apartements de S.M. étoient prêts à la recevoir.

Le Roy en partant de Valenciennes laissa le commandement de son armée à M. le Mal de Schomberg, et Mr St Pouenges resta auprés de ce général; l'on fait cette remarque pour faire connoitre que l'absence de Mr de Louvois et de Mr de St Pouenges mettoit le Roy hors d'état d'être informé de la prise de Luxembourg, c'est-à-dire par aucun de ceux qui avoient l'honneur de lire les dépéches à Sa Majesté, ce qui fit que M. de Louvois laissa à la suite du Roy le Sr de Bellon l'un de ses commis pour lire à Sa Majesté toutes les lettres qu'elle recevroit concernant la guerre./.

No. 62

M. de Louvois au Roi,
A Versailles le 7 Juin 1684.

J'envoye à V.M. une nouvelle fors déagréable mais qui ne la surprendra point, c'est la levée du siége de Gironne après y avoir fait donner un assaut par la plus grande partie de l'Armée où l'on a fait une perte très considérable tant d'Officiers que de Soldats.

Comme M. du Fauvy a les chiffres avec lui, je supplie très humblement V.M. de me faire renvoyer les Lettres ci jointes de M. le Mal de Bellefonds et de M. Trobat afin que je les puisse faire déchiffrer et lui rendre compte ensuite du projet que fait Mondit Sr le Mal de Bellefonds pour le reste de la Campagne./.

No. 62 bis.

A M. le M[al] de Schomberg
A Versailles le 6. Juin 1684

Je viens de recevoir des Lettres de Peronne qui me marquent que l'Aide de Camp de M. le Mal de Crequy chargé de la Capitulation de Luxembourg y venoit d'arriver en éxécution de laquelle M. le Prince de Chimay doit évacuer cette Place demain matin. Je ne doute point que vous n'ayez été présentement informé par M. le Mal de Créquy des ordres qu'il a envoyés à M. de la Trousse et à M. du Montal pour vous rejoindre et par ces deux Messieurs du jour que les Troupes qui sont à leurs ordres pourront arriver au Camp ou vous êtes après que vous serez en état de marcher du côté de Lessines suivant que S.M. vous l'a ordonné.

M. le Mal de Bellefonds a levé le siege de Gironne après avoir fait emporter les déhors et fait donner un assaut où il a perdu beaucoup de monde./.

Je suis./.

No. 77

A M. le M[al] de Bellefonds
à Versailles le 25 Juin 1684.

J'ai reçu la lettre que vous m'avez fait l'honneur de m'écrire du camp de St Pierre Pescador, dans laquelle la datte du jour est en blanc; par laquelle le Roy a vu la peine que vous donne le peu d'équipages du munitionnaire; j'espere que l'arrivée de son armée navale vous mettra en état de n'en pas manquer pendant que vous demeureréz à portée de la côte; je vous dirai cependant que le Roy croit que vous ne pouvéz mieux faire, que de regler toujours les projets que vous ferez, sur la possibilité d'avoir du pain, parcequ'autrement on ne manque point de ruiner l'armée, et d'avoir un mauvais succés de son entreprise./.

No. 86

A M. le M[al] de Bellefonds
à Versailles le 28 Juin 1684

La lettre que vous m'avez fait l'honneur de m'écrire le 16e de ce mois m'a été rendue, par laquelle le Roy a vu que vous étiéz sur le point de faire le Siége de Capdaquier, S.M. eut bien souhaité que vous n'eussiéz pas omis de lui mander ce qu'il y a de monde dedans, et ce que vous avéz appris de l'état de ses fortifications.

S.M. approuvera fort qu'aprés ce siége vous songiez à celui de Campredon et elle ne desire point qu'en cas que vous vous crussiez en état d'attaquer Rose, vous pensassiéz à mettre les détachements d'équipage des vaisseaux et des galéres dans les garnisons.

Elle n'a pas bien compris ce que c'est que le bataillon du débarquement que vous demandez que l'on fasse venir de Toulon, et S.M. sera bien aise que vous le lui expliquiéz.

J'ai remis au Roy la lettre que vous m'avéz adressée pour S.M.

Par les dernieres lettres de Hollande, M. le Comte Davaux a rendu compte de l'ordre que les états généraux ont envoyé à M. le prince d'Orange de ne point sortir du camp ou il est, et de ne faire aucun acte d'hostilité contre les troupes du Roy, et qu'apréhendant que mondit Sr le prince d'Orange ne déférât pas à cet ordre, ils lui ont envoyé trois députés pour donner le même ordre aux troupes, en cas que mondit Sr le prince d'Orange leur ordonnât quelque chose de contraire. Il y avoit déjà cinq provinces qui avoient conclu à l'accéptation des offres du Roy, et l'on attendoit Dimanche dernier le consentement des deux autres si cette affaire se finit comme il y a bien de l'apparence, et que les Espagnols persistent à ne vouloir point être compris dans la trêve, il pourroit bien arriver qu'au mois de Septembre prochain, ils verroient arriver bonne compagnie en Catalogne et en Navarre.

Vous seréz ponctuellement informé semaine en semaine, des avis que S.M. aura de ce qui se sera passée en Hollande.

Je suis toujours trés veritablement tout à vous./.

No. 104

A Monsieur le M[al] de Bellefonds
à Versailles le 20 Juillet 1684.

J'ai lu au Roy la lettre que vous m'avez fait l'honneur de m'écrire le 7e de ce mois, par laquelle S.M. a vu le consentement qu'a donné M. de Bournonville, d'échanger la garnison de Capdaquiera contre les prisonniers faits a Bacara par les miquelets d'Espagne; elle a vu avec peine le longtems que vous avéz été à marcher à Campredon, ne doubtant point que le séjour que vous avéz fait dans la plaine après la réduction de Capdaquiera n'ait fort nuit à la cavalerie qui se seroit raccommodée dans la montagne, S.M. attendra la nouvelle de la réduction de Campredon avec d'autant plus d'impatience, qu'il n'y a point lieu de douter que l'on ne reçoive au premier jour la ratification d'Espagne, puisque l'empereur a fait déclarer à Ratisbone, qu'il accepteroit la trêve pour le tems et aux conditions proposées par le Roy et se faisoit fort que le Roy d'Espagne l'accepteroit aussi; si la ratification d'Espagne arrive, S.M. vous enverra ordre de faire raser capdaquiera, les tours qui en sont voisines, et Campredon; et son intention sera que vous fassiez ensorte que ce rasement soit fait de maniére qu'il ne paroisse pas qu'il y ait eu de fortifications; vous ne ferez rien s'il vous plait sur cela jusqu'a autre ordre de S.M.

Je suis tout à vous./.

No. 132

A M. le M[al] de Bellefonds
à Versailles le 27 aout 1684.

Depuis ce que j'ai eu l'honneur de vous écrire par ordre du Roy sur ce que S.M. désiroit que vous fissiéz pour l'établissement de la Trêve stipulée par le traité signé à Ratisbonne le 15e de ce mois, S.M. m'a commandé de vous faire savoir que son intention est que vous preniez vos mesures pour qu'aussitôt que vous serez convenu avec M. de Bournonville de l'établissement de la suspension d'hostilité, vous puissiez faire travailler à raser toutes les fortifications de Capdaquiera ensorte que les dites fortifications et les tours ou redoutes qui en sont voisines puissent être entiérement aplanies le plus diligemment que faire se pourra et qu'il ne reste à cette place aucun vestige de portes, de murailles ni de remparts, afin que les Espagnols auxquels S.M. vous ordonnera, après l'échange des ratifications, de la rendre, ne trouvent rien qui les tente de travailler à les faire relever.

Vous pourréz pour que ce travail soit fait plus diligemment, y faire employer les habitans des villages des environs de cette place, ceux de la ville même, et la garnison que vous renforceréz autant que vous le jugerez à propos pour que cela puisse être fait promptement, Je mande à M. Trobat de regler le salaire de ceux qui y travailleront chacun à proportion de leur travail de sorte que ceux qui y seront employés puissent gagner sept ou 8 sols par jour.

Il a été écrit un mot à Trobat intendant en Roussillon, pour lui adresser copie de la lettre cydessus pour M. le Mal de Bellefonds./.

No. 133

A M. le M[al] de Bellefonds
à Versailles ce 28 aout 1684.

Le Roy me commande de vous faire savoir qu'aussitôt après l'établissement de la suspension d'armes en Roussillon, l'intention de S.M. est que vous fassiez retirer les munitions destinées pour le siége de Campredon que vous avéz fait mettre dans le fort de la garde, et donniez les ordres nécessaires pour les faire resserrer dans les magasins de la citadelle de Perpignan.

Je suis tout à vous./.

[The letter addressed to M[al] de Créquy dated July 5, 1684, should bear the number 108.]

PREVIOUSLY PUBLISHED LETTERS OF LOUVOIS

Rousset, Camille—*Histoire de Louvois et de son administration politique et militaire*, Paris, Librarie Académique Didier, Perrin et Cie, Librairis-Editeurs, 1862. Many extracts of letters are published here and a few complete letters.

Griffet, le Père—*Recueil de lettres pour servir d'éclaircissement à l'histoire militaire du règne de Louis XIV.* Paris 1760. Contains some letters of Louvois, to various generals, up to 1681. No letters before 1676 and few for the years 1676 and 1677.

Delort, J.—*Histoire de la détention des philosophes et des gens de lettres à la Bastille et à Vincennes*, Paris 1829. Contains some 200 letters of Louvois to M. de St Mars, governor of the fortress of Pignerol concerning the imprisonment of Fouquet and of Lauzun.

Chotard, H.—*Louis XIV, Louvois, Vauban et les fortifications du nord de la France*, Paris 1889. Letters of Louvois from 1669 to 1688 to M. de Chazerat, director of the fortifications of Ypres.

Rochas d'Aiglun—*Vauban, sa famille et ses écrits*, Paris et Grenoble, 1910, t. II. Letters of Louvois to Vauban from 1667 to 1691.

Depping, G. B.—*Geschichte des Krieges der Münsterer und Kölner im Bündnis mit Frankreich gegen Holland, 1672-1673 und 1674*, Münster, 1884. A few letters of Louvois are included in the appendix.

Depping, G. B.—*Correspondance administrative sous le règne de Louis XIV entre le cabinet du Roi, les Secrétaires d'Etat, le Chancelier de France, etc.* published in the series *Collection de documents inédits sur l'histoire de France.* Paris, Imprimerie Nationale, 1852. Two letters in tome I, twelve letters in tome II, five letters in tome IV. Most of these letters are addressed to Harlay, president at the Parliament of Paris.

Baudry, F.—*Mémoires de Foucault.* A few letters in the appendix addressed to Foucault during the years 1674-1679.

Gordon, sir A. Hamilton—*Recueil des négociations du Comte d'Avaux en Irlande de 1689-1690*, 1858. A few letters addressed to the Comte d'Avaux.

A few letters of Louvois are also to be found in the following:

Lemoine, J. and Lichtenberger, A.—*De La Vallière à Montespan.*

Topin, *L'Homme au Masque de Fer*, Paris, 1868.

Jung, *La Vérité sur le Masque de Fer*, Paris 1873.

Hamy, E. T.—*Correspondance de Mazarin avec le Maréchal d'Aumont, suivie d'un choix de lettres inédites à ce personnage par le roi, la reine-régente, Gaston d'Orléans, Cromwell, Le Tellier et Louvois.* Monaco, 1904.

Labbey de Billy, *Histoire de l'Université du comté de Bourgogne*, Besançon, 1814. A few letters from December 1667 to January 1668.

Pagart d'Hermansart, *Le Siège de Saint-Omer en 1677*, Saint-Omer, 1889.

Coste, *Réunion de Strasbourg à la France*, Strasbourg, 1841.

Lefort, A., in *Travaux de l'Académie de Reims*, 1897-1898, t.CIV, p. 1-x, 1 et sq.

Wolff, E.—*Le Blocus de Luxembourg*, 1903.

Wolff, E.—Le Siège de Luxembourg, 1905.

One letter of Louvois is contained in each of the following:

Ségur de—*Le Maréchal de Luxembourg et le Prince d'Orange*, Paris. Letter to the Duc de Noailles dated March 18, 1677.

Mémoires et Correspondance de Catinat, 1819 ed. Letter to the Maréchal de Lorge on the battle of Fleurus.

IDENTIFICATION LIST

The following is a list of the persons named in the letters of Louvois. Where information about a person could not be obtained only his name has been given.

The numbers after each name refer to the volume and to the letter in that volume in which the name occurs; parentheses around the number of the letter indicate that the letter was addressed to that person.

Archevêque de Lyon, (Camille de Neuville de Villeroy; 1654-1693) V. 736: 95-97-98.

Archiduchesse d'Autriche, (Marie-Antoinette Josèphe, born January 18, 1669, died December 24, 1692; married the Elector of Bavaria, Maximilian Emmanuel, in 1685). V. 736: 10.

Artaignan, (Joseph de Montesquiou, comte d'; also spelled Artagnan; Chevalier des Ordres du Roi, Lieutenant-General, Captain-Lieutenant of the First Company of Mousquetaires; Governor of Nîmes). V. 688: 109.

Asfeld, Alexis Bidal, baron d' (born ca. 1648, killed at Aix-la-Chapelle October 1689, Captain of Dragoons in the Regiment of Lorraine, Mestre de Camp in 1681, Maréchal de Camp in 1688, served under the Duke of Luxembourg and Maréchal Créquy). V. 688: 85-(86)-87-103-125-136-137-166-181; V. 703: 28; V. 704: 87; V. 734: 5-16-262; V. 735: 56-69-81.

Auger, sieur d'—V. 688: 90-192-223-267; V. 703: 89-113-166; V. 704: 86; V. 729: 60.

Auvergne, Frédéric Maurice de la Tour, comte d' (born January 15, 1642, died November 1707; Lieutenant-General, Colonel-General of the Light Cavalry, Governor of the Haut et Bas Limousin). V. 703: 114; V. 704: 4-(190)-(199)-(200); V. 730: 36.

Avaux, Jean Antoine de Mesmes, comte d'—(diplomat; born in 1640, died February 11th 1709. Ambassador to Vienna from 1671 to 1674; plenipotentiary to the Congress of Nimègues from 1676 to the conclusion of the peace treaty in 1678; ambassador to the Hague until December 1688; ambassador to James II in Ireland in 1689, then to Sweden until 1700; sent in 1701 to Holland). V. 688: 107-192-(209)-254-268; V. 704: 30-(93); V. 729: 170; V. 730: 36-65bis-91-119-125; V. 734: 76-88-91-105-109-138-166-189-243-288; V. 735: 8; V. 738: 19-34-86.

Baden, Madame de (Louise Christine, daughter of Thomas de Savoie, Prince de Carignan, and of Marie de Bourbon Soissons; married Ferdinand Maximilien, marquis de Baden, in 1683; died November 9, 1689). V. 736: 143.

Baldez, dom Fernando—V. 736: 44.

Baltazar, sieur—V. 665: 30-42.

Barier, sieur—V. 734: 47.

Barillon (Pierre de, statesman and diplomat; was ambassador to England in 1709) V. 730: 119; V. 736: 104.

Bartillac (also spelled Bartillat, Nicolas Jehannot de, mestre de camp then Lieutenant-General) V. 688: 90; V. 729: 121-175-199-224; V. 735: 121.

Bauzun, M. de—V. 734: 105.

Beauprès, Marquis de—V. 729: 106; V. 730: 15; V. 734: 155.

Bellefonds, Maréchal de (Bernardin Gigault, marquis de; Maréchal de France, born in 1630, died December 4, 1694; served in Spain, then joined the army of Flanders, defeated the enemy near Tournay; named Maréchal de France in 1668 and commanded the army of Holland in 1673, then the army of Catalogna in 1684. Was twice appointed am-

at the Châtelet, maître des requêtes, intendant for Piedmont; Mazarin raised him to the post of Secretary of State in the Department of War; Le Tellier was always faithful to his protector and played an important part in the suppressing of the Fronde; relinquished the post of Secretary of State in favor of his son, Louvois; was made Chancellor and Keeper of the Seals in 1677; used his authority to ruin his ennemies, Fouquet in particular, and the protestants, against whom he showed a blind fanaticism.) V. 729: (170); V. 736: 101-(106)-(110)-112.

Chancellier de Piedmont, V. 736: 15-67.

Charles, le sieur—V. 665: 39; V. 735: 69.

Charmont, de (Engineer at Maubeuge)—V. 703: 113.

Charuel, de—V. 704: 72-87-162; V. 730: (31)-96-109; V. 734: 5-6-14-46-(46b)-60-67-76-138-246-262; V. 735: (54)-63-69-97.

Chaserat, de (Director of the fortifications of Ypres)—V. 704: 78.

Chaunoy, du—V. 665: (2)-7-(17)-(18)-19-21-27-30-39.

Chazeron, (François de Moneslay, Marquis de; Lieutenant-General, Commander of the province of Rousillon). V. 665: 16b; V. 668: (92); V. 738: 12-14-24.

Cheuilly, Major de—V. 736: 161.

Chimay, Prince de—(Charles Louis Antoine de Hénin d'Alsace; grandee of Spain, Lieutenant-General in the Spanish armies). V. 703: 113; V. 704: 28-68; V. 734: 13-244; V. 735: 6-8-12-20-23-24-28-70-105; V. 738: 61-62b.

Chiverny, (Louis de Clermont-Gallerande, comte de; diplomat, died in 1722; envoy extraordinary to Vienna in January 1684; contributed to the signing of the truce of Ratisbon August 15, 1685; was sent in 1685 to Copenhagen; member of the Council of Foreign Affairs in 1715, chosen in 1716 to be governor of the son of the Regent; named conseiller d'Etat d'épée in 1717). V. 735: (70).

Choiseul, duc de—(Claude de Choiseul-Francières; Maréchal de France; born in 1633, died in Paris March 11, 1711; brigadier of cavalry in 1667, Lieutenant-General in 1676, Maréchal de France in March 1693). V. 730: 89-103-114-120-126; V. 735: 108-(121).

Choisy—(Jacques de l'Hospital, marquis de; Governor of Sarrelouis). V. 734: 46-262.

Christine, Madame—(Christine de France, duchess of Savoy; born February 10, 1606, died at Turin December 27, 1663; daughter of Henri IV of France and of Marie de Médicis; married Victor-Amédée I, duke of Savoy February 11, 1619; became regent after the death of her husband and distinguished herself by her courage and her rare political qualities; continued to reign even after her son Charles-Emmanuel II had come of age: April 20, 1648.) V. 736: 16-21-149.

Cisterne, Prince de la—(Amédée Alfonse; born in 1622, died October 14, 1698; Grand Huntsman and Grand Falconner of the Duke of Savoy; maréchal des camps of the armies of the Duke of Savoy; Colonel of the Regiment of Saluces; married Henriette-Marie, daughter of the Marquis de la Trousse). V. 736: 161-165.

Colbert (Jean-Baptiste, minister of Louis XIV, born August 29, 1619, died in Paris September 6, 1683; started as secretary to Le Tellier, then as intendant to Mazarin; Louis XIV appointed him intendant of finances in 1661, then Comptroller-General in 1666; became Secretary of State in 1669 and Minister of State in the same year; stimulated French commerce and industries; member of the French Academy, created the Académie des Sciences). V. 665: 19-21-34.

Malta, Maréchal de France; born in 1642, died May 28, 1701; naval captain in 1677; in 1669 commanded the fleet sent to relieve Candia; Chef-d'Escadre in 1676; lieutenant-general of the naval armies in 1682; took part in the bombardment of Genoa in 1684 and of Algiers in 1688; vice-admiral of the Orient Seas in 1689; became count in 1689, maréchal in 1693). V. 735: 7.

Trobat,—V. 665: 16-(16b); V. 738: 14-62-132.

Trousse, Marquis de la (Philippe-Auguste le Hardy, Chevalier de l'Ordre). V. 688: 46-50; V. 729: 118-174-(187)-199-206-(215)-224; V. 730: 18-89-99-100-103-104-(121); V. 734: (47)-48-58-67-87-137-243-287; V. 735: 24-56; V. 736: 72-73-77-(80)-(82)-(84)-85-(87)-(89)-(90)-(91)-94-(95)-(96)-(97)-98-99-(100)-101-(103)-(104)-(107)-(108)-(109)-112-(113)-(114)-(117)-(118)-120-(121)-(122)-(123)-(124)-(125)-(126)-(128)-(129)-(132)-(133)-(135)-(136)-(137)-(138)-(139)-140-(141)-(142)-(143)-(144)-(145)-(146)-(147)-(148)-(149)-(150)-(151)-(152)-(153)-(154)-(156)-(157)-(158)-(159)-(160)-(161)-(162)-(163)-(164)-(165)-(166)-(167)-(168)-(169)-(171)-(172)-(173)-(174)-(175)-(176)-(177)-(178)-(179)-(180)-(181)-(182)-(184)-(185)-(186)-(187)-(188)-(189)-(190)-(191)-(192)-(193)-(194)-(195)-(196)-(197)-(198)-(200)-(201)-(202)-(203)-(204)-(205)-206-207; V. 738: 24-62b.

Truchy, le Président—(Formerly minister under Charles-Emmanuel II). V. 736: 21-29-38-44-149.

Valbelle, (Cosme III sire and Marquis de; born in 1640, died April 29, 1716; served during the campaigns of Flanders, Holland, Germany and Franche-Comté; distinguished himself at the passage of the Rhine, at the taking of Maëstricht and the battle of Senef). V. 736: 75.

Valsassine, Comte de (François-Sigismond de la Tour et Taxis). V. 734: 201.

Vatteville (or Watteville), de (Charles, Baron de V.; Spanish diplomat; represented Spain at the conferences which preceded the treaty of the Pyrenees in 1657; was ambassador to London; recalled after an incident with the French ambassador; named vice-roy of Biscayne and the ambassador to Portugal). V. 688: 90; V. 735: 121.

Vauban, (Sebastien le Prestre Marquis de V.; Maréchal de France; born May 1, 1633, died March 13, 1707; renowned for the numerous fortifications which he built on the French frontiers; directed 53 sieges). V. 665: 51-79-83; V. 703: 113-149; V. 704: 30-56-111; V. 729: (138); V. 730: (37); V. 734: 46-67-92-138-(146)-155-166-168-(177)-(188)-(206)-207-(212)-(231)-(244)-262-(268); V. 735: (6)-(11)-20-(23)-(100); V. 736: 63.

Vaudemont, de (Charles Henri de Lorraine, Prince; died in 1723). V. 703: 149; V. 704: 30-38.

Vermandois, Monseigneur de—(Louis de Bourbon, comte de V.; illegitimate son of Louis XIV and of the Duchess de Vallière; born in 1667, died in 1683; legitimatized in 1669 and created admiral). V. 703: 28-113.

Verüe, Abbé de (N. de Scaglia). V. 736: 8-11-44.

Viceroy de Naples—V. 736: 42.

Viceroy du Milanois,—V. 736: 183.

Vigny, de (Officer in the Engineer Corps). V. 688: 181; V. 703: 89; V. 704: 87-97; V. 729: 11-138; V. 734: 5-81.

Villars, de (Louis Hector, duc; Maréchal de France; born in 1653, died June 17, 1734; served under Turenne and Condé; distinguished himself at the siege of Maëstricht and at the battle of Senef, 1674; sent as ambassador to Venice in 1678; Louvois named him Commissary-General of the Cavalry in 1688; maréchal de camp in 1689; lieutenant-general in

BIBLIOGRAPHY

Rousset, Camille, *Histoire de Louvois et de son administration politique et militaire*, 7th edition, Paris, Librairie Didier, 1866.

Voltaire, *Siècle de Louis XIV*, Paris, Librairie de Firmin Didot Frères, 1855.

Bertrand, L., *Louis XIV*, Paris, Edition Jules Tallandier, 1928.

Topin, Marius, *L'Homme au Masque de Fer*, 6th edition, Paris, Librairie Académique Didier, 1883.

Hamy, E. T., *Correspondance du Cardinal Mazarin*, Imprimerie de Monaco, 104.

Iung, Théodore, *La vérité sur le Masque de Fer*, Paris, Henri Plon, 1873.

Lavisse, Ernest, *Histoire de France depuis les origines jusqu'à la Révolution*, t. 7 and 8, Paris Librairie Hachette, 1908.

Saint-Léger, A. de, and Sagnac, Philippe, *La prépondérance française: Louis XIV (1661-1715)*, Paris, Librairie Félix Alcan, 1935.

Brunot, Ferdinand, *Histoire de la langue française*; tome IV: *La Langue classique*, Paris, Librairie Armand Colin, 1913.

Moréri, Louis, *Le grand dictionnaire historique*, Paris, 1725, 6 vols.

Biographie universelle (Michaud) ancienne et moderne, Paris, 1854.

Nouvelle Biographie Générale, Paris, Firmin Didot Frères, 1853-1866.

Dictionnaire critique de biographie et d'histoire, published by A. Jal, 2nd edition, Paris, Henri Plon, 1872.

Enciclopedia Universal Ilustrada, Barcelona, Hijos de J. Espasa, Editores, 1907?-1930.

Enciclopedia Italiana, Roma, Instituto Giovanni Trecanni, 1929-1939.

Der Grosse Blockhaus, Leipzig, 1928.

Larousse, P., *Grand Dictionnaire Universel*, Paris, 1865.

La Grande Encyclopedie, Paris, 1886-1902.